为火所困

弗兰克·劳埃德·赖特的梦想与怒火

［美］保罗·亨德里克森 著
蔺玉清 译

PLAGUED BY FIRE

The Dreams and Furies of Frank Lloyd Wright

文化发展出版社
Cultural Development Press
·北京·

Paul Hendrickson

图书在版编目（CIP）数据

为火所困：弗兰克·劳埃德·赖特的梦想与怒火 /（美）保罗·亨德里克森著；蔺玉清译 . -- 北京：文化发展出版社，2024.4
ISBN 978-7-5142-2995-0

Ⅰ . ①为… Ⅱ . ①保… ②蔺… Ⅲ . ①赖特(Wright, Frank Lloyd1867-1959) -传记 Ⅳ . ① K837.126.14

中国国家版本馆 CIP 数据核字 (2020) 第 052444 号

北京市版权著作权合同登记号　图字 010-2020-1832

为火所困：弗兰克·劳埃德·赖特的梦想与怒火

著　　者：[美]保罗·亨德里克森
译　　者：蔺玉清

出 版 人：宋　娜
责任编辑：尚　蕾　　　　　　责任校对：马　瑶　侯　娜
封面设计：孙　靓　　　　　　责任印制：杨　骏
营销编辑：张　宁　王旭凤
出版发行：文化发展出版社（北京市翠微路 2 号 邮编：100036）
发行电话：010-88275993　010-88275711
网　　址：www.wenhuafazhan.com
经　　销：全国新华书店
印　　刷：固安兰星球彩色印刷有限公司

开　　本：710 mm×1000 mm　1/16
字　　数：531 千字
印　　张：37.5
版　　次：2024 年 4 月第 1 版
印　　次：2024 年 4 月第 1 次印刷

定　　价：138.00 元
ＩＳＢＮ：978-7-5142-2995-0

◆ 如有印装质量问题，请与我社印制部联系　电话：010-88275720

致蒂姆·萨缪尔森

把我带到石头前的人

- 真正的诗是诗人的心灵；真正的船是造船的人。

  ——拉尔夫·沃尔多·爱默生，《历史》

- 我自相矛盾吗？

  很好，那我就自相矛盾吧，

  （我心胸宽广，包罗万象。）

  ——瓦尔特·惠特曼，《自我之歌》

- 这个世界要求人应该一目了然，但关于人的问题是，我们不仅仅是一件事，我们是多重的自我。我们是巨大的矛盾性。

  ——阿里·史密斯，《纽约时报》的采访

- 你不应该以艺术来评判艺术家。

  ——萨利·曼恩，写给作者的邮件

- 因此，走过一段很长的弯路，我们回到了最初的问题，关于性格和艺术是否相关。答案是它们是相关的，而且是以一种复杂的方式相关。杰作可以是艺术的圣徒或者教会的圣人创作的；它们也可以是流氓或者疯子创作的，有时甚至是他们偶然创作的；但我不认为这些作品是由真正的无赖——"没有荣誉和美德的人"——创作出来的。不管艺术家他有什么罪，都是决意要奉献自己的……

  ——马尔科姆·考利，《我从事作家这一行》

目　　录

序言　出自《旧约》：1914年8月15日　　　　　　　　001

第一部分　**更大程度上的渴望：**
1887—1909

　　抵达之谜　　　　　　　　　　　　　　　　　　　033
　　消失的建筑师　　　　　　　　　　　　　　　　　051
　　草原之船　　　　　　　　　　　　　　　　　　　090
　　哥特氛围　　　　　　　　　　　　　　　　　　　117
　　联合教堂和梅玛：神圣与亵渎　　　　　　　　　　140

第二部分　**道德后果链：**
1914—1921

　　在他的梦中出现：关于一个阿拉巴马土生子的笔记　184
　　结缔组织：一　　　　　　　　　　　　　　　　　214
　　站台上的男人　　　　　　　　　　　　　　　　　238

第三部分　**从袖子里变出来：**
1936年

　　血与骨　　　　　　　　　　　　　　　　　　　　284
　　结缔组织：二　　　　　　　　　　　　　　　　　306
　　在第四维度中　　　　　　　　　　　　　　　　　335

第四部分　在父亲的墓碑前

威廉·凯里·赖特的伤心之歌（1）　　　387

威廉·凯里·赖特的伤心之歌（2）　　　419

第五部分　故事结尾：1950—1959

终点（1）　　　458

终点（2）　　　485

最后的话：两个塔里埃森　　　511

致谢　　　515

资料来源　　　521

参考文献　　　579

授权声明　　　587

关于作者　　　588

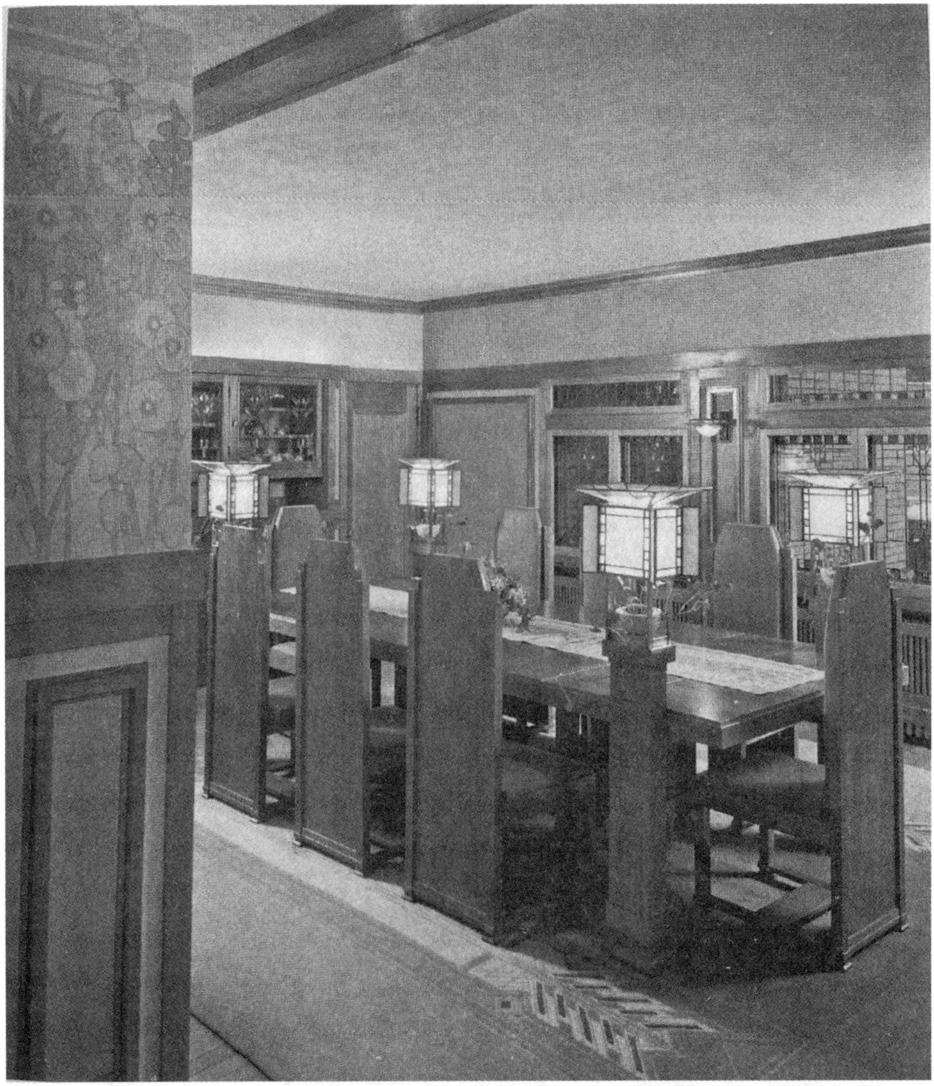

那天晚上，回斯普林格林的一路上，火车就像在爬行一样缓慢（那辆车是周六当地运奶的列车，这是他从芝加哥回来的唯一选择，火车似乎在每个丁点大的城镇、路口和路边都要停下来），他在自助餐车车厢的隔间里有些紧张地坐着。戴着羊毛便帽、穿着灯笼裤的报童们在较大的停靠点站台上跑来跑去，透过热腾腾的窗户，塞进来印着黑色大标题的廉价小报。还有记者们，那些每周20美元的寄生虫们，沿着大约175英里（282千米）的铁路在闲逛，带着笨重的相机，软呢帽的饰带上插着黄色名片，上面用大写字体印着显眼的"新闻"字样，他们正沿着走廊疯狂地搜寻他，想给早上的报纸套弄一句他本人的话。但是，如果他们弄不到采访，他们就自己编造一句，也没问题。这个可恶的故事内容过于丰富：《旧约》中的地狱之火；某种手斧或者盖瓦工具劈开人的脑袋，甚至砸出脑浆；一个穿白褂的黑人仆人，据说中午还在老老实实地舀汤，不知为何突然就疯了。最吸引人的是所有的那些间接暗指、私底下流传的谣言和无法控制的幸灾乐祸，他们都认为这是中西部报应的野火，神的惩罚，上帝对放荡之人和通奸者的审判。即使弗兰克·劳埃德·赖特本人逃过了大火和屠杀，他的不义之财不也遭到报应付之一炬了吗？也许这样更好，这件事会影响他的余生。

序 言
出自《旧约》：1914年8月15日

弗兰克·劳埃德·赖特与塔里埃森的研究员，1937年11月

某种意义上说，这是一本站在石头上的书。

弗兰克·劳埃德·赖特在南北战争结束后的第二年出生，在苏联发射第一颗人造卫星不到两年后去世，在世91年10个月。1914年8月15日，赖特47岁，此时他近百年的人生走到大约一半，一场巨大的灾难落在了这位美国最伟大的建筑师身上，这场灾难足以摧毁任何一个意志不够强大、自我意识不足的

为火所困：赖特的梦想与愤怒

人——虽然我这句话说的有点啰唆。一个名叫朱利安·卡尔顿的黑人仆役发疯，放火烧了赖特在威斯康星州斯普林格林市的住宅塔里埃森，并谋杀和重伤了7人，其中就包括赖特深爱的女人。过去几年，他们一直"不体面地"生活在一起，与此同时，他体面的妻子（拒绝接受这一切）还在伊利诺伊州的橡树园，仍在祈祷他能重拾道德感返回家庭。"这一打击如同雷击降临。"赖特在多年后的自传中写道，"不到30分钟的时间里，房屋以及里面的一切都被烧光了，露出了石头和地面。"赖特的自传是20世纪最伟大的回忆录之一，虽然里面每一页的内容都让人生疑。

在灾难发生的5年前，赖特就已经彻底改变了美国建筑，并创造了其他艺术家可能一生都难以企及的作品，1909年秋天，赖特放弃了他的工作，和富有自由思考精神的梅玛·博思威克·切尼一起远走欧洲。梅玛是他在橡树园的邻居兼客户（他们两家的住宅相隔6条街，并且两个家庭在社交和其他方面也有不少交集）。这不仅是当地的丑闻，遭到牧师和报纸社论的谴责，还引起了地区性，甚至某种程度上全国性的愤怒。她抛弃了丈夫和两个年幼的孩子，他抛弃了妻子和6个孩子，其中最小的一个才5岁。据赖特说，他当时在"精神逃亡"。在一段相对平静的生活之后，在断断续续地努力重建搁浅的事业之后，正当世界大战即将在欧洲爆发时，夏天末尾一个星期六的下午，在威斯康星山坡上一个令人惊叹的悬挑住宅里，45岁的梅玛·博思威克（她从离婚之后就放弃了原先夫家的姓氏）死了，不，不仅是死了，她遭遇了最可怕的屠杀，同时被杀死的还有她的两个孩子，她之前与所爱的男人出走时曾经遗弃的那两个孩子。

第二天清晨，《芝加哥周日论坛报》首页是耸人听闻的8栏大标题《震惊世界的大战一触即发》，正下方是颜色稍浅但是同样大字号的标题横贯版面——《威斯康星别墅里的可怕罪行》。其他报纸的标题上也不可避免地用上了"爱巢""爱舍"或者"爱情城堡"的字样。

13天之前，约翰和玛莎·切尼从伊利诺伊州来到斯普林格林，准备与他们那位备受指责的母亲一起度过一个月的假期。（他们的父亲已经再婚，并且

序言 出自《旧约》：1914年8月15日

拥有两个孩子的监护权。）那天有9个人遭到袭击，但那栋房子的主人，那个臭名昭著的名人，却不是其中之一，弗兰克·劳埃德·赖特在芝加哥出差。他4天前离开了威斯康星州，打算在周末回来。如果谋杀者如愿以偿的话，那将没有幸存者，赖特也无家可回。关于卡尔顿，历史上仍然有很多不解之谜，实际上，在仅仅不到10、12或者14分钟的疯狂袭击中，骨架不大、中等身材、看上去很安静并且懂分寸的朱利安·卡尔顿，设法把泛着泡沫的汽油一道道洒下去，点燃了火柴，并用他的武器突然对着9个毫无戒心的人下手，杀死了其中的7个人。（他们只是坐下来吃午饭，卡尔顿的工作就是为他们用餐提供服务。）上面的说法不是很准确：7个人中有3人几乎立刻死在了他手上，而另外4个人各自经历了几小时或数天的痛苦后才死去。

卡尔顿使用了一柄手斧，从后来对案件的推演来看，在一些情况下他使用了斧子的两端，这看上去几乎是随意的。更严格地说，犯罪工具是盖屋顶用的盖板斧头，这意味着它有一个特别加重的铁头和细长的木柄，从而赋予了它更大的摆动力和扭力。细长头的一端是刀口刀片，用于调整大小和切瓦片，另一端是方头锤子，能把钉子敲到瓦片里。从某种怪诞的意义上讲，你可以说这是一时兴起之下选择的武器，在前端负载的重量下有双重的杀伤力。另外，也许它只是放在附近可以顺手拿起来的工具，替代了双筒猎枪。没有人真的了解。不过，猎枪会比盖板斧头更扎眼，盖板斧可以隐藏在白色的仆役衬衫下带入进餐区，或者将斧头朝下固定在裤腿上。但是，事实并非一定是这样的。尽管至今为止，已经有三代的赖特传记作家和历史学家记载、阅读和想过这一时刻，剧作家们、报纸专题作家、纪录片制片人、一些小说家、阴谋理论家不断地遐想，甚至还有一个歌剧公司将这个故事想象性地搬上了舞台表演，但是，这件事却仍然有很多可以想象和呈现的未解之谜。这就是说，我们对此了解的很多，而同时又很少。在某种程度上，这是关于弗兰克·劳埃德·赖特本人的定义。谜语叠套在谜语里，三角形画在圆圈里，圆圈套在正方形里。

关于盖板斧：据说，前一天晚上，这位屠杀者在仆役住所里，朝着他和他的女人（到底是他的合法妻子还是同居人，没人能确定）胡言乱语地咆哮，他还把工具放在枕头下睡觉。在此之前的几个晚上，他将斧头放在床边一个带有拉绳的袋子里。卡尔顿的伴侣名字叫格特鲁德，历史对她的了解甚至比对卡尔顿的了解还少。是她在暴行发生之后提供了以上的证词说法。

在谋杀案发生几个小时之后，几家报纸的新闻快报和号外就投放到了大街上。此外，形形色色的报纸报道把这个茫然的女人写得像是喜剧演员斯蒂芬·费奇特那样，操着一口黑人土话："我不知道他是咋回事，大晌午他就不对劲。后来，我看见他发疯了在屋里跑，嘴里胡说要杀人，我跑出去藏了起来，再后来看见烟了，我就赶紧跑了。"

朱利安·卡尔顿，先不说他的行为，连他的名字在过去的几十年里都被传得乱七八糟。当时弄错他的名字是可以理解的，但是，甚至现代的赖特学者也拼错了他的名字。我们连名字都弄不对，这种单纯的无能本身，似乎正好说明我们根本无力理解生活本身，也无法真正地知道他是怎么回事。有一张他的照片保存了下来，是头和肩膀以上的镜头，感光乳剂上显示有一道光，没有准确对焦，上面还有水印、折痕和化学白斑。这是在他被捕后一两天，在关押他的牢房里拍的（或者可能在外面的走廊上）。他在杀人事件发生大约5个小时之后被捕，当时很明显，他吞下了一瓶毒药。他看起来——我可以这样说吗——富有一种诗意，有些不安和忧郁。他看上去很瘦，他的头发剪得很短，穿着一件看起来很旧的薄棉布工作衫；他的眼睛向下凝视，仿佛是在思考自己的所作所为，他的眼睑几乎是闭上的，嘴唇抿成细细薄薄的一条线。我去过威斯康星州道奇维尔市的地下监狱牢房，朱利安·卡尔顿在那里住了53天，慢慢地走向了死亡。他的喉咙毁了，舌头肿胀，说的句子含混不清，或者一言不发，多数时候他拒绝进食。我从已经废弃不用的监狱里开始，从潮湿、肮脏的地方走了很长的一段路，一直走到隔壁那座希腊复兴风格的法院大楼，试图发现有关他生活的任何东西。我真的发现了一些意想不到的东西，有关他的一生，外加他的行为向外扩散和向心作用的一些影响。但是我把这些信息留到后面再说，到

序言　出自《旧约》：1914年8月15日

时把它们按时间顺序联系起来会更有意义——也许到时会显得不那么有刺激性。朱利安·卡尔顿犯下这件大案的时候只有26岁，据报道，他来自巴巴多斯或者古巴（实际上这两个地方都不对，他来自阿拉巴马州，他的父母可能出生在奴隶制的时候，家里至少有13个孩子），并且一生中体重从未超过150磅（68千克）。如果我们只讲1914年8月15日的话，他是所有谜团中最大的谜团。当然，我们要说的不仅与他有关。

至于像斯蒂芬·费奇特，是因为媒体抓住这个难得一见的耸人听闻事件，把他描绘成斯蒂芬·费奇特那样不善言辞、操一口土话的黑人，或者截然相反地把他描绘成能言善辩的人物。第二天早上，《密尔沃基日报》（"平时日报一分钱，星期日两分钱"）上说，他被捕时说："我要死了，我死了，我吃了毒药。我要立马死了，你们不用杀我。"《密尔沃基日报》的竞争对手《密尔沃基前哨报》说，他最近与另一名员工在房子里起了争执，这种说法始终只是关于惨案为何发生的未经证实（却广泛传播）的一种理论。《密尔沃基前哨报》的读者比《密尔沃基日报》少三四万人。

关于抓捕，这本身就是个夹杂了荒诞内容的故事。他们发现他藏在房屋下面的火炉里，那一部分的建筑还没有完全烧毁。更准确地说，他藏在与火炉相连的铺了石棉的锅炉中，他一定是脚先伸进去的。当时，警长试图避开聚集的私刑暴民，他听到锅炉里传来响声，下午5∶30左右，当他们打开锅炉门时，看到他就藏在那里。警长和他的手下拽着他的脑袋把他拽了出来。据说他呻吟着，嘴里喊着"酸"，手里仍然紧攥着他那把敲掉人脑袋的武器。"喝水。"另一种说法，类似侦探身份的人把炉门打开，他就像是一个从车厢里下来的流浪汉，脱下帽子道："是氢氯酸，伙计们——氢氯酸。"氢氯酸就是我们今天的盐酸。

但是，让我们回到那天中午大约12∶20。就算我们掌握了一些已知的事实，它们也被石棉封在了数十个永远无法回答的问题中。例如，有一个一直存在的比较小的谜团（在整体框架下比较小），那就是一个人必须拥有几乎超自然的能量和速度才能完成这一切：可以想象一个穿白外套的托钵僧挥舞着战斧一样的东西。朱利安·卡尔顿似乎不可能是独自行动——可事实确实如此。当天中午，有9个人入座：3个人坐在一个房间的桌边，另外6个人坐在另一个房间的桌边。两个用餐空间对角分布，一个在房屋的东北侧，另一个在西南侧，中间还有其他房间和门口隔开。3个人的那一组在客厅和家庭用餐区旁边的门廊和露台上。另外一组人在一个较小的房间里，这个房间是工人们用餐的地方，这些人都是赖特的雇员。他们的身份是工匠和制图员，有些人在屋里和地里帮忙做杂务，其他人则协助设计委托给赖特的项目。其中还有个孩子，欧内斯特·韦斯顿才13岁，这个男孩和他的父亲都在那里工作，他父亲是个手艺高超的木匠。欧内斯特希望有一天能成为一名建筑师，能比父亲的人生更上一个高度。弗兰克·劳埃德·赖特对他非常关注。那天清晨，韦斯顿父子从自己的家里出发，踩着脚踏车，穿过潮湿的乡间小路来到塔里埃森。那是庄稼打谷的时候，上午10点左右，当露水褪去时，农民们在忙着砍苜蓿，海伦娜山谷里弥散着一股香气。

关于塔里埃森，它在威尔士语中的意思是"闪亮的额头"，也是公元6世纪一个威尔士吟游诗人的名字。塔里埃森当时盖了有3个年头了，它是由木头、石膏和黄色石灰石建成的，石灰石是用马队从一英里外的采石场运来的。房子里到处都是木头，尤其是柏木，这是房主近期的最爱。柏木给室内装饰打上了一层类似南瓜色的光泽，尤其是在亮起灯火的夜晚。赖特将这座砂岩色的房屋建在一座绿色山丘的中上端，从那里能够俯瞰威斯康星河的一道环形弯。赖特对他的追随者们训诫说，永远不要在山顶上建房，一旦把房子建在山顶，你就失去了那座山，要建就建在山脊和临近山顶的地方。这座山和附近山谷是赖特母亲那边祖传的产业，他从小就熟悉并且热爱这片地方，他的家人们（包括一个妹妹）都生活在这座驼峰之间。

至今，经过一次又一次的重建之后，塔里埃森仍然坐落在威斯康星河南侧的那座绿色山丘上。这个地方虽然名声不小，但仍有乡村风情，起伏不断。

序言　出自《旧约》：1914年8月15日

弗兰克·劳埃德·赖特逝世60年后，来自全球各地的赖特崇拜者来到威斯康星州西南部这个小地方，对大师的作品大为赞叹。正如各种评论所说，这座房子是他经过不断修改，用石头和木头写成的自传；还有人称这里为"湿油画布"。令人惊叹的是，塔里埃森似乎是从山坡上长出来的，似乎不是赖特而是大自然把它安置在了山坡上，或者更确切地说，好像房屋和山丘在冰河时期之前就以某种方式共同存在。赖特一生中常说的格言就是，他的建筑物就像植物和树木，从内而外生长，破土而出，渴望光芒。这是他的"有机建筑"信条的一部分。他对"有机建筑"这个概念的定义就像地壳板块构造一样总是在变化，有时甚至连他自己都感到困惑不清。就好像他知道自己的意思，或者至少有某种感觉，虽然其他人不了解。但归根结底，从某种精神和理性上说，他自己也并非真正知道。他不需要知道，他只需要构思、绘图，然后把作品制作出来。这位善于自我宣传的艺术大师曾经说过："东西是从我的袖子里变出来的。"在72年的建筑师职业生涯中，弗兰克·劳埃德·赖特这位自我主义者的袖子里变出了1100多件作品，从任何艺术角度来看，这个数字都是惊人的。这些作品包括教堂、学校、办公室、银行、博物馆、酒店、医疗诊所、一处汽车展示厅、一座犹太教堂、一英里多高的摩天大楼，以及明尼苏达州克洛凯市飞利浦斯66号公司一座奇异的加油站。当然，在绝大多数情况下，他的作品是人类的房屋、住宅和庇护所。他所有的图纸、设计和研究中还有近一半并没有变为现实，还有400多个作品有望从美国的土地上神奇地破土而出，落地生根。匹兹堡附近的流水别墅，第五大道的古根海姆博物馆，威斯康星州拉辛市的约翰逊制蜡公司大楼，橡树园的联合教堂，芝加哥大学校园内的罗比之家，这5个为人熟知的作品都是他的代表作。

在1914年8月15日中午12：20左右，一件事突然不知因何而起。当时制图员和工匠们进屋来吃饭，我们试想一下，那些戴着草帽的工人穿着交叉背带的工作服，把牛仔布袖子撸到胳膊肘，用碱液肥皂在瓷盆里洗了手，然后用毛巾擦了擦，边闹着玩边找座位坐下来。他们所有人都饿得要死，包括那个男孩。在农村里，人们把午餐叫作"正餐"。开始吧，把新鲜采摘的玉米、甜茶、炸鸡和羽衣甘蓝以及刚切成薄片的番茄牛排端上来。（报道都说汤是第一道菜，也是最后一道菜，但似乎没有人知道是哪一种汤。而且，8月的炎热天气下，喝汤会不会有点奇怪？听起来像是假的。）

在露台上，梅玛和她的儿女享受了周六早上闲暇的乡村时光，兴许正期待会有微风吹过。实际上，在我的想象中，他们僵硬地坐在那里。众所周知，她的两个孩子都不喜欢威斯康星州，对他们来说这里太偏僻了。

尽管现代的一些赖特年代史编者试图重现接下来的10、12分钟或14分钟（他们似乎以为这样做就可以解释所发生的一切），但事实是，没有人知道确切的事件顺序或者精确的时间框架。一般认为，这个即将杀人的仆役先把午餐或者其中的部分食物端给了在另一个房间的工人，然后他先袭击了露台上的梅玛母子三人。如果真是这样，朱利安·卡尔顿肯定是安静地离开了那个小房间，仿佛是要回厨房取其他食物的样子。但是恰恰相反，一走出工人们的视野，他就迅速跑到露台那里下手，得手之后立即折回小房间，他把汽油汩汩地倒在了门框下，点着了大火，并趁着受害者试图逃离的时候进一步杀人。有一种说法在书籍和文章里都提到过，说之前早些时候，朱利安·卡尔顿用汽油泡了一块卷起来的地毯，并关上了所有门窗的螺栓。这已经成了常见说法的一部分，流传下来，但并没有证据证明。

据说，在露台上，梅玛是那天第一个死的人。他用斧刃刺穿她的脑后部，伤口上有一个明显的圆滑弧度，刀刃穿过她的大脑，几乎横贯到另一侧她的额头上方。第二天，几家报纸都报道说"头颅从中间劈开"。没有幸存的目击者见证当时究竟发生了什么，但是这并没有阻止一位狂热的新闻记者写道："那个黑人悄无声息地走到博思威克太太身后，举起武器，女人13岁的儿子约翰·切尼大叫道：'哦，妈妈，你看朱利安。'"其实，约翰12岁，而不是13

序言 出自《旧约》：1914年8月15日

岁，他的母亲也不是什么"太太"，至少最近几年都没有人这么称呼她。

据说，卡尔顿杀死了她，然后在她的身上浇上了汽油。这很有可能，但他并没有立即这样做——他应该是在6、7或者8分钟后再次回到了露台。当天下午晚些时候，当救援人员给梅玛盖上床单时，她的衣服、波浪般的黑发和白皙的皮肤（她从不喜欢晒太阳）都被烧毁了，没有烧掉的部分也烧得发黑，就像是最小的昆虫在一片烧毁的森林里也会变得焦黑。这就是为什么人们认为他往梅玛的尸体上浇满了汽油：根据灼烧的程度看，她的尸体不是被引燃了，而是一下子燃烧成一团火，似乎凶手不光是想要杀死她，还要把她整个人毁灭掉。

她的儿子似乎是下一个被害者，可能是遭到同样的用力猛击，立即死去了。他似乎也被汽油浸透了，烧得除了灰烬之外只剩下一些变黑的骨头。

但是约翰的妹妹玛莎·切尼遭遇了最残酷的死亡方式，尽管她没有被烧成灰。玛莎到9月份就要9岁了，她顶着一头男孩式样的头发，平时喜欢买小商店里的戒指，还会撒娇从溺爱她的父亲那里要来各种更漂亮的戒指。大家都知道她是个被宠坏了的爱烦恼的小女孩。当她看到灾难降临的时候，很显然，她突然反应过来开始猛跑，穿过客厅和饭厅，而卡尔顿紧追在后。也许是因为俩人在跑动，所以他没法干脆地猛砍上去，他肯定非常懊恼。他追上了女孩，他从后面用斧刃的一头至少砍了她3次，3处伤口一个比一个高。也许他在对方跌倒之前就已经砍中了一两次，但是当女孩倒了下去，他决定不用斧刃而是用重锤的一端袭击。从被袭击的方式来看，玛莎应该是倒地后，面朝着他，或许她已经吓得闭上了眼睛。为什么在那半秒钟的混乱中凶手要把斧头翻过来用锤子的一端呢？也许一切都可以归咎于卡尔顿让人至今仍无法解释的思维方式。

不管怎么说，朱利安·卡尔顿狠狠地锤击了那个女孩，以至于当人们找到她时，玛莎的脸凹成了洞，脸上全是锤击的痕迹。而且，不知为什么，玛莎·切尼仍然没有死。很显然她从凶手离开的地方又爬了一段，爬到了阳光下，爬到了凉廊和内庭的石板小径上。救援人员赶来的时候，她喘着粗气，失血严重,大部分衣服都被烧掉了。玛莎奄奄一息地拖延了两个半小时,直到下午3点多。救援人员给她的嘴唇上沾了点水,包裹了她的伤口。有人站在她身旁,跪在她身边,也许还牵着手为她祈祷。在那天下午或晚上的某个时候,在用白布给她蒙上脸之前,可能是医生、地方法官或者验尸官,也可能是当时跑来帮忙扑灭大火、寻找杀手的几百个当地农民之一,写下了这张听起来像是临床诊断的冷静客观的记录,并被好几家报纸引用:

"右耳后3处伤口,一个比一个高;最上面的伤口穿透头骨。右眼下是斧头留下的印记。"

关于这一时刻的想象出现在作家T.C.博伊尔10年前的小说《女人》,他以一种血腥的诗意遐想了门廊上的那几分钟:

> 然后他穿过了门,速度快得连他自己都感到惊讶,这一次她抬起头,这一次她看见了他,这一次她的目光锁定了他。那一刻斧刃猛地朝她劈过来,砍到了她的发际线处,她大脑中红的、灰的和粉红的油脂喷了出来,溅到了他那漂白的白色外衣上,就像是魔鬼降下的一场雨。男孩是下一个对象,在他做出反应之前,在他还没明白眼前发生了什么之前,斧头又砍了下来,一次,两次,男孩抽搐着死去。于此同时,那个女孩跳起来往外跑,他从后面劈向她的右耳侧,一次,两次,三次,女孩跌倒在石头地面上,像蛆虫一样爬行,然后她的脸转过来朝着他,女孩脸色苍白,眼睛睁大,这样他不得不再次用斧子平头的那端砸向她的脸,砸扁她的颧骨。女孩也永远地闭上了眼睛。

但这或多或少是历史的虚构而已。博伊尔的小说可读性非常强,就像其他许多人一样(他们并非根据普遍认为的合理事实来创作),他拼错了杀手的名字(他把凶手名字写成了Carleton,总比其他人用的Carlston、Carliton或者

序言 出自《旧约》：1914年8月15日

Carlson要好点），不过这并不要紧。

也许我最好是在这个地方把故事打断，至少到目前为止，你已经听得够多了。我不需要告诉你另一个房间里发生了什么，大家可以自行想象。那就在这里切断这个故事吧，让受害者能够不受打扰地躺在那栋被火付之一炬的屋子里，让我把故事的焦点转移到我们的中心人物上来。那个不在场的人是什么样子的呢？1914年8月15日大约下午一点，我们提到的那个傲慢、自恋、自大、道德上颇受争议的47岁天才建筑师，他拿起了电话，听到一些完全不可思议的消息，他是什么样的呢？接下来的那半天里，他又是什么样的呢？

当时他在斯普林格林东南方向不到200英里（322千米）的地方。

位于芝加哥南区的伍德劳恩是个喧哗的城市社区，这里有个停车场位于东六十和东六十一街之间，附近一栋中型公寓楼和一栋小型老年居民楼都在这里停车。如果你从东六十街出来，穿过两座建筑物之间的一扇门，走到停车场的东南角，沿着一堆灌木丛和杂草丛走过去，这些草丛在夏天会长得又高又厚，然后踢走那里可能堆积的垃圾——旧的雪茄包装纸，脏兮兮的汉堡王用餐小票，聚苯乙烯泡沫塑料的外卖盒子，也许还有用过的避孕套——你就会看到一块浅黄色的石头。它大约10英尺（3米）长，七八英寸高，半英尺宽，它的质地像卵石，样子看上去像是从地底下蹦出来的，但从某种意义上来说，它似乎真的是从过去的时间里蹦出来的：这块浇筑的混凝土板曾经是一堵墙、一个露台或者一个楼梯的地基，它在这个地方有一个多世纪了。它应该是米德韦花园残留的最后痕迹了，而花园早就已经被推倒埋葬了。米德韦花园是芝加哥狂想时代城市历史的代表，它是一个室内外的综合娱乐场所，你可以把它想象成是一个慕尼黑啤酒花园，但是它的规模和异国情调是啤酒公园的一百倍，这样你就明白创造者心中的理念了。你可以想象成《一千零一夜》与对"忽必烈汗"的想象在中西部星空下的结合，想象各种立体抽象，想象圆形、正方形和

011

三角形之间的几何作用。这个地方大约有一个足球场大,也就是300英尺(92米)乘以300英尺,占地广阔,但是相对于那里可以上演的一切来说,似乎还不够大。这里有华丽的雕塑、多彩斑斓的壁画、点着灯笼的步行区、喷泉、屋顶花园、下沉式花园、观景楼、拱廊、倒映的池塘和悬挑的露台,还有一个大型音乐亭和一个舞台,有正式和非正式的跳舞区和就餐厅。("冬季花园"的核心是正式的室内用餐环境,餐厅里有厚实的白色会标桌布,专门烧制的釉面陶瓷盘子,定制设计的茶壶和餐巾环。)户外用餐和跳舞在"夏季花园",花园里有鲜花装饰的5层露台。所有的一切——花式铅条装饰的玻璃窗、椅子、餐具、雪茄架、赌场、衣帽间、销售摊位、平民酒馆、私人会所,甚至厕所本身——都应该成为和谐、流动空间的一部分。这里曾经有大型管弦乐队整夜整夜地演奏,星期天下午的舞曲连奏把所有人,甚至孩子们,都吸引到舞池里。似乎所有大众适用的娱乐艺术,无论是高雅的还是低俗的,无论是针对大众的还是显贵的,都融合在一起,成为一个不可思议的整体,出现在芝加哥南区的这一大片街区里。

国家交响乐团在米德韦开幕之夜演奏了瓦格纳《名歌手》的序曲,俄罗斯皇家芭蕾舞团的安娜·帕夫洛娃曾在米德韦跳舞,沃普·华勒、墨菲·斯蒂恩博格和本尼·古德曼先后在米德韦演奏。然而,在开幕后的4个月后(1914年初夏,奥地利大公弗朗兹·费迪南德被塞尔维亚民族主义者暗杀的第二天),当地报纸上已经出现关于米德韦可能被收回拍卖的报道。事实证明,这个地方从一开始就严重缺乏资金,在严峻的经济压力下,它继续运营了两年多的时间(宾客虽然喜欢,但太过稀少),最后不得不宣告破产被接收。尽管如此,花园又硬撑了10年左右,经营者更迭替换,调换了各种娱乐形式,当然这些形式和创造者最初的理念已经毫不相干了。最终,在1920年代后期,那时禁酒令已经出台,负责收埋垃圾的公司把整个建筑抛掷进了密歇根湖里,作为防洪堤和垃圾填埋场。(更加惨不忍睹的是,后来的一段时间内,这里的部分场地变成了加油站和洗车场。)

序言　出自《旧约》：1914年8月15日

也就是说，整个米德韦花园只剩下一小块卵石质地的浅色混凝土，无意间被遗忘在了那里。如今，它像一个真正的十字架，靠着金属栅栏，就在铺平的停车场东南角，在一栋17层的公寓大楼和一栋5层高的老年公寓后面，就在芝加哥正在翻新改造的伍德劳恩老社区里。它的一侧是科蒂奇格罗夫大道，另一侧是兰利大道，两条路中间的东北方向就是芝加哥大学庄严的哥特式建筑轮廓。

在写这本书的时候，我自己经常来这一带，看这个地点，这块石头，我并不是希望向一座建筑遗迹致敬（这个地方似乎很少有人知道），而是因为我试图再次感受弗兰克·劳埃德·赖特的人性。大家已经猜到了，他是米德韦花园的缔造者。我尽自己所能可以确定——我已经征询了许多专家的意见，其中有一位专家的大部分学术生涯都在研究米德韦公园——当他把电话听筒贴到耳朵上，当他第一时间听到威斯康星州刚刚发生的一切时，他就站在附近的某个地方。他站的地方距离这块看上去毫不起眼的大石头大约不到100或者125英尺，甚至可能距离几十英尺。具体数字并不重要。这就是为什么我来中西部报道时会来这里，我基本上只是一个人站在这里，把垃圾踢开，我有时觉得自己有些傻气，但我尝试着想象那个男人的样子，他头晕目眩，本能地不肯相信，骇然之下他需要伸手抓住手边的东西才能站稳。在这块石头面前，我可以再次找到弗兰克·劳埃德·赖特人性的一面，事实上，我认为他的人性是强大的——不，实际上不仅强大，而且是无限的。问题是，当你在寻找这种人性并进行说明时，你必须要心甘情愿地不断踢开各种各样垃圾和渣滓，它们的下面隐藏着赖特的人性和脆弱。这就是这本书的内容，我希望要说的东西，当然，我是在从上至下界定这本书。相反，赖特的建筑原则是从下而上、由内而外的。

米德韦花园的缔造者那天在施工现场，因为尽管设施已经从6月27日对外

为火所困：赖特的梦想与愤怒

开放，但这里还远未完工。赖特总是给他的项目反复做最后的润色，这次也是有重要的事情还没有完成，他和他的第二个孩子约翰·劳埃德·赖特都在那里。约翰·劳埃德·赖特那年21岁，刚开始自己的建筑生涯，在他的父亲手下工作，他对父亲有某种程度的恐惧和厌恶，也带有某种仰慕。赖特和他的孩子们的关系可以写成一本大部头的书，并且会和这本书循环交叉。目前可以说，虽然他5年前抛弃了自己的家庭，但是在他有限的情感范围之内，这位强悍、自私、不负责任的父亲还是试图对四个儿子和两个女儿承担起父亲的责任，6个孩子的年龄从24岁到10岁不等。赖特周二晚上从威斯康星州坐火车过来，并安排了他的二儿子在火车站接他。

他在车站见了约翰——他已经把约翰培养成了南区项目的现场主管——两人坐出租车去了米德韦。过去的4个晚上，父子俩据说是并排睡在工地一角的一堆刨花上，这样他们就可以监督夜间通宵工作的工人。（这对赖特来说并不足以为奇，尤其当他还是一名年轻建筑师的时候，他会不事先打招呼就出现在外地的项目现场，检查工作，督促进度，然后在简陋的垫子、毯子上或者任何方便的地方过夜。）

周六下午很早的时候，两人来到了位于花园东北角的小酒馆，酒馆紧挨着公共入口，正对着科蒂奇格鲁夫大街。昨天下过雨，天气不那么炎热了，开始有了一些秋天的味道。儿子站在脚手架上，在酒馆的一面墙上画着壁画，壁画的草图是父亲提前画好的。儿子正在用油性着色剂和金箔绘图，他的父亲坐在房间另一头的一张桌子旁，一边吃着三明治，一边检查工作。桌面上也许还散落着晨报，他有可能看了看海外传来的爆炸性新闻——一支庞大的德国军队正穿过比利时，日本海军据说正启航加入英国的舰队。

一位女速记员或者办公室文员走了进来。"赖特先生，有您的电话。"在1946年出版的一本名为《我在人世间的父亲》的书中，约翰·赖特对这一时刻进行了描述。话说，这本书不厚，既不像传记，也不像回忆录，有些奇特之处，就事实细节来说它并不可信，里面充满了消极抵抗的愤怒和身为子女的孺

序言　出自《旧约》：1914年8月15日

慕之情。(从书名就可以看出来,他的书固然是各种复杂情绪的混合,但同时它也是一份至关重要的记录,毕竟当时他在那里。不过,这本书每一个细节都需要进行反复核实,在某些情况下我们不可能做到如此。)

约翰记得父亲跟着她走出房间。当赖特回来的时候,约翰一边手拿着刷子面对着墙壁,一边还吃着一个三明治。这时屋里有种不自然的缄默,只听到他父亲吃力的呼吸声。约翰往下一看,父亲正设法靠在桌子上站稳。约翰从脚手架上爬下来,"出了什么事,爸爸?"他说。"约翰……叫出租车。"赖特低声说。"塔里埃森着火了。"他又低声说。儿子后来援引了父亲说的关于梅玛和她两个孩子的话:"我为什么今天要离开他们?"(这句话显然没有道理)"如果他们受伤了怎么办?"他引述了父亲的话,又写道:"他的声音破碎,双唇张开,脸色苍白。"

这明显意味着他还不知道最坏的情况,只知道火灾。

约翰记得他扶着父亲上了出租车,他们一起坐车狂飙向北到了车站,坐上到威斯康星州的最早一班列车,就在那漫长的铁路旅途中,在"那间灯光晦暗的车厢"里,他的父亲开始"从记者那里,从一路上报童的叫卖声中,了解到可怕的细节"。他重温深处的记忆,虚构了一个标题《塔里埃森烧成灰烬,7人死亡》。(事实并非如此。之前我说过,9个人中有7人遇害,但并不是7个人都当天死亡。到周六晚上,已经有5个人死亡,又过了两天两夜,朱利安·卡尔顿的最后两名受害者最终长逝。)

但是,真实的故事更惨重,更野蛮。真实的情节在那个下午和晚上一点一点地揭晓,最后彻底击溃了那个傲慢的男人。

如果第二天早上《芝加哥周日论坛报》的报道是可信的(在中西部所有的都市日报里,《论坛报》在当天以及接下来的几天里对此事的报道是最多的,或者至少报道篇幅是最多的),第一个找到赖特的是一个名叫弗兰克·罗斯的人。《论坛报》说他从威斯康星州首府麦迪逊市打来电话,但这似乎有点怀疑。(麦迪逊市离斯普林格林有整整一个小时的车程,那个人怎么能这么快就得到消息呢？）报纸说他是赖特的朋友，但没有证据证明这一点。弗兰克·罗斯，如果他的名字真是这样的话，到底是谁，是这团迷雾中的另一个未知点。（在那个时期的麦迪逊城市黄页里，并没有这个名字，倒是有人叫弗兰克·罗丝。）弗兰克·罗斯，或者弗兰克·罗丝，或者其他听起来名字很像的人，是不是根本并非麦迪逊人，而是斯普林格林的一个政府小官员？这是一个合乎逻辑的想法，只是他的身份一直无法确定。相信我，我自己已经试过了。

《论坛报》在前几段把其他十几个事项写得乱七八糟，然后继续写道："赖特先生听到消息时几乎崩溃了。当接到那个可怕的长途电话留言时，他正在米德韦公园，那个由他设计的新南区游乐园。'我是麦迪逊的弗兰克·罗斯，'电话里传来一个声音，'我要告诉你一个可怕的消息，你的妻子切尼太太，两个孩子，还有一个绘图员，被卡尔顿杀害了。卡尔顿放火烧了房子，然后逃走了。他一定是疯了，一群人正在追捕他。你最好马上回斯普林格林。'"

我们从其他渠道了解到，接到第一个电话之后，他在恐慌之下又来回接打了好几个电话，那时的电话很难打通。有人发给他电报，据说他还回了一两次电报，但是这些都没有凭证。赖特给他的律师谢尔曼·布斯打了电话，布斯当时并不在卢普区拉萨尔街博兰得大楼的办公室里，而是在自己的家里。赖特找到了他，问他能否尽快和自己一起坐火车去趟威斯康星州。另外，赖特显然还和一个在斧刃下死里逃生的年轻绘图员赫伯特·弗里茨交谈过。（当火烧着的时候，弗里茨撞向了工人用餐区的一排低矮的窗户，跌到了石头上，把胳膊碰断了，然后借着重力和本能的作用滚下了陡峭的山坡，摔向下面的小溪和筑坝拦成的池塘。）弗里茨从邻居家打电话时到底和赖特说了些什么，这并没有留下任何记录，但电话的内容应该绝不仅仅是报告火灾，当然火灾本身就够可怕了。

大约一小时后，父子俩坐上了一辆出租车，他们没有让司机去火车站，而是去了卢普区南密歇根大道管弦音乐厅的赖特办公室。在他遗弃家人爆发丑

序言 出自《旧约》：1914年8月15日

闻后，赖特试图重操旧业，虽然他的家和主要工作室现在都在威斯康星州，但他决定在芝加哥再次设置办公室。他的办公室就选在这座城市富有文化气息的地方，在艺术学院街对面8楼的一个小套房里。话说，他还一直想方设法逃避房租。

当天下午3点左右，《芝加哥每日新闻》在那里找到了他，可能编辑们得到了消息，匆匆派了一名记者到米德韦花园，然后又在管弦音乐厅的华丽大厅里安排了另一名记者。如果是这样的话，赖特肯定急匆匆地从他身边走过，来到了南端的电梯里。楼上810号房间的电话响了，电话不是从斯普林格林打来的，而是来自《每日新闻》的本地新闻部，编辑找上了他。

"您是否已经听说了斯普林格林发生的谋杀案？"

"我刚从长途电话里得知，我家里发生了一场可怕的灾难。我现在没什么要说的，我要尽快坐火车回去。"

"关于这桩犯罪，您有什么消息吗？"

"我没什么要说的。"

"根据《每日新闻》的记者报道，博思威克夫人和其他人遭到一个仆人的袭击，房子也着火了。"

"是的。"

（根据大街上立刻传播开的报道，他在回答"是"的时候，声音"低沉而颤抖"。）

"现在讨论这件事没有任何用处。我今晚就要回去，我大概要赶7点的火车，我只想知道第一班火车是什么时候。"

到了晚餐时间，这些热门的引述，挖掘出来的独家新闻，就已经散布到芝加哥的角角落落里。关于此事的报道已经收到了报纸的"比赛得分版"里。这是报纸最后面第10版的体育特辑，用来报道全球、国内和地方的头条新闻，尤其是所有球类比赛的新闻。在这一页的顶部，有一条两栏的标题《F.L.赖特的"伴侣"切尼夫人遭袭两男子被杀》，而在它的左边，在"快讯报道"下面写道："梅玛·博思威克·切尼夫人的儿子约翰·切尼，在威斯康星州斯普林格林被一个疯子杀害，今天下午晚些时候，在房子的废墟中发现了孩子的尸体。"

《芝加哥美国人》上都是关于这个故事的报道，一个下午，印刷机至少出了4版号外，这应该是莱诺牌排字机金属铸排最快的速度了。报纸的第一个标题是《"爱巢"里三人被杀》，这时下午的一些球赛甚至连四分之一场还没结束。下一版报纸采用了《"爱之屋"里三人被杀》的标题，两次报道相距大约45分钟，因为球赛的比分也做了更新。然后下一版是双层的报纸：《"爱之屋"里的三重谋杀，赖特的灵魂伴侣被杀》，文字的拼写犯了愚蠢的错误："黑人鹲鹲打伤多人，开始疯狂杀人。"再往下9段，"赖特家的'爱之屋'里发生了可怕的悲剧，今天发生的一切骇人听闻。多年以来，那位著名的建筑师和前切尼夫人公然违背传统在那里同居。""比赛最终得分"的那一版中报道了《最新消息》："28岁的卡尔顿已婚，他和他的妻子一起住在赖特家，6个月前赖特雇用了他，他以前受雇于福格申餐馆的老板约翰·Z.福格申。卡尔顿身高5英尺8英寸，中等身材，肤色较浅。"

赖特父子发现有一趟下午5点45分的火车，这是一条到麦迪逊的地方线路，由芝加哥&密尔沃基&圣保罗铁路公司（CM&SP）运营。没有别的车可以坐，他们不得不上车。在麦迪逊市（如果芝加哥的火车准点到达的话），他们可以转乘CM&SP公司的另一趟本地列车，在午夜前到达37英里（60千米）以西的斯普林格林。

他们很可能是乘出租车去的联合车站（他们从管弦音乐厅的电梯下来的时候，有没有报童往他们手里塞报纸呢？），在卡内尔街车站的主入口下车。赖特想找他的律师，但是他看到的是一群推推搡搡的记者，还有负责刑事杀人案的警探。约翰·赖特记得他护着父亲挤进了火车车厢，但事实并非如此。赖特在上车前发表了声明，可能就在5号门的轨道边。《论坛报》第二天早上的报道说，赖特当时非常心烦意乱，说话甚至不连贯，但是从引述的发言来看，赖特

序言　出自《旧约》：1914年8月15日

并非语无伦次，听起来他似乎很镇定。芝加哥的其他几家日报也引用了他的话，尽管引用的内容各不相同，但都非常相似，因此可以认为它们的引用相对准确。从大的方面来说，赖特离开之前的发言让人非常困惑——它引起了新的争论点——尤其是就这个故事中的一些重要未知信息来说：朱利安·卡尔顿和他的妻子要离开赖特家，是他们自己提出的，还是恰恰相反，他们几天前被解雇了？如果是后者的话（人们普遍认为是这样），那么很明显，这可能是作案的动机——这是一个假设而已。

《芝加哥周日先驱报》援引赖特的话说：" 他们都是我所见过的最好的仆人，妻子负责做饭，朱利安做杂活。他们是古巴人，尤其是朱利安，似乎具有高于黑人平均水平的智力和良好的教育。他俩不是长期雇佣的仆人，他们本该今天就离开。他们原打算要来芝加哥挣钱。3天前，我最后一次见他的时候，朱利安看起来完全正常。他肯定是疯了。"

这些话非常混乱，我之后还会继续讨论。

在这里，我们先把注意力集中在这个心烦意乱、一心想着要回家的男人身上，他刚坐上第143次列车餐车里的柳条背椅子，就发现《先驱报》的一个记者已经在那里等他了。（他是不是给CM&SP的铁路搬运工塞了10块钱，打听到了赖特要进哪个车厢？也许每个日报都派了四五个戴着软呢帽的人来报道这个故事。另外，也许并没有。因为那是一个周末，本地新闻编辑部里可能没几个人手。第二天的《先驱报》上刊登的这篇报道没有署名，原本写记者名字的地方只有"公告"两个大字。）

赖特问火车乘务员有没有见到他的律师谢尔曼·布斯，他肯定在某个车厢里（他确实在，两人很快就会碰面）。赖特坐到他的座位上，《先驱报》的记者就坐在能听得见他说话的地方，匆匆记下那些零碎的话。"我简直不敢相信，"赖特几乎是在大声地自言自语，"这太可怕了。最早是有个长途电话告诉我这个消息，我连忙打电话回去确认，我不敢相信这是真的，他们告诉我这是真的。她是个好女人——世界上最好的人。她曾经勇敢地承受一切，现在这些廉价小报会用庸俗的墨水玷污关于她的记忆,请你一定把她的名字写对,行吗?"

再过3天,也就是18号星期二,《先驱报》这份小报,这个城市最粗俗的报纸之一(也就是当《先驱报》还没有故作道德说教的高贵姿态之前),将在第8版发表一篇长篇社论,插图相当粗糙,标题为《无视法律的爱情的结局》。它的开头是这样的:"有一个女人,她有丈夫,还有另一个男人。"然后结尾是:"但是激情的、无法无天的爱情必然走向激情、无法无天的结局……没人知道这是怎么回事,但是在坐落于威斯康星群山的'爱情城堡'里,一个仆人陷入疯狂并开始杀人……一个古希腊的剧作家会说,那个精神失常的仆人是众神的工具,是众神对不顾体面的大胆行径的'激情'惩罚。那些信奉道德真理的人将会意识到,这个悲剧证实了一条真理——'罪恶的代价是死亡'。"

尽管如此,我们还得承认,这家侮辱人的小报把她的名字写对了——大多数时候是对的。

火车开动了。第一站是西大道,离联合车站3英里(5千米)。12分钟后,143次列车还没有出城就停了下来。我的老天,谁上了火车进了餐车?

是埃德温·H.切尼。埃德温·切尼为人正派,常去教堂做礼拜,他和蔼可亲又无聊乏味。他人到中年,秃顶圆脑袋,他是约翰和玛莎的父亲,梅玛·博思威克给他戴了绿帽子。他今天下午出去打高尔夫球了,突然有人到球场上通知了他。他应该是回了趟家,把几件衣服扔进小提箱里,然后找人迅速把他送到这里的西大道车站。这是离橡树园最近的车站。他至今仍然住在位于东街的草原风格住宅里,就是那个浑蛋弗兰克·劳埃德·赖特在很久很久以前给他和他的前妻设计的。事实上,房子是1903年,也就是11年前设计的。现在不仅他的前妻被抢走了,他的孩子也被杀死了?(他上车时了解多少信息我们无所得知,我猜他什么都知道了。)

《先驱报》的记者让切尼坐进了赖特的车厢。赖特抬起头。

"埃德!"

序言 出自《旧约》：1914年8月15日

"弗兰克！"

据《先驱报》报道："两人紧抓着彼此的手，然后两人把手放在对方的肩上。他们走到车厢的末端，两人没有说话，而是面对面地默默坐了一会儿。他们之后的谈话也很简短。"

我们研究一下CM&SP铁路旧的时间表，就能明白那天晚上龟速的火车让他们多么痛苦。算上没有提前安排的信号停车站，火车到麦迪逊要停21站。火车预定在晚上7点05分到达伊利诺伊州的长湖，46号里程标；走了两英里，又停了下来——到了英格尔赛德；又走了2英里（实际上是1.7英里），在福克斯湖停车；又走了4英里——到了斯普格罗夫。截至目前，第143次列车仍在伊利诺伊州，行程还不到54英里，一旦到达威斯康星州，还要经过11站（如果有信号站或邮件投递的话，还要停更多站）——曾达、沃尔沃斯、简斯维尔、米尔顿枢纽、凯冈萨湖。慢吞吞的速度似乎就是对他的惩罚，更不用说那些跳上车的记者、不时闯进来的报童、摇晃不稳的车厢、声音刺耳的车轮、呻吟的金属、耀眼的灯光、人们斜视的面孔、喧哗的噪声和酷热。而且，最糟糕的事情还在后头。

那天晚上，已经是周日凌晨时分，距离他第一次听到消息已经过去了12个小时，他到了塔里埃森附近他妹妹的家里（房子也是由他设计的），当时他已经在崩溃的边缘。他被搀扶着走进点着蜡烛的房间，当看到从火灾现场带过来的尸体时，他把头转了过去。

18年后，他在自传中说："过去五年里，我争取自由的奋斗几乎将我过去的生活吹得无影无踪，现在我付出的一切全都烟消云散了。"

※

我这本书并不打算成为任何传统意义上的弗兰克·劳埃德·赖特传记。根据不同的算法，这类传统传记大概已经有8到9本，更不必说还有成百上千本关于他的历史研究、专题著作、咖啡桌上摆设的流行读物，加上对赖特某一建筑、房屋或历史时期的学术研究。（他并不像毕加索那样经历很多艺术阶段，只是看起来不少而已。）从日历、餐垫、浴室发光灯到钥匙链，再到漆面樱桃酒色、带宣纸遮光罩的茶几台灯复制品，再到书籍本身（无论是针对儿童的立体书还是厚重的学术巨著），赖特产业年复一年地蓬勃发展。

相反，这本书的目的是成为一种修辞上的借代，用生活中一隅的研究来借代赖特浩瀚的生活。

我的目的是通过这些非线性时间的一隅之说，或者是一些故事的讲述，让叙事在时间上能够自由地前后移动，让读者不会感到迷惑。同时，叙事也按照时间顺序和从东到西的方向展开，从1867年6月8日，弗兰克·劳埃德·赖特在威斯康星州里奇兰中心［位于斯普林格林西北大约25英里（40千米）］出生，到1959年4月9日，弗兰克·劳埃德·赖特在亚利桑那州的斯科茨代尔市入院并进行了风险较高的腹部手术后，在距离他92岁生日还有两个月的一个早晨，他在睡梦中死去。任何一个了解赖特历史的人都知道，在斯科茨代尔市，在麦克道尔山脉的丘陵地带，他的西塔里埃森神奇地从索诺兰沙漠中现身。尽管他穿着病号服（5天前他被火急火燎地送进了凤凰城附近的圣约瑟夫医院），我仍然忍不住想象，在他人生的最后时刻，那个周四下午的4点45分，这个老派的花花公子满头银发，把刘海梳到一侧，在复活节的一周半之后（复活节在两个塔里埃森都有盛大的庆祝活动），他的衣着仍然分外考究，盛装打扮，戴着他的卷边叠层平顶帽，穿着黑斗篷和人字纹夹克（配上栀子花胸花和口袋方巾），再配上白色的高领、飘动的围巾和刚及脚踝的怪异裤子（几乎算是条紧身马裤），鞋跟一寸半的白色鞋子，但是他最好的配饰是那根油亮的弯把马六甲木手杖。当年他在曼哈顿第五大道上漫步，曾用它赶走记者和鸽子。传说，他叹了口气，就闭上了眼睛，在沙漠春日早晨凉爽的空气中随风而去。

噗。完美地消失。

不过，在消失之前，他可能在上衣左边的口袋里塞进了一支软芯的黑色绘图笔，还有一把削铅笔的小刀，这样他就可以在天堂里继续完成一两幅作品了。他曾经说过,生活中没有什么比坐在一张藏红色的葱皮空白纸前,用一支又粗又黑、刚削过的软芯铅笔来画画更有吸引力的了,"绝不会让我感到孤单寂寞。"他说。这对普通人来说几乎难以想象,但在他生命的最后10年里,赖特设计了他全部作品的近三分之一——他不断地走到倾斜的画板前,拿起他的丁字尺、三角板和比例尺,尽管这时他已经视力衰退并伴有周期性的梅尼埃病(内耳失衡的作用下,他头晕恶心,有时疼得像盲人一样趴在地上打滚)。他曾以赖特独有的方式把这种体验说得既美好又神秘:"这就是成为艺术家的意义——抓住表面之下,万物之中这种无处不在的本质。"

因此,比起真正的传记来,这本书更像是传记性的肖像描写,当然它也是一幅集体肖像描写,有一个中心人物萦绕在每一页,即使他没有出现在这一页。这个中心人物即使在人生中的最高时刻,穿着内增高鞋也从未超过5英尺8英寸半(1.72米)。尽管我也意识到这样做的风险,但是出于种种原因,我决定从扩展视角,开始讲述弗兰克·劳埃德·赖特神话般的一生中最神秘的时刻。

是的,人们广泛地关注和猜想1914年8月15日这一天。但是在我看来,我们对它的想象是不够的。为什么?因为1914年8月15日似乎代表了很多其他的东西,它具有非同寻常的象征意义,代表了那个可恨的人身上一种可恨的概念:也就是说,无论多么努力,我们永远不能真正地、确定地知道发生了什么。那一刻,那一天,过于变幻无常,不可捉摸,也太引人入胜了,本身就像是一本小说的情理。

这些话都可以用在弗兰克·劳埃德·赖特的身上。

毫无疑问,这个故事的哥特色彩是一个重要元素,可以称之为对神灵的亵渎。(这也可以作为对赖特本人的定义。)要深入探讨赖特的生活,我们必须正视一个露骨的事实:有太多的哥特因素和悲剧包围、纠缠着他的一生。没有人能够彻底解释这一点:弗兰克·劳埃德·赖特是一个艺术家,可以说他在美国有史以来最伟大的艺术家中排名第四或者第五,虽然他一生都从审美观照的层面构思崇高美和所谓安全的空间（实际上，是出于他自己的审美性和审美观念，他才不管我们，不管那些需要他设计建造空间的人，以及那些雇佣他的人），但他的一生基本上处于《旧约》般的灾难和混乱中，而且多数是他自己造成的。如果说和谐与秩序是他伟大的艺术理想，那么在他自己负债累累、丑闻缠身、死亡笼罩的一生中，他却找不到这样的理想。在某种程度上，这是艺术家最老套的故事，但是就他的情况来说，故事似乎夸张放大了。"人们不敢杜撰赖特的故事，因为他的一生太戏剧化了。"最近一位赖特传记作家艾达·露易斯·赫克斯泰伯这样说。（她2004年的研究《弗兰克·劳埃德·赖特》是迄今最具洞察力的短篇研究之一，但是该研究无意识中过于相信赖特编造的谎言。）也许这种看法还有另外一种表达方式：当赖特一生都在杜撰自己的故事时，我们凭什么还去编造那些关于他的故事呢？如果说他是我们公认的最伟大的建筑师，那么他也是我们公认的标准的骗子艺术家。他在任何话题上都能非常精彩地凭空捏造，以至于赖特历史学者反复地说，赖特几乎不懂得讲真话的基本概念。但我不这样认为，我觉得他心里很明白——但他仍然选择编造，并付出了精神代价。他心里一直都明白——这毫无疑问让故事更加人性化。

但是，关于哥特色彩、悲剧性和不可思议性，我们将视线从赖特的人生转向他的客户和赞助人的人生，很快就会发现，他们这些人身上有同样的现象。这些现象不一定总是存在，并一定占上风，但当它出现时，总有种震惊的效果：1909年秋天，在芝加哥南区南伍德劳恩大街一栋赖特建造的房子里，一个女人从3楼的电梯井里意外掉了下来（或者说她跳了下来），12年前她和从事肉类包装的丈夫一起搬进了这座房子。（关于海德公园的传说是，一个叫艾达·海勒的女人爱上了她的建筑师，两人最近可能有私通，但后来建筑师和梅玛私奔，他们两人之间就结束了。）

1941年5月的一个下午，3岁的男孩内德·波普走向了家门外的弗吉尼亚树林，离开他那满心欢喜的父母只有片刻工夫（小内德是父母唯一的孩子，

序言 出自《旧约》：1914年8月15日

父母满心欢喜的原因是他们拥有了一套舒适的7000美元建造的单层L形"尤松尼亚"理想住宅，来自威斯康星州的伟大建筑师特意为他们设计的，一家人刚搬进去不到两个月）。不知怎的，类似亵渎神灵的原因吧，不可思议的事发生了，他从斜坡上跑下去，跑进了邻居的池塘里，淹死在浅水里——前后不过两分钟的光景。多年后，我和内德·波普的父亲罗伦谈起这场悲剧，我当时正在为《华盛顿邮报》写一篇关于赖特的文章。罗伦个子不高，当时年纪也不小了，他弓着背坐在沙发上，2月的阳光洒进房间里。"那天我休息，"他说，"我走到外面，挖什么东西，他就这样跑掉了。我想是我没留意他。"他开始动手整理咖啡桌上摞着的几本书，其中一本书的题目是《感官的自然历史》，还有一本是《爱默生：燃烧的心灵》。"让我想想，我该怎么说呢？我最近没哭过，我已经有三四年没有哭过了。我不知道为什么。内德，我能说什么呢？他是个可爱的孩子，可爱又聪明的孩子。那个池塘非常小——如果他有五六岁，可能他就不会死。他跑到那里都怪我，我本能地跑到那个池塘边，是我找到他的。"

之后这本书交错着讲述从"东"到"西"的曲折旅程时，会更详细地讲这些故事。我以一种局部微观而非镜面反射的方式来讲述弗兰克·劳埃德·赖特，通过奇特的平行轴来思考——关注那些真正住在他设计的房子里的人的生活，在我看来，这是赖特研究中过去被忽视的主题。这样做能低调地呈现意义。这在某种意义上跟我个人的经历有关：20世纪50年代，围绕着赖特设计的一栋住宅出现了一件哥特式的恐怖事件，这是一栋非常重要的赖特住宅，位于伊利诺伊州的坎卡基市，就在我从小长大的一条街上。因为绑架赎金的问题，镇上最有钱的人被人活埋了——这个让人毛骨悚然的故事发生在我离家多年之后，但这件事的巨大影响传到了我当时住的地方。似乎我也有了属于自己的朱利安·卡尔顿之谜。我9岁的时候经常骑着一辆J.C.希金斯三速自行车经过那栋赖特的房子，我会站在人行道上盯着它看，它看上去独具一格。

我写这本书是从深入分析1914年8月15日这一天开始，最重要的原因是

为火所困：赖特的梦想与愤怒

我想从一开始消除前面所说的那种错误的观念。那种观念认为弗兰克·劳埃德·赖特的自负和傲慢是一层不锈钢盔甲，让他走过将近一个世纪的人生时没有痛苦和悔恨，他不像《圣经》里罗得的妻子，从没有回头看的冲动。20世纪中期的伟大历史学家、社会学家、《纽约客》的建筑评论家刘易斯·芒福德曾写道："他自始至终就像上帝一样，他采取行动却不受别人行动的影响。"芒福德研究赖特大约有30年了，他写的关于赖特的内容比其他任何评论家、报纸或者杂志都更有穿透力。但在这一点上，我认为芒福德完全错了。（首先，在塔里埃森8月的那个周六，尽管赖特不在场，朱利安·卡尔顿那几分钟的行动难道对他没有影响吗？）

耶鲁大学已故权威评论家文森特·斯库利曾经说过："我始终认为他是美国最伟大的骗子，因为他根据自己的形象改变了世界，他身上总有重重伪装。他来自马克·吐温，来自梅尔维尔。他这种人，坐在自己改装的林肯大陆车里，会把后视镜拆掉，因为他说，'我从不向后看。'"我不同意权威专家的看法，也不同意这段精练抒情的文字——我认为这是完全错误的，至少结论是错误的。

他一直在向后看，虽然是偷偷摸摸地看。有很多证据可以证明，但是证据并不明显，它们像鬼魂一样游荡，有时又会消失，有时头绪和线索就隐藏在显而易见的地方。尤其是在他人生的后半段，证据藏在他说过的话、做过的怪事和他去过的地方。但是，实际上，这种向后看的现象从他的早期就存在，在人生中期也一样。另外，在他人生的后半段，我们一起观看他的电视节目，看到他像只牛虻飞来飞去，面对着迈克·华莱士、戴夫·加洛韦、查尔斯·科林伍德、休·唐斯和阿利斯泰尔·库克等著名的电视人，随时会在采访中说出那些离谱的、极度自负的话，这也是事实。（20世纪50年代，还有哪个美国名人能比弗兰克·劳埃德·赖特更喜欢、更擅长利用我们客厅里那个闪耀着银光的电视盒子呢？）可能这两方面是同时成立的，一个人既可以如此自鸣得意，自以为是，同时也会暗自羞愧，默默地难过。

序言 出自《旧约》：1914年8月15日

1908年，他在给达尔文·马丁的信中写道："在我自己的生活中，有很多事情至少是复杂的。如果我能在自己身上找到你具有的那种和谐就好了，可是生活并不是这么简单。我很难让自己与生活达成谅解，我永远得不到安歇，除非我死去。"马丁是受他折磨最厉害的雇主。30年后，在马丁去世之后，赖特对他的遗孀说："我只希望，当时我能对他少索取、多付出一些，但性格就是命运，我的性格让我陷入沉重的困境——至今也找不到安全的港湾。"

8年后，他在给另一位主顾的信中说："糟糕的事情时有发生，关于我身上发生的一切，最好的、最坏的我都已经说过了。"他和这位赞助人曾就所罗门·R.古根海姆博物馆的建造问题大动干戈。他在信中并没有就为什么会这样继续说下去。他无须解释。

朱利安·卡尔顿的凶案过了几天后，赖特的背部和颈部生出了可怕的毒疮，他睡不着吃不下，只能在塔里埃森残留的一间小屋里泡冰块浴，趁着月光去山上走走，或者骑着马在山谷里飞驰，他告诉他的小妹妹（妹妹比他年轻10岁，名叫玛格丽特·艾伦，缩写成麦琪·内尔，又进一步简写成玛吉内尔："你记得吗，你曾经告诉我，当我飞得太高的时候，我触及的东西总有一天会毁掉我。"

25年之后，也就是1938年，他写道："我发现，当一个方案超出了正常水平太过于完美时，命运之手就会将其击垮。日本人迷信这种事，他们故意在某个地方留下一些不完美，以平息众神的嫉妒。而我忽视了防患于未然。"

10年前，1928年12月5日，他给一个嫡亲的表弟写了一封信，当时赖特正在俄克拉荷马州为这位表弟建造房子。自然，他和他表弟就房子的设计发生了激烈的争吵。他反思道："我的一生遭遇了很多可怕的不幸和事故……在我所有的虚张声势背后，是无数的悲伤，你可能不知道，但我的人生是一场出色的战斗。"这位表弟名叫理查德·劳埃德·琼斯，他和赖特一起长大。琼斯是个报纸出版商，脾气急躁，为人狡猾，害人不浅，1914年8月15日凶案的一些向外扩散的道德后果，背后就有他的重要作用。

为火所困：赖特的梦想与愤怒

  之前我们已经提到了赖特的自传，说它的每一页都应该怀疑。书名就叫作《自传》，这是该书唯一直接的地方。它在这本书中会起到重要作用。《自传》1932年出版，10年后又进行了大量的扩充和细微的修订。（原版印刷量不高，很快就一售而空。）它是弗兰克·劳埃德·赖特本人的一面镜子：灵感迸发、感情充沛、自诩尊贵、自我表现、自艾自怜、咬文嚼字、冗长、自我吹嘘、不真实，在很大程度上它是华丽的真实（而并非如实的真实）。虽然几乎每隔一段就有赤裸裸的谎言、狡猾的歪曲或者不经意的记忆错误，但是整本书中有一种惊人的真实性不断地被捣碎、泄露和筛选出来——我们可以称之为荣誉，也可以称之为诚实。一种奇特而美好的诚实有时隐藏起来，而有时就在白纸黑字中清晰可见。他说："回忆萦绕着这个年轻人，也萦绕着日后的那个成年人……"省略号似乎比文字更能说明问题。翻过3页："他心中的阴影从未被抹去。"这是经常被引用的一句话。虽然"阴影"具体指的是他父母的离婚，但这个词的指涉有多层含义，我认为，可能他自己并没有完全意识到，"阴影"也指的是他捏造的一个不利于父亲的谎言。许多页之后，在另一种语境中："我真该羞愧——一种陌生的道德懦弱……"5段之后："纷争和失和让人难以平静……"

  悔恨，更不用说羞愧和那些暗暗的困扰——我们不会把这些想法和弗兰克·劳埃德·赖特联系在一起。但是，如果我们的想法是错误的，长期以来都是错误的，或者至少不是完全正确的，那会是怎样的？

  我认为，在某种意义上，总有些东西是挥之不去的。不管他犯下了什么错，艺术家总是忍不住要暴露自己。

  对了，我从1914年8月15日开始的另一个重要原因是火本身。就算无数的历史学者们无法对弗兰克·劳埃德·赖特做出真实的解释（或许这样更好），我们可以说：他荒谬的一生中有种绚丽的怒火，火光贯穿他的一生。在这本书的结尾你就会知道这是事实。有一次在西塔里埃森，我和他的一个老学徒阿诺德·罗伊聊天，罗伊19岁的时候从波士顿来到这里，他为之心醉神迷就留了下

序言 出自《旧约》：1914年8月15日

来，他现在已经80多岁了，各种疾病缠身。好心的罗伊蹒跚着从家里出来，冒着亚利桑那州正午的炎热来和我见面，和我们坐在一起吃午饭的还有其他老学徒、现在的工作人员和建筑界的同事。当提到火的话题时，就像是火花被点燃，他的思绪似乎回到了六七十年前。

"弗兰克·劳埃德·赖特招来了火。"他隔着桌子说。

他停顿了一下，眼光炽热。

"我猜你的下一个问题是为什么？"

但他没有回答，问题飘散在5月中午热得要着火的沙漠里。

029

第一部分

更大程度上的渴望：
1887—1909

更大程度的渴望是创造历史的原因。这只是一个有小小的渴望的孩子，但他也是巨大群体中的一员。成千上万素不相识的人从公交车和火车上下来，排成窄窄的一列，沉重地踏过河上的平旋桥。即使他们并非大迁徙或者震撼灵魂的革命的一部分，但是他们身上带着这座大城市的体温，带着他们自己小小的幻想和绝望，这些看不见的情绪久久不肯散去。

——唐·德里罗，《地下世界》

他自1910年后曾多次造访伦敦，在人生的后半期，他到伦敦访问，是建筑学院建筑协会的主任邀请他过去的。对方在电报里说他有多么伟大，尤其是在接待他的第一个或者第二个晚上，对方说世界上只有一个真正伟大的建筑师，这显然就是弗兰克·劳埃德·赖特先生，因此当务之急是要让欧洲最优秀的新秀建筑师们来亲眼面见这位大师，虽然学校无法一力承担他旅途的花费。这果然奏效了，他上了套。这是一次相当不错的访问，在圣詹姆斯街，有不少人向这位大人物致敬。陪他同去的是他那凶悍狡诈的最后一任妻子奥吉万娜（奥吉万娜几乎跟他一样虚荣和偏执，但却缺少他那种作为弥补的好品质）。他顺便去了一趟威尔士，他母亲的祖先来自那片土地，另外还轻松地参观了尚未完成的现代作品——布林茅尔橡胶厂（该校建筑系学生们合作设计）。回到伦敦，一天晚上，在圣约翰伍德的一间工作室里，一群学生、长者、一两个记者和几位评论家围着他安静地坐着。他坐在沙发的前端，他的脑袋如雕刻一般优雅，脸庞从侧面看是非常完美的罗马式（或者也许是德鲁伊式）面容。时钟嘀嘀嗒嗒，每个人都探着身子倾听他讲话。"这一切都是从大草原上高高的野草开始的。"他用深沉悦耳的声音说。

抵达之谜

他自小由母亲培养大，而父亲的影响微乎其微。他来芝加哥的时候19岁，接近20岁，他从威斯康星州大草原高高的野草丛中走来。他还是个孩子，一个土包子，除了他自己以外，应该所有人都明白他是个土包子。在1887年冬末或初春一个下着毛毛雨的傍晚，在芝加哥河北岸的威尔斯街车站，他从芝加哥&西部公司的火车上下来，置身于芝加哥巨大的热情活力中。那时大约是下午6点，据说在此以前，他从未见过电弧灯，他口袋里可能有7美元。（为了弄到这些钱，在麦迪逊市国王街本杰明·佩里老人的当铺里，他变卖了离家出走的父亲的一部分书，包括一本牛皮装订的《希腊罗马名人传》。他还典当了母亲大衣上一件有点旧的可拆卸的貂皮领子。）据说，在这个周中的下午，他成功地秘密逃离了那个破碎的家，离开了深爱他的两个妹妹，离开了疼爱他的贫穷的离异母亲。现在，他带着硬纸板做的行李箱，穿着尖得能踢下玉米粒的尖头鞋，来到了他梦想中的"西部永恒之城"。

他是在晚饭时间下车的人海中的一员，这一排排人，成千上万不知姓名的人（好吧，成百上千个人总是有的），从火车站钟楼下的正门出来（他把包放在了通宵行李寄存处）。他跟着人群向南走到了威尔斯街大桥，这是大门外的一个平旋桥，他不知道自己该去往哪里，也不愿意向行人问路，就游荡在这片陌生的内海地段，沉湎在自己的幻想、绝望和看不见的思绪里，他渴望能够创造历史永垂史册，推动他的是"内心萌生出的无限憧憬，对什么的憧憬？他无法告诉你。"在下个世纪，他在第一版《自传》第60页这样写道。

他的无限憧憬是设法迅速成为建筑舞台上世界级的人物。这不仅会实现，而且时间不会超过10年。他会对人宣称，自己到芝加哥的时候是17岁，而不是19岁，面对求职公司的雇主，他谎称已经完成了三年半的大学学业，但决定在获得学位前的最后几个月里放弃，原因反正都是胡扯，不过他在三维思维方面确实有着非凡的天赋。弗兰克·劳埃德·赖特刚刚踏进芝加哥——这个全世界最伟大的建筑实验室之一，但他踏入的这个地方粗野、拥挤，到处是黑色烟尘、马车，游荡着妓女，一点也不国际化，根本不像是个自1871年10月以来不断翻新的城市。1871年，一场灾难之火燃烧了36个小时，烧掉了这个城市将近三分之一的地方，毁掉了大约17450栋建筑，一直烧到了密歇根湖长满杂草的沙滩。在芝加哥这个城市，仅仅在1880年到1890年的10年里，城市人口就已经翻了一番——从50万增加到100多万。50年前才成立的芝加哥市，正是全世界发展最迅猛的地方，由于它所处的环境和地理位置，它成为建筑创新和实验的世界中心，更不必说是陆路和水路的世界交通中心。（这里有六大铁路站——美国其他城市都没有这样的规模。）这个城市的形状是马颈圈状的，紧凑的市中心建筑核心区被一条河和一个湖三面包围住：至少在马颈圈范围内，它必须向上发展，而无法向外扩展。在《湖滨城市黄页》里，有187个建筑事务所，从一个人的小事务所，到拥有大批绘图员和制图员的公司。其中一些公司已经成为了美国神话,包括伯纳姆&鲁特、霍拉巴特&罗奇、艾德勒&沙利文、威廉·勒巴隆·詹尼。在建筑最成熟的时刻,这个来自小镇的男孩进军芝加哥,以他巨大的想象力影响了这一艺术之母(艺术之母是他的看法)。

这是一个伟大的美国故事:卑微地到来,惊人的转变,几乎每一本关于弗兰克·劳埃德·赖特的书,尤其是他自己的书,都想以某种方式来讲述这个传奇。即使承认他运气好抓住了机会,我们无法解释这是如何发生的,如何实现的,因为这类艺术天才,或者说任何类型的艺术天才,都没法真正地解释。

但如果真相并不像他后来说的那样,他说的甚至连一半的实话都没有呢?实际上,他抵达芝加哥的故事和找到第一份工作的经历,都不是真的。多年来,赖特历史研究者都知道,很多关于他如何抵达、如何找到第一份工作的说法,不管多么绘声绘色,都是胡说八道。从一开头的几句话,这位艺术家就暴露了自己,他那些弥天大谎和编造的神话不经意间留下了痕迹。我希望把他胡编乱造的内容彻底提取出来,但我这样做的目的并不仅仅是为了有别于之前的书写。

现在先不管这些,假装我们相信他说的一切,继续跟他一起走。他离开了车站,右转穿过桥从河的北岸进入了市区,凝视着"神秘漆黑的河面上倒映着的昏暗桅杆、船身和烟囱,烟囱上挂着晦暗不定的夜灯。我驻足观看,身体紧贴到栏杆上,以免碰到路边匆匆经过的人流。"3页后,他在《自传》中写道:"这条灰蒙蒙、脏兮兮的河上雾气缭绕,是我唯一能看到的美景,但它却臭气冲天。"

他当时不知道,自己到的是芝加哥一个叫作沃夫角的地方。芝加哥河的北部支流和南部支流在这里汇合,形成了干流。白天,这里是芝加哥最繁忙的交易点。当他离开车站时,他右上方的"空中管路升降机"里装着70万蒲式耳的谷物。白天,沃夫角到处是伐木工人、码头工人、船夫和骂脏话的卡车司机,但在傍晚这个时候,沃夫角又变回了大家口中的"阴暗角落",变得空荡荡了。没过多久,这里剩下的就只有高桅船,像是漂浮在肿胀河水上的森林,还有在漆黑门口前游荡的妓女。

等过了桥（走过去不到5分钟），就到了第五大道和南水街交会的地方，芝加哥的批发杂货店在那里叫骂着做生意。如果你从那里沿着南岸往西走，走到南水街和湖街的交会处，在市场街就看到达维格沃姆的旧址，1860年亚伯拉罕·林肯就是在那里被提名为总统候选人的。但是赖特一直向前走，向南走进了商业区中心。即使在21世纪，我们也可以追寻他走过的路程，想象他是怎样一路闲逛的，可以沿着卢普区的小巷，凝视他曾经看到过的那些19世纪旧建筑上裸露的砖墙。

然而，在过河之前，他紧靠着桥中央锈红色的铁栏杆，尽量不让别人碰到自己，他站在灰绿色的污浊河流上，凝视着神秘的漆黑河水——我们再看一看本章开头的照片。据说这是他到达芝加哥后拍摄的第一张照片——大概是在3个月后。别被他骗了，精致的服饰不过是他真实和不真实的面具的一部分。他的头微微倾斜，鼻孔张开，下巴坚毅，至少从外表上看，他自我感觉如何呢？他租的衣服吗？他马甲下面露出的类似小别针或者徽章的东西是什么？不管怎么说，他去了第22街的马修·J.斯蒂芬斯画像工作室——这是城里最好的地方——也许就是斯蒂芬斯本人站在三脚架的大型木箱式相机后面，在相机的黑罩下亲自给他拍了照片，把年轻的弗兰克·劳埃德·赖特的影像留在了一块磨砂玻璃盘上。（一个重要的问题：他是如何支付费用的？）摄影师把他的作品印在蛋白纸上，用氯化金晶体调和颜色，泡在棕色溶液中。十几年后，著名摄影师尤金·阿杰特就是这样做的，他开始用大画幅相机和直线镜头（就像照片中的这种）拍摄巴黎清晨完美的、空灵的街道色调。我在这里稍微扩展一下，这张现存最早或者第二早的照片上有一种暖色调，预示着赖特内心的色调，虽然还没有表现出来，但一直在他身上存在。即使在夏日最炎热的时候，他的内心也渴望砖头或者石头壁炉里噼啪燃烧的火焰。壁炉是他设计过的几乎所有房子的中心装饰，壁炉代表着正直、保护和家庭安全。但是，这个人却曾经不无愉快地说："父爱？这是一种品质吗？如果是的话，我似乎天生就缺少这种品

第一部分　更大程度上的渴望：1887—1909

质。然而，建筑就是我的孩子，当我离开很久以后重新看到自己设计的一座建筑时，我心中会涌起做父亲的感觉。这应该就是真正的父爱吧？但面对我的孩子时，我从没有这种感觉。"（这会让他的孩子们怎么想？）

至少从表面上看来，这是多么奇特的自我意识，但他的自我面具下有个明显的线索：他还没想好该怎么称呼自己，怎么签名。有时候是F.赖特，有时是F.L.赖特，有时是弗兰克·L.赖特，有时是弗兰克·Ll.赖特，L写两遍（一个大写一个小写）代表劳埃德，这是他母亲那边的姓氏。他的劳埃德亲戚们祖籍威尔士，现居威斯康星州，他们虔诚、高傲，信奉一位论派[1]并且抱团排外，他们认为自己是"万能上帝的劳埃德·琼斯"，从来不在乎那些轻视他们的邻居。（主要是因为这个家庭极度自我，自以为是。）事实上，赖特出生时的名字是弗兰克·林肯·赖特，而不是"弗兰克·劳埃德·赖特"，而且他的中间名是父亲给他取的。无论如何，他正在改换自己身份的表达方式，但他还没有决定下来（有时他还用首字母缩写FLlW）。劳埃德这个名字在他的职业生涯中出现还要等到将近10年以后，那时他快要完成早期和重要转折期的最后一系列图纸，准备进入草原住宅风格时期。从那之后，他就是空前绝后的弗兰克·劳埃德·赖特了。

突然响起了一阵铃声，人们开始快跑。天哪，那个外乡人才到芝加哥10分钟，他就碰到"架桥"了。威尔斯桥是芝加哥河上的35座桥之一，这时它开始平旋打开。（这座桥在一个码头或者地桩上，工作人员在他的小隔间里操纵着桥横向旋转，与河岸并齐，这样高大的船只就可以通过了。）他将双膝挺直，紧抓住桥，随着桥旋转过去，这居然有点好玩。《自传》中写道："日后，我每一次过桥时都会被这种阴郁的美打动。"这样的时刻往往会封存在人的肌肉记忆里。

---

[1] 一位论派教徒否认三位一体学说，认为上帝只有一位。——编者注

老天，他快饿死了。在靠近第五大道和兰道夫大道的地方，有运货马车、四轮马车、双轮双座马车，每个行人都只顾自己，马夫们狂怒中鞭打着马匹破口大骂。他躲进了一家廉价的餐馆，花了7角钱吃饭——这是他全部财产的10%。回到街上，雨下得更大了，他战栗着再次向南走去，也不知道自己今晚该住在哪里。他又沿着华盛顿大街往东走，左边是法院大楼的石壁，右边是歌剧院的灯光。芝加哥歌剧院的宏伟建筑前面有个很大的顶棚，顶棚下面是些真人大小的舞者剪板，艳丽的色彩和周围的黑暗潮湿形成对比。他走进去，售票员告诉他最便宜的座位从25分到一块五不等。（他自己并没有告诉我们这些，但价格可以在约翰·J.弗林的《芝加哥标准指南》中查到，这本书和他的叙述相符。）他拿出一块钱买票。这是一场名为《日娃》的芭蕾舞，一小时后才开始。很好，他正好把衣服烘干。他看着观众们逐渐进场。说到这里，他那个背弃家庭的父亲给了他一份礼物，那就是对古典音乐的终生热爱。听到管弦乐队开始演奏，他兴奋起来，即使音乐有些伤感，但这毕竟是管弦乐。突然，他又悲伤起来，他远在麦迪逊市的妹妹和他那伟大的母亲会怎么想呢？他为自己所做的事感到痛心，但他并不后悔。

他回到街上，又跟着人群一起向东走，到了沃巴什街。他登上了一辆缆车，坐在缆车司机后面，这样他就能看到车是怎么运行的了——他之前应该是没有坐过这种车。但这段旅程很短，这辆车晚上要回停车处，大家都下了车。他又赶上了另一辆往北开的车，路边千姿百态的酒吧、餐馆和服装店有各种招牌和耀眼的灯光，对他的冲击更大。这就是辉煌的芝加哥吗？他在兰道夫和第五大道的布里格斯旅馆找了一个床位，这里离他4小时前出发的地方不远。这家旅馆不错，一点也不像廉价旅馆。他的行李还在车站，所以他只好用床单裹着自己。他对着镜子审视自我，"一个人——微不足道，但有强大的内在信念，野心勃勃。"明天，他将进攻芝加哥。

他找到了城市黄页，列出了他要拜访的公司清单。吃过最简陋的早餐后，他的口袋里只剩3枚一元硬币和1枚一角硬币发出轻微的叮当声。那天是星

第一部分　更大程度上的渴望：1887—1909

期四（他没有告诉读者，但如果按照叙述的逻辑来理解的话，肯定是周四），每一家公司的回答都是一样的：年轻人，现在没有制图的工作，过段时间再来找我们试试，好吧？过段时间？他们不明白他的处境。"上过大学是吗？"一位大人物问他。是安娜堡吗？"不，是威斯康星大学。"当他走出走进各家公司时，他开始浑身出汗。脚上那双愚蠢的尖头系带鞋让他的脚疼得要死，这种鞋在麦迪逊很时髦。同时，他忍不住开始批评这座城市的地标建筑取乐，比如帕尔默大厦，据说是西部最大的豪华宫殿式酒店之一，看起来"像一个丑陋的老男人，皱纹都长在不合适的地方"。那天晚上，在布里格斯旅馆，他客气地请求住一间便宜点的房间，店员同情他，给了他一间75美分的房间，这间房几乎和他昨晚花了两块多钱的那间差不多。早些时候，他在克拉克街的科尔萨特面包房花了20美分吃晚饭。在芝加哥今后的日子里，他会爱上这个面包房。

星期五，离开家的第2天，如果算上逃离的那一天，这应该是第3天。他没吃早饭和午饭，只买了10美分的香蕉。（如果你算一下，他应该还剩1元4角钱。）还有5家公司要跑——还是一无所获。他现在已经取了行李箱，里面有一些大学绘画课的成果可以展示给别人看，但他还是一无所获。

"第四天我被粗暴地叫醒，"他告诉我们说，这天是星期六，"我又上路了，走在路上脚磨破了，人又憔悴。今天一定要找到工作。"他口袋里只剩下20美分，中午之前又被拒绝了3次，但是找到了！他终于找到了一份工作。（芝加哥有很多建筑工程，大公司通常在周六营业到下午6点。）这份工作是在出类拔萃的约瑟夫·莱曼·西尔斯比公司，该公司位于克拉克街和亚当斯街西南角的湖边53号，这是个相当显眼的地址。事实上，他的大家族和西尔斯比有关系，而且是很近的关系。出于自尊心，他没有马上到这里应聘，但他现在别无选择了。西尔斯比公司里的人都饿了要吃午饭，而应聘者本人也饿极了，而他想要的不仅是午饭。西尔斯比本人40多岁，他毕业于哈佛大学，从东部搬到芝加哥来，他身材高大气派，用黑色软芯铅笔徒手绘图的本事令人惊叹。他专门为中上层阶级建造安妮女王式的半木质"瓦片风格"住宅。他坐下来可以立刻画出角楼、壁炉架、壁外窗、凸窗、山墙和最富吸引力的开窗，他很擅长角度，喜欢设计处理墙面，把墙凹进去或者向外推。但他会是一个希望按照自己的形象重建世界的严肃建筑师吗？他戴着一个金色夹鼻眼镜，眼镜上的金链子一直连到表袋里。他从一扇写着"私人办公室"的门里出来，穿过旋转门，高傲地扫视周围。他看了赖特的作品。你目前读到的大部分内容都来自他的那本自传，包括在第三天和第四天只剩几毛钱和只吃香蕉的那部分，如果你愿意相信那本自传，那么J.L.西尔斯比显然不是重要的关系，重要的是赖特的作品。《自传》写道：

"'好吧，'他说，'雇他吧，按绘图员的工资，8美元。'"

他没有对那位求职者说话，而是声音低沉地说给站在一边的首席绘图员，26岁的赛瑟尔·科温。一分钟前，当男孩进来时，科温看了他的图纸，可能还有更多别的东西，几乎当场就决定要向老板推荐他。

梅尔·西克莱斯特在她1992年出版的《弗兰克·劳埃德·赖特》中写道："赖特去芝加哥的确切时间是学者们关注的一个问题，但最接近的猜测是他从1887年2月开始为西尔斯比工作。"该书是目前最有深度的赖特传记，她大量地研究了赖特的生活记录。西克莱斯特写道：

没有人相信赖特写的关于他如何被西尔斯比公司录用的描述，包括他不让别人知道自己的身份，从后门溜了进来……最令人困惑的问题是，赖特为什么要煞费苦心把自己塑造成一个苦苦挣扎的外来者，完全凭自己的能力被录用，没有任何人帮忙牵线呢？这一描述发表于1932年，当时他已经60多岁了，有人认为，是他一心要塑造一个传奇。那时，他不愿意承认曾经有人帮助过他，也不愿意承认自己曾经受过任何想法比他超前的人的影响。他白手起家，从无到有，是个十足的天才。

第一部分　更大程度上的渴望：1887—1909

正是如此，而且这一直是他让人讨厌的特点之一。1957年，在他去世前两年，这位不愿意承认别人帮助的伟人写道："直言不讳地说，我的作品从来没有受到外部的影响，无论是外国的还是本国的……我的作品不仅在事实上而且在精神层面上都是原创的。"我听说这种情况叫作"影响的焦虑"。是的，彻底的自我主义者认为——需要整个世界都认为——他的成就直接来自上帝之手。

赖特的研究者现在普遍认为，下了火车的男孩依靠家里的关系直接去了西尔斯比（待会再解释），并没有浪漫的街头漫步，而且不只如此，他还是第二次来芝加哥。我们该怎么看？他第一次在1886年夏末秋初来到芝加哥，多少有些匆忙和偷偷摸摸，他来看看情况，为将来的工作机会做准备。之后就回到了麦迪逊，开始了大学里的又一个学期——当时他并不知道这将是他的最后一个学期，顺便说一下，"最后"的学期和你想象的可能不一样。然后，他第二次回到芝加哥，这是在1887年冬天，圣诞节后不久，可能早在1月的第一周，或者甚至是在1886年的最后几天，也就是说，大约4个月后。

换句话说，他从来没有真正离家出走，那只是他胡编乱造的一部分。他并没有贸然去东部的大城市，之前早就预先安排好了。他的家人知道他的打算，尽管他们并不愿意。最绝的是，赖特讲述的整个故事几乎都是偷来的——意思是说，他在《自传》里编织的个人神话是从他的著名作家朋友哈姆林·加兰1895年的小说《杜彻的玫瑰》中偷来的。

你可能会问，这又有什么要紧的呢？不管具体发生了什么，赖特作品的成长和实现才是重要的，其他的一切都是无关紧要的，不是吗？这种说法也对也不对。这个问题之所以重要有两个原因：首先，尽管他直到人生中后期才将这个故事出版，它说明赖特很早就有编造故事的天赋；但更重要的是，真相要紧是因为，在他关于如何来到芝加哥以及如何获得第一份工作的支吾其词中，如果我们研究隐藏在其中的东西，呈现出来的反而是赖特更深层次的性格，他为人的得体，和某种温柔的保护。这和上面提到的一个名字紧密地联系在一起：赛瑟尔·科温。他的故事包括了同性恋的全部含意和纠葛，最真实的悲伤，以及救赎和美好的东西，但是我们现在还不能展开讲。

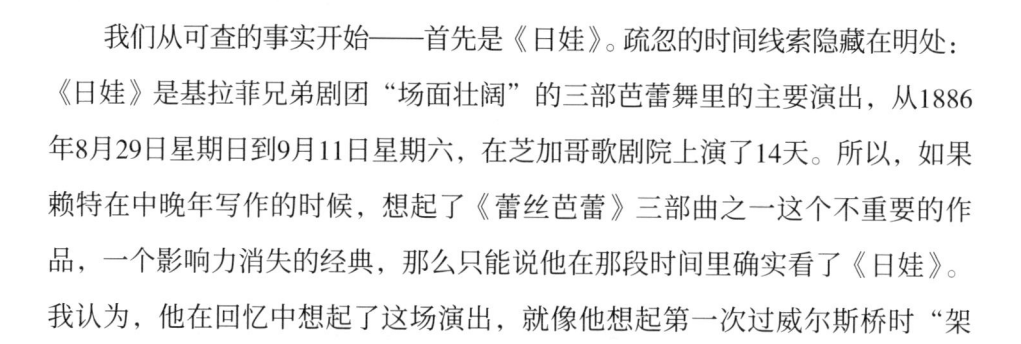

我们从可查的事实开始——首先是《日娃》。疏忽的时间线索隐藏在明处：《日娃》是基拉菲兄弟剧团"场面壮阔"的三部芭蕾舞里的主要演出，从1886年8月29日星期日到9月11日星期六，在芝加哥歌剧院上演了14天。所以，如果赖特在中晚年写作的时候，想起了《蕾丝芭蕾》三部曲之一这个不重要的作品，一个影响力消失的经典，那么只能说他在那段时间里确实看了《日娃》。我认为，他在回忆中想起了这场演出，就像他想起第一次过威尔斯桥时"架桥"的经历一样，都是肌肉记忆。

他观看《日娃》的时间和他回麦迪逊参加威斯康星大学秋季学期开学的时间正好吻合。

关于上大学。现在，每一个认真的赖特研究者都知道弗兰克·劳埃德·赖特几乎没上过大学。不管一生中他如何声称，事实是，他在威斯康星大学就读的时间总共只有两个学期，而他整个大学生涯总共只有27周，也就是6个月多一点。在那两个学期里，他上了两个年级。他一开始是作为"特殊学生"录取的，因为他从麦迪逊高中毕业没有拿到足够的学分。他的两个学期是在两个学年里，近似于旁听。

开明的威斯康星大学是该州的骄傲，坐落在美丽的门多塔湖蜿蜒的湖边，离赖特和他母亲及妹妹们住的屋子大约1英里（1.6千米）远。赖特是个走读生，他的家庭几乎负担不起大学费用。威斯康星大学（一般称为UW）一学年有秋季、冬季、春季3个学期。学校记录显示，他在1886年冬季学期选了1门课——或者是注册了这门课。这个学期1月6日开始，3月31日结束，这门课是法语，但是他没有拿到分数，或者至少没有登记分数，所以不清楚他是否坚持上了这门课。他大一的成绩单上有科学课程，有可能他旁听了一门或者多门课程，但是没有记录。

第一部分　更大程度上的渴望：1887—1909

1886年的春季学期他没有注册，春季学期是从4月初到6月。

他在大学的"最后"一学期是在1886年的秋天，也就是他所谓的大二。这一学期9月8日开始，12月22日结束。他注册了两门课——画法几何和机械制图——这两门课都得了C。这两门是威斯康星大学里与建筑学最接近的课程，也是弗兰克·劳埃德·赖特最接近大学成绩单的东西。

问题是，在1886年夏末秋初，这两个学期之间，在一个下雨的星期三晚上，真的有个男孩从火车上下来，花一块钱去金光闪闪的歌剧院看一场芭蕾舞表演吗？如果是真的，只有两个星期三有可能，那就是9月1日和9月8日。不过，就像我说的，到第二个周三的时候，麦迪逊的学校就已经开学了。即便他是个无心学业的学生，第一个星期三似乎可能性更大。顺便说一句：在那两个星期三，芝加哥的天气是什么样的？9月1日，天气基本上晴朗，但晚些时候有一两场阵雨。下一个周三更是如此，酷热过后不断有零星的降雨。所以，是的，在这座百万英尺的城市里，他留下了朦胧潮湿的记忆。在虚构中保留了微小的事实，或者近乎事实。

他掩盖自己的大学生涯真是滑稽可笑。1951年5月14日，耄耋之年的他在底特律的音乐厅里对着一群观众演讲，其中包括劳伦斯理工学院的几乎所有学生。他演讲的打印文稿保存了下来，显然，是组织者为了发表后来把文稿寄给了他。这个骗子编辑了自己的演讲词——可以看到他用漂亮的字体在打印的文本上，写下了新的谎言：

"我自学了工程，如果我有更多的耐心，如果我在学校里多待3个月，我就能获得土木工程师的学位。我退学了，因为大学里没有建筑学，但我想学建筑。林德伯格上校和我在威斯康星州的同一所学校上学，他是被开除的，而我选择退学。"（打字员在林德伯格那句话之后敲入了"笑声"两个字。）

《自传》中写道："所以弗兰克·劳埃德·赖特的大学生涯，大一、大二、大三和大四的一部分时光，是迷茫的，就像是带着严重的残疾去赛跑……这段最好的青春时光，持续了三年半，倒不是说完全虚度了……母亲决不会同意他在马上毕业的时候放弃——他只要一个冬季和春季学期就要毕业了……但他大四的秋季学期已经结束,为什么还要继续上学呢……为什么不去芝加哥……"

有几本早期的传记和历史研究也对他到底上了多久的大学提出了疑问,包括格兰特·卡本特·曼森的《1910年之前的弗兰克·劳埃德·赖特:第一个黄金时代》,该书在1958年,也就是赖特去世的前一年出版。但直到60年代末,他死后近10年,第一个版本的《自传》出版35年后,才有人弄清楚他的伪造——还有很多其他关于他成长的不实信息,包括他父母的离婚、他的出生日期。小托马斯·S.海因斯是威斯康星大学美国历史专业的博士研究生,当时他在大学档案馆做兼职工作,他受命准备一份关于赖特在麦迪逊期间的研究备忘录。所以他去找学校注册文件和麦迪逊市中心戴恩县法院的旧抽屉,这些都藏在显眼的地方。就是这位博士生发现了赖特多年来说过、暗示过的各种谎言。海因斯在1967年冬天出版的《威斯康星历史杂志》上发表了自己的成果,文章的标题听起来很无辜——《弗兰克·劳埃德·赖特的麦迪逊岁月:记录与回忆》。这是日后所有赖特学术研究的一次跨越——而且是个让人非常尴尬的跨越,因为之前人们已经接受了他的很多谎话。我给海因斯打电话,他在洛杉矶,是个活跃的学者。"我只是从老板那里接了这个任务,"他谦虚地说,"我照吩咐的做,追踪文件记录。只要你开始看,就会发现都是谎话。""谎话"这个词让我们俩都笑了起来。

关于捏造的痕迹:除了《日娃》的时间框架、明摆着的旧报纸广告和戏剧评论外,还有另一个时间泄露了真相,能说明赖特是在1886年8月底9月初第一次去芝加哥观光,还去拜访了西尔斯比的办公室。当我们在萧瑟的雨中和他一起过桥的时候,当说到接下来的3天里他穿着大学生的尖头鞋沉重走路的时候,我故意没提到这段背景。这次的时间线索和"詹克舅舅"有关,每个研究赖特的人都知道詹金·劳埃德·琼斯,他是赖特众多的舅舅之一,对赖特的一生有着重大的影响。(詹克舅舅也是赖特的表弟理查德·劳埃德·琼斯

第一部分　更大程度上的渴望：1887—1909

的父亲，之前我们提到过，1914年8月15日那场事故对外灾难性散播就和理查德·劳埃德·琼斯有关。）詹克舅舅是这个家族和J.L.西尔斯比公司之间的核心关联，他是个传教士，一位论派的牧师，也是个内战老兵，十几岁时就加入了联邦军队，曾在传教士岭、查塔努加、维克斯堡和亚特兰大打过仗。（他是威斯康星州的一名二等兵，战时受了伤，后来拄着拐杖走路。）詹克舅舅布道的声音柔和流畅，平时穿着洒脱，留着飘逸的头发，并且他身材魁梧。（赖特的舅舅们都肩膀魁梧，颇有男性气概，他是从父亲那里继承了瘦弱矮小的体格，想必他对此非常嫌恶。）当一位论派从保守的新英格兰上流社会向西部自由传播时，詹克舅舅是主要的领导人物，他后来成为了一名和平主义者。作为一名激进的有神论者，他希望将一位论派从基督教的重心转移，能与世界上所有宗教——包括犹太教、佛教、穆斯林教和印度教——进行非宗派的交流。对詹克舅舅来说，《圣经》是通往上帝的唯一道路。在讲坛上，他常常在引用《圣经》的同时也提起爱默生、惠特曼、歌德、梭罗或约翰·拉斯金。他信奉的是人的神性和上帝的人性：一种诡秘的以自我为中心的、以自然为基础的泛信仰，他的外甥完全可以接纳这样的信仰，而且也确实接纳了。

重要的是，詹克舅舅曾委托J.L.西尔斯比在芝加哥南区为他设计并建造了一座新教堂——而在那段时间里，一个颇有反抗精神的学生正以闯荡芝加哥为目标。这座教堂被称为万灵教堂，在数十年里，它是大中西部地区一个著名的宗教和社会服务推广中心，也是赖特本人早年在芝加哥时的一个社会和精神避难所。（赖特在万灵教堂的一次社交集会上遇到了他的第一任妻子凯蒂，她很小的时候就嫁给了他。）万灵教堂可以算是西尔斯比的一个大项目，几年前他从纽约北部来到这里，这是他的第一次公共机构性质的工作。显然，西尔斯比会感激詹克舅舅。虽然舅舅希望他的外甥留在学校而不是来芝加哥，他确实是这么想的，但是，倔强的男孩决定无论如何也要来。无论舅舅愿意与否，都会让步给他帮忙。如果你认为他不会试图利用舅舅与西尔斯比公司的关系，那就有些可笑了。所以当赖特在《自传》中写道（他来的第一个晚上，在兰道夫街的小店里狼吞虎咽吃下70美分的晚饭）："吃饭的时候，我认定了一件事，我不会去找詹金·劳埃德·琼斯舅舅帮忙，也不会利用他的名号"，他的心里话应该是：我会一大早直接去西尔斯比公司，我将尽可能利用詹克舅舅的名号。

万灵教堂是一座看上去不像教堂的安妮女王风格的木瓦建筑，坐落在奥克伍德大道和兰利大街的拐角处，建于1886年上半年（现在已经不在了）。在《自传》中，赖特说他第一次看到这座漂亮的建筑时，它已经"接近完工"。

教堂在1886年夏末基本完工。9月12日，詹克舅舅和他的家人搬进了牧师住宅，这是教堂的一部分，还有一所学校和一间大的社交活动室。下个月，也就是10月12日，他正式宣布就职。所以说，如果那个外甥第一次看到他舅舅的新教堂时它"接近完工"，那时间不可能是在1887年的冬末或早春，就应该是《日娃》演出的时间。

此外，人们早就知道，赖特参与建造了威斯康星州劳埃德·琼斯家附近的一个小型家庭教堂。西尔斯比设计了这个乡村教堂，可能是为了帮詹克舅舅的忙，也是为了芝加哥那个更大更重要的项目。统一教堂至今依然矗立，质朴的棕色瓦片有种抒情的美感。它距离柏油的T县公路有40码远，在一片老树林里，紧挨着劳埃德·琼斯家族的墓地，与塔里埃森隔着玉米地相望。它是在1886年早期建造的，在那个夏天，也就是8月中旬（《日娃》演出两周之前）开始投入使用。一份由詹克舅舅共同编辑的教会杂志写道："一个来自该家族的年轻男性建筑师负责室内设计。"这个小建筑师就是赖特，尽管他懂工程和图纸，但他还远远算不上是一个真正的建筑师。我们知道，赖特发表的第一张建筑透视图就是关于统一教堂的，那是一份有历史意义的档案。显然是他根据西尔斯比的设计徒手画的，并签上了自己的名字，"F.L.赖特绘制"，1887年1月初，发表在詹克舅舅的教会年鉴上。历史学家认为，赖特可能向西尔斯比展示了这幅画，从对方那里求得了一份工作。他很有可能在威斯康星州就见过西尔比斯。

这里有一个问题，为什么赖特历史学家和传记作家（如上面引用的西克莱斯特）认为，关于赖特秘密逃离家乡并开始为西尔斯比工作的时间，最接近的猜测是大约在1887年2月底或3月初？主要是因为在这个时期赖特收到了几封信。有一封来自他的内尔姨妈，内尔是他母亲和詹克舅舅的姐姐，是威斯康星州一位具有奉献精神的教师。1887年3月9日，她写信给外甥，问道："你在大城市里过得怎么样？有一点点想家吗？写信把一切告诉我吧，我亲爱的孩子——你喜欢那里吗，住得怎么样，日常花销如何，等等一切。"

是的，这封信暗示他最近离开了家，但这并不能说明他没有告诉家人就在一个下午偷偷溜走。信里本身没有任何指责。

同一时间，还有一封来自赖特母亲的信，关于同一件事。安娜·赖特以一种消极又强势的方式表达全家人是多么想念她亲爱的儿子，但同样用不含真正指责的语气（更没有字面上的指责）说道："你怎么能这样对我们？你怎么能不告诉我们就走了呢？"

我认为，赖特到达芝加哥的时间要早于人们长久以来认为的时间，而且他的家人知道他要去，尽管他们不愿意他走。至少在1887年1月6日，他就住在这个城市。为什么？因为在那天出版的万灵教堂教会年鉴中，把他列为一名活跃成员，住在万灵教堂附近拐角处、文森尼斯大道3921号的一个教区家庭里。教堂还有另一份记录，日期是1887年2月6日，他的名字"F.L.赖特"写在教会的"联合缔结"下，这个词的真正含义就是承诺加入教会。尽管有内尔姨妈3月的信，尽管有他母亲的信，虽然我无法证明，但是我相信，他是在新年后，如果不是在圣诞节后，那起码是在新年后，就住在芝加哥并且为J.莱曼·西尔斯比短期效力。

但是，还有第二个更关键的问题，与上面的问题有关：如果这个男孩知道自己不会继续在大学里学习了，为什么还要在1886年秋天决定加入大学兄弟会呢？尽管他用别人的钱时挥霍无度，但即便是对赖特来说，这似乎也有些不合情理，即使对走读生来说，当时威斯康星大学兄弟会的费用也非常昂贵，大概是普通大学学费的两倍。但是在1886年11月13日，也就是学期结束前一个多月，赖特成为了第81位加入威斯康星大学最古老的弗爱–德尔塔–西塔兄弟会的成员。在一本红线装订、6英寸×8英寸大小的金箔色大学年鉴上，第125页有他的名字：F.L.赖特，二年级。

会不会是赖特在加入兄弟会的时候并不知道他会从大学退学呢？这是一个可能的答案。他明白自己要去芝加哥，但是没打算这么快就走。圣诞节刚过完，在沉闷的新年之际，是不是有种他不明白、也说不清楚的力量把他拉回了芝加哥？至少是暂时拉了回去。我的理论是，这种力量不是无生命的，而是一个有血有肉的人，可能他有一双肌肉发达的胳膊，从卷到肘部的袖子里露出来，"上面浓密地覆盖着粗糙的毛发，但我注意到他举起铅笔时灵巧弯曲的手指，他有种温柔、文雅的气质。我把自己的痛苦告诉了他。"

这个人就是西尔斯比公司的赛瑟尔·S.科温，我们一会儿就讲到他。

首先，我们还有一件没说完的事：很明显，赖特借用了作家哈姆林·加兰的小说《达彻谷里的玫瑰》里的关键部分。如今，我们认为加兰是已经黯然失色的中部边疆作家，他比赖特早7年出生在威斯康星州（他有本出色的自传，标题是《中部边疆之子》）。赖特搬到芝加哥大约10年后，两人才相识。1907年，加兰成立了一个艺术和文化协会，几年后，这个协会叫作"悬崖住民俱乐部"。（它的主要活动室就在管弦音乐厅的顶层。）赖特是"悬崖住民俱乐部"的创始会员。俱乐部成立两年后，赖特和梅玛·博思威克·切尼私奔到欧洲，消息震惊了橡树园（就算不是震惊世界），然后被媒体发现，他备受折磨的妻子凯蒂（之后你会看到更多她的消息）在《芝加哥论坛报》采访时表示，只有极少数的亲密朋友"能够理解他"，其中一个就是哈姆林·加兰。

1895年，加兰出版了一部写得大胆但是笨拙的小说，讲述了一个女孩从威斯康星州的农场逃到芝加哥成为一名"女诗人"的故事。小说中有明显关于性觉醒的潜台词和暗示。罗丝在达彻谷里长大，大约下午6：30坐火车从麦迪逊（她上大学的地方）来到芝加哥，她在人流的裹挟下走出了车站（必然是威尔斯车站），寻找一个来接她的芝加哥朋友。"她机械地跟着其他人往前走……

第一部分　更大程度上的渴望：1887—1909

这里是可怕的，混乱的。刺耳的尖叫声和嘶哑的喊叫声盖过了嘶嘶的刮擦声……一列缆车像凶恶的野猪嗅着鼻子一样奔驰而来……"小贩们叫嚷着，洗衣车和蔬菜车朝她冲过来。那天晚上，在一间公寓里，她的眼里充满了泪水，"父亲孤独的身影呈现在她面前，她看见他坐在厨房的桌子旁边，用手掌托着头，新房子又黑又空"。

不，露丝到达的第一个晚上没有碰上"架桥"，她也没有为了躲雨去看芭蕾。但她知道自己做了什么：逃离家庭，逃离亲人。

唐纳德·米勒1996年的《世纪之城》提到了加兰的小说。关于弗兰克·劳埃德·赖特首次进城时的芝加哥历史，这本书是迄今为止最好的研究。当我打电话给米勒教授时，他说他才意识到两部作品的某些相似之处，赖特几乎不可能不知道加兰的这本小说，毕竟这本小说出版时颇有恶名。所以，在《玫瑰》一书出版大约30年后，在20世纪20年代中后期，他开始编写自己的人生故事。故事里有省略和捏造的事实，有疏忽的时间线索，还有关于性觉悟明确无误的隐含之意和弦外之音，尤其是关于他刚到芝加哥的第一天，第一周，第一个月，关于他在那里结识的第一个真正的朋友。这个天才本身有严重的"影响焦虑"，又擅长吸收并模仿超越别人的思想，这时他会不会翻出一本记忆中的旧小说，开始扒窃其中的某些部分呢？那时，哈姆林·加兰和弗兰克·劳埃德·赖特已经失去了联系，前者放弃中西部的草原，转战去了南加州的橘子果园和梦幻工厂，在那里他生活了大约10年，他们之间的信件并没有提到过《达彻谷的罗丝》。谁知道呢，也许加兰读到了《自传》，看到了其中的盗用，只是会心地一笑。

1991年，美国建筑师协会称他为美国有史以来最伟大的建筑师，同年的《建筑实录》揭晓了20世纪最重要的100座建筑名单，他的建筑有12项入选。要是他还活着，他会要求重新计票。他的屋顶因漏水而出名，怎么会不漏呢？他总是挑战材料的极限，对外观施加压力。他曾经说过，"正是因为预见到当前社会秩序的终结，我才会去建房子。""每一栋建筑都是传教士。"（有一个著名的故事，也许是真实的故事，一个他很喜欢的客户在举办晚宴的时候给他打电话，嚷着说自己的餐厅餐桌上都是水，连杯子里都是水滴，赖特的回答是："嗯，挪挪桌子。"）他喜欢趁着房屋业主外出的时候，走进"自己"的房子里重新摆放家具，移动图书和照片，把房主可怕的小饰品塞进最底下的抽屉里——这并不是虚构的，而是有记录的。有一次，在1940年，他就这样走进了他为威斯康星州麦迪逊市的雅各布斯一家建造的小型"尤松尼亚"房子。这栋住宅是4年前他在托普弗街和伯奇街的街角设计的，房子仿佛一个精致的木制珠宝盒。他从车棚处进来，车棚多少算是弗兰克·劳埃德·赖特的发明。他鄙视传统的车库、地下室和阁楼——这些空间太暗，太乱。尽管他有时会过分花哨，甚至过分装饰，但从本质上来说，他是极简主义的提倡者。像梭罗和耶稣一样，他认为太多的物质财富是不健康的。（这可能是他和耶稣唯一的共同点。）那天他带着他年轻的新私人摄影师佩德罗·格雷罗去了雅各布斯家，据格雷罗说，一进家门，"他很蛮横。他声称，如果能免受惩罚的话，我会销毁这里所有未经我授权的物品。"然后他才离开去办杂事。

消失的建筑师

弗兰克·劳埃德·赖特的住宅内部有很多因素，但每座住宅的中心都是开放和流动相互交织的理念。在他近四分之三个世纪的职业生涯中，作为一位变革性的建筑师，不管是宾夕法尼亚州悬挂在瀑布上的流水别墅，还是亚利桑那州沙漠中的海市蜃楼，无论他在房屋设计上做了什么，赖特都是在"打破盒子"，彻底破坏了我们祖先19世纪那些帘子遮挡下逼仄、黑暗、过分装饰的、封闭式的维多利亚房间。他想让光线、空间、空气和生命进入房间里，他做到了，满腔热忱并且彻底地做到了。这是他从未放弃的一种思考和感受方式，他一开始就这样做，在草原风格的房屋中执行得最彻底，在20世纪之交的那段时间也是如此，这就足以让他名垂青史。大名鼎鼎的当代建筑评论家保罗·戈德伯格曾经评价赖特说："他真的觉得美国，这个新兴的民主国家……需要一种新的建筑表达方式……水平的、设计开放的、整体景观开阔的建筑，在某种意义上，这和美国壮观、开放的国土联系在一起……他看到了美国的景观以及景观的开放性，美国在这片土地上跨越，向西推进。"

在他的一生中，赖特试图借开放与和谐流动这两个紧密连接的概念阐明他在做什么，或者他已经做了什么，因为这两个概念与自由这个更大的概念相关联，实际上也与美国这个更大的概念相关联。离他去世还有6年时，他写道：

> 如果说早在1900年或者更早的时候，我在芝加哥大草原上修建的房子是我们国家建筑史上第一次真正民主的表达，那将会引发一场争论，总有一些专业狂热分子认为建筑没有政治意义（因此没有社会意义）。所以，我可以这样说，民主精神，也就是个人作为个体的自由，影响了那些房子，抛弃了阁楼和门廊，拿走了地下室，营造出宽敞、和谐的客厅、餐厅和厨房一体的空间，并留出了方便合适的入口。

走进任何赖特的建筑，尤其是他的房子，你立刻能感到一种难以形容的开放和自由感，这种感觉似乎比（漂亮的）建筑本身更了不起。有时候，站在这样的空间里，如果光线正好的话，它看起来就像是惠特曼和爱默生对着彼此吟唱，通过自我的引导，仿佛看到在声誉和热爱自我的重要游戏中，伟人们表达自我，增加彼此的影响。有时候，就像人们所说的，这是一种宗教式的感受。

我想指出，赖特建筑字面和比喻意上的开放和光明和一位几乎彻底被遗忘的美国建筑师有至关重要、难以形容的关系，因此他值得我们的尊重，我们的敬意，我们的关注。如果不是赖特在自传中某些具有性意识的片段里提到他的话，我们可能不会知道他的名字。他的天赋不过是赖特的万分之一，他的一

第一部分　更大程度上的渴望：1887—1909

生和赖特的一生一样，连接了两个世纪，但是和赖特不同的是，他几乎无人知晓，显然是个失败者。

他的名字叫赛瑟尔·谢尔曼·科温，他不仅是赖特在芝加哥的第一个、最真诚的朋友和最早的职业帮手，而且可能是赖特一生中最重要的男性朋友。（赖特本人在去世4个月前说过这句话。）他和赛瑟尔在一起共事最多不到10年，之后他们的生活就分道扬镳，再也没有重聚过。只联系过一次，那是很多年以后的事了，并且没有再见面。（那是他们相识46年后的一次信件交流，内容隐晦曲折，令人心酸。）但是他们从来没有忘记过彼此，我虽然不能确凿地证明，但我坚信，面对那个在晚餐时分从威斯康星州火车里下来的男孩，那个活泼、有感染力、兼有非凡天赋的男孩，赛瑟尔那份浪漫的单恋从未彻底终结。前提是如果赛瑟尔的爱真的是单恋的话。

情欲并不是我的重点或者兴趣所在，重点是情欲的对立面，说的是温柔、保护和体面的爱心。然而，当提到弗兰克·劳埃德·赖特的时候，我们脑海里一般不会联想到这些词。

自传中有些隐含的表达，我们不可能看不见，但奇怪的是，几乎所有赖特的传记作家以及赖特历史学者，都似乎想要避开它们，在某种意义上，他们也希望避开赛瑟尔本人。不管怎么说，这种隐含的表达从《自传》的第67页就开始了，就在这位消失的建筑师出场之后——当然赛瑟尔那时离消失还很远。事实上可以反过来说，是赖特在67页出场，迷失在芝加哥的人是他（用他自己的话来说，他只是一个"无足轻重的人"），至少是他不经通报就迈进大门，走进了J.莱曼·西尔斯比公司的大厅。西尔斯比是一家中等规模的建筑公司，位于克拉克街和亚当斯街一栋大型办公楼的5楼，赛瑟尔是这家公司精明世故的高层人员。

赖特一进门就看见了他，关于赛瑟尔的第一印象是"立刻就喜欢上了。"（他也喜欢墙上的素描。）他是在引导我们该如何去看他和赛瑟尔的关系吗？这句话接着说："……那个长相英俊、有教养的家伙，他留着高髻发型和胡

053

子，面带友好的微笑安静地走上前来。"

在接下来大约6页的文字中，读者会看到一些没有特定顺序的句子，呈现了赖特和赛瑟尔生命中大约6个月的时间：

"'今晚跟我一起回家，我们用我的新钢琴演奏。'"

还有："他把我打量了一番。他说：'我相信我们可以相处得很好。'"

还有："'不！'赛瑟尔说，'他今晚要和我在一起。'"

还有："赛瑟尔经常带我回家，有时候我们去阿波罗俱乐部的音乐会，或者欣赏其他我们能找到的音乐会。我们有时候去剧院。"

还有："中午和晚上的时间，我仍然和赛瑟尔在一起。"

还有："我更喜欢和赛瑟尔在一起。如果他忙着无法和我一起，我就自己找点儿事做。"

还有："我和赛瑟尔围着房间中央的大桌子，高兴地跳起舞来。"

还有："后来在西尔斯比公司的那几个月，赛瑟尔和我形影不离。上到天文下到地理，我们无所不谈。"

还有："我们会去加莱夫人的意大利餐馆，或者其他惬意的餐厅。或者，如果我们口袋里有点钱的话，就去普尔曼大厦的'顶尖酒店'……"

还有："但是赛瑟尔比我想象的更有个性。他的文化和我的相似，但他和我不同。比起我来他在这方面更成熟。"

还有："我开始跟着赛瑟尔学。"

还有："很快我们就形影不离了。"

这里暂停一下。"比起我来他在这方面更成熟"，"这方面"指涉的是什么？是前面句子里的"文化"吗？如果是的话，这个词是不是有时会用作同性恋的代名词？但如果答案是肯定的，作者告诉我们他开始学这种文化（"和我的相似，"虽然不完全一样），学赛瑟尔本人，因为比起我来他在"这方面"更成熟。这个句子，这个片段，是否可以理解成，不仅仅是赛瑟尔，作者自己也是同性恋，或者可能是同性恋？只是在同性恋或者同性恋的可能性上没有走

第一部分　更大程度上的渴望：1887—1909

那么远。是不是就是因为如此，赖特才会在1943年出版的第二版中修改了一处关键但几乎不引人注意的语法（第二版增加了近200页），他把"这方面"这几个字拿掉，这样句子就变成了"比起我来他更成熟。"这是一种开放性的概述（如果你是一个细心的读者，你不会这样认为），但是，一旦比较了这两个版本，你就会明白：他在努力保护他们两个人。

这就是最关键的词——保护。我花了很长时间才明白赖特在自传中谈起这位消失的老朋友的真正意图，我确信赛瑟尔是一个未出柜的同性恋：赖特在小心留意的时候，也传达出了复杂的真相。描写赛瑟尔的部分（比我引用的部分要多），你看得越多，对赖特就会越发起敬和佩服。他是臭名昭著的美国色狼，更不用说还是个无耻的通奸者，他结过3次婚，有7个孩子（赖特的第7个孩子是1925年12月出生的私生女，当时他58岁。大约11个月后，他开始起草《自传》的早期章节，根据联邦《曼恩法案》，这位小报上的名人曾因以不道德的目的携带一名女性跨越州境线而被关押在明尼苏达州的监狱里（这是捏造的指控，不久就撤销了，但是他又借着模糊不清的照片和黑色斑驳的标题上了一次报纸）。但在回忆赛瑟尔的往事时，他无所畏惧，使用恋人的语言，也"牵连"了自己，让旧时的猜疑重现，他应该是愿意看到这种猜疑。

他并非没有意识到自己在做什么，反而是完全意识到了，而这种意识的核心是一些体面的、善意的东西。

这是他表达敬意的方式，对友谊、亲情和感恩的表示，感谢在他还那么年轻、缺乏经验、那么无知饥饿的时候，赛瑟尔给他的一切。赛瑟尔帮助他打开了更广阔的世界，看到了大城市所有的可能性和机会。赛瑟尔让他接触到了他从不了解的教养，包括艺术、音乐、戏剧和舞蹈，包括深夜进餐，包括去美术馆和博物馆，也许最重要的是，两人就成百上千个话题一对一地谈话，其中包括哲学、宗教和人类更崇高的目标，包括希望构思出有尊严的人类庇护所，即使人死后也能长久矗立的庇护所。尤其是他们刚在一起的最初几天、几周和几个月里，我认为，赛瑟尔引导他在智力、精神和情感上的

055

开放，不管是以何种形式或方式，他对赖特那些开放、透气的建筑有无法量化的影响。在10年多一点的时间里，这种建筑把美国建筑——甚至世界建筑——搅了个翻天覆地。作为一名艺术家，赖特注定会超越赛瑟尔，但他从未忘记赛瑟尔早期对他的慷慨，并希望最后能以自己的方式回报他。这是我对他们两人之间故事的理解，尽管这个故事本身很短暂，这也是我对《自传》中某些别有含义的语言的理解。

赛瑟尔在这场协议里也有自己的复杂动机吗？如果认为他没有，那就太天真了。但这并不会抹杀他的慷慨和善良。

有没有可能他们是恋人？这是赖特想让我们知道的，或者是出于各种原因至少想让我们怀疑的吗？一切皆有可能。在某些不可知的方面，人类的性行为根深蒂固——感谢上帝。但我猜答案应该是否定的，他们不是身体意义上的情侣。我认为，从一开始，赖特对赛瑟尔的感情就是强烈的、模棱两可的，让他不安，但他并没有付诸行动。让他感到不安的是，他之前可能从未对另一个男人有过这样的感觉（这个话题之后还会再次提及）。赛瑟尔对弗兰克的感情呢？从我能够收集到的信息来看——我费尽各种办法努力收集关于他的信息，我只能认为他对赖特的情感是一种并未得到满足的情欲。赖特本人应该明白这一点。记得本章一开始那张具有颗粒感的老照片吗，我们甚至不必再看一遍就能确认这种看法，但是现在我要请大家再看一遍。

这张照片里，从画面的右边看，是否有一种同性恋的渴望？赛瑟尔弯曲的右手——拇指、食指和中指——轻轻地放在弗兰克的左肩上。（看起来他好像戴了小山羊皮手套，不过也可能是一种视觉错觉。）从左边看，这个稚气的小伙子脸刮得很干净，头发有点乱，穿着精致的大衣和紧扣的马甲，他的右手拇指插在裤兜一角上，他是否并未觉察到他脖颈处的呼吸和渴望？这可能就是一张照片能展示的证据。实际上，这张照片本身有其无法言喻的含糊历史。多年来，它不仅出现在赖特的传记中，还出现在许多其他的地方。在Ancestry.com这个家谱网站上，赛瑟尔的名字下面就有这张照片。有一段时间，这张照

第一部分 更大程度上的渴望：1887—1909

片在脸书上有自己的条目。它时不时地会跳出来。[1]

"在西尔斯比的时候，我通过赛瑟尔学到了很多关于房子的知识。"赖特在他的自传中说。

"在和人相关的方面，我几乎一无所知，要从头学起。"他说。

之前引用和分析的段落里他曾说道："我开始去找赛瑟尔帮忙。"我也是，我觉得自己几乎别无选择，赖特好像在诱导我、怂恿我、恳求我去找赛瑟尔。虽然我只能找到故事的一部分边缘和碎片，但我发现的这个故事，它本身就非常丰富。但这并不是我讲述的原因，原因是它能揭示一个名叫弗兰克·劳埃德·赖特的魔方的一部分。就赛瑟尔这件事来看，这是关于赖特好的方面。

这是另一个版本的萨列里和莫扎特的故事吗？答案是肯定的，也是否定的，萨列里和莫扎特的故事在很大程度上就是一个被误解的神话，这要归功于1984年那部引人注目的电影《莫扎特传》。大家应该还记得它的主题：平庸遇上了天才，因为莫扎特天生的音乐天赋，萨列里嫉妒得发疯，最终进了精神病院。后半部分倒是一点也不像弗兰克和赛瑟尔的故事。

下面是一些人生的弧线，人生的快照，人生中大大小小的事实：

赛瑟尔生于美国内战前，卒于珍珠港事件前夕。在离81岁还差一个月的时候，他潦倒不堪（这个词有几重含义），死在了布法罗市他妹妹家楼上的房间里。当地报纸上刊登的讣告只有5行字，甚至没有提到他当了60年的建筑师——至少名义上是建筑师。他擅长书写和自由绘画，他很爱他的外甥和外甥女，他的穿着无可挑剔。中年时，他的胡子变白，而且浓密得像剃须刷一

---

[1] 在尾注中有更多的相关内容。读者需注意这本书的具体引用，一些不适合放在正文中的背景和逸事材料可以在《资料来源》中找到。

057

样。(那时,他的头发秃了一些,人胖了一点,但是仍然很整洁。)他出生于夏威夷(1860年2月26日),那里当时叫作三明治群岛,他曾就读于3所中西部大学,但都没有毕业。1916年,在他56岁的时候,在北卡罗来纳的山区,他突然与来自威斯康星州拉辛市的一位老朋友结了婚,对方家里拥有大量的土地。(她是位品味一般的小说家,比他大7岁。)婚姻的缔结似乎是出于同情,双方都渴望有人陪伴,也许赛瑟尔还有一点点机会主义。甚至在婚姻期间,他继续在纽约和另一个男人住在一起,一个名叫怀特·霍华德·麦克莱恩的戏剧艺术家。对方似乎最终抛弃了他,选择了更年轻的对象。赛瑟尔的兄弟们都是成就卓越的人:一个是曼哈顿一家著名律师事务所的合伙人;一个是壁画家兼画家,在芝加哥艺术学院任教,是菲尔德自然历史博物馆的工作人员,曾经和惠斯勒在伦敦共用一间工作室;一个是喉学和肺部疾病方面的专家,并且写的诗歌广受赞誉。(科温家有7个孩子,赛瑟尔排行老四。)所以即使在自己的家庭内部,肯定有不断比较和竞争的压力,尤其是对一个半公开的同性恋来说。如果他真的是同性恋的话。我承认,我没有确凿的证据,只有我的本能和大量的间接证据(来自各种各样的文档),和赛瑟尔几个远亲拐弯抹角的看法,另外还有赖特在书中向我们传递的信号,尽管那是保护性的说法。(关于半公开的同性恋,在19世纪末20世纪初的美国,可能有99%的同性恋者别无选择,只能不公开,或者基本上不公开。)你可以去芝加哥的北区、南区,以及中间的一些社区走走,那里还能找到坚固美观的赛瑟尔·科温住宅——虽然不多,但它们就在那里,是一份财富和见证。大多数住户,那些允许我从人行道上走进来四处参观的人,都不知道他是谁,更不了解他与弗兰克·劳埃德·赖特曾经的亲密关系。他比赖特大7岁零3个月,但从另一方面来说,他能比赖特成熟7光年。尤其是那天,在湖畔大楼,一个饥饿的男孩穿着尖头鞋,顶着一头乱发,胳膊下夹着一捆图纸,在没有预约的情况下出现在西尔斯比先生的公司,在公司首席绘图员赛瑟尔·S.科温(他喜欢这样签名)的大力协助下,获得了一份每周8块钱工资的摹图工作。那时,两人的差距是巨大的。

第一部分　更大程度上的渴望：1887—1909

（再重复一遍：这是什么时候的事？虽然不是确凿无疑，但是我敢打赌，在1886年8月的最后一星期或者9月的开头，借助詹克舅舅的影响力，不管是主动还是被动的帮助，他从西尔斯比那里得到了一份工作。当时，芭蕾舞剧《日娃》在芝加哥的主要歌剧院上演，詹克舅舅的新教堂接近完工。实际的工作入职要到4个月后才开始，也就是在新年之后，甚至可能在新年之前，那个威斯康星大学的辍学生比预期的要早一点回到了芝加哥。他又去公司要工作，并如愿以偿。他得到了自己的工作桌，然后开始绘图——或者说是摹图。）

那应该是个星期六的中午：赛瑟尔从招待室带栏杆的大门走了出来，他哼着亨德尔的《弥赛亚》，求职的男孩立刻听出了音乐，两人立刻开始了一些艺术、音乐类似话题的对话。这瞬间的吸引力似乎是相互的：当赛瑟尔走过来的时候，他真诚地打招呼说你好——"好像他认识我似的。"怎么会这样呢？

赖特开始紧张不安地闲聊，赛瑟尔坐在他旁边。就在那时，赖特第一次注意到对方卷起袖子的手臂和粗糙浓密的黑色体毛——还有与之相对应的，赛瑟尔拿起铅笔时"优美"弯曲的小手指。

他们发现彼此都出生在牧师家庭。赛瑟尔只是凭直觉猜到了这一点，这让赖特相当吃惊。他是怎么知道的？哦，从你的举止看出来的，赛瑟尔回答道。他朝身后老板的办公室点了点头，说西尔斯比也是牧师的儿子。事实上，办公室里还有另外两个人也是——如果赖特"能进来，那我们5个人都一样"。又是一阵笑声，赖特结结巴巴地说："嗯……我能进来吗？"赛瑟尔继续打量他，并表示，是的，他相信他们能相处得很好，是的，"给我看看你的画"。几乎听起来像电影女演员梅·韦斯特的台词。

首席绘图员从椅子上站了起来，他带着作品走进"私人办公室"。然后赛瑟尔和大老板一起出现了，老板只是倚在门口，面带不屑。他给了赖特那份工作，然后，突然又把门关上了。正如赖特在几页之后所言："叩开大门的方式一向不就这么简单吗？"

赛瑟尔感觉到了这个男孩对工资的失望，坚持要带他去吃午饭。"跟我来。"两人出了门到一楼，穿过马路，到下一个街区的金斯利餐馆。这是芝加哥最花哨漂亮的饭馆之一，有5层楼高，里面有很多用餐空间，基本上是摩尔风格的装饰，据说仿照了西班牙格拉纳达市著名的阿尔罕布拉宫。赛瑟尔说，等你喝了黑咖啡，吃了金斯利有名的腌牛肉土豆泥之后，一切就好了。《自传》中写道："从那以后，每当我感到饿的时候，我就觉得再也没有比褐色的腌牛肉土豆泥更美味的了。"（这道菜非常有名，当地报纸报道过，最终还收录到芝加哥历史博物馆的档案里。关键的烹饪材料是三滴塔巴斯科辣酱。）

至于黑咖啡：不，谢谢，我不喝，他说。

《自传》写道："'是吗，'——他觉得好笑——'那喝牛奶？'赛瑟尔似乎颇有魅力地在不动声色中利用了自己的年龄牌，他更成熟世故。

他想知道赖特还有没有钱。哦，那当然。还有多少？嗯，可能是两角钱。嗯，从昨天开始有吃饭吗？《自传》写道："这个问题太私人化了，所以我没有回答。"赛瑟尔替他回答，又说了上面提到的一句话："今晚跟我一起回家，我们用我的新钢琴演奏。"

他去了他家，他们一起演奏了。赖特说，他回布里格斯旅馆拿了行李，然后他们去了赛瑟尔的住处（毫无疑问，他们乘坐了街车），赛瑟尔和他鳏居的牧师父亲以及负责照顾他们的妹妹马奎塔住在一起。但事实并非如此，他记错了。赛瑟尔的父亲伊莱·科温是一位巡回牧师和传教士，一直服务于长老教会和公理教会，40年里传教的范围从纽约到加州到夏威夷到伊利诺伊州的边远地区。此时他仍然是威斯康星州拉辛市第一长老教会的牧师——拉辛在芝加哥以北一个半小时的车程。伊莱牧师的妻子亨丽埃塔仍然健在，和他一起住在教区的房子里，同住的还有一个孙子和他们最小的女儿马奎塔。赖特之所以记错，肯定是因为这个想家的男孩一厢情愿以为如此——或者更准确地说，是一位中老年自传作者想起他和赛瑟尔幸福的大家庭坐在一起，在客厅的钢琴上演奏时，出现了记忆偏差。在接下来的几年里，赖特逐渐认识了赛瑟尔的家庭成员，同时赛瑟尔也逐渐认识了赖特的直系亲属——他的母亲和两个妹妹，那时候，两家都住在芝加哥。但在赛瑟尔带他回家的第一个晚上，根据旧日的城市黄页和其他芝加哥市的公共文件，他们肯定是去了阿什兰大道256号，市中心往西大约两英里（3.2千米）的地方。有几年的时间里，赛瑟尔和几个兄弟姐妹一直住在这栋排屋里，房子的主人是他母亲家族的一个亲戚，名叫弗朗西斯·S.柯林斯，他很快就要从屠宰行业退休了。柯林斯有自己的家庭，所以房子里的人满满当当。

音乐过后，赛瑟尔把他带到楼上一个空房间。赛瑟尔似乎希望逗留一会儿，也考虑到男孩的思乡之情，他拿出了信纸、信封、钢笔和墨水。赖特很感激这样心照不宣的默契，问是否能借他10块钱，想把钱连同这封信一起寄给他的母亲。他承诺从下个月开始每次还两块钱。

《自传》中说："他什么也没说，从口袋里掏出一张10美元的钞票放在桌上。"这个句子听起来怪怪的，就好像发生了某种性交易，也许是因为对方"什么也没说"并把钱放在桌子上，而不是把它递给赖特。是的，把钱借给一个新朋友有些尴尬，但仍然有点奇怪。一种潜在的含意，不管是不是故意为之。

信写完后，两人直接去了最近的邮筒。至于那封信是不是在邮筒里过夜，谁又会在意呢？这段友谊已经不只于此了。

第二天是星期天，在家里吃过午饭后，他们决定去南区，到奥克伍德和兰利街的拐角处，那边詹克舅舅的教堂差不多要完工了。原来，赛瑟尔是公司里老板亲自指定的负责管理万灵教堂建设的人。他们去了那里，赖特站在对面的街角，想要看看整体的建筑，赛瑟尔在处理一些别的事情。突然，有人从后面出手非常粗鲁地抓住了男孩的衣领。

詹克舅舅！安娜·赖特的哥哥责备这个男孩：你妈妈一直在为他担心，难道你不知道吗？他会给她打电报说已经找到他了，一切都好。但是，舅舅，没关系，赖特说，我真的很好。我已经有工作了，昨晚还给她写信寄了钱。

工作？你在哪儿这么快找到工作的？

呃，他说，在西尔斯比。

《自传》里说："'西尔斯比？当然了。他真是太好了，你告诉他你是谁了吧？'"

哦，绝对没有。

詹克舅舅告诉外甥，让他今晚一起去住教堂的牧师住宅——"在那儿我可以照看你。"

赛瑟尔刚刚走过来。

现在加上它的上下文语境，重复一句上面引用过的话："'不！'赛瑟尔说，'他今晚要和我在一起。'"（发现两人是亲戚，他非常"吃惊"。）

如果说赖特是在编造自己的历史"事实"并且添枝加叶，那么，正如前面所说，他也在讲述更深层意义上的真实。我相信，真正记住的对话已经像小说一样在他的耳边萦绕了几十年，他愿意以一种连自己都不清楚的方式暴露自己。

《自传》之后的60页里不时地提到了赛瑟尔·科温。在第128页下方，压抑已久的赛瑟尔坦白评价了自己的建筑（说它毫无价值），然后就离开了，消失了。与此同时，还有作者令人难忘的最后一句话："赛瑟尔去了东部，天知道为什么——从那以后我再也没见过他。"

在这61页中，赖特讲述了他在芝加哥生活的前10年，他并不在意时间顺序（或者准确性）。他会突然跳到未来某个时间，然后又绕回到过去，迂回推动他的叙事。从1886年到1896年这段时间里，赖特身上发生了很多事，包括他个人的和职业上的事情。但在继续说赛瑟尔的故事之前，还有一些重要信息：

赖特在西尔斯比的公司工作了差不多一年，然后辞职加入了另一位建筑师W.W.克莱在迪尔伯恩街的公司。（辞职的原因是钱。西尔斯比很快就把他提

第一部分　更大程度上的渴望：1887—1909

拔成一名绘图员，但他想要的工资远超过他现在所赚的钱，而自尊是他最基本的底线。）过了不久，他又回到了西尔斯比那里，算不上是特别温顺地恳求，但还是表示非常懊悔。西尔斯比听了之后，朝另一个房间大声喊道："科温！"他说，我们让赖特回来，哦，对了，他的周薪涨到18美元。赖特出来的时候给西尔斯比关上门，然后他和赛瑟尔在大厅里跳起即兴的波尔卡舞。即使两人不在同一家公司的时候，他们也从来没有真正分开过。建筑历史学家可能低估了赖特在西尔斯比公司大约八九十个月期间所受的影响，他学到了很多关于流动的知识，而赛瑟尔则是促进他技术方面学习的人。下班后，他们会去听音乐，欣赏艺术，去他们喜欢的舒适或者喧闹的餐馆。音乐是最美好的，赖特说他们"深爱音乐会"。两人的谈话常常是关于工作的，《自传》里赛瑟尔说："'如果你违背他们的意愿，试图把你认为正确的东西给他们，而不是他们自己想要的东西，你是要为谁建房子呢？'"

赖特遇见了一个不到16岁的高中女孩，并开始追求她。1889年初夏（他到芝加哥大约两年半后），这个女孩（不满）18岁的时候成了他的妻子。她的名字叫凯瑟琳·托宾，大家都叫她凯蒂，她和家人住在南区一个叫肯伍德的漂亮社区里。赖特是在舅舅教堂的一个学习兼社交俱乐部里认识她的——似乎是在最初的六七或八个月里。那是在庆祝小说俱乐部读完雨果的《悲惨世界》而举办的化装舞会上，他在舞池里不小心碰到她，把她撞倒了。是赛瑟尔帮他准备的化装舞会的可笑服饰。（他走路时，一柄佩剑一直在碍事。）凯蒂·托宾有一双蓝眼睛，一头红润的鬈发，和他差不多高。她喜欢戴着宽顶无檐圆帽，穿着花格呢便装夹克，她有一种可爱专横的小模样，看起来有点像独生女。（她其实是4个孩子中的老大。）在詹克舅舅主持的婚礼上，赖特的母亲戏剧性地晕倒了，而凯蒂的父亲同样流了不少泪。安娜·赖特是个意志力强大的女人，长期以来一直把儿子当作全部的重心，她努力阻止儿子追求那个女孩，更别提结婚的事了。她一听说这种荒唐（而且危险的）不成熟的恋爱，就临时带着一个女儿从威斯康星州来到了芝加哥，并得到了赛瑟尔的秘密帮助来反对这对

为火所困：赖特的梦想与愤怒

情侣。当这一切都不奏效时，她带着两个女儿搬到了橡树园，这是芝加哥往西的第一个郊区，距离芝加哥河8英里（13千米）。橡树园茂密的绿树和人们去教堂的方式（人们自称这里是"圣徒的歇息处"，这里不允许酒吧存在，到处都是教堂，有时同一个街区有好几座教堂）让安娜想起了麦迪逊市，而且这里离邪恶的城市足够远。安娜让她的儿子离开南区，来橡树园和她一起住——这也是为了阻止那段无法扑灭的浪漫爱情。这对新婚夫妇在橡树园建造了第一套房子，那是一座带山墙的木瓦风格的小房子（赖特的母亲和她的两个女儿就住在隔壁，同样的地方，用的是白色的墙板）。据说赛瑟尔从一开始就很喜欢凯蒂，尽管他知道她只是个孩子，尽管他知道赖特本身也不过是个情绪化的孩子，尽管他肯定心存很多含混不清的个人感情。凯蒂常来办公室接她男朋友，那时一切进行得很顺利，一天下班后，弗兰克说："赛瑟尔，她非常喜欢我。"《自传》里写道："'好吧，'他说，'我也是。'"然后，似乎很快反应过来："你妈妈也一样。你的妹妹们也是。"赛瑟尔问他是否吻过别的女孩，但你怎么知道我吻了凯蒂呢，赖特问道。《自传》中写道："'我有透视眼，'他说，'难道你不知道吗？'"我们似乎可以感觉到这一页里流露出的痛苦和怨言。在这段对话的最后，赖特发现赛瑟尔和母亲一直在密谋反对他，赛瑟尔说："好吧，我们不要争吵了。"在这句话之前，赖特似乎是对着读者虚情假意地谈论赛瑟尔："他自己认识的女孩少得可怜，那些女孩年龄比我大得多，木讷乏味。他是一个非常有魅力的人，我常常纳闷为什么他不去结识更有趣的姑娘。"他明明知道原因的。不管怎么说，除了两位主要的当事人之外，双方家庭共同反对这桩婚事，但他们还是在赖特满22岁的7天前（1889年6月1日，外面下着倾盆大雨）举行了婚礼。赖特没有告诉我们赛瑟尔是否参加了婚礼，但毫无疑问他参加了。婚礼之后，1890年初，他们搬进了新家，在更节制得体的橡树园居民看来，赖特和他的妻子显然生起孩子来不管不顾：6个孩子中的前3个是在婚后的4年半里接连出生的。（凯蒂在婚后不到一个月就怀孕了。）那些年里，他们从来没有宽裕过（或者说任何年月里都不曾宽裕，真的），挥霍无度的一家之主

第一部分　更大程度上的渴望：1887—1909

决定要继续过入不敷出的生活：花花公子的服装、歌剧和交响乐的预订票、东方的地毯、书籍、日本版画、最先进的照相机，尤其是还有一匹马，他还穿着娘娘腔的肥大马裤，给马套上马鞍，慢跑到德斯普兰斯河外开阔的草原上。赖特的《自传》中有一句名言："只要我们拥有了奢侈品，生活必需品总能设法解决。"镇上的杂货商戈奇先生上门来讨钱，让他付清欠了好几个月的850美元账单，他怎么会在意呢？事实上，他把奢侈品和必需品分离的做法，更不必说这种思维方式，与下一个（也是最后一个）要点有很大关系，也与赛瑟尔有关，是更重要的"替身"关系。

在1887年的最后几个月，或者是在1888年的早期，赖特在艾德勒&沙利文事务所工作，具体是为他"敬爱的大师"沙利文工作。路易斯·沙利文，美国摩天大楼之父，是一个伟大的、有天赋的、骄傲的人物，他身上充满了谜团，最终以悲剧告终。"形式追随功能。"——现代主义中最著名的一句话，就是由路易斯·沙利文提出的（即便他不是这句话确切的原创者）。就绘制精美的几何装饰艺术而言，沙利文在美国独占鳌头，可能从未有过对手。他长着一双棕色的大眼睛，身材矮小，体格健壮，还有一种不动声色的进取性，他站在绘图员的后面，用尖尖的铅笔抓挠自己的头皮。（当他的头屑落在他们的图纸上时，他会弯下腰来把它吹掉。）如果弗兰克·劳埃德·赖特是美国最伟大的建筑师，波士顿出生的路易斯·亨利·沙利文（人们常常忘记他只比赖特大11岁）作为他的导师，比他差不了多少，可能在美国建筑师中排在前三或者前四名。赖特去了艾德勒&沙利文事务所，该公司的办公室在当时的波登街区顶层，他的工资是每周25美元。他是去参与一份具体的工作，并不是永久的工作，但他最终一直留到1893年。这份具体的工作是协助完成当时芝加哥历史上最大的建筑——芝加哥大礼堂——的内部图纸。大礼堂建在国会街和密歇根大道的黄金地段，1887年夏天开始施工，它是一个多功能的巨型建筑，有4200个座位的礼堂，400个房间的酒店和136个商务办公室。无论赖特多么渴望能加入艾德勒&沙利文事务所，多么渴望有机会从事芝加哥大礼堂的工作，他还是顾虑他和赛瑟尔的关系。《自传》中写道:"然后我想到了赛瑟尔,这意味着要失去他日常的陪伴。"但是,赛瑟尔敦促他努力试一试,并告诉他:"我们不会走散了的。"第一天站在新事务所的新绘图板前,他曾"想给赛瑟尔打电话说声'你好',听听他的声音,但最终并没有"。很快,他就成了"大师手中的一支好笔",让他的许多同事嫉妒不已——更确切地说,是憎恨不已。他获得了一次又一次的提拔。到1890年中期,他和凯蒂·托宾结婚大约一年之后,当时他搬进刚建好的橡树园新家没多久,在新公司里工作了大约9个月,弗兰克·赖特(中间的名字还没有固定下来)开始负责监管艾德勒&沙利文的整个绘图部,绘图部大约有24个绘图员、制图员和摹图人员。沙利文给他安置了一间私人办公室,就在沙利文自己的办公室旁边。这家公司已然是全国最受瞩目的公司之一,在其鼎盛时期(尽管相对短暂)搬到了芝加哥大礼堂塔顶的两层上,因此,赖特能坐拥整个城市最好的景观。这里有一件重要的事情需要注意,这也是与赛瑟尔直接相关的地方:1889年春末,就在赖特结婚前不久,他去找沙利文,宣布了自己要结婚的打算。公司能给他更好的工作保障吗?沙利文听完之后叫来了丹克马尔·艾德勒,艾德勒是公司的高级合伙人,也是工程天才,他让大礼堂里装饰华丽的椭圆状弧线天花板成为了一个声学上的奇迹。由于不想失去他们的明星绘图员,尤其是沙利文不想失去他,两位合伙人提出了一份价值5000美元的5年合同。艾德勒说,这将使赖特成为全市薪水最高的绘图员。但赖特通常对钱有不同的想法:如果他们希望他为公司再工作至少5年,他们能否付给他商定的工资的同时,额外给他5000美元的贷款?这样他就能在橡树园建一所自己的房子了。能不能每周从他的薪水中扣款,直到支票付清为止?两位合伙人同意了。这样,赖特和他的母亲有了足够的资金,买下了芝加哥大道和森林大道拐角处那块长满了树的地方——在1889年5月5日,距离婚礼还有三周半,安娜和她儿子买下了这块地。沙利文和赖特一起去了橡树园,参观了计划建房的工地,是沙利文用自己的资金安排了这笔贷款,契据会在他的手里。所以,这件事从一开始就有很多个人因素夹杂其中。他们起草了

第一部分　更大程度上的渴望：1887—1909

一份合同，协议中的一个条件（似乎没有写下来，但是双方都明确理解）是赖特不能私底下在公司之外的住宅项目中兼职，在芝加哥发展崛起的时代，私下兼职的做法在年轻建筑师中很常见。赖特信守承诺大约一年半，但是后来，大手大脚地消费，更不用说几乎一年一个新生儿，给他带来了压力，他需要更多的钱。因此，赖特开始在晚上秘密地绘图，建造我们今天众所周知的"私制房"，这个名字是后来的叫法。在1891年到1893年间，至少有6座这样的建筑开始出现在芝加哥及其周边地区，尤其是在南区。尽管每座私制房主要是传统建筑风格的形式，但都具有现代主义效果和他独特的实验性标志，其中有几座建筑就在路易斯·沙利文居住的街区之内。赛瑟尔在这里面起了什么作用呢？在各种建筑行业的商业出版物上——以及一些芝加哥报纸上，公示里说南区的私制房是赛瑟尔·S. 科温的项目，而不是弗兰克·L. 赖特的项目。因此，赛瑟尔成了记录在案的建筑师，他是赖特的替身和可靠的掩护。是赛瑟尔最好的朋友求他这么做的吗？他是否利用了对方身上某种显而易见的脆弱情感？他有没有付给他钱？赛瑟尔把自己的名字借给他是出于爱、友谊和欲望——还是他根本不需要说服就愿意这样做？也许所有这些可能性都是部分成立的。历史学家和赖特的传记作家曾经错误地认为，赛瑟尔也曾为艾德勒&沙利文事务所工作，所以当沙利文发现时这让背叛事实显得更恶劣。事实并非如此，1889年夏末秋初，赛瑟尔辞去了西尔斯比首席绘图员的工作，与芝加哥另一位崭露头角的建筑师乔治·W. 马赫建立了自由的合作关系，两人在拉萨尔街218号的925房间开创了成功的事业。赖特、沙利文、赛瑟尔和私制房（私制房还会再次出现，因为它们是赖特成长时期的作品）的故事远比人们长期以来想象得更复杂。在发生冲突的前一年，沙利文似乎就已经知道了这些房子，他所谓的发现私制房似乎只是更深层问题的一个借口，其中的原因可能是：儿子超越了父亲，学生超越了老师。无论如何，一场激烈的争吵爆发，导致一段将近6年的感情破裂了。《自传》中写道："我扔下铅笔，走出了艾德勒&沙利文的办公室，再也没有回来。"那是在1893年初。多年以后，在沙利文去世（1924年4

月，沙利文凄惨地死去）很久之后，出于对大师的某种公开歉意，赖特写了他们的决裂："我忍着羞愧回去找他，他说：'赖特，你的行为简直是背信弃义，我什么也不想听你说。'……我回到家，更加羞愧难当。虽然接下来的几年里我经常想找他，但从那以后我再也没有和他走近。差不多过了20年，我才再次见到他。"关于时间赖特算错了，但他的感情却毋庸置疑。还有那个词："羞愧"，双倍的羞愧。

赛瑟尔和弗兰克很快又在一起了。1893年上半年的时候，赖特在伦道夫大街宏伟的席勒大厦顶层租了一间办公室。该大厦由艾德勒&沙利文事务所设计，赖特本人也参与了其中的工作。（这里能否看到一些并非遮遮掩掩的羞愧？《自传》说："我想要这个地方，可能是习惯了高处的风景，可能在这里工作更接近艾德勒&沙利文。"）他们去掉了门板，安装了清晰的玻璃面板，又让广告牌制作商把他们的名字用金箔按上下顺序刻在玻璃上：弗兰克·劳埃德·赖特，建筑师；赛瑟尔·科温，建筑师。《自传》里写道："你注意到这个顺序了吗？从资历来看，赛瑟尔应该是第一个，但他不希望这样。"他们不是合作伙伴，他们共享办公空间和想法，两人都有自己的绘图室，还有公共接待室，每天都像过去一样亲密，就像他们7年前刚认识的时候。当然，世界已经发生了很大的变化，更不用说世界建筑领域的变化了。

1894年4月15日，这个日期可以说代表了某种隐藏的对应，曾经以深沉复杂的方式关心着彼此的两个人，他们的命运开始不可逆转地分道扬镳。从另一个角度来说，这一天的历史意义几乎完全是象征和隐喻性的。一年以来，弗兰克和赛瑟尔一直是席勒大厦1501号套房的办公室同事，他们互相帮助，为各自的工作而辛勤忙碌。赖特快27岁了，他们相遇时赛瑟尔也是这个年纪。这位独立建筑师现在是3个孩子的父亲，其中包括一个三个月零三天的婴儿。（她的名字叫凯瑟琳·多萝西·赖特，长大后嫁给了肯尼斯·巴克斯特，她的一个孩子

第一部分　更大程度上的渴望：1887—1909

是好莱坞明星安妮·巴克斯特。）赖特的妻子凯蒂在橡树园忙于社交，她开始以主妇的方式充实自己。赛瑟尔呢？大约6个星期前他刚过34岁生日，居住在市区沃伦大道1066号他自己设计的排屋里，那是他用自己和家人的钱购置的。他的父亲伊莱牧师离开了拉辛市的第一长老会，和他住在一起，同住的还有他的母亲亨丽埃塔和几个兄弟姐妹。一个34岁的未婚儿子，仍然住在家里——还是一个虔诚的教会家庭，这肯定很不容易，更不用说他内心的渴望了。

1894年4月15日，芝加哥的《洋际报》在第29页周日房地产版块刊登了一则8行字的公告，第6栏的倒数第3条用小字体写道：

> 赛瑟尔·S.科温为H.G.米切尔设计了一栋带阁楼和地下室的两层住宅，目前正在拉辛市建设中。该建筑是殖民地风格，带有复斜屋顶。一楼将用碎方石建造，内部用硬木装饰，取暖采用热水加热。造价是12000美元。

这是赛瑟尔·科温有生以来设计的最了不起的房子——事实上，它在当时的"那一天"，在一份大众向的报纸上告知普通读者，正是历史对应中隐藏的象征和隐喻。这条通告的描述是准确的：房子是有一点罗马式的殖民地复兴风格。那座房子在拉辛市的主街905号，仍然有一家人住在那里，保存完好。它的外表是砂岩的颜色，坚不可摧，已经有120多年的历史，离密歇根湖有两个街区，房子经历了不知多少次猛烈的寒冬大风和同样猛烈的夏日雷暴。房子后面是个马车房和过去的马厩（它们本身也像房屋一样）。房子前面装饰着艺术玻璃窗和半圆形门廊，以5根白色柱子为标志，以朴素的古典风格吸引人们的目光。复斜屋顶也颇能吸引人的眼球。（复斜屋顶是两面的，每一面都是陡峭的斜坡加上缓坡。）在房子的会客厅里，有一个引人注目的回转式楼梯，楼梯两边是高档的圣多明各桃花心木雕刻而成的159根木轴。任何一种红木在经过打磨后都会发光，但圣多明各的桃花心木似乎是从内开始闪光。木匠们安装的精致木轴已经有120年历史了，木材的纹理相当令人惊艳。同样，在楼下各种通风的房间里，也有闪闪发光的圣多明各木材装饰，木板和板条装饰的墙壁上也有复杂的珠饰效果。我还可以继续描述这所房子，但是大家应该明白我的意思了。

赛瑟尔在1894年初绘制了草图，并于当年春夏两季监制了这座房子。房主亨利和妻子莉莉·米切尔来自拉辛市一个富裕的家庭。拉辛在世纪之交由于制造业富裕起来，米切尔一家是科温牧师教堂的成员，这个教堂在第七街和大学街的路口，离他们家两个街区。所以，很有可能，是教会的关系帮助赛瑟尔获得了这份委托。事实上，中西部的建筑爱好者熟知的米切尔之家正好和科温牧师家在同一条街上，在往南约150码的地方。在19世纪80年代，牧师及其家人住在教区的牧师住宅，地址是主街810号。（那栋房子现在已经没有了。）在1881年和1882年的部分时间里，赛瑟尔和他的父母以及他的一些兄弟姐妹就住在牧师住宅里，当时他还是一名大学生。我们很容易联想到米切尔和科温家是邻居也是朋友，周末可能会一起在湖边野餐。

大约15年后，赛瑟尔已经是一个在工作上比较成功的芝加哥建筑师，先是担任绘图员，后来是J.莱曼·西尔斯比事务所的首席绘图员，与受人敬重的乔治·W.马赫曾是半合伙的关系，之后在席勒大厦和他最好的伙伴弗兰克·赖特一起工作。科温家的第四个孩子完成了——根据《周日洋际报》房地产版块的那份公开声明，更精确地说是将要完成——他的一件杰出作品，这是赛瑟尔·S.科温最后的建筑杰作。在1894年春天，米切尔之家即将开始的时候，赛瑟尔的人生还剩下将近50年的时间，但他的人生轨迹从那时开始，从那里开始，基本上逐渐稳步跌降。

在描述隐藏的对应的另一半之前，需要指出的是，大约20年前（距离我写作这部分内容的时间），有一段时间，一些赖特历史学者试图证明米切尔之家根本不是赛瑟尔的建筑。他能力不足，这座建筑太精致了，他的想象力不可能构思这么精致的东西。这几位历史学家开始声称它实际上是赖特的建筑，另

第一部分　更大程度上的渴望：1887—1909

一处"私制房"而已。但这个争论已经置之不论了，似乎学者们达成的共识是，是的，这是赛瑟尔的房子，是赛瑟尔的委托，尽管有可能某些重要的设计和细节关注来自赛瑟尔的同事兼最好的朋友。目前没有找到赛瑟尔亲笔签名的建筑绘图，无法让这场争论永远平息，但值得注意的是，位于斯科茨代尔市的弗兰克·劳埃德·赖特基金会对所有赖特项目的认证拥有最终的决定权，该基金会从不认为米切尔之家是赖特的设计。

但事实上，会不会是赛瑟尔那位席勒大厦的同事靠在画板上提了些建议，帮助朋友把家乡这份最重要的委托变成一个小小的奇迹呢？这不恰好体现了他正派的性格吗？毋庸置疑的是，米切尔的某些设计元素对应着赖特的其他作品，包括真正的私制房和他在正常工作时间里为艾德勒&沙利文设计的另外两栋建筑。

这是隐藏的等式和对称的另一面：在几乎同一个时刻——1894年初，在席勒大厦工作的赛瑟尔正在完成米切尔的演示图和最终的图纸，在席勒大厦的弗兰克·劳埃德·赖特也在做同样的工作，他不仅是作为一位独立建筑师完成客户的委托，而且还在制造世界级的房子，这套房子的成就直接影响了接下来五、六、七年里他的所有建筑，甚至可能影响他几十年后的所有工作。任何一个研究赖特的人都知道，这栋建筑就是威廉·H.温斯洛住宅。就像赛瑟尔的房子一样，它至今还矗立在伊利诺伊州与橡树园相隔不远的河岸森林小镇，房子横向和纵向呈现出橘色和可可色的古典美。与照片中的样子相比，亲眼看到它的第一眼更有冲击性的效果。它是建筑上的先知施洗者圣约翰：是一种很快就会超越世界建筑的艺术先驱，它宏伟地屹立在那里。你可以从人行道过来，走上隐藏的台阶，走到宽阔的木质前门，那里装饰着石头框架和叶状面板，的确，一旦你见过温斯洛，就不会再回头去看米切尔了。（第90页有一张温斯洛住宅的照片，你可以自己欣赏一下它的壮丽。）

如果米切尔是赛瑟尔的顶点，那么温斯洛就是赖特含苞待放的时刻，但在那时，谁能想到会这样呢？

时间继续推移。在这座有数百名建筑师的城市里，两位挚友围绕着房间中央的一张大桌子，继续跳着象征意义上的舞蹈，尽管他们似乎正逐渐开始分道扬镳。《自传》写道："我现在不常见到他，因为我忙得不可开交，与此同时，他又结交了一些新朋友。"然后有一天，好像是1896年秋天，赛瑟尔走进了办公室。他们坐着说了会儿话，他一直忙着拉什医学院一些额外的工作——这一定给他带来了不菲的收入，但是他显然还是很沮丧。好朋友问他怎么了，《自传》写道："'总的来说没什么，弗兰克，要说有什么问题的话，我不认为我是个建筑师，仅此而已。'"赖特问：你给拉什做的活儿有什么困难吗？《自传》写道："'你知道的。何必要问我呢？'"赖特：你的东西很好啊。《自传》又写道："'那真的是建筑吗？'他平静地说。"

再往下几行："'除非看着你工作，我发现建筑对我来说没有乐趣，我自己动手的时候感到厌烦，这就是你要的真相。你就是你的作品，而我不是，永远也不会是。更糟糕的是，我越来越不确定自己想成为什么样的人。'"

几行之后，作者说："我已经看不见他了，他没有跟上我。亲爱的赛瑟尔。"

再过几行，赛瑟尔说："我要去东部了，弗兰克。"

几行之后，作者说："这真是难以置信。我责备赛瑟尔，因为我有一种不安的感觉，觉得自己背叛了他，所以——想要责备他。"

再过几行，赛瑟尔说："'弗兰克，我还是坦白承认吧。我不想再看着你做我自己做不到的事。'"

几行之后，作者说："我突然意识到我是对的，他之所以放弃，是因为我对他的忽视造成的，我为自己感到羞愧。我为什么不能带着他一起呢？但并不是这样的，我知道他是不会接受我的。"

再往下几行，赛瑟尔说："'你需要我做你的朋友，我永远都是你的朋友。你会走得很远的，你会成功的，我相信你能成功。不是每个人都愿意付出代价努力工作，和你一样做出牺牲的，我的孩子。想到你日后要面对的一切，我很担心。'他又说道。"

再往下几行，作者写道："赛瑟尔似乎是一个预言家。"

然后是书里最后一句关于赛瑟尔的话，也是之前引用的那句："赛瑟尔去了东部，天知道为什么——从那以后我再也没见过他。"

关于以后：我精简压缩一下赛瑟尔之后47年的历程，从某种意义上说，我们只能做到如此而已，因为正如前面所说，你能听到的（或者我能找到的）不过是他生命中的浮光掠影，一些片段、边缘和碎片。尽管他觉得自己就像回声中的影子一样没有存在感，但是赛瑟尔就在那里，我们能找到他。大多数时候，你会觉得这个男人在竭力维护自己的尊严，以他自己的方式做到慷慨和善良。

事实证明，他并没有离开这个行业，他继续做建筑设计，或者说想要继续做。

1899年8月初的一天（离开芝加哥大约3年后），他用漂亮的笔迹给拉辛市的两位朋友赫伯特和弗洛拉·迈尔斯写信，内容是关于迈尔斯家华盛顿大道的房子，他们想要做一些添加。（他们刚有了一个孩子，除了其他东西外，还需要一个育婴室。）这一次又是借助科温家和教会的关系。这封信有4页纸，其中包括外部草图和建筑平面图。"你们说不定是在找我的讣告，我还真的差点就一命呜呼。我夏季发烧久治不愈，备受折磨，我的咳嗽不知道什么时候才能好，希望我的肺能撑住。要是撑不住，我就该咽气了，不过，希望不要如此。"信里是这种礼貌、自谦、温和幽默的风格，他继续写道，他希望对方会选择他做建筑师，但如果没选他的话，也没关系。他希望能回拉辛市，很可能秋天回去。"我很想见见孩子，尤其是想见你们。"信末尾的署名是："真诚的赛瑟尔·S.科温。"

他没有得到那份工作，迈尔斯夫妇决定不做任何改动了。补充一句，两年后，赖特绘制了一套改造迈尔斯住宅的平面图。显然他们在芝加哥联系过他，但他们最终也没有采纳他的建议。赖特知道赛瑟尔之前所做的展示草图吗？那张草图保存在西北大学的档案馆里，绘制精美，但不得不说，图的建筑理念确实很平庸。

1901年3月30日，《纽约时报》的一篇报道说：百老汇的格兰特兄弟证券经纪公司破产，随之出现了许多无担保债权人，其中赛瑟尔·科温损失了9600美元。这是他的全部股权吗？（相当于今天的25万美元。）不到两个月后，在一份名为《房地产记录与指南》的曼哈顿出版物上出现了他的名字，他想根据判决拿到1246美元。（是不是遇到了拖欠的客户？）

1902年4月7日星期一，《纽约时报》的第二栏有一篇4段的报道，标题是：《受害者变身侦探》。（这大约是在格兰特兄弟公司破产导致他钱财损失整整一年后。）讲的是一个来自马萨诸塞州南弗雷明汉市的商人名叫詹姆斯·A.多诺万，他来纽约是为了游览风景，享受无忧无虑的快乐时光。但是据他说，"赛瑟尔·S.科温骗走了他75美元，科温告诉警察他是一名来自檀香山的按摩师。"据说，被告把外乡人带到格林威治村一家名为J.J.凯利的酒吧的密室。这篇报道登上了纽约的3家报纸——它登上了《电讯晨报》的首页，包括两栏的大字标题和整个版面右侧的具体报道。这件事还出现在波士顿的两份出版物上，包括《波士顿环球日报》。故事描述在细节上有些矛盾，但总体的叙述是相同的。通过对比不同的叙述可以还原故事情节，原告可能是一个未出柜的同性恋，他来这个城市寻找同性恋的地下组织。他在市中心的一家酒店订了房间，周六中午被人从麦迪逊广场公园的长椅上接走。据说，被告曾向他表示自己也是外地人，为什么不一起度过这一天？到了晚上，又有一两个人加入进来，他们顺路来到了格林威治哈德逊街和佩里街的街角。骗局的一部分是打赌谁口袋里的钱最多。有几篇报道似乎有些滑稽，仿佛撰稿人在开某种恐同的玩笑："过了一会儿，他的两个同伴拿出一卷钞票，打赌谁的钞票更多。多诺万不甘示弱，掏出了他的75美元。就在这时，一个侍者跑来喊：'这里禁止赌博！'之后是一场混乱，当多诺万最终从桌椅堆中逃出来时，他的两个朋友、服务员和他的75美元都不见了。"

我试图弄清楚J.J.凯利酒吧（那座5层的砖砌建筑现在还在那里）在世纪之交是否是一家知名的同性恋酒吧。几位格林威治村历史学家给我的答案模棱两可，酒吧可能并非只招待同性恋——同性恋酒吧的话就不会阻止后面的非法行为。格林威治的大多数同性恋酒吧都在布里克街，离这里8到10个街区远，那里有最著名的滑梯酒吧，1892年滑梯被正派人士关闭停业。

结果是什么呢？赛瑟尔被关了起来，关进了油水区的监狱。他的名字出现在第二地区治安法庭的案卷上，指控的罪名是重大盗窃罪，他的年龄显示为40岁（他已经42岁了）。但是那个时代的下级法院只保留了他们的案件摘要，并没有保留诉讼程序。根据手写的"案件处理"，被告被关押了三夜两天，然后就释放了。当我就此事向纽约市一位市政档案保管员询问时，他说，考虑到对他的重罪指控，赛瑟尔能被释放似乎有点奇怪。档案保管员猜测可能有人好心干预。这种干预是否来自赛瑟尔的哥哥约翰·霍华德·科温呢？他比赛瑟尔大8岁，是家里的老大，当时在曼哈顿一家规模很大的律师事务所担任合伙人，并在郊区的扬克斯有一栋房子。虽然无从确认，但我们很容易想到赛瑟尔肯定是羞愤不已。

有没有可能根本不是赛瑟尔在背后骗钱？当时他坚称对方认错了人，他是受害者。在骗局发生和他被捕之间有24小时，据说那时候他已经刮掉了胡子。毫无疑问，被关押的是一位出生在檀香山的"赛瑟尔·S. 科温"，但他真的是那个"策划"（一份报纸上是这样写的）酒吧抢劫案的人吗？如果真是这样的话，这可能是他一生中的最低谷，我们可以猜测在一定程度上是由于经济困难铤而走险。在纽约的轻罪或者刑事法庭记录中，再也没有与他相关的其他记录。

另外的一些边缘碎片：大约从1908年开始，赛瑟尔的名字开始出现在曼哈顿的各种通用黄页里，通常显示他住在上西区，职业是建筑师，但他从未出现在纽约的任何企业黄页上。这可能意味着他以自由职业者的身份在家里工作，在多数情况下，所谓的家不过是一个房间。这可能意味着他就职于纽约地区的数百家建筑公司之一，级别低于"建筑师"——也就是说他处于绘图员级别，甚至低于绘图员。这样，他就不需要甚至也不希望自己的名字出现在企业黄页中，可能雇佣他的公司也不愿意把他登记上。建筑记录保存委员会编制了两卷本的权威参考黄页，其中一卷名为《纽约市从业建筑师1840—1900》，另一卷是《纽约市从业建筑师1900—1940》（编者声称，他们研究了纽约历史上所有的企业黄页），赛瑟尔的名字不在其中。根据纽约市历史学家的说法，这表明他的身份太低，低于建筑师作品档案保存的门槛。在纽约从事建筑行业和设计艺术的成千上万的人也有类似的情况。在纽约市的大楼、建筑或者房地产相关的所有历史记录中，我都没能找到一幅保留下来的赛瑟尔·科温的建筑图纸。但我内心相信有这样的图纸存在，也许其他人会在未来的某个地方找到一份。

1910年联邦人口普查时，他住在西83街223号，人口普查员描述这里是一个两口之家。赛瑟尔和比他小大约20岁的霍华德·W.麦克莱恩住在一起，赛瑟尔是房子的主人，麦克莱恩是房客，另外还有6个成年人住在这栋楼里。两人可能分别拥有自己的小空间。麦克莱恩来自弗吉尼亚州，是一位印象派风景画家，喜欢画中央公园的风景，而且画得还不错。

1916年8月12日星期六，《夏洛特观察报》刊登了一则小故事，标题是《著名女作家嫁给了建筑师》。两天前，婚礼在北卡罗来纳州阿什维尔山区的一座教堂举行，参加婚礼的只有63岁新娘的直系亲属。新娘的名字刚刚变成了艾玛·佩恩·厄斯金·科温，尽管她的写作署名仍然是艾玛·佩恩·厄斯金。几年前，她有过几本商业畅销书，包括她的爱情小说《大山的女孩》（在《女性家庭》杂志上连载），但她的事业正在走下坡路。56岁的新郎是来自纽约的赛瑟尔·S.科温，毫无疑问，他的事业也正在走下坡路。故事的基本框架是这样的，19世纪80年代，艾玛和赛瑟尔在拉辛市就互相认识，和之前的情况一样，是教会把他们联系在一起的——赛瑟尔父亲的教会，两家人一直都是故友。几

第一部分 更大程度上的渴望：1887—1909

十年前，艾玛嫁给了拉辛最大的制造商之一J.I.凯斯脱粒机公司的一位高管，她和丈夫养育了6个孩子。他们家里有钱，就离开了威斯康星州的严冬，最终搬到了北卡罗来纳州泰伦市，在蓝岭山脉的南向斜坡上成立了新家。1908年，查尔斯·厄斯金去世。艾玛既是画家又是作家，她那时已经是一个体态丰满的女人，手腕粗壮，胳膊粗壮，身上有种男性的自信。丈夫死后她日渐孤单，但她一直在坚持工作。1916年4月（她丈夫去世8年后），他们家位于山区的林考特庄园发生了一场巨大的火灾，损失惨重。为了散心，她到东北部去旅行——她去了康涅狄格州和纽约，看望了几个成年的孩子和他们的家人——偶遇了当年在拉辛时的老朋友赛瑟尔。火灾发生4个月后，两人结婚了。

与所有人（或许赛瑟尔也包括在内）认为的相反，艾玛·佩恩·厄斯金的确拥有大量的土地，但令人惊讶的是，她手头拮据。丈夫死后，她继承了他们所有的共同财产，但金钱却按照7份分给了她和孩子们。尽管艾玛有着钢铁般的意志，但一涉及经济问题，她就非常不切实际。在孩子们的坚持下，由一个信托基金来帮助处理她的事务。在赛瑟尔出现后不久，最初的信托就到期了，到了1918年，也就是结婚两年的时候，艾玛的家庭成员对她施加了很大的压力，让她在续签契约上签字——尽管她非常伤心和难过，但她还是签了字。一个银行人员和两个受托人（她自己的子女）有效地控制了她所有的钱，给她的钱只有一点点面包屑——至少在她看来是这样的。同样是在1918年，艾玛中风了，情况变得复杂起来。虽然她的心智只是半受损，但情绪和身体上的焦虑非常严重，她成了一个半残废的人，而且是个非常难对付的人。

婚后两年的大部分时间里，赛瑟尔和妻子断断续续地住在北卡罗来纳州，但他似乎渴望回到纽约。在某种程度上，由于经济和其他方面都很困难，他一定很想离开"奶奶"（全家对艾玛的称呼）。尽管艾玛中风了，她还是有很多与房地产相关的计划，那些计划和梦想都和赛瑟尔的建筑专业知识有关，但那些计划没有一个能真正实施。直到她去世（中风6年后），艾玛一直试图取消家庭信托基金。在一些信件中，她气愤地指责子女们，文雅又凶悍地批评他们的做法。

当赛瑟尔和艾玛结婚的时候，我们可能会认为他是在骗女人的财产。但是厄斯金家族保存的一些信件（以及其他文件）证明，赛瑟尔的行为比其他人在类似情况下的做法要体面得多。他在这场协议中是否有复杂的动机？就像前面说的，鉴于之前威斯康星州晚间火车上下来的外省男孩和他之间的关系，认为他没有复杂的动机似乎过于天真了。他和艾玛之间有浪漫爱情吗？一定有过某种浪漫，我也不排除他们发生某种性关系的可能性。当我到北卡罗来纳州去见厄斯金大家族的成员时，我心里有些忐忑，担心在这个家族代代相传的故事中赛瑟尔声名狼藉。但是并没有。艾玛的曾孙安迪·海恩斯帮了我大忙，他是泰伦市一位受人尊敬的律师，也熟知家族历史。

"我了解的就是，"他说，"赛瑟尔大致来说是个好人。他娶了一个有钱的老太太，至少就土地而言很有钱。如果他愿意，他可以尽其所能地淘金。当然，我从来不认识他——他在我出生前就去世了，艾玛那时也去世了。我相信很多人一开始都很好奇，对他很好奇。他本可以尽一切可能为自己谋求利益，但他没有。尽管他们并没有真正以夫妻的身份在一起生活很长时间，也许只有两年左右，但他和爱玛还是很喜欢对方的——他们的信件可以证明。而且，你不觉得，对这个纽约来的古怪、温柔、有艺术气质的家伙来说，艾玛这个强悍的老太太身上会有种强烈的吸引力吗？反之亦然。每次他来看她，她都很感激。总的来说，赛瑟尔回纽约过自己的生活，我想我们家的人或多或少能理解。"

也许艾玛家人的这种理解代表一种隐含的交换条件：艾玛的子女觉得赛瑟尔不是在骗取财产，作为回报他们愿意接受他回纽约过他先前生活的这一要求，尤其是他对他的妻子（他们的母亲）还保持着善良和关切。

安迪·海恩斯知道赛瑟尔和赖特的关系，但他很惊讶他们曾经如此亲密。"喔，"他说，"无比自负的弗兰克·劳埃德·赖特居然能在多年以后屈尊在他的书里写微不足道的赛瑟尔·科温，写下他们美好的回忆，所以，这是他正派的一面吧？"

在1918年7月写给艾玛的一个孩子的信里，赛瑟尔说："奶奶又一次痛苦地中风,但她靠着自己的毅力和心理的韧性又撑了过来,不过我很担心她受不了再一次的发作了,[毫无疑问]在某种程度上是精神状态紧张造成的发作。"可见,他还在北卡罗来纳陪她。

后来,赛瑟尔基本上搬回了纽约长住,他搬回去和他的老室友霍华德·W.麦克莱恩住在一起,也许麦克莱恩一直都给他留了位置。我不确定艾玛是否知道麦克莱恩,甚至知道她丈夫是同性恋——她是不是本能地已经知道了?1920年3月13日,艾玛写信给她住在东部的一个孩子:"如果赛瑟尔在西70街55号的家里没有电话,你能给他写封信吗?……我想只要你一句表示兴趣的话,就能打动他那敏感而深情的心,对他会有帮助的,因为他很喜欢你。这也会让我非常高兴的,因为他对我很贴心,很重要。"1920年人口普查显示,赛瑟尔和麦克莱恩以及其他7位房客是西70街55号的住户。他们两个人是住在一个房间里的吗?

我们从更苛刻的角度来看,赛瑟尔回到纽约的行为很自私(几乎不像一个丈夫),尤其是当他的妻子还需要照顾的时候。但这些信也表明,他觉得自己在北卡罗来纳州没有真正的谋生途径。

尽管艾玛身体虚弱,她还是去了纽约一两次,看望她的子女和赛瑟尔,但她显然没有和赛瑟尔在一起。有一封未注明日期的信(可能写于1920年)是写给她的一个孩子的:"对一个上了年纪的乡村妇人来说,独自一人住在纽约的酒店里是一件相当可怕的事……我知道,如果要去找你、赛瑟尔或者哈罗德的话,我可以叫辆出租车,但我还有开销的问题要考虑。"

艾玛于1924年3月4日去世,她大约两周持续生病,在她卧床的临终时刻,我们不清楚她的丈夫是否在床前。她死时没有留下遗嘱——或者至少没有遗嘱在卡罗来纳遗嘱认证法院备案,家族信托仍然原封不动。两年前,当她的经济状况陷入最低谷的时候,她把自己主要的房产林考特庄园卖给了一个女儿,那座曾经气势宏大但如今已经破败不堪的庄园就这样留在了家族里。她手中拥有的不动产曾将近700英亩(2.8平方千米)。在她生命的最后几年里,她仍然在画画,她和几个女性同伴住在泰勒市的小别墅里。赛瑟尔几乎没有得到她手里的任何房产，但他似乎没有任何不满（甚至没有兴趣），依然非常关爱艾玛的6个子女。艾玛的子女最终起草了一项协议，给了赛瑟尔一个叫韦赛德的小地方，那里大约有一英亩的土地，有个小房子和谷仓。如果他愿意的话，他可以住在那里，税收、维修和保养经费由厄斯金家族信托来负责。但他再也没有回到北卡罗来纳。

大约从1920年开始，赛瑟尔为曼哈顿一个叫威廉·拉乌的室内设计师打工，拉乌工作室以影院内饰而闻名，但赛瑟尔似乎只有非常微薄的工资。在这一时期，纽约市的黄页很零散，那段时间最后出版的黄页是1933—1934年的，赛瑟尔的信息是这样的："科温，赛瑟尔，拉乌工作室绘图员，公司位于西42街100号。"黄页好像把他的一生从字面意义上缩略了。3年前，1930年的联邦人口普查时，他显然独自居住在西77街，他被列为"房客"和"鳏夫"，还有20个成年人和一个孩子住在同一地址。霍华德·麦克莱恩？根据1930年的人口普查，他住在离这里10个街区外，和雷诺兹·斯威特兰两个人住在一起，斯威特兰从事戏剧和文化新闻工作。麦克莱恩比赛瑟尔小18岁，比斯威特兰大10岁，他们两个人一直住在一起，直到20年后麦克莱恩去世。

1936年的一天，那时候美国仍然深陷经济大萧条，比赛瑟尔小10岁的妹妹来到曼哈顿把他接走了，并把他带回了布法罗市的家中。马奎塔·科温·比奇和丈夫以及一个已成年的儿子住在一起。根据家族里的说法，赛瑟尔那时穷困潦倒，但事实并非如此。他之后一直和妹妹一家住在一起。1941年1月31日，在诺沃克大街267号，80岁的赛瑟尔·科温死于动脉硬化、衰老和心脏急性扩张。在死亡证明的"日常职业"一栏，写的是"退休室内设计师"。那年夏天，他被火化之后，他的骨灰运到了芝加哥，和家庭其他成员一起安置在芝加哥北区的雅园墓地。他们在布法罗法院认证了他留下的一张纸的遗嘱，他的不动产价值是250美元，他的个人财产也是250美元。6个侄女和侄子每人一美元，他有个最喜欢的侄女，多年来一直受到他的照顾，拿到的稍微多一点。剩下的归了曾经救了他、照顾他的妹妹马奎塔。

第一部分　更大程度上的渴望：1887—1909

让我们回到弗兰克·劳埃德·赖特那里，看两人截然相反的人生如何再度重逢。在这种看起来是失败的伤感故事里，还是有一种救赎的美感。这种重逢只有一次，就在赛瑟尔去世的8年前，就像之前提到的，重逢并非见面，而是双方隐晦而感伤的信件。

在这两封信中，在具体语句的表面之下，似乎隐藏了很多东西。在这两封信中，你可以听到某种渴望——或者说，我听到了。

背景是在1932年3月，无比自负的赖特出版了他的人生故事，销量惊人，并且广受好评——他继续表现得无比自负，尤其是在巡回演讲时，他很喜欢当面侮辱观众。之后，当我按照时间顺序来讲的时候，还会提到更多有关《自传》出版的信息，该书很大程度上帮助赖特在长期的沉寂之后重新回到公众的视线。

这本书刚出版后不久，赛瑟尔就读过了。（一位非常成功的纽约建筑师朋友送给了他一本。）他觉得自己会出现在书中，但当他发现赖特把他描写得如此突出、如此慷慨时，他肯定感到非常欣慰。他会立即明白，虽然作者小心翼翼地留神，但仍在设法向他的读者传达复杂的真相。但是赛瑟尔并没有试图与赖特取得联系，或者更准确地说，他并没有想方设法去联系。也许是两人之间的鸿沟太宽了，他们36年来没有见过面。当然，在两人不知情的情况下，在这36年里他们曾经多次身在咫尺之内（这是有迹可循的），例如，赖特在纽约的酒店或者演讲的地方离赛瑟尔住的地方只有几个街区。

1932年11月9日的晚上，赛瑟尔的妹妹马奎塔和她24岁的儿子约翰（可能还有马奎塔的丈夫欧内斯特·比奇）在布法罗的奥尔布赖特美术馆参加了赖特的一个讲座。在芝加哥的时候，马奎塔和赖特很熟悉。那天晚上，赛瑟尔并没有来艺术馆参加讲座，他还住在纽约，在拉乌工作室工作。但在活动之前，或者之后，赖特和赛瑟尔的妹妹一起聊了会儿天。赖特显然是慷慨、热情、怀旧的，反复强调他多么想看到赛瑟尔。一两天后，马奎塔的儿子写信给舅舅，并告诉了他这件事。[1]这封信打破了他心理上的僵局。赛瑟尔用公司的信笺手写了一封4页长的信,信中展示了他过去的礼节和自谦,他的自尊而非骄傲,他那显然毫无怨恨的内心。他似乎希望赖特知道一些事情——他已经结婚了,有一个已经成年的女儿,就其本身来说也算是真实情况。(事实上,他有6个继子女,但是他提到的女儿——虽然并没有提到她的名字——是艾玛最小的孩子,名字叫苏珊·厄斯金·罗杰斯,她和赛瑟尔的关系特别亲密。)

"亲爱的弗兰克,"信的开头这样写道。

> 我外甥来信说他和你进行了一次非常愉快的面谈,而你也希望收到我的信。几周前我去芝加哥短暂拜访时,我冒昧地去找你,发现你在塔里埃森。如果我有时间去看你,我一定会去的。不!我并没有和你失去联系,在这些年里我一直关注着你,我从未忘记我们早年的友谊。

两段之后:

> 我们的生活是不同的,我们分道扬镳了。你已经为自己树立了不可估量的声誉,而我只是交了些朋友,忙于生计。

---

[1] 2013年的夏末,距离约翰·比奇给舅舅写信将近81年后——他的信没能保留下来——我去了纽约的罗切斯特,和约翰·比奇的女儿及其家人共度了一个周末。她的名字叫辛西娅·比奇-斯梅泽,正如北卡罗来纳州的安迪·海恩斯熟知厄斯金家族历史,辛西娅·比奇-斯梅泽花了半辈子的时间来整理科温家族的文件。她从没见过"赛瑟尔舅公",甚至也没见过她的马奎塔奶奶。但是她从抽屉里拿出那么多的文章、照片、杂志、日记、家谱图和家族的其他纪念品,并允许我进行复印,这些材料让我觉得,就算不是赛瑟尔,至少是马奎塔本人似乎就站在我面前。之前她对赛瑟尔的事情既了解又有误解,这些故事传到了她这里,她了解赛瑟尔,也明白他和弗兰克·劳埃德·赖特的关系,那个周末我和辛西娅之间有一种激烈的意见碰撞。我并没有删减对话放到正文中,而是把它们放在了《资料来源》。

第一部分　更大程度上的渴望：1887—1909

在下一段中：

你的书让我想起了许多事情，想到你书中那些有趣的人，我愉快的记忆又回来了。詹金·劳埃德·琼斯舅舅，你了不起的母亲和妹妹们，还有我有幸认识的那些姨妈和表兄弟们。

在下一段中：

我猜你是个大忙人，如果能收到你的来信我会很高兴，你来纽约的时候，如果有时间的话，希望你能来看我。我现在从事装饰行业，我的女儿幽默地说我在"做美好的东西"，我这一行和卡巴莱俱乐部和剧院有很大关系，你会不会觉得吃惊。在过去的几十年里，我一直和拉乌先生在一起工作，我们一起度过了那些艰难的时刻，现在还在努力，可能将来也是这样。他是个艺术家，多少有点喜怒无常。但我们理解彼此，这一点很重要。我娶了一个艺术家，所以我了解他们的本性。

结束时：

我一定会很高兴收到你的来信，能见到你就更好了。

他的签名是："你无比真诚的朋友，赛瑟尔。"

赖特回信的日期是1932年11月20日，是打印出来的信，这意味着信是口述的。信只有一页纸，从外在证据来看，赖特似乎在看到赛瑟尔信的当天就回信了。"亲爱的赛瑟尔，"开头是这样的。

致命的拖延症是我的特点，也越来越厉害。再次收到你的来信我非常高兴,如果我们能摆脱现在一成不变的状态,再次相聚,我相信我们还会像曾经一样。过去的时候我们俩就像达蒙和皮西厄斯[1],那段过去的日子是多么浪漫。在那之后发生了很多其他的事情。我试着在《自传》中再现真实的你,不是一字不差地再现,而是再现你的性格。我觉得我成功了,每个人都喜欢作品中"赛瑟尔"这个形象。从"我们那时候"到现在,我并没有什么改变,也没学到太多东西——虽然在某种程度上我撞得头破血流,但我仍和年轻的时候一样傻气。

赖特邀请对方去塔里埃森,他提到自己见到了马奎塔,她看起来非常好,他提到了赛瑟尔的弟弟亚瑟·科温,一个芝加哥的医生。然后,在结尾处,再次邀请对方去威斯康星州时有奇怪的7个点的省略号:"你的朋友们……是很好的人,他们是否也愿意来。"

赛瑟尔从未去过塔里埃森,这是他们之间已知的最后一次交流。

在希腊神话中,达蒙和皮西厄斯的传说是关于信任、忠诚和毕达哥拉斯理想式的男性友谊的,甚至到了为对方献出生命的程度。这个神话也可以理解成是关于深切的同性之爱,长期以来艺术家们用不同的媒介来解释这个故事。1889年,也就是弗兰克和赛瑟尔相遇大约两年后,一位名叫阿尔弗雷德·J.科恩的作家以笔名出版了一本名为《零度下的婚姻》的小说。故事的中心是两个同性恋男子(其中一个是已婚的纨绔),他们喜欢称自己为达蒙和皮西厄斯。他们上流社会所谓的朋友也是这样叫他们的,用这个不怎么隐晦的代号来羞辱同性恋。这算不上是一本好小说,过分紧绷太笨拙了。

1925年,一代人之后,一位当时尚不知名的南方年轻作家威廉·福克纳发表了一篇关于新奥尔良的小故事,名为《无止境的达蒙和皮西厄斯》,故事中隐含了同性爱情的主题,故事动人且幽默。

第一部分　更大程度上的渴望：1887—1909

赛瑟尔·科温认识了一位艺术天才，这既是极好的运气，也是罕见的坏运气。《纽约客》的已故伟大作家威廉·麦克斯韦尔在故事里写过一句话："我无意中走过一扇我不应该走过的门，就再也无法回到那个我本不打算离开的地方。"我想到赛瑟尔时，就会想起这句话。

我把这本书献给蒂姆·萨缪尔森，他是一个身材高大、性情直率、性格古怪、非常有好奇心又极为慷慨大方的人，他在芝加哥市工作，担任该市的文化历史学家。我们之间可能有过100多次关于弗兰克·劳埃德·赖特的谈话。蒂姆花了一生的时间梳理旧日的建筑工地，深夜钻研微缩胶卷，希望能找到更多与赖特有关的事实或文物，当然也不仅仅是与赖特相关的。有时候，他看起来似乎在无休止地寻找大约1902年遗失的黄铜门把手。他热爱所有那些建筑师——路易斯·沙利文、丹·伯纳姆、密斯·凡·德罗，但在某种程度上，他最关心的是芝加哥那些名字永远没能留在人们文化视域里的已故建筑梦想家。1月份一个寒冷的下午，我们开着我租来的车前往位于欧文公园路的雅园墓地，去寻找赛瑟尔·科温的坟墓。我们在C区850段找到了一块灰色的楔形石碑，我们用手套把上面的雪刮掉，我们什么都没有说。大约10分钟后，我们回到车里，打开暖气，蒂姆说："我为他感到难过，我很难过。他努力争取成功，但他知道他做不到，他没有三维的天赋。从某种意义上说，他就是我们所有人，他是我努力研究的一切的基础。他曾经做出了贡献，我认为很重要的贡献，但他自己死的时候肯定不这样认为。事实上，我们只能通过弗兰克找到他，如果我们只能了解他的一点点，我也释然了。"

蒂姆叹了口气。"你看，我难过的是最后一行，'——从那以后我再也没见过他'。"

在1936年关于阿拉巴马州佃农生活的伟大纪实作品《现在，让我们赞美伟大的人》中，詹姆斯·艾吉写到，当他走近一座偏远地区的黑人教堂，看到刷着黏土、竖着白色护墙板的尖顶教堂时立刻折服了，那"令人震撼的古典主义之美结结实实地闯入人的眼帘"。

当第一眼看到位于伊利诺伊州河岸森林镇奥弗涅广场515号的威廉·温斯洛住宅时，你会有同样的感觉。

多年后，赖特自己把温斯洛住宅称为他的第一所"草原之家"，尽管乍一看，甚至再看一眼的时候，它根本不像我们通常在建筑语境或者赖特的语境中用到这个术语时所想的样子。真正的草原风格（学者们倾向于大写这个词的首字母）是长长的水平线、悬挑的阳台、低矮的露台、低垂的屋顶、幽静的花园、掩蔽的屋檐、狭窄的条状闪光艺术玻璃；而这些特色要等六七年后才会出现在赖特的想象中和他的画笔下。而当它们出现时，他的画板上迸发出许多炫目的设计风格和花样。站在人行道上随便看任何一个此类设计的房屋，你就会立刻明白"草原"这个词描述的含义。"水平线就是家庭生活的线，"赖特曾经饱含诗意地表达过这种玄机，他有一种神奇的能力，即使在字面意义说不通的情况下，也能把意思表达清楚。这句话旁边，他用奇怪的逗号用法补充道："这里唯一值得尊敬的，——是草原。"他在另一处写道："我出于本能热爱草原。"这里没有任何的含混性，没有任何诗意，也没有错误的标点符号，他指的草原是那里的鸟、树、小溪、青草、小山和野花，他指的是它的开放，它的不受限制，它的自由感，甚至被草原拥入怀中的感觉。他也指草原的平坦——字面意义上的平坦，在别人眼里这是沉闷枯燥的，而他看到的却是美感——一片片金黄的稻谷，像毯子一样铺在田里的夏玉米。当你带着一本弗兰克·劳埃德·赖特导览书站在伊利诺伊州的橡树园时，看着他的任何一座草原住宅，你脚下平淡无奇的土地就是他眼中的草原：平坦的大地，又平又直，有时甚至像是木匠的水平仪。他并非来自落基山脉之间，并非生于大漠沙滩，也并非来自波涛汹涌的海边。他说："我生来就是美国大地和空间的孩子。"因此，他将这种地理上的必然性和个人的出生转化成了一种崇高的美，最终，转变成为一种建筑理念和建筑原则，那就是每座房子"都应该从地面开始，而不是从地下开始"。这是一种激进的思想，我们很难理解它的终极逻辑——以物成物。不是在事物之中，而是关于事物本身，这就是路易斯·沙利文"形式追随功能"的观念——赖特更愿意表达为形式兼功能。他会把建筑所在地的意识、氛围和外观赋予房屋本身，从而产生一种有机的、和谐的、审美的整体，更关键的是美国化的整体。和这个想法一致的还有他关于住宅的推论："居所应该是人类居住地的基本外观（这种想法可能根植于民族本能）。"他应该怎么实现这一点呢？依靠所谓的家庭生活水平线。垂直线是城市的特色，而他将水平延伸出去而不选择上升。"我开始不再把建筑看作是一种洞穴，而是一个与景观——包括内部的景观和外部的景观——相连的开阔居所。"他说道。

可以这样说：在他把自己的意志加上之前，土地本身才是关键所在。

所以，关于温斯洛住宅，当你开车走近时，它那正式的、近乎古典的外表令人惊颤，似乎有力地冲击着你的所有感官。"近乎"这个词很重要，它是古典的，但又不完全是古典的。它是水平的，但又不完全是水平的。它有一个平缓的斜坡和悬挑的坡形屋顶，这是即将出现的"草原住宅"的关键原则：又宽又长，既开阔又有遮蔽作用。在屋顶的中央，有一个石头制作的巨大烟囱。它比你预期的更宽更矮，因此有种即时的视觉和隐喻效果，进一步压低了已经很低的屋顶。一楼是双悬窗——并不是在墙上凿出的洞，相反，它们是精确放置的开口，营造了一种潜意识下的家庭秩序和礼仪感。一般来说，房子的窗户是在屋檐下一两英尺的地方，相比之下，这里二楼3扇间隔的窗户向着屋檐延伸——它们似乎直接延伸到了屋檐下，也就是建筑师所说的拱腹。这里隐藏的含义是，窗户是有机整体的一部分，而不只是为了空气、视线和光线在墙上锯开的口子。

最妙的是，在一楼，淡黄色和浅黄色的砖面横贯整个房子的正面。这不是普通的砖，而是建筑上的罗马砖。这是一种非常细长的砖块，所以尽管房子有两层，但还是有一种基本的水平感。细微差异的色度（跟每一块砖从窑里出来的方式有关）只是增加了某种类似大地的自然主义感触。

此外，还有如何进入这栋房子的问题。尽管赖特把宽大的木质前门（上面是装饰华丽但不那么繁复的叶状图案设计）置于房子的中央，但事实是你并不能直接走到正门，除非踩到地上的栽种畦，你必须从左边或者右边绕过去。（1894年的时候，栽种畦是一个水光反射的倒影池，所以如果执意要走直线的话，会把鞋子弄湿。）在即将面世的真正的草原风格中，赖特会煞费苦心地隐藏他的入口——通常把入口放在房子的侧面。这种隐藏是种深思熟虑的做法，与家庭安全和家庭隐私的观念有关，但也是因为艺术家希望你以朝圣的方式进入他的作品，有一种"进入的仪式"。他不希望任何东西突然出现，而是致力于整体性的艺术体验。这是他想要的，换句话说，这就是赖特彻底的自我。你必须认真找到他的入口——而且即便他是为客户设计的,这也是他的入口,之前已经体现了这一点。

温斯洛住宅曾经形只影单,坐落在伊利诺伊州一个村庄边缘一大片平缓的土地上,位于缓缓流淌的德斯普兰斯河的转弯处。1673年,法国探险家马凯特和朱利特曾在这条河上泛舟航行。1894年的时候,这座房子看上去一定就像是真正的美国大草原的一部分。如果你在河的另一边,在河的西岸,一定会有种感觉,认为大地向西延伸,像丝带一样直,像煎饼一样平,连绵不断,唯一能看到的就是拓荒者的马车车辙,一直延伸到科罗拉多州。如今,这座房子周围出现了近郊和远郊的社区。但是,没关系,它就立在那里,而且它似乎将会永远立在那里,就像威廉·福克纳在另一篇文章中说的那样,直到"末日响起最后的钟声"。

我还没有说到房子的后面,它与正式的前面完全不同。我甚至也没有提到内部,那是更让人惊艳的效果。我说的已经足够了:你可以翻过页去自己看看,哪怕是在照片上,这个奶油色、茶色和深棕色结合的建筑是将来真正的草原风格的先驱,是施洗者圣约翰。顺便说一句,"草原住宅"这个标签是很久以后才出现的,当赖特开始绘制时,这个词还不存在。

草原之船

　　这些词就好像站在纸上一样，甚至在你读句子之前，就能立刻想到这些句子是来自小孩之手，有些句子根本算不上是句子，至少语法和标点符号有问题。这封信有两页长，第3页是正式的结束语，单独的第3页看起来很可疑，就好像孩子身边站着个没怎么掩饰自己心思的成年人。信封上歪歪斜斜地贴着乔治·华盛顿半身像的两分钱邮票，五角钱硬币大小的圆形邮戳上标着："伊利诺伊州橡树园，1911年10月21日上午10点。"信封上的字体是同样滑稽、庞大的潦草字母，收信人是"威斯康星州希尔赛德的LL.赖特先生"。

　　写信的人名叫罗伯特·卢埃林·赖特，他出生于1903年11月15日，是弗兰克·赖特和凯蒂·赖特最小的孩子。再过3个星期，他就8岁了，家里准备办个生日派对。两年零一个月前，当他才5岁多不到6岁的时候，他的爸爸和另一位女士离开了家去长途旅行，那时候他对此并不知情，也不明白这一切的全部含

第一部分　更大程度上的渴望：1887—1909

义，现在他也并不真的了解。(他肯定多少知道一些，孩子们往往活得神秘而深刻，即便是，或者说尤其是，在他们无法将自己的理解表达出来的时候。)他所知道的就是父亲的缺席和父亲消失的事实。的确，他的父亲在大约一年的长途旅行之后回到了家（那位女士留在了他们去的地方），但随后他又收拾行李离开了。现在他的爸爸住在威斯康星州的一所新房子里，罗伯特·卢埃林可能并不知道威斯康星州在哪里（伊利诺伊北部的一个州），也不知道那位女士又和他在一起了。

"亲爱的爸爸"——信的开头是这样写的，然后在问候语的同一行，没有逗号，直接就带着一种紧迫感开始了正文，接下来的两页纸上共有58个看上去足有两英尺高的单词，似乎道尽了一个破碎家庭内部的不解之谜。

你好吗你不在我很难过我很爱你。我的房间有阳光又漂亮。我喜欢我的音乐课。我有一天会像你一样弹琴。詹姆斯已经回家了现在希尔赛德下雨吗？我喜欢给你写信明天可以玩耍这是我的晚安亲亲OOOOOOOO

第3页和前两页不一样，差别不只是一点点：

"来自你可爱的小孩卢埃林·赖特"

凯蒂·赖特是否为了要把丈夫从梅玛·博思威克·切尼那里抢回来，而要求儿子写信给他的父亲，参与她的（注定要失败的）行动？历史学家和传记作家都表示这很有可能。但是信里的渴望——是不是并非强迫的？并非人为操纵的？

3个星期后，在1911年11月15日他生日的那天，同一个人又手写了一封信。给人的感觉同样是，一个比罗伯特·卢埃林年龄大得多的人可能在操纵整件事情。他在一张小纸上先画了猪妈妈和跳舞的猪宝宝。第1页有17个字：

亲爱的爸爸

这是我的生日。我非常想念您

第2页：

您能和我们一起共进感恩节晚餐吗？没有您，我们有些孤单。我们担心您病了。我们下雪了，可以滑雪。

我希望您的屋子像我们的一样暖和。我8岁了。再见，您亲爱的儿子。

卢埃林·赖特

在第3页有4个字："生日之吻"，后面跟着8个用铅笔涂黑了的O："OOOOOOOO。"

那么，这个刘海卷曲的可爱小男孩身上到底发生了什么呢？从某种意义上说，他是父母双方而非单方的受害者（凯瑟琳·赖特13年来生了6个孩子，最小的孩子据说天性安静、温顺，最容易相处），罗伯特·卢埃林最终变成了杀人狂或者连环通奸犯吗？还是一个极度痛苦不满的人，一生都诅咒命运给他的坏牌呢？不，鲍勃·赖特，朋友们喊他罗伯特·赖特，长大后成为了一名成功的律师，他职业生涯的大部分时间都在华盛顿特区度过，断断续续地在联邦政府任职。（他曾是司法部长罗伯特·F.肯尼迪领导的司法部反垄断部门的高级官员。）他擅长诉讼和审判工作，是3个孩子的父亲，孩子们都不错（不只是不错，他们在专业领域内都作出了一番成绩），他和一个好女人结了婚，如果不是真正幸福的话，至少有一段持续了半个世纪的稳定、和谐的婚姻。他喜欢象棋、网球和棒球，中年的时候，他搬进了父亲为他设计的位于华盛顿郊外的

第一部分　更大程度上的渴望：1887—1909

房子（这座房子仍属于赖特家，是一个不那么重要但同样惊艳的赖特作品）。1986年2月22日，他平静地死于充血性心力衰竭，当时82岁，死时他的债务都已付清，事务都安排得当。这似乎很清楚显示他有意地远离、有意地抗拒他那卓越的天才父亲身上那种粗俗的自恋、自大、夸张、唯我主义和不顾后果的经济观念——更不用说道德观念了。至少对他的孩子们来说是很清楚。（他们现在都是上了年纪的人，每个人都慷慨地帮忙回答了我的问题，一些关于他们那位情感淡漠的父亲的个人问题。）

20世纪70年代，当他70多岁的时候，情感一向谨慎的罗伯特·卢埃林·赖特坐下来写了几篇关于自己生活的文章，他称为《写给孩子的我的童年回忆》。其中有一篇单倍行距、长达10页的文章，标题是《你们的父亲关于他父亲的回忆》，他也可以给它起名为《你们的父亲关于他父亲的不是回忆的回忆》。这篇文章之所以出色，不是因为它的谦逊或者雄辩（尽管这两者兼而有之），而是因为它情感淡漠，这听起来可能有些尖刻，但文章的本意并非如此。文章中有一两个关于弗兰克·劳埃德·赖特的非常有趣的故事，尤其是这个："我记得我12岁左右的时候，到他在芝加哥的酒店拜访他——他再也没有回到橡树园的家，哪怕是一次拜访也没有——我见到他用滑稽的借口拖延一个执意讨债的债主。当那个人离开的时候，他转向我微笑着说：'儿子，对付债主就应该这样干。'我当时并不这么认为，现在也不这么认为。对我来说，他刚才的经历是如此屈辱，从那以后，我再也不敢赊账买东西了。而对他来说，这只是个玩笑——表面上的玩笑。"

这篇文章看起来更像是关于弗兰克·劳埃德·赖特给他的孩子们造成了多大伤害的悲惨证据。他似乎想尽办法才填满了10页纸，最后他是这样结束的：

好了，就这么些，我希望没有让你们感到厌烦。我尽量控制自己，不按时间顺序叙述我们所有的那些短暂接触。不幸的是，我们之间从来没有真正的争吵，也没有任何特别温馨的时刻。虽然他经

093

常没有耐心，但他对我总是和蔼可亲，他很少像我对你们那样讽刺我。可悲的是，我们是友好的陌生人，他喜欢的任何客户都可能比我更了解他。

问题是：如果赖特多少为那个男孩着想一下，世界上是否还会出现像伊利诺伊州河岸森林的威廉·H.温斯洛住宅这样触动人类灵魂并且似乎无法磨灭的东西？这可能是本书最初的和最终的（并且无法回答的）问题。

让我们回到之前的话题：弗兰克·劳埃德·赖特在芝加哥生活的头10年，正如前面所说的那样，当时有太多的东西从四面八方涌向他，既有个人的，也有工作上的。让我们回过头来，重新拾起之前的叙事中不得不遗漏的一些线索——不是被遗漏，应该说只是暂时放在了一边。

有一条线与芝加哥这个城市的玄妙和好运气有关。这个城市经历了一段可怕的灾难，尤其是在1871年，赖特抵达15年之前，一场大火烧毁了一切。蒂姆·萨缪尔森曾这样向我解释他的家乡的运气："它出自于一个泥坑，一个位置完美的泥坑。由于它的地理位置，有些事情似乎是不可避免的，它可以连接到密西西比河，水是商业的中心，所以这个直到1837年才合并成立的边境定居点，成为了这个国家向西迁移的完美地点。在水上贸易发展的同时，铁路也出现了。因此，水路与铁路交接。你可以来这里冒险赚大钱，没人能阻止你，关键在于机会。接着往后看，这里发生了一场大家都知道的事故，叫芝加哥大火，据说是奥利尔瑞太太的牛踢翻了谷仓里的一盏灯引起的。好吧，这只是民间传说。这场火具有毁灭性，摧毁了中央商务区，成了美国历史上最伟大的传说之一。但是，你猜怎么着：它没有破坏水运、码头、铁轨和芝加哥连接世界的铁路干线，没有破坏贮木场、牲畜饲养场以及卢普区以西的重工业。换句话说，尽管有巨大的损失，但有很多东西有幸保存了下来。所以，这座城市可以

第一部分　更大程度上的渴望：1887—1909

在残垣断壁冷却之前开始重建——一切都就位，蓄势待发。"

历史学家唐纳德·米勒在他的《世纪之城》中描述说，芝加哥废墟中的重建是一个双重意义上的重建。"这就是芝加哥灾后重建的惊人之处，"他写道，"在不到20年的时间里，建造了不是一座，而是两座新城市。"第一阶段几乎没有考虑到建筑本身的质量，这种局面大约持续了两年的时间，接着出现了经济萧条，在这个阶段剩下的时间里，一切都停滞不前。第二个重建阶段开始于1880年，持续了整整10年，直到1890年，这个国家出现了一场更大的经济衰退。第二阶段的建筑师都非常年轻——据米勒说，他们的平均年龄不到30岁，似乎新一代的梦想建筑师们不必担心之前的先例，他们有些自大，有些天真，用米勒的话说，"他们在美国这里创造历史，这里是最近才从旷野中拔地而起的城市，城市本身的历史比他们年长不了多少。"他们的无知便是福气，这句老话可以套在他们身上。米勒说："到了1886年，芝加哥——这个在1880年几乎没有建筑的地方——成为了世界建筑的实验中心。"1886年？不就是在这一年的下半年，可能早几个月或者晚几个月，一个渴望在更大程度上创造历史的威斯康星男孩，在光线暗淡的傍晚，带着他所谓的7块钱和硬纸板手提箱，出现在了威尔斯街车站吗？他那时19岁，即将20岁，比那些正在塑造这座西部永恒之城的（年轻得惊人的）建筑师还要年轻10岁。哈佛大学名誉退休学者尼尔·莱文在1996年出版的《弗兰克·劳埃德·赖特的建筑》一书是不可或缺的深度研究，书中写道："对于一个几乎没有受过任何训练或者没有经验的人来说，赖特再也找不到一个更好的地方或者更好的时代了。"他几乎可以说，真的找不到一个更幸运的时刻了。莱文的意思似乎是，如果赖特运气好，把握住了机会，那么芝加哥也是如此。这座城市和这个男孩走到了一起，就像一把锤子砸中了钉子，切合了需要，两者一拍即合。

在1886年进行的建筑实验中，有一种叫作"摩天大楼"的东西。美国摩天大楼不是发明在芝加哥——纽约才是它真正的诞生地，但是，争辩纽约还是芝加哥没有多大的意义，类似于坚持认为美国最南端的基韦斯特和古巴之间，佛罗里达海峡那片快速流动的蓝色神秘水域有将近99海里而非90英里,毫无意义。争论既定现状有什么用?在大众文化里,基韦斯特到古巴的距离永远是90英里。所以,关于芝加哥不是高楼大厦起源的任何争论也是如此。事实是,芝加哥完善了高楼大厦。新一代的工程师和建筑师必须想办法才能把高楼大厦矗立在芝加哥湿软的土地上,最终他们想出了一种防火的钢骨架结构。最终,芝加哥和其他地方的高楼都变成了钢架结构。过去那种建筑物低楼层的外部承重墙有时厚达6英尺(1.8米),现在已然成了历史。19世纪末,金属框架材料这一概念及其可用性,让人们不再需要巨大的承重墙。

蒂姆·萨缪尔森又说:"为什么摩天大楼从芝加哥开始呢——好吧,为什么从这里发展呢?答案很简单。芝加哥一面是湖,一条河绕着城市的另外两面,剩下的一面也就是南区,铁路占用了所有的建筑空间。城市不能往东扩——那边是密歇根湖,所以只有一个非常紧凑的市中心建筑区。这座城市是个马颈圈,别无选择,只能往天上走。但是,你得想出一个办法来支撑所有的重量,答案就是金属框架,而不是砖石结构。他们在这里建摩天大楼是因为他们不得不这么做,只有在被迫的情况下,人们才会真正改良如此多的技术。"

正如米勒在《世纪之城》一书中所指出的,摩天大楼最重要的理论家和实践者在那个恰当的时机聚在芝加哥(但为什么会这样,没有人能说清楚),其中重要的人物有威廉·勒巴伦·詹尼、约翰·威尔本·鲁特、丹克马尔·艾德勒和路易斯·H.沙利文。在圣路易斯市中心切斯纳特街709号,矗立着沙利文的10层温赖特大楼,它是红色正方形的宫殿风格,该建筑是轻质钢框架结构,我们普遍认为这是世界上第一座真正的摩天大楼。事实上,过去有很多大楼,但温赖特是第一座从美学角度定义现代摩天大楼的建筑,它建于1890年到1892年之间,当时赖特和"敬爱的大师"沙利文一起工作,对方对他的影响最大。几十年后,在普林斯顿的一次演讲中,赖特称温赖特是"人类第一个高大的钢铁办公楼建筑的表现形式"。然而,几年前,为了争取客户,他甚至不惜把这栋建筑的成绩归功于自己。现在,如果你去圣路易斯市,站在沙利文的温赖特建筑面前，你会惊叹它的和谐、统一、尊贵以及从上到下精细复杂的砂岩装饰，不过你得努力忽略街对面低俗的猫头鹰餐厅。

从长远的历史来看，赖特幸运的奥秘要算上西尔斯比和沙利文，两人一前一后成为那个无名小辈近乎完美的导师和雇主。J.莱曼·西尔斯比并没有真正参与到卢普区的重建中——他的精品公司专门从事住宅建筑，当然，在这个领域里赖特创造出了他第一个真正的杰作，日后也基本上称霸这一领域。正如前面提到的，西尔斯比教会了他如何创造"流动"，他很快就把学到的知识带到了艾德勒&沙利文公司，在那里不到6年的时间里，他就消化了关于统一和有机原则的更关键一课。关于过度简化：如果说西尔斯比教给了他不被束缚住手脚的艺术和思想，沙利文则向他展示了如何将一切联系在一起，并提供了哲学基础，这样他的画板、丁字尺和三角尺下的设计就成为一个建筑理念，一个兼具统一性和美感的结构。说到把复杂的概念过于简单化，我们需要指出，赖特从沙利文那里学到的建筑知识比他从其他任何人那里学到的都要多，沙利文比他的学生更早地提出了为美国人创造美国建筑的信条。人们过多地把这个理念归功于弗兰克·劳埃德·赖特，这倒不是说他并非彻底地信奉这一理念，也不是说他对这一理念的理解不如沙利文深刻，也不否认他把这一理念提升到了更高的水平。但是，这个理念并不是起源于赖特，只是赖特又一次不落痕迹地占用了别人的思想。历史学家们知道真相。

在《自传》中，赖特似乎对自己几个月后又离开西尔斯比的事表达了真正的懊悔。西尔斯比又接纳了他，但是，之后艾德勒&沙利文公司有了一个招人的机会，于是那个寻找重要机会的男孩又离开了。然而，多年后回首往事，赖特用了"痛苦"和"遗憾"这两个词。这又是他隐藏的自我吗？但这句话似乎并没有隐藏得很深："我离开了他，就像个漂泊不定的流浪汉一样离开了他，而他对我确实非常优待……我再也没见过西尔斯比。"和说到赛瑟尔·科温时一样，是再也见不到自己真正在乎的人的那种真切情感。（不过，对赛瑟尔的在乎要比这里多10倍。）在这句"从此再没有见过"之前，还有一句："如果他能看透我的心,他就会发现我现在和当时一样愧疚。"

但现在,那个投机分子到了艾德勒&沙利文,恰在这家公司声誉到达顶峰的时候。他立刻巧妙地讨好大师,其他绘图员自然不喜欢他。他似乎对同事们有些不屑,他留着长发,穿着奇怪的衣服——一天他出现时穿着黑色紧身短裤,另一天穿着类似毛毡的拖鞋,据他说这双鞋要25美元,是芝加哥最好的鞋匠做的,这些对于他和同事的关系似乎没什么帮助。他是个娘娘腔,而且是个小矮子。中午,有些绘图员到后面的房间里去打拳击,他们都想把他弄进去,但他们不知道的是,他其实会打拳。尽管身材矮小,但他其实孔武有力,颇有迷惑性,这要归功于他童年时在威斯康星州威尔士裔的舅舅们的农场里从早到晚地干活。办公室里有个同事叫亨利·L.奥滕海默,一个特别可恶的嘲弄者。"他身材魁梧,腿不长,留着庞帕多发型,是个自负的犹太人,脸庞发红,戴着金边眼镜。"(《自传》中不经意间随处可见一些反犹太主义思想,不过,这个被人们叫作"奥蒂"的人显然就是个粗鲁的家伙,甚至还动手打过别人家的孩子。这件事涉及法律诉讼,发生在赖特抵达芝加哥几年前,甚至还上了《纽约时报》。)

一天中午,办公室里的人都出去吃午饭了,奥蒂对新来的男孩说:"不管怎么说,你不过是个沙利文的'今日新宠',赖特,我们都知道。"新来的男孩受够了,他放下铅笔,在画凳上转过身来,走到奥蒂的绘图板前,一拳打中他的脸,把他打倒在地,把他的眼镜都打碎了。(赖特后来说,他没有意识到对方戴着眼镜。)奥蒂站起来,弓着身子,"发出动物般的奇怪吼声",向赖特扑来,手里拿着一把箭形的钢制划痕器(绘图员的工具),他用这副划痕器在赖特的肩膀和脖子上扎了11处,深可见骨。赖特拿起一把丁字尺,用它的宽刃端狠狠地揍了他一顿。赖特的鞋子里都淌满了鲜血,奥蒂躺在地板上——他死了吗?(没有。)打斗结束后,赖特只有一个想法:找赛瑟尔。赛瑟尔接到电话之后,从克拉克和亚当斯街的西尔斯比事务所朝北跑,跑了5个街区,到了迪尔伯恩和伦道夫街的波登街区。他脱下朋友的外套,把他的衬衫褪到腰间,眼前

第一部分 更大程度上的渴望：1887—1909

的景象非常可怕。赛瑟尔给赖特临时做了包扎，带着赖特出门奔向拉什医学院去找亚瑟·科温，亚瑟当时是一名实习医生。（赖特说赛瑟尔的弟弟已经完成了医学院的学业开始行医——事实并非如此。）

考虑到一个自传作者不仅会记错事件，还会愉快地编造情节，一个明显的问题是：这些事情真的发生过吗？事实证明，确实发生过。除了打架的双方，那天房间里还有另外一个人——乔治·格兰特·埃尔姆斯利，他的性情与赖特几乎是天壤之别，他比赖特年轻几岁，有一段漫长的职业生涯——对于任何一个认真学习19世纪后半叶和20世纪初的中西部建筑的人来说，他的名字都不陌生。他是一个谦逊的苏格兰人，一直怀念故土。他曾经与赛瑟尔和赖特一起在西尔斯比事务所做过绘图员，后来在赖特的帮助下，他被艾德勒&沙利文公司聘用，两人一道设计了各种建筑。在赖特颜面扫地离开公司后，埃尔姆斯利继续留在那里很长一段时间，他成为沙利文的首席绘图员，并为大师的一些大项目做装饰细节。他是草原风格的另一个实践者，是所谓的芝加哥学派或中西部新学派的成员，后来，他建造了一些美丽的草原风格的房屋（以及现代派的商业建筑，尤其是1912年建成的明尼苏达州维诺那市的全国商界银行，这座建筑的陶瓦和装饰非常美丽），有些是独立设计的，有些是与人合作的。但是，就像许多其他芝加哥建筑师一样，他的名字由于"弗兰克·劳埃德·赖特"而黯然失色，会从历史中消失，或者至少从流行文化中消失。（和赛瑟尔一样，他的事业最终每况愈下，最后孤独寡居，经济拮据。）

乔治·埃尔姆斯利认为赖特是个性格恶劣的建筑天才。1932年的秋天，在赖特出版《自传》7个月后，他给赖特写了5页半的信，信是打印的，单倍行距，他反驳了书中的故事（抗议赖特对他的无端批评），然而在这个过程中（为后人）验证了赖特和奥滕海默的争吵。15年后，1946年，埃尔姆斯利在写给建筑合伙人的一封私人信件中再次证实了这一事件，虽然他指出了故事中的夸张之处。《生活》杂志当时给赖特写了一篇有些吹捧的文章，称他为"现代建筑的巨人"，《读者文摘》也用了这个故事，显然埃尔姆斯利是在这里看到的——他真是生气极了。他在信中写道:"沙利文其他的学徒不赞成他(赖特)那飘逸的领带和艺术气质,他和他们发生了严重的争吵。有一次差点以悲剧收场,一个学徒用一把打开的折刀削了他11处,那人也被他打得失去知觉。"不完全一样的是,埃尔姆斯利说这不是一把真正的刀(不像赖特所描述的那样),也不是深可见骨地扎了11刀,或者洒了足有一桶血,或者是打得对方不省人事。但话说回来,确实有这样一件事发生。埃尔姆斯利这封直截了当的信被送进了明尼苏达州一所大学的档案室,这可能会让他难堪,因为他是一个非常谨慎、安静的人。

1890年夏天,有一张办公室示意图上是很明显无可争辩的事实,还有一张家庭照片似乎在无意中传递着信息。那张图是艾德勒&沙利文事务所新办公室的示意图,1890年6月7日,一个星期六,也就是弗兰克·劳埃德·赖特满23岁的前一天,这张图出现在一份名为《工程与建筑记录》的全国性行业周刊的第5页。赖特已经在这家公司工作一年半多了,他是所有绘图员的领头,这些绘图员戴着袖箍,低着头,坐在他门外没有垫衬的7排凳子上。他已经和凯蒂结婚了,有了一个孩子。艾德勒&沙利文事务所位于芝加哥大礼堂的第16和第17层。在示意图中,"沙利文先生办公室"的标识在第16层楼的东南角,紧挨着它的是"赖特先生办公室"。这个办公室稍微小一点,但可以看到最好的密歇根湖风景。更重要的是,能和老板这么亲密,谁还能和他争吵呢?

关于亲密这一点,1987年,《纽约客》的已故多产作家布伦丹·吉尔出版了一本备受争议的赖特传记,名为《多重面具》。过去几十年里关于赖特的许多著作中,无论是部分的还是完整的叙述,无论本质上是基于生活还是基于工作的,吉尔的书都是最具可读性和洞察力的——只不过这本书经常歪曲事实,而且在一些学者看来,它太像是心理传记;而且,这本书有时似乎在刻意地贬低主角,似乎作者因为遭遇过某些未说出口的怠慢,所以从来没有完全原谅赖特。(吉尔认识老年时代的赖特。)就算刻意贬低是真的,这本书也很优秀。不过,书中有一段特色鲜明的可争议文字:"沙利文的绘画作品中似乎充满了沮

第一部分　更大程度上的渴望：1887—1909

丧的性欲；他的一些设计在扭曲和痛苦的亢奋中似乎是在向自己做爱。这种性欲在任何时候都可能突破，成为某种象征意义上的原始尖叫。"吉尔并不是第一个也不会是最后一个在书中试图揭示，沙利文对美国摩天大楼谜一样的热爱很明显地与对阴茎的关注和手淫的欲望相关（"每一寸都是自豪的、猛涨的"这是沙利文著名的一句话）。如果看上去太过明显，那么这种猜测也可能太过轻率。（有时候雪茄就是雪茄，不必过分联想。）众所周知，沙利文是在中年时结婚的（这段婚姻的结局很糟糕，只是让他的痛苦和最终的悲惨境况雪上加霜），他很长的时间里都是在花钱找妓女。有理论认为，沙利文实际上是一个被压抑的同性恋者——或者，换句话说，根本就没有被压抑，毕竟我们看到了自豪的、猛涨的东西。没有人知道真相，更进一步的真相是他的性取向可能是多重碎片化的（和赖特似乎有相似之处），最终的真相是性取向并不重要，因为我们看到的是作品本身，还有他的那些装饰，尤其是位于卢普区中心位置、州立大道和麦迪逊大街交叉处的施莱辛格–马耶百货公司大厦下面两层的装饰。要想欣赏大师的作品，你只需要站在两条街道的转角交会处，站在该大厦的主入口前（现在是一个不起眼的塔吉特百货商店），你会发现那些铁质的饰面看上去仍像蕾丝细线般精致复杂。

吉尔的书里暗示沙利文对赖特有种同性之爱。事实上，他们下班后会花很长的时间在一起讨论建筑梦想。这与赖特和赛瑟尔的关系完全不同：更像是父亲对儿子，而不是兄弟对兄弟。难道赖特没有意识到"父亲"这一方可能有些性爱相关的感情吗？在《自传》中，赖特说："啊，灵魂最伟大的性爱之旅就是他的装饰！"好吧，他的灵魂，是最伟大的。

关于那张照片，它拍摄于1890年初夏，确切日期不详。我主观认定照相时间是6月8日周日下午（就在办公室示意图向全国发表的第二天），首先是因为照片上的人盛装打扮，看起来有点喜庆——是不是很可能在庆祝生日呢？照片里有9个人，他们坐在弗兰克和凯蒂·赖特夫妇橡树园新宅门口的台阶上。有一块从屋里拿出来的东方风格的地毯，折叠在台阶上。詹克舅舅在最左边，

101

为火所困：赖特的梦想与愤怒

他和家人从城里过来，可能是乘火车和电车来的。他的妻子苏珊手里拿着球拍做道具，仿佛在展示郊区的清新空气和生机勃勃的生活。然后是赖特的妹妹简，然后是凯蒂·赖特抱着小弗兰克·劳埃德·赖特（他刚出生两个月，生日是3月31日。小婴儿在快门按下的时候微微晃动了脑袋，容貌有些模糊），然后是安娜·赖特，然后是赖特喜爱的小妹玛吉内尔，然后是留着八字胡的一家之主，然后是赖特的表妹玛丽，她是詹克和苏珊的女儿。（人们认为，拍摄这张照片的人是詹克的儿子理查德·劳埃德·琼斯，正如前面所说的，几十年后，他会成为美国一场重大的种族和道德悲剧的主要参与者。）

凯蒂稍微向左靠，离她丈夫远一点，这只是偶然吗？她的丈夫是9个人中唯一一个没有看镜头的人（除了刚出生的婴儿之外），似乎他的心思在什么别的地方，这也是同样的偶然因素吗？离了婚的安娜·劳埃德·琼斯·赖特穿着一身黑衣服，她头发如钢丝、意志如钢铁——照片中她向前略倾，露出她那让

第一部分　更大程度上的渴望：1887—1909

人不安的典型笑容，嘴角没有扬起，她几乎正好坐在（可能说插入更好）她的儿子和儿媳妇中间，这也只是偶然吗，完全是偶然吗？在她眼里，儿子永远不可能犯错，而儿媳这时候才结婚一年零七天，安娜对她的鄙视也并非不明显。梅尔·西克莱斯特在她那本优秀的赖特传记里曾说："对于凯蒂来说，婚姻中最难的就是要住在那个女人的隔壁，她（众所周知）总是试图楔入儿子和任何被她视为对手的女人之间。"在这里，"楔入"真的似乎不只是一个比喻。从婴儿时期开始——不，从怀孕开始——弗兰克·劳埃德·赖特就一直是他母亲的挚爱。从心理上来说，母亲的这种信念给了他走出去横扫天下的勇气。

安娜的儿子19年后会抛弃他的家庭，这时离他和"敬爱的大师"痛苦地断交还有两三年，离他完成温斯洛住宅的设计图还有不到4年，离他成为世界公认的艺术家还有大约10年的时间。但是，从某种模糊的意义上说，在薄薄的相纸上，玫瑰是不是已经开始溃烂？摄影评论家马克·史蒂文斯曾说过："每一张伟大的照片都有一个秘密，即使整个世界看起来就像一具尸体躺在桌子上，某种神秘而诱人的东西却得以保存下来。"

事实证明，先驱之前还有先驱。也就是说，如果1894年的温斯洛住宅是弗兰克·劳埃德·赖特独立之后创作的第一座伟大的家庭住宅，那么，一些更早期的重要住宅作品让温斯洛能够出现，也让更多更伟大的作品接踵而至。这里主要讨论的就是前面提到的"私制房"，这是名义上沙利文和他断交的原因。

艾德勒&沙利文公司的名声（以及公司自身的愿景）依赖于商业建筑，他们认为住宅太小了，不管是从哪个层面来看。大多数雄心勃勃的建筑师都希望致力于大型的商业或市政工程，这些工程有时会具有所谓的"里程碑性"，这个词可以用来形容创作者的自我。艾德勒&沙利文承接的为数不多的住宅项目基本上是为了给重要的客户们帮忙。赖特除了其他职责之外，还负责这些项目的监督工作，这能满足他自己的特殊兴趣，也能让他赚点加班费——至少赖特是这么说的。据说他都是靠晚上和半夜在家里加班完成这类项目，1891年北阿斯特街1365号修建的詹姆斯·查恩利住宅是其中最重要的一个。该建筑位于卢普区的北边，离密歇根湖很近，在芝加哥人所说的黄金海岸上。这栋建筑看起来很激进，和附近的建筑完全不一样——现在依然如此，看到的第一反应是它甚至不是一所房子，也许是某种博物馆。（某种程度上这也是事实，这座建筑长期以来是建筑历史学家协会的全国总部。）这座建筑坐落在阿斯特和席勒两条街之间紧凑的城市空间中。在他的《自传》里，赖特说，查恩利让他"第一次感受到了平坦表面所具有的装饰价值……就像平面本身一样"。这个美丽的现代主义作品是否完全属于赖特，历史学家们很难达成一致——也许并不是他的。最接近事实的是，这是沙利文的设计，但很多惊人的细节都是由一个惊人的24岁年轻人设计出来的。正如前人所说，在住宅内部，这位首席绘图员很明显地拆解了原本的结构。

另外还有私制房，隐藏在日常的工作之外。就像早些时候所说的，1889年6月结婚的时候，赖特和公司签署了5年协议，赖特（承诺不出去额外兼职）的荣誉感似乎坚持了大约一年半，这可以根据发布的商业公告和赛瑟尔署名的一些重要的住宅加以追踪。1891年7月12日，在《论坛报》一个名为《建筑师和建筑商》的周日公告表里，有一栏7行的告示，宣布A.W.哈兰医生位于南区的一栋价值1.5万美元的住宅现已完成设计。（哈兰医生是一名口腔外科教授，可惜他那座价值不菲的住宅早就消失了。）两个月后，也就是9月中旬，一位记录在案的姓科温的建筑师领到了建筑许可证。到领许可证这个步骤至少要6个月的时间——因此，真正的建筑师一定是在冬天，比如1月和2月，偷偷摸摸地在橡树园里和他的客户见面，为他们拟定设计。那位兼职建筑师的大儿子当时还不到1岁，他的第二个孩子（约翰·劳埃德·赖特，读者们已经见过了，他出现在1914年8月15日下午悲剧发生的时候）离出生也不远了，所以他已经有资金的压力了。顺便说一句，约翰·劳埃德·赖特一生都在为自己的价值而奋斗，谦虚谨慎地追求成功，他长大之后发明了儿童建筑玩具"林肯积木"。

但有一件事并非偶然，哈兰住宅距离沙利文当时居住的地方只有几个街区，它是金字塔式的屋顶，还明显借鉴了沙利文的建筑风格，和旁边那些传统得多的住宅相比，它有明显的水平线和贴地面感。哈兰住宅位于南格林伍德大道的4400街区，而"敬爱的大师"和姓刘易斯的两个已婚朋友住在46街220号，在哈兰的西南方不远处。这所房子并不像有些人所说的那样在沙利文的直接视线范围内，但是距离已经很近了，沙利文晚上喜欢散步放松，所以那时几乎不可能不注意到这里。赖特是在引火烧身吗？还是因为他傲慢自大？

在接下来的一年里，1892年中期又有两套私制房公布（当然公布时并没有说是私制房），这就是乔治·W.布洛瑟姆住宅和沃伦·麦克阿瑟住宅，它们并排在一起，似乎是故意冒险不怕被抓住。它们也在南区，在肯伍德社区（凯蒂·赖特长大的地方）海德公园和芝加哥大学稍北一点的地方，仍在沙利文傍晚的步行范围内（他于1892年初随刘易斯一家迁居）。6月19日，《洋际报》昭告天下，或者说昭告芝加哥建筑界，"C.S.科温正在设计"第49街和肯伍德大道两栋8000美元的房子。赖特已经在艾德勒&沙利文公司工作4年半了，当他的导师兼雇主看到这两栋拔地而起的优美建筑时，会不会觉得自己被赖特愚弄了？其中布洛瑟姆是四坡屋顶的殖民复兴风格，而它的姊妹建筑麦克阿瑟住宅在北面，相距只有6码（5米），是复折屋顶的荷兰殖民风格。

今天这两栋房子仍矗立在那里，它们的门前没有历史标记，它们都经历了屈辱和折磨，都与近些年来被忽视有关。两者中较大的布洛瑟姆被破坏得更厉害，最后，终于有人来维修了。几年前我去过那里，当时雨水从四坡屋顶的裂缝漏进来，蓝色防水布松散地系着，轻轻拍打着屋顶，根本挡不住雨。（四坡屋顶通常是一体的遮挡，没有屋顶采光窗或山墙，屋顶四面都以非常低的角度向下倾斜。）布洛瑟姆南面突出的露台上有栏杆和木轴，我在那里的时候曾看到，露台塌了下来，木轴的碎片散落在人行道上，好像可以随意拿走。

当走近它时，你会注意到它的创造者是如何在外墙表面进行实验的——他利用了看似精确的数学几何图形。事实上，整个房子是极其对称的，它有一个凹入的前门和一个半圆形突出的门廊。两侧也有内凹，大约在中间三分之一的地方两侧朝内后退。室内有更多的惊喜，有一种开放的直观感受，也出现了历史学家和建筑商所说的交叉轴或十字形平面图的痕迹——这种设计未来十年将会出现在每一座草原住宅中。在西南侧，一楼的尽头是一个半圆形用餐区，阳光充足，用玻璃封闭，叫作"温室"。

蒂姆·萨缪尔森说："如果看一下布洛瑟姆四角的屋檐，你会感觉它有一点像草原住宅，但确实没有人会把它叫作草原住宅。哪里向外扩，哪里向内凹，这显然是一种三维的思考。如果你真的想知道这是什么，这是一种基于经典的、从沙利文建筑衍生改编而来的殖民复兴风格，灌注了弗兰克的全部想象力。它体现了赖特的踌躇，他想要去哪里，想成为什么样的人。几乎没有人愿意为这栋建筑说话，它就像赖特世界里的孤儿。不过在某些方面，它能告诉你更多关于赖特的情况，比他那些最伟大的住宅建筑更能说明问题。"

萨缪尔森没有明说，但他的意思是，在布洛瑟姆正南方向不到10个街区的地方，在芝加哥大学校园边上，就有一座赖特的杰出作品让赖特迷们百看不厌，那就是弗雷德里克·C.罗比之家，赖特最伟大的作品之一。它就位于南伍德劳恩大道5757号，这座建筑正如描述的那样，"宏伟壮观"，"像一艘停泊的巨型汽船"，砖砌的悬臂由一系列隐蔽的钢梁支撑着，有些钢梁长达60英尺（18米）。当你游览罗比之家后，就会彻底明白"草原"这个词，更不会疑惑"水平"和"悬挑"的概念了。罗比之家，这座看起来不可思议的悬臂式建筑是在赖特草原风格的最后阶段建造的，也就是在1908年和1909年，当时他正在逃离一切，推翻一切。这座建筑和古根海姆博物馆、流水别墅、约翰逊制蜡公司总部、联合教堂以及两个塔里埃森齐名。说回到蒂姆·萨缪尔森的观点，每年成千上万的人前往海德公园去欣赏罗比之家（参观之后花钱在礼品店里购买日历和钥匙链等纪念品），其中能有多少人听说过，离罗比

第一部分　更大程度上的渴望：1887—1909

不远就有南伍德大街4858号的乔治·W.布洛瑟姆住宅呢？更不用说能有多少人想要参观这里了。

所以，沙利文发现了，他被解雇了——这是个有漏洞的传说，几十年过去之后，似乎漏洞越来越明显。（从赖特一方来说，据说他最大的不满之一是，当发现私制房的事后，沙利文拒绝在橡树园房子的房契上签字转让。那时契据已经付清了，赖特因此很愤怒。）他和赛瑟尔重聚在一起，在席勒大厦里重建事业——这是可以查到的事实。正如前面所说的，在1893年中期，不必说世界本身，建筑业也发生了很大的变化。1893年年中，美国发生了一件大事，也可以说是全世界的大事，那就是哥伦比亚世界博览会开幕，名义上是为了庆祝发现美洲大陆400周年，当时有46个国家参加了展览。一座新古典主义的"白色之城"占据了近700英亩（2.8平方千米）的土地，在南区新建的杰克逊公园闪闪发光。"白色之城"这个词已经超越传说进入了日常的对话中。根据米勒的《世纪之城》，这个活动"吸引了大约2700万游客，其中1400万来自美国以外的地区，它成为美国历史上最伟大的旅游景点"。当时芝加哥有24条铁路，似乎这座城市就是整个国家的磁石。但世博会的影响远不止这些，它还改变了美国许多建筑的外观和方向。从根本上说，学院派取得了暂时的胜利，或者至少可以说他们赢得了市政工程的资金。进入新世纪之后，美国的大城市和小县城开始以新古典主义的复兴模式打造市中心的公共形象，银行、法院、图书馆和博物馆的建筑呈现希腊或罗马式的外观。正如历史学家尼尔·莱文所言，在博览会之外出现了"一种古典秩序的新城市景观"——只不过新景观是旧式的。关于1893年芝加哥博览会的畅销书已经有了，以后可能还会有更多。就像评论家们所说的，博览会是导致出现华盛顿特区国家广场的主要原因，国家广场是一座纪念碑式的建筑，虽然迷人但是毫无想象力，复制了欧洲旧世界的建筑。"白色之城"是板条和棍状的钢筋框架加上了石膏、水泥和黄麻的混

合物，它彻底终结了艾德勒&沙利文公司昙花一现的声誉，也（暂时）终结了为美国人打造美国式建筑的梦想。从比喻的意义上说，路易斯·沙利文死于哥伦布博览会，痛苦地死去。和完成了拉辛的米切尔住宅之后的赛瑟尔一样，"敬爱的大师"的事业和生活从此开始走下坡路，他酗酒，并且破产了，这也是一个漫长而悲伤的故事的梗概。他的人生故事写在《一个想法的自传》里，当限量的第一版自传出版的时候，他已经在垂死中（1924年春），当他死后，该书几乎彻底被人无视了。在该书中，沙利文回想起博览会，说它是一个"流着口水的低能儿的下流展览"，他人生的大部分故事是他无法迅速地适应变化的时刻。这是他的骄傲，而且他对客户也不那么圆滑，尽管有人会不赞成这种说法。与他的徒弟不同，沙利文缺乏魅力、优雅、天生的狡猾和欺骗。

[补充说明一下：小时候我们去过的那些郡县博览会总有"米德韦"这个词，你知道它是怎么来的吗？是的，芝加哥世界博览会。现在，大道公园是一条略微隆起的绿色地带，宽220码（201米），长1英里（1.6千米），在东59街和东60街之间，位于芝加哥大学的南缘。在博览会期间，大道公园连接了东边的杰克逊公园和西边的华盛顿公园。人们把这个愉快的地方叫作"米德韦"，这里是博览会的娱乐场所。再补充一下：如果你现在去大道公园的最西端，到科蒂奇格罗夫大道和华盛顿公园交会的地方，不要向北转进公园而是朝南走，沿着街道的西侧走大约40码（37米），你会到达前面提到的早已拆除的米德韦花园，到达花园被推倒的大门口附近。就在那里，在1914年一个看似平静的夏末星期六，那个47岁的傲慢的男人，即将遭受一生中最大的打击，那时他正暂停下手中的工作，一边吃三明治，一边浏览当天的日报。]

如果说路易斯·沙利文在博览会上象征性地死去，那么弗兰克·劳埃德·赖特对博览会多多少少是有些拒绝的，但也并不能完全避免它的影响。的确，他感受到了风向，意识到即将发生的变化，他努力想要争取密尔沃基公共图书馆和博物馆的设计，该建筑受学院派影响，气势宏大。（但他并没有中标。）的确，伟大的丹尼尔·H.伯纳姆（来自伯纳姆&鲁特建筑事务所）后来

第一部分　更大程度上的渴望：1887—1909

也试图说服赖特来为他工作，伯纳姆负责博览会的设计，在大约20个月的时间里，他就凭借自己的意志打造了这一工程。这个故事经过反复打磨已经成了传奇，很大程度上也是由赖特自己讲述的，伯纳姆被赖特的温斯洛住宅深深地打动，因此愿意承担他在巴黎和罗马接受6年研究生教育的全部费用。赖特拒绝了他，更愿意在自己的眼光上赌一把。

正如之前一笔而过提到的，19世纪90年代中期，在博览会之后，美国进入了比19世纪70年代芝加哥大火之后更严重的经济衰退（火灾后的第一波建筑高峰期之后，出现了经济衰退）。但总有一些人有能力为他们想要的东西买单，不必理会衰退。这位新独立的建筑师获得了一些委托，其中第一个——至少就实现的作品而言是第一个——是温斯洛住宅。正如历史学家所写的那样，威廉·温斯洛就像是老天派来的，他是一个36岁的共和党人，是住在郊区的商人，在宗教和社会事业上持进步理念，并允许自己的建筑师大胆地进行创意。《自传》中有一段广为人知的文字："温斯洛住宅就像春天绽放的花朵出现在郊外的小镇上。对橡树园和河岸森林来说，这是一个新世界。那所房子吸引了远近人们的眼光，激起了人们的夸奖和赞美，当然也少不了讥笑。"温斯洛先生，那个从事铁艺和黄铜装饰生意的有钱商人，据说一大早不得不从小巷子里溜到进城的通勤火车上，以免被邻居嘲笑。

在芝加哥大道和森林大道交界处那片绿树成荫的地方，赖特自己的家也在向上向外扩张中——也受到了嘲笑。房子的第一版是一个小小的两层楼，围绕着中央的烟囱作为核心轴。1890年的头几个月，它刚完工时，森林大道刚刚铺好，东西走向的芝加哥大道——向东通往城市，向西通向似乎无边无际的地方——那时还是一条土路。芝加哥大道以北还是田野和农场，加上零星的住宅，因此，橡树园的"郊区"算不上是我们今天所说的那种郊区。尽管最初的房子很小（只有6个房间），但它的主人还是设计了一个带壁炉架的大壁炉，壁炉两边是带垫子的长椅。壁炉架可以用厚厚的橄榄色帘子挡起来，窗帘上安了木制的环，挂在一条水平的木杆上，算是在空间里创造空间。楼上还有一间光

109

线充足的工作室,艾德勒&沙利文的首席绘图员夜间和周末在那里工作。

在芝加哥城市附近,在橡树园附近,他还有其他的工作,草原上的舰船开始快速地出现。快速吗?1895年秋天,赖特结婚6年后,他的第4个孩子出世了,取名大卫·塞缪尔。(他活到了102岁,结过3次婚,像他的兄弟姐妹一样,父亲留下的伤痛跟了他一辈子。)

到1895年,他已经独立工作两年了,工作和孩子似乎总是一直接连不断,他还是想方设法弄到了些钱,给房子添了一个东厢房,设计了一个新厨房,重新改造了餐厅,还有一个重头戏,那就是在二楼建了一个桶形拱顶的游戏室。来自世界各地的游客来到橡树园来朝圣,来参观游戏室,因为它是一个结构上的绝活:一个位于房子顶部的小型礼堂。是他内心的孩子气帮助他创造了这个古怪又奇妙的东西,这是一个体育馆,一个音乐教室,一个剧院,和一个幼儿园,综合到了一起。在桶的顶部有18英尺(5.5米)的跨距,小孩在弧形房顶下举起球也不会碰到天花板。他把一架大钢琴安插到墙上,用一根铁带把它固定起来。在游戏室巨大的壁炉上方有一幅壁画,灵感来自《天方夜谭》,是一个关于渔夫和精灵的故事。

当你研究这个时期整个房子室内装饰的照片时,你会惊讶地发现,里面有许多维多利亚时代的杂物,尤其是在楼下有许多流苏织锦的布料、天鹅绒罩、盆栽植物和花哨的灯具。

还有另一张照片以另一种方式给人留下了深刻的印象。赖特不在照片里,所以可能是他拍的。(赖特早早就对摄影和昂贵的相机颇有热情,这是他负担不起的另一样东西。)照片上是他的怀孕的妻子和3个孩子——所以它一定是在1895年9月26日大卫·赖特出生之前拍摄的,户外有积雪,也许是1895年的冬末。凯蒂刚满24岁,和孩子们一起住在南边的卧室里,她不到28岁的丈夫把二楼的这个房间改成了妻子的休息室。这个房间光线很好,这要归功于他设计的两层天花板,在低矮的拱腹下有一个朝南的凸窗,上面配了很多玻璃。正如历史学家所指出的,不同于屋子的其他地方,这个房间里似乎有一种微妙的东西。这个圆脸的女人坐在那里，披着披肩，手里拿着一本书，她正在给孩子们读书。她身上有一种疏远的、比实际年龄要大的气质，尽管她正在把她的孩子带入故事的幻想里，她仿佛迷失在同样的幻想中。（我们不知道是什么书，也许是罗伯特·路易斯·史蒂文森10年前出版的《金银岛》。）她的两个儿子约翰和劳埃德靠得很近，倚在妈妈身上，几英尺外的婴儿床是精心安装铺好的，小宝宝凯瑟琳就在里面。这样一个家常的时刻，在长方形的照片里定格，仿佛在证明：这里的一切是平静的。然而，你越看就越能感觉到，在这个微妙的房间里，在这个时刻，有一种无法解释的悲伤。正如艾米莉·狄金森的诗句："有一种斜光，／冬日午后——／那郁闷之感，如／大教堂的曲调般沉重——。"

另外还有一些难解之谜：在温斯洛完成两年后（也就是那张照片的第二年），赖特在海德公园/肯伍德社区设计了今天人们熟知的伊西多尔·海勒住宅，从布洛瑟姆和麦克阿瑟住宅往南走几个街区就能到那里，相距几条街。就像这两幢房子一样，海勒住宅也是他即将成就自我的另一个关键点，虽然重要性比不上温斯洛。伊西多尔·海勒出生于匈牙利，他是沃夫、赛耶&海勒公司的经营者之一，这个公司是芝加哥屠宰业的包装和供应商。他和比他小10岁的妻子艾达在南伍德劳恩大道5132号买下了一块狭长的地。1896年，他们委托橡树园的建筑师为他们和3个孩子建造了一栋三层楼住宅，里面有多间卧室和浴室。赖特在看上去非常质朴的外表面使用了黄色罗马砖，用径切板的白橡木填充了温暖的室内，上蜡后的橡木会显得闪闪发光。虽然房子毫无疑问是垂直的，但最后看起来似乎是水平的效果。20世纪初期重要的建筑历史学家、赖特作品评论家亨利-拉塞尔·希区柯克曾说过，"十字形的主要房间向彼此延伸"，造成的效果是"房间的空间似乎打破了长方形的体量，形成十字轴"。如果这听起来是建筑行话，那么关键在于艺术家在沟槽形的地段中创造了一种开放而流动的感觉，内部和外部都是如此。不过，始建于1897年的这座小有名气的房子有两个更关键之处。在某种意义上，这两处都是不可改变的：首先，房子的三楼有一条学院派的装饰带，是一个叫理查德·博克的艺术家雕刻的，上面是些带翅膀的性感少女，这似乎明显指向了"敬爱的大师"沙利文的性感装饰。这是赖特对沙利文说再见的方式吗？蒂姆·萨缪尔森认为应该是这样的，他还提出了一个观点：尽管赖特的档案中包含了海勒的各种设计图，但这些图纸多年来经历了火灾和其他破坏，很难确定时间线。如果仔细研究这些设计图，你会惊讶地发现，正如萨缪尔森指出的那样，早期的设计图上都写着"弗兰克·L.赖特，建筑师，芝加哥"，但后来的那些签名就只有"弗兰克·劳埃德·赖特"了。从这一刻起，这三部分组成的名字基本上开始固定使用，似乎有人在向世界宣告，我是FLW，记住这个名字。

我说有两个关键之处，但实际上还有第三个，我们可以称之为艾达·海勒住宅十字轴上随意流动的都市传说。1909年10月10日，弗兰克·劳埃德·赖特和梅玛·博思威克·切尼逃往欧洲17天之后，在距离午夜还有15分钟的时候，艾达·海勒突然死去。很显然那是周日午夜前15分钟，但是死亡证明上的墨水被擦掉了一些，所以不能确定她是死于上午11：45还是晚上11：45。这在某种程度上可以解释为什么两天后五六家芝加哥日报发布的死亡通告有些混乱：有几家说她是在10日星期天去世的，而另外几家在周二发布的通告上称她是在"昨天"，也就是星期一去世的。

传说是这样的，一位51岁的家庭主妇，也是3个孩子的母亲，她妩媚动人，保养得当，婚姻不幸福并且有可能性欲上得不到满足，深夜的时候，她因为爱情而抑郁寡欢，从房子北侧新建的三层电梯井跳了下去。这是真的吗？我们不得而知。我们所知道的是，12年前设计这所房子的人，最近回到了南伍德劳恩大道，负责给房子增加电梯和其他的改造。（几年前，大约在1906年，海勒夫妇买下了这块地北面额外的面积。）艾达·海勒比她的建筑师大约年长10岁，当他1909年重新回到她的生活中，他们之间有什么进展吗？在房子最初设

第一部分　更大程度上的渴望：1887—1909

计时，他们之间有过什么吗？赖特突然抛弃家庭，和他橡树园的情人一起去了欧洲的消息，是不是击垮了艾达？证明上的"死亡原因"写的是"瓣膜性心脏病和休克"，在这几个字下面还有另外一行字，说明了导致死亡的原因："死者在家中意外跌落导致休克。"没有提到电梯，更不用说跳下去了。

当时没有尸检，家庭医生菲利普·克莱斯尔向验尸官报告了她的死亡。验尸官的报告就在政府档案里，但它很简短，基本上重复了死亡证明上的内容。葬礼于13日星期三在家中举行。在讣告中，大多数报纸都提到了艾达的心脏病，其中一家报纸说她"为了改善健康而去欧洲旅行，最近刚回来"。这句话颇有意思。

我决定看看我能从这个家庭里找到什么信息，我往下找到第三代——前几代人都去世了。艾达的一个曾孙女住在康涅狄格州的老格林威治，她叫戴娜·海勒·怀蒙德。我们在电话里谈了大约半个小时，虽然她并没有不友好，但这几乎是场僵硬的谈话。她说自己几乎一无所知，我相信她说的话。然而，我们说得越多，听到的"一无所知"越多，我越发觉得我尴尬询问的问题找到了答案。

她说她从未去过那座房子，以为它已经被拆掉了。虽然她知道海勒住宅是赖特的作品，但她对它的历史意义知之甚少。她说她的父亲（他的名字是彼得·E.海勒）在芝加哥长大（而她是在东部长大的），他从来不愿意谈论他的成长经历，他的父母，他的祖父母，关于海勒家族的事。她说："我们根本不谈论这些事情，他不想谈论它，他总是很清楚地表示这一点。"但是为什么呢？"我不知道。"她说。艾达早在怀蒙德的父亲出生之前就死了，而她的父亲也不是在这所房子里长大的。她父亲的父亲沃尔特·E.海勒是一位富有的投资银行家和小有名气的慈善家。艾达去世时，他还不到19岁，仍然住在家里。她对此并不知情，"你得明白我们家的一些情况，"她说，"没有人想谈论过去，这样说起来，这真是个奇怪的家庭。"她说，每当她和父亲——彼得·E.海勒于2012年去世——一起回到美国中西部时，总会有某种尴尬。

在挂断电话之前,戴娜·怀蒙德重复了一遍,说她从未听说过这个故事。但她能想象这是真的吗?她犹豫地说:"还算符合吧。"然后她礼貌地说:"但是,如果你不介意的话,我希望这个故事到此为止。"

好吧，但是接下来的这一部分故事无法到此为止。

有时候，某些弗兰克·劳埃德·赖特的房子似乎在以一种令人毛骨悚然又难以解释的方式复制赖特的历史：灾难性的垮台，不可能的东山再起，耸人听闻的新闻标题，安静的美好，不可胜数的悲伤，经济上的绝望，性阴谋，无法解决的谜题，更重要的是要活下去——不，是要胜利的决心。关于历史悠久的B.哈利·布莱德利住宅，且不说可怕的自杀和谋杀案登上了报纸头版，甚至还有火灾发生。这座房子位于伊利诺伊州南部边远的江边小城坎卡基市，在南哈利森大道的一端，和我在1950年代童年时看到的一样，当时我就住在同一条街上。坎卡基是一个古老的印第安名字，可能来自帕塔瓦米语，据说意思是"沼泽地区"。这是个恰当的名字，布莱德利住宅也在一直往下沉。然而，它却一直在这里，或者更恰当地说，"她"在这里，几乎有一种明显的女性气质，这座壮丽的建筑在草原上矗立了一个多世纪了。我们可以说，她今天比以往任何时候都好看。

据说这是第一个看起来像弗兰克·劳埃德·赖特住宅的赖特作品。看到照片，你就明白了，布莱德利住宅，过去曾是一栋庞大的建筑，现在也是庞大的，它出现在1900年新世纪之初。一个更有趣的比喻是，当秒针走向午夜的时候，它从赖特的头脑中跳出来，把他带到了一个新的地方，新的水平，新的声誉。相比温斯洛或者目前为止描述的任何其他赖特建筑,这是向即将出现的草原风格过渡的倒数第二个作品,一个至关重要的作品。但我小时候什么也不知道,我不知道自己是否听过"弗兰克·劳埃德·赖特"这个名字,我只是个骑着三速自行车的天主教小男孩,出神地盯着他的作品,有点害怕,又强烈地被吸引住了。

哥特氛围

首先，从建筑上来看：

他以十字形平面来建构房子，把客厅和厨房做成十字的主轴。客厅位于一楼，正好在正前方凸出的矮山墙下面，二楼有很深的挑檐。即使是在美国中西部阴郁沉闷的2月，这座房子中央的房间也会有美妙的光线，透过可可色木饰条连接的多边形凸窗（一楼和二楼都有），光线可以过滤和折射进来。带有装饰带的艺术玻璃开窗平衡了苍白的灰泥外墙，在大胆实验中，在整体外观的瞬间陌生感中，是一种彻底的简洁。（它是从火星来的吗？）

当你从里面往外看时，这些曲线形的窗户几乎占据了整个一层的凸窗，营造出一种现代主义的教堂彩色玻璃窗的感觉——或者近似于此。

关于刚才提到的十字形设计，在客厅和厨房的两边——为了实现十字的两臂——建筑师设计了一间接待室和一间餐厅。除此之外，他还有一个更出色的设计，他延长了十字架的双臂，一端设计了一个马车入口（在最右边，在突出的雪松木瓦屋顶下），在另一端设计了一个遮挡的游廊。包括这张照片在内，没有任何一张照片可以捕捉到这样了不起的拉伸效果。你必须站在它的前面，或者说"她"的前面，站在人行道上，也许就像我过去那样站在街对面，倚在车把手上看，才能看到全尺寸的宽度。

我进一步带你熟悉这里，马车入口，建筑师在他的图纸中标注为车辆门道，位于房子的北端，而带遮挡的游廊位于房子的南端，已经长期封闭了，它距离坎卡基河倾斜的河岸只有几英尺。你几乎看不到河，但河就在后面，实际上看起来更蜿蜒。坎卡基河在冬天是灰色的，上涨的，在夏天有种钢铁一样的蓝色，河里有看不见的暗流，暗流似乎是个恰当的隐喻。当我在童年时代还是个胆小的祭坛助手时，总听到一些关于游船乘客、渔民、溜冰的人或游泳的人因为不小心掉进河里丧生的故事。我记得有一次《生活》杂志还来做过报道。

我家位于这张照片最右端往北5个街区的地方，在南哈利森大道230号。布莱德利的地址是南哈利森701号。从这5个街区里，从上流社会到奋斗的中层阶级，我们几乎可以看到一个大约25000居民的城镇的人群经济情况。我们的房子在普通老百姓居住的地方，靠近法院大楼和镇上的购物区，是一栋修长的老式三层灰泥房，我那勉强算中产阶级的父母每月要花来之不易的75美元租房。而在这边，就在河边，一条条街道拥簇在当时的河景公园，几乎全市所有的富人都住在这里。坎卡基人说到这里时仍习惯说"在河边"。

在这张照片的最右边，就在马车入口的北边（顺便说一句，赖特把主入口设在了这里，或者说藏在了这里）我们正好看不见的地方，是布莱德利的姊妹屋沃伦·R.希克斯住宅。是的，两栋弗兰克·劳埃德·赖特建筑肩并肩在一起，位于芝加哥市中心以南大约60英里（97千米）的这个小镇上，这里是衰落的老工业区，曾经以农业为主，长期经济上困难，但仍然是个很漂亮的小镇。希克斯比布莱德利小，一直是私人住宅。布莱德利现在是对公众开放的赖特公共建筑，是姊妹屋里更引人注目的那个，吸引着赖特迷们开车从州际公路过来参观。然而，也有学者提出了一种看法，认为不那么精致的希克斯反而是更激

第一部分　更大程度上的渴望：1887—1909

进的建筑作品。从某种非常学术的角度来看，这可能是真的。

布莱德利有一个面朝着河的休息处，里面有一个巨大的罗马砖砌壁炉，二楼有一处睡觉的门廊。布莱德利有一个单独的楼梯供仆人使用，它的马厩里有5个隔间、1个狗屋、1个干草棚，后面的马厩／马车入口那里还有一个车夫休息处。房子有100多扇艺术玻璃窗户和透光屏，房内是专门设计的家具，有可活动的，也有固定的。布莱德利有一间管家的餐具室和一间一楼的"更衣室"。房子前面的露台上有矮墙，似乎一直延伸到人行道上。在某种程度上，它就像是英国乡村的某座都铎式庄园——不小心来到了伊利诺伊州的坎卡基。

创建者在心中甚至连马车车房和马厩都进行了放大——足有两层楼，3000平方英尺（279平方米）。（主屋有6000平方英尺。）

1988年，巨星芭芭拉·史翠珊的代理人在曼哈顿的佳士得拍卖行出价176000美元买下了布莱德利的一件黄铜把手的实木办公桌，价格比预期的高了两倍多。那时修葺工程还没有开始，浣熊已经连续几年在啃噬屋顶，房子里的许多艺术品被掠夺走了，或者零碎地卖给了古董经销商和其他投机者。

很多年之前，也就是这房子激起我的好奇心的时候（同时激起我隐约的恐惧，这和那些看上去有点阴森的一层层的悬挑屋顶和外观鲜明的颜色有关系），布莱德利曾经是一个名为"往昔岁月"的餐厅。那是在1953年，在房子建成50年之后。大人物在那里就餐，桌上铺着白色的桌布，放着压平的餐巾。他们在烛光下进餐，身边饰带装饰的窗户闪闪发亮。我那时是圣帕特里克小学四年级的学生，圣帕特里克小学就在布莱德利的一个街区之外，往北3个街区。我有个同学叫博马·马修斯，她也是来自中产阶级的天主教家庭，我敢打赌她们家也从来没有在"往昔岁月"吃过饭。她一直长期以志愿讲解员的身份带领游客参观布莱德利住宅。有一次去餐馆时，房子内部的光线、径切板橡木的棱角和互相流动的空间让我再次心生敬畏。在其他游客听不到的地方，博马和我低声私语说赖特是个多么自大的混蛋，然后她说："不过你看他这个了不起的作品。"

119

是的，我们再看一遍布莱德利，当你从外面和从所谓的内部看时，特别突出的是种绝对水平的感觉，但是之前提到的庄严的、低垂的、深檐的正面山墙是怎么回事呢？这个二楼的山墙，并不正好处于中心位置，它向人行道伸出去，是不是有点破坏了水平效果？从某种意义上说，是的，因为不管有多么低矮，正面的山墙都给人一种不可否认的垂直感，即使当你站在50码（46米）开外，惊叹着欣赏赖特展示的南北延展效果时，也会感受到。所以，第一次体验这座房子时（当然我是个孩子的时候不算）仿佛能想象一个人内心的折磨——也许同时能感受到我们自身的一部分痛苦。似乎他身上有种精神分裂，某种无法解决的艺术痛苦，好像成群的骡马把房子和房子的创建者朝相反的方向拉扯，要把他撕裂。仿佛创建者感觉自己马上就能到达下一个层次的纯净和抽象，但他还是无法完全做到，还不能完全找到感觉，还不能完全越过自己想象的横梁。实现彻底超越要等到第二年，也就是1901年，在伊利诺伊州北岸郊区一个叫作高地公园的富庶社区里，弗兰克·劳埃德·赖特设计沃德·W.威利茨住宅时才会实现。建筑历史学家似乎一致同意，威利茨是第一个纯粹的草原风格住宅。它比布莱德利住宅更伟大吗？毫无疑问。然而，有人可能会说，位于经济惨淡的坎卡基市的这栋房子更有研究价值，因为它是在世纪之交时钟走近12点的时刻出现的。

B.哈利·布莱德利的整个故事，无论是建筑上还是其他方面，我们还是留给其他人来讲，故事精彩足以写成一本书。这里是一个压缩的版本，但仍然可以显示一个尚未充分探索过的命题的真相，或者是接近真相的东西：有一些赖特建筑，不管出于什么原因，似乎决心要书写自己错综复杂的历史。似乎他起起伏伏的整个一生，都在这里或那里的建筑里呈现奇怪的镜像缩影。

在19世纪中期，一个叫戴维·布莱德利的农夫从东部来到这里，凭着修理摆弄农业设备的本事，他把生铁引进到了他的新家，也就是芝加哥。他在铸

造厂工作,和一个制造四轮货车和两轮轻便马车的人合作,最终,他买下了那个人的股份,并以自己的名字命名这家公司。他发明了一种叫"钻石粉碎犁"的机械,曾在1893年芝加哥世界博览会上获奖,他还对马匹拉动的摊粪机做了一些创新。1895年,由于需要发展空间,他把芝加哥的制造厂搬迁到了北坎卡基。出于感激,经济拮据的城市元老们将北坎卡基市改名为布莱德利市,第二年更名为布莱德利。布莱德利的儿子们在大卫·布莱德利制造公司为他工作,他们的下一代也是如此,其中的一个孙辈叫B.哈利·布莱德利("B"代表拜伦),也许是因为长期患有小儿麻痹症,他显然并没有那么努力地工作。1897年1月6日,曾经在阿默斯特学院就读的B.哈利·布莱德利26岁,在小城的圣公会教堂里,他和比他大4岁的坎卡基本地人安娜·M.希克斯结婚。安娜和她的弟弟小沃伦·希克斯从他们刚刚去世的父亲(他们的父亲从事房地产和贷款业务)那里继承了位于南哈利森大道最南端的一块河边林地。从事农具经营的布莱德利家族和显赫的希克斯家族结合在一起,他们可能是坎卡基最接近贵族阶层的两个家族。3年后,也就是1900年的冬天,安娜和她的弟弟乘火车来到橡树园,请弗兰克·劳埃德·赖特为他们和他们的家人建造两座毗邻的大小不同的房子。

　　但是布莱德利这边出了点问题,或者也许是有很多问题。从1901年春到1912年秋,B.哈利、安娜和他们的养女玛格丽特在他们起名为格伦劳埃德的这栋房子里住了大约11年半。1914年夏天,一个星期一的早上,在芝加哥市中心拉萨尔酒店的房间里,哈利穿着睡衣,用枪打穿了自己两边的太阳穴。B.哈利死了之后,在芝加哥的日报上,在坎卡基街头巷尾的杂谈里,有传闻说他之前曾经尝试用乙醚自杀,说他的小儿麻痹症又重新发作,说有"神秘女人"。下面是整个事件的梗概叙述,虽然是夹杂在许多相互矛盾的新闻报道里,但至少其中一些是有文件可以证明的:布莱德利家族的大家长,公司的创始人,已于1899年去世,之后,他的后代曾试图把公司维持下去——直到1910年西尔斯与罗巴克公司收购了公司,保留了原公司的名字,但拿走了控制权,对方允许布莱德利家族的一些人留了下来。还有足够的钱分给家族继承人吗？我们没法了解清楚。我们知道的是，B.哈利的财务状况开始严重恶化。1912年9月，他和妻子——房子在妻子名下——把格伦劳埃德立契转让给了爱荷华州一个名叫A.E.库克的有钱人。他们的交易是B.哈利拿到了1美元和库克在爱荷华州西部522英亩（2.1平方千米）的土地，这是块巨大的地产。于是，B.哈利、安娜和他们的女儿，以及他退休的父母，之前他们一起住在河边的房子里——搬到了爱荷华州的奥纳瓦，希望开始新的生活。

但是在爱荷华州，情况并没有好转，资金压力似乎是主要的原因。两年后，也就是1914年7月，43岁的哈利去芝加哥出差，这次旅行并不顺利。在周六凌晨3点，他在酒店的信纸上给在奥纳瓦的安娜写了一封信，基本上就是说他要自杀了。"最亲爱的安娜，你也许不知道我爱你，我是一个懦夫，自己摆脱这一切，而把一切留给你去打理。"快结束的时候，他说："我知道你们期待我坐7：30的火车回家，我要再让你们失望一次了。如果可以的话，求你原谅我，不要忘记我爱你。"那天上午晚些时候，他把信放在箱子里寄了出去。他已经在卢普区的体育用品店里花10美元买了一把32口径的自动手枪。星期天晚上7点半，这封信被火车准时送到了爱荷华州。安娜坐着一辆轻便马车在铁轨旁等着，以为她的丈夫会从火车上走下来，实际上，下来的是那封临死的遗书。她吓坏了，于是给芝加哥的一个家人打电报。与此同时，她的丈夫那天大部分时间都在外面，晚上10点钟才回来，把左轮手枪放在枕头底下，然后就上床了。星期一早上9点左右，他醒来了，躺在床上，身体倚在两个枕头上，然后扣动了扳机。那一枪使他失去了意识。过了一会儿，拉萨尔酒店的女服务员发现他的房间被锁上了，就叫来了安保人员。警卫爬上去，从门上方的窗户缝往里看。当警卫和医生破门而入时，他就躺在那里，受了致命的伤，但却出奇的平静。"我还能清醒几个小时，"他说，"去叫《论坛报》的记者来。"第二天早上，《芝加哥论坛报》为了让读者认为自己是独家新闻，把这篇报道放在了第一页最上面的第3栏：《无许可证购买杀

第一部分　更大程度上的渴望：1887—1909

人枪》。但这座城市的其他报纸也试图报道这个故事，在大多数报道中，引用的B.哈利的话让人难以相信。他能够对着《论坛报》用完整的段落讲述来这座城市的"明确目的是自杀。我的健康状况一直不好，因为生意受挫开枪自杀。"《芝加哥调查者》也不甘落后，写道："'有烟吗？'那个垂死的人问，但是他太虚弱了，抽不了烟。他静静地躺了一会儿，然后他脸上露出厌恶的表情。'他妈的'，他咕哝了一句，然后又失去了知觉。"他一直坚持到那天下午5点。那时，安娜收到了一份电报，说她的丈夫在芝加哥的圣卢克医院快要死了。她带着19岁的女儿冲向6点钟的夜车，却不知道她们上车时他已经死了。周二早上，两人赶到了北克拉克街的太平间，只来得及赶上验尸。勘验的结论是暂时的精神错乱。《坎卡基共和党日报》的大字标题是《B.哈利·布莱德利自杀》，但是该报第一天报道时把文章放在了第11页上，整张报纸的重头戏都是关于坎卡基举行州际博览会的报道。

芝加哥、坎卡基、爱荷华州西部的这些大字标题，比另外一些（更重要的）标题——关于威斯康星州斯普林格林午间暴乱的标题——早了将近一个月，人们对两件事关联的评论并没有太多（也许根本没有）。7月14日，星期二，也就是哈利自杀后的第二天，芝加哥报纸头版刊登了关于他的报道。到了第二天，对芝加哥的读者来说，这个故事基本上就结束了，就被放到了内页，那时，此案中所谓神秘女人的问题也消失了，和那个传说中的神秘女人本人一样，据说当时她人在芝加哥的公寓里，等待B.哈利和她联系。故事的这一部分似乎很快就烟消云散了。

7月15日，在坎卡基，一篇以《爱情死亡信》为标题的报道登载在首页，即使不是内容上，至少在语气上，这个标题听起来与一个月后将在下午的号外、再号外上出现的关于塔里埃森的标题惊人地相似。

弗兰克·劳埃德·赖特是否看到过任何有关这个芝加哥故事的报道，如果看过，他是否能很快地联系到B.哈利这个名字？这不好说。芝加哥日报里没有提到赖特的名字和死亡有关，或者至少报纸上没有发现他的名字。（即使在

123

为火所困：赖特的梦想与愤怒

坎卡基，赖特的名字也没有出现在大多数的报道中。）不过，似乎有可能他至少看过一两个芝加哥的报道，即使这种可能性并不大。在这段时间里，他来回往返芝加哥，紧张地从事米德韦花园的工作。他喜欢翻看报纸，这是他放松的方式。

安娜·布莱德利呢？她和她的女儿以及公婆回到了坎卡基。这个在特权环境下长大的女人（上学时，父母把她送到纽约罗彻斯特的布利斯小姐女子学校）在坎卡基市中心的法院街开了一间茶室，她在那里烹茶煮饭，和公婆住在店铺的二楼。（她的公婆后来离开了小城。）安娜在她的家乡又生活了24年，始终坚持去她童年时代的教堂里领圣餐，直到1938年4月去世。他们把她葬在了她丈夫的旁边，就在格罗夫山公墓。她是在弟弟沃伦简陋的家中去世的，沃伦此前也被迫放弃了河边那栋精美的弗兰克·劳埃德·赖特住宅。是的，他也失去了他的财产。

我将简单概述接下来的65年，直到至关重要的2005年，也就是这栋住宅重新修葺的时候。首先出现的是鸟迷（他从A.E.库克那里买下了房子，顺便说一句，库克后来也破产了，但他没有开枪自杀，也没有出现在报纸头版）。坎卡基的历史学家亲切地称他为"鸟迷"，他的名字叫约瑟夫·H.多德森。之后的34年里，房子一直在他的名下。多年里，他一直是芝加哥期货交易所的成员，但他最初和最后的爱好是鸟类，他曾经担任过美国奥杜邦[1]协会的副主席。在赖特华丽的马厩里，他开始制造多德森鸟屋，并在全国销售。他出版了一些小册子，取名类似《鸟类朋友以及如何与它们交朋友》。他种下了大树和灌木，放了几十个鸟浴器和喂食器，还成车地购买动物板油给鸟吃。据他计算，每年

---

[1] 约翰·詹姆斯·奥杜邦（1785—1851），美国鸟类学家、画家。

124

第一部分　更大程度上的渴望：1887—1909

春天和夏天，他和他的妻子伊迪丝和三四百种鸟生活在一起：知更鸟、红唐纳雀、黄鹂、红雀、褐鸫、鸣鸟、扑动䴕、红胸罗雀、蜂鸟、灯芯草雀、画眉和绿鹃等。它们就是他的孩子，每天天亮之前，鸟儿们的歌声让房子温馨甜蜜，可是从别的角度看（从邻居的角度），噪音简直是要了命。他的"马丁公寓房"有5英尺（1.5米）多高，有一个通风的阁楼和90个"房间"供鸟儿们居住，是用柏木和红木制做的，上面是明亮的黄铜屋顶，它就像一个弗兰克·劳埃德·赖特的小型作品。

在坎卡基的夏天，你可以把船停在河里，面对着B.哈利·布莱德利住宅的停靠码头，透过高大的树木看到山墙的顶端，想象这是一英亩没有围墙的鸟舍。坎卡基的这位鸟迷穿着礼服衬衫和袖箍，戴着平顶硬草帽在林中溜达，据说他一直很小心地照顾弗兰克·劳埃德·赖特这栋杰出的作品，直到他生命的最后时刻，然而他更爱他的鸟，显然他并不介意人们这样说。

1949年秋天，他在这栋命名为"鸟居"的房子里去世。那时，他是一个87岁的鳏夫，他的妻子5年前去世。在妻子死后，他把房子转让给了他的秘书丽达·奈里斯，对方比他年轻将近30岁，一直协助他的鸟屋设计业务，也可能还有其他的方面，不一定是工作性质的。根据城市的记录和众人的回忆，在鸟迷生病的最后一年，她和自己的丈夫住在这所房子里。鸟迷临终的时候她照顾过他吗？她是趁着他神志不清的时候侵占了他的资产吗？在鸟迷老板和忠诚的年轻秘书的故事之外，还有其他的关系吗？是的，有各种传说。

接下来是一个短期的房主，当地的汽车经销商艾德·伯格森和他的妻子艾丽丝。然后，在1953年1月，房子变成了"往昔岁月"餐厅，新老板是两名男性，年龄30多不到40岁，他们二战期间在军队中相识，其中至少有一个人当过厨师。他们的名字是马文·哈马克和雷·西米尔。他们在密歇根的圣约瑟夫市经营过一家殖民地风格的旅馆，之后来到了坎卡基，重新利用了这栋日益出名的赖特建筑。他们出门散步时喜欢穿三件套西服，翻领上别着茶玫瑰。他们没有手拉手散步，但大家都了解他们，或者认为了解他们。（事实上，他们是一对同性恋伴侣。几十年后，他们的一位家人对坎卡基这么快就接纳了他们表示惊讶和感激。）大家都知道，他们对邻居的孩子们很友好，似乎这两位有教养的绅士给了坎卡基一种新的高级感。很快，有人从芝加哥开车来餐厅就餐，甚至有人专程从圣路易斯来这里品尝上等的肋排和牛排、烤印度布丁、山核桃软糖蛋糕球。为了中午给生意人提供餐饮，旅馆老板设立了一个叫"芭蕾舞房"的就餐区，尽管并没有大受欢迎。

在接下来的30年里，哈马克和西米尔一直守护着这栋房子。在每周6天，食客们进进出出的情况下，这是一项艰巨的任务。（有时顾客们是坐包车来的。）之后，两位餐馆老板得了病——其中一个得了癌症，另一个患上了类似帕金森症的疾病。他们在劳德代尔堡有房产，早就希望能摆脱日复一日的劳累和这里的严冬。这栋房子也开始显得老旧了很多，随之而来的是好评减少和生意下滑。1984年4月，经过一年半的努力，这对身患疾病的伴侣与当地的一位商人及其州外的合作人达成了一笔交易。据报道，赖特最初的家具只剩下了3件，6块彩色的玻璃天花板和其他的定制家具近期被单独拿出来，卖了换成现金。这家餐厅似乎有了新的希望，但是收购不到10个月之后，店主就申请破产了，与此同时他们仍然保持营业。在1985年3月一个周五的午餐时间，联邦爱迪生公司切断了电源。6个月后，《论坛报》的一名记者从芝加哥开车过来，四处看了看并写道，B.哈利·布莱德利"已经败落成一幢空荡荡的建筑，冰冷并且散发着霉味"，房子的第一、第二、第三抵押贷款人还在内斗。桌子上，棕色和粉红色的亚麻布餐巾折叠竖在沾满灰尘的银器之间。

然后，在1986年，斯蒂芬·斯莫尔走进了这里，这里出现了最奇怪的转折。他的家族长期控制着一家名为美国中部媒体的企业集团，《坎卡基日报》就是该公司的资产之一，它的旗下还有好几个州的广播和印刷集团。40岁的史蒂夫·斯莫尔在这家公司出售之前一直是公司的高管，他有时开着一辆褐红色的梅赛德斯奔驰在城里转转。他是个顾家的人，是个好人，他和他的妻子打算从坍塌的屋顶开始全面修复这栋房子。但在1987年9月2日，当脚手架搭起

第一部分　更大程度上的渴望：1887—1909

来工程正在进行时，斯莫尔在半夜被人从附近的家中骗了出来。（电话那头的声音告诉他说，有人闯进布莱德利盗窃。）抓住他的人要100万美元的赎金，他们把绒线帽套在他的脸上，把他铐了起来，开车把他带到小城东南方向大约12英里（19千米）处的树林里。他们把他放进一个自制的6英尺×3英尺的盒子里，活埋在脚下3英尺（0.9米）深的沙土地里。他们给了他5根糖果棒、一壶水、一个手电筒、一包口香糖，还有一盏连接着两节汽车电池的灯。为了方便他呼吸，他们把一段PVC水管从沙子里插进盒子的顶部，就像一个潜水镜一样。PVC管没有奏效，这位媒体公司的继承人窒息而死，很显然，他沉闷地喊叫着，不停地想要把这座浅坟墓的顶盖挪开。在审判中，法医证实他活了不到三四个小时。在他被带走大约72小时后，警察和联邦调查局找到了箱子和他的尸体。那时他们已经拘留了绑架者，当地一个30岁的毒品贩子和他在克罗格超市当收银员的26岁女友。（他们很鲁莽地在当地加油站打付费电话，提出了赎金要求，警察毫不费力就追踪到了他们。）这场审判是在坎卡基县法院进行的，全国的媒体都有报道，弗兰克·劳埃德·赖特的名字和房子出现在一些报道中。审判进行了不到两周，审判的第一天，公诉人就把元凶在车库里制造的胶木板盒子推入了法庭，并把它一直放在那里。（凶手的名字叫丹尼尔·爱德华兹，他用白色的填缝材料把接缝封了起来，但在垃圾里留下了一双沾着填缝剂的手套。）陪审团听到了斯莫尔被活埋在坟墓里时录下的声音，还看到了他尸体的录像带。爱德华兹被判一级谋杀罪，几天后，他被判处死刑。他的同谋女友南茜·瑞什单独审判，最后活了下来。（2003年，来自坎卡基的伊利诺伊州州长把该州所有死刑判决减为无期徒刑。）

到了1990年，弗兰克·劳埃德·赖特那栋倒霉的房子，现在至少对一部分人来说，几乎成了恐怖兼好奇的对象，这时它迎来了它的第9批业主：一家由坎卡基的律师们和一名建筑师组成的公司，他们把布莱德利改造成了办公室。尽管他们的目的不一定是为了纯粹地保护赖特建筑，他们还是尽其所能来恢复原状。他们的修复工作不包括马厩／马车房，当这座建筑似乎要坍塌时，

127

他们申请了拆除许可证。《坎卡基日报》在2001年的社论中写道："赖特在这里受尽了委屈"，"坎卡基似乎一直是一个挣扎于过去的社区"。也许是这句话下了挑战书，几年后，2005年，芝加哥一家声学设计公司的副总裁和他的妻子买下了布莱德利，盖恩斯·霍尔和莎朗·霍尔最终成了这栋房子真正的继承者。霍尔夫妇根据赖特的原始图纸开始着手拯救整座住宅，首先就是马厩。在房子内部，他们用一种名为"色彩淡化"的技术把墙壁漆成芥末色、绿色和深紫红色，这种技术在布莱德利初建时很流行。（涂上了多达4层的薄层来软化色彩，最后形成一种微妙的斑驳效果。）在经历了岁月和天气的摧残、一次次逆转、一次次流言蜚语和大字标题之后，这幢老房子又回来了，就算不完全是过去的样子，至少是试图纪念它曾经的模样。

不过，又有火灾来了。2006年1月初，一个周五的晚上，当时周边工作还在进行中，但霍尔夫妇已经在布莱德利住了一年了。这对夫妇在坎卡基乡村俱乐部和朋友们吃晚餐，俱乐部就在河边附近，距离房子大约5分钟。一个助理经理走过来对着霍尔先生耳语："先生，您的房子着火了。"他从桌边跳起来，跑到停车场。莎朗·霍尔问服务员："怎么回事？我丈夫去了哪里？"有人开车把她送回家，她看到云梯车向她家的新屋顶喷射水柱，弧光怪异地照亮了天空。火灾是从阁楼附近或者空调房里开始的——当然，空调在1月份是没有开的——火势顺着烟囱往下蔓延，进了二楼的主卧室。如果大火迟来几个小时，霍尔夫妻可能会被烧死在床上。莎朗·霍尔在一圈喷水枪旁边找到了她的丈夫。当消防队员扑灭最后的火焰时，他摇了摇头。她说："就这样吧，我结束了。"她的丈夫转头对她说："好吧，你能带我一起吗？"

他们离开了14个月（据说损失了20万美元），但是又重新开始了，在接下来的4年里，他们恢复了房屋闪亮的光彩和艺术完整性，这种美好只在20世纪初出现过。自1986年起，B.哈利·布莱德利就被列入国家历史遗迹名录，如今它由一个名叫"坎卡基的赖特"的非营利组织管理，他们非常自豪地照顾这栋房子，我曾和坎卡基的历史学家，还有我一年级时的女朋友博马·马修斯一

第一部分　更大程度上的渴望：1887—1909

起参观了这个地方，我曾和盖恩斯·霍尔一起走过布莱德利13间光线折射的房间。盖恩斯之前在芝加哥从事建筑事务，晚年还在伊利诺伊大学担任过一段时间的教授和副院长，如今已经退休了。有时候，布莱德利像教堂一样安静。"这就是改变了美国建筑面貌的房子。"霍尔喜欢说。这个句子就算字面上不正确，但意义上是正确的。就让它到此为止吧。

当新世纪钟声敲响的时候，在1900年夏初，当建筑承包商准备在布莱德利和希克斯破土动工时（建筑记录没有保存下来，但时间线是这样的），令人不解的是，一个名叫小罗伯特·C.斯宾塞的人慷慨至极，写了一篇关于弗兰克·劳埃德·赖特的12页报道，发表在一份大开本的专业期刊上，这份期刊的总部设在波士顿，声誉非常高。这篇报道让赖特在国内和国际建筑领域闻名，这是关于赖特作品的第一篇严肃文章，文中慷慨的赞美和优雅的（虽然有点花哨）书写引人注目，尤其值得注意的是，作者本人也是中西部崛起中一个雄心勃勃的建筑师，但很明显他对赖特并没有任何专业上的妒忌。文中有丰富的线条画、平面图和照片。（后面的折页是温斯洛住宅和海勒住宅的精美效果图。）这篇文章题为《弗兰克·劳埃德·赖特的作品》，似乎《建筑评论》6月刊的编辑们（更不用说那个建筑师作者）坐下来，一致同意说道：好吧，如果我们要推出这个家伙，我们得大加宣传，让他成为顶流。斯宾塞写道："很少有建筑师能像弗兰克·劳埃德·赖特那样，富有诗意地把材料转化成结构"，他接着说，"这个职业刚刚起步的年轻人"为建筑这个行业提供了"独立的建筑思想和原创的本土做法"。他正在建造的房子"体现了新思想和新观点，它们拥有生命，它们清晰一贯地表达了关于家的某些理念。"它们代表了最好的希望，是"伟大的美国建筑的真正基础"。当其他沉闷的"西部中产阶级的房子变成蜂窝状的公寓盒子时，他的房子是更宽泛意义上的'家'的先驱"。他的作品表现出"对水平维度和水平线明显的热爱",但那绝不是为了水平而水平。

难道是赖特自己以罗伯特·C.斯宾塞的名义写了这么慷慨大方的文章吗?到底谁是斯宾塞呢?

与赖特不同,他受过良好的教育。与赖特不同,他又高又瘦,头发是银灰色的。他生于1864年,比赖特大3岁,他和赖特成了亲密的朋友。事实上,斯宾塞在赛瑟尔·科温之后一直是赖特最亲密的朋友,直到20世纪初。与赖特不同,斯宾塞来自密尔沃基的一个富裕家庭,毕业于威斯康星大学的机械工程系(再说一次,这一点上他与他笔下的对象不同,赖特几乎从没有在威斯康星大学里好好喝过一杯咖啡,以后提到学校也是含糊其词),然后进入了麻省理工学院的建筑系,后来去波士顿两个最好的公司工作。(J.莱曼·西尔斯比也曾在麻省理工学院就读,路易斯·沙利文1874年也曾在那里读过一年。)他获得了一份奖学金,他和妻子借此在欧洲旅行了两年,在那里学习建筑。之后斯宾塞来到了芝加哥,为之前就职的波士顿公司中西部分公司工作,然后在1895年,他开始在席勒大厦的塔楼里开办了自己的事务所,地点就在西塞尔和赖特办公室的对面。就在两年前,西塞尔和赖特愉快地把他们的名字上下叠放在一起,用金箔刻在透明玻璃上。接下来的一年,也就是1896到1897年的冬天,赖特最好的朋友断然离开了,似乎是罗伯特·斯宾塞说服赖特加入他以及另外两个人在施坦威音乐厅的阁楼办公。

施坦威音乐厅是芝加哥建筑史上一个标志性的地方——尤其是当你试图理解这一建筑学派时。人们给这个学派起了各种不严谨的名字,在不同时期,它曾被叫作芝加哥学派、中西部新学派、分离主义派、抗议派,更重要的还有草原学派,"草原学派"这个名字一直存在于大众的想象中,但是直到20世纪60年代才广泛使用。严格定义的话,"草原学派"是指大约从19、20世纪之交到1920年这个阶段,在美国中部工作的建筑师组成的松散协会。这个学派的精神导师一直是路易斯·H.沙利文。在芝加哥,施坦威音乐厅是该团体最早的驻地之一。

第一部分　更大程度上的渴望：1887—1909

施坦威音乐厅位于"钢琴街"，就在密歇根大道和沃巴什大道之间的范布伦街，离湖边非常近。这栋11层的建筑里，有一个音乐大厅、办公室，还有一个大展厅，供这家大型钢琴制造商展示自己的产品，跟其他的制造商竞争。在施坦威大楼的顶部有一个阁楼空间，就在尖尖的楼顶下，冬天太冷，夏天太热，罗伯特·斯宾塞、弗兰克·劳埃德·赖特、德怀特·珀金斯和马龙·亨特组成了当今所谓的"草原学派"的最初核心。阁楼是他们画草图的地方，显然，这4个人在11楼共用一个前台接待员，还竖起墙来做隔断，享受着便宜的租金。中午，他们会吃个三明治，也许会到屋顶上去，谈论美国住宅建筑的未来。尽管他们并不特别关注理论，但还是从国际工艺美术运动中找到了某种的灵感，该运动是由威廉·莫里斯和查尔斯·罗伯特·阿什比等英国思想家倡导的。美国追随者们希望能制造出美丽的东西，就像他们的英国工艺美术同行一样，他们希望利用传统工艺，慎重对待砖、石膏、彩色木材等材料，利用简单的形式来制造作品。但是，正如许多学者指出的那样，认为草原学派仅仅是建筑是错误的——它的缔造者，尤其是弗兰克·劳埃德·赖特，追求的是整体性的艺术体验。正如杰出的建筑历史学家理查德·盖伊·威尔逊所写的那样，所谓的学派（其实从来都不是什么学派）"与其说是关于风格的运动，不如说是一场关于独立意识形态的运动"。

芝加哥的艺术与工艺独立人士组成了一个非俱乐部式的午餐俱乐部，赖特就是创始成员之一。他们称自己为"十八人"。他们在芝加哥建筑俱乐部（CAC）担任领导职务，该俱乐部的前身是芝加哥建筑绘图俱乐部，然后，1899年CAC帮助成立了美国建筑联盟，这些组织是他们宣扬自身艺术理念的一种方式和手段。赖特几乎终生都没有加入这些组织，然而他常年参与芝加哥建筑俱乐部的活动。实际上，在芝加哥艺术学院几个集体展览中，他的地位显得远高于他的同事们，在同辈里他是第一，只不过在他心里其他人都不配和他比——事实上，他是对的。

在接下来大约20年的时间里，从世纪之交到第一次世界大战结束，大约有六七十名建筑师从事草原风格住宅的建设，他们的工作区域包括整个中西部地区：明尼苏达州、爱荷华州、威斯康星州和伊利诺伊州的部分地区。但这场运动的核心一直是芝加哥。之前提到过的乔治·埃尔姆斯利就是在大草原建筑梦中脱颖而出的建筑师。之前还说过一个不言自明的事实，值得我们思考：尽管有人写了草原风格建筑师的书，有单独的也有集体的，谈到欧文和艾伦·庞德、沃尔特·伯利·格里芬、马里昂·马奥尼、巴里·伯恩、托马斯·塔马奇、威廉·格雷·珀塞尔和所有其他人的作品，他们中没有一个人能入美国文化的法眼。他们是著名的建筑师（包括几个女性建筑师），但根本不出名。那个自负的家伙不同于他们，他有自己更了不起的天赋，当他想象一些还没有画出来的东西时，他能在脑海中穿越空间（在某种程度上，甚至是时间）。但他还有另一个原因，一种难以确定的东西，那就是：人格的力量，人生故事的反复无常，高傲的自我，疯狂的野心，所有这一切。在某种程度上，这就像是试图弄清楚，一个初出茅庐的美国作家欧内斯特·海明威如何能在1920年代前半期坐在巴黎咖啡馆的桌边，把自己变成几乎是三维的存在，仿佛穿越时空，进入到他身边上百人无人能抵达的境界。是的，海明威富有天分（至少当时富有天分），但还有一些事情似乎是无法解释的。然而，让我们把谜题和重点放到拔地而起的建筑材料上，而不是纸上的文字。事实上，你可以去找小罗伯特·克罗森·斯宾塞的作品——比如说，橡树园北欧几里得大街231号的爱德华·W.麦克格雷迪住宅——你会爱上它那简单明了的草原风格的美感，但是似乎很少有人知道它的存在（认真学习中西部建筑的人都知道它）。斯宾塞和他的合伙人在1907年建造了这座房子，橘黄色的砖、深嵌的门和艺术玻璃窗显得完美和谐，在细节上有种微妙的平衡。它有一种帕拉第奥新古典主义的建筑形式。碰巧的是，麦克格雷迪的隔壁就是赖特早前建造的乔治·W.福尔贝克住宅，它建于1897年，看上去像是格林童话汉赛尔和格蕾特尔房子的模样，非常难看。毫无疑问，麦克格雷迪赢了，至少在橡树园的这个角落里赢了。如果说斯宾塞不能像赖特那样从三维角度思考问题，那么他创造了一些美好而持久的东西。在某种程度上,这又是一个赛瑟尔的故事,只是没有以悲剧告终。(斯宾塞有一份持久而成功的职业,他是一名作家、建筑师和商人,在两所大学里任教,最后退休去了亚利桑那州。)

然而,这些都没有回答上面提出的那个"令人不解"的问题。罗伯特·斯宾塞为什么要谦逊地为一个朋友、一个年轻同事写一篇如此引人注目的建筑评论呢?(斯宾塞是给流行杂志和专业杂志写作的多产作家,我们几乎可以称他为建筑师兼记者,反之亦可。)前面说到赖特的私制房以赛瑟尔的名义问世,我们提出过一个问题,是不是赖特缠着他最好的朋友让他这样做的,或者是他利用了对方某种脆弱的情感,或者是他付给对方钱了?

我就这个问题询问过草原学派的学者,他们大部分人的答案似乎是,不,斯宾塞只是一个大度的人,并没有因为别人能力更强而心理不安。他意识到自己是一场运动的一部分,他想把话语传播出去。事情可能就这么简单,但赖特巨大的魅力肯定也发挥了作用,你可以想象他在背后狡猾地怂恿鼓动。如果换位思考的话,我们无法想象赖特会为斯宾塞做这样的事情。是的,赖特可能会有惊人的慷慨——他在自传中对赛瑟尔的温柔保护就是一个例子——但不是这种慷慨。海明威也是如此,他很伟大,令人惊叹,潜藏正派的性格,但要是涉及作品本身,或者碰到任何威胁他地位的作品的话,他就不会这么慷慨了。

人们认为赖特可能对斯宾塞写这篇文章有直接作用,可能是他设计并安排的,也有人猜测他甚至参与了部分内容的写作(在我看来,这可能会引发新闻伦理的问题)。斯宾塞在1899年末和1900年初致力于写这篇文章,为6月份的出版做准备。在他激昂的最后一段中,作者给出了赖特的真实年龄。这一段的后半部分是这样的:

> 在这篇浓缩的文章里,是一个年轻人的作品,也许该说是一个男孩的作品,因为他才只有32岁。这是他在7年的独立职业生涯中完

成的最优秀的作品，简明地呈现给美国的建筑师们，供他们深度思考……青年人欣赏勇气，热情是会传染的。青年人希望自由，为自由自在的力量而欢呼。作为带头反抗僵化习俗的人，弗兰克·赖特接触到的是年轻的灵魂，因为他自己也是年轻的，还因为他的工作既有最卑微的小屋，也有最宏大的项目，——他带着热情和勇气从事每一个项目，对每一个认识和了解他的人来说，这是一个永恒的启示。

1900年初期，他32岁，因为他出生于1867年6月8日。很明显，他告诉了斯宾塞真相。（一般来说，要再过15年左右，人们才会发现他一直在篡改自己的年龄，到那个时候他会减掉两岁——不过也不总是这样，在护照申请和船舶旅客名单上也能追踪到他的年纪——他在文件中留下了痕迹。）

撇开这个问题不谈，我个人的看法是，从最初阶段到最终的完成，赖特肯定在这篇文章中发挥了重大的作用。比如说一件小事，在"最宏大的项目"后面有一个特殊的标点符号，是一个逗号，后面跟着一个破折号，这一直是赖特的行文风格。

1901年2月，斯宾塞的文章发表8个月后，就在B. 哈利·布莱德利和他的妻子女儿也准备搬进最近竣工的格林劳埃德时，美国最重要的大众流行杂志《女士家庭杂志》刊登了赖特亲笔书写的两篇系列文章中的第一篇。这让他以另一种方式在建筑上出了名，这本杂志有超过100万的读者。这两篇文章本身有重要的历史意义，第一篇叫作《草原小镇上的家》，第二篇在同年的7月份出版，题目是《有"很多内部空间"的小房子》。两篇文章都是一页长，包括图纸和平面图。实际上，赖特似乎只是匆匆忙忙地把他为坎卡基的两个客户所做的设计修订了一下。他试着向美国家庭主妇们展示，她们可以用合理的价格置办一套新式美国本土风格的住宅。事实上，这一切都是该杂志编辑爱德华·伯克的想法——早在1895年，他就一直想在建筑商和设计师那里找到关于"中等成本

第一部分　更大程度上的渴望：1887—1909

的郊区房屋模型"的文章。人们认为，赖特展示的两个十字轴平面图成为之后八九年里所有草原风格住宅的原型设计——但这并不完全准确，真正的原型已经在坎卡基诞生了，杂志上的两份设计图是对坎卡基两栋住宅的改良而已，说明如果他有更多的时间，他能把原先的设计做得更好，他还建议用更便宜的材料来降低成本（例如，地板用佐治亚松木代替径切板的橡木）。用历史学家尼尔·莱文的话来说，这些设计展示了一些比他在南哈利森大道的作品"更开阔、更开放、更有空间动感"的东西。《有"很多内部空间"的小房子》看起来很像是布莱德利住宅，赖特并没有把他的作品称为"草原住宅"（尽管有些人认为他提到了这个术语），但在第一篇文章中，"草原"和"家"这两个词在大字标题上确实离得很近，这很可能不是他写的，一般是编辑们负责写大字标题。（确切地说，赖特其实很晚才第一次在出版物中提到大写的"草原学派"这个术语，并放在引号里使用，那是在1936年7月30日发表在英国期刊《建筑师杂志》上的一篇文章里。在同一份专业刊物上，1936年7月16日，他说温斯洛住宅是他的第一个草原住宅，用了小写字母，也没有使用引号。）

顺便说一句，在1901年2月发表在《女士家庭杂志》的第一篇文章中，有一句话就像是回旋镖。他说，采用开放式平面图，强调开放的通透性，他试图制造"最小的阻力，从而实现一种简单的生活模式，实现让全家人在一起的最高境界"。这是他写作的语气，他是在用建筑的方式说话，但从另一方面来说，他是否知道，也许他确实知道，或者某种程度上他的内心深处知道，他在为自己的人生故事写墓志铭，知道自己的生活即将崩溃。他不打算让他的全家人在一起，至少这个家庭不能在一起。"草原"和"住宅"这两个词连在了一起，"全家人"和"在一起"这两个词虽然在字面上紧邻着，却是一个美好的谎言，悲惨的谎言，预见性的谎言。同一时候，布莱德利即将搬进弗兰克·劳埃德·赖特设计的位于坎卡基河北岸的大豪宅，坎卡基河很狡诈，有种欺骗性。事实上，对他们一家三口来说，"在一起"也是一个谎言。

135

关于这个破裂家庭的内部之谜，任何传记作家、历史学家、评论家、记者、小说家、剧作家、电影制作人、歌剧编剧，或者感兴趣的路人都无法看透整个真相，真相只有上帝知道。但是从外部来看，从故事的细节来看，人们可以有把握地说：他们结婚太早，年纪也太小，他们慢慢地开始疏远了。他有他的工作和他的自我，她生了孩子，孩子们来得太快了——至少前4个孩子来得太快了。这是恋人间的放荡、激情和自由的精神，但只持续了一段时间。随着时间的推移，他们的共同兴趣一团糟，两个人志趣相悖。这并不是说她不够知性，或者对艺术不感兴趣——她对艺术是感兴趣的，只是凯蒂·赖特不需要像她丈夫那样沉浸于精神生活。另外，他变得越来越古怪、不守常规、自我陶醉，而褐色头发的妻子越来越传统，过上了家庭主妇平静的郊区生活方式，两人似乎成了截然不同的对比。凯蒂就像这座小镇一样：极其守规矩，至少表面上是这样。欧内斯特·海明威比赖特要年轻一代，20世纪头20年，他在橡树园长大，有5个兄弟姐妹，性格严厉并且患有躁狂抑郁症的父亲早早去世，母亲虚荣自负而且难以相处。他们家的大房子位于北肯尼尔沃思大道601号，有一点草原住宅的色彩，就在离赖特家不远的地方，穿过芝加哥大道，在赖特家东北方向的对角线上。在离开橡树园之后，据说海明威曾说过很有名的一句话，说橡树园是一个草坪开阔而思想狭隘的小镇，但没有确切证据表明他说过这句话。无论如何，这个地方一本正经的氛围，严肃的气氛，还有那些高耸穿过树梢的教堂尖顶，似乎最终都以不同的方式，在不同的时间里，折磨着他和赖特，他们没办法只好逃离了。

就赖特而言，还有其他的问题，包括工作本身，他觉得他的工作正在走向死胡同。

他在《自传》《封闭的路》这一章中写道："我作为一名建筑师，最投入和最消耗的阶段大约在1909年。"他说："我对工作失去了控制，甚至对它失去了兴趣。"他又说道，"每个星期的每一天，甚至几乎每一天的深夜，包括星期天，我都非常疲乏劳累，越来越累，周而复始。"他说："我看不到任何出路。"他说："因为我不知道自己想要什么，所以我想离开。"即使我们知道了整个故事，也很难不被这些句子所感动。从中年后的回忆来看，这种直白的、简单的承认，几乎有一种孩子般的单纯。

还有下面这一页："所有私人的或者其他方面的事情都沉重地压在我身上，尤其是家庭生活。我想要什么，我自己也不知道。我爱我的孩子们，我爱我的家。一个真正的家是男人最大的理想，然而……［省略号是原文的］我为了获得'自由'而要求'离婚'。"

唯一的问题是，这位自传的作者巧妙地处理了一个关键的事实：他爱上了另一个女人。他其实不想提那一部分，你必须读下面几页才能真正知道是怎么回事。即使到了那个时候，他也没有直截了当地说出来，甚至会选择一种高傲的姿态："我也和她一起在那里（指的是欧洲）寻找庇护，她当时既出于反叛又出于爱，与我牵连在一起。"整本书里赖特只有一次说起她的名字——当他把梅玛葬在家族墓地里的时候，那是个下着雨的周日晚上，墓地就在塔里埃森对面，相隔着一块地。一天之前，朱利安·卡尔顿将她的头一劈为二，还想要把她烧成灰，尽管没有成功。他在第190页写道："'梅玛'下葬的地方没有任何纪念标识。"（这是引自1932年的版本。）在其他任何间接或直接的指涉中,他都只称对方是"她"。我们有可能从中解读出心理含义,但也许我们解读的含义可能是错的。

他谈到了他所受的"迫害"。但是,一页之后,出现了这个无法解析的句子,它的结尾突然变得清晰起来,有了自我意识:"1909年的春天,橡树园的家庭生活与我的自由背道而驰,我认为每一个灵魂都应该有自由,我想保持我的自尊的话别无它法,只能出走,自愿放逐到不受法律保护的不为人所了解的未知状态,我整个人陷入绝境,只能过上一种非常规的生活——就像我的外祖父当年来到美国一样,我来到了山谷中的山丘,把它视为我的希望和避风港,暂时忘记了外祖父辈先知"以赛亚"所说的"重打和惩罚。"

重击和惩罚:虽然他没有接受外祖父的先知,但他明白。

"我爱我的孩子们。"他说。但他显然不够爱他们,在《自传》前面的部分中,他谈到了他作为一个父亲的不足。而再一次,不管是出于什么,逃避的冲动、半真半假的事实、遗漏、扭曲、自我辩解、自怜,还是寻找真相的冲动,好像他无法控制自己的某一部分,他写道:"身为建筑师消耗了我作为父亲的身份——也许——因为我从不习惯父亲这个词,当我和朋友们在一起看到他们都在大街上时,我也不习惯这种身份。"用破折号来抵消"也许"这个词,他是不是在暗示一种可能,根本不是工作让他远离孩子?是他该死的自私。他知道,他知道的。

在前一页中,有4个不那么高大上的短句子:"恐怕我从来没期待过那个角色。从来没有行动。我没有感觉。我不知道怎么做。""我不知道怎么做"这句话几乎有种像孩子般的平淡和悲伤,就和"因为我不知道自己想要什么,所以我想离开"这句话一样。

在此之前,他讲述了一个不太可信的故事(许多历史学者都把它当作是明显的事实)。一个星期天,沃伦·麦克阿瑟来到橡树园拜访，也许凯蒂给他做了早餐。赖特曾以赛瑟尔·科温的名义偷偷为他设计并建造了一栋带有拱顶的私制房，那座房子位于芝加哥南区肯伍德地区的南肯伍德大道4852号。穿着短裤的孩子们也许在尖叫着，在阳台上弹橡皮球。赖特的意思似乎是当时6个孩子都已经出生了，所以这个时候大约是在1905年或1906年，也就是在他离开之前的三四年，那么他的6个孩子的年龄是从十五六岁（儿子劳埃德）到两三岁（小宝宝卢埃林）不等。他说麦克阿瑟"抓住了一个孩子，对我喊道——'快说，弗兰克……这个孩子叫什么名字？'这个问题真难倒了我。对方不容置辩的问题让'父亲'感到惊讶，于是给出了错误的名字。难以置信——但这是真的。"

在1943年的版本中，他省略了最后一句话，不禁让人们开始思考：他会不会以牺牲孩子的利益为代价，凭空编造了一个故事呢？当然有可能。这个故事不会为他赢得赞誉，但从某种方式上来说却对他的目标有益。

联合教堂和梅玛：神圣与亵渎

因为他不知道自己想要什么，所以想离开……

这张延伸开的长条形照片是在赖特家的露台上拍摄的，后面就是他的工作室，再往后就是芝加哥大道。右边打开的那扇铅条镶嵌成菱形图案的窗户就在客厅北边的凸窗上。今天，你还可以去那里站在那个位置上，看到的一切都没有变，包括混凝土封顶的砖墙，只是人都不见了。

那一天阳光刺眼，他们拍了好几个镜头。如果只是漫不经心地看，你甚至可能不会注意到它们的区别。在按下每一次快门之前，有一两个孩子会坐立不安，转向这边或那边，有一两个孩子决定在阵容中交换位置。然而，如果你仔细看，只把目光集中在母亲和父亲身上（凯蒂一开始很难看清，因为她几乎藏进了枝叶间，她在右边第二个位置，在大儿子后面，小姑子的旁边；不用多说，最左边的是弗兰克，穿着一件相当女孩子气的工作服），你可能会有一些想法。例如，为什么凯蒂不看镜头，而是低着头？或者为什么一家之主似乎离

第一部分　更大程度上的渴望：1887—1909

自己的岳母（她的名字叫弗洛拉·托宾，是一个刻板的女人，她在照顾小宝宝卢埃林）毫不夸张地说有一两尺远，但从另一个意义上说，为什么他的位置离整个家庭场景足有一个足球场远？多年来，有几位赖特的评论者都指出，他在这个时刻似乎是在场的，又是远离的。但据我所知，没有人评论过他抬头的方式，在我看来，这种方式提供了最引人关注的线索：微微向上倾斜，露出一丝狡黠的微笑，仿佛他知道这个露台上其他人不知道的事情。摄影是一门奇怪的艺术，能够捕捉到最平凡的事物，又能捕捉不经意间流露出来的东西。它在记录事实的同时，也能编造一个谎言。你可能花了很多时间去"读"一张照片，结果却发现——也许是通过一些之后发现的外部证据——你完全读错了。

关于外部证据，如果我们知道这张照片确切的日期，可能会进一步帮助我们破译照片上的密码，或者看似密码的东西。我们并不知道日期，但是有一个大约的时间。1969年的夏天，约翰·劳埃德·赖特在父亲死了10年之后，也是在他死前3年（他坐在中间，戴着软帽，坐在墙上，仿佛在模仿他的父亲，从父亲那里他永远得不到足够的关注），把这张照片的印刷版当作一份礼物，送到了橡树园公共图书馆的档案里，他让图书馆给镇上的报纸《橡树叶》寄一份，他的想法是编辑们可能会想在下一期上刊登这张照片，报纸确实这样做了（放在后面）。当时76岁的约翰辨认出了照片中的10个人，他弄错了两个人，包括他的母亲，在照片的背面他给出了一个日期："1904年6月。"

尽管赖特的二儿子在任何牵扯到家庭事实的方面都不太可信，但这个时间框架似乎是符合的。（时间不可能像一些赖特评论家所说的那样是1903年6月，因为那时候小宝宝卢埃林还没有出生。）我们可以说时间是1904年6月，事实上，我们可以提高标准，把时间定到1904年6月15日。为什么呢？因为1904年6月15日早餐后，弗兰克·劳埃德·赖特自己的父亲去世了。当时赖特并不知情，这就是为什么需要说明这件事，自1885年以后，赖特就没有和父亲说过话，也没有见过面（至少据人们所知没有）。他的父亲在过去的19年里辗转于美国各地，在至少四五个州换了9到10个住处。他死在匹兹堡的东部，当时他显然刚从街角的杂货店里买回早报来。威廉·凯里·赖特突然抓住自己的喉咙，试图扯掉自己的衣领。3天后，有人在"死亡登记"表上写道"心功能不全"。显然，死亡的过程只有几分钟。他已经79岁了。弗兰克·劳埃德·赖特的生活就像是一部不可思议的小说和各种巧合的寓言故事，我们可以试着想象，这是众神的安排，当那个被指责、被抛弃、被错误指控的父亲跌倒在地的时候，同一天，同一个清晨，同一个时刻，在橡树园的露台上，三脚架上的黑盒子喷出一串细碎的白噪音。

哦不，即使是在弗兰克·劳埃德·赖特这首押韵诗的谜题里，答案永远不会那么简单有序。照片上的阴影表明，那时不是早上8点半或9点钟，而是接近下午的某个时候。那时，沿弧线运动的太阳已经跨过了房顶，斜斜地穿过福雷斯特大道，照向汇集在这里的一群并不幸福的人身上。

关于倾斜的脑袋和微笑的痕迹：虽然我认为没有人能够准确地说出赖特和梅玛·博思威克·切尼致命关系开始的时刻，但我认为他们的关系确定下来大约是在1904年春末或夏初，大约就在这里，也许正是在这里；如果还不是性关系，那么至少是浪漫的恋爱关系。也就是说，确定下来的时间是在当地承包商拿到建筑许可证大约五六个月之后。那栋造价6000美元的双层草原住宅被筑墙围住，是赖特给梅玛和她那体面、稳定、有条理、满脑子工程的丈夫埃德温·H.切尼构思设计的，就在橡树园东北大街520号。那份建筑许可证，作为文献档案的一块碎片，详细说明了土地编号和其他一些技术数据，日期是1904年1月14日。它至今尚在，保存在橡树园的市政档案中，可以检索到。除了原始数据本身，它并没有揭示更多的东西。不过，我盯着它看的时候就会有一种小小的、内心被打动的感觉。

单靠数据是无法说明问题的，尽管如此，还是有些数据要指出：

从1899年开始，他接到的委托越来越多，到1909年的后半段，弗兰

第一部分　更大程度上的渴望：1887—1909

克·劳埃德·赖特完成了大约208个项目中的114个设计。到了1909年，他似乎想要把一切都抛到一边，他的工作，他的生活，他的声誉，他的家庭，至少看起来如此。在1902年到1906年间，他和手下的6个绘图员和画家在他的家庭工作室里完成了不止75座建筑的设计。单纯说住宅的话，在1903年到1909年之间，赖特建造了至少45所住宅，并另外设计了大约25所住宅，但这些住宅一直没有建成。就草原风格而言，从1901年到1909年，据说他以每年大约12个的速度构思草原住宅。就像一开始所说的，对于任何一个正常的艺术家、正常的人来说，这些数据——真的了不起的数据——就能代表一辈子的工作，一生的工作。需要着重说明的是他最大的两个非住宅项目：布法罗的拉金办公大楼（很久之前就没有了）和至今还壮观地耸立着的橡树园联合教堂，两者都是在这10年期间建成的。（关于这些数据及其来源的讨论，以及我致谢的学者，请参阅《资料来源》。）

我们重新拾起1901年冬末或早春的故事线，那时，B.哈利和他的家人搬到了河边的格伦劳埃德，那时，美国的家庭主妇们正在研究《女性家庭杂志》第17页上那栋细长房子的设计。他的职业生涯开始爆发，有无数的工作、无数的可能性和赞誉。8年后，在9月下旬的一个周四下午，他的生活再度爆炸，这个国家最著名的建筑师莫名其妙地离开了自己的家庭，就像传说中他的父亲那样遗弃家庭。

《机器的艺术与工艺》、霍尔馆、简·亚当斯，对任何研究赖特的人，或者对任何研究世纪之交芝加哥历史的人来说，这些名字都会引起共鸣。1901年3月6日，在芝加哥近西区新成立的霍尔馆，34岁的弗兰克·劳埃德·赖特用他那洪亮并且依然年轻的声音，向芝加哥工艺美术协会发表了他职业生涯中最著名、最有远见的演讲之一。简·亚当斯从事社会工作，支持妇女参政，1889年她和她的伴侣艾伦·盖茨·斯塔尔创建了霍尔馆，这是一个为移民和低收入群体提供政治、社会和教育支持的安置中心。许多著名的美国人都和霍尔馆有联系，或者在那里演讲过——例如约翰·杜威、克拉伦斯·达罗和苏珊·B.安东尼。(詹金·劳埃德·琼斯舅舅长期与亚当斯和她的团体保持联系。)在《机器的艺术与工艺》一文中，詹克舅舅的外甥呼吁人们要接纳新世纪的机器进入旧世界的花园，而不是拒绝。如果说这次讲话在很多方面都是惠特曼式的自我赞美之歌，那么它表达得非常优美。他说："如果艺术家睁开眼睛，他就会看到，他所害怕的机器有可能消灭人类自古以来以艺术之名遭受的毫无意义的折磨。"让我们"向机器学习。它告诉我们，木材的美首先在于它作为木材的品质。"还有这个句子，"突然割断一条河的原始河床，在河下挖出一条水道，河流就会撇下它的河床"。这句话是多层次的，抒情性十足，其中的讽刺意味早晚会在他的身上体现出来。

1901年，在橡树园，这位胸怀愿景的建筑师开始着手建造后来被称为弗兰克·W.托马斯之家的这栋房子（有些赖特学者希望把它算作第一个草原住宅）。它和赖特的家在同一条街上，在很远的拐角处，离小镇的中心更近，他可以在大约4分钟内走到建筑工地。这块地只有100英尺（30.5米）宽，赖特把它从北到南填满了。房子没有地下室，也没有阁楼，他把主要的房间放在二楼，用一排金色镜面玻璃效果的直排窗户来采光。它的外观几乎是维也纳风格的，夜晚尤其如此。这家的客户很典型，是当地中上阶层的职业人士（这是一个股票经纪人的家），他们对艺术感兴趣，愿意大胆尝试。尝试的一部分包括要寻找进门的路：入口要穿过前面的拱门，然后走到左边，然后折回到右边，穿过一间满是艺术玻璃门的房间。

进入赖特家庭工作室的前门时，也差不多是这种效果，就像进入迷宫一样。他于1897年开始建造工作室，并于次年6月完成。虽然他在卢普区保留了一间办公室（主要是为了会见客户和维持自己的声名），但真正的工作是在紧挨着房子东侧增建的两层楼工作室里完成的。整个工作室包括一个图书馆／接待室和他的办公室。(他的办公室经理伊莎贝尔·罗伯茨也从事设计工作，办公室的空间往往归她使用。)绘图室是一个大的方形拱顶房间，上面有一个八角形的露台（带有天窗），由巨大的铁链悬挂在天花板的橡木上，这个空间兼具功能和审美。

他设计的工作室入口非常复杂，这样一来，访客至少要拐上5个直角，才能从既嘈杂又尘土飞扬的芝加哥大道的木制人行道走到宁静、狭窄、微暗的接待大厅。实际距离大约只有10英尺（3米），但在转直弯时你永远不会觉得距离那么短。如果他在绘图室工作，伊莎贝尔·罗伯茨可能会去找他，告诉他客户来了。

在面向街道的外墙上，他竖起了一块石灰岩牌匾，石头上面是用手工雕刻的浮雕一样的字母：建筑师弗兰克·劳埃德·赖特，下面是他的标志：正方形中一个圆形，圆形里面是一个十字。在建筑的内部，他使用了一种色彩丰富的深色椴木，木质的光芒成为一体。他的绘图员们坐在没有靠背的凳子上工作。

不到一年，也就是在1902年，他就开始着手建造亚瑟·B.赫特利住宅，这是他最威严的草原住宅之一，甚至比托马斯之家更近。这栋房子在他家的南面，只隔了几幢房子。今天，你可以在福雷斯特大道上漫步，看到许多漂亮的房子有宽阔的草坪，这是宏大的维多利亚时代住宅，有他自己的作品，还有他同时代其他人的作品。但是，赫特利住宅如此庞大，比例完美，几乎全都是用砖和混凝土建造的，还有巨大的支墩；上面是低矮的坡形屋顶，深浅不同的两种棕黄色砖交替排列，砖与砖之间垂直连接的砂浆和砖块本身是一样的颜色，所以尽管这栋房子的位置离路边很远，规模又大得像是市政厅或者罗斯福新政时候的大邮局，我们的眼睛还是能够一眼扫过整个外观。烟囱又矮又宽，好像压到了屋顶上。但最重要的是，从美学和建筑师的自我意识（当你第一次看到房子的时候，就算你不能完全领会，也能感觉到这两点）来看，这是一座没有落水管的房子。落水管会给作品带来不得体的垂直元素。不，不，不允许落水管存在。就让雨水从角落里几乎看不见的褐色排水沟直接流到地下的渗水管里吧。在夏天暴风雨的时候，赫特利就变成了"流水"别墅，在伊利诺伊州严冬1月的冰暴中，赫特利会结出一些长达4英尺（1.2米）长得美丽又可怕的钟乳石状冰。去他的吧，让美学压倒一切。

1902年4月，在艺术学院举办的芝加哥建筑俱乐部第15届年度展览上，他胜过了所有人。他的作品独霸整个展览议程，以至于一位来自纽约《美国建筑师与建筑新闻》的评论家怀疑，这个展览"偏袒某个人"，"如此明显的个人展览"是否符合"职业道德"。参加展览的有不止115家建筑师和公司——赖特在画廊里有自己的作品展示间，在印刷的目录中有为他设计的专区。他展示了图纸、照片、艺术品、家具和插花艺术，共65件物品，包括沃伦·麦克阿瑟住宅餐厅的门（赛瑟尔名下的私制房），为乐斯福棱镜公司制作的电子玻璃模型，河岸森林高尔夫俱乐部的比例模型。《美国建筑师与建筑新闻》的评论员问道："在芝加哥今年最重要的建筑展览中，为什么赖特先生的桌椅、起绒草、乳草和松枝会占这么大的空间？"答案很简单，他已经回答过了：赖特独占鳌头，其他人根本没法跟他比。

布法罗拉金大楼的委托工作是在1902年底开始的，夹杂在其他工作中，这项工作断断续续一直到1906年完工。在赖特的作品世界里，拉金大厦现在被认为（过去并非如此）是最可惜的损失之一（这栋建筑在1950年被拆除）。拉金的生意是邮购肥皂，公司在世纪之交取得了巨大的成功，赖特为该公司的经营者和1800名员工构建的总部也是非常巨大的。从外面看，这栋5层楼的建筑看起来像是埃及的墓碑——或者，正如建筑师所说，它是一个"简单的砖崖"，他故意如此设计的目的是避免烟雾、尘垢和工业区普遍的丑陋。在封闭的穹顶内，有一个天光照耀的华丽中庭，地面形成全景式的画廊。顶层有一家餐厅、一间长满蕨类植物的温室和一条砖铺的运动长廊。在楼下，工人们看上去就像一排排小人国居民，坐在他们的办公桌前填写订单，背景音乐是轻柔的管风琴音乐。中午还会有音乐会和讲座。保存下来的照片里，男人穿着西装，女人穿着白衬衫，把头发高高地梳起。艾达·路易斯·赫克斯泰伯在她的赖特传记中写道，这个邮购商务殿堂，内部效率很高，看起来"既是未来主义的又是老式的，就像复古的《星球大战》里的东

第一部分　更大程度上的渴望：1887—1909

西"。这或许可以用来描述建筑师本人：亨利·大卫·梭罗风格的汉·索洛[1]。1987年，赖特历史学家杰克·奎南发表了一份权威性的报告《弗兰克·劳埃德·赖特的拉金大厦：神话与事实》，重现了整栋建筑，配上FLW签名的雕刻、铭文和《圣经》引文的照片，例如："智慧、热情、控制"，"思想、感觉、行动"，"你祈求，就会得到"。

1903年11月中旬，这场日益暗淡的婚姻迎来了最后一个孩子罗伯特·卢埃林·赖特。在这段时间，橡树园一对结婚4年的夫妇，也是赖特夫妇的熟人，来找建筑师，请他为他们建造一座房子。他们住在南橡树园大道316号，就在铁路轨道下面，离赖特家住的地方有点远，在村子的北边。他们住的是一栋三层高的尖顶房子，并不是纯粹的维多利亚风格，他们似乎希望新房子能有些创新。他们买下的那块地在北区，那里最近建起了几栋规模比较大、风格比较新的房子，当然他们自己并不是特别热衷大房子。这对夫妇有个1岁大的儿子，名叫约翰，后来他不到12岁就死了。他们还有一个叫杰西的外甥女，杰西的母亲两年前分娩后去世了，他们把她带回家当作自己的孩子抚养。这对夫妇希望至少再生一个孩子——也许要个女孩——可以当儿子和表姐的玩伴，一起成长。这对夫妇姓切尼[2]，他们在赖特的家庭办公室里和这位建筑师会面，显然被他的魅力和他迸发的灵感深深吸引住了。最初的方案是在1903年12月中旬拟订的，在1904年1月到3月初之间进行了反复的推敲，据说切尼夫人参与了几乎每一个商议阶段。建筑师为客厅绘制了7幅图纸，这些图纸作为历史资料保存了下来。

我们可以想象，在橡树园秋天一个沉闷的下午，梅玛和埃德温到了工作室。建筑师大步走进接待室，看到切尼夫妇僵硬地坐在北墙边宽敞的椅子上。

---

[1] 汉·索洛是"星球大战"系列电影中的主要角色。——编者注
[2] 他们把自己的姓氏读作"切~尼~"。——编者注

为火所困：赖特的梦想与愤怒

（伊莎贝尔·罗伯茨接待了他们，帮他们拿走外套，请他们坐在这个光线昏暗的地方。）建筑师只穿着衬衫，他招呼他们起来，挽着他们的手穿过大厅，走向屋子的西端，进入他的"图书馆"，那里光线明亮，是一个藏书极少的图书馆。它其实是个展示间，一个吸引客户的房间，诱惑人的房间。他把这个房间建成了八边形，大量的光线射进来，光线是从上方来的，但并不是从天花板进来的，而是从一套六扇菱形镶嵌的开窗进来的。这六扇开窗离天花板很近，属于侧天窗，天花板本身也有天窗，你得伸长脖子才能看到天空。通风井向下呈斜角，并且是弧线状的。他把房间这样布置，就是要让你眼睛向下，把目光集中在这张近乎方形的橡木桌子上，还有这些展开的图纸和即将成型的平面图上，这是他为客人来访所做的装饰。他也希望对方能多关注他本人，他表现出十足的魅力，徐徐展开那些图纸，可能只是些粗糙的草图，然后用小巧的铁制镇纸压住画图的边角。"我能为你做些什么呢？或者说你为我做些什么呢？"他说话时有些油腔滑调，但他那了不起的魅力、微笑和狡诈总能胜出。

埃德温·切尼家客厅的7幅平面图能够在历史中保存下来，但历史还以另一种方式流传下来一个问题，这个问题可能永远找不到令人满意的答案：谁是梅玛·博思威克·切尼？在赖特的世界里，她并不像朱利安·卡尔顿那样不为人知，但令人沮丧的是，她仍然默默无闻。直到现代，对历史学家来说，她几乎是完全沉默的，也就是说，没有任何现存的信件、日记，或者任何其他她自己书写的痕迹。从这个意义上说，她可以是人们以为的或者希望投射到她身上的任何身份：抛弃孩子的不称职的母亲，在没有灵魂的婚姻中努力不让自己窒息的女权主义者的原型——以及介于两者之间的一切可能。后来（第一次是在1995年，2002年那次更受关注），有人在瑞典的一个档案里找到了她的10封信，由不同的学者公之于众，并置于各种语境中。这给了传记作家和历史学家一些非常宝贵的东西（信件让人非常好奇，但并不完整）：人们终于可以听到

第一部分　更大程度上的渴望：1887—1909

梅玛在人生最后三四年里的声音。（之后我会再谈到这些隐藏的信件，包括它们是如何被发现的。）是的，最近几年有一本关于梅玛的优秀历史小说，那就是南希·霍兰2007年的畅销书《爱上弗兰克》，这本书让我们可以更深入地想象她的内心世界。但小说是虚构的，尽管霍兰娴熟地利用了她所能收集到的全部历史记录，里面的人物和场景，还有梅玛和赖特之间的信都是编造出来的。（霍兰并不总是完全忠实于历史记录的——这是她作为小说家的特权。）事实很明显，这个真实的女人，事实上有血有肉的女人，迄今为止还隐藏在我们所有可讲述的故事的幕后，她是变幻莫测的。这又是一个弗兰克·劳埃德·赖特的故事，只不过是叙事的规模相对缩小了。梅玛成年时的照片只有三四张，而且每一张看起来都不一样。这里展示的照片是在塔里埃森拍摄的，那是在1914年的初夏，大概两个半月后，一个穿着白色束腰仆人装的男人不知道为什么发了疯。这幅肖像显然是我们能找到的最后一张照片，是她的伴侣47岁生日时她送的礼物。她还不到45岁，她坐在一把直背椅子上，侧着身体，仿佛有人在和她说话，她静静地转过头去，身体略向前倾，露出精致的项链，白皙的肩膀，纤细的鼻子，微微张开的鼻孔，噘起的嘴唇，梳得不算完美的发型，但最重要的是梅玛深邃的眼睛，它们似乎不那么悲伤，更像是……好奇。她的眼睛什么颜色的？这是历史上我们不了解的无数件事情之一。她比赖特高吗？我们认为是这样的，她的身体有点像鸵鸟一样弓着。

这里先暂停一下，1869年6月19日，她于出生在爱荷华州布恩县一个叫蒙大拿的小乡村——后来这个地方改名了。它位于爱荷华州的中心，就在美国艾姆斯州立大学的西边，该大学是第一个接受政府赠予土地的机构。也许这一事实和她们家有一定的关系，马库斯·史密斯·博思威克和阿尔米拉·博考克·博思威克一家并不富裕，但家里的3个女儿都是受过教育的女性。

梅玛是姐妹中最小的，她生下来叫玛丽还是玛莎？许多人认为无论是在法律文件上还是在非正式情况下都是玛莎，梅玛后来成为了她终身的名字——但是在1870年和1880年的联邦人口普查中，她的名字都是玛丽。（众所周知，人口普查员常会弄错，但相隔10年的两个人口普查员似乎不太可能都弄错了她的名字——而且，这个家庭其他成员的名字和年龄也基本上是对应的。）布恩县也没有答案，出生和死亡的法院记录那时候还没有。她很可能是在家里出生的，所有的细节应该写在家族的《圣经》上了。但是那本《圣经》在哪里呢？所以我们模棱两可地把她叫作玛丽·梅玛·鲍顿·博思威克·切尼，或者是玛莎·梅玛·鲍顿·博思威克·切尼，这两种叫法都太拗口。人们认为"玛丽"变成了"Mamie（玛米）"（你在一些地方还会看到"Mame"），"Mamie（玛米）"变成了"Mamah（梅玛）"。

关于这个家，我们听到的主要是有学问的三姐妹：杰西、丽兹和梅玛。但

第一部分　更人程度上的渴望：1887—1909

事实上，她们还有另一个兄弟叫弗兰克·林赛·博思威克，他是长子，出生于内战的第二年。他基本上已经从历史中消失了，在他18岁之后（1880年联邦人口普查时，他还在那里），公共记录里似乎只有一条线索。1888年（当时他大概26岁），在伊利诺伊州的狄克森市，他在工作时遭遇了一起可怕的铁路事故，据当地的报纸报道，"他的腹部几乎被碾碎炸开了"。据我所知，他的名字从来没有出现在任何已出版的赖特报道中，甚至没有出现在博思威克/切尼相关的报道中。我们不清楚他在那场事故中是否幸存下来，但似乎没有死亡记录。为什么我要说到这个？这主要是跟这个家庭早期、中期经历的悲伤有关系。

布恩县先是产煤炭，然后是靠铁路，尤其是芝加哥和西北运输公司（C&NW）。马库斯·博思威克先是造马车的，后来选择加入铁路火车的工作，他一定很有机械头脑。最迟是在1880年，梅玛那时应该是11岁，他带着家人来到了芝加哥，在C&NW的修理厂工作，当上了工头。1880年，这家人住在北威尔斯街95号一家商店的楼上，离修理厂和车站大约有3个街区。6年之后，在那个车站，来自麦迪逊的那个乡巴佬就会大步走路，出现在芝加哥傍晚的余晖里。最终，博思威克一家搬到了橡树园的一所小房子里，后来又搬到了一所大一点的房子。马库斯似乎一直工作到他去世的那天，也就是1900年4月21日。他那时已经71岁了，已经是修理厂的助理主管，也是公司里任期最长的员工之一。再说一遍，为什么这些细节值得一提呢？我只是基于一种考虑：梅玛年龄不小了才结婚，然后又嫁给了一个在性格或兴趣上似乎完全和她不像的人，也许是她懵懵懂懂地倾向于选择可靠、勤奋工作并具有工程头脑的男性。

从1888年到1893年，这位年龄最小、可能也是最善于发问和探索的女孩在密歇根大学上学，在那里她获得了学士和硕士学位。（她主修希腊语和法语，还学过其他两三种语言。）之后，梅玛搬到了密歇根州的休伦港，在那里教了3年的高中文科课程。她大学时最好的一个朋友玛蒂·查德伯恩和她一起在那里，她们住在第七街一所专为年轻职业女性提供食宿的公寓里。周围条件合适的追求者并不多。据说，她最终在公共图书馆找了一份工作，但记录似乎并非

151

如此。但不管怎么说，在那个时候，她在大学时偶然认识的一个条件合适的追求者（他们都是1892届的学生）开始乘火车去休伦港看她。休伦港位于底特律的东北部，在该州的东部边缘，与加拿大接壤。这位追求者的名字是埃德温·亨利·切尼，他出生在底特律，在密歇根大学安娜堡分校学习了电气工程，加入了兄弟会，并在合唱团中担任第一男高音。现在，他住在芝加哥，周末的时候，就对有头脑又有艺术气质的梅玛热烈地示爱，他在芝加哥爱迪生公司赚钱非常多。（他一开始是首席绘图员，但最近在公司的建筑部门担任了重要职位。）他的特点是非常执着，认真，还有点单调之味。两人于1899年6月15日结婚（梅玛似乎在结婚前一段时间已经搬回了芝加哥）。他们都30岁了，埃德温比梅玛大了6天。30岁对他来说已经够老了，但对梅玛来说却几乎算是危险的年龄了（也就是说，接近于老姑娘了）。还有一件不寻常的小事，梅玛的姐姐杰西·奥克塔维亚·博思威克比梅玛早结婚7天，她曾在艺术学院工作过一段时间，杰西那时35岁了，对那个时代的女人来说，年纪已经很大了。她嫁入了橡树园一个显赫的家族——嫁给了皮特金家业已中年的儿子。结婚两周年纪念日还没到，杰西就去世了。

我们又回到了这个家庭早期和中期经历的悲伤，以及这种悲伤如何影响——我们永远不会真正了解——某些最终致命的人生选择。这一切可能让梅玛这个最小的孩子对自己的死亡和时间的飞逝有了更强烈的感觉。但是，除了猜测之外，还有另一个事实：在1898年至1901年间，博思威克家有3人相继去世，至少3人。第一个是梅玛的母亲，她于1898年1月28日去世。（阿尔米拉9天前刚过了59岁生日。）然后，27个月后，她的父亲去世了，漫长的一生，但也是太过辛劳的一生。葬礼在南橡树园大道的家中举行，在阿尔米拉去世后，梅玛和埃德温搬到了那里。（埃德温已经成为芝加哥互助电力公司的财务主管和经理。）然后，在她父亲去世几乎整整一年后，姐姐杰西·奥克塔维亚的死让她最难以接受。1901年4月16日晚上9∶30，姐姐在橡树园的家中去世，当时只有37岁。她死时有临终看护吗？她是本来还好，却突然生病了吗？死亡和分娩有关吗？所有的未知是一团旋涡。当地报纸上写道："死亡是由肠麻痹引起的，出生不足一周的女儿活了下来。"

还有另一种旋涡，关于某种可能性：杰西·奥克塔维亚·博思威克·皮特金的女儿在1901年4月10日出生，她活了下来而她的母亲却没有，并且为了纪念她的母亲，她的名字也叫杰西。她在梅玛和埃德温的家里长大，如果在1914年8月15日，她也在威斯康星州的斯普林格林，跟她的表弟表妹一起坐在露台上等着吃午餐，那会怎样？她当时很可能会坐在那里，上一个夏天，杰西——后来成为杰西·博思威克·皮特金·希金斯——曾和玛莎·切尼还有约翰·切尼一起拜访过塔里埃森。在1912年到1914年之间，作为前夫同意的监护权探视的一部分，梅玛至少有两三次带着她收养的外甥女还有她自己的孩子到威斯康星州短暂停留。杰西在1914年夏天已经13岁了，那天她并没有在塔里埃森，这是杰西能活到83岁零3天的许多原因中的一个。她长大后嫁给了马萨诸塞州安多弗市菲利普斯学院的一名英语老师，生下了一个男孩名叫海顿·希金斯，后来这个男孩成为爵士乐界赫赫有名的埃迪·希金斯。梅玛的曾外甥、杰西·奥克塔维亚的外孙——钢琴家埃迪·希金斯在20世纪五六十年代芝加哥最大的爵士俱乐部伦敦之家固定演出，与奥斯卡·彼得森、斯坦·盖兹、迪兹·吉莱斯皮还有埃洛尔·加纳一同表演。他有许多追随者，特别是在日本，他在日本录制了很多唱片。我和希金斯的遗孀梅雷迪思·丹布罗西奥聊过，她也是一个著名的爵士人物。我在电话上有点结结巴巴，而她平静地说："是的，我知道你想问什么，我想他对此思考了很多。"

小杰西先是在南橡树园大道，后来又在东北大道520号长大，对梅玛有深厚的感情。养母离开时孩子才8岁，事发时梅玛自己的孩子约翰和玛莎分别是7岁和4岁。小杰西和梅玛亲生的孩子玛莎和约翰一样，显然也深深地爱着他们的姨妈丽兹。丽兹（原名伊丽莎白·维莱塔）是博思威克家三个女孩中的老二，比杰西姨妈小两岁，比梅玛大3岁。她搬到梅玛和埃德温的家里，帮忙抚养孩子们——先是在橡树园大道的房子里，然后搬到那个奇装异服的男人设计的新房子里。丽兹是一名小学教师，她从未结婚，博思威克一家从爱荷华州搬来后的几年里，她在华盛顿·欧文学校找了一份工作，这所学校位于芝加哥近西区，离赛瑟尔·科温一家曾经居住的地方不远。她晋升为学校校长的首席助理。退休后，她搬到了南区的肯伍德酒店，就在赖特的两座私制房麦克阿瑟和布洛瑟姆住宅以北大约一个半街区的地方。后来，她搬到了安多弗，显然是为了离她抚养长大的外甥女近一些。丽兹似乎过着简朴的生活，不为公众所关注，也许还有些孤独。我们不会把这些形容词和梅玛联系在一起，那个身为母亲、配偶和妹妹却选择和弗兰克·劳埃德·赖特私奔的女人。

让我们回到1901年到1909年这段时间里，关于为切尼夫妇设计和建造的房子，那位建筑师似乎考虑了很多。（这栋房子位于芝加哥大道以北的第一个街区，在街道的东侧，距离赖特的家和工作室步行大约12分钟。）尽管建筑历史学家们也很欣赏切尼之家，但他们也对它感到困惑，因为它不太像赖特其他任何的草原住宅。房子建在一个半层高的地下室上面，几乎就像一座隐蔽的帐篷。从街道上来看，尽管之前10英尺（3米）高的围墙早就拆除了，面对这个木材镶边的砖制住宅，我们仍然很难有真实的视觉感受。如果你站在它的正前方，这座半遮半掩的房子看起来就像是单层住宅，而实际上它有两层。室内的空间是连续的——客厅和客厅两端的餐厅和图书室连起来，几乎像是一个大开间。主楼层的52扇窗户上，建筑师使用了艺术玻璃。住宅内部和外部之间似乎有种矛盾，令人困惑。围墙似乎是一个比喻，象征着家庭主妇和母亲的角色是远离外部世界的。用赖特学者尼尔·莱文的话来说："室内低矮、昏暗、温暖、舒适，同时又宽敞、明亮、通风、开阔。室外是观景楼和地堡的神秘结合，无法用任何独特的方式来定义这种对立的平衡。"

就像我说的，任何人都不可能精准地确定他们的关系是从什么时候开始的，但很可能是从那张在露台上眯着眼睛看太阳的照片开始的。在《爱上弗兰

第一部分　更大程度上的渴望：1887—1909

克》中，作者想象了一个场景，梅玛刚刚发现自己怀孕了，她站在新家的纱门前告诉赖特这个消息，她不能再和他见面了。模糊的时间框架大约是在1904年底，小说家并没有暗示即将出生的孩子不是埃德温的，我也相信这是事实，谁又能知道真相呢？我的观点是，他们之间深层的身体亲密感是两三年之后才开始的；而在这期间，他们一开始压制内心的渴望，后来关系逐渐被所有人知晓，也许在不成熟的阶段，甚至连孩子也知道。不管是否站在一扇纱门前，如果梅玛真的告诉了赖特，她和丈夫将会迎来一个孩子，并且一知道就告诉了他，那么这个时刻可能就出现在1904年圣诞节之前，距离露台上照相大约6个月——也就是在12月的第2或第3周。为什么呢？玛莎·切尼在1905年9月10日出生，也就是9个月后。在那段时间里，我们可以看到弗兰克·劳埃德·赖特的兴奋、倦怠、心烦和愤怒。

※

1903年底，一位27岁的建筑师离开佛蒙特州的伯灵顿市，到"西部"伟大的新兴艺术家的郊区家庭工作室里做绘图员。这个年轻人的名字叫小查尔斯·E.怀特。他本人将成为一个知名的建筑师，他的作品仍然屹立在橡树园和其他地方，但他给历史最长远的一份礼物是他写给老家一个建筑师同行兼前任雇主的信，这些信冗长、健谈，非常有观察力，是来自内部的一种观察。这是在1903年11月16日，他到达不久后写下的一封信，信中称呼他的雇主是W。（凯蒂为W生下的最后一个孩子在前一天出生，不过信里并没有提到这件事。）

W告诉他"暂时停止读书，什么也不要做，去研究自然和素描"。W告诉他，他"完全沉浸在草原精神中"，他"不认为自己能轻易地设计一个山区地带的作品"。W让人抓狂——也许又激励人心——是"最不实际的人，他的工作进度总是远远落后，却还能把工作晾在一边，平静地花7个星期来调整自己的办公室。布法罗的图纸甚至还没有完成，对方一直在敲打他！"W对着学徒回忆起了他在麦迪逊大学的日子，"3年后，他口袋里揣着7美元直奔芝加哥

(没有拿到毕业证书)。四处流浪了几天之后,在西尔斯比事务所找到了一份一周8美元的工作"。

离他出版自传还有30年,这位谎言捏造者已经开始虚构故事了。

在W手下工作了6个月后,这个新人对这里的工作有了更多的了解,老板倾向于"先构思他的整体,然后尽可能地让他的设计迎合要求,或者更确切地说,让对方的要求符合他的设计。我并不是说他忽略对方的要求,而是说他以一种开阔的建筑方式来处理他的作品,而且从不让客户任何琐碎的要求干扰他的设计的建筑表现形式。对方琐碎的愿望会通过接纳和压制的方式,在设计的整体范围内得以实现,但绝不允许干扰房子的系统或骨架"。

这封信的日期是1904年5月13日。伊利诺伊州的夏天就要到了,枫树和柳树已经长出了枝叶,东部来的绘图员对这里美丽的春天感到惊奇。再过一个月左右,凯蒂·赖特和穿着女性化工作罩衫的丈夫会把孩子和岳母召集到屋前的露台上,摆出几个姿势照相——赖特当时还没有这种想法。

还有一封信写于大约9个月后,1905年2月13日。弗兰克·劳埃德·赖特和妻子第二天要去日本旅行——这是他第一次去日本。这封信涵盖了很多话题,一连好几张信纸上是难以辨认的手写字迹,信结尾的几个句子似乎跳出了页面,涉及明显和不明显的主题。同样,写信的人也不知道后来发生的事——他只是写下了他所看到的,而他所看到的显然是他的雇主如何"从去年变得精神不济,在过去的3个月里,几乎不可能让他关注到我们。用他自己的话来说,他'对工作没有兴趣',我想原因是他已经好几年没能摆脱工作彻底休息了"。

为什么是过去的3个月?我们根据历史了解的是,可能是在同一时间的某个地方,一个住在围墙环绕的新家里的客户,当然不仅仅是一个客户,告诉她的建筑师,当然他也不仅仅是她的建筑师,她怀孕了。也许发生过,也许没有。但是,似乎有可能,而且是非常有可能,她把这个改变一切的消息以某种形式告诉了他。然而,唯一可以肯定的是,1905年2月13日,埃德温·H.切尼

第一部分　更大程度上的渴望：1887—1909

那位有追求的妻子已经是怀孕初期了。

对赖特来说，日本之行令人激动，这场旅行从情人节一直持续到5月中旬（他本应在3月初踏上日本，4月底离开的）。赖特和他的妻子有沃德·威利茨夫妇做伴。正如前面提到的，在坎卡基住宅完工的第二年，赖特为威利茨夫妻在伊利诺伊州的高地公园设计了一座巨大的住宅。威利茨夫妇对赖特夫妇很友好，他们凭直觉认为赖特的婚姻似乎出了问题——也许这次旅行会有所帮助，据说他们为此付了很多钱。赖特夫妇乘火车前往旧金山，然后乘船前往横滨。在接下来的两个月里，他们在这个狭长、有雾的岛国里到处旅行。赖特拍摄了许多照片，并买下了所有喜欢的木刻版画，不管他是靠乞求，靠借还是交换得到的。他好像几乎没有睡过觉。有一个传说（罗伯特·卢埃林·赖特在成年后向不同的采访者讲述了这个故事，仅凭故事的来源，我们就某种程度上愿意相信），威利茨夫人把她的丈夫从一个艺伎经营的浴室里拎了出来——是赖特带他去那个浴室的。这兀然地终结了威利茨夫妇的旅行，据说，接下来的40年里，赖特再也没有见过这两位客户，直到有一次，当他和一个学徒（也是他的女婿）在高地公园时，一时兴起决定去按他们家的门铃。一位年长的女人来开门，她戴着卷发器和围裙，迅速看了来人一眼，转过身去对着客厅喊道："沃德，弗兰克来了。"

还有一个问题不是传奇，而是棘手的学术问题，已经争论了不止40年，那就是赖特的建筑在多大程度上受日本文化的影响。当然，在他的一生中，这位建筑师自己总是否认这一点，原因在于他的自负，他的焦虑。我们可以说他否认的声音太过明显了。他曾经说过（1936年，在伦敦的《建筑师杂志》上相当俏皮地说），"不，我亲爱的多山墙夫人，石膏建筑夫人，尤其是现在，平屋顶小姐，'日本'对我没有任何的帮助，日本令人惊叹的浮世绘是个例外，它教给我如何消除无关紧要的东西，以及天然材料的美妙之处。"日本并没有激发他对有机建筑的思考,相反,它证明了他已有的想法和理念。好吧。但就连他的朋友罗伯特·斯宾塞,在那篇让他出名的《建筑评论》文章中,写到赖特最初和最终的关注都是自然,他又补充道:"如果不是直接关注自然,那就是关注那些杰出的自然解读者——东方人和日本人。"大多数赖特历史学家指出,1893年芝加哥世界博览会上的日本馆让赖特豁然顿悟,尤其是一座名为凤凰殿的寺庙。日本政府派出受过传统训练的木匠工人,他们现场建造了这件造价65万美元的作品。但即使在博览会之前,很可能受到西尔斯比和沙利文的影响,赖特早就对日本作品的无缝细木工和精致的米纸艺术惊叹不已。众所周知,这两位雇主都非常欣赏日本艺术。

在5月的第3个星期,橡树园新绿萌芽的时候,赖特夫妇回到了他们的家,回到了孩子们身边。(他们把所有的孩子留在家里,最小的孩子才只有15个月大。他们就这样跨太平洋旅行了3个月,这让人有些吃惊。当然,那时候,中上层阶级的父母有仆人和亲戚愿意帮忙,可以这样做。)如果他的婚姻还未修复的话,他的精神似乎已经恢复了。接着,3个星期后,大约是1905年6月4日星期天,早晨5点钟,闪电和大火击中了他所在的方向——不过带来了意外的好运。这意味着,在一场猛烈的雷雨中,他最伟大的杰作之一就要诞生了(他和家人所属的一位论普救会教堂,一座19世纪的传统建筑,化为灰烬)。许多评论家认为,在美国现存的400多件赖特作品中,甚至是在他的所有作品中,这座教堂都可以排在前四五名,这就是联合教堂。它位于橡树园市中心的湖街和肯尼尔沃思大道的东南角,这是他第一个独立的公共委托项目(拉金大厦虽然算是一种公共建筑,但却是商业委托项目)。从一开始,赖特就努力把它叫作圣殿,而不是教堂,这只是他众多抗争中的一小部分。

我先在这里停下说一句,没有其他的任何一件赖特建筑能像联合教堂那样打动我。我虽然没见过他所有的传世建筑,但我见过很多。在我开始写这本书很久之前,在我开始写上一本关于欧内斯特·海明威的书很久之前,我就去了联合教堂。只要有机会,我就去坐在光滑的旧木头椅子上,感受那里的光线

第一部分　更大程度上的渴望：1887—1909

和寂静，似乎是上帝的恩赐洒下来。在研究海明威的那些年里，通过去联合教堂，我认为我开始了解关于海明威的一些事情，一些如果不去教堂的话我根本无法理解的事情。同样，这些天来，坐在联合教堂帮助我发现，或者说重新发现，我心中认为的那个弗兰克·劳埃德·赖特（这种经历和我不时地站在芝加哥南区的那块石头前有点相似）。

我主张海明威总体的艺术和联合教堂具体的艺术之间有一种奇怪而美丽的融合，这种融合在于一个看似简单的词——"空间"。"空间"是赖特在自己的生活中多次使用的一个词，用来解释他在联合教堂所取得的成就。在他去世7年前，他曾就联合教堂说："建筑内的空间就是建筑的事实，在这里，你会发现这个理念第一个真实的表达。"他究竟是什么意思？他想要让人们看到——并且感受的是一些你无法真正看到的东西，是空间本身，空气本身，无形本身，而不是边界，不是墙壁，不是讲坛，不是祭坛，不是回廊，不是长凳，不是管风琴。他把联合教堂叫作他的"小珠宝盒"。至于海明威，我们很容易联想到他早期写的三四页纸的珠宝盒般的小故事，甚至是故事的片段、故事间的穿插、章节间的穿插，在这些地方，纸上的空白几乎和印刷的部分同样重要。赖特曾经说过，他在联合教堂的工作，"现在看起来很容易，因为它是对的"，这种话像是海明威那样的人说的，海明威自学成才，离开了橡树园，在1920年代中期，和妻子以及年幼的儿子在巴黎贫困地生活，住在田园圣母路113号一家锯木厂上面，听着锯木厂近乎神秘的哼鸣声，努力写一些他自己并不完全理解的东西。这在本质上是一种剔除，是一种新的书写方式，故意省略掉一些东西，在页面上留出空白。这是省略的艺术，他试图让读者感受到他无法理解的东西。后来这成为他的"冰山理论"，他说冰山"运动的尊严"在于只有八分之一的部分露出水面上。在1905年的秋天，弗兰克·劳埃德·赖特，一个羽翼丰满的天才，开始从事联合教堂的工作（他要经过34次的研究和3年多的剔除才能把它做好），而欧内斯特·海明威，另一个身材矮壮、尚未长大的天才，还穿着短裤，是奥利弗·温德尔·霍姆斯小学一年级的学生。那所学校就在芝加哥大道，在建筑师家庭工作室的斜对角。这个孩子可能看起来并不引人注目，唯一的例外是他可能令人不安的笑容，笑容里有种攻击性，也有一种温暖。

尽管有些片面，我们还是来说一下联合教堂。赖特把它构思成一个立方体，一种立方的立方体。在某种程度上，似乎有八分之七的教堂漂浮在水面下，人们无法看到。有个关于水的比喻：当你第一次进入中心空间，也就是圣殿的时候，你可能会有种几乎失重的感觉，它的两层露台包围了房间的三面。室内是淡黄色、淡绿色和黄灰色的色调组合，吸引人的眼光一直向上再向上，一直延伸到天窗和彩色玻璃，整个房间都笼罩在琥珀色之中。就好像建筑师设计的所有细节都被忽略了，所有的内部结构都被故意破坏了，所以唯一能体会到的（也许并不能理解），就是这个拱形的、亲密的、充满光线的房间本身，里面充满了空间。伟大的耶鲁已故评论家文森特·斯库利曾经说过："这不是一座很大的建筑，但我认为它是美国最大的空间。"尼尔·莱文曾把联合教堂主厅完美的正方形称为"升高的平台"，一个有漂浮感的平台，人"站在升高的平台上，空间从周围各处下落"。莱文还写道，这个房间似乎"没有物质的束缚"。是的，像水一样；是的，似乎是失重的状态。

我曾体验过联合教堂神奇的声学效果，我坐在离主厅地板两层远的平台上，这里非常高靠近天花板，两岁的孩子依偎在妈妈的怀里，在我身边动来动去——但牧师仍然仿佛是在我的耳边低语。那个礼拜天布道的主题是什么？难道不是关于谦卑吗？牧师说要"为铸就正义献出生命"。

教堂能坐下大约400名礼拜者，但是没有一个座位和讲坛的距离超过45英尺（13.7米）。这怎么可能？

我与一位退休的芝加哥建筑师一起去过联合教堂，他的名字叫杰克·莱斯尼亚克。他在漫长的职业生涯中主要从事建筑管理，他是一个谦逊的人，他曾在早期联合教堂的维护和恢复委员会任职。那是一个冬日，只有我们两个

第一部分　更大程度上的渴望：1887—1909

人。他戴着一顶旧的苏格兰便帽，像是出租车司机在阿尔·卡彭[1]的芝加哥会戴的那种。我们进去时，他把帽子摘了下来，不停地用手拧着帽子，就像一个人试着从麂皮布里挤水一样。"我是一名建筑师，但我无法理解他在这里做了什么，"莱斯尼亚克说，"它在空间维度上不断变化。墙上的位面几乎变得像折纸。他通过颜色，通过镶边和色带实现了这种效果。这里的木材对角折叠。到了晚上，整个建筑从外面发出光芒。想想它是什么时候建成的，是20世纪开始的时候。这是一艘太空船，从来没有人见过这样的东西。"

教堂所处的地段紧凑，建筑几乎占据了每一英尺的地面，所以联合教堂从外观上看就像一座堡垒——一块令人生畏的立方形灰色巨石，有点像是玛雅

---

[1] 阿尔·卡彭（1899—1947），意大利裔美国黑帮分子，芝加哥犯罪集团的创始人之一。——编者注

人留下的。（从某种意义上说，拉金大楼就是联合教堂的先驱施洗者圣约翰。）这位建筑师似乎决心要打破美国宗教建筑的一切常规。他使用了浇注混凝土，波特兰水泥和压碎的红色花岗岩现场塑形制板，然后矗立起来。他这样做是为了省钱，但他渐渐喜欢上了这种材质的外观和质地。他用豆沙砾石或碎石料给表面增加了一种鹅卵石的效果。联合教堂是美国最早的大规模使用钢筋混凝土的例子之一。1906年5月，建筑刚开始的时候，建筑委员会的合同预算是3.2万美元，不包括买地的费用。到1908年年底，工程基本完成时，预算溢出了几乎两倍，他把他们搞得心烦意乱，但总体来说，他们还是很感激的。

在1906年3月4日的一封信中，赖特工作室的查尔斯·怀特说："赖特事务所的主要工作当然是联合教堂，经过无休止的斗争，教堂的绘图终于通过了。我们全都向委员会恳求和争辩，直到我们几乎精疲力竭为止。所有的人手都在画施工图。"

从湖街的人行道（湖街仍然是橡树园东西向的主要通道）出发，要想进入教堂最内部，你至少要拐6个直角。兴建联合教堂的时候，湖街上有叮当作响的电车轨道，后面还有两条铁路。我和莱斯尼亚克一起从汽车喇叭声嘈杂的湖街开始转弯。"这是一种让你和这座建筑融为一体的方式，"他说，"我想赖特的意思是，每一个转弯都是一个改变你的想法的机会，从嘈杂肮脏的街道进入到宁静的圣殿，你的意识发生了改变。"

人们需要从旁边往里走。首先，你要穿过一个低矮的入口大厅，右边是一个会议兼社交的地方，叫作统一之家，它是综合建筑群的一部分。礼拜的地方在左边，你本能地朝那个方向拐弯，但实际上，能到达的唯一途径是从圣殿的两侧走下楼梯，沿着与圣殿平行的黑暗走廊前行，赖特把这些走廊命名为"回廊"。"从这些地下通道，你可以看到一条条的光带在头顶上闪耀，但是，直到你再转一个90度直角，登上一小段楼梯进入房间，你才能体验到光的爆炸性效果。"在某种程度上，这就像从一个旧棒球场的隧道里走出来，然后眼前是被阳光完美切割的绿色布巾，那种效果震撼人心。只不过，这个"棒球内场"似乎是悬置在空中。

房间里是不可思议的几何形状和互相关联的形式，它们会冲击你的内心深处——从黑暗走到光明。

之前我们提到过草原建筑学派里赖特的一位建筑师同行乔治·埃尔姆斯利，他在赖特的自传出版后，给赖特写了一封长信，祝贺他的同时也斥责他的自负和说谎行为。他说："很久以前，关于橡树园的联合教堂，你曾经对我说过一句话，回想起来也许觉得好笑。我对这栋建筑将来的用途做了一些笼统的评论，你的回答是：'我才不管它有什么用呢，我就是想建一座这样的大楼。'"

赖特既没有参加1908年10月联合教堂非正式的开幕式，也没有参加一年后的正式投入使用典礼。第二次仪式根本没有邀请他，他们根本就没把他加入节目单。4天前，他离开橡树园去纽约和梅玛·切尼相见。那时，不仅是联合教堂那些体面的管事，几乎整个橡树园都知道他是个不知羞耻的通奸者。但这是之后的故事了。

他一直在设计草原住宅，这导致了疲惫和厌倦，这是造成问题的一部分原因。他在城里上班，然后走高架铁路赶回橡树园，傍晚在家庭工作室里与同事们一起工作。他还经常在星期天独自工作。

他在伊利诺伊州的斯普林菲尔德市设计了一座图书馆，在芝加哥建造了E-Z抛光剂工厂。他同意参加芝加哥建筑俱乐部在艺术学院举办的第20届年度展览，这场展览从1907年3月底一直持续到4月底。再一次，38件作品和个人独立的展览空间让他横扫整个展览（和1902年一样）。

最晚大约是在1907年中期，他又开始和梅玛交往，毫无疑问，他们现在已经是性关系。

1907年9月，周六出版的《橡树叶》上刊登了一则新闻。今年秋天，斯科维尔协会将每隔一周在星期四上午举办一系列关于著名诗人的图书讲座，作为19世纪妇女俱乐部文化活动的一部分。开明进步的橡树园家庭主妇们在1891年成立了19世纪俱乐部，从事教育、慈善和市民布道方面的活动。安娜·赖特是成员之一，梅玛·切尼也是成员，凯蒂·赖特也是成员（海明威的母亲格蕾丝·霍尔·海明威也是其中一员）。多年来，凯蒂一直担任多个艺术和教育委员会的主席。因此，在1907年9月21日小镇周报第4页的中间部分，有几行字的消息：

  11月，歌德。11月7日，《生活与短诗》，切尼夫人和弗兰克·赖特夫人。

在此之后的11月21日将会专门讨论《浮士德》。

这一则新闻似乎没有什么不妥。众所周知，赖特夫妇和切尼夫妇现在关系非常好，时不时地一起去城里看戏，在对方家里进餐。虽然梅玛和凯瑟琳很不一样，但两人却出人意外地非常亲密。南希·霍兰的《爱上弗兰克》里有一句台词，小说家幻想进入梅玛的脑海中："她是怎么走到这个地步的？她竟然可以轻易地告诉自己，和朋友的丈夫通奸是没有问题的。"

1908年3月，纽约出版的月刊《建筑实录》几乎整个一期杂志都是关于赖特的——仿佛是为了和波士顿的竞争对手《建筑评论》一较高下，采用了某种浮士德式的交易来吸引读者。4年前，《建筑实录》的编辑提出，1904年1月的杂志整期的篇幅都用来报道他的作品，赖特可以自由指定作者，但当时却并没有成事。第二年，该杂志在一篇未署名的文章中对他大加赞扬。但是现在，1908年3月的这一期，他们显然告诉他，他可以写任何他想写的内容，写任何长度，他们都会刊登。在导言中，编辑说："美国建筑首先出现在20年前的芝加哥，最早就体现在处理了高层办公楼的问题，这里呈现的是这一早期运动的最初阶段。"这篇文章长达67页，占了整期内容的80%，有56张照片和画图。

第一部分　更大程度上的渴望：1887—1909

《在建筑事业中》一文已经成为赖特流传最久的声明之一。（在接下来的几十年里，在关于这个主题的其他文章中，他也使用了同一个宏大的标题。）他手写了草稿，然后把它们打印出来，再进一步修改，一些草稿保存在国会图书馆。在一个优美的段落里，他写了自己的希望："有一天，美国人可以在自己的建筑中，以自己的方式，过自己的生活。"然后说了一些话（"在自然中寻找我自身灵感的指导性原则"），又补充道："也就是说，我们可以尽可能充分地利用我们所拥有的一切，明白它们是什么，可能成为什么。"但这句话并没有到此结束，而是一直继续展开，作者连续用了另外一大串词汇来表达他的自我和信念。

在前面的一段中："建筑像人一样，首先必须是真诚的，必须是真实的。"

在之前的另一段中："我们中西部人生活在大草原上，大草原有它自己的美，我们应该认识并强调这种自然之美，水平面之美。"

说到他的生活，他的婚姻，在1908年3月文章的开篇段落中，似乎可以听到双重的回声。显然，他说的是美国建筑，而不是当一个人感到自己的生活僵死的时候，出于"良知"而内心构建的论证。好吧。但是，

> 尽管看起来很激进，但这里展示的作品是致力于保守思想的，就保守这个词最好的意义而言。它绝不会否定所有伟大建筑所固有的基本法则和内在秩序；相反，它是对法律和秩序精神爱的宣言，对于那些让古老的观念在当下变得美丽和生机勃勃的要素，它表示尊重认可。

赖特什么时候向妻子坦白了他对梅玛的爱？没有人能确切地知道，但可能就在这个时期，1908年5月或6月，也就是他离家出走16个月之前，《在建筑事业中》一文发表两三个月后。在《自传》中似乎隐藏着一个类似于《日娃》

的时间线索。这段之前引用过，这里再引用一部分："所以，在1909年春天的橡树园，家庭生活让我无法拥有每个人都应当拥有的自由，如果想要保持自尊的话我别无选择，只好出走……"实际上他直到秋天才"出走"，这里起初似乎只是另一个粗心的回忆，但事实上，也许并不是这样。我们清楚的是，凯蒂拒绝了他的离婚请求。据赖特说，凯蒂说如果一年后他仍然有同样的想法，她会同意离婚。如果两人紧张的谈话确实是在1908年的春末，比如说5月底或6月初，然后就是一年的等待期，那么这与其他事件基本能对上。

梅玛也对埃德温同样公开坦白了吗？没有人真正知道。

对这两家的孩子来说，这会是什么样子的，是不是他们被瞒得一无所知？在某种意义上，孩子们难道不是早在大人们有想法之前就知道吗？他们的直觉，他们的秘密，更接近真相。

1976年，贝尔纳普家族的一位成员出版了一本鲜为人知的家庭回忆录，他们家就住在切尼家的隔壁，这本书名为《四姐妹的家庭回忆录》，作者玛格丽特·贝尔纳普·艾伦是书中的四姐妹之一，书里有几页是关于赖特和梅玛的，其实有些地方作者把事实弄错了。但是她对此的记忆可能很清楚，因为这样的记忆似乎是会烙进人的脑海里的。"赖特先生不仅建造了他们的房子，还爱上了切尼夫人。当我们这些孩子意识到这场好戏的时候，我们就会聚在海伦（姐姐）有高窗户的小房间里，站在大皮箱上，俯视着下面切尼家的客厅，看他们俩在谈情说爱。"她说有一个星期天的早上——秘密不再是秘密——赖特来贝尔纳普家借些奶油，他和家里的女仆在说话，女孩们的母亲听见了，就跑上前去说："我不愿意借给你奶油玷污安息日，你是个天天违背十诫的人！"作者并没有给出具体时间框架。

现在，他的工作某种意义上也黯然失色，事实上，在过去的三四年里一直是这样，尽管外行人可能仍然不知道这个秘密。用赖特的话来说，1908年的大部分时间,以及1907年的部分时间,他在财务上都很"清减"。但同时不可否认的是,伊利诺伊州河滨市的康恩利别墅,密歇根州大急流城的梅耶·梅住宅,海德公园的弗雷德里克·C.罗比之家,他的这些大型住宅(以及后来一些最著名、最受喜爱的住宅)也是这两年设计建造的。但是,在某种程度上,这些是他成就顶点的房子,不是自我实现的房子,或者不能让他自我满足。引用早期的赖特传记作家罗伯特·托姆布雷的话:"他仿佛感到草原风格已经达到了极限,他已经探索了它所有的可能性,已经得出了一个合乎逻辑的、成功的结论,但是再努力下去,什么也得不到。"当时他还没有什么大型的公共委托,其他几个期待的住宅项目也落空了,包括哈罗德·F.麦克考密克的一个大型住宅项目(住宅的规模和可能投入的资金都算得上是大型项目)。麦克考密克是芝加哥一家农业机械公司的继承人,赖特在这个项目上投入了大量的工作,并且似乎得到了许可,但是,麦克考密克的妻子,也是约翰·D.洛克菲勒的女儿,拒绝了他的图纸,转而选择了一位东部建筑师设计的古典意大利风格别墅。

另外,赖特长期的过度消费和创意萎靡以及职业上的失望掺杂在一起,过度的消费可能对应的是事业上的平淡。1908年12月2日,赖特觉得自己囊中羞涩,给布法罗市的达尔文·马丁写了一封信。马丁的名字之前提到过——他是拉金公司的高级主管之一,随着时间的推移,他成了赖特维系最长久的客户、赞助人、密友、通信人和道德激励者,也尝了不少赖特的苦头。(他是一个恪守教规的基督教科学派教徒,比赖特大两岁。他的兄弟住在橡树园,也是赖特的客户,同样吃了不少赖特的苦头。)正是通过达尔文·D.马丁,赖特才得以进入拉金公司的项目。1903年和1904年,赖特为马丁设计了一座巨大的房子——实际上是一处庄园——后来又为马丁的姐夫在布法罗设计了一座房子,又为该公司的另一位高管设计了一座房子。(布法罗市有不少赖特的作品。)两个人亲如父子相处了30年,这是在他们友谊的第6个年头,赖特在12月2日的信中说:"我猜赖特太太已经写信给您,说我们现在无法去您那里。我的事情处理得不太好，从目前的光景来看，今年的工作机会令人非常失望。"注意那个多义词："事情"也是"外遇"。

他再一次提到自传中那句孩子气的意味深长的话："因为我不知道自己想要什么，所以我想离开。"接下来的一句是"为什么不去德国，为瓦斯穆特的专著准备材料呢？"作者加了一个省略号，然后是："我渴望地望着那个方向。"

他说的是欧洲著名的艺术出版社恩斯特·瓦斯穆特邀请他去柏林，要出版他的全部作品。大多数赖特历史学家认为，一位出生在德国的哈佛大学教授库诺·弗兰克与这一邀请有关。1908年初，弗兰克在橡树园拜访了赖特，两人很快成为了朋友，他敦促赖特到国外展示他的作品。有可能这就是瓦斯穆特出版社邀请的由来，赖特在自传中是这样暗示的。但是，一位名叫安东尼·埃罗弗森的学者在1993年的一部开创性作品《弗兰克·劳埃德·赖特失落的岁月：1910—1922年影响研究》中对此提出了一些疑问。但是他并没有怀疑赖特强烈渴望逃避、解脱和逃离。埃罗弗森指出，这一时期，赖特其他的住宅和公共建筑设计有一半都陷入了"未执行"的境地。

回到本章一开始的那张长幅照片，他不就是家里最大的孩子吗？凯蒂有6个孩子，忙得不可开交，但他几乎可以算是她的第7个孩子。（在某些方面，赖特几乎就像孩子一样，他在执行纪律方面非常糟糕，他会在院子里拿着水管朝着孩子们喷水，或者在游戏室里和他们用枕头打仗，把清理和斥责的任务留给他的妻子。他的

第一部分　更大程度上的渴望：1887—1909

孩子们在成年后对他非常气愤，但似乎又对他怀有一种奇怪的、沉默的爱意，这可能就是原因之一。）先不管之前的照片，看一下这张照片，这张大约是在5年之后。他的热情到哪里去了？不再有会意的微笑，只留下忧郁的氛围。就像梅玛的那张照片一样，他的眼睛是不是令人难忘？

这只是张照片，大约是在1909年中期拍摄的（所以他不是41岁就是42岁）。

1908年圣诞节，英国的阿什比一家来拜访——C.R.阿什比和他的妻子珍妮特。关于国际艺术工艺运动，已经有很多人写过这对古怪的夫妻，他们继承了英国威廉·莫里斯伟大的哲学和社会改革运动。查尔斯·罗伯特·阿什比是一名有天赋的建筑师，也是个毫不掩饰的同性恋者，不知为何，他娶了一位极富洞察力的女性，而这位妻子作为作家和思想家的名声在过去几十年里才开始崭露头角，珍妮特是一位多产的日记作者。她的丈夫和赖特在1900年相识，他们一直保持联系，双方都有理由欣赏和反对对方的作品和信念。12月21日深夜，在游戏室里，珍妮特·阿什比坐下来，用优雅的笔墨写下了11页的个人印象，仿佛她所知甚少，却能看到一切。

在这个美好的家庭圈子里，最近都是平静快乐的日子。劳埃德·赖特是一个奇怪的人，令人愉快——一个激进的、原创的思想家，作为一名艺术家，他始终如一地实现自己的理念……对我来说，他的大部分建筑都过于怪异&远离所有的传统，所以并不美观；方块和几何线条的装饰让我觉得烦琐和不安。但他有宏大的想法，非常无情地坚持自己的信念。他有音乐家的思想——他的脸上有种深沉思考的悲伤，在近乎狂热的诚挚表情中，有一抹古怪的微笑。他只有41岁&他美丽的妻子才37岁——&他们看起来不像是那6个出色的孩子的父母。赖特夫人有一种非常温柔可爱的气质，和那么多优秀的美国女性相比，她有着耐久的青春气质——轻盈的步伐、姿态&微笑——再加上母性的凝聚力——总能让我感动落泪……她的每一个声调里都带着无畏的诚实——几乎是对虚伪——妥协&不忠——&残忍的挑衅。我感觉她在背后经历过某种困难——捶打过许多石墙——&从绝望的泥沼中奋勇爬了出来……我确信我从她身上也听到了一种不同的悲伤——和她丈夫身上日渐增长的忧郁和神经质（尽管他事业成功）不断地对抗。如果不是她的儿女安慰她，她的压力会非常大。她现在仍然看上去像个女孩——苗条又可爱——但精神强大——&她笑起来的时候，你会忘记她嘴角悲伤的线条。

但人们不会亲吻这样的一个人，除非他在茫茫人海中感到孤独。

阿什比也曾敦促赖特去欧洲，但是在1908年后期，赖特接到了一批出乎意料的工作。在新年的1月3日，赖特给阿什比写信说："我必须把握住时机，尤其是今年日子过得有些清减。"但是，下一段："你的建议比任何'离弃'的诱惑更难以抗拒，我只是推迟这次拜访——我肯定会在一年之内在英国与你会面。""离弃"——这个词自1885年以来在他心中就和父亲连在一起，难怪他把这个词加了引号。他是有意的吗？还是条件反射？

关于渴望逃离，有一个关于弗兰克·劳埃德·赖特和汽车的传说，是在他离开橡树园之前的几年，关于他那辆有黄铜装饰和皮革软垫的稻草色四缸45马力斯托达德-戴顿无篷跑车，这辆车被叫作"黄魔鬼"。（据说它是橡树园最早的3辆车之一，但这根本不是真的。）据说从1905年起，那个疯狂、不可救药的弗兰克·劳埃德·赖特，一个幼稚的天才，一头棕色的鬈发在风中飘动，穿着长至脚踝的白色亚麻长风衣，戴着驾驶用的围巾和一副荒谬的圆片护目镜，以60英里（97千米）的时速咆哮在橡树园大道或者湖街上，而路上显示的时速限制明明是25英里（40千米）。坐在他身旁的是一个帽檐飘飘的城里女人，为了追求神圣的生活，她一时失去了理智，投入了建筑师充满魅力的怀抱。尽管这个传说中的一些片段显然是真实的，但一个不可忽视的真相是，赖特直到1909年初或1909年中期才拥有了人生中的第一辆汽车。因此，黄魔鬼对当地人幸灾乐祸的恐吓肯定是相当短暂的现象。当他调整好他

第一部分　更大程度上的渴望：1887—1909

的护目镜，坐进汽车里，暂时摆脱他的所有问题时，橡树园已经到处都是汽车了。只要问问参加村议会的城市元老们就知道了。所有那些会喷烟的敞篷汽车，是造成当地人骄傲和焦虑的来源。人们都非常担心如何保护孩子们的安全，有人甚至组织了一个"如何过马路俱乐部"。

关于赖特汽车的传说其实有一部分内容是真实的：在他的一生中，他拥有85辆汽车和一辆摩托车。他拥有汽车的时间虽然不早，但他确实把失去的时间都弥补回来了。他有1辆宾利、4辆凯迪拉克、3辆捷豹、5辆林肯、3辆奔驰，至少1辆帕卡德、两辆考德L-29、6辆希尔曼–明克斯、两辆吉普车，1辆克罗斯利超级跑车和其他各种各样的车。他与这种汽油机器之间似乎是一种近乎色情的关系。就像其他所有他买不起的东西一样，他之所以喜欢汽车，原因是他买不起。之后我们还会说到赖特和汽车，而现在，我只是提前敲响黑暗的音符。

1909年1月11日，在给C.R.阿什比写信8天后，赖特在19世纪妇女俱乐部发表了讲话。那是一个星期一的下午，梅玛在那里，凯蒂在那里，他的母亲在那里，他的小妹妹也在那里。讲话的主题是装饰——关于装饰的罪恶，对装饰真正用途的无知。在《爱上弗兰克》中，霍兰重新安排了时间，她让这个演讲出现在1907年，就在他和梅玛再次坠入爱河的时候。她笔下的那个演讲者步履轻快地走进房间，甩开他的黑色斗篷。我想象的却正好相反，我想象他是沮丧、愤怒的。接下来的周六，《橡树叶》出版了他的文稿，"欲望""愚蠢""丑陋""伪装""可怜"和"滑稽"等词汇反复出现在他的文稿中。(《橡树叶》称他为"世界上最著名的建筑师之一"。)也许我们只需要引用这一段："我们今天的生活，外壳是僵死的东西，形式中早就欠缺灵魂，但我们仍然要对它忠诚，想要从中得到快乐，想要相信它仍然有效。"这些话是否刺痛了凯蒂·赖特的心？

1909年3月初，一份全国性的贸易刊物宣布，埃德温·H.切尼成为圣路易斯市瓦格纳电气制造公司芝加哥地区的新任经理，埃德温现在每天早上都在卢普区的马奎特大厦工作。几天后，联合教堂（让赖特烦恼的是，信徒们坚持称其为教堂，而不是圣殿）召开年度会议。之前提到过，尽管正式投入使用是在几个月后，1908年秋天的时候，联合教堂在新大楼举行了第一次仪式，活动备忘录长达7页，大约有115名信徒在场，现场洋溢着感激之情："由于在风格和建筑上的独特之处，教堂自身成为一种单独的存在……我们向建筑师弗兰克·劳埃德·赖特先生表示最衷心的祝贺……我们相信，这座建筑将作为他艺术天才的纪念碑而长久存在，它只要矗立在这里，就会成为艺术和建筑领域内的杰作。"

等到9月，这个天才将成为他们中间一文不值的人。但问题是，许多人不是早就知道了吗？通奸的事不是早就公开了吗？

6月底，梅玛告诉丈夫，她要带孩子（不包括外甥女）去科罗拉多的博尔德市，和大学时的老朋友玛蒂·查德伯恩住在一起，玛蒂已经结婚有了家庭。（切尼家里肯定早就有种紧张气氛了吗？这是另一个问题。）玛蒂最近生了第3个孩子，一个差不多说得过去的理由是梅玛可以来帮忙照顾新出生的孩子，而她自己的孩子也可以呼吸西部山区的清新空气。但是，埃德温和梅玛都明白她不会回来了吗，或者至少再也不会住在他的屋檐下了吗？至少，从几年后埃德温在离婚诉讼（梅玛没有出席）上的证词来看，是这样的。不管怎么说，梅玛6月离开的时间正好是凯蒂·赖特设定的一年等待期终了的时候——假设她是在一年前的6月说好的时间。据我们所知，那个夏天，梅玛留在了西部，而赖特似乎时而生气时而踌躇。对赖特家的孩子们来说，这肯定是一段糟糕的时光，年龄较大的4个孩子都已经十几岁了。他们的父母肯定是睡在不同的房间里，并且一直都是这样，他们有多少次在孩子们面前争吵？安娜·赖特是怎么想的？她还住在隔壁，她会偷偷地高兴吗？

在他逃离前的最后几周，赖特想要关掉他的办公室——或者，更确切地说，找一个有能力的人来接管他正在进行的项目，其中之一就是海德公园的罗比之家。罗比？这是赖特的另一个奇迹作品，这栋房子似乎也伴随着诅咒和命

第一部分　更大程度上的渴望：1887—1909

运的逆转——尤其是为它命名的第一个主人，弗雷德里克·C.罗比。他比赖特小12岁，是个自负的年轻人，曾在普渡大学学习工程学，后来进了家族的汽车和自行车制造业，他发明了"罗比自行车"。但是，1909年他的父亲去世了，30岁的他接管了公司，当时公司欠了贷方很多钱。他和妻子劳拉以及他们的两个孩子搬进了位于南伍德劳恩大道和第五十八街交会处那栋了不起的房子里。后来公司失败了，罗比的婚姻开始破裂，作为对父亲的承诺，他试图清偿债务。他的妻子指控他通奸和嫖娼，1911年4月，她带着孩子离开，并提出离婚诉讼。罗比之家被迫卖了出去——他在这栋房子里住了不到两年。他去了纽约，在那里他又失败了。他回到芝加哥，但是找不到工作。然而，故事好的一面是他活到了晚年。今天，罗比之家仍矗立在街角，颜色不那么红，像是一艘彩色玻璃装饰的草原风格舰船，在锚泊中似乎不可察觉地摇摆。房子重嵌了灰缝，重新修复，一年到头，只要是开放日，礼品店的售票柜台前都不缺来朝圣的游客。尼尔·莱文说，这座房子"可以被认为是温斯洛住宅开启的抽象和分析过程的最终结果"。赖特本人曾称它是"全世界建筑灵感的源泉"。他是对的。

这个人，因为不知道自己想要什么，只想要离开，他卖掉了自己的日本版画，还设法借钱。他负责起草了一份合约，将办公室移交给麻省理工毕业的建筑师赫尔曼·冯·霍尔斯特。他有11个项目正在建设中，还有一些项目正在筹备中。和传说中不同的是，赖特并没有打算把这一切都放弃。1909年9月22日，他与冯·霍尔斯特商定了一份详细的合同。

6天前，他曾写信给布法罗的达尔文·D.马丁。他最近为马丁的庄园设计了一栋花匠小屋，他说："不要因为我送去的账单而让我们之间产生任何不好的情绪。如果账单比你想的要多，尽可以按照你的意愿修改，然后寄到办公室去，或者什么都不寄——这件事不值得你烦恼。"下一句是："我要离开办公室，离开我的妻子和孩子一年，寻求一次精神上的冒险，希望情况不会更糟。""情况"指的是什么？办公室？他的家人？他的生活？还是所有的一切呢？

为火所困：赖特的梦想与愤怒

　　他和办公室管理员签订了合同，第二天走了。离开的时间似乎是下午，那天是1909年9月23日星期四。（他可能是乘高架铁轨进城，在那里他可以赶上一辆开往东部的普尔曼夜车，但这并没有记录。）当他拿着行李出门时，他的家人是不是站在那里挥手道别呢？这一次，他那长满雀斑的手里拿的肯定不是纸板做的手提箱了。关他离家的许多故事都有种哥特风格，据说长子劳埃德在他出门的时候揍了他。（我对此表示怀疑，原因有几个，其中之一是那年秋天劳埃德去麦迪逊市上大学。当然，在他母亲的恳求下，他也可以很快回家。）

　　据说，在他离开时，厨房的桌子上放着一张未缴清的900美元杂货商账单。两天后，《橡树叶》上发布了一条寥寥几行字的告示，就在最后一页，也就是第32页，和其他一些关于火警响了、有人去参加西雅图博览会的报道挤在一起："弗兰克·劳埃德·赖特周四动身去德国，去监制出版一本关于他的建筑作品的书。他预计会离开一年，这本书需要的时间可能会更长。"

　　周六发布了寥寥几行字的八卦新闻之后，在某种意义上，全镇上的人都已经知道了。在他离开后的第4天，在告示发布的第二天，联合教堂举行了正式的启用仪式。十几位一位论派的牧师参加了仪式，其中一位就是詹克舅舅。大约有5个人发言，哈佛大学前校长的儿子在早上和晚上的礼拜仪式上做了主要的布道。《橡树叶》在首页对此进行了报道，报纸为了避免提到他的名字，似乎做了一些改动。报上有这样的句子："屋子里挤满了教会成员，其他来做礼拜的人，和参观建筑内部的人，因为该建筑引起了许多评论。"打印出来的日程也是一样的，他被注销了，日程的两页背景说明上根本找不到"弗兰克·劳埃德·赖特"这个名字。在1909年9月26日这个平静的星期天，他显然在纽约（住在广场大酒店），等待他的情人从西部过来。明天，也就是星期一，她将把孩子交给她的朋友玛蒂夫妇照看，并留下一封信——也许就放在玛蒂家客房床边的梳妆台上——给丈夫的所谓的解释信，然后乘火车离开。我们没有看到这样的信，事实是，正直体面的埃德温·切尼在10月初坐火车去接约翰和玛莎回家。还有一个事实，梅玛的好朋友玛蒂·查德伯恩·布朗在那年秋

第一部分　更大程度上的渴望：1887—1909

天死了，梅玛在欧洲才知道的。玛蒂是怎么死的？她只有38岁，这毫无道理。她的突然死亡（1909年10月14日）似乎是他人道德自私造成的替代性悲剧。

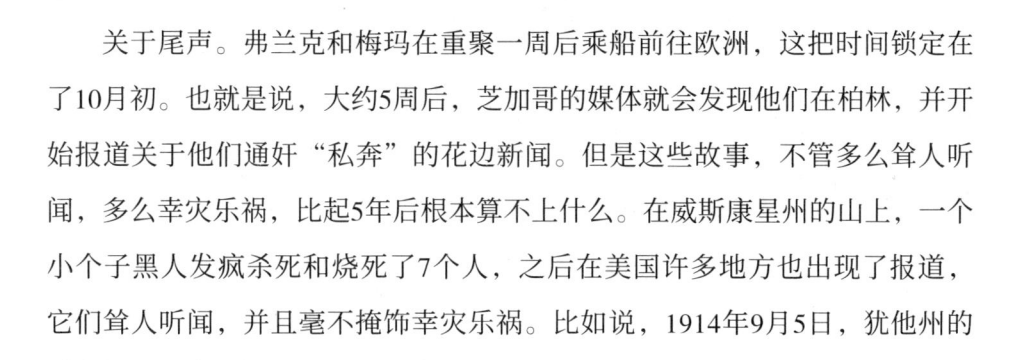

关于尾声。弗兰克和梅玛在重聚一周后乘船前往欧洲，这把时间锁定在了10月初。也就是说，大约5周后，芝加哥的媒体就会发现他们在柏林，并开始报道关于他们通奸"私奔"的花边新闻。但是这些故事，不管多么耸人听闻，多么幸灾乐祸，比起5年后根本算不上什么。在威斯康星州的山上，一个小个子黑人发疯杀死和烧死了7个人，之后在美国许多地方也出现了报道，它们耸人听闻，并且毫不掩饰幸灾乐祸。比如说，1914年9月5日，犹他州的《奥格登标准报》为了警醒摩门教的读者，使用了满行全部大写的大标题《梅玛·博思威克在爱之屋的可怕命运》。

在威斯康星州一片孤零零的树林里，新出现的一座坟墓是那个爱情王国里唯一留下的东西。世界著名的建筑师弗兰克·劳埃德·赖特几年前把世间的习俗、人与人之间的约定全都抛在一边，离开了他的妻子和家人，和他的"灵魂伴侣"、他邻居的妻子组成了爱情之国。

5年前，赖特很轻易地谈论他的理想主义，但在今天，当他在威斯康星州的树林里新造了一座坟墓时，情况就完全不同了。驳斥他的论点是不仅有这座坟墓，还包括芝加哥一家火葬场里，他的灵魂伴侣的两个孩子和另一个死者的骨灰盒。

旧律说"不可贪恋你邻居的妻子"。赖特如此藐视这一切，他不相信这条戒律，他可以驳倒那些指责他的人，这些人不仅谴责他，还谴责梅玛·博思威克·切尼，她离开了丈夫和赖特走到一起。赖特和博思威克只受他们自己制定的法律的约束，他们拒绝受他人任何规定的约束，因此他们在自己的土地上建立了自己的王国，在那里他们建造了自己的"爱情之屋"。

从这里开始，这篇文章总共有5栏之长。

《橡树叶》呢？此后5年，它都选择将视线转移开。关于1914年8月15日，报纸唯一做的就是刊登了一篇3段的社论，在这篇评论中，编辑们再次巧妙地找到一种办法，甚至不用提他的名字、梅玛的名字、取而代之的是，他们谈论"斯普林格林的可怕悲剧"，以及它如何"杀死了橡树园许多人熟知并喜爱的那两个孩子"，以及"《橡树叶》只能默默地低下头"。然后，文章的末尾忍不住这样说道："当那些远离古老的正统教义的人怀疑是否存在上天的惩罚时，我们比以往任何时候都更有必要诉诸基督教美德的慈善和兄弟般的善良。虽然说'上帝的神迹难料'，但我们都知道禁令，'不要妄加评判，才不会被他人所评判'。"

多年之后，一个世纪之后，我来到这个草坪宽阔的美丽小镇，在美丽的公共图书馆三楼（图书馆就在联合教堂南面的一条街上）看到了缩微胶片上那篇伪善的评论——他们当然是在评判，而且是可怕的评判——这种评论足以——几乎足以让人想站在他和她的那一方。我很惊讶自己会因为他们而生出这种突然的、强烈的、迫切的感觉，但从另一方面来说也并不奇怪。

第二部分

道德后果链：
1914—1921

  大多数时候（虽然我不像以前那样通过忽视来否认我生活中的暴力），我没有那么明显的暴力。我记住我是无形的，我轻轻地走着，以免惊醒那些沉睡的人。有时候最好不要唤醒他们；世界上几乎没有什么比游走的沉睡更危险的了。

——拉尔夫·埃里森，《隐形人》

  在这个国家，没有一座房子不是从地板到房梁都塞满了黑人死鬼的悲伤。

——托尼·莫里森，《宠儿》

只要你的脚下还有泥土
总有人来往里挖。

——菲利普·拉文，来自诗歌，《命名》

我相信在寻找答案的过程中就会有答案。

——弗兰克·劳埃德·赖特

让我们回到许多页之前断开的地方，回到另一个房间，看看里面发生了什么。可以把它想象成定格的画面又开始活动，一段16毫米的旧电影胶片又开始在放映机里闪烁。但记住，就像之前所说的，没有人真正知道这是怎么发生的，从最早的攻击到最后的猛砍持续了多长时间，或者整件事精确的顺序是什么，或者一个相对小个子的人到底怎么能在房子的不同地方，两个不同的进餐空间里，在如此短暂的时间内，造成如此巨大的伤害。在某种程度上，一切都是猜测。

在这幢住宅西南角一个紧凑的用餐区里，5名男子和1个男孩刚刚开始吃饭。但令情况变得复杂的是，西南角在另一种（文字）意义上是住宅真正的南面，整个建筑包括工作区、谷仓、马厩和其他睡觉的地方，整个地方向北面延伸。总的来说，塔里埃森很难确定坐标，原因之一是许多年来在各种改建和大规模的重建中，赖特以地基为基础改变方向，导致房子和威斯康星河的角度有些不合理。根据任何一张地图，威斯康星河都位于房子的北面——或者，换句话说，房子位于河的南面。只是赖特所说的"北"从来都不是真正的北方。一位名叫凯兰·墨菲的塔里埃森文化历史学家密切地研究过房子的历史，她所做的工作可能比其他任何人都要多，她面对未知的历史时总是表现得非常谦逊，谈到关于1914年8月15日发生的一切，她更是格外谦虚，她曾对我说："这个问题，从本质上讲，是由于房子或多或少地沿着它的轴转。当时是南的地方现在是东，当时是北的地方现在是西。即使这样，它也不是真正的南方，真正的西方，或者真正的北方。所以，先不管朱利安·卡尔顿是怎么做到的，当你想弄清楚谁坐在哪里，这些房间和指南针的关系时，你会抓狂的。我花了5年的时间才明白这一点。"

弗兰克·劳埃德·赖特一生的迷宫又多了一个隐喻。

显然，这6个人坐在这个房间的两张桌子旁，在赖特的一幅绘图中，这个房间被标注为"男士餐厅"。一边是一排低矮的窗户，离地面有几英尺高，窗外是一个有围墙的花园。紧挨着花园有一堵石墙和一些参差不齐的岩石，还有一个相当陡峭的山坡，能通向一道筑坝拦起来的小池塘或湖泊，那里的水最后流入小溪。很多页之前提到过，房间里燃起大火大约45秒钟内，赖特的绘图员赫伯特·弗里茨抱着严重受伤的胳膊，本能地滚下了这座小山，朝水边逃去——他的衣服和一部分皮肤都被烧着了。这位20岁的绘图员是赖特的最爱，是一个好相处不惹麻烦的人，他从那一排窗口摔了下去，严重摔伤了胳膊。但他注定要活下来，后来证明，他还没到山腰，火就熄灭了，或者至少火已经几乎灭了，他慢慢地停止滚动，先双膝跪地然后站起来，开始抱着断掉的胳膊往山上跑（他肯定是有些震惊），看到另一个绘图员同事埃米尔·布罗代尔——他可能三天前曾对朱利安·卡尔顿咒骂了一句种族主义的脏话，他是一个不那么好相处的人——他的头几乎被劈成了两半。

房间的另一侧可以看到石板铺成的庭院和通往房子主入口的通道/车道。房间东北角有一扇门，那是主要的逃离路径。这扇门通向内庭，如果侍者（或者其他任何人）想直接回厨房，就需要从这里走过去。厨房在餐厅东面的一条直线上，大约有50步远。据说这扇门外挂着一把锁。（更复杂的是：这间房的东边有另一个出口——不是门，而是一条通向卧室和房子内部其他地方的通道。这显然也是一条逃生路线，但据我所知，人们在试图弄清到底发生了什么时，对这个出口关注甚少。）

我们并不知道，凶手是不是在放下第一份食物之后、在返回厨房取其他食物（这当然是个错误的假设）之前，锁上了通往庭院的门。如果他确实从外面锁上了门，那几乎可以肯定，他没有给那个房间点火，至少在那个时候并没有。早些时候我们说过，他肯定是安静地离开，没有泄露出一丝丝意图，然后，一旦走出了视线，也许他开始小跑，甚至快跑起来，直着往北朝着厨房跑去，但是并没有在厨房停下，而是通过了另一道室内门，然后沿着客厅的一侧，绕过大大的木制餐桌，到了门廊。

梅玛和她的两个孩子就在那里，在阳光下等待进餐。

他把武器从束腰外衣里抽了出来，高高地举起。

也许他抡起又砍下。

他在露台上完成了谋杀计划的第一部分，但显然他没有立刻放火烧死梅玛和她的儿子，他追着梅玛的女儿直到从后面抓住了她，然后他肯定是折回到另一个用餐区，男人们在那里等着下一道菜。他现在一定是全力以赴，丧心病狂，他知道他只有几分钟的时间来完成自己的目标——摧毁这所房子里的所有人，然后把这个地方烧成灰烬。似乎可以肯定的是，这时候他把燃料倒在门框下，然后把火柴扔了出去。

显然，他没有试着再次进入房间。他的计划，如果他有计划的话，似乎是要等他们逃跑时从外面把他们杀死。

但他肯定没料到赫伯特·弗里茨和另外两个人会从房间对面的一排窗户里破窗而出。他同时守在两个地方是不可能的，所以在接下来的几分钟里，他所做的似乎就是绕着房子外面跑，绕过一堵接一堵墙，来来回回，只要有人出现在他的视线里，他就挥起斧头，又砍又杀。与此同时，到处都是火苗和呛人的浓烟。

这就是为什么那个狭小的饭厅里的人并没有全被杀死。他杀死的人够多了，6个人里有4人被杀，很难想象那种狂暴和速度，很难想象那样的决心。是的，有出其不意的因素，是的，毫无疑问，6个人都在大火面前遮住自己的脸以免被灼伤，所以他们可能看不到他已经逼近了。不过，你还是忍不住会想，肯定还有其他的原因，肯定有某个没有人知道或发现的同谋，有些事情似乎不太对劲，有些东西肯定不正常。但是，确实没有任何其他的解释，没有可信的证据表明有其他人加入了那10分钟、12分钟或者14分钟的混乱，在这期间，两个就餐空间是相隔开的，最远处相隔80英尺（24米），里面共有9个人，一个男人拿着非常简单有效的一把武器，袭击了用餐的9个人，其中7个人（并非都是立即）丧命。

这是不可能的。但不知怎么回事，事情就是这样。

有一些传说，比如他倒上了汽油，然后在门外冷静地站着，还包括在这之前他从口袋里掏出烟斗，用牙咬住。还有一些故事讲述了他如何倒汽油，拿出一根火柴，点燃烟斗，然后用同一根火柴引发了爆炸。这几乎像是夸张的漫画了，一幅关于疯狂的漫画，事实上他不可能这么冷静。

不管怎么说，他抓住了布罗代尔。布罗代尔大约30岁，住在密尔沃基，最近刚订婚，他是跟着弗里茨从破碎的那排窗户里逃出来的，凶手对他的憎恨似乎超过了对其他人（稍后将对此详细介绍）。那是干净利落的一击，几乎完全穿透了他的脑袋，从他的左耳发际线处砍下，深入他的大脑。他死的地方离他被击中的地方非常近。

他抓住了35岁的比利·韦斯顿，同样是从房间另一侧的窗户撞出去的，韦斯顿和儿子吃饭的时候可能坐在一起，但现在两人分开了。比利·韦斯顿在建塔里埃森时出了不少力，他是那个地区有名的木匠大师，赖特非常喜欢他的技术。凶手并没有杀死韦斯顿，他一击没有击中要害。韦斯顿身上着了火，他倒在地上，失血严重，但他和弗里茨是9个人中仅有的幸存者。在韦斯顿的余生里，他穿着长袖衬衫来掩盖自己的烧伤。

在房间的另一侧（所以，再一次，想象杀手绕着房子跑了半圈，沿着一面外墙跑到另一面），他又袭击了3个人，都是致命的袭击，可能顺序分别是汤姆·布朗克，大卫·林德布卢姆和比利的儿子欧内斯特·韦斯顿。

他先击中了汤姆·布朗克。汤姆到9月份就66岁了，他是一个鳏夫，有许多孩子，他们中的大多数人已经长大成人了，他是一位虔诚的天主教徒，在这里担任工头。凶手朝着老人的脑袋狠狠地一击，据说老人的脑浆几乎溅在了杀手脸上。汤姆又活了两天才死去。

他从身后袭击了大卫·林德布卢姆，林德布卢姆大约40多岁，是个来自瑞典的移民，也是个园林建筑师。当他袭击林德布卢姆的时候，对方身上的皮肤都快要烧掉了。大卫活到了周一的午夜，死去的时间和布朗克大致一样。周二，他们将林德布卢姆安葬在劳埃德·琼斯的家族墓地，墓地对面就是小小的统一教堂。

他袭击了13岁的男孩欧内斯特·韦斯顿。韦斯顿是当地卫理公会教堂唱诗班的成员，虽然遭到了致命的袭击，但他也没有马上死去，死亡过程又持续了大约两个半小时。周一他下葬的时候，他的母亲和5个兄弟姐妹坐在前排的座位上。他的父亲因伤卧床，不能出席。在儿子临终时，他的父亲说（或者至少可以从赖特的邻居口述的历史中听到这句话）："那个黑鬼，他杀了我儿子，他倒在了黑鬼袭击他的地方。"

"黑屠夫"——报纸最初的报道是这样称呼他的，后来的报道也是如此。"黑野兽"，"黑魔鬼"，还有些地方的称呼比这些更糟。

弗兰克·劳埃德·赖特当时并不在场，他应该会说些什么呢？5天之后，在斯普林格林的当地报纸《本地新闻周刊》上有一封致邻居们的公开信，信中他的情绪在懊悔、悲伤、谦卑和傲慢中轮流转换，他谈到了那张"狡猾的黑色面庞"，"在梦里来到我的面前"。

但是，这个人到底是谁呢？似乎我们都知道他的行为，却不了解他真正的生活。接下来的内容我试图说明朱利安·卡尔顿到底是谁，还有其他相关的事情。事实上，这些相关的事情如果不是更重要的话，起码是同样重要的。但是，首先是朱利安，他的形象像他的照片一样模糊，这是我们仅有的一张照片。

在他的梦中出现：
关于一个阿拉巴马土生子的笔记

有一天我飞到南方，租了一辆车，在路易斯安那州、密西西比州和阿拉巴马州开了大约一个月，没有去见任何发言人，没有报道任何事件，什么也不做，只是像往常一样，试图找出是什么在我的脑海中形成了这幅画面。

——琼·狄迪恩，《南部与西部》

第二部分 道德后果链：1914—1921

他的母亲（可能也包括他的父亲）是出生在南方腹地棉花种植园里的奴隶的孩子，而他距离奴隶制的锁链也只有一步之遥，从字面和修辞意义上都是如此。我不能证明，不能以任何非常可靠的方式证明——我只是坚信如此。但是，即使我能毫无疑问地记录事实，这一事实是否与1914年8月15日发生在威斯康星州斯普林格林的事件有任何直接甚至间接的关系呢？也许吧，也许关系要重要得多，但只有傻瓜才会把论点扯这么远。朱利安·卡尔顿那天中午做这件事的时候，脑子里肯定有上万件事在燃烧。让屠杀这一事件、这一时刻，让它的意义和神秘成为我们关注的核心。然而，赖特这个不在场的人是整本书的中心，我围绕、尾随着他，穿梭时间让他重新获得生命，他曾说过类似这样的话：寻找答案的过程，本身不就是一种答案吗？哪怕只是无力的、暂时的答案。

这都只不过是些注脚罢了。他隐藏得太深了，他的家人隐藏得太深了，所以形式会追随功能，在必要的时候体现出来。

有时他会跳出来，在你脑海里形成一幅画面。他出现在R.L.波尔克公司正式出版的1906年《伯明翰城市黄页》里，第269页，在下半栏，有一个单行条目："卡尔顿·朱利安，伯明翰酒店行李员。"这一行有一个小小的缩进，前面还有一个星号，这是这座城市表示"有色人种"的方式。是的，他们把他的名字拼错了，但这是他，肯定是他，因为同一年他的名字也出现在其他的黄页上，黄页登记显示他和父母以及许多兄弟姐妹住在一起，他们的名字从其他的来源可以辨认出来。所以，是的，就是他，虽然并没有看到他本人的血肉之躯，但却是某种几乎可以触摸到的东西，仿佛把他从遗失中暂时找回来。

伯明翰酒店？当时是这座城市最好的酒店之一，当时的伯明翰人口呈指数级增长（在1900年至1910年的10年里增长了245%，就在这段时间，这个家庭迁到了这里，他的家庭内部人口也经历了指数级的增加）。酒店建于1890年代，有6层楼高，位于十八街和第二大道北的街角，靠近市中心商业区的核心位置。这家旅馆有大量的商业交易，但是巡回剧院的人，甚至来自百老汇的有些人，也在此停歇——所以，也许他有时能和有名的白人一起乘电梯，眼睛直视前方，放下行李，然后等在门边，希望对方能抛给他几个硬币。他是不是有一件红色的制服，上面有蓝色的镶边，前面扣着三排金色的纽扣，还戴着一顶有帽带的黑色头盔，就像菲利普·莫里斯广告里的男孩戴的那样？我并不这样认为。酒店有档次，但还没到那种档次。虽然伯明翰酒店算不上是一个建筑奇迹，但是建造者们使用略带现代感的外观来强调它的力量，高大的窗户上有惹人注目的装饰，使建筑表面看起来比实际的要高，顶楼的八角形塔楼支撑着一个观景台。沿着街道的那一边，建筑的正面非常长，有带台阶的山墙，山墙上有纵深的飞檐和华丽的假花格。路易斯·沙利文可能会对此嗤之以鼻，因为它是非有机的形式，形式之后几乎没有功能，弗兰克·劳埃德·赖特毫无疑问也会对此表示反对。但我要说的问题跟建筑原则、有机装饰或者形式跟随功能等都无关：如果朱利安·卡尔顿是个农村来的粗野乡巴佬，他能在第一时间找到这样的工作吗？他本质上就是这样的土包子。我能想到的是，他肯定很早就学会了强调自己的优势，而且他必须从一开始就要努力摆脱农村和边远地区说话方式的痕迹，从而加强和伪装自我，成为并非是他本性的那种人，然后顺利地往上爬。

关于伯明翰还有一点需要注意：1935年6月，朱利安·卡尔顿去世20年后，夜间的一场大火烧毁了这座建筑的绝大部分，但并没有彻底摧毁它。在火灾发生的几年前，这个地方改名为"新佛罗伦萨"，后来更名为"佛罗伦萨"。火灾发生时，这家旅馆已经有些破烂了，里面有临时住户和长期住户。有个房客涉嫌纵火，火灾造成了两人死亡，包括一名住在三楼的72岁男子。报纸上描述了女住客们从窗户跳下去的情景，现场有很多尖叫声，而且警方始终无法确定作案动机。

第二部分　道德后果链：1914—1921

　　他来自西印度群岛的故事最初是如何传播开的，我们并不知道，但这种说法很快就成了传说，并保持了一个世纪。第二天早上的《芝加哥星期日论坛报》上，第一句话的开头就是"昨天一个来自巴巴多斯的黑人拿着手斧"，弗兰克·劳埃德·赖特本人也错误地以为他那发疯的仆人出生在古巴、海地、圣马丁、巴巴多斯或者其他有异国情调的加勒比海地区。在谋杀案发生的那天，他是这样告诉记者的，将近20年后，他在自己的《自传》中也是这么说的（他写道"一个薄唇的巴巴多斯黑人"），显然直到他死的那天，他一直以为是这样，尽管他后来没怎么提起过。从那以后的许多年里，赖特的传记作家和历史学家（更不必说有多少报纸撰稿人，甚至还有一家歌剧公司）帮助强化了这个传说。然而事实是——这只是传说而已。

　　朱利安·卡尔顿本人是否对赖特以及赖特之前他在芝加哥地区的其他几位雇主暗示——或者直接宣称——他来自加勒比海的一个小岛？这不好说，但这是一个合理的假设。他为什么想让人们这么想呢？同样，我们无法回答，但可能在他的脑海中，非洲-加勒比海的血统象征着他不是一个普通的美国黑人，也许在道德上更高尚，或者说他有更高的知识水平。此外，这样的血统可能是为了强调混血的背景，混血代表了正面而非负面的含义。为什么呢，当然他身上肯定有法国、西班牙、荷兰或英国的血统——你看他浅色的皮肤，薄薄的嘴唇，不那么大的鼻孔，一看就能感觉到对吗？（如果我们回头读一下最早的新闻，以及后来的许多新闻片段，会发现很有启发性，记者对他的身体描述不经意地暗含着种族主义。这些描述似乎并不是怀着恶意所写的，更多的是不假思索，从某种意义上说，这只能说明更加险恶的种族主义。当然，还有其他各种对他的可怕描述：野兽、恶魔、野蛮人、畜生、禽兽、魔鬼。）

　　朱利安·卡尔顿并非来自小安的列斯群岛或者大安的列斯群岛，或者任何热带地区。他的出身并没有那么富有异国情调，或者，从另一个角度来说，

187

他的出身更有异国情调，要复杂得多。他来自阿拉巴马州——首先来说，是阿拉巴马州的偏远农村地区，那里土地起伏，深绿色和红色的黏土锃亮，有夜间活动的三K党，是火炬松覆盖的亚热带地区。具体来说，是一个叫钱伯斯县的地方，更具体地说，是在库西塔，钱伯斯县偏僻地区一个丁点大的地方。之后，他去了家乡阿拉巴马州所谓的大都市地区，在那里，据说黑人有更多的自由和机会。最后，再往前一点，大概在1907年、1908年或1909年，朱利安·卡尔顿是在芝加哥南区。说是最后并不完全正确，他人生的"最后"部分必须包括威斯康星州监狱的囚室，那间囚室在地下，地面是泥土的，他有一个高高的窗户、稻草铺位和一个直背椅。在塔里埃森暴行之后，他一直脾气阴沉保持沉默，七周半之后绝食而死，死时是1914年10月7日下午一点钟。

这是他的轨迹，他的叙事弧线，尽管中间有许多缺漏。

关于朱利安·卡尔顿离开阿拉巴马州之前那些年的记录，包括他在阿拉巴马州的偏远地区和伯明翰的生活记录，单薄得令人沮丧，充满了空白、遗漏、迷惑和问题。尽管如此，我们可以毫不矛盾地说，他在美国出生和长大，在阿拉巴马地区，浅肤色、不是特别黑人化的面容特征带有一种特有的、含糊的性暗示。在南方腹地，混血血统和白人血统的问题，往往是以隐蔽的方式来表达性别权力，表达一个人对另一个人的强迫和控制。南方种族关系的历史本身就是关于这一理念的。但是，性之外总是增加了额外的一层隐含意，关于历史的纠缠和罪责。（我们可以说，评论家们也曾说过，奴隶主和奴隶之间的性禁忌是威廉·福克纳最伟大的小说深思苦想的中心内容。）加勒比地区也存在同样的紧张关系，因为那里的人民长期遭受殖民和侵略，但那里发生的事情是在那里，是在外国，而不是发生在美国本土。

所以，这就是为什么他重新打造自己——如果他真的这样做了——说自己从国外而来，是为了模糊历史的阴影？我们无法确定。但其他东西可以确定，尽管只是暂时的，推测性的。

第二部分 道德后果链：1914—1921

他母亲的名字叫玛丽亚（Mariah，有时你会看到拼写成"Maria"），她可能是黑白混血儿，也可能不是，但至少，我认为她是黑白混血儿的后裔。她可能直到从奴隶制度中解放出来才有了姓氏（内战结束时她大概10岁了），然后她用的是主人的姓——或者更准确地说，是她的女主人的姓。我要再说一遍，我不能以无懈可击的方式证明这些事情，我找到的是一些令人信服的零碎旁证——我大胆称其为萦绕心头的证据——我将很快展示这些零碎的证据。

确定的事实是，朱利安·卡尔顿的母亲活到了80多岁，活到了20世纪30年代。玛丽亚·戴安娜·弗雷德里克·卡尔顿是她婚后的全名，但她似乎很少用这个名字，她于1939年6月24日在伯明翰去世。关于这个日期，可能会有几种不同的看法（我们可以在6个记录里找到这个日期，所以我相信它的准确性或近乎准确性），一种看法是，在她的孩子朱利安——她生的孩子数目非常多，朱利安排行比较靠后——在遥远的威斯康星州做出如此令人费解的事情之后，她又活了25年。这个活到大约84岁的女人（根据几处报道，她出生于1855年1月）是不是早就不再想这个问题了，还是这个问题一直萦绕着她？我对此一无所知，但我更愿意相信是后者。为什么呢？因为相当有力的证据表明，这一家有宗教信仰，经常去教堂，也许不是家里所有人都这样，但肯定有一些是。卡尔顿家族最初的核心成员可能有17人之多，他们似乎是南方浸信会的卫理公会主教派成员。

他父亲的名字叫加隆（Galon）。不过，和所有赖特相关著作中的卡尔顿这个姓氏一样，他的名字被拼写得几乎是五花八门，包括Gitlin、Galen、Gallon、Garland、Galeton、Gollin、Galing。最后一个Galing是1900年联邦人口普查的记录，当时，这家人住在伯明翰市第9区的第37选区，在城市北部第

189

16大道一个租来的小房子里。(这可能是他们家在伯明翰的第一个地址。他们经常搬家，有时离他们去年住的地方只隔一两户，或者只隔一两个街区。)卡尔顿家的孩子中，大概有不到一半的人和他们的父母住在同一个屋檐下(年纪大一些的几个已经结婚了，有了自己的家庭，另外家里至少有一个孩子已经去世了)，但是朱利安还在那里。如果人口调查员是对的(我们必须始终考虑调查员是否弄错的可能性)，那么他是12岁，已经开始工作当"杂货店跑腿"了(还有一个10岁的弟弟和他一起)，这可能意味着，他负责扫地板或者给相对有特权的人开门(也就是说伯明翰那些肤色正确的白人)。他一定没上过学，但是根据报道，他会读写。调查员将他的出生日期定为1888年2月，这比历史上通常认为的他的年龄要小四五岁。事实上，如果他出生于1888年，那么，如本书开篇所述，在1914年8月15日，他应该是26岁半，而不是像赖特相关的书和文章中提到的年龄30或31岁。(按照同样的时间计算，他在伯明翰做旅馆侍者的时候也应该是18岁，这似乎对得上，旅馆侍者是他北上之前在这个城市的最后一份工作。)

我们暂停一下。人们认为塔里埃森谋杀案时他的年龄是30岁——更多人认为他是31岁——主要原因之一是威斯康星州道奇威尔市的治安官于1915年10月8日，因犯死后的第二天，在死亡证明上写下了31岁。(死亡证明有可能是别人写的，但看起来不像。)所以年龄在很多报纸上都是这样，接下来的几十年里继续沿用了。治安官的名字是J. T. 威廉姆斯，从收集到的关于他的资料来看，他是一个正派的、有责任心的执法者，在这个县只有两年的任期。在朱利安人生最后7周的囚徒生涯里，威廉姆斯让他活着，保护他，尽力从他口中撬出任何能得到的消息。奇怪的是，这些年来，赖特历史学家和传记作家似乎有意忽略了一个事实，那就是治安官在死亡证明上出生地一栏写下了"阿拉巴马"这个词，然后在它旁边打了一个问号。对我来说，问号是第一个线索，或者至少是了解他到底是谁的第一个搜索点。那个问号带我去了阿拉巴马州，去了伯明翰，去了他出生的地方，那也是他父母结婚的地方。

第二部分 道德后果链：1914—1921

（关于治安官约翰·T.威廉姆斯，我想多说一些。和这个故事中的其他许多人一样，和朱利安一样，甚至和整个叙事的中心人物赖特一样，他似乎只想躲在让人困惑的阴影中。）

接下来是一些基本上可靠的说法。他的父亲加隆，名字起源于希伯来语，意思是"勇气的浪潮"和"力量的堆积"。加隆是这个人口多到令人吃惊的家族的一家之主，他似乎出生在佐治亚州的梅肯市，时间大约是1845年（在1900年和1910年的人口普查中都登记了这一年，再次表明它可能是准确的，或者是几乎准确的，关于佐治亚州也出现在其他的记录中），这意味着在内战开始的时候他才十来岁，内战结束的时候大约20岁。因为我们不知道他父亲的名字，他的祖先就很难追溯了。但是，就像玛丽亚一样，我们知道他死亡的时间，包括年份和日期，这是因为留下来的一些记录，其中包括一份了不起的12页法律文件，加隆·卡尔顿的遗嘱和他的资产分配这类的文件。

1918年2月21日，他在伯明翰去世，大概比儿子去世的时间晚了3年零4个月。他那时大约73岁，还在工作。他不是自然死亡，而是遭遇了和工作有关的事故。他一生都在干体力活，后来在伯明翰铁路照明和电力公司做行李搬运工，这个公司负责运营有轨电车线路，并为城市提供天然气和电力。根据这份文件的表述，他去世时拥有的遗产"主要包括家用的物品和穿着衣物"，还有一小笔现金，估计全部价值为150美元。但在1918年4月，他去世两个月后，他的家人收到——或者至少是通过第三方托管收到——他的雇主开出的一张400美元的支票。这显然是一大笔钱，尽管从另一种意义上说，比起被夺走一条生命，这点钱根本就算不上什么，而他的生命显然是被不公正地夺走的。（这家公司是不是为了试图避免诉讼？我这种想法是不是很可笑？）文件中，除了花费之外，还附带了这张票据："自伯明翰铁路照明和电力公司收到，作为造成死者死亡的赔偿金。"

直到1926年，也就是在他明显非正常死亡（用法律术语来说）8年后，收款员才拿到了被托管的400美元中的绝大部分，并进行了处置。付清了各种各样的账单和聚会费用之后，其中包括韦尔奇兄弟殡葬公司（伯明翰一家著名的黑人葬礼服务公司）似乎数目非常大的一笔账单，剩下的余额是165.95美元。加隆的妻子最后只拿到了33.19美元。他们已经结婚将近半个世纪，她在大约25年的时间里给他生下了所有的孩子，似乎她结婚时还不到15岁，生下第一个孩子时还不到16岁。剩下的钱分给了卡尔顿家10个尚在世的孩子，每人得到13.27美元的支票或现金。(我们计算一下，似乎他们一共被骗走了6美分。)几位家庭成员签署了一份文件，同意最终的处置。玛丽亚·卡尔顿在纸上画了个X，然后有人——可能是她的一个孩子——在上面和下面写道"她的签名"。遗嘱执行人是比较年长的儿子约翰·T.卡尔顿，他似乎在亚特兰大生活了一段时期，有一段时间他可能是个体经营的小商人，他肯定是家族中比较成功的人物之一。

这份文件大部分的内容都是打印出来的，保存完好，当你阅读这份文件的时候，你几乎会不由自主地产生一种感觉——或者说是我会不由自主地有这种感觉——这份遗嘱存留到另一个世纪，只是为了能够讲述它这个家族的一点点真相。什么真相？也许就是，你在生活中越没有权力，这个世界就越想利用你。有时候是这样的。

朱利安·卡尔顿父母的照片我一直没能找到，他们就躺在伯明翰的格雷斯山公墓里，旁边还有他的一些兄弟姐妹和其他亲戚，近亲远亲都有。你看不到他们的墓碑，或者至少我从来没有找到过他们的墓碑。长期以来，格雷斯山是伯明翰最著名的黑人墓地之一。(现在它已经不再是一个全是黑人的公墓了。)墓地非常大，你可以在公墓的办公室里拿一张地图，走在青草丛生的山坡上，试着想象一下你脚下那些寂寂无名的死者。卡尔顿家的墓地并不都是并排着或者紧挨着的，包括父母的墓地也不在一起。玛丽亚·卡尔顿在第四大区第72小区的C位置，就在一棵老橡树的树荫下不远处。她丈夫的墓地在路对面，一道旧篱笆附近。

他们那位有名的、声名狼藉的儿子，并没有躺在格雷斯山公墓，是他把

第二部分 道德后果链：1914—1921

这个家放在了不朽的地图上，只不过那张地图——作为地图一开始就是大错特错的。他的遗体交给了威斯康星大学的病理学家和实验室技术员。据报道，他们对他的大脑进行了解剖，随后，他的遗体用一辆没有标识的小型运货卡车运到了校园的火葬场。

在这个国家，没有一座房子不是从地板到房梁都塞满了黑人死鬼的悲伤。

一旦你开始或者尝试去深挖、深度反思这个被淹埋家族的历史，你必定会被一个甚至可以称之为真相的事实感动：不仅是朱利安的叙事线，还有卡尔顿家族的整体叙事线，和美国四百年历史上最大的叙事（虽然人们对此还没有足够的了解或者理解）——大迁徙——融和在一起，大迁徙是从家乡炙热的田野出发，前往北方城市（在某些情况下，是去遥远的西部）的廉价公寓，这是一段梦想的旅程。大约在1915年到1970年间，这一遮遮掩掩的流动神话涉及大约600万美国人口，他们像潮水一样流动。卡尔顿一家的家庭迁徙应该是在第一波浪潮中，或者是在第一波之前。尽管卡尔顿家的父母没有离开过伯明翰，但是他们的孩子能够离开伯明翰，在20世纪的前10年，他们去了印第安纳州的安德森市，纽约州的宾厄姆顿，肯塔基州的路易斯维尔，还有纽约和底特律这样的地方。他们的孩子就算受过教育也是非正式的，到目前为止，我可以确定，他们所受的教育都没有超过小学中段。他们并没有在大城市里待一辈子，最后，他们中的许多人似乎回到了南方，回到了甜蜜的家乡阿拉巴马，阿拉巴马是他们深切的诅咒，但也是他们依恋的地方。大迁徙的传说中，哈莱姆区和芝加哥南区像是两块磁铁，是黑人的麦加圣地，是最具标志性的迁徙地。（芝加哥有钢铁厂和屠宰场，为那些身体强壮的劳动力提供了机会。）朱利安是一个人到南边来的，还是和兄弟姐妹、表兄弟、妻子或者情人一起来的，以及他究竟是什么时候来的，这无疑又是一件我们永远也不知道的谜案。

为火所困：赖特的梦想与愤怒

当那些散居在外的兄弟姐妹们知道了1914年8月15日发生的事时，他们会怎么想呢？关于这件事我想了很多。有没有可能他们从来都不知道？有可能，但似乎不太可能。不管他们在各自的迁徙和散居中去了哪里，报道可能会传播出去，泄露出去，即便只是以微细血管渗透的方式。他们会深深地感到羞愧吗？他们不得不表示羞愧吗？他是他们中唯一的坏坯子吗？是什么让他改变了？

这家人的名字就足以让人感到好奇——何西阿、梅杰、弥尔顿、弗洛伊德、拉马尔、乔西和迪丽亚，两个文盲的父母（在1900年的联邦人口普查中，调查员写的是加隆和玛丽亚都无法读写），他们自己的名字也是很不寻常，颇有吸引力。从他们给孩子取的名字来看，他们似乎决定要让自己的家庭与众不同。全家大部分人的名字都是有宗教根源的。朱利安是一个不寻常的名字，几乎带有微弱的女性色彩，或者在我听来似乎是这样，也许对一个出生在南方农村腹地的黑人男性来说更是如此。这是一个希伯来名字，或者说有希伯来起源。最后一个异教徒的罗马皇帝就叫朱利安，教会早期的几个圣徒也叫朱利安。据说，这个名字代表"柔软的头发""年轻的""耐心的"和"不引人注目的"。

美国南部腹地黑人家庭的名字和命名习惯是另一个非常复杂甚至有争议的问题。但是，总的来说，近代历史学家的研究表明，对于出生在奴隶制体制下的人来说，他们的主人很少为其选择名字，农场或种植园的奴隶家庭几乎都是自己为后代挑选名字。在某些情况下，18世纪和19世纪奴隶家庭拥有的只有名而没有姓，或者至少是他们在主人的眼中只有名，当然也并不总是如此。（在主人眼中，他们是财产，他们不需要姓氏。）之后，奴隶解放了，他们有了姓氏，而且他们的姓氏大多来自那些之前对其履行奴隶契约的主人，当然也并不总是如此。甚至在某些情况下，奴隶解放几十年之后，他们发现自己仍然像奴隶一样劳作，只不过换了其他的名义、其他的条件，或者其他的环境。伟大的W.E.B.杜波伊斯（他是第一位获得哈佛大学博士学位的非裔美国人）将我们历史上这一可悲的事实无比精确地提炼成一行诗，在奴隶解放后，他写道：

第二部分 道德后果链：1914—1921

"奴隶获得了自由；在阳光下站了一会儿；然后又回到了奴隶制。"

加隆和玛丽亚的13或者15个孩子离开南方后去了哪里，或者他们随后是如何生活的，我并不知道，但是，在我执着地追踪朱利安故事的同时，我也试着去跟踪他们的一些故事，即使只是浮于表面。

例如，他有一个兄弟叫所罗门。所罗门·M.卡尔顿最后去了西部，他可能出生了1870年秋天，如果是这样的话，朱利安出生时他大概17岁。所罗门可能是这13或者15个孩子中的老大，他的婚姻持续了61年。[1]根据几项人口普查记录，他在学校最多读到二年级。在1940年的联邦人口普查中，那时他不是69岁就是70岁，报告显示他拥有价值2500美元的房子，每周工作超过60个小时。

很多年以前，大概在1910年，他和妻子到了加利福尼亚，他的妻子也是土生土长的阿拉巴马人。她的名字叫艾迪，他们似乎在圣贝纳迪诺县及其附近地区度过了余生。他们有一个女儿，取名为沃彻。有一段时间，所罗门经营自己的理发店，后来他改行修鞋。他活到了80多岁，于1956年9月12日去世。他的葬礼仪式在圣贝纳迪诺县蒂利殡仪馆的小教堂里举行，一位非洲卫理圣公会的牧师主持了他的葬礼，一位歌者独唱了《这不是秘密》和《最后一英里的路》。他在先驱者纪念公墓的墓碑不大，上面刻着他的生卒日期。我尝试与所罗门的后代取得联系，但毫无结果。我只能追溯到沃彻·布朗，她于1896年在阿拉巴马州出生，这意味着当时8岁的朱利安成为了她的叔叔。所罗门朴实的故事让我不禁有些感动，想到了俗话常说的——表面完全平凡的事物中存在着不平凡，还有人们说的——走了那么远的路，得到的却只有这么少。

---

[1] 在研究1900年的联邦人口普查时，我们利用掌握的关键人口普查信息和关键文件来确定他们作为一个家庭的基本身份事实，之后还会提到更多；但我们很难判断调查员写下的是13还是15。从某个方向看这一页，3看起来像5，然后把它翻到另一边，你会开始觉得，不，它还是3。

为火所困：赖特的梦想与愤怒

再说一个简短的兄弟姐妹故事，这个故事有一点小用处：朱利安有一个叫明妮的姐姐，她结婚后姓斯特罗瑟，她死于1968年1月7日。她似乎是在1880年左右出生的，比朱利安早8年。1968年一个周六的晚上，她在阿拉巴马州奥佩利卡市的李县纪念医院去世，那时大概有80岁了。（她似乎有一段时间去了北方，但后来又回到了家乡。）她死后3天，《奥佩利卡日报》上刊登了一则通告，就在"有色人种身故人员"栏目下。她剩下的家人包括两个儿子和一个孙子。孙子的名字叫阿道弗斯，他后来去了密歇根的英克斯特，在汽车装配线上工作，但当我试图寻找阿道弗斯·斯特罗瑟时，发现他也已经去世几十年了，而且没有后代，或者说找不到他的后代。

但在阿拉巴马州，夏天一个工作日的晚上，同时炎热沉闷，我在明妮·斯特罗瑟的老教堂里上了一节《圣经》学习课，之后，我和一些年长的教友交谈，他们帮我回忆了明妮。我激动不安地来到阿拉巴马州罗查普卡市的埃比尼泽CME教堂。（CME代表的是基督教卫理公会。过去，这个教派被称为有色人种卫理公会。罗查普卡在卡尔顿家乡的西南方向，大约有一个小时的车程。）我内心不安不是因为我的肤色，而是因为我不太清楚自己想问什么，或者更准确地说，我不知道该怎么问。我激动不安似乎是因为朱利安·卡尔顿的一个有血有肉的亲戚——他的姐姐——离我只隔着回忆一层纱了，我觉得简直太神奇了。

课上大约有十几个人，其中大部分是女性，大多数人年龄都不小了，他们都是黑人，都拿着自己的《圣经》，书就放在他们面前。进来之前，他们都把汽车停在了教堂茂盛的老树下棕色的草坪上。这间一尘不染的屋子就在漂亮的红砖教堂旁边，大家聚在日光灯下咖啡厅式样的桌子旁边。牧师穿着正式的短袖衬衫，系着红色领带，他正在用PPT做演示，讲授《约翰一书》3:15："凡恨他弟兄的，就是杀人的；你们晓得凡杀人的，没有永生存在他里面。"我似乎是房间里唯一一个在出汗的人。他们每个人都太友好了，虽然大家都不明白我为什么在那里。（一周前，我和当地的一位教区居民通电话，说我要来阿拉

第二部分 道德后果链：1914—1921

巴马州，我对埃比尼泽一位去世已久的成员很好奇。尽管我把自己的意图概括得太宽泛，我并没有撒谎。艾琳·多黛尔女士似乎对我的意图不感兴趣，"你当然可以来参加星期三的《圣经》学习，"她说，"一起来吧。"）

《圣经》学习结束了，我做了介绍，我站在艾琳、路维尼亚·巴恩斯、伊莫金·克里腾顿、玛丽·凯·史蒂文森和房间里其他人的面前。我告诉他们明妮·斯特罗瑟的小弟弟在1914年做的事情，然后讲了一些细节，我毫无保留地告诉了他们关于那把盖板斧的事。房间里似乎没有人特别震惊，有几个人低下了头，有几个人点了点头，有几个人咕哝了几句话，我听不清楚。但他们似乎是在为我感到尴尬，为我的汗流浃背而尴尬，而不是因为我刚刚所说的任何话。没有人听说过朱利安·卡尔顿，至于朱利安的姐姐，他们对明妮的记忆一直模糊不清，我带着几分惆怅离开了。

但是第二天早上，我的手机响了，是一位名叫琳达·亨利的教会成员，我记不得她昨天晚上的样子。"斯特罗瑟小姐在我的梦里出现了，"她说，"我昨晚没有说话，可今天早上我又梦到她了。昨天晚上，我的脑海里没有可以告诉你的画面。她去世的时候，我还只是个孩子，才十几岁。我不知道我有没有和她说过话，那时候，除非年长的人主动，否则我们是不应该跟她们说话的。但是我能看到她戴着白手套在那里，她还戴了一顶帽子，拿着钱包，她的肤色很浅，身材不胖，甚至你会想说她有点太瘦，当然是又瘦又小，看上去很时髦，皮肤是焦糖色的。她知道如何举止得体，她身上有种气质。她就在我们过去叫阿门角的地方，一直听着牧师所有的布道，她跟我的祖母还有其他'东方之星'的女士们在一起，男人在一边，女人在另一边。"

琳达·亨利停顿了一下。"家人的行事是不是很奇怪？她不得不把这种痛苦埋藏在心里。我想我现在就要出去，马上去为她祈祷，也为他祈祷。"

※

从家乡炙热的田野出发的旅程，是最难写的部分，因为这是最不透明的部分，同时也是最诱人的部分。

150年前，朱利安·卡尔顿的家族作为一个核心单位是从钱伯斯县开始的，这里仍然是美国一个非常农村化的地方。85号州际公路从该县南端的一个角度上切过，但你可以离开公路，从70号出口左拐，然后再左拐，在崎岖不平的碎石路上开两分钟，路上唯一能看见的是次生林或者三次生长的树林，养殖的牛，以及连绵起伏的牧场，可能会看到某个古老种植园熏制房那破碎不堪的地基。你还有可能会看到一只老鹰在暖流上空飞行。

这个县占地600平方英里（1554平方千米），除了半工业化状态的东部边界地区以外，人口稀少。它紧靠着佐治亚州的边界，位于阿拉巴马州中东部的边远地区，靠近宽阔的查塔胡奇河。钱伯斯位于伯明翰东南偏南约120英里（193千米，在亚特兰大市西南约95英里，约153千米），阿拉巴马州著名的奥本和塔斯基吉大学城离这里不算远，开车过去也很快（它们就在附近的县），但是，就算朱利安小时候听说过这些大学，对他来说，它们也像火星一样遥不可及。塔斯基吉在黑人高等教育中是一个标志性名字，基本上就等同于它的创始人布克·T.华盛顿。事实证明，在我所说的道德后果链条中，布克·T.华盛顿将在后面的故事中扮演一个不可思议的重要角色。

库西塔就位于钱伯斯县，这里是卡尔顿一家开始的地方，是一个阳光照耀下的小村庄。它的发音来自克里克族一个古老的印第安词汇。库西塔离州际公路只有不到15分钟的路程，当你在起伏的双车道柏油路面上行驶时，你会感觉它离任何地方都至少有50英里（80千米）远。尽管毫无收获，但我开着车在库西塔附近飘着花香的乡间路上度过了一段愉快的时光。（这里的人口数字据说是125，但肯定把狗和猫都算了进去。）我在寻找一些我明知道肯定找不到的东西：一个具体的地点，一片灌木丛，一间老式的佃农木屋，建在煤渣块上的种植园焦油纸小屋，可能就是在那样的小屋里，朱利安·卡尔顿和他的兄弟姐妹们在一眨眼的工夫出生来到了这个世界。这是海市蜃楼的一个梦而已，那个破烂不堪的小屋或者原木板屋，或者其他什么住处——他们家的人可能根本不认为它是破烂不堪的——肯定已经消失几十年了，随风飘逝。

钱伯斯县虽然仍有非常美观的内战前老房子，但是这里已经没有真正的棉花种植园了——没有了，它们也都随风飘逝。当地的农场仍然生产一点棉花，从夏末到秋季，你会看到雪白的土地被旁边红色路沿的乡村路围住。如今，钱伯斯县的农业规模缩小了，主要是靠木材产品、肉牛、玉米、花生和大豆。但是在这个州的历史上，曾经有一段时间，阿拉巴马州东部的这个角落曾经是棉花王国腰带上的一个金色扣环。虽然它无法与肥沃的密西西比三角洲黑色地带竞争，但是钱伯斯县也曾经历过棉花产业的辉煌。事实上，小小的库西塔本身也经历过这份辉煌，它曾是该县最大的商业中心之一，铁路穿过这里，让种植园主们发了财。这里曾经有旅馆、沙龙以及青年先生和女士（白人）的学院。在朱利安·卡尔顿出生的时候，库西塔有6家杂货店、5架轧棉机、2家磨坊、1个鞋匠、1个铁匠和1个铁路工作人员。

毫无疑问，这个小小的地方迷人又美丽。现在只剩下几栋房子，没有红绿灯，邮局只有一间屋子大（门口写着"进门前请把鞋子/靴子上的泥擦掉"），但是，早在我之前就有人指出，美丽、魅力和乡村风情有时可能是可怕的面具，遮掩了各种丑陋。这是就历史而言，这也许是我唯一的发言权利。

钱伯斯县的社区还有克莱克维尔、双头、红水平线、岩石栅栏、舵柄路口、闪亮春天、山核桃地、夏依洛、马库特、斯塔基和佛里多尼亚，美国地名中有种不经意的诗意。

在新墨西哥境内枪杀歹徒比利小子的警长帕特·加勒特，就来自库西塔。拳坛上伟大的重量级棕色炸弹乔·路易斯，就出生在这个县（在县法院大楼的草坪上，有一座他在格斗的雕像）。有一场内战最后的战役就发生在这里。电影《密西西比在燃烧》就是在钱伯斯县拍摄的。"棉花汤姆"赫夫林也来自阿拉巴马州的这个角落，他是20世纪之交的一个白人至上主义者，在华盛顿特区声名大噪，他先是担任国会议员，后来成为美国参议员。赫夫林在1901年的演讲中说："就像我认为我现在站在这里一样，我真诚地认为，无所不能的神有意让黑人成为白人的仆人。"当时该州正在制定一部偏执的州宪法。（报纸引用了他的话，神的写法用了小写字母。）

在内战后的重建期间和之后的几年里（所谓的白人救赎者的说法又流行起来，他们又拿回了他们认为属于自己的合法权利，似乎权力这是神赋予他们的），钱伯斯县和附近地区与这个州的其他地方一样，有大量的三K党活动。另外，内战结束后的几年里，这里的夜袭和恐怖活动显然不像附近的一些县（比如钱伯斯西边的塔拉波萨县）那样血腥和暴力，但钱伯斯也出现放火、鞭打和私刑的现象。想要确认的话，只要查一下1872年关于三K党的国会听证会就知道了，那份文件的题目是《联合专责委员会就近期暴动州的事件状态调查的证言证词》。即使是今天，这份多卷本的文件读起来也令人毛骨悚然。

1898年，大概是朱利安·卡尔顿的家人离开阿拉巴马州的中东部到达伯明翰市的时间，钱伯斯县发生了一起杀人案，包括《纽约时报》在内的许多北方报纸都对此进行了报道。星期天一大早，一群暴徒从监狱里带走了一个名叫约翰·安德森的黑人（他被指控杀害了一名白人农场主，他是这个白人的佃农），并对他处以私刑。（他们对他做的远不止这些，但《纽约时报》和《芝加哥论坛报》上并没有刊登那些恐怖的场面。）但很快，还不出一天，就连那些私刑杀人的暴民也承认，他们弄错了绞死的对象。

挖掘卡尔顿一家在钱伯斯县的生活时，我遇到的关键问题在于他们没有出现在1870年和1880年的联邦人口普查中，而这两份文件本可以在很大程度上帮助我了解他们的生活。1870年的联邦普查是在美国历史上最严重的危机结束几年后进行的，这是第一次提供美国黑人人口系统信息的普查。玛丽亚和加隆最近在她父亲的家里结了婚，他们的第一个孩子还有大约3个月就出生了。那为什么他们没有出现在记录里呢？我们无法知道。是因为调查员来的时候他们正在地里干活吗？

同样令人失望的是，在1880年的下一次人口普查中，还是没有他们。为此，我又试着在阿拉巴马州的其他地方，以及阿拉巴马州以外的地方寻找他

第二部分　道德后果链：1914—1921

们，但也没有找到。

那么下一次的人口普查呢？1921年1月华盛顿商务部大楼着火，基本上把1890年的联邦人口普查都烧毁了。专业的系谱学家，尤其是那些专门研究非裔美国人历史的专家，认为这一损失几乎是不可估量的。不幸的是，玛丽亚、加隆和他们的孩子实际上从记录中消失了大约30年，直到他们以历史真实的方式重新鲜活地出现——也就是在1900年的伯明翰市。

但事实并非完全如此，总会有一些痕迹留下。例如，你可以去看建于1899年的红砖法院大楼，翻修过非常漂亮，它位于县政府所在地拉斐特（沿着83号县道往北就是拉斐特，离库西塔只有几英里远，钱伯斯当地的发音是luh-FAY-ett，如果你的发音不和他们一样，当地人会觉得你很滑稽）。从遗嘱认证办公室架子的卷轴上拿下一本巨大的红色装订书，翻到准确的页码，就在那脆弱的白纸上，鹅毛笔的浅灰色墨水在红色的横隔线之间写下了钱伯斯县结婚登记的申请，以及结婚本身的记录，和前面提到的伯明翰市抽屉里的遗嘱认证有些相似。这两份文件都证明了一个事实，那就是一对毫无疑问极其贫困的年轻黑人夫妇——玛丽亚·弗雷德里克和加隆·卡尔顿——于1869年11月19日在新娘父亲的家里合法结婚。新娘父亲的名字叫约翰·弗雷德里克，我确信他曾经是一个姓弗雷德里克的棉花种植园主的奴隶，他的女儿也一样。

这一卷记录名为《1865—1872年婚姻记录》。我把书从书架上滑下来，打开它，用指尖轻轻捏住书页，想看多久就可以看多久，这给我一种奇怪而又舒适的感觉，一种既渺小，又宏大得难以想象的感觉，这种感觉格外强烈。似乎是在说，毕竟，它们不是某个小说家凭空想象出来的。这个家庭（这份记录登记在册的时候，其中的一个重要成员朱利安，离出生还有18年零10个月）是真实的，他们有自己的生活，又各自死去，有的死得早，有的死得体面，有的不体面，这就是证据，或者说是类似于证据，能说明他们作为家庭的整个故事是如何开始的。

玛丽亚的父亲（以及未出生的朱利安的外祖父）约翰·弗雷德里克是谁

呢？我想我找到了一个答案，或者至少是一个合理的答案。

在这个地区还有另外一个家族，他们也姓弗雷德里克，我们可以说，他们出生在命运和肤色都正确的那一端。他们最初来自马里兰州和卡罗来纳州的东海岸，这个家族的一些人搬到了弗吉尼亚州甚至田纳西州。这个家族的根源实际上可以追溯到"五月花"。即便他们不是极其富有，也算得上足够富裕。他们是种植园主和工业主，经营烟草、棉花、沥青、松节油，但他们也有职业和政治抱负。一个名叫威廉·肯南·弗雷德里克的家庭成员成了北卡罗来纳州肯南斯维尔市的第一任邮政局长，他还受过医学训练，也曾在北卡罗来纳州下议院的立法机构工作，有一份契约显示他拿到了北卡罗来纳州杜普林县一千多英亩极好的地产。他的父亲威廉·弗雷德里克是卡罗来纳州的种植园主，在1826年以契约的形式给了他大片的土地，他们父子之间，包括和其他家庭成员之间，立下契据，来回买卖奴隶。威廉·肯南·弗雷德里克的母亲名叫南茜，也来自种植园主家庭，她也参与了土地和奴隶交易。在1832年的遗嘱中，她规定将不动产、个人财产和牲畜分给她活着的和尚未出生的儿孙。她给后代立据转让了"亦即以下黑人"，并写下了他们的名字：丹尼尔、南希、苏萨和安德鲁。他们是朱利安·卡尔顿的先祖吗？我认为是这样的。

1818年，在北卡罗来纳的特尔其市，威廉·K.弗雷德里克医生娶了一位北卡罗来纳州的同乡，她的名叫玛丽亚·戴安娜·希克斯，她后来成了玛丽亚·戴安娜·希克斯·弗雷德里克。这对夫妇生了10个孩子，其中大多数是在他们的家乡出生的。（他们的最后一个孩子是在搬家后出生的，他们给孩子取名为北卡罗来纳，这或许可以说明他们是多么想念原来的家。）在19世纪30年代中期，弗雷德里克医生和他的妻子以及他们一大家子人（还有他的母亲南希和其他一些亲戚），往北卡罗来纳州西南方向搬迁了3个州之远，搬到了阿拉巴马州的东部中心，当时那里看起来几乎是原始荒凉的。这个家族在新成立的村

第二部分 道德后果链：1914—1921

子库西塔附近定居下来，随之同行的还有他们的奴隶。阿拉巴马州是1819年加入联邦政府的，但钱伯斯县成立只有三四年，它过去属于克里克族的印第安人。就在几年前，这个县还到处是橡树、初生松树、椴树和白蜡树，没有耕地可以种庄稼。我们能猜到发生了什么：克里克人被强制迁走，他们的土地被没收，白人打破了和印第安人的所有契约。大约在1836年，弗雷德里克一行人到达库西塔的时候，联邦军队正把印第安人从钱伯斯向西赶出去，赶过密西西比河，许多印第安人在遥遥路途中死亡。这就是历史上著名的"血泪之路"。

在新成立的钱伯斯县，人们清理了原始的木材，破坏了林地。我们可以再次猜到，拓荒是靠奴隶的血肉之躯完成的。这里的红泥土壤和潮湿的气候特别适合棉花这种经济作物，在接下来的近一百年里——内战前的30年和内战后的六七十年——棉花是该县农业生产的重中之重，纺织厂（钱伯斯第一次有了纺织厂是在内战结束后的1866年）给钱伯斯带来一种新的生活方式，半工业化的生活方式，它试图支撑起当地被摧毁的经济，支撑由于内战失利精神和道德上都被击溃的人们。

威廉·弗雷德里克医生和他的妻子玛丽亚属于19世纪30年代中期到钱伯斯县定居的人中最突出的。他们拥有的"人力财产"似乎并不太多——一开始可能总共只有十几个奴隶。但随着他们家的孩子长大，和当地人结婚，那些当地家庭和弗雷德里克家来回交易奴隶，所以很难确切地知道他们到底有多少个奴隶，和他们的姻亲交换了多少奴隶，在农忙季节出租了几个奴隶。在战争前的几十年里，弗雷德里克家在库西塔的邻居们一家能有30、40、50甚至60个奴隶在地里干活。

一切继续往前走，但也并非总是如此。1839年，也许在他们搬到新家还不到3年的时候，弗雷德里克医生去世了。他比妻子要年长15岁，他的遗孀被迫在家庭和社区中扮演更重要的角色，她得监督种植园的工作，还要负责年幼的孩子。她成了钱伯斯县一个不断壮大的家族的女族长，其影响力甚至超过了"女族长"这个词的本意。

203

在她的种植园里劳作的年轻黑人女奴用她的名字取名。

最后，玛丽亚和她几个年长的孩子成为了库西塔浸信会的经济支柱。库西塔浸信会是镇上最重要的宗教场所（它的前身是贝塞斯达浸信会），她的许多孩子都在教会的庇护下结了婚。关于库西塔浸信会，有一件让外人难以理解的奇事，那就是奴隶主经常把他们的奴隶带到教堂，并允许他们成为"正式"成员（但是他们不参加教堂投票，要坐在单独的位置）。在库西塔浸信会内战前的记录中，会员名单往往是这样列出的：白人家庭的姓，奴隶的名字。用右上角的撇表示占有关系。例如：Dowdell's-Mary表示道威尔家的奴隶玛丽，或者Carlton's-Fanny表示卡尔顿家的奴隶范妮。"

范妮是加隆·卡尔顿母亲的名字——这一点毫无疑问（尽管你会发现她的名字被误拼作"Fannie"）。就像之前说的，总的来说，朱利安父亲的家族似乎很少有家谱或者其他信息。

一位非常内行的县档案管理员罗宾·布朗发现了一份令人吃惊的文件，是关于加隆的——当我们考虑它可能代表的含义时，这份文件就更令人吃惊了。这份文件似乎可以追溯到内战刚结束的那几年，可能是1867年或1868年，内容是关于该州的《登记宣誓》，有取得选举权的白人和黑人的名单。他的名字虽然拼错了，但就在右边一栏，非常清晰，从这页底部往上3行是"加林·卡尔顿"，可能是县里的书记员写上去的。在充满暴力的南方重建时期，在阿拉巴马州如此偏远的地方，朱利安的父亲能够到法院宣誓参加投票，似乎有点不可思议。从理论上说，《登记宣誓》和1868年的《宪法第十四条修正案》为黑人参加投票扫清了道路——但是，对南方的黑人来说，投票的自由几乎从来没有实现过，情况直到经历了20世纪60年代的民权运动才改变。我的意思是，加隆登记投票的名字似乎没有出现在钱伯斯县任何实际的选民名单上。能参加宣誓仪式肯定让人感到无比自豪，但是，反过来说，这是一个一旦形成就很难置之脑后的问题：加隆在被允许宣誓之后，又受人操纵被剥夺了投票权，是否会引起一种深深的压抑的愤怒——这种愤怒是否会传递下去？这种想

第二部分　道德后果链：1914—1921

法并非无中生有。

我也在想象，朱利安的父母是不是在库西塔浸礼教会的教堂相遇的——穷乡僻壤的两个年轻的自由人，在上帝的庇荫下坠入爱河？只是猜测而已。

━━━◆━━━

专业系谱学家警告说，要确定一个人是否是他人的奴隶时，过于依赖姓名会有风险。换句话说，仅仅因为你遇到的一个黑人的名字和住在同一个小社群中的白人奴隶主的名字一样——在我们这个例子里，甚至是一模一样的名字——并不自动等于前者曾经是属于后者的人力财产。这只能是一种暗示。在这个寻找过程的开始，我已经准备好可能会做出虚假的判断：在内战结束4年后，朱利安·卡尔顿的母亲在她结婚时，也许那是她生命中第一次拥有一个完整的名字，她的名字从名到中间名到姓都和这个地区最显赫的白人女性一模一样，因此可以认为，朱利安的母亲肯定是属于玛丽亚·D.弗雷德里克和她已故的丈夫弗雷德里克医生的人力财产。

系谱学家坚持认为，研究人员应该做的是从每一个可能的来源收集证据，然后做出合理的猜测和假设。受奴役的非洲裔美国人家中的家庭《圣经》、墓地记录、可能被秘密保存的日记，这些都是工具。而最了不起的工具，也是最令人沮丧的，就是所谓的奴隶资料表，它是1850年和1860年联邦人口普查的一部分。

问题是这些资料表上的奴隶不按名字出现（除了在极少的情况下），他们只是根据年龄、性别和肤色进行编号和登记。通常情况下，这些信息的记录是不准确的（奴隶主并不知道，或者根本不在乎，或者两者兼而有之）。有时，资料表中的列表似乎采取了家庭分组的形式，但大多数情况下，奴隶只是从最年长的到最年幼的排列，无论是人口普查员，或是奴隶主，都不知道奴隶的家庭结构。

尽管如此，我还是发现了我认为非常强有力的间接证据，证明朱利安的母亲玛丽亚（以及朱利安的外祖父母）属于玛丽亚·弗雷德里克和已故的威廉·K.弗雷德里克的大家庭。1860年的奴隶资料表上有几个可能性表明其中一个人就是玛丽亚——她那时还只是个孩子——她在人口普查9年之后结婚（结婚时只有十几岁），在未来的25年里，她把13到15个孩子带到这个世界上，给其中的一个孩子取了个听起来柔软悦耳的名字，这个孩子将在历史上留下印记。

例如，在彼得·科菲·弗雷德里克（至少有一段时间，他似乎是威廉·弗雷德里克医生和妻子玛丽亚最喜欢的儿子）的家里，资料表上显示有一个6岁的女奴隶。如果在1860年，这个没有名字的孩子是6岁，或者6岁左右，那么她应该是在1854年左右出生的——大约是朱利安母亲出生的时间。同样的，在彼得·弗雷德里克的弟弟阿尔伯特·H.R.弗雷德里克的家里，还有一个奴隶小女孩，她的肤色在调查表上显示是黑人，年龄记录为7岁。我还发现，弗雷德里克家族的几位姻亲家里，在人口普查时至少还有3位这样的女性奴隶，她们的年龄与朱利安的母亲大致相当。

在我看来，即使我无法证明，属于库西塔的弗雷德里克家族的这些奴隶孩子，她们中的任何一个都可能是朱利安·卡尔顿的母亲——最终会成为他的母亲。

阿尔伯特·H.R.弗雷德里克1835年出生于卡罗来纳州，大约是在全家搬到库西塔的前一年出生，和他的父亲一样，他长大后既是种植园主又是医生。后来，他离开了阿拉巴马州，前往佛罗里达州继续行医。但内战后第一次联邦人口普查时，他仍住在钱伯斯县。为他工作的黑人已经不再是奴隶了，起码法律上不再是奴隶了。在那次人口普查中，有两件事惹人注意：他手下每一个受雇的工人都姓弗雷德里克，他们每个人的肤色都显示是黑白混血儿。

阿尔伯特医生是一位仁慈的主人吗？"主人"这个词在那个时候可能还没有那么多的含义。如果弗雷德里克家的奴隶能留下一本旧时的日记的话，它

第二部分　道德后果链：1914—1921

可能会回答是。[1]据我所知，库西塔的弗雷德里克家族对他们的黑人还算是友好的——包括内战前和战后。或者，换一种说法，他们对黑人也许只是不那么残忍。或者以反问的形式换第三种说法：在以剥削他人而牟利为基础建立和维持的体系中，相对的体面还是残忍，二者之间会有很大的整体差异吗？

1860年，也就是州际之战（我听钱伯斯县的人是这样称呼这场战争的）爆发的前一年，玛丽亚·弗雷德里克（威廉·K.弗雷德里克医生的遗孀）在法院立了一份遗嘱。（奇怪的是，她登记用的名字是戴安娜·M.弗雷德里克，更奇怪的是，遗嘱的措辞让人以为她只有三个孩子，她要把一切都留给他们三个。）这份文件写得很漂亮，而且，就它本身而言，措辞也很优美。她声称自己头脑健全，"记忆力也很好，考虑到这脆弱而短暂的生命的不确定性，因此选择这样做"——然后从这里展开，她给自己所有的土地预先做好准备，为她的寝具预先做好规定。显然，尽管她成年的儿子们接管了家族的种植园，但她仍保留了两个奴隶供自己个人使用，在她死后，她希望这些奴隶能被拍卖，"在我的三个孩子之间"平分这笔钱。她写下了这两个私人奴隶的名字：瓦伦丁和杰克。

有没有可能认为，这个只有名字没有姓的杰克就是那个约翰·弗雷德里克？也许，在战后，当他是一个法律上所谓的自由人时，他会成为杰克·弗雷德里克，或者也许有一种庄重的自豪感，他的名字不再是杰克·弗雷德里克，

---

[1] 关于它的价值：在大萧条中期，"联邦作家计划"作为工作进展管理局（WPA）的一部分，编纂了多卷本的奴隶口述叙事历史。这些昔日的奴隶活到了下一个世纪，被叫作"提供消息者"。他们的一些故事现在看来像是夸张的漫画，内容读起来很悲惨。在书中关于阿拉巴马州的部分，有关于一个名叫伯特·弗雷德里克的人的采访。采访者一直居高临下地称他为"弗雷德里克大叔"。当时他住在奥佩利卡，两位采访者（可能是白人）开车来到他家，和他聊了起来。从内部证据来看，几乎可以肯定的是，自称不知道自己年龄的弗雷德里克大叔曾经和库西塔的弗雷德里克家族有关系，因此，无论远近，在某种程度上，他一定与玛丽亚及其家族有关系。这段对话是："大叔，你喜欢奴隶时代的旧日子吗？"回答："是的，天啊，那是好日子。有的白人对黑鬼不好，但我的老主人可不是那样。因为他唱歌的时候，让所有的黑鬼坐在一起，老天，他唱得好着呢。"

而改成更正式的约翰·弗雷德里克？1869年11月19日，他将主持他女儿的婚礼，而他的女儿，就像他一样，在上帝的土地上成为了一个自由人，会不会是这样？

我认为可能会是这样——不，我相信如此，尽管我没有更多的证据。

我曾经向一位名叫霍利斯·金特里的系谱专家展示过其中一些数据，还有其他类似的数据，我在这里就不再一一赘述。她住在华盛顿特区，在史密森学会的非洲裔美国人历史文化国家博物馆工作。她用自己的私人时间帮我解决了这个难题，她在这个问题上代表了一种理智和道德上的良知。在我们的一次谈话中，她说她花了数年时间寻找自己的非裔美国人血统，她自己的血统中也有一些白人根源。她说："你只能往回走这么远。"

她看着我近乎狂热地摊开在桌子上的东西。她说："如果你在最后期限前必须立刻得到答案，我愿意给你一个'可能'的答复。我甚至可以说得超过"可能"，我可能会忍不住给你一个'很有可能'的答案。可是我不能坐在这里给你一个你想听到的'绝对是'的答案。也许你的朱利安·卡尔顿就是从奴隶制家庭出来的，他的母亲生下来就是个奴隶。"她说，从更大的体系来看，这有什么关系呢。他们在某种程度上都是受压迫的人，他们从出生起，只是因为肤色的原因就被压迫，这难道不就是我去那里的目的吗——"答案只是让你自己更相信这一点吗？"

接下来我们很快结束这一部分。他们来到120英里（193千米）外的伯明翰，这一事实本身，尤其是对父母来说，就像是跨越时空的一次飞跃。他们是怎么来的，什么时候来的？这不好说，但我相信他们是在最后一个孩子拉马尔出生到1900年之间的某个时候离开钱伯斯县的。拉马尔据说出生于1895年，而1900年后，家庭中年龄大的成员开始出现在各种城市信息和黄页中。伯明翰的诞生时间和这个家庭的诞生时间大致相同——19世纪70年代初，这里曾经是内

第二部分 道德后果链：1914—1921

战前的棉花农场。但后来，在路易斯维尔和纳什维尔铁路的帮助下，以前的交叉口伯明翰变成了南方的匹兹堡，主营钢铁、金属加工和煤炭。到了1900年，当卡尔顿夫妇第一次向联邦人口普查员提供他们家庭的数据信息时，这座城市的人口是38415人，而到下一次人口普查时，城市的人口已跃至132685人。在这个种族隔离严重的大都市里，黑人家庭聚集在一起，其中有一个地方成为黑人社区，那就是史密斯菲尔德。它位于市中心以西，在村庄溪流以北的平地和丘陵上。早在19世纪结束之前，这里就出现了黑人中产阶级的迹象，当然这里也有极度贫困的家庭。前者住在史密斯菲尔德较高的地方，远离蚊虫滋生的小溪低地和铁路，而后者——比如卡尔顿一家——就住在最低处，靠近铁轨。但这个家庭在史密斯菲尔德（史密斯菲尔德被视为伯明翰的一个更有历史意义的地区，值得授予牌匾，供市民参观）能设法有了一个家，就这一事实而言，难道不是再一次说明了他们的自我意识，他们的集体自豪感吗？

他们一家人在洗衣店工作，在伯明翰锯木厂工作，在摩尔&汉德利五金厂工作，在阿拉巴马电锯修理厂工作，在L&N铁路车厂工作，当洗碗工。1902年，朱利安（14岁）受雇在W.B.利迪公司当门房，这家公司在商业区中心第二十一街北，是一家保险和房地产公司，是本市客户信誉最好的公司之一。（我再说一遍，先不管这份工作具体内容是什么，如果他头发上有干草，说话也没有存在感，他能得到这样的一份工作吗？）他住在家里，地址显示为史密斯菲尔德玛莎大道510号。卡尔顿一家刚刚搬到史密斯菲尔德的这个地址，他们将在这里住上几年，直到以后搬到另一条街上去。也许他是乘有轨电车去上班的——有一条线路是直行到市中心的。或者，也许他没有车费，不得不走路去。他是穿什么样的衣服去工作的？作为门房，他在那里到底做什么？下班后打扫？跑腿？送包裹？甚至可能是在顾客从街上进来时向他们表示问候（或者至少得为他们开门）？这似乎比他的一些兄弟姐妹的工作更高级。

1906年，他又上了一个台阶，开始到酒店工作。他身后的弟弟——比他小21个月的弥尔顿——肯定也在追随他的脚步，因为弟弟很快就在希尔曼酒店

为火所困：赖特的梦想与愤怒

找到了一份敲钟的工作，那是一个比伯明翰酒店更高档的地方。弥尔顿于1907年结婚，并最终去了纽约市。

1907年后，朱利安离开了，至少是在任何黄页里都找不到他的名字了。他就是在这一年乘火车去的芝加哥吗？他有没有坐火车，伊利诺伊州是他的第一个目的地吗？我们无法判断，但是不到6年之后，我们会在芝加哥捕捉到他留下的痕迹。接下来的一章会有更多关于这方面的内容，但现在，我要讲一个小故事，一个关于弗兰克·劳埃德·赖特的讽刺，一个谜中之谜：在1914年的春天和初夏，在朱利安·卡尔顿和他的妻子（或情人）格特鲁德去威斯康星州之前，他最后可知的住处就在南区的埃文斯大街4733号。这是一幢砖砌的排屋，分成各种房间和公寓，所有的房客都来自南方腹地。如果你有一个非常长的铅坠，比如说线大约有一英里（1.6千米）长——你就可以把它拉成一条直线，从北到南，一直延伸13个街区，几乎是一条垂直线，从埃文斯4700街区的人行道可以连到一个被推土机推倒了很久的梦幻般的娱乐场所——米德韦花园。就在米德韦花园，在1914年8月15日那个略微凉爽的下午，大约一点钟，一个47岁的艺术天才志得意满地坐着或者站在那里，吃着三明治，也许正在看一眼当天关于战争的头条新闻。

我曾无数次站在两个地方，试图让自己进入那一刻。一个地点是块楔形的旧鹅卵石，那在公寓楼和老年公寓的停车场边上，石头靠着栅栏，隐藏在灌木丛和垃圾中。另一个地点只有一条铺了路面的小巷，通向沃尔玛购物中心，埃文斯4733号的排屋已经不在了，不过隔壁一模一样的埃文斯4735号还在。（建筑记录证明它们是一模一样的建筑。）有一次，我和之前介绍过的蒂姆·萨缪尔森一起来到这条小巷。正如前面所说，他了解芝加哥的一切，是芝加哥的文化良知和行走的百科全书（也是上帝赐予研究者的礼物）。那是芝加哥一个阴冷的日子，蒂姆走到小巷的一半时停了下来，走到一模一样的排屋旁边，举起手臂，摸了摸墙面一个微微隆起的轮廓。之前我甚至都没有注意到那里。"看，这是已经不存在的房子的痕迹，是普通的砖墙，人们过去把它叫作党墙。这里旧石面上凸起的地方肯定是房屋锅炉主烟囱的一部分。当他们拆除朱利安住的房子时,他们只是除掉了墙壁的部分,建了这条小巷,但如果你仔细看一下,就能辨认出通往炉子的烟道的影子。在那个年代,这些炉子都是很大的,必须这样才能烧热成排的房子,让房子在这样的冬天保持温暖。"

我说:"那天他们发现他躲在塔里埃森的锅炉里,是吗?"

"对啊。"蒂姆回答道,他可能一时忘记了。

痕迹——不是通向沃尔玛商店的小巷里旧锅炉的痕迹，而是弗兰克·劳埃德·赖特人性的痕迹。我的论点是，这些痕迹总是存在的，看得见又看不见，就在显而易见的地方，很快就消失了，在你最不经意的时候又回来了，它被不时地消减掉，就像是从砖墙上刮下来，而这一切往往是因为他过分可恶的自我和傲慢。赖特的问题在于，你必须一直抬起你的手臂，试着用你的手指去擦拭他骄傲的石碑上凸起的表面，如果你动作足够轻，足够好，就可能会发现——发现什么呢？最重要的东西想要挣脱，想从下面透过来，就像原版画的再现。真的，你可以去看他设计过的几乎任何一座建筑，他的人性就在建筑上，能碰触到你所有的感官，建筑本身以其自然之美令人陶醉。（好吧，我承认他画的一些建筑，特别是他晚期的一些作品，相当怪异和丑陋。）位于宾夕法尼亚州西南部"熊奔溪"上的流水别墅每年要接待近20万游客。西宾夕法尼亚保护协会的讲解员看到日本游客小心翼翼地沿着小溪左侧树林的碎石小道前行，然后在房子下面大约150码（137米）的一个转弯处停下来，他们就可以回头用尼康照相机抓拍这栋建筑的美好。在那里，在那个叫作"观景处"的地方，尤其是到了深秋的时候，森林成了黄色和红色的基调，就有可能抓拍到那一瞬间视觉上的错觉，似乎建筑消失了。流水别墅又回到了悬崖、峭壁、岩石和喷水雾中，似乎是在几个冰川世纪之前从中迸发出来的。"悬挑楼板悬空，从后面的岩壁上跃出"——这是赖特对房子的描述，在房子即将完成时他这样写的。这种消失的效果，或往后退，或往前跳的效果，让房子变成了瀑布，瀑布又好像变成了房子。我曾经体验过这种效果，眨一眨眼，那个潮湿的、结构危险、几乎不适合居住的漂亮建筑就在那里，我看到它的崇高之美，它的无与伦比；再眨眼，它就消失了，至少有一部分消失了。导游告诉我，他们亲眼看到，日本游客在观景台上转过身来面对着这座建筑，眼泪夺眶而出。

结缔组织：一

痕迹，擦拭，再现。

1932年出版的这本自传是所有版本中最精练、文笔最优美的。在这本自传的结尾，作者以"我记得"这句话作为一个简短章节的开头，他讲述了4个故事，每个故事都用这3个字开头，它们在单独的一行，用冒号间隔，然后就是回忆本身。在"我记得"之后的每一个故事都自成一体，都是伤感的、零散的、遗憾的，每一个故事都和他的家庭有关，或者更准确地说，和他的孩子有关。就这一点而言，我们无法鄙视弗兰克·劳埃德·赖特的自我，或者其他任何关于他的东西，至少就这一页上所有的一切而言。一页上的4个回忆故事藏

第二部分 道德后果链：1914—1921

在他的书的最后，就像是通风孔，事后补救，或者是残留的痕迹，每一个都是非常巧妙的呈现，突显了作者无限的诚实、脆弱和坦率。

第一个故事是1910年初冬，在巴黎的一个夜晚，大约在他抛弃家庭4个月后。（他说这件事发生在他离开橡树园3周后——不过没关系。）他没有明说，但他和梅玛还是暂时分开了。他也没有提到，他11岁的女儿弗朗西丝（他和凯蒂所生的6个孩子中的倒数第二个，弗朗西斯活了不到61岁，结了两次婚。和家里所有的其他人一样，对父亲爱恨交织的张力萦绕她的一生，她的死亡仿佛是个预兆，她死了1959年2月11日，比她父亲正好早了两个月）刚刚写信给他，问他关于凯旋门、香榭里舍、卢浮宫和杜伊勒里宫花园的事情，孩子用她那圆润美好的帕尔默书法体写的。她刚从母亲那里得知父亲在法国，今天在学校，她们班一直在学习巴黎的地图、纪念碑和博物馆，如果她的"帕帕"（她称呼他Papa）"能给她任何信息"，她会很高兴的。在第二页上写着："别忘了回家。我希望能有一些房子等着您来盖。"她的签名是"永远爱您的，弗朗西斯·赖特"。接着是："写在下午。尽快回信。"

不，这些他都没有写。但从另一个角度来说，一切都在写的话里，冰山的八分之七在水下漂流。

我记得：

在我第一次离开橡树园的家3个星期后，在巴黎某个地方的一家小咖啡馆里，我感到了痛苦。我没吃也没喝东西，而是在听管弦乐队的演奏。这是一个漫长而令人沮丧的雨季，大部分时间塞纳河都溢过了河岸。那时已经是深夜了。

大提琴手拿起他的琴弓，开始演奏西蒙内蒂的《牧歌》。劳埃德经常演奏这支简洁的古老曲子，我有时会和他一起弹钢琴。

熟悉的旋律让我在那个时刻痛苦不已，那时我愿意付出我所拥有的一切来重新生活。

为火所困：赖特的梦想与愤怒

> 沉重的记忆让我走出咖啡馆，来到巴黎昏暗的街道上，带着少有人能经历的渴望和忧伤，我四处游荡，不知道要去哪里，也不知道我要走多长时间。到了天亮的时候，我发现自己正对着一块醒目的招牌——就在圣米歇尔大道的某个地方。

付出我所拥有的一切来重新生活。在以后的版本中，他将试图淡化这种情绪，缓和它，减轻它。他希望为自己开脱罪责，所以插入了这个句子："这不是忏悔。我很绝望，因为我不能实现我所承诺的理想。"但事实并非这样。

"我记得"系列中的其他故事也像明珠一样美好可爱。他讲述了1914年以前，他去芝加哥的经历，那时，塔里埃森建好了有几年，那里"一切都很好"（我们知道他的意思）。天黑后他溜到橡树园，希望不会被人看见，那里已经不是他的家了。他从窗户往里看，就是为了"让自己消除疑虑，孩子们也一切都很好"。他看到了明亮的灯光，看到一个孩子在弹琴，看到一个孩子在唱歌，看到一个孩子在喊另一个孩子。"我就会松了一口气，转身回城里去。"

这种事真的发生过吗，哪怕只有一次？我愿意相信他。

在"我记得"的另一个故事里，他写到了家里最温柔的人小宝宝卢埃林，他那时可能已经八九岁了。他独自来到卢普区，和父亲在国会广场酒店住了一晚，男孩还拿着他的曼陀林来演奏。"看到他睡觉时把每件衣服都叠得整整齐齐，小心翼翼地放在椅子上，我很高兴。我会帮他盖好被子。"这个被"遗弃"的孩子带来的曼陀林，以及折叠整齐的衣服带来的开心，让这句话听起来很真实。

赖特以一个独立的句子结束了这一页，这个句子似乎比它本身重要得多。仅仅在造句的层面上，它是值得欣赏的——不，是值得羡慕的："所以，我会记得去忘记我想写的大部分内容。"记得去忘记：这句话像是海明威的，或者是《走出非洲》的作者——丹麦伟大作家伊萨克·迪内森写的。迪内森曾经说过："所有的悲伤都是可以承受的，只要你把它们放在一个故事里，或者

第二部分 道德后果链：1914—1921

把它们讲成一个故事。"

❦

  这一章被称为"结缔组织"，因为结缔就是它的本意：1909—1914年间的一段压缩和桥接。毫无疑问，这是关键的几年，但这几年基本上也在这本书试图讲述的故事线之外，在故事框架之外。关于这5年最深入的论述，已经出现在一本我们之前引用过的作品里，那就是安东尼·埃罗弗森的《弗兰克·劳埃德·赖特失落的岁月：1910—1922年影响研究》。接下来的几页中，我主要是致敬埃罗弗森和其他一些人的研究，尽管我有自己的一些特定倾向和解释，也提供了一些新的信息。

  是的，在他离开橡树园大约6周后，媒体在柏林发现了他，尤其是《芝加哥论坛报》驻欧洲的一名记者，发现了他们，赖特和梅玛一直住在市中心豪华的阿德龙大酒店。这篇报道刊登在该报的周日版上，战胜了所有对手，成了芝加哥的独家报道。它于1909年11月7日发表在报纸第一版第三栏，题目是《抛弃家庭，私奔欧洲》。第一段写的是"两个被遗弃的家庭，孩子们在炉边玩耍"，"妻子发誓她相信丈夫和另一个女人私奔了"，"灵魂交流变化无常的历史上无可比拟的亲密纠葛"。尽管橡树园的大多数邻居都知道这件事，但这样用紫色墨水书写的报道对凯蒂·赖特来说肯定是莫大的羞辱（更不用说仍住在她隔壁的安娜·赖特）。这篇文章长篇大论地引用了凯蒂的话，她给人的印象是既愤怒又否认，还有一种令人难以置信的隐忍。（我们会说，文章引用她的话太多了——整段整段的流畅思想。他们转述的话里能有四分之一确实是她本人说的吗？）这位驻柏林的记者提交了他的电讯报道，周六下午，《论坛报》的国内部门就安排了一名记者在赖特家的台阶上安营扎寨，所以才拿到了凯蒂的说法。据说，凯蒂曾说："这件事看起来就像任何普通的世俗事件一样，带有低级庸俗的色彩。但弗兰克·赖特却不是这样的人，他是诚实和真诚的，我了解他。我告诉你，我了解他，我曾和他并肩作战，我的心现在和他在一起。我觉得他肯定会回来的。"至于梅玛，据说，凯蒂说："我觉得我和她从没有呼吸同样的空气。这只不过是一个吸血鬼的例子——大家都听说过这样的事情。"（"吸血鬼"这个词会引起很多的关注。）《论坛报》周六还去了埃德温·切尼的家——他当时不在家。但那天晚上，该报的另一名记者设法在市中心的管弦音乐厅找到了他。（梅玛的姐姐丽兹·博思威克和约翰·切尼、玛莎·切尼以及8年前母亲死于分娩的小杰西·博思威克·皮特金待在家里。）他一直试图离开，而记者则一直不停地追问，也许就在他坐下来听交响乐的时候，跟着他走过过道。在第二天早上的报道中，埃德温被误认为是瓦格纳电气制造公司的主席。（在接下来的几天里，以及在未来几十年里的许多书籍中，埃德温将继续被认为是该公司的主席。）但是，这家公司总部位于圣路易斯，正如前面提到的，他实际上是公司芝加哥地区的经理，去年冬天才担任了这个职位。（所有这些肮脏的事情，坦露在密苏里州总部的新老板面前，对埃德温来说一定是非常痛苦的。）随后的几天里，记者们会去办公室里继续纠缠他，他的办公室位于亚当斯大街和迪尔伯恩大街交会处的马奎特大厦（霍拉巴特&罗奇公司于1895年设计的卢普区地标建筑）。那么，让这两个家庭深陷旋涡的中心人物又会是什么样的呢？在第一天的报道中，以及后续的故事中，赖特被描绘成一个古怪的、被宠坏的、自私享乐的人，在他放荡的冲动和无可救药的情感迷恋中，也许还有点疯狂的天才。好吧，这其中有些说法说对了一半。

事实上，现有的记录表明，在所谓的狂野激情的支配下，这两位私奔者实际上曾经为自己所做的决定而挣扎，有时是单独一人，有时是两人共同的。在巴黎"我记得"的那一刻无疑说明了这一点，但也有很多其他的证据，尽管在他们已知的行踪中还有很多空白，至少在"大逃亡"的早期阶段是这样的。这并不是说他们在欧洲的日子过得很悲惨，或者他们希望这一切从未发生过，不，只是说这一切都是复杂的，有那么一段时间，疑虑和恐惧似乎把他们都压倒了。也许没有哪位赖特的传记作家能像艾达·路易斯·赫克斯泰伯一样从赖特的角度来总结当时的情况："不是纯粹的浪漫激情……也

第二部分 道德后果链：1914—1921

不是罪恶的欲望，不是报纸幸灾乐祸地渲染的下流故事，也不是像一些人猜测的那样是他对戏剧化的本能追求激发了他的逃亡。这与他作为艺术家和建筑师优先考虑的问题有关，和他对自身潜力的执着追求、他个人生活中的危机都有很大的关系。"

他们彼此之间争执得厉害吗？你可以在字里行间推测。

不管怎么说，在被发现后，赖特和梅玛表现得非常低调。（为了避开媒体，他宣布他们将前往日本。）所以在最初的几个月里很难追踪到他们。据悉，11月24日，他与柏林的出版商恩斯特·瓦斯穆特签订了合同。届时将有两本出版物，一本是关于他的绘图的大型建筑图集，另一本是关于他的实际建造作品的小型摄影集。据了解，至少在1月底，他已经抵达巴黎，而梅玛似乎至少有一段时间和他在一起。在巴黎，梅玛读了瑞典哲学家、女权主义者、社会主义者和儿童教育理论家艾伦·基的写作，这位易怒、自私的作家几乎立刻成为她消除疑虑的救命稻草。艾伦·基是一名倡导女性作为配偶和母亲的权利的作家，她对家庭和无爱婚姻的窒息有很多看法。正如前一章所指出的，梅玛写给基的信（艾伦·基生于1849年，死于1926年）中有10封保存了下来，并被近代的学者公之于众。这些信件是在梅玛去世80年后，在斯德哥尔摩的瑞典国家图书馆档案中发现的。我们在历史上第一次听到了梅玛在说话，而她发出的声音也绝不刺耳。那是一种有追求的坚定声音，安抚人心，充满激情，有些自私和理想主义，独立，有点不切实际，有点纠缠，又甜蜜，总是自我反省和怀疑。这就是你在南希·霍兰的小说《爱上弗兰克》中听到的声音。对于弗兰克·劳埃德·赖特来说，这是一个极具吸引力的声音，一个伴侣，但也许不是一个彻底的伴侣。

最终，基和梅玛见面了。（第一次见面究竟是什么时候，学者们对此看法不一。）后来，因为梅玛精通好几种语言，她成为了基的英语翻译。最早写给基的信件中有6封没有注明日期，但一位名叫爱丽丝·T.弗里德曼的学者把第一封信的日期定为1910年的春天，大约是5月份，也就是这对恋人出国大约8个

为火所困：赖特的梦想与愤怒

月后。如果是这样的话，记住是"如果"，这是一个值得思考的重要日期，可以据此了解赖特自己的困惑，因为有证据清楚地表明，同一时期他也在苦苦挣扎。他们是否加深了彼此的不确定？也许吧，可能吧。无论如何，梅玛在给基的第一封信中写道："以可怕的代价，努力活下去，我相信那是唯一的真理和光明，在困惑和黑暗中摸索，可怜的、微弱的光靠近我的胸膛，在我的黑暗的时刻，突然我找到了您……"她继续说，"然而，我还是感到困惑和怀疑，也许这条路毕竟不是我应该走的——也许它不是我的——但即使我弄错了，你的火把也会照亮我走向真理之路——对我来说那才是真正的路。"

1910年5月的时候，她的情人已经去了意大利，从3月的某个时候起，他就一直在那里了。起初他住在佛罗伦萨，没有梅玛做伴，后来他搬到了佛罗伦萨山上一个叫费耶索的小地方，那里充满了田园风情。他去这两个地方为瓦斯穆特的作品集画图。1月份结束巴黎的逗留后，据悉，梅玛回到了德国，在莱比锡大学做了短暂一段时间的语言教师。现在还不清楚他和梅玛是什么时候团聚的，但可能是那年春末夏初的某个时候。我们所知道的是，在佛罗伦萨和之后的费耶索，当冬天结束即将迎来春天的时候，赖特在两位绘图员的帮助下完成了画册的工作。其中一个是26岁的泰勒·伍利，在丑闻爆发之前，他是橡树园工作室的最后一批设计人员之一，另一个是赖特的儿子劳埃德·赖特，那年春天他刚满20岁，他愿意暂停在威斯康星大学的工程和景观/设计学习（当时他在读大学三年级），来意大利帮助父亲完成这个项目。（这里有家族基因的作用，劳埃德在父亲的手中已经成为一支熟练笔，就像赖特在很久以前是路易斯·沙利文手中的熟练笔一样。）在他的《自传》中，赖特描述费耶索是一个"奶油白色的小别墅"，冰冷的石头地面上没有地毯，他们烧着火盆让冰冷的手指暖和起来，赖特和两个绘图员在描图纸上用鹅毛笔费力绘制的超大的瓦斯穆特效果图。他们一直在紧张地工作，对赖特来说，这一定是一种对抗孤独的方式。对他来说，工作的意义一直如此。

1910年3月31日，他从费耶索写信给朋友C.R.阿什比，之前提到过阿什比是英国伟大的建筑师和理论家。他这封信里时而悔恨，时而为自我辩解。有些人希望把弗兰克·劳埃德·赖特仅仅看作是一个利己主义者，一个无法反省、无法回顾、无法悔恨的人，一个在普通生活中从不会遇到的人，而单凭这封信就足以挑战他们的观点。事实上，就像这本书的中心论点一样，这些心情一直在触动着他，萦绕在他的心头，无论明显与否。

那封折叠三页的信是写给"我亲爱的阿什比"的，他的第一个目的似乎是向对方坦白自己的通奸行为，而对方的看法对他来说很重要。从信中隐含的语气可以清楚地看出，梅玛并没有和他在一起。他说："我相信一件可怕的事情是正确的，并为此牺牲了那些爱我的人和我的工作，这似乎是一种自私的、残酷的浪费生命和目标的行为……家庭、朋友，尤其是建筑事业对我报以信任，而我却是一个卑鄙的叛徒。我知道这一切的痛苦……"他说他从来没有像本应该的那样爱过他的妻子凯瑟琳，"几年来"他爱的是"另一个人"。他说，虽然两人都结婚了，有了孩子，但在很短的一段时间里，他们之间"有种秘密的东西。所有真正关心这件事的人都知道了，既然他们都知道了，当我去德国的时候，我带着她一起去了……"他说他现在知道，自己所过的生活，曾经的生活，"是破碎的——往好里说是残缺的"。马上接下来，他又为自己辩解道："我想让我的生活和自我一致。""我想要真实的生活，就像我要建造真实一样……"那句话之后又说："生活就是生活，而生活只会带来光明。如果我能活下去，我就能找到克服压力和灾难的正确方法……"压力和灾难——当你研究这封信时，你会发现，这些字在纸上看起来有点模糊，就好像他在对自己耳语一样，而他的钢笔不知不觉地放轻了。这封信还透露出他和凯蒂曾经有过联系——至少他收到过凯蒂的来信。除了这封信之外，还有其他证据表明他们之间有过紧张的交流。

还有其他的证据，当梅玛写给艾伦第一封未注明日期的信时，如果1910年5月是正确日期的话，这期间赖特收到了一封来自威廉·诺曼·格思瑞牧师的信。格思瑞住在田纳西州的斯万尼市，他和赖特是朋友——事实上，格思瑞是他的客户。这封信是针对赖特来信的回复，可能跟赖特给阿什比写信的时间差不多，也就是3月底。我们没有找到赖特写给格思瑞的信，但在1910年5月1日的回信中，格思瑞提到了这封信，显然赖特已经坦率地陈述了他的处境，并向格思瑞寻求建议，请对方畅所欲言。但格思瑞并没有，他很宽容，颇有兄弟情谊，但也很直率。在长达8页的一封信中，他告诉赖特他的职责所在："你有妻子和孩子，那些把你的灵魂和他们联系在一起的纽带会更加牢固，因为一切本该如此。"

至于查尔斯·阿什比，他在3月31日给赖特写了亲如兄弟的回信，这让赖特松了一口气，虽然这并没有帮助他解决家庭的困境。到了初夏的时候，他和梅玛已经到了他们隐居的别墅。佛罗伦萨在薄薄的晨雾中展开，就像一个柳条花篮。但是，尽管有这浪漫的美景，还有他们表面上的幸福，以及毫无疑问的性激情（他会在自传中抒情地描述前者，并隐晦地暗示后者），他还是继续和自己搏斗——她也是一样。对赖特来说，他的不确定似乎集中围绕在身为父亲的责任上——再说一次，赖特并不是我们在想象中塑造的那个赖特。

7月4日，他从费耶索写信给母亲。这封信是手写的，很长，有些部分难以辨认：

> 我心里一直烦扰不安，一直不知道该写些什么。可能今天是一件事，明天又是另一件事……我害怕我回来时的模样。我是个浪子，我的归来将代表我激怒的那些体制的胜利；我是一个软弱的儿子，迷恋性关系，激情枯竭了，勇气也随之枯竭，于是放弃了迷恋的对象，留下她任凭命运的摆布……我亲爱的妻子和孩子们一直都"知道我会回去"，当我回到他们身边时，我的朋友们以公开的喜悦和暗地里的轻蔑欢迎我……任何人无论向外界流露出何种感情，都必须屈从于外界的庸俗化、野蛮化，并被乌合之众唾弃……你知道，凯瑟琳也知道，我会尽快把她一起带走，就像一年前我对你们

第二部分　道德后果链：1914—1921

俩和她丈夫公开说过的那样。这中间没有欺骗，不值得黄色小报上对"离家出走者"大张旗鼓地报道……她跟我走的一年前对她丈夫说过，无论结婚与否，只要我能带她走，她都会跟我走的……我可能是个痴情又软弱的人，她可能是个没长大的女人，对自己和他人来说都是如此——但无论如何，这整个斗争的基础是不惜一切代价去追求更完整的生活和真理……我就像一座在无法控制的环境下崩裂的房子……

4天后，也就是1910年7月8日，他给阿什比写信说："斗争已经结束了——我要回到橡树园去拾起我的工作，在某种程度上重拾我人生的脉络，我曾经在那里将这条脉络切断。我会在一片废墟中工作——不是作为任何女人的丈夫，而是作为孩子们的父亲——为他们做力所能及的事。"他继续说，"但我一直很残忍，我的灵魂是坚硬的，我摧毁了许多美好的东西……"

16天后，7月24日，又有一封给阿什比的信。"残忍"这个词又来了，这一次他给这个词加上了引号，仿佛在美丽的费耶索，这个词曾经牢牢地嵌在他的脖子上。这种残忍"的根基在其他人的心里"，"当我看到它时——就像我现在看到的那样——我也意识到了这一点——最终，我必须［为残忍］付出代价……"他说的"其他人的心"一定是指他的家人。

这一切是否显得赖特一反常态地内省，对他人特别体恤？等一下，他的另一面（或者更确切地说，他的许多另一面之一）将要出现了，表现得邪恶，令人不齿，骇人听闻，就像《论坛报》和其他芝加哥日报上一遍又一遍的报道那样。当然，这些媒体非常乐意再次跟踪这一事件。他的故事，这条新闻，这些有趣的新闻，对在街角叫卖的报童来说是有趣的：那个橡树园的浪荡子就要回家了，夹着尾巴灰溜溜地回来。

不可能。

10月初的一个星期四，他乘坐S.S.布鲁彻号轮船来到纽约港。梅玛留在欧洲完成艾伦·基著作的翻译工作，无疑她也在努力厘清自己的情绪，推迟做出决定。到了10月8日星期六下午5点，他的普尔曼卧车已经驶进了芝加哥的联合车站。他下了火车，穿着皮革及膝裤、长袜、一件英国粗花呢夹克，戴着灰色的帽子，一副昂首阔步的君主模样——至少媒体是这样报道的。他有一根手杖，不是用来辅助走路的，而是用来突显昂首阔步的姿态。他的头发有点灰白，垂到耳朵上，垂到衣领上。有一篇报道说，他乘出租车去了橡树园，但第二天又对这篇报道进行了修改，说他乘坐当地的通勤车走了8英里（13千米），然后迅速穿过湖街的车站，跳上了一辆出租车。但如果他一点都不感到羞愧，那为什么他要坐在出租车里直到天黑，才让司机把他带到芝加哥大道和森林大道的家门口？（实际上，他完全可以步行回家。）

那天晚上，他坐在一间里屋里，年幼的孩子们在别的房间里玩耍，也许是在房顶上的桶形拱顶游戏室里玩，他们因为父亲回来而感到高兴。凯蒂把门口那些疯狂的媒体的问题传达给他。《论坛报》的报道显得滑稽又可怕，赖特说，这不关公众的事，他也无话可说，"这是赖特从家中一个僻静的角落发出的第一个信息"。

记者们一直在提出采访问题，根据《论坛报》的说法："赖特夫人再次走到丈夫身边，和他谈了几分钟。"他又一次表示了拒绝。

那是周六晚上，就像歌舞伎或者歌剧里的哑剧表演一样。第二天早上8点，这位43岁的归国人士似乎并不感到羞耻，（如果真是这样，他为什么躲在里屋呢？）他叫上了一个老客户威廉·马丁，对方住在小镇上，是远在布法罗市的达尔文的兄弟。就像前面说的那样，在某些方面，达尔文·马丁的存在意义似乎就是赖特最容易拿到钱的客户，心肠最柔软的客户，也许同时还是赖特长期的道德鞭策人。那天早上，赖特想让住在当地的马丁开车来接他，带他回市中心的车站，因为前一天晚上他没拿行李。威廉·马丁给他在布法罗市的哥哥写了一封长信："他打电话给我……就像昨天他才见到我一样……他胆子大得吓人，我一时不知道说什么好。"但马丁还是让步了，就像马丁一家习以

第二部分 道德后果链：1914—1921

为常的那样。(至少马丁家的男人是这样，而妻子们则一直是另外一回事。) 赖特的打扮和前一天差不多(马丁的信里说"赖特穿得很像桂格麦片包装盒上的人")，他还把卢埃林带来了。他们开车去取行李的时候(孩子能从后座听到吗？)，他告诉马丁他回来"不是浪子回头，或者是一个忏悔的罪人，我来这里是要重新生活，不是像以前那样——这也许不可能——但我将尽我所能做到最好。我承认我做错了，但我并不为自己感到难过，我只是对我的家庭、孩子和客户感到抱歉"。

几乎与此同时，橡树园的一位牧师在第一长老会的讲坛上谴责赖特。那天晚些时候，他告诉一位记者，像赖特这样的人已经"失去了所有的道德感和宗教意识，应该受到谴责"。

有个我们也许还没有充分考虑的问题：这种傲慢和明显的死不悔改，会不会是一种近乎孩子气的表现呢？长期以来，弗兰克·劳埃德·赖特性格的一部分就是表现得像个逃学的孩子、爱发脾气的孩子。他已经知道日报对他的报道会很糟糕，那为什么不把他们要的直接给他们呢？这是不是掩饰他所有屈辱的一个面具呢？

凯蒂·赖特曾在周日告诉《论坛报》的记者(或者《论坛报》的记者借她之口说了这句话)："如你所见，我们又在一起了，我们全家团聚了。我就知道他会回来的，他是个有荣誉感的人。"

但三天后的星期三，在写给身在英国的珍妮特·阿什比(查尔斯·阿什比那宽容又有天分的妻子)的一封信中，凯蒂道出了真相：

> 赖特先生于10月8日星期六晚上回到了这里，他带来了许多漂亮的东西，却没有带回他的心。我猜，他的心留在了德国。
>
> 如果目前的安排有一丁点合理性，我相信我会更加勇敢，但我发现，他之所以和她分开，只是因为他希望保持他们之间美好而理想的关系，担心和她在一起，他会逐渐厌恶她。

225

为火所困：赖特的梦想与愤怒

> 每天早上醒来，我都希望这是最后一天，每天晚上，我都希望黑夜是永恒的。

在这封难以理解的信中，最让人难以理解的是，丈夫显然已经告诉妻子，也许就在回来的第一个晚上已经告诉对方，他无意恢复他的婚姻。凯蒂在信中写道："他似乎急于确认我对此没有任何幻想。"是的，他的残忍。

1910年深秋到1914年夏末，弗兰克·劳埃德·赖特这个道德和职业弃儿（又一次）从橡树园中出逃，在威斯康星州西南部祖辈传下来的一座山坡上，慢慢地重新开始了他的生活和事业。他之所以能这样做，应该靠的是从很多层面上招摇撞骗。从许多方面来说，他的性格在这段时间里表现得最糟糕，尤其是在最初的十三四个月里。正如一位赖特的历史学家所写，他的一生是"一连串的欺骗"。历史学家安东尼·埃罗弗森说："赖特现在被迫过着双重生活，一方面否认自己对梅玛的爱，另一方面围着她来规划未来的生活。"也就是说，他待在橡树园的家里，家人坐着炉火坐在他身边，他却没有再做回丈夫的想法。而且，显然他也没有在橡树园待很长时间的想法。他和妻子在这所房子里分居，赖特很快就想出了把这处房产分割的计划，即使不能分割成两半，至少也要分割成两套住宅单元，其中一套可以作为将来的租金收入。他对孩子的关心呢？这些都到哪里去了？

他主要的欺骗手段之一是说服他的重要赞助人达尔文·马丁，让对方相信他和梅玛的关系已经结束了。关键是他需要马丁的钱，才能在威斯康星州开始兴建塔里埃森。当然，一开始，他就把那里描绘成是给他母亲的"小屋"，他以虚假的借口从马丁那里哄骗了25 000美元。

关于哄骗，回来17天后，他写信给马丁说："不管怎样，至少我现在知道谁是我的朋友了，他们少得出奇。从任何意义上说，我从来就不受欢迎，我总

第二部分 道德后果链：1914—1921

是冒犯普通人的智商，终于那些人再也无法容忍我了，只是因为我身上有某种突出的才能，才能保住我的工作……事实上，我可以告诉你，我亲爱的朋友兼客户，这是痛苦的。"信里的其余部分，他都在哄骗马丁出面替他在底特律争取一个可能的委托项目。

1月下旬，他再次出国（与出版商因出版《瓦斯穆特作品集》发生争执），这次旅行是由马丁出钱资助的。他直到3月底才回来。他一定在旅途中见到了梅玛，尽管没有留下任何记录（再强调一遍：在这几十年里，赖特和梅玛之间的信封也没有浮出水面，或者至少据我所知是这样），但可能就在这时，他们清楚地意识到，要和对方共同度过余生。她当时并没有和他一起回到美国。（她6月回来，然后开始着手与埃德温离婚。）4月初，他决定在威斯康星州的海伦娜山谷购置一处房产，这将标志着他新生活的开始。他给马丁发了一封电报，说他需要作为儿子介入，"帮助我母亲摆脱紧张的房地产状况"。一周后，他又欺骗了马丁，说"我帮母亲买了一个小农场，她有一份购买合同"，而且说自己作为好儿子，要和她一起去斯普林格林，"来完成交易，并为她建造一座小房子"。安娜·赖特参与了这一切，但实际上，他也在欺骗母亲。他要用骗来的钱盖房子，在他从小就喜欢的小山顶上开始建造他毕生的油画布。在他看来，塔里埃森是他所有未来计划的源泉：一个家，一个工作室，一个农场，一种生活方式。在《弗兰克·劳埃德·赖特的建筑》一书中，尼尔·莱文用了整整一章的篇幅来讲述《塔里埃森的故事》，不偏不倚地打破了错综复杂的骗局。

塔里埃森于1911年5月开始施工，12月就高效地完工。当月，梅玛在给艾伦·基的信中写道："正如你所希望的那样，我已经做出了一个与我自己的灵魂和谐一致的选择——就我自己的生命而言，这个选择早就做出了——那就是和切尼先生彻底分开。夏天的时候我离婚了，现在我的娘家姓成了我法律上的姓氏。我还做出了另一个与自己的灵魂和谐的选择，和弗兰克·赖特的幸福是一致的，我现在替他打理家庭。"她还冷漠地说了这种说法的两种含义，一是优先考虑她自己，二是无意中可能会有的将来："我希望将来会有我们自己的孩子，但现在还不行……"

关于人性复杂的交织，复杂的缠绕，在弗兰克·劳埃德·赖特身上，除了毕生的狡猾，总是有一种奇怪的几乎与之平衡的天真，伴随他的一生。没有人能充分解释这一点，这里我也不作解释了。他的天真和傲慢总是混在一起，他似乎永远无法看透自己造成的后果的另一面。就好像他只是在不停地犯错，而没有把事情想清楚。精神病学家说，这类行为的很大一部分是人们认为自己可以侥幸逃脱惩罚，这似乎是对弗兰克·劳埃德·赖特的另一种定义。无论如何，在1911年的圣诞节，芝加哥的媒体发现他把情妇接进了他的新家，所以他们又开始对他的故事垂涎三尺了。圣诞节前夜，《论坛报》援引他的话说："我来澄清以免造成误会，对我来说，从来就不存在E.H.切尼夫人，现在事实上也不存在了。但是，博思威克·梅玛就在这里，我打算照顾她。"25号那天，这个天真又傲慢的人，想要逃脱他期望逃脱的那种惩罚，在客厅里踱来踱去，宣扬他和梅玛的道德操守，以及为什么适用于普通人的法律不适用于他们。第二天《论坛报》报道说："显然，赖特先生并不后悔自己没有出现在橡树园的家里，没有和他的合法妻子以及6个孩子一起过圣诞节，同时，梅玛·博思威克似乎已经忘记了过去她和丈夫还有孩子们一起度过的圣诞节。"在接下来的几天里，他又向媒体发表声明——这简直是火上浇油。他母亲那边的亲戚是些道德上严格的人，他们已经在威斯康星州的乡村山谷里生活了好几代，有些人现在在社区里担任要职，有些人在麦迪逊市从事显赫的工作，看到自己的假期卷进了这种庸俗的嬗变中，他们都感到惊骇不已，他们中有些人公开声明跟他断绝了关系。12月28日，《芝加哥记录先驱报》的头版头条是《赖特亲属聚集"审判"建筑师》。虽然事实不完全是这样，但其中也有些道理。

12月30日，几个记者冒着恶劣的天气骑马来到他的门口，想看看他会给他们什么最新的消息作礼物，而他天真、笨拙、自以为是地向记者们递出了另一份签字声明。他的声明现在已经平静多了，带着一丝听天由命的无奈，至少暂时是这样："我累了，那个女人也累了。我们过着真理所要求的生活，我们

第二部分　道德后果链：1914—1921

的愿望是不伤害任何人。希望我们能对他人有益，我们决心不惜一切代价实现我们的理想。"

后来，随着时间的推移，一切都过去了。后来，随着时间的推移，他的亲戚们又接受了他。随着时间的推移，就像一片森林在一场焦土大火后重生一样，工作让他焕发了生机。

这就是说，尽管看似困难重重，赖特的职业生涯在接下来的两三年里开始慢慢好转上升，最好的几年——最好的几十年——还在他的未来，在弗兰克·劳埃德·赖特的七幕人生里。正如我所说的，统计数字永远不能说明问题，但这里提供一些数字背景：1909年，也就是赖特在全国名誉扫地之前的最后一年，他有27个委托项目正在进行中，其中12个已经执行或者正在执行中，包括爱荷华州梅森市标志性的建筑物——城市国家银行与酒店，以及伊利诺伊州河滨市更加标志性的艾弗里·康恩利别墅（他在这个壮丽的草原建筑上还做了些额外的工作，关于这一点可以谈上好几页）。这27个项目中有两个已经被拆除。相比之下，在1912年，他东山再起时，总共有12个委托，有4个已经建成，其中两座建筑已经被拆除，但其中一座却找到了另一种存在方式——它来到了纽约大都会艺术博物馆。这就是位于明尼阿波利斯市郊外明尼托卡湖边的一座住宅，叫作弗朗西斯·W小屋，它的主人亲切地称它为诺桑姆——北方之家。至少可以说，诺桑姆的客厅，包括艺术玻璃条饰、天窗和天花板上的镶边饰带，找到了另一种存在方式。现在它在博物馆里安装重建，与其说这是一个房间，不如说是一系列横向水平长隧道的空间，用木头和玻璃封住，从博物馆深处反射出神奇的光线。

1911年，赖特悄悄地在管弦音乐厅6楼租了一间小办公室。他的想法是住在威斯康星州，但要定期去城里拜访新老客户。最后，他在600—610房间建立了一个小团队，包括他的两个儿子劳埃德和约翰——他们至少负责兼职的画图工作。当时的感觉是，一切都在稳定下来，也许相对迅速的一切甚至让他自己都感到惊讶。1913年1月，他和梅玛去了日本——这是他第二次去日本。他们一直到5月份

229

为火所困：赖特的梦想与愤怒

才回来，主要目的是争取获得一项委托，设计一座新的帝国饭店。经过旷日持久的谈判，他最终赢得了胜利。到那时为止，这是他一生中最耗费精力的建筑项目，而且要花10年时间才能完成，还需要多次去日本旅行，长时间待在日本，经历许多的挫折——才能有最后的成功。1913年的前半年是一个开始，标志着他接下来10年里断断续续地专注于帝国饭店和日本的工作。1913年的下半年，他出人意料地获得了一项委托，要在芝加哥南区的科塔奇格罗夫大道和第六十街的交叉处建一个多功能的娱乐广场，包括一座夏季花园和一座冬季花园。他把他所有的奇思妙想都倾注进来，在不到一年的时间里，第二年夏季的6月27日，一座名为米德韦花园的梦幻宫殿尽管还没有完全完工就向公众开放了。正是因为没有完工，那个夏天他还需要不时地来这里。1914年夏天，只要有时间，他就坐火车从斯普林格林过来。有时他睡在现场，有时他睡在卢普区管弦音乐厅的办公室里。他现在已经往上搬了两层楼，在大楼顶层的810号房间。

让我们回到艾达·路易丝·赫克斯泰伯发人深省的那句话：也许并不是纯粹的浪漫激情（对两者都是如此），也不是媒体所刻画的不顾一切的欲望，也不是他需要关注，或者是需要长期生活在刀刃上（以某种奇特的方式来推动他的工作），驱使他远离了妻子和孩子，远离了橡树园的稳定。不，更接近事实的原因可能是，他的离去是所有这些事情的复杂交织，更重要的原因是他作为一个艺术家的愿景，他在追求自己的抱负。

我有时也会忍不住想，他对梅玛爱得有多深，至少在这中间，他是否在某种意义上利用了她——也许反之亦然。他们是不是都需要逃离橡树园，从而成了彼此的帮凶和教唆犯呢？把这种想法稍微纠正一下，用一种更积极的，然而也是痛苦的眼光来看，他是不是只能在几年的时间里，在某一段过程中，才能对她有坚定的爱情——比如说，大约从1904年开始到11年后的斯普林格林结束，是不是当爱情被夺走的时候，它才是最好的、最忠诚的呢？

第二部分　道德后果链：1914—1921

众神是否在关注着这一切？谁能说得清呢，但我并不赞同那种认为赖特总是一个自恋狂，以至于不能把自己完全交付给另一个人的说法。我认为这是一个更有深度的故事。

关于弗兰克·劳埃德·赖特的生活，我们似乎经常听到的是故事，而不是真的了解。你已经听说过艾达·海勒的故事了，1909年10月，就在她的建筑师和梅玛·切尼一起去欧洲两周后，可能是沉浸在单恋的悲伤之中，也可能并不是这样，在位于南区的家里，她从三层的电梯井跳了下来。她的死和赖特的离开有关系吗？这无疑永远不会有人知道。但是关于他们之间暧昧关系的故事流传开来，至少在海德公园／肯伍德的某些地方是这样的。同样，如果你去纽约的罗切斯特市，去看一所美得令人难以置信的草原住宅爱德华·E.博因顿之家（它不对公众开放，但至少你可以站在人行道上参观，房子的主人非常和气），你迟早会接触到关于赖特的另一段无法核实的所谓爱情故事。如果说艾达·海勒比赖特年长得多，那么比乌拉·博因顿则比赖特年轻得多。这段恋情发生在1907年，当时博因顿正在修建中。在前面提到1907年的事情时，我写道："最晚大约是在1907年中期，他又开始和梅玛交往，毫无疑问，现在已经是性关系。"

博因顿之家的建造开始于1907年6月。

这是赖特建过的最东部的草原住宅。（在纽约州北部并没有太多的草原住宅。）爱德华·E.博因顿是一位实业家，是汉姆·蓝登公司的合伙人。他的合伙人是沃伦·麦克阿瑟，赖特于1892年为他设计了私制房（以赛瑟尔·科温的名义设计），建造了一座复折式屋顶的荷兰殖民式建筑，就位于南肯伍德大道的南侧，紧邻着另一座私制房布洛瑟姆住宅。博因顿之前有3个孩子早夭，然后又失去了他的妻子，但他还有一个精力充沛、备受宠爱的女儿比乌拉。1907年，她21岁（那年赖特40岁），她对东大道上那幢住宅的建造表示很感兴趣，并跟踪了该建筑的规划设计。那位来自伊利诺伊州的建筑师经常不事先通知就出现在建筑现场，他听取了比乌拉的很多建议，而这不是他典型的做法。［在她的卧室里，为了存放她心爱的衣服又不用折叠，她想要6英尺（1.8米）宽的抽屉，可以像巨大的地图抽屉一样，在特制的轴承上拉出来——她如愿以偿。〕有故事说当地的承包商在天黑时离开工地，然后早上发现赖特在那里——他坐了一班晚上的火车，午夜到达，然后就去了那所房子，他会在那里待上两三天。至少有一次，据说他在外面用废弃的防水油布露营，但他大多数时候就睡在正修建的房子里。当比乌拉年过六旬时，罗切斯特市的一个记者为报道博因顿住宅采访了她，她证实了这个（关于他睡在这栋房子里的）事实。那时她一人寡居，离开这栋房子已经很久了（她嫁给了罗切斯特市的一位股票经纪人，他们最终在曼哈顿安家）。记者把打印好的问题邮寄给她，她做了回答，然后他亲自去曼哈顿采访她，那是在1954年末和1955年初。大约15年之后，也就是20世纪60年代中后期，比乌拉已经80多岁了，离她去世的时间不远（她活到了将近88岁），一位密歇根大学的历史学家采访了比乌拉·博因顿，当时这位历史学家正在写一本关于赖特和另一位芝加哥建筑师的书。她记得她的建筑师"长得非常英俊，有敏锐的幽默感，蓝色的眼睛里闪烁着光芒"。这位教授似乎不敢让靴子落地，即使他在采访的时候可能已经听到隐含之意。"她发现他很讨人喜欢……显然他们相处得很好……显然，她对建造过程很感兴趣，因为她在建造房子的过程中学会了阅读施工图和工程设计书。"他形容比乌拉那时是一个"活泼的小女孩"。

爸爸是不是在大厅另一头愉快地打着呼噜，而他的女儿正在自己修建的闺房里招待赖特呢？我对此并不怀疑。

这些年过去了，故事浮出水面，尽管这些故事本身就像是漏水的舰船。

1908年3月初，比乌拉和她的父亲搬进了赖特设计的这座迷人住宅。在伊利诺伊州，这位建筑师正在和另一个男人的妻子做爱，而她曾经也是他的客户。同时他正要在《建筑实录》上发表一篇长达67页的精彩文章，在文章中，他说他希望"有一天，美国人可以在自己的建筑中，以自己的方式，过自己的生活。也就是说，我们可以尽可能充分地利用我们所拥有的一切，明白它们是什么，可能成为什么……"是的，最重要的是努力过一种诚实、道德真实的生活，根据自己的想法和定义生活。

他妹妹的家名叫坦伊德利，是他在大约7年前设计、命名并建造的，房子位于劳埃德·琼斯家祖传下来的山谷里。那天晚上，这栋房子成了临时停尸房，也是为濒死者和烧伤者服务的临时医疗处。据说，当时似乎有4具尸体盖上了布单，尸体周围点燃的烛光摇曳闪烁。尸体可能是在客厅一个遥远的角落里，或者更有可能是放在了一个宽大、开敞、有7个面的阳台上，那个阳台有点像一艘船的船头，带有一些明显的赖特式风格，与客厅隔得很近，就在房子的北面。在山谷的另一边，大约半英里（0.8千米）远的地方，他自己的家设计得更加精巧，但现在只剩一堆冒烟的废墟。不断闷烧的塔里埃森散发出一股烧焦的气味，飘在潮湿的空气中。

那天有要下雨的迹象，最近天气干得像火柴盒一样，上帝知道农民需要雨水。傍晚早些时候，出现了零星的几道闪电，却没有雷声。

在1914年8月16日星期日早晨1点钟左右，他满心痛苦地从芝加哥乘火车回到这里，也许在刚进门只有一分钟的时候，当他第一次看到他们，看到那些被单覆盖的尸体时，当他不经意地一眼看到眼前的恐怖，看到他们的样子时，会不会感到有种诗意的和谐和整洁呢？差不多整整12个小时之前，在米德韦花园，弗兰克·劳埃德·赖特听到了第一阵电波传过来的消息。现在他就在这儿，时钟已经转了一圈，他的世界已经天翻地覆。他摇摇晃晃地走了进来，也许是被半抬着走的。他从城里的车站月台上出来，坐进汽车的后座上，被送到了妹妹简·波特的家里。他从车里出来，从房子后面

233

进来（在他怪异的天才设计中，他决定把前门的入口通道放在房子后面），穿过小门厅，上了几级台阶，进入客厅，看到这种卡夫卡式的景象，这会是什么样子呢？

死去的人和垂死的人，也许还有一些在灭火时受了点轻伤的人，应该就在他的正前方，大概离他30步或35步远。即使他闭上眼睛，也一定看到了他们。

虽然没有照片留存下来，但坦伊德利（在威尔士语中是"橡树下"的意思）晦暗的一楼看起来一定像是前线的红十字护理站。我的脑海里还浮现着另一种景象——恸哭的地下墓穴。

大概有4具盖着床单的尸体。老汤姆·布鲁克还活着，正在为自己的生命坚持，大卫·林德布卢姆也是如此。据说，梅玛12岁的儿子，年幼的约翰·切尼，只剩下几根发黑的骨头和几缕头发——床单下几乎没有什么可以覆盖的东西。这样一来，就只剩下梅玛、她8岁的女儿玛莎、年轻的欧内斯特·韦斯顿和埃米尔·布罗代尔。赖特知道梅玛就是他眼前剪影中的一个吗？不管他因为悲伤和震惊变得多么沉默，他一定会发自内心地明白这一点。

无论是在夏季或是冬季，如果你白天进入这个房子，如果是在一个普通的白天，尤其是在下午，你第一眼关注的是光线折射的方式，不管是未经过滤的光线还是灰蒙蒙的光线。光线从左边客厅的西侧进来，那里有六个菱形窗格的铅框平开窗。建筑师以简洁的方式设计了这座草原风格的住宅，让大自然发挥了它的作用。这是一种四四方方的、笔直的、四方形的木制草原住宅，因其质朴简单而愈加美丽。它至今一直保持着这样的状态。

在西南角紧靠左边的地方，建筑师布置了一架施坦威三角钢琴。他曾告诉他的妹妹——她的名字叫简，但他喜欢叫她珍妮——这是放钢琴的最佳位置。珍妮比她小两岁，一生都是他忠诚的支持者，她也同意了他的这种说法。那架施坦威钢琴还在那儿,在客厅的同一个地方。关于赖特和钢琴,那天晚上发生的事有点奇怪,我们至少在口述的历史中能找到,这个故事也一直口口相传下来:他进去后,也许脱下了外衣,也许慢慢地喝了一口水,然后他走了过去,掀开钢琴盖,坐在铺着织锦的小凳子上,打起精神开始弹奏巴赫的曲子。他一遍又一遍地演奏音乐,据说,他一边演奏一边哭泣,没有人去打扰他,这种情形持续了很长时间。但如果你对他的家族史有所了解的话,就不会觉得那么奇怪了。在麦迪逊市,在他不幸的童年时代,他过去常常看到,受挫的父亲威廉·凯里·赖特在又一次被无情的妻子安娜·赖特打击时,被自己不切实际的梦想打击时,会做同样的事情:在高汉姆街破旧的客厅里,在巨大的压力、失望和沮丧之下,父亲坐在织锦覆盖的钢琴凳上,把自己蜷缩起来,几乎消失了,消失到他心爱的巴赫、贝多芬和勃拉姆斯音乐中。

还有一个故事是关于富兰克林·波特的,他是简和安德鲁·波特最小的孩子,那天晚上他才4岁。他的父母想让他待在楼上。显然,在他的余生中(他的寿命很长),赖特的这个外甥一直无法完全摆脱那些垂死的和被烧伤的人的呻吟,他们的声音留在他的思想和内耳里。哭声从他卧室的窗户传进来,不知怎的,和一只北美夜鹰的叫声混在一起。几十年后,他告诉赖特的传记作家梅尔·西克莱斯特,他的卧室几乎就在露天阳台的正上方。

有一张富兰克林·波特在阳台上的照片,大概是3年后的夏天拍摄的。一切似乎都恢复了原样,木制的露台上铺着东方地毯,放着柳条摇椅,还有一条金鱼在桌子上的碗里游动。他的外祖母安娜就在那里,披着披肩,看上去令人生畏,但又有种祖母的慈爱,他的母亲拿着一本书,他的姐姐正在织毛衣。这个男孩穿着短裤,一只脚抵在另一只脚上保持平衡,他看起来很开心。背景是朦胧的群山和塔里埃森，那时塔里埃森已经完全重建了。

——而且注定在不到10年的时间里再次被烧毁。

那天晚上，弗兰克·劳埃德·赖特睡在楼上4间卧室中的一间，不知他是否能睡着。埃德温·切尼也是如此。有故事说哭泣声从赖特的门后传来。第二天，实际上是同一天，就在星期天，他埋葬了梅玛。

但我想说的是发生在车站站台上的事，大约在他进屋看到一切之前半个小时。（斯普林格林市中心的这座车站是小经过改造设计的旧仓库，开始腐烂的木质平台和悬垂的屋檐还都在那里。你可以站在屋檐下，试着想象过去发生的事。）我们之前已经提到了约翰·劳埃德·赖特那本既不可靠又奇怪的回忆录兼传记混合体《我在人世间的父亲》。无论它的可信度如何，无论它的基调如何矛盾，这本书都值得关注。你应该还记得，他和他的父亲从芝加哥坐火车来，他描述了抵达时的现场。我倾向于认为他的描述至少在本质上是正确的。

终于到了斯普林格林！夜风拍打着烟雾弥漫的乡间，人们的影子在黑暗中显得非常夸张……手电筒的光线四处乱射，灯笼在半空中摇晃，几乎要从柱子上掉下来。在某种程度上，夜晚仁慈的黑暗拯救了他，使他免受那些病态的、好奇的幽灵的骚扰，他们成群地游荡，已经等了好几个小时……这些人都是这里的好人，他们用自己的智慧创造出所谓的宗教来，他们交换眼色的时候意味深长地点点头。但与此同时，他们疯狂地推搡着想看一个人痛苦时的样子。法利赛人——撒都该人——虐待狂们站在一起，窃窃私语……

弗兰克·劳埃德·赖特的表弟理查德·劳埃德·琼斯比他小6岁，他具有法利赛人的正义感和强烈的自我意识，也和赖特有特殊的家庭关系，他在人群中挤来挤去，至少我想象他是这样挤来挤去的。他是这本书中到目前为止道德最败坏的人物。大家应该还记得，琼斯是虔诚正直的詹克舅舅的儿子。在过去的3年里，他一直是《威斯康星州日报》的老板和编辑，这是该州最重要的日报之一。如果到目前为止，琼斯毁灭性的故事还只是暗示的话，那么在接下来的几页里，这个故事将占据中心位置。经过了几代人之后，这个故事对许多人来说仍然颇具毁灭性。

整个下午，理查德表弟在麦迪逊的报纸都在发布公告和号外。很明显，他是在当天晚些时候赶到斯普林格林的。他去火车站接人，也许他的车载着赖特从镇上开了3.5英里（5.6千米）到达坦伊德利。据约翰·劳埃德·赖特说，在站台上，琼斯抓住瘫倒的表兄的衣领，拍打着他的后背，摇晃着他，喊道："站起来，弗兰克！事情不可能更糟了，控制住你自己！"这句话出现在许多关于赖特的著作中，大家基本上都根据字面意义来理解这句话。我还有另一种解释，与那些似乎不恰当的话本身，以及说这些话的人的性格有关。

站台上的男人

我们现在说的是1921年塔尔萨市的种族骚乱。是的，一些听起来太过遥远的事情，但实际上并非如此。

你看到的是弗兰克·劳埃德·赖特舅舅家的表弟，你凝视着这个人——或者，反过来说，通过这张保存完好、胶片风格的古老卤化银感光照片，他几乎令人不安地凝视着你。正是这个人，纵容他在俄克拉荷马州的报纸诱发了美国历史上有记录以来，对黑人社区的最严重的纵火和大规模屠杀之一。这次屠杀虽然没有达成历史的结论，却是无可置疑的事实。而正是这个人，理查

第二部分 道德后果链：1914—1921

德·劳埃德·琼斯，在那次屠杀之后的日子里变本加厉，这也是他最糟糕的性格特征之一。他在自己的社论版和报纸的其他地方都发表了带有种族主义色彩的言论。他说，实际上这是镇上的"坏黑鬼"咎由自取。如果给一个"坏黑鬼"（与"好黑人"相对）毒品、酒精、枪支、放荡的女人和肮脏的赌博场所，就会出现一种致命的、易燃的混合物，必须根除掉。一切都是为了市民的利益，为了上帝的利益，为了美国的利益。

这些记录保存下来，白纸黑字。

真正致命的、易燃的混合物是理查德·劳埃德·琼斯的性情和个性，以及他看待世界和世界上大多数事物的方式。他的个性是一种反动的、黑白的、非此即彼、自以为是的二元论。从这个意义上说，塔尔萨必然会发生灾难和悲剧。这种冲动、易爆发、专制、强硬的暴脾气和自以为是的性格似乎一直伴随着琼斯，直到他去世的那一天也不例外。他从没有为自己扮演的角色道歉，至少没有公开道歉，他活到了90多岁，活到了塔尔萨种族暴乱过去40年之后。就我们所知，"暴乱"这个词是历史上一个严重错误的命名。他和情妇继续在一起（至少有一段时间），和总统们建立了友谊，在职业生涯中担任了很高的政府行政职务，是一个虔诚的教堂信徒（在暴乱发生的同一年，他与人共同创建了一位论派的塔尔萨教堂，规模非常巨大），获得了不止一个荣誉博士学位（显然，在简历和名人录中的学位有一个是他自己虚构的），变得更加阔绰，有了孙子和曾孙。

琼斯是弗兰克·劳埃德·赖特的近亲，他们俩基本上一起长大，除了这些显而易见的事实之外，我说的这些与赖特本人有什么特别的关系呢？琼斯的生平和这本书的中心主题和旋涡有什么瓜葛呢？

我坚持认为这一切有关系。这就是为什么，归根结底，甚至不是关于弗兰克·劳埃德·赖特那个道德败坏的表亲的故事。这个故事一点也不迂回，也不应该被忽略，虽然我强烈地希望它能被忽略。如果我们真能移开视线就好了。

为火所困：赖特的梦想与愤怒

"毁灭性"：形容理查德·劳埃德·琼斯时，这个词我已经用了三到四次，而且要继续用下去。关于他的生活、他的历史，那就是毁灭性的。

之前我曾写过一段经历，我走进威斯康星州道奇维尔市那间地下监狱，那里早就废弃几乎没有光线，朱利安·卡尔顿曾在那里度过了他生命的最后7个星期，我想要理解他的所作所为。但是，在另一种意义上，在那个封闭的空间里（你必须到隔壁的县办事员办公室找人，去取挂锁的钥匙，然后让人把你带下去），我真正想要了解的，或者至少是同样想要了解的，是一些更广泛、更可怕的事情。那就是，威斯康星州那个夏日午后发生的事情，和塔尔萨发生的另一场末日大火之间，是否有联系？

首先，塔尔萨种族暴乱不是暴乱，是一场种族大屠杀，一场瞬间的、无计划的大屠杀。如果你对这个错误的命名并不很耳熟，那你并不是唯一的一个人。即使在一个世纪后的今天，在出版了相关的书籍，拍摄了相关的纪录片，进行了研究，人们提出了赔偿要求，建立了花岗岩纪念碑之后，塔尔萨种族暴乱隐藏的历史，或者不为人知的历史，在这一事件中是很反常的，也许是美国历史中反常的一部分。几十年来，在课堂和历史书上，这件事基本被抹除了，在俄克拉荷马州的课堂和历史书中尤其如此。俄克拉荷马州把目光转向别处，和美国历史中的反常做法一致。由于缺乏更好的解释，我们称之为记忆梗塞，历史失忆症和蓄意的遗忘。

这件事发生在1921年5月31日和6月1日，从前一天的傍晚到第二天的下午。在俄克拉荷马州第二大城市的市中心边缘，当地的白人暴徒把大约35个街区几乎全部夷为平地。这些暴民，或者是一部分暴民，似乎大多数时候只不过是塔尔萨的普通公民，也就是说，他们是父亲、丈夫、劳动者和教堂的信徒，他们似乎在恐怖的浪潮中突然上升又落下来。在汽油燃烧引发的狂潮中，位于城市近东北侧的社区，就在从圣路易斯市到旧金山市的弗里斯克铁路线铁轨对

第二部分 道德后果链:1914—1921

面,被夷为平地,或者说几乎被夷为平地。在这个尚未开发的边境新兴城市,石油就像喷出的黑金一样,铁轨穿过城市的这部分地区,实际上充当了肤色分割线。(真正的种族隔离线是阿彻尔街,阿彻尔以北的地方可以说都是黑人的,以南的地方是白人的。)暴徒们摧毁或者说想要摧毁的社区叫格林伍德,它被认为是美国最富裕的非裔美国人社区之一,近似于一个独立自主的社区。外面的人称它为"小非洲",也有人叫它"黑鬼镇"。它的商业区位于阿彻尔街和格林伍德大道的交叉口及附近区域,包括数百家繁荣的黑人商铺,许多当地居民特别有自豪感,他们有充分的理由把这里叫作"美国黑人的华尔街",在所谓的美国黑人地下共和国中广为人知。这是俄克拉荷马州的奇迹。

在那一夜的纵火、抢劫和杀戮中,9000多名塔尔森黑人无家可归,格林伍德一千多个黑人家庭被火焚烧。教堂、剧院、理发店、擦鞋店、医生办公室、律师事务所、餐厅、干洗店、酒店、咖啡馆和街角杂货店都付之一炬,几乎都是如此。斯特拉福德旅馆没了,格利旅馆、红翼旅馆和米德韦旅馆都没了,梦幻剧场、东区饲料店、西阿彻尔街午餐店、A.S.纽克摄影工作室,顶尖杂货店,梅布尔·利特尔美发工作室,约翰逊殡仪公司,蓝鹅裁缝店,本·里克特餐馆,有色人种保险协会,奥斯本·梦露溜冰场,大都会浸信会教堂,锡安山浸信会教堂,北格林伍德上帝教会,全都没了。大约有6000名男人、女人和儿童被关进了城市周围的临时拘留营。空中的民用飞机很可能也参与其中,从屋顶上投下自制的燃烧弹,夷平、残杀还是即兴屠杀,我们不知道该怎么描述才好。但人们对包括这件事在内的很多事仍有争议。

迄今为止,还没有人被起诉。

需要说一下,在所有的死者中有白人吗?谁也说不清。在事件发生近80年后,俄克拉荷马州成立了调查委员会。根据可靠的报告,尤其是根据官方暴乱委员会的报告——死亡人数从75、100到300不等。(暴乱发生时,官方估计的数字要低得多。)2001年2月28日,州长委员会递交了近200页的调查结果和建议的"最终报告"——如此大规模的事件真的会有任何"最终"结果吗?今天，我们去塔尔萨会听说不止一个未发现的乱坟岗的故事，它就在城镇的边缘，尸体当时就被丢弃在那里。我去过塔尔萨5次了，我不断听到这个故事，还有众多其他的故事，引申出更多难以记录的故事。在《在俄克拉荷马州委员会关于1921年塔尔萨种族暴乱的最终报告》里，俄克拉荷马州委员会的两位学者兼历史学家在提交给当时州长的一篇综述文章中写道："历史无界限。"这只是一种意味深长的说法，说明这场根本不是暴乱的暴乱（尽管毫无疑问的是，格林伍德的居民和对方在人数只有1：20的情况下，曾奋起反击，站起来保护自己，而且在早些时候，他们曾在法院聚集起来，携带着枪支和大棒，试图阻止白人对一个黑人进行私刑）将继续郁积、集聚和燃烧。而逝者的姓名和人数将永远是未解决的问题中的一部分。

这里有一些死者的名字：鲁本·埃弗雷特，一个一天赚50美分的工人；A.C.杰克逊医生，据说被叫作"美国最能干的黑人外科医生"，他在自家前院举着双手时被射中腹部。幸存者现在几乎都已经去世了，他们中的有些人一直在俄克拉荷马州活到了晚年，例如约翰·梅尔文·亚历山大，埃西·李·约翰逊·贝克和布兰奇·查特曼·科尔。事发时布兰奇才17岁，在一段口述历史中，她说："我们发现我们失去了一切，我们所有的一切都被偷走或者烧毁了。我不知道我们为什么回来，没有什么好回头的了。"还有一些我们并不清楚名字的人，据说一对黑人老夫妇手拉着手跪在地上祈祷时后脑勺中弹。欧内斯特·海明威在他伟大的一战小说《永别了，武器》中曾有过一段话：总会有一些事情，有些词语，人们不忍心听到它们和下流的事件连在一起，有时候似乎地名和人名本身也"有尊严"。

一位母亲生了一个死胎，她把孩子放在鞋盒里，将要在早晨举行葬礼。但是发生了纵火、射杀，人们开始狂奔逃命，空气呛得人无法呼吸。不知怎么的，这位状态不好的年轻母亲在情绪激动中掉了鞋盒。"我的孩子在哪里？"她在人潮踩踏中一遍又一遍地尖叫着，而另一种肤色的人群则在尖叫："抓住黑鬼们，抓住黑鬼们。"

第二部分 道德后果链：1914—1921

这件事为什么会发生，又是怎么发生的？这是一个过于复杂的故事，但是从另一个角度来说，一点也不复杂。表面上看，塔尔萨种族暴乱发生是因为前一天美国国庆日，当地一个名叫迪克·罗兰（他当时19岁）的黑人少年在市中心商业大楼的电梯里袭击了一个名叫萨拉·佩奇的17岁白人女孩。罗兰在街对面拐角处一家白人开的擦鞋店工作，在塔尔萨，擦鞋工通常被叫作"擦皮鞋的"，他们工作一次可以挣一毛钱，而且往往会得到5分钱的小费。一个擦鞋工工作一天可以赚到两块钱，这可是不少的钱。萨拉·佩奇住在北波士顿大道的一间出租房里，她坐在滑动铁栅栏后的小凳子上操作电梯轮，电梯颤巍巍的竖井通向南大街319号德雷塞尔大厦的顶楼。擦鞋店里没有黑人可以用的洗手间，但在德雷塞尔的顶楼有一个允许黑人使用的洗手间。历史认为，所谓的袭击，所谓的在光天化日之下企图强奸大楼里唯一的电梯操作员（电梯里没有其他人，附近也没有其他人，尽管据说一名白人店员听到尖叫声后跑了过来），并没有发生，也不是真的，或者说充其量也不能证明是真的。就像朱利安·卡尔顿一样，迪克·罗兰也滑入了历史的边缘——然而他们的生活却有一些可怕的相似之处。萨拉·佩奇？她也从历史的边缘消失。关于他们的故事有很多，其中重要的一点就是他们是一对秘密情人，刚发生了口角。

暴乱发生的真正原因是，塔尔萨午后的白人日报点燃了种族主义歇斯底里、暴民恐慌和性别愤怒的火焰，迎合了最低级的大众口味——这份报纸的名字是《塔尔萨论坛报》，它的编辑和老板是最近从威斯康星州来的理查德·劳埃德·琼斯。琼斯当时48岁，该报的办公室离格林伍德只有5个街区。1921年5月31日，该报的头版发表了一篇6段的诱导性文章，内容是迪克·罗兰当天早些时候被两名塔尔萨警官逮捕，这篇文章刊登在当天下午3点左右出版的城市版上。

历史认为，州长委员会最终报告的结论也是如此：如果不是《论坛报》对该事件的"报道"，塔尔萨种族暴乱可能永远不会发生，不会发生在当时，不会发生在那一夜。据报道，率领军队从俄克拉荷马市进入塔尔萨市的国民警

为火所困：赖特的梦想与愤怒

卫队副官说，这件事的起因是德雷塞尔大楼发生的事情，以及"一家寻求轰动效果的报纸对该事件的离奇报道"。如果这是事实，同样的事实是成千上万的人共同参与了这场暴乱——执法人员、焦躁的暴民，那些开心盲目地转过头去，星期天接着去教堂做礼拜的人，这是不可磨灭的耻辱。而且在本世纪，人们仍然继续转过头去无视这一历史事实。

这篇头条文章的标题是《黑鬼在电梯里袭击女孩》，一开始就假设迪克·罗兰有罪，里面的比喻、言辞和潜台词涉及了所有黑人男性和白人女性的最严重禁忌。第4段开头是："她声称，他进入电梯，并袭击了她，抓伤了她的手和脸，撕破了她的衣服。"第6段："德雷塞尔大楼的房客说，这个女孩是一个孤儿，靠做电梯操作员来挣钱上完了商务学校。"导火索被点燃了。到了3点半，街角的报童们大喊："黑人袭击了白人女孩。"没过几个小时，暴徒，或者说暴徒的雏形，就开始聚集。

有三个留下记录的事实：第一，这份报纸已长期停刊，它的原始装订册已经不复存在，至少是不完整了，显然是被人故意破坏的。第二，那天的报纸有缩微胶片版，但里面没有那篇文章，城市版里也没有。在拍摄之前，有人把它撕下来了，正如不止一位史学家所说，这在历史上留下了字面意义上的一个窟窿。但是，你不能从人们的记忆中"消除"某些东西。你可以设法压制、撕毁、撤回，或者从档案中清除不好的东西，但这并不会奏效，最终不会奏效。被清除的东西会保存下来，哪怕是以细胞的方式。第三，那篇位于右下角的第8栏、带有种族隐喻和罪责推定的简短头版文章，最终确实出现了——它出现在该报的另一个版本中，州版报纸在这个城市印刷发行，并通过铁路在该州的其他地区发行。今天我们能看到现存的州版报纸，里面有这个故事。我曾把它拿在手里，那张起了皱的真正的报纸。我将进一步解释这一点以及一切的顺序，因为很多人，甚至有些学者，都把基本的事实搞错了。一直以来有太多的错误信息了。

整个令人困惑的局面中还可以加入另一个因素，一个虽然从未被证实，

第二部分 道德后果链：1914—1921

但却更有煽动性的控诉因素，它萦绕不去，令人恐惧。据说，还有第二篇文章出现在同一个早期版本中，可能是在社论版面，它更加明目张胆地以种族主义为诱饵，引诱市民们夜间到法院去执行私刑。它的标题应该是《今晚私刑处死黑鬼》。但那篇所谓的文章，如果它确实曾经存在过，如果它真的出现在下午的社论版面上，它就相当于历史另一个字面意义上的窟窿——也被撕下来处理掉了。尽管曾有人悬赏5000美元寻找，但那篇文章从未在任何版本中被发现，这篇社论文章成了塔尔萨种族暴乱中丢失的圣杯。我们忍不住会去想，它可能藏在某个家庭的阁楼里，或者漂浮在菲律宾海的某个瓶子里。目前还不清楚带有这篇社论文章的第一版报纸在大街上发行了多少份——可能有几百份。我们今天可以去看《塔尔萨论坛报》的缩微胶卷，翻阅1921年5月31日城市版的社论版面，会看到有一个锯齿状的洞。透过这个洞下面露出来的是下一页的部分内容（招聘广告和漫画），这本身就是一个小小的文化冲击。那篇据说丢失的头条文章，更不用说丢失的第一版报纸，仍然是塔尔萨黑人社区民间传说中很重要的一个部分。多年来，俄克拉荷马州的历史学家们从许多非裔美国人——事实上，也包括一些白人——那里得到了确认证词，他们愿意对着家用《圣经》[1]发誓，在5月31日的《塔尔萨论坛报》上刊登过《今晚私刑处死黑鬼》这个标题的文章社论。他们中有人记得自己亲眼见过，有人是从祖父母或者曾祖父母那里听说的。那个标题下的故事内容实际上是什么，这又是一个争论不休显然永远无法解决的问题，一直飘浮在俄克拉荷马大平原的薄雾中。

我们去掉"据称"和"据说"这样的词，为了便于讨论，我可以明确地说，确实有这样一个标题，而且是用大号字体写的《今晚私刑处死黑鬼》，而标题下面的那篇"新闻报道"里充满了那种最糟糕的、毫不掩饰的、挑衅性的语言。（每一个与我交谈过的研究那场暴乱的人都相信，那天肯定存在含有煽

---

[1] 家用《圣经》通常为大开本，附有空白页以便记录家庭成员出生、结婚、去世等大事。——编者注

动性内容的第二篇文章。）这样的报道出现在街头，会不会因为办报的人，尤其是报纸的老板和编辑，把报纸当成了天赐的恃强凌弱的讲坛，来辱骂所有黑人，希望看到黑人全被消灭掉？这个问题的答案乍看之下似乎是不言而喻的。但事实上，我一点也不这样认为。事实上，他整个人的历史都与这个答案背道而驰。如果他真是那样的人的话，美国历史上这个不为人知的污点反而容易接受——因为那意味着这只不过是一个大写的"邪恶"的故事。但我不这样认为，就理查德·劳埃德·琼斯的那部分而言，这里发生的真正的故事，真正难以解释的是一些更为险恶、更具悲剧性的东西，而要理解它，或者想要理解它，你必须离开俄克拉荷马州，回到威斯康星州去。在某种程度上，可以直接回到本章一开始琼斯的那张照片上，看他身上狂妄自大的神态。狂妄和这个寓言有莫大的关系。

不可思议的是，摄影师的镜头捕捉到这个傲慢并且道德虚伪的人在他的历史上的一个关键时刻，他逐渐变得冷酷的关键转变点。这种转变已经持续了好几年，这其中有许多因素，也就是说它是日积月累的，就像我们大多数人的生活方式一样。但转变现在正在进行中，就像牛顿物理定律一样，它似乎无法停止。可以肯定的是，转折点的尾声，最终的尾声，将是塔尔萨的灰烬和尸体。

我们思考一下这个人，关于他的一切。这位《威斯康星州日报》的编辑兼主席正在他的办公室里，事实上你可以仔细看他周围的一切，这是一张非常有质感的照片。

多亏了画面左边那张清晰的翻页日历，我们才知道快门拍下的日期是1916年8月19日（日期也可以通过框外的方式进行验证）。不仅如此，还是多亏了相机，它清晰地捕捉到日历上方杂乱的架子往上是一张没露出头的亚伯拉罕·林肯的肖像（林肯是理查德·劳埃德·琼斯心目中最伟大的英雄之一），

第二部分 道德后果链：1914—1921

肖像下面是个木质框架的时钟，我们能够说出准确的时间是下午一点零三分（你可能需要一个放大镜才能看见）。这是一个酷热的星期六，在麦迪逊市的人行道上可以煎熟鸡蛋的日子，中西部地区不习惯这种炉火一样的天气。那天的气温高达109度（42.8摄氏度），如果是在户外，老天，该有多热？有没有看到他身后斜开的窗户上贴着一层薄薄的旧遮光布？这样的风吹进来，肯定只会让一切变得更糟，酷热的风。

酷热的风，这是理查德·劳埃德·琼斯在新闻界和政界的敌人给他取得比较友好的外号之一。自从他接管这家报纸以来，在过去的5年里，他已经结下了太多敌人。

顺便说一句，这间屋子位于麦迪逊市中心，在卡罗尔街和多蒂街斜角一栋结实的红色建筑的二楼，离威斯康星州议会大厦的大圆顶很近。说完了窗户上的粘贴（窗户上的遮光布），以及照片框架里房间内部所有有趣的新闻相关杂物，让我们关注总编办公桌正中央那个装不满的罐子，它就在一把剪刀旁边，看起来灰扑扑的，里面还插着一根长柄的木棍。这是个糨糊罐，棍子其实是一把窄刷子，都是报纸出版必需的东西。在这样的高温下，罐子里的糨糊一定会凝结成一团恶心的白色，那把刷子肯定也像木头一样硬。不管怎么说，美国任何一家报纸的工作方式就糨糊罐而言，都会有一个负责操作的男孩（这种规模的报纸大概有三四个人，他们挣的钱不多，打工的目的是希望有一天自己也能在新闻业取得辉煌）急匆匆地拿进来一两段正在处理的新闻稿件。稿子就是从隔壁房间某个记者的打字机上撕下来。不了解具体情况的编辑冷酷无情，正等着斩切记者的报道，他是这样做的：肆无忌惮地在稿子上做标记，用大剪子剪出来他想保留的部分，伸手拿起糨糊罐，把剪下来的一两段粘在比厕所卫生纸还便宜的半张新闻纸上，卷起这张纸，把它推进一个圆柱形容器中，然后把容器放入气动管中，关闭管盖，然后打开开关。随着巨大的真空吸尘声，管子里的压缩空气将记者反复修改、重写的分段送排新闻稿吸进了排版间。排版间里，百无聊赖的排字员穿着工装裤，浑身油迹，他们踩熄了手中的幸运牌香烟，放下手头的裸体色情照片，开始快速地用新铸铅字排版。

作为该州历史第二悠久的报纸，《威斯康星州日报》正在创造出该报的"每日奇迹"。据报道，它的保守派竞争对手《麦迪逊民主党报》曾一度占主导地位，但是现在死气沉沉的，相比之下，最近《日报》在订阅用户数量上有2∶1的优势。

关于"糨糊罐"的最后一件事，如今，我们在电脑屏幕上随意地秒速移动段落和句子，依赖的关键功能是什么？就是这种"剪切和粘贴"的办法、功能和术语，从其隐喻上、精神上，甚至从字面上来说，都要归功于这种费力用剪刀和胶水罐把报纸剪出来的老式做法。糨糊罐的幽灵进入了网络革命时代。

理查德·劳埃德·琼斯，一个墨迹斑斑的可怜虫，一个亲力亲为的花花公子，大概整个上午都在忙着剪切和粘贴副本。他是这里的头儿，但他仍然会亲自把材料推下气动管——或者派一个员工带着最新的故事跑到楼下去。大家都知道他每周要工作6天，一版又一版的报纸不间断地出版。他把薄薄的星期六报纸安顿好，处理了星期日加厚的报纸的工作，就戴上帽子，穿上西装上衣，走出大门，回到他位于莫诺纳湖北岸的漂亮的家里。他可以开车，或者在20分钟内步行回家。这是多么美好的生活。在1916年8月19日，中西部一个地狱般炎热的星期六下午一点零三分，他完全不知道，在离这里西南752英里（1210千米）的地方，在将来不到5年的时间里，会有一个地狱般的将来。虽然没有任何绝对的证据，但我敢打赌，迪克·琼斯（他的朋友和大家族的人都这么叫他）当时根本想不到，几年后他甚至会和家人（还有他的情妇）一起搬到俄克拉荷马州。他卖掉了这里所有的商业股份，在俄克拉荷马这个"抢先之州"买了一处新的房产（抵押了令人咂舌的30万美元）。原因是他在威斯康星州的新闻事业不顺利，我们可以猜到，大部分的原因是由于他自己的过激、顽固和鲁莽造成的。

从另一个角度来看这一时刻，朱利安·卡尔顿在塔里埃森的行为发生在两年零四天前。两年零三天前的一个午夜，在斯普林格林的夜色中，这个表弟

第二部分　道德后果链：1914—1921

曾费力地挤过人群，到火车站月台的屋檐下迎接他颓败的表兄，对他说：站起来，弗兰克！事情不可能更糟了。

琼斯，站台上的那个人，现在正坐在他闷热的办公室里，显得那么自信自大。他转过身来，死死地盯着摄影机的镜头。他有一点肚腩，夏天的白色衣服配一条白色的皮带，手系的蝴蝶结领结紧贴在宽条纹礼服衬衫的硬领子上（让破纪录的高温见鬼去吧）。他留着有点滑稽的高卷式发型（从孩提时代起，他就有一头浓密的鬈发，在很长一段时间里，他喜欢把头发两边的小鬈发梳成蓬松的翅膀，并把头发的一部分直梳到宽阔前额的中央），他右手小指上戴着一枚看起来古怪的图章戒指（再说一遍，可能需要放大镜才能看见，但戒指就在那里，还有一支短粗的编辑铅笔和一副轻薄的钢丝眼镜，他用拇指和食指轻轻捏着眼镜，显然是刚刚取下来的，这样能更好地目不转睛地盯着摄影师），另一只手握着一块白色的布（它看起来像绷带，但我猜是他在拍摄间隙用来擦拭额头的）。他的秘书兼情妇在10英尺（3米）外的接待室里，坐在打字机旁，穿着朴素的有领连衣裙，端庄地交叉着脚踝。她叫艾米·康斯托克，是个大学毕业生，比他年轻十几岁，她来自密尔沃基良好的家庭。老板任命她为助理编辑兼秘书。她就在照片框架之外，等着记下他的口述，或者他交代的任何其他工作或者任务。（这位摄影师来自当地的一家肖像工作室，那天也给她拍了几张照片。照片的前景是她，背景是琼斯，从门口可以看到，他弓着身子坐在办公桌前。这些照片也保存在麦迪逊市威斯康星历史学会的档案馆里。）

我们继续看着他，把眼光停留在他身上。我想谈谈迪克·琼斯一些重要的生平和其他关键的事实，他那时已经43岁了，其中的一些事实可能会令人吃惊。

✦

他并不是独生子——尽管很多人以为他是。他上面还有一个姐姐，比他大好几岁，生来就有智力缺陷，她的智商从来没有超过12岁。因此，他那意志坚定的父母，尤其是他的母亲，可能潜意识里把太多的关注放在了他身上，换

249

为火所困：赖特的梦想与愤怒

句话说把太多期望的重担放在了他身上。你知道他的父亲是谁，詹克舅舅，弗兰克·劳埃德·赖特最喜欢的舅舅，除了父母之外对赖特最有影响力的家人。詹克舅舅，这位蓄着浓密胡须、善于演讲的内战老兵和一位论派的先驱牧师，酷似《旧约》中的先知——或者我们想象中的先知。他是芝加哥南区闻名全国的万灵教会的创始人，作为西部一位论派联盟的关键人物，詹克舅舅的任务是将一位论派的教义跨越密西西比河传到下一个广阔的地区。詹克舅舅崇尚一切自由、人道、正派和鸽派的思想（詹金·劳埃德·琼斯经历过内战时的流血牺牲，他从此反对武装冲突）。詹克舅舅，平民诗人。詹克舅舅，赖特家的亲戚，在芝加哥充满神话的年代开始的时候，他建造了万灵教堂，并收留了那个很久以前决心要征服世界的麦迪逊乡巴佬（留着乱蓬蓬的头发，穿着尖头鞋——还记得吗？）。詹克舅舅——在琼斯故事的语境下，他当然是父亲詹克——毫无疑问是美国一位论派历史上一个伟大而富有魅力的人物。但他显然也是一个感情疏远的父亲，这常常是伟人可悲的老生常谈。在这样的阴影下，一个独生子怎么能切割自己独立的身份，得到足够的认可呢？他会矫枉过正吗？他会不会早就形成了一种绝对主义的思维模式，来掩饰他的恐惧和不安全感？某一天，他需要在精神上杀死他著名的父亲，在哲学和信仰上成为父亲完全的对立面。是这样吗？但这听起来近似于精神分析了，而我不是精神病学家。

　　与体格小得多的表兄弗兰克·赖特不同，理查德长大后是一个体重185磅（84千克）的运动员，擅长网球、游泳和马术。这位独子（像他的表兄一样）在大学里是个失败者（也和他的表兄一样），从此以后他就不断掩饰这件事。他没有完成麦迪逊大学的本科学业——事实上，他似乎是被开除了。他为自己编造了一个芝加哥大学的法律学位，然后还编造自己在那里获得了法律硕士学位。他在芝加哥大学的记录里有一条说明，说他被威斯康星大学开除了，而在芝加哥大学，在1895年的冬天，他参加了三门本科课程，在其中一门课上，他

第二部分 道德后果链：1914—1921

因为"抄写"被抓，导致他从1895年春季开始被停课6个学期。[1]这件事过去之后没多久，他显然表示，让学校见鬼去吧，然后他去了东部，开始了新闻工作。如果查看他的演讲、文章和名人录，其中几十年来各种关于他的文章和记录，我们会发现琼斯就像师从弗兰克表兄一样，愉快地宣布："在我获得法律硕士学位之后……"

还有另一个事实，詹克舅舅的儿子在他失败的大学期间曾在西部内华达州的农场上度过了一年的时间，这是他一生中最快乐的时期之一。他曾经写道，他去了西部，"充满了不确定性和摇摆不定……要不是我的家人觉得我应该过某种白领的生活，我想我现在该在洪博尔特（Humbolt）盆地里骑马了"。这当然是一厢情愿的想法，但这些话并非像我们第一眼看到的那样，字里行间可能还有更多的含义，那就是他对父母的愤怒。（当他把洪博尔特［Humboldt］拼写错时，他的父母早已去世。）无论怎么说，一个简单的事实是，他总是过于争强好胜，过于自我，不可能一辈子穿着牛仔的皮套裤去放羊。

他一辈子脾气不好，琼斯本人去世多年后，他的一个儿子（他有3个孩子，他们成年后都参与了《塔尔萨论坛报》的运营）说："他非常固执己见，好争辩，我们经常发生冲突。有时他会不顾别人的意见，这种情况也算不上是冲突。他的脾气很强硬，我们永远无法说动脾气强硬的人。"多年来为他工作的人也证明，他会爆发出李尔王那般的愤怒，之后又会重新回到有魅力的一面。

关于他的东部之行。这位独子身上带有根深蒂固的一位论和自由主义价值观，这种价值观是在家里、在餐桌上、周日坐在教堂前排的座位上、在劳埃

---

[1] 威斯康星大学的书面记录不完整。威斯康星州大学注册办公室里那张发黄的"目录档案卡"也表明他在1893—1894学年修过课。"退学"一词是用墨水手写的，旁边写着"1894年11月"。

为火所困：赖特的梦想与愤怒

德·琼斯大家族的夏季聚会上耳濡目染形成的。他在东海岸新闻界主要是做编辑，这一段职业生涯很重要，他先是在报社工作，然后又与一些杂志合作——尤其是《大都会》和《科利尔周刊》——当时正是这些杂志参与美国新闻界黑幕揭发运动的重大时刻。他与诸如艾达·塔贝尔、林肯·斯蒂芬斯和塞缪尔·霍普金斯·亚当斯等颇有代表性的美国记者都有联系，也可能是他们亲密的朋友。这些自由主义的十字军和改革者憎恨标准石油公司、政治机器、强盗大亨和铁路垄断企业，在某种意义上，他们创造了美国调查性新闻的理念。琼斯编辑当时似乎就和他们在一起工作。

在东部的现场辛苦干了差不多14年之后，他带着妻子乔治亚和年幼的孩子回到了威斯康星州的这片土地上，而威斯康星州被认为是美国最进步的州之一。琼斯还在纽约的时候，就听说有机会收购《威斯康星州日报》，他立刻预见到该报将成为威斯康星州主要的自由派日报。他的赞助人罗伯特·马里恩·拉福莱特是美国共和党进步派最伟大的人物之一，也可能是全威斯康星州最受尊敬的人，早先是州长，现在是州参议员。琼斯需要大约10万美元来收购《威斯康星州日报》，而拉福莱特说服一些非常有钱的朋友借给了他8.5万美元。（琼斯是从阿莫斯·帕克·怀尔德那里收购的这家报纸。怀尔德是威斯康星州新闻史上的一位杰出人物，但现在人们能记住他，主要是因为他的父亲——小说家兼剧作家桑顿·怀尔德，他曾三度获得普利策奖。）罗伯特外号叫"战斗的鲍勃"，这个挥舞着拳头、满脸通红的煽动者比琼斯年长，他身材矮小到几乎滑稽可笑的程度。年轻瘦削的琼斯对他可能怀有一种英雄崇拜，代替父亲角色的崇拜，这种说法不算精确，但是足够接近事实了。

"战斗的鲍勃"支持女性选举权和黑人的价值——迪克·琼斯也是如此，鲍勃反对童工——琼斯同样如此，鲍勃憎恶财富掠夺和政治机器——琼斯同样如此。鲍勃为争取个人劳动获取报酬的尊严而奔走，他把自己的家乡视为"民主实验室"。这是所谓的"威斯康星理念"的一部分，即利用威斯康星大学（就在麦迪逊市的后院）的知识来帮助改善每位公民的生活。拉福莱特在威

第二部分 道德后果链：1914—1921

斯康星州的首府有了一个强大的新闻媒体，这个媒体控制在一个本能地与他的民粹主义情感结盟的人手里，这样鲍勃就可以进一步实现他当总统的抱负了，这并非什么秘密。（为了推动这个梦想，他近期还开始在全国发行自己的杂志《拉福莱特周报》。）年轻人和长者相差不到18岁，两人有许多共同点，当然利己主义是个很重要的共同点。

琼斯在1911年7月29日接管了《威斯康星州日报》。在第一页有一张他的巨大照片——头发卷起来，两头翘起，比你刚才看到的照片要可笑得多。两周后，他用两栏的篇幅发表了第一篇社论，标题是《让我们开始干吧》。6天后，他在一篇社论中谈到了"由圣达菲铁路、南太平洋铁路组成的邪恶联盟……无处不在的古根海姆家族"。报纸很快就用比赛、广告和疯狂的新闻标题吸引新的读者，其中一些标题设为96号的大字体，简直就像"黄色新闻大王"威廉·伦道夫·赫斯特亲自操刀制作的一样。《"为什么我儿子杰克迷上了那个社交妞？"他的母亲问道》，报纸不乏诸如此类的标题。他似乎试图把《威斯康星州日报》变成一种奇怪的结合体，既像赫斯特式的垃圾小报，又像宣扬进步主义和公民利益的严肃新闻媒体，尽管他的发声是尖锐刺耳的。其中包括他对当地的酗酒、游手好闲和陋习的抨击。从一开始追踪他的社论，你就会发现他教条主义、以自我为中心的观点，而且几乎是一种奇怪的、僵化的、分裂的思维方式，似乎没有中间立场，或者说很少有中间立场。世界上有善，也有恶，这位牧师的儿子会告诉你两者的区别。[1]

在他掌握报纸后不久，就发生了一起耸人听闻的谋杀绑架案。这件事涉及一个名叫安妮·莱姆伯格的7岁女孩，警察还派了猎犬追踪。《威斯康星州日报》在头版头条刊登了最新的公告，连载报道的第3天，编辑在他那篇听起来

---

[1] 关于《威斯康星州日报》的历史，最优秀的研究是一篇221页（打字稿）的未发表论文，该论文是1951年威斯康星州大学一位名叫诺曼·魏斯曼的研究生为获得新闻学硕士学位而写的，题目是《1900年以来〈威斯康星州日报〉的历史》。他的研究对我帮助非常大，当然我也尝试加入自己的研究。

为火所困：赖特的梦想与愤怒

像阿瑟·柯南·道尔小说的社论中说："在寂静漆黑的夜晚，一只可怕的恶魔之手从窗户里伸了出来，把沉睡中的孩子带走了。"当天晚些时候，他们在莫诺纳湖里找到了孩子的尸体，但杀害她的凶手依然逍遥法外。第二天，琼斯的社论标题是《必须抓住恶魔》。"这里发生了最肮脏、最可恶的谋杀案……复仇是唯一的动机，可能是这一可怕罪行的根源。我们谁也不知道，哪个疯子会出于某种真实或者虚构的原因，对我们中的任何一个人采取行动。"似乎无意之中，他的文字预示了3年后发生在宁静的斯普林格林的谋杀案。

当局指控了一名游手好闲的当地人，他曾在州立的收容所服刑。他是被迫招供的。历史所做的一个判断是，理查德·劳埃德·琼斯报纸上耸人听闻的标题和非常有吸引力的报道，帮助促成了一次错误的定罪。（在狂热的过程中，这位编辑显然对自己煽动的行为感到担心，试图退缩，做出补救，对嫌疑人罪行表示了怀疑。但那时他的报纸已经失去了控制，他知道这一点。他从来没有真正道歉过。某一天，在遥远的另一个州，这样的悲剧也会重演。）

那年秋天，他写了一篇社论，在文章的中间，他突然使用了大写字母：美国的每一所学校都应该开设一个社区中心，作为公民自治俱乐部让这些成群的年轻人接受训练。就好像他的打字机发狂失控了一样。

事实上，迪克·琼斯几乎从不打字。据说他在编辑部的大厅里踱来踱去，向速记员口授自己的观点，他的措辞快得让对方晕头转向。

那篇文章刊登在1911年10月25日星期三。在同一份报纸上，有一则报道说，市政府拒绝给一位新来的黑人牧师提供住房。麦迪逊市是一个自由的地方，但也很难说没有种族主义的问题。新闻专栏第3版的那篇小文章，似乎在巧妙地为牧师说话。这篇文章没有署名，但有这样一个句子："由于这座城市的种族偏见，教堂的理事们无法为他们的牧师找到合适的住所。"这位编辑表明了自己的立场——一个正确的道德立场。

道德？琼斯收购了《威斯康星州日报》大约5个月后，芝加哥的新闻媒体披露他那享誉世界的表兄——表兄的名声一直让他耿耿于怀——把自己的情人

第二部分 道德后果链：1914—1921

安置在了新建成的塔里埃森。还记得吗？1911年圣诞节的时候，弗兰克·劳埃德·赖特似乎太高兴了，以至像个幼稚的傻瓜一样，向外面来的记者们宣扬他和梅玛的道德操守和更崇高的目标。一开始，就像海伦娜和怀俄明山谷里所有虔诚信教的其他亲戚一样，理查德表弟似乎试图忽略这个故事。但在圣诞节后的第二天，在需要报道的压力之下，琼斯的报纸在第二版发表了一篇中等大小的文章，标题是《赖特私奔违反社会规范》。文中没有直接提到两人的关系，最后，编辑忍不住亲自对表兄进行了个人谴责：

> 他竟然选择把自己的丑闻牵扯到这里，这对他所有的亲戚来说是非常严重和深刻的羞辱。他们已经彻底和他断绝了关系，除了住在他附近的亲妹妹以外，谁也不肯认他。他的态度是对所有公认的社会准则的一种蔑视，而这些准则能够最大限度地维护社会的最大利益……他从欧洲回来了，他的妻子和孩子在家里接纳了他。但他并没有在那里停留多久，他又从人们的视线中消失了。虽然他和那个女人在这栋房子里已经住了好几个月，让他的朋友和家人们感到十分难堪，但芝加哥的报纸刚刚知道他在这栋平房里的"新生活"。

关于一些背景故事，尽管两人并没有长期待在一起，但这两个人相识了一辈子。（1886年底或1887年初，赖特第一次来到芝加哥为J.莱曼·西尔斯比工作时，他和理查德睡在一间卧室里，也许是在同一张双人床上，直到弗兰克找到了自己的公寓。）长大后，他们6岁的差距不小。（在芝加哥的第一个春天，弗兰克19岁，那么理查德应该是12岁，很快就13岁了。）即使在与对方在精神上竞争的时候，理查德似乎也很尊敬这个比他矮得多的表兄。随着岁月的流逝，他们之间隐藏的敌意不断加深，他们在情感上的年龄已经不相上下——但这位记者却从未能在名气方面与赖特并驾齐驱，而且差得不是一点半点。现在，琼斯经营着自己的报纸，而他那手头缺钱的表兄又有了重大丑闻，就像刚才引用的那段话一样，琼斯很高兴给对方插一刀。

在1911年12月26号的同一版中，他在一篇两栏的社论中写道："如果我们要诚实，如果我们要真实，如果我们要成为卑微的拿撒勒人耶稣的信徒，他的生日是我们最大的节日，我们就必须永远道德地生活。"

一天后，威斯康星州的通奸者仍然是芝加哥的头条新闻，所有这一切仍然深深地羞辱着赖特母亲那边的亲戚。一天晚上，理查德表弟和妻子从麦迪逊市中心的剧院回到家，大厅的桌子上有一封赖特的电报。赖特想为自己辩护，并希望他的表弟能愿意发表——尽管表弟刚刚在他的报纸上斥责了自己。这又给了琼斯一次扭动刀子的机会，因为赖特对他恭恭敬敬。第二天，28日，这位编辑在办公室口述了一封单倍行距的两页信件。这不仅显露了他的啰唆，还体现了他的道德优越感，他的悭吝，他的节制。其中有这样的句子："不管你自己的哲学流派是什么，不管你对自认为过时的道德标准和保守的社会规范有多么不耐烦，你必须记住，社会大众仍然相信并坚守社会标准，这是几个世纪以来最能保护社会的标准。"他反对所谓的赖特"试行的美德"，他想让他的表兄知道，"我确实认为，无论从哪方面来看，你明知故犯，把不可避免的负面热度带到了劳埃德·琼斯一家体面的生活里来，这是最不幸的。"他用了大大的花式签名（他喜欢在自己的名字下画线，也喜欢在"Lloyd"中的"L"上夸张地画圈），"真诚的，理查德·劳埃德·琼斯"。

现在这位编辑是不是已经和他的秘书艾米·康斯托克偷偷上床了？我表示怀疑，毕竟她刚来报社。不过，毫无疑问，他们很快就会在一起了。

赖特对这封信有什么反应？新年过后几天，他给弗朗西斯·利特尔手写了一封相当精彩的信。利特尔夫妇从20世纪初开始就一直是他的客户，赖特当时正在为利特尔一家在明尼阿波里斯市远郊的明尼通卡湖设计一处新住宅，他担心这项工作会落空。（你应该记得，这所房子，或者说它经过修复后的客厅，现在就在大都会艺术博物馆里。）这封信的基调是轻蔑、傲慢、不断辩解的，这是赖特最糟糕的一些性情——尽管信中特有的诚实确实打动人心。即使

第二部分 道德后果链：1914—1921

（或者说尤其是）很多句子不正确的时候，也很有说服力，里面充满了那种巧妙的、可以取胜的赖特式诡计。他在塔里埃森亲手写了这封信，写下的日期是"1912年1月3日"。信写在了印有芝加哥管弦音乐厅地址的信纸上（"电话：哈利森457"），信是写给"利特尔先生和太太"的。

> 我担心已久的报纸报道已经爆发——毫无疑问，你们应该已经知道——糟糕的内容和虚假的色彩——涉及性事或家庭话题时常用的可笑表述……我的孩子和其他孩子一样，都受到父母只为他们存在的观念影响……我和我的妻子只会互相激怒，麻痹彼此，家庭气氛中压抑的感觉让孩子们情绪低落……除了我自己之外，任何人都无法对此下结论——所以你看，就像利特尔先生所说，我是一个"自私得无可救药的人"。

他说："我现在是个傻瓜——但至少是诚实的——我从来就不是一个下流的坏蛋！"还说："我也许不过是只孔雀，长着羽毛昂首阔步——一个人应该成为他所见的最好的一面——有男人气概，老天对我够好了——愿上帝仁慈，原谅我说过的谎言和虚伪的生活，对于那些我不愿撒的谎，也求上帝能对我赞许。"至于他的孩子们，"我不愿意像'好'父亲那样愚蠢地打造孩子们，按照我的想法用砂纸打磨他们——但我爱他们——我爱我的工作——我的母亲和妹妹们，我的姨妈们，还有我所拥有的为数不多的朋友——我的朋友很少——比大多数人的都少"。

至于理查德表弟本人呢？赖特并没有对琼斯指名道姓，但他说这话的时候，肯定在心里直接指向了他，似乎是直接锁定了对方最重要的性格："时兴的道德流露出的敌意就像蛇一样在我的耳边嘶嘶作响。我曾经敬畏'琼斯家的良心'，如今它主要体现的是恐惧，野心勃勃的意志下的恐惧……"

我们接下来跳到重要的一年。这位在道德上发出嘶嘶声的记者，凭着他可怕的意志和行善的抱负，不断用他的自负和包含进步思想的社论向麦迪逊的市民们灌输观点。1914年春，伟大的黑人教育家和改革家布克·T.华盛顿来到麦迪逊市的一座公理会教堂发表演讲。早些时候，我提到布克·T.华盛顿在塔尔萨的悲剧中扮演了一个不可思议的重要角色，当时未加解释。从阿拉巴马州的库西塔驱车40分钟就可以到达塔斯基吉师范学校，该校是华盛顿在1881年为黑人教师建立的学校（大概是在朱利安出生7年前）。正如前面提到的，说到"布克·华盛顿"时，几乎必然要联想到"塔斯基吉"这个词。（在大众的印象中，我们认为黑人高等教育史上的标志性学府是位于阿拉巴马州的塔斯基吉学院，它现在已经成了塔斯基吉大学。）

同样的道理，说到布克·T.华盛顿就不能不说W.E.B.杜波伊斯，简而言之，华盛顿的声誉几乎总会因为杜波伊斯而受到影响。（他们既是同时代的人，又不是同时代的人。华盛顿生于1856年，1915年去世。杜波伊斯生于1868年，1963年去世。）这两位是19世纪末20世纪初美国黑人的伟大领袖，他们的影响似乎是不可分割的——他们最重要的贡献基本上是在"民权"一词进入词典之前实现的。几十年来，他们两人的双重影响逐渐减弱，华盛顿被认为是伟大的妥协迁就者，他宣扬种族团结和自助的哲学，宣扬黑人从现实上接受种族歧视的罪恶。作为全国有色人种协进会（NAACP）的创始人之一，杜波伊斯拥有哈佛大学的博士学位，著述颇丰（除了其他写作之外，他还曾尝试过小说和诗歌），在大众集体想象中，他的观点是坚持"永不"妥协的原则，对杜波伊斯来说，必须靠斗争解决社会对黑人的歧视。如果说布克·T.华盛顿作为领袖想在现有的体制内争取，那么杜波伊斯作为领袖则想要拆解现有的体制，甚至如果必要的话焚毁体制；但是他主张取缔种族隔离主要依靠思想知识的力量。换一个比喻来说，华盛顿不希望通过制造事端来平息事端，而杜波伊斯则主张把船掀翻。好黑人，听话的黑人，辛勤劳作有自尊的黑人，与主张推翻体制的黑人相对应，以上是对两位伟人的思想和成就的极端简化，但并非完全错误。

1914年4月下旬一个周六的晚上，布克·T.华盛顿在麦迪逊市发表演讲，

第二部分　道德后果链：1914—1921

《威斯康星州日报》的那位编辑也在场。劳埃德·琼斯家族流传着这样一个故事，琼斯把华盛顿带到家里，让他在那个周末住了下来，因为麦迪逊市没有一家酒店肯接待他。这个故事在理查德·劳埃德·琼斯家至少流传了三代，他的孙辈和曾孙辈都听说过。我个人曾从琼斯的4个孙辈那里听到过不同的说法——现在他们都已经上了年纪，而且正如我们所料，对于在他们出生至少10年以前，发生在他们家乡的那场可怕的暴乱，他们表达了不同程度的否认。他们都以各自的方式对我说过：可是，祖父曾经挺身而出，肯为了布克·T.华盛顿那样做，他怎么会是历史塑造的或者你所认为的那种可怕的人呢？华盛顿的事不就证明他不是种族主义者吗？[1]

事实上，对我来说，这正好否定了他们希望表达的观点。我要对这些年逾古稀的琼斯家后裔表示深深的感激，当我打电话问是否可以过来和他们谈谈时，他们并没有挂掉我的电话。

在麦迪逊之夜，华盛顿演讲的主题是美国黑人"没有堕落进沟里"。总会有酒鬼、游手好闲的人和格格不入的人，但是，黑人尽管有弱点，却在养活自己，而且证据到处都是。仅从私刑统计数字的下降来看，你几乎可以看到进步和希望。这番演讲似乎没有文字记录，但从麦迪逊和麦迪逊之外几家报纸的数篇报道来看，读者忍不住觉得——或者我忍不住觉得——他面对坐在长凳上的不同种族的听众，有礼貌地尽最大能力阐述"好黑人"和"坏黑鬼"之间的根本区别。

第二天早上，琼斯的报纸刊登了一篇不起眼的报道。这是周日版，他们不得不把它硬塞到第3页。可能是琼斯本人回办公室去写的，标题是《布克·T.华盛顿讲述黑人的新时代》。

---

[1] 我不认为这个故事是完全准确的——更重要的是，一位名叫玛丽·简·汉密尔顿的赖特学者也不相信，她40多年的职业生涯都在深入地研究劳埃德·琼斯家族。"招待"的实际版本可能并没有那么传奇，琼斯和妻子只不过是周末在哈维特瑞斯的家中为华盛顿举办了午宴。

为火所困：赖特的梦想与愤怒

不到4个月后，一个自称来自西印度群岛的坏黑人发了疯，烧毁了弗兰克·劳埃德·赖特的家，当然他所做的还不仅如此。

从某种意义上说，历史难道不就是受这些小小的讽刺推动的吗？在那个周六，在引发所谓的塔尔萨种族暴乱之前（也就是说，在人们倒上第一罐汽油，点燃第一根火柴棒之前，大约48小时的时候），这位《塔尔萨论坛报》的编辑兼老板在报纸的"教会页"上发表了他例行的"星期六布道"。实际上，这些文章都是由这位牧师的儿子书写并署名的世俗说教文，讲的是如何正派得体地生活。1921年5月28日第3页的布道题目是《良知》，它的第3段是："良心的声音不会因为没有报答而沉寂，坚强无愧的良心拥有人世间最大的荣耀。"该报一直与几个街区外资金更雄厚、发行量更大的对手《塔尔萨世界报》竞争。

写这篇文章的人当时定期去塔尔萨酒店500号房，与比他年轻得多的秘书兼助理编辑约会。他告诉同事们，他在酒店里保留了一间办公室，避开新闻编辑室的干扰，他可以和勤劳工作的艾米·康斯托克一起去那里润色一些社论和通讯稿，然后下午晚些时候再回去工作。在酒店里，工作确实是完成了，但是，如果后来的一些宣誓证词可信的话（证词来自大约6个私家侦探，他们和其他人通过隔壁房间的钥匙孔窥视这两个人），两人也有大量赤裸裸的性爱。文件显示，这对恋人有个癖好，喜欢站在门口看着对方蹲马桶。

确实是讽刺。5月31日星期二，《塔尔萨论坛报》城市版首页第8栏的右边，有一篇6段的文章，标题是《黑人在电梯里袭击女孩》，该报当天的头条报道了《论坛报》主办的选美比赛中晋级最后一轮的当地女性。这个城市（或者至少是《论坛报》的读者）一直热切地关注着这场竞赛，这是当天的主要新闻。这篇文章是由选美编辑撰写的，报纸刊登了进入决赛的选手的照片，题目是《比赛愈加激烈，家庭主妇和打字员领先》。报道的导语是："哦，克里斯蒂

第二部分 道德后果链：1914—1921

先生，请问谁将赢得选美比赛？"克里斯蒂先生是当地的一名市政官员，他将在下个周日宣布这一结果。但是，由于另一件事的爆发，这场选美比赛和克里斯蒂先生宣布的结果都从历史上被抹除了。

31号那天的报纸，像往常一样3点多一点就在大街上发行了，共有16页，售价5分钱。编辑们在报纸的右上角留了一个小方框，上面显示每日平均付费发行量为26642份，其中75%是预付销售的，方框里写着"发行量喜人"。正如前面所说的，如果你去看这个版本的缩微胶卷（因为我们只能看到这个），你只能看到锯齿状的洞，《黑人在电梯里袭击女孩》的标题和故事都消失了，下面是一则相当性感的女士丝袜广告。

在那个版本的社论版面上有个更大的锯齿洞。我们能看到的只有这些。

但是正如前面所说，那天的州版报纸有一些现存的副本，头版的文章完好无损——是货真价实的报纸。而且，正如我所说，我曾手里拿着这一份报纸的首页，它像羊皮纸一样脆弱。无论某些人多么希望这篇文章能消失，它并没有"消失"，没有在州版上消失。但还有一件事，即使是密切关注这次暴乱的学者也会感到困惑：为什么5月31日州版报纸的日期标注是6月1日？原因是这份报纸有一个古怪的（而且令人费解的）习惯，就是把隔夜刊的报纸日期标注成第二天的日期，当州版报纸到达该州的一些地方时，确实是第二天了——虽然它本质上是前一天的同一份报纸。有时，在深夜，甚至是第二天早上的头几个小时里，报纸上的内容还会在编辑室里重新修改，但大多数主要的故事都保持不变。因此，更准确的说法是，州版应该是5月31日／6月1日的报纸，编辑们可以轻易地用这种方式标注双重日期。无论如何，这张报纸从时间网络中悄然溜走，选美比赛决赛选手的名单还在上面，克里斯蒂先生仍未公布结果，《黑人在电梯里袭击女孩》的标题也在上面。

午夜时分，当州版报纸在黑暗中成捆成捆地从俄克拉荷马州的各个火车站推出来时，整个格林伍德都着火了。直到周三下午，关于大火的荒唐扭曲的报道才会出现在城市版的报纸上，那才是真正的6月1日。

261

为火所困：赖特的梦想与愤怒

在隔夜的州版报纸第6页，有一个两栏的报道，标题是《迪克·罗兰被秘密带出了城》。(警长担心罗兰会被人在法庭私刑处死，凌晨两点时，把他从后门带出了法庭的监狱。)因此，报纸的一部分肯定是第二天早上在编辑室里重新排版的。

在6月1日州版报纸的社论版上（真的，我得再说一遍：这是5月31日的报纸），我们手头有这份报纸吗？是的，有的，但上面不包含标题是《今晚私刑处死黑鬼》的那篇社论。州版报纸上主要社论的标题是《裁军运动》，和这座城市，至少是一部分城市，被大火烧毁毫无关系。这是怎么回事？显然，塔尔萨种族暴乱中丢失的圣杯——《今晚私刑处死黑鬼》这篇社论被替换掉了，取而代之的是《裁军运动》。

不过，还有很多其他的事实，不需要我在前面加上"很显然"这个判断词。6月1日星期三，美国各地的下午报纸开始发布公告。塔尔萨的两家白人报纸都舍弃了其他的内容，在额外的版面上刊登连续报道。《论坛报》的编辑开始退缩，在头版发表了一篇社论，谴责这种无法无天的行为。"私刑的法则导致的不是法制，而是无法无天，而无法无天就是对政府的否定。"他似乎毫无羞愧地写道。第二段："不管理由是什么，故事的开头是一个黑人在县监狱被私刑处死。"故事的开头，就好像他的报纸没有参与一样，他大声地请求大家冷静。等到6月1日的城市版上出现这些话时，格林伍德几乎成了一片废墟，国民警卫队的士兵正站在废墟前。

大约就在这番话即将传遍大街的时候，在那个星期三，理查德·劳埃德·琼斯正专注于另一件事。在上午晚些时候或者下午早些时候，联合新闻通讯社在他的办公室找到了他，请他撰写一份现场报道。他可能是在下午晚些时候，或者至少是在晚饭前，把稿件发到了纽约的通讯社办公室。当他自己报纸的城市版源源不断地涌向塔尔萨市的各个角落时，也许他正在为那份现场报道写下第一句话。第二天，他以第一人称讲述的报道出现在美国各地，包括纽约和芝加哥。《芝加哥论坛报》重点刊登了他的现场报道，并配以图片。这条报道的标题是《犯罪的火花点燃种族仇恨的火药》，署名是"理查德·劳埃德·琼斯"，下面的括号里写着《科利尔周刊》前编辑、俄克拉荷马州塔尔萨市《论坛报》的出版人，为联合新闻撰稿。《芝加哥论坛报》不加分辨地采纳了这份报道。

琼斯的道德虚伪令人难以忍受，自我推卸责任的程度令人反胃，他的二元论思维方式在这里展现无余：

古老的故事又重演了——种族偏见。

一个黑人强奸了一个白人女孩，一个傻瓜或者是一个法律秩序的敌人散布谣言，说一群民众要私刑处死这个黑人。这样的故事传播得比干草起火还快……

我们发现有好的、坏的、一般的黑人。好的黑人受到尊重，他们善良而有礼貌；他们能帮上忙，南方人对他们很有感情。一般的黑人处于模糊地带，而白人对他们也无动于衷。

但是，还有邪恶的黑人，他是一头野兽。那个黑人是个坏人，他喝着最便宜、最难喝的威士忌。为了得到它，他宁肯违反一切法律。他是个瘾君子，对生活毫不在乎，他是个恶霸，是个野蛮人。当听到私刑的谣言时，许多这样的黑人带着枪械聚集到塔尔萨县法院……

消防部门负责把火势控制在黑人区的边界一带。这些火焰不听指挥，很多情况下，白人和黑人都受到了伤害，都是因为昨晚有个嘴巴不紧、头脑浅薄、行事鲁莽的家伙散布了私刑的警报，12个卑鄙、残酷的黑人准备要"给他们好看"，如果有必要的话他们甚至会朝整个城镇开枪。

"这是一件可怕的事。"他在结束语中写道。

有个嘴巴不紧、头脑浅薄、行事鲁莽的家伙散布了私刑的警报。这是一个真实的陈述，如上文所述，在他前一天发行的城市版第8栏底部的6段故事中，"私刑"这个词没有出现。事实上，转念一想，这并不是一个真实的陈述，因为不管你怎么说他，怎么看他，理查德·劳埃德·琼斯从不是一个头脑浅薄的人。

6月2号星期四，美国的报纸上刊登了他那篇通讯社文章（当然他是拿到报酬的）。两天后，在塔尔萨，他基本上把那篇文章又重新改写了一遍，作为他的社论版文章——只是现在，在他自己的后院，他可以把一切全部说出来了，就好像第一篇报道是第二篇的预演。（还有一个明显的可能性，就是纽约通讯社的编辑们淡化了他的语言，尽管可能没有淡化他的观点。）这次暴乱是全国上下皆知的重大新闻。在《论坛报》的第一页，一篇没有署名的文章开头写道："在周二晚上和周三早上的种族暴乱中，塔尔萨的鲜血将这座城市冲刷到最深、最黑暗的地方。"我们不可能知道是谁写的，但这句话体现了他的风格特征。在第3页，编辑以自己的名义发表了例行的"星期六布道"。这一次的标题是《伪善》，他写道："伪善是邪恶对美德的敬意，因为它是掩盖一切邪恶的面具，所以它是最大的罪恶。坏人，充其量是坏的，但当他伪装成圣人时，他就是恶的。"几段之后："伪君子鄙视他所欺骗的人。而且，因为他对别人不诚实，他对自己也不诚实，并且鄙视自己。"

和往常一样，6月4日的那篇社论没有署名。但你会认为这些话不是他说的吗？只要把它和新闻通讯社的文章进行比较，你会发现几乎就是同一个故事讲了第二遍，只不过更加恶毒。这篇文章的标题是《决不能再这样》。

昔日的"黑鬼镇"这样的地方，绝不能允许它再出现在塔尔萨。它是罪恶和腐败的污水坑。

在这个"黑鬼镇"里有许多坏黑鬼，而坏黑鬼是两只脚走路的生物中最低等。如果把酒、毒品和枪交给一个黑鬼，他就认为他可以扫射整个世界。而这四样东西在"黑鬼镇"里到处都是——酒、毒品、黑鬼和枪……

《塔尔萨论坛报》向警察局长或者市长恳请，清理城市的这个污水坑，我们不会为此致歉。

是那些坏黑鬼挑起的……

现在必须抓住这些坏黑鬼,更重要的是,必须停止贩卖毒品、贩卖酒和枪支。

这篇社论共有8段。理查德·劳埃德·琼斯似乎在他的生命中按下了"停止键",在他的余生中,他会尽量把目光从那篇社论上移开,他的报纸也是如此。在琼斯去世很久之后,他的家人也是如此。

顺便说一下,在1921年6月4日星期六的州版报纸上,你找不到这篇社论。因为它出现在城市版,然后就消失了。取而代之的是琼斯前一天在周五发表的一篇社论,题为《塔尔萨的意志》,内容上关于塔尔萨人要骄傲地站起来,一起努力,治愈兄弟相残的可怕创伤。还没等4号那篇"坏黑鬼"的文章登上州版,有人就把它从城市版上撤下来了,这很难说是谁干的,但我能想到的是,琼斯手下那些头脑冷静的人一定是暂时占了上风。

再补充一下,一周后,6月11日,星期六,当格林伍德人又重聚在一起,燃烧仍在继续的时候,他的报纸又刊登了一次,或者说是同样的形式又写了一次。这篇社论的标题是《必须停止》。我能毫无疑问地证明这是琼斯自己写的吗?我不能。但我可以毫无疑问地说,他的报纸上的大部分社论都是他写的,而这里的语言和风格也都是他的。这篇文章谈到"白人英勇防御,他们坚守阵地,将这座城市从一场比我们之前经历的要严重得多的灾难中拯救了出来"。这篇文章谈到"在这个'黑鬼镇'里,肆无忌惮的行为横行,这一点已经是众所周知"。文章攻击《纽约时报》不了解情况,引用了"恶毒失实"的片面报道。文章说,"坏黑鬼会编造谎言,说白人是始作俑者。"文章还宣称,"美国不会屈从任何推卸责任的做法。"

同一天,《论坛报》的读者也看到了报纸上署名的"星期六布道"。

为火所困：赖特的梦想与愤怒

午夜混乱时站在斯普林格林站台上的那个人，现在还没有站到站台上。他在麦迪逊市中心卡罗尔和多蒂街一角的办公室里，负责新闻报道，对令人眼花缭乱的新闻快讯进行初步解读。因为1914年战争的新闻从欧洲涌来，迪克·琼斯的《威斯康星州日报》现在一天出版4次：上午8：30的早鸟版（尽管他运营的是下午的日报，但为了和他的竞争对手《民主党报》针锋相对，也出版早报），午间报纸，下午4点的城市版，最后一版是在晚饭时间。

在芝加哥南区，弗兰克·劳埃德·赖特按在桌上的手掌关节变白了。实际上，也许当《威斯康星州日报》的排字员在一楼的编排室里开始设置金属板上的第一行字时，那个痛苦的男人和他的二儿子已经坐上了出租车，奔向管弦音乐厅，或者已经到达卢普区8楼的办公室。

1914年8月15日，《威斯康星州日报》是全国发出首篇报道的第一份报纸吗？我无法证明，但我想应该是的。可能是在下午2点45分左右。

读到这份报纸上星期六以及随后几天的报道，你就可以想象理查德·劳埃德·琼斯思想状态中强大的东西，不管正确与否。在一篇字体又大又黑的《号外》里，他的文章第一段是"弗兰克·劳埃德·赖特在斯普林格林的家里雇佣的一个黑人今天发了疯，用短柄斧杀死了3个人，还打伤了几个人，然后他放火烧了赖特的家，现在房子还在燃烧中"。

事实上，火还在燃烧，当麦迪逊人读到相关的报道时，塔里埃森还在燃烧。

梅玛的儿子"失踪了，目前还不知道他是被绑架还是被杀害"。

第二天，周日的报纸上又出现了同样接连不断的报道："小玛莎·切尼也被砍得面目全非……"但是，当然了，她是前一天去世的。

在几段之后，他说了一个语法错误的粘连句，这句话以独特的方式暗示了他心中粘连不断的怀疑："卡尔顿在这里住了大约两个月，他一直很讨

第二部分 道德后果链：1914—1921

人喜欢。"

星期一，他选用了芝加哥报纸上一些错误百出的报道，包括："大个子黑人卡尔顿站在门口，当他们冲出去的时候，他用一把木瓦匠的斧头砍进了他们的脑壳，就像屠宰畜栏里的牲口一样。"这些报纸当时派记者到了现场。

琼斯的报纸连续几天都在用不同的称谓来指涉这个邪恶的坏人，"杀死7个人的屠夫""黑人恶魔""疯子"等，直到报道逐渐减少。

那个星期六下午晚些时候，或者是傍晚，迪克·琼斯钻进了他的车里，开了大约50分钟去斯普林格林。（他似乎是一个人去的。）而且，正如你所听到的，几个小时后，在月台的屋檐下，他内心也许夹杂着悲伤、怜悯、愤怒和兄弟之间的感情，但同时也有一种无法掩饰的惬意。据说他抓住赖特的衣领，对刚下火车情感脆弱无力的表兄说了这样一句话："站起来，弗兰克！事情不可能更糟了，控制住你自己！"约翰·劳埃德·赖特说，理查德是"怒吼"出这番话的。

我认为是这样的，1914年8月15日之后，在这个傲慢自大的人身上，绝对主义的思维方式从一种倾向变得更加绝对。天底下有"好黑人"，布克·T.华盛顿就是典型，也有"坏黑鬼"，朱利安·卡尔顿就是典型。琼斯有没有直接写过或者说过关于卡尔顿的话？如果有的话，我从来没有找到记录。如果他曾说过，一切就会变得直接明朗了，我们就会有确凿的证据。据我所知，他从来没有在《威斯康星州日报》上写过关于"坏黑鬼"的社论。（事实上，他从未就8月15日的事件写过社论——这让我感到震惊。）不，那种言辞，在开明的大学城麦迪逊市绝不会出现，只会出现在种族主义的塔尔萨市。但事实上，在塔里埃森事件之后，他没有发表这样一篇社论或者其他署名文章，并不妨碍我认为他对非裔美国人的看法是完全分裂的。我之前用过这个词——"分裂"。"我认为，早在他搬到俄克拉荷马州之前，早在朱利安·卡尔顿明显发疯之前，这

267

种悲剧式的、近乎精神分裂症的思维方式已经在弗兰克·劳埃德·赖特表弟的头脑中深深地扎根——而在塔里埃森发生的一切只会巩固、加剧他的倾向。

关于理查德·劳埃德·琼斯，我还要强调一点，这对理解他是同样重要的。至少，这是更直接的证据，与他二元论的思想倾向密切相关。也就是说，在塔里埃森悲剧发生后的几年里，赖特的表弟从家族传统的一位论的自由主义价值观，坚定地转向了好战的另一边。总之，他从一个进步主义者变成了一个右翼鹰派，从和平主义转变为沙文主义，从憎恶战争转变成全力支持战争。这是同样的二元论思想，不允许任何争论或者错误的空间，在州日报的社论里都有所体现，我们可以追踪到。这不是突然发生的，而是一个累积的过程。但是，当他转变的时候，他转变得彻头彻尾。而朱利安·卡尔顿的行为——即使不能确凿地证明，但至少我相信——是他转变过程中不可分割的一部分。

塔里埃森的暴行并不代表因果关系；不，在那之前，一切就已就绪，而且所有的一切都是一个整体，有一天会在一个远离威斯康星州的地方最终酿成悲剧。更重要的是，为了在政治上、哲学上、人道上实现这个180度的转变，迪克·琼斯实际上不得不杀死了两个父亲，而不仅是一个。

我们再回去看他的照片，我认为这张照片不可思议地抓住了历史中的一个转折点。总的来说，我指的是距离第一次世界大战和美国宣布参战还有8个月的时间。但具体来说，我指的是他与罗伯特·M.拉福莱特的关系，在镜头关闭的那一刻，即将永远断绝。在这一时期，从1916年的仲夏到1917年中期，读到《威斯康星州日报》的时候，尤其是在社论版，你会看到"美国人""爱国主义""星条旗""荣誉""责任"和"国旗"这样的字眼。琼斯的社论版上是一面卷起的巨大旗帜，旁边写着"为了我们的国家"。在美国可能参战的问题上，这位编辑已经和自己的父亲决裂了。詹金·劳埃德·琼斯是一位论派中反对与德国开战最响亮的声音。(他的妻子，理查德的母亲苏珊·劳埃德·琼斯，1911年去世，这位72岁的牧师于1915年娶了伊迪丝·莱克斯汀，伊迪丝长期在南区的传教机构为詹金工作。据说她是一个专横的女人，在劳埃德·琼斯家族威斯康星州的亲戚中很不受欢迎。有一种说法认为伊迪丝推动了詹克舅舅越来越响亮的和平主义观点。几乎可以肯定，这个刚刚进入家庭的继母对父子感情的疏远有一定影响。）

理查德的第二个父亲"战斗的鲍勃"是个反干涉主义者，并自称是有良知的人，他又如何呢？他成了美国参议院的祸害，有人要求驱逐他。全国范围内的社论和漫画都在谴责他——但没有人像《威斯康星州日报》的编辑那样下狠手谴责他，嘲笑他。这是私人恩怨。几年前，琼斯曾告诉他的读者："罗伯特·M.拉福莱特是美国半个世纪以来最能干、最真诚的政治家。"现在，拉福莱特成了叛徒，一个亲德的特工，他的行为是叛国的，他是道德上的懦夫。（拉福莱特最终以诽谤罪起诉他。在1918年的审判中，这位编辑意识到自己面临破产，虽然没有真正道歉，但是撤回了文章的观点。官司不了了之。）

1917年2月13日（距离麦迪逊人行道上热得可以煎鸡蛋的那天，也就是照相的那天，大约有6个月），理查德写了一篇社论，既没有提到他父亲的名字，也没有提到拉福莱特的名字——但这篇社论确实是关于他们的，是对他们的一种回应："这个时候，我们应该高悬起美国的国旗，谈论美国，回想我们的国家荣誉，我们的国家利益，而不是像胆小怕事的人一样可怜地恳求和平，导致我们失去了正义感。"两个月后，这位曾经崇拜一切日耳曼文化的编辑又写道："德国皇帝是世界上最残忍、最傲慢的掌权者，他是全世界的死敌。必须打倒他和霍亨索伦家族的那帮家伙。"

和塔尔萨一样，非此即彼的语言模式。

布克·T.华盛顿没能亲眼看到塔尔萨暴乱，甚至没能从远处观望。他死于1915年11月14日（9个月后，琼斯斜倚在办公室的椅子上，肖像摄影师给他拍照）。第二天，琼斯把他去世的消息放在了第一页（《伟大的工作落幕》），并在第二天写了一篇社论，题为《一个种族领袖的倒下》。这篇文章有一千多个词，满满的颂扬之意。

在华盛顿去世的前一周，D.W.格里菲斯的《一个国家的诞生》在麦迪逊市上演。《威斯康星州日报》的编辑抨击了这部带有种族主义色彩的先锋电影艺术作品——电影制片人格里菲斯是肯塔基州一个奴隶主的儿子。他这种做法理应受到赞扬,尤其是当麦迪逊的其他官员对电影表达了他们似乎一无所知的钦佩之情时。琼斯在头版写了一篇尖锐的文章,但如果不知情,你很可能被这篇文章骗了。这篇文章展示了他分裂的思维方式,是的,他在谴责这部电影——但本质上是出于错误的原因。"画面很精彩,"他说,"战斗的场面是模仿艺术的杰作。"他讨厌它的主要原因是它亵渎了美国国旗和穿蓝色军服为维护联邦而战斗的小伙子们,格里菲斯玷污了亚伯拉罕·林肯的名声,而理查德在他的新闻生涯中一直高度赞扬林肯的事业。他承认这部电影将会煽动种族仇恨,但这似乎不是他真正关心的问题。电影的名字本身"就是对乔治·华盛顿的侮辱"。在文章最后,他攻击了三K党。然而,不出几年,在另一个州,这个道德上的伪君子几乎成了三K党的推动者,替他们维持"法律秩序"的行动辩护。在种族主义的塔尔萨,这张牌很有用,能提高发行量。

（你也可以从其他方面追踪他多年来对黑人非此即彼的看法。在布克·T.华盛顿去世的5个月前,琼斯发表了一篇新闻报道,是关于华盛顿东街一个被认为是当地罪恶巢穴的地方,那是"黑人游手好闲的地方"。"游手好闲"这个词会在塔尔萨的种族暴乱中引起特殊的共鸣。）

1917年的夏末,琼斯的执行主编威廉·T.埃夫休是个有原则的人,他受够了报纸对拉福莱特的诽谤,辞职创办了自己的报纸。有一段时间,埃夫休的《首府时报》似乎没有什么影响力,但这份报纸慢慢地赢得了读者的喜爱,琼斯一直对"战斗的鲍勃"恶语中伤,现在又诽谤所谓"亲德"的威斯康星大学,他做得太过分了。("战斗的鲍勃"的妻子贝尔·凯斯·拉福莱特本身也是个全国知名的人物,也遭到了琼斯的诽谤。)

詹克舅舅于1918年9月12日在劳埃德·琼斯家的山谷里去世,当时年近75岁。在最后的4天里,他的儿子一直陪伴着他,并向芝加哥媒体宣布了他的死讯。两人在感情上一直未能完全和解,更不用说在政治上了。

第二部分 道德后果链：1914—1921

到了1919年，琼斯在发行量大战中输给了《首府时报》，他明白他必须卖掉自己的报纸了。1919年7月1日，新的老板（来自爱荷华州达文波特市的一家连锁报纸）接管了《威斯康星州日报》。几个月后，琼斯和妻子以及3个年幼的孩子——还有艾米·康斯托克和其他几个忠实的支持者，驾车驶向了俄克拉荷马州的广阔天地。（几年前，他在《科利尔周刊》时，写过一篇文章报道俄克拉荷马这个美国最新成立的州，他很喜欢这个地方。）他在那里创办了一份新报纸《塔尔萨民主党报》，并很快将其更名为《塔尔萨论坛报》。等到了12月，他精神饱满地开始了新的生活。

一年半之后，出现了汽油彻夜燃烧的疯狂局面。

关于1921年阵亡将士纪念日[1]之前的几个月，这里无须详细叙述，事情基本上是这样的：这位新编辑利用了"维持治安"运动的机会，这场运动潜藏着种族主义的意味，随着时间的推移，越来越恶臭。他是故意的吗？恐怕很难否认。一种愤世嫉俗的观点会认为，这个没有灵魂的人，除了自己的利益之外真的什么都不在乎，在他到达俄克拉荷马州，从满是尘土的旅行车里走出来的时候，他就决定利用"维持治安"的故事主题，四处"吹响口哨"，激起一场种族暴乱。我根本不相信后半部分的观点，我认为，他在政治上做出了转变；我认为，他变得强硬了；我认为，他已经远离了年轻时代和成年伊始的理想——而塔尔萨就是由此而来的。本质上还是同样的绝对主义理念，在威斯康星州，或者更早的时候在纽约，非此即彼的理念就和他的自由主义事业交汇在一起。在塔尔萨，"反犯罪"是正义的事业。如果在这个种族主义盛行的城市里，宣扬"反犯罪"能顺理成章地为他网罗一些种族主义的读者的话，那就还好吧，事实上，比"还好"更好。他迫切地需要读者，不管什么类型的读者都可以。他欠了债权人的债。于是，这个道德上善于权宜之计的编辑打出了"维持治

---

[1] 阵亡将士纪念日，美国法定假日之一，从1868年到1970年，时间定于5月30日。——编者注

安"这张牌,之后的悲伤和灾难也就在所难免了。一旦开始,这位编辑会怎么做呢?他基本上是变本加厉,写了一些暴乱后的种族主义的小册子,这些小册子将永远是他的阴影。我认为,这是由于他的傲慢,是劳埃德·琼斯该死的骄傲,他无法承认自己犯了一个严重的错误。

如果读琼斯的社论,在1921年阵亡将士纪念日那个周末之前一年半的时间里的社论,你一定不会忽视里面宣扬的"维持治安"的主题——让我们抓住骗子,让我们根除城市的罪恶,让我们清理这个该死的地方。有一位研究塔尔萨种族暴乱的历史学家名叫斯科特·埃尔斯沃斯,他是个白人,在塔尔萨长大,非常喜欢这个地方。(他在密歇根大学非裔美国和非洲研究系任教。)1982年,埃尔斯沃斯写了现代第一部关于这场暴乱的学术著作《应许之地的死亡》。他对一切毫无保留,他也是2001年调查暴乱的州长委员会报告的主要作者之一。他描述了琼斯的反犯罪社论的立场,日益加剧的种族主义暗示和隐含之意。1921年2月初,也就是暴乱发生的4个月前,琼斯在头版刊登了一篇关于三K党可能向俄克拉荷马州蔓延的新闻报道。(在那场实际的暴乱中,在当晚的焚烧、抢劫和杀戮中,三K党扮演了多大的角色,这是一个棘手的问题。历史学家的答案基本上是说,骚乱之后三K党才真正在塔尔萨开展活动。最终,塔尔萨三K党的成员越来越多,以至于他们建造了自己的砖砌礼堂——比诺厅。比诺[Beno]这个词代表着"非黑鬼,非犹太人,非天主教徒"。)

1921年2月4号,塔尔萨的《论坛报》上刊登了一张蒙面人的大照片,几乎可以说是三K党的新闻宣传稿。文章引用了三K党领导人帝国巫师的话,帝国巫师声称实际上他的组织憎恶暴力。(在不到一年的时间里,在1921年的圣诞节,也就是暴乱发生7个月后,琼斯发表了一篇社论,宣称:"塔尔萨的三K党承诺以美国的方式行美国之事……在三K党中有许多精神高尚、思想正确的人,他们认为政府官员失败了,人们有理由采取激烈的行动。")

在暴乱发生前的几个月里,这位编辑对全州的私刑问题进行了大量的报道。到1921年5月中旬,他的社论开始采用一种更加不祥的论调;"塔尔萨的

第二部分 道德后果链：1914—1921

人们开始意识到，再也无法忍受现在的情况了。"两天后，琼斯发表社论威胁说，如果市长和市委员会不采取行动，"觉醒的社区良知将会帮助人们采取行动"。5天后，一篇关于警察部门腐败，塔尔萨黑人社区赌博、游手好闲、不加约束的卖淫的深度报道出现在头版。（这篇报道声称，在镇上的一些地方，白人和黑人一起干着肮脏的勾当。）文章引用一位法官的话说："我们得直接拿下旅馆，如果我们想制止邪恶，就必须把黑人皮条客赶走。"

1921年5月26日星期四，琼斯发表了一篇社论，开头写道："以违法对抗违法是不正当的。"他似乎在暗示，这是一条完全错误的路。但在这句话背后是否存在种族主义的色彩？在我看来，整篇文章的内涵就是种族主义。这个道德虚伪的人几乎每天都去塔尔萨酒店500号房间和他的秘书兼助理编辑幽会，却又在两天后的周六发表了一篇关于良心危机的布道文章。其中有一句意味深长的话："良心的声音不会因为没有报答而沉寂。"根据历史学家埃尔斯沃斯在暴乱调查委员会报告上的描述，在这篇文章发表大约48小时后，"在这种高度紧张的气氛下，两个之前不为人所知的塔尔萨人，迪克·罗兰和萨拉·佩奇，从阴影中走出来登上了历史的舞台。"

接下来的事大家都知道了。

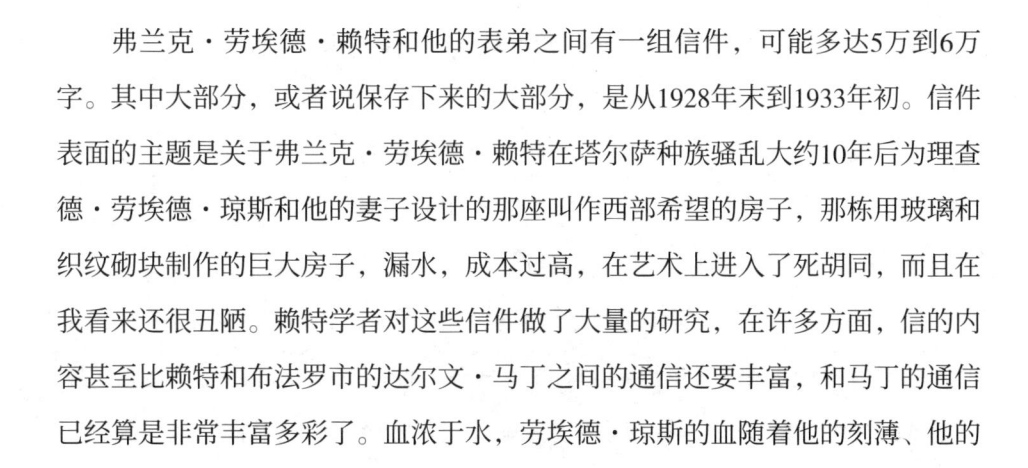

弗兰克·劳埃德·赖特和他的表弟之间有一组信件，可能多达5万到6万字。其中大部分，或者说保存下来的大部分，是从1928年末到1933年初。信件表面的主题是关于弗兰克·劳埃德·赖特在塔尔萨种族骚乱大约10年后为理查德·劳埃德·琼斯和他的妻子设计的那座叫作西部希望的房子，那栋用玻璃和织纹砌块制作的巨大房子，漏水，成本过高，在艺术上进入了死胡同，而且在我看来还很丑陋。赖特学者对这些信件做了大量的研究，在许多方面，信的内容甚至比赖特和布法罗市的达尔文·马丁之间的通信还要丰富，和马丁的通信已经算是非常丰富多彩了。血浓于水，劳埃德·琼斯的血随着他的刻薄、他的

273

爱、他的自我和骄傲一起奔涌而出。这些信里充满了巧妙的侮辱，读起来很有趣。信的潜文本和显文本就是，傲慢的建筑师和傲慢的客户，彼此都知道对方的底牌。但我还是忍不住用另一种方式来解读它们，"有趣"这个词在这里不适用。

在好几万的文字里，格林伍德大屠杀从未出现过，没有公开出现过，没有提到过这件事，一次也没有。但它明明发生在那里。赖特提到了一次"火与灰的洗礼——我会说是火山一样的。"这句话之后是这样一句："对于那些能幸存下来的人来说，它很了不起。"他说的不是塔尔萨，不是就它本身而言，依然有意义。

你从赖特那里听到这样的话："当我们遇到麻烦的时候，不要因为你是一个该死的'印刷工'，就试图把所有的东西和所有的人搞砸——明白吗？"那封信结尾的一句话是："现在，我该怎么做才能让你心里觉得更轻松呢？"

他还会说："你的错误在于你回击得又快又狠，这样你肯定无法击中目标……"

他还会说："当你对付对手的时候，你的力度是我的两倍——而且更无情。你那支能干的笔有更大的力量。"

还有其他类型的注解，有的隐秘，有的明显。这本书的开头曾引用了一封信，我们现在更完整地引用一次："理查德，家到底是什么？我意识不到我曾经有过一个家，我也确实放弃了那个家，我可以成为孩子们的好朋友，而不是成为一个父亲，为他们的母亲做点事情，而不是在我们的余生和她唠叨不休……在我成立另一个［家］时，遭遇了很多可怕的不幸和事故……在我所有的虚张声势背后，是无数的悲伤，你可能不知道，但我的人生是一场出色的战斗。"（"fought"一词被打成了"faught"。）

从这两封回复的信件来看（尽管它就在我眼前，但是每次我回过头去看时，都觉得发现了更多的内容），赖特通常有一种巧妙的花言巧语，是为了拿到更多的资金，至少在签署合同和委托工作实际开展之后是这样的。在此之前和之后，他可以更直接地说出他所知道的关于表弟的核心问题。在我看来，你可以指责弗兰克·劳埃德·赖特犯下了世间的任何罪行——但不能指责他道德上虚伪，他喜欢当着人的面指出别人所谓的罪过。

这封关于虚伪的信写于1928年11月6日，当时两人开始认真地谈论关于在南塔尔萨的南伯明翰大道四英亩坡地上建造一所房子，但迄今为止两人之间还没有任何资金的交涉。"你不是一个坏家伙，理查德·劳埃德·琼斯，我对你的感情很深，比你的偏见或偏爱更深……但是你身上有个诅咒，伙计，你在这里的经历是无法消除的，——你是一个清教徒，一个最坏的税吏。你的虚伪是在骨头里滋生的，在毛发里浸染的，就像你头发上的发卷或你眼睛的颜色一样自然。但我知道，促使一个人做出特定行为的'理由'，通常是他身上好的一方面，而不是那结籽的花。就你而言，理查德，你的花结籽太快了。"

3周后，这封信促使理查德写了一封单倍行距长达9页的打印信（理查德之前出了远门），激烈地否认——这只能证明赖特之前的箭射中了目标。

赖特不时称呼他为"我亲爱的布道者"。有一次，他曾说，"振作起来，理查德。"这是不是一种潜意识下的回声？据说20年前，在他一生中最糟糕的那个夜晚，对方在火车站台上曾经咆哮着对他说出那些话。

对他来说，理查德表弟也会很残忍——事实上，甚至比赖特还要残忍，因为理查德手握着财政大权，他知道他的建筑师在经济上很拮据。1929年5月25日，他告诉表兄："弗兰克，你不知道你有多无知。我的意思是说，你无知……你只懂得日本版画、挂毯、水平线和角度，取悦世界上最伟大的艺术家的眼睛。弗兰克，对于任何有理智的人来说，你简直太可恶了。"

6个月前，这位布道者理查德说："你觊觎别人的关注……基督教导我们要彼此相爱，要慷慨无私地生活，为他人着想。如果一个趾高气扬、自私自利、以自我为中心的人走进你的家里，把你妻子迷得神魂颠倒，你会喜欢吗？你不会。弗兰克·劳埃德·赖特从来没有领教过黄金法则的教训……你是一个房屋建造者，却是一个家庭破坏者……你嘲笑自己的国家，你认为它荒谬，你本质上是一个没有国家的人。你就像一只雄鸡一样昂首阔步，自以为比国家更重要……但你荒谬的高知名度，自我追求，自我放纵，自我美化，反而让你挡在了自己面前，阻碍了自己的进步。"

也许只有两位牧师的儿子才能这样相互交谈，而且还能设法保持彼此之间的深厚感情。1941年，西部希望建成10年之后，在另一次与金钱相关问题的交流中，赖特写了一封信表达了三点，它是这样的："一、你太糟糕了！"他详细阐述对方有多么糟糕，然后继续道："二、要不是那样，你我可能会合作完成伟大的作品。"他说的是表弟对他的嫉妒。这让他想到了第三点："三、我亲爱的表弟，要不是因为表亲之间可悲的嫉妒，从什么时候起，我孔雀开屏会伤害到你那又肥又老的屁股呢？"他还没有说完，"总而言之，这糟糕的臭气只能证明你不是干枯，而是腐烂透了，不是吗？"

如果只是从1921年阵亡将士纪念日之后42年半的时间，从外部追踪他的生活，我们会认为"腐烂"这个词不适合用来形容这位塔尔萨种族暴乱的诱导者。他的主要问题是傲慢自大。他继续和艾米·康斯托克在一起，据我们所知，他把她的名字作为副主编写到了刊头上，就在他妻子名字的旁边，他也让他的妻子当了副主编。塔尔萨的灰烬过后还不到一年，他在当地白人权力机构中的政敌——他经常在报纸上嘲笑的那些人——趁他和康斯托克做坏事的时候（通过旅馆的钥匙孔监视）抓住了他。在此不必赘述细节，但有一摞一英寸厚的文件捐赠给了塔尔萨历史协会和博物馆的档案馆，里面是受雇的私人侦探的宣誓声明。（琼斯家族的后代帮助塔尔萨建立了该协会及其总部，这是他们为塔尔萨所做的公德善事，这一事实具有强烈的讽刺意味。）对我来说，最令人震惊的不是一些夸张的性爱描写，而是那对情人对乔治亚·劳埃德·琼斯的讥笑嘲讽。他们知道她知道，她早就知道了。乔治亚·劳埃德·琼斯——包括弗兰克·劳埃德·赖特在内的所有人都叫她"乔治"——据说是一个非常有尊严

第二部分 道德后果链：1914—1921

的女人。你可以从旧照片上看到，她穿着漂亮，身材苗条，直到晚年都是如此。乔治·琼斯不会让她的婚姻破裂，她是威斯康星州的一个小镇女孩，她显赫的父亲养了一个情妇，这是公开的秘密。在钥匙孔偷窥事件发生时，乔治和她丈夫已经有3个孩子，最大的孩子13岁，和他父亲同名，最小的是一个8岁的女孩。

1922年3月21日中午，《芝加哥论坛报》的编辑重新提好裤子，打好领结，乘电梯到旅馆大堂，准备回到东阿尔彻街真正的办公室，却碰到了一些拿着东西的人。那一定是个让他震惊的时刻。然后他做了什么？再一次更加强硬。他急忙回到报社，口述了第二天发表的一篇头版社论，选择否认这一切，题目是《恶霸们过于忙碌》。他宣布他不会被赶出城，他会"随时起诉任何诽谤或中伤"。他说："我们是在打字机后面编辑这篇文章的。如果需要的话，我们可以，我们必将用打字机和枪支来编辑这篇文章。"

结果呢？尽管本市的一名检察官以猥亵行为对他们两人签发了逮捕令，但整个事情最终还是平息了。琼斯欠了银行太多的钱，所以《论坛报》不能倒闭。据说三K党成员插手，逮捕令没有被送达。琼斯显然在一段时间内声名大噪，艾米也是如此。她回了密尔沃基，和父母住在一起，给她最亲密的妹妹艾菲写了一封凄惨悲伤的否认信。艾菲已经结婚，住在底特律。艾米在信的顶部写道："请把这封信毁掉，锁起来，或者归还给我。"她说整件事如何都是谎言，"琼斯先生"的敌人如何在大厅里拦住了他，并"用一些令人不快的公开言论威胁他"。她说到有台提前放好的录音机，拿钱办事的人"报告说看到了什么"。

（艾米于1944年早逝，享年57岁，那时她看起来像个老太太。她一生没有结过婚。作为一名开拓性的女记者，她获得了许多奖项。在她去世时，没有人提到她在暴乱发生一个月后为纽约社会福利杂志《调查》撰写的那篇转移责任的种族主义谩骂。文章的标题是《在那边：塔尔萨暴动的另一种视角》，所有的线索都来自理查德，那个她从1911年起在麦迪逊市卡罗尔街为之效命的那个男人。里面有这样的段落:"正是在肮脏的、被忽视的'黑鬼镇'里,骗子们找到了他们最好的藏身之处。那是一个罪恶的粪坑,那里有低劣的妓院,低劣的白人和低劣的黑人混在一起……过去几个月里,那些坏'黑鬼',那些穿着丝绸衬衫的社会寄生虫,一直在那里收集枪支和弹药。塔尔萨就坐在随时会喷火的维苏威火山上。")

暴乱过后,《论坛报》的老板变得富有起来,他变成了更坚定的共和党人,成了赫伯特·胡佛的心腹。1936年,堪萨斯州的阿尔弗雷德·M.兰登在共和党初选中大溃败,输给了富兰克林·罗斯福,这场竞选活动就是琼斯主持的。他四处旅游,在他深爱的威斯康星州建了一座度假屋,他又养了一个情妇——他的一些后人认为是这样的。(她也在他手下工作。)他把报纸的编辑控制权越来越多地让渡给了他的孩子们,他继续每周发表布道文(出于虚荣心,他还通过自己的报社出版了布道文的精装书)。最后,在他80多岁的时候,他年迈又体弱多病,在人生的最后7年里,他基本上是一个残疾人。他住在表兄为他建造的丑陋的大房子里(尽管这栋住宅注定要进入国家历史遗迹名录),一直睡在一间有高高的窗户的卧室里。孙子们有时过来在泳池里嬉戏,当问他一些事情时,他只能点头摇头。一般来说,孩子们都避开他,他身上有种令人生畏的东西。他于1963年12月4日去世,享年90岁,离肯尼迪在达拉斯的迪利广场遇害正好两周(他厌恶肯尼迪)。他逝世的新闻在《论坛报》的头版占了4个专栏,讣告延续了一些流传已久的无关痛痒的谎言——关于他的大学等等。

乔治·琼斯搬出了西部希望,反正她从来就不喜欢这个漏水的破地方。她想要更小的住处,所以她和一位年轻的修复建筑师置换了地方,正好这位建筑师格外钦佩大师的作品。在收拾行李的时候,这位与已故丈夫结婚56年的寡妇查看了房子里的一些东西,里面有一幅巨大的镶框油画,画上的人是迪克·琼斯,这真是令人难以忍受的自大。这幅画在新家不合适,她和她的黑人女仆海伦·梅·杰克逊——在这个家里工作多年的仆人——把它搬到外面,切成碎片放火烧了,她们就站在那里看着它燃烧。几年后,乔治对一个已成年的

第二部分 道德后果链：1914—1921

孙辈说，如果她要写一本关于她的婚姻的书（当然她是不会写的），至少书可以取名《从未有爱》。

1971年，在暴乱50周年之际，《塔尔萨论坛报》在7A版刊登了自暴乱发生以来第一篇相关文章。文章并不长，已故编辑理查德作为暴乱时的英雄出现（他的二儿子是如今的编辑和出版人，大儿子是总裁和董事会主席），这篇报道里有一个小小的打印错误（the重复了两遍），从这点来看，你可以看出报纸撒谎时的紧张："《论坛报》的出版人理查德·劳埃德·琼斯在6月1日的头版写了一篇社论，这篇社论对安抚这座受灾的城市起了很大的作用。琼斯写道：'私刑的法则导致的不是法制，而是无法无天，而无法无天就是对政府的否定。'"是的，那是他写的。1971年那篇回顾性文章的结论是："50年来，《论坛报》一直没有重提这件事，但在50周年纪念日这一周，似乎我们自然应该讲述一个城市失控时发生了什么。""失控"？海明威会说这个用词是一种猥亵。

你是不是想知道，这个打断叙事的冗长故事（虽然从寓言含义上并未打断）与弗兰克·劳埃德·赖特的生活有什么直接的联系？除了这个（到现在为止）不言自明的事实——赖特和道德败坏的理查德·劳埃德·琼斯是亲密而复杂的血缘亲戚。我只能用一个问题来回答你的问题，我从这本书的第一页开始就一直以这样或者那样的形式大声提问，是一个关键而又基本上无法回答的问题。

问题是这样的：1914年威斯康星州的惨案是否不可避免地导致了1921年俄克拉荷马州的暴乱（可能是想要报复）？真的，我在这里要论证的是更深刻、更深远的问题，有没有可能认为，如果1909年从未"发生"（赖特抛弃家人，和另一个男人的妻子出走，理由是两个人相爱、富有天赋和自由思想，认为自己凌驾于普通人的生活准则和制裁之上），那么1914年可能就永远不会"发生"，同样1921年可能也绝不会"发生"？是不是1909年导致了1914年，1914

年导致了1921年？

我曾就这一假设向一位我非常敬佩的赖特学者提问。他笑着说："这非常像天主教的思维，像福克纳的思想。"

但实际上，我说的是一系列的道德后果，它比这些重要事件更广泛、更深远、更久远。大家几乎没有听说过弗兰克·劳埃德·赖特父亲的故事，或者更准确地说，弗兰克·劳埃德·赖特的父亲的历史，儿子如何改变了他的故事。这本书里你将会听到。

我为什么要往这个无法证明的方向思考呢？因为正如我在整个叙述中以这样或者那样形式所说，我相信，不论是在他人生的早期、中期，还是更多地在他人生的晚年，弗兰克·劳埃德·赖特自己也朝这些方向思考——或者至少对此感到好奇。再说一遍，就像我曾经说过的，并且继续要说、继续要表明的那样，这种并不躲躲闪闪的好奇可以在他旋涡生活的边缘、甬道和蓝色通道里找到。赖特的传记作家艾达·路易斯·赫克斯泰伯曾简洁地说过：这不可能是编造的，因为没有人会相信这是真的。

当赖特正在给他的表弟盖那座奢华的房子时，他写给对方一封信说："我会谴责自己，比起我自己的谴责，你的谴责不过是小儿科。"在另一封信中，他把这句话放进引号里："也许'被烧伤的孩子会怕火'。"

第三部分

从袖子里变出来：
1936年

　　艺术的设计，是对创意流动中各种事物、各种元素之间关系的认可。你无法发明一个设计，只能在第四维空间里发现一个设计。需要用你的血、你的骨、你的眼去发现。

——D. H.劳伦斯,《艺术与道德》

最后,在他那间只有一个灯泡的牢房里,所有的东西都不见了,或者大部分都不见了,凶手出于一种自我救赎的意识,大喊道:"我不想杀人!……但我杀人的原因就是我自己!杀人的想法就埋在我身体里很深的地方!我觉得杀人很难……我杀人的目的是好的!……一个人杀人是有目的的……直到我觉得一切那么难,开始动手杀人,我才知道自己还活在这个世界上……"

是朱利安·卡尔顿说的吗?不是,是自然主义小说《土生子》里的比格·托马斯说的,这本书是理查德·赖特1940年出版的畅销说教小说(头3周就卖出了21.5万本)。比格是一个20岁的黑人,情绪发育迟钝又极度贫困,他住在20世纪30年代的芝加哥南区,来自南方腹地,他为一个富裕的白人家庭工作。他犯下了强奸、谋杀、斩首和焚化罪,但人们对他做出如此举动的原因知之甚少。直到最后,作者让死刑犯(比格将会在电椅上执行死刑)向他的朋友、共产主义律师鲍里斯·马克斯发表了他的疯狂演讲。但当时的一些评论家对这一场景并不买账,毫无疑问,现在更多的评论家对这一演讲也不买账,无论这本小说在美国文学中多么有代表性。这就是问题所在:这是一场演讲,它没有说服力,没有艺术性。(事实上,毫无疑问,许多评论家会这样点评这部庞大散乱的小说。)比格这个野蛮人身上那一点点表层的变化,与之前的一切相比,并非是自然有机的变化。1949年,同为非裔美国人的詹姆斯·鲍德温刚刚进入文坛,怀着一种文学上的弑父之心,在著名的文章《每个人的抗议小说》中抨击了赖特。他说,"仇恨像硫黄火一样在整本书中燃烧",但这种仇恨并没有告诉我们现实生活中的任何事情。他似乎在反问:你如何能以这样一个不透明的人物为核心,来创造一个真实可信的故事?当一个人看起来几乎不像人的时候,你如何发现他的人性?

血与骨

我觉得有必要从前面重拾一些松散的结尾和悬置的线索，尤其是关于朱利安·卡尔顿的一个核心问题：他为什么要这么做？这个问题在这里无法得到解答，在其他地方没有答案，永远没有。我在这里提出一个模糊的理论，它可能还算是言之成理。

第三部分　从袖子里变出来：1936年

所以，让我们最后再看一眼这个"不透明"的人、这个无足轻重的人的血与骨——也就是他真实的生活。尽管他在世间只活了25年，但就在这段时间里，他成为了美国神话中不可磨灭的一部分。事实上，不止一部分。

关于悬置的线索——1914年8月15日之前朱利安在芝加哥的生活，我们知之甚少。

我们所知道的内容，关于15号惨案发生前那段时间的内容，很大程度上要归功于《芝加哥论坛报》，在大屠杀发生后的几天里，《芝加哥论坛报》弄错了很多事实，但这份报纸也为我们提供了不少历史材料，这在别处是找不到的。

就像前一章所说，这里的争论是（如果确实无法证明的话），朱利安在1914年之前在芝加哥至少住过几年，尽管他的行踪不为人知，他确实可能是在1907年或1908年的某个时间来的，这也是他在阿拉巴马州最后一段可追踪的日子。从1907年到1915年，他的名字并没有出现在芝加哥的任何黄页上，也没有出现在其他类型的名单上（或者是我没有找到他的名字），但这本身并不意味着什么。成千上万的流动黑人工人，没有固定的地址，从阿拉巴马州、密西西比州或者佐治亚州而来，在南区附近流动，在著名的"黑人地带"流动，或者更准确地说，他们的存在导致了"黑人地带"的出现。他们的名字不一定会出现在1907—1915年芝加哥的任何名册或者列表上。

但是，是否有可能像我之前说的那样，朱利安在19岁或者20岁的时候吻别了加隆和玛丽亚，然后离开伯明翰市（甚至也许是在哥哥姐姐的陪伴下），先去了别的地方？也许吧，但我的直觉告诉我，他一直往北走，朝着芝加哥的梦想前进。这是我之前描述过的"大迁徙"前浪潮的一部分。我想象他是一个人来的，芝加哥几乎就在伯明翰正北方，距离661英里（1064千米）。

另外，当他来芝加哥的时候，有没有可能是和那个年轻女人在一起的——她的年龄从来没有被证实过，我们对她的长相几乎一无所知——不管是从法律上还是实际意义上，那个女人是否已经是他的妻子了？如果说世人对朱利安·卡尔顿所知甚少,那么对格特鲁德·卡尔顿的了解就更少之又少了。

1914年8月17日星期一,惨案发生两天之后,卡尔顿处于半昏迷状态,他被抬到了威斯康星州牢房铁栅栏门外过道的椅子上,接受初步传讯(传讯发生在下午早些时候,监狱的医生认为这个囚犯太虚弱了,不能被带到隔壁的法院,当时半个城市的人都在法院等着传讯),《芝加哥论坛报》声称引用了格特鲁德·卡尔顿的话,至少是间接引用她的话:

"根据那个黑人女人说的话,她的丈夫似乎是疯了。卡尔顿是个矮胖的黑人,曾经是普尔曼铁路的搬运工,最近还给芝加哥餐馆老板约翰·福格申当过仆人。两个月前,赖特雇用了卡尔顿夫妇。"

格特鲁德也被关押在威斯康星州道奇维尔的县监狱。[道奇维尔是爱荷华县的所在地,也就是塔里埃森所在的地方,它在塔里埃森以南16英里(26千米)。很多人都把这个地方弄错了,这个问题与威斯康星河有关,斯普林格林在河的北面,在另一个辖区索克县内。所以,尽管斯普林格林的监狱离塔里埃森很近,尽管在案发后斯普林格林和其他许多地方的执法人员都到了现场,犯人也不会被带到他们那里去。]

他们很快就让她走了。不久,当局就把她送上了开往芝加哥的火车,她的口袋里只有不到7美元。不止一位赖特历史学家曾说过,格特鲁德·卡尔顿就这样消失在了历史容易被忽视的小字部分中。塔里埃森的事情发生之后,再没有人能够找到她的生活痕迹。她结婚了吗?如果结婚了,她改了名字吗?她有孩子吗?她对孩子们说了什么?也许她有一两个孩子还活着,我还在寻找那条线索。

但是,关于格特鲁德对《论坛报》记者所说的话,这些话即使没有加引号也不正确:她的丈夫根本不是矮胖的,而且他从来就不是普尔曼的搬运工。他确实曾在芝加哥餐馆老板约翰·Z.福格申家里做过管家兼杂役,福格申一家四口住在芝加哥城北戴明广场523号。格特鲁德也在福格申家工作,同样,在火灾和谋杀案之前,他们俩也都在塔里埃森工作。1914年早期,朱利安和妻子

第三部分　从袖子里变出来：1936年

似乎已经在福格申家住了几个月了，他们的食宿和工资都有着落。他们可能从1913年，甚至更早的时候，就开始为福格申家工作。

福格申的餐馆位于西麦迪逊街，这家餐馆在卢普区的律师、银行家和拉萨尔街的股票交易员圈子里非常有名。我认为，朱利安首先在这家有名的午间餐厅里工作（是口味颇重的德国菜，侍者们都穿着燕尾服），然后又在餐厅老板那看上去令人生畏的华丽住宅里工作（是一栋石头建造的庞然大物），第二份工作紧随在第一份工作之后。为什么呢？因为他一开始就干得很出色——不是当服务员，而是当餐厅的门房，甚至可能是当过杂役或者洗碗工。如果这是事实的话，那么事实的相关性似乎是不证自明的：即使是在一个大餐厅（可能有五六十个员工）的低级岗位上，显然他也给老板留下了深刻的印象，以至老板让他来自己的家里当差。朱利安有良好的面具。

屠杀案之后，福格申家不遗余力地说朱利安是一个多么优秀的员工，一个多么优秀的人。餐馆老板的儿子约翰·A.福格申大约25岁，和父亲一起做生意，中西部的几家报纸，特别是《密尔沃基前哨报》援引他的话说："他是一个善良诚实的仆人，似乎一直都很理性。他和他的妻子在我们家工作，当他离开时，他的妻子也陪着走了。在他找到了赖特先生家的工作之后，他向我们要一封推荐信，我们很高兴给他推荐。"1914年初，老福格申赢得了米德韦花园的特许经营权和饮食供应合同，他成了总经理。他和赖特在1914年的冬春以及夏初应该经常见面，赖特显然在某个时候曾问过：你认识好的黑人厨师和管家吗？（赖特在他的《自传》中提到了这一点。之后，他们的友谊再也没能恢复，怎么可能恢复呢？至于米德韦花园，1914年10月的时候，花园面临破产，福格申辞职了，或者说被解雇了。）

朱利安是普尔曼铁路搬运工的传说出现在许多关于赖特的书里。普尔曼公司的总部设在芝加哥，在芝加哥以南14英里处，有座围绕公司形成的城镇。一个黑人在铁路上做搬运工（就像出生在巴巴多斯、海地或其他听起来有异国情调的地方一样），听起来就会自带一种世俗的光环，尽管卧车搬运工的工作饱受剥削的，经常是令人难堪的。但是，不管怎么说，我咨询了普尔曼档案馆专家们的说法，他们认为朱利安·卡尔顿并没有在这家公司就职。那么，为普尔曼工作是他编造出来的又一个传说吗？或者是有一家报纸弄错了，然后仅仅是由于传递效应，其他报纸也这样报道？"porter"这个词本身并不一定和铁路上的搬运工有任何关系。在20世纪第二个十年里，一定是有成千上万的黑人porter（"门房"）在芝加哥的餐馆、宾馆、办公室、百货公司工作——但是只有相对少数的人是另一种porter——列车服务员，他们整理床铺，给别人擦亮鞋子，坐火车到很远的地方（工作两班倒，工资待遇恶劣，穿着公司强迫他们用自己的钱购买的统一制服）。

《论坛报》那天（17日）的故事直接引用了格特鲁德的原话："'我们的待遇很好，我们喜欢这个地方，'女人说道（她说的是塔里埃森），'但我丈夫认为有人要抓他。最近，在我们住的小屋里，他夜里把我叫醒，让我听听有没有声音。'"这些话听起来像是编造的。

她继续说："他不停地喊'他们要抓我'，有时候他会掐住我的脖子，威胁要打昏我的脑袋。他睡觉时把那把斧头带到床上去。两个星期前，他非让我告诉博思威克夫人，我们打算辞职，理由是说我觉得寂寞。"

报道还引用了他们在芝加哥的熟人的话，他们证明他极容易激动。有一次在家里办聚会时打惠斯特牌，如果朱利安输了，他会勃然大怒。"他会像个野人一样跳来跳去。其他的时候，他闷闷不乐，阴沉沉的，回避别人，看上去像是个白痴。"某种程度上，报纸就像是在描述当时尚未出版的小说《土生子》中那个叫比格·托马斯的主人公。

报纸还找到了南区一家小学的门警。1914年的某个时候，朱利安在圣劳伦斯大道和第49街的弗朗西丝·威拉德学校当过助理门警。（第二天，也就是8月18日，同样在《论坛报》上，看门人约翰·基南回想起朱利安，说他是如何不停地抽烟，举止"呆头呆脑"，他借给了第一天上班的朱利安一块钱去买工作服。幸好他还是来上班了。）

第三部分　从袖子里变出来：1936年

17日报道的故事中还有这样一句话："卡尔顿夫妇从福格申家离职之后，在埃文斯大街4733号住了一段时间。他们避开邻居，很少结交朋友。卡尔顿的妻子有时会因为害怕自己的生命有危险而离家出走……"

我提到了埃文斯大街4733号，但还没有说到这个地址更重要的意义。它是一个标志性的，或者接近标志性的地点，它是这个街区的中心，这个社区将来某一天会被写进书里。

1910年至1920年间，5万名来自南方腹地的黑人来到芝加哥。1910年，该市居住着44103名黑人，而到下一次人口普查时，这个数字变成了109458。大规模的迁徙主要发生在这10年的后半段，也就是朱利安去世之后，但他是这10年里迁来的5万人中的一个。无论是从字面还是从比喻意义上来说，美国和芝加哥的"大迁移"就是从这里开始的。

尤其是在1930年代，人口普查的数字持续增长，呈指数级增长。到1944年，有33.7万非裔美国人住在芝加哥，几乎所有人都被限制在城中城里，那是一块狭长的地区，像是一条舌头，或者一条从北到南延伸了大约7英里（11.3千米）的走廊。［据说在它最好的时代，这块舌状的地区从东到西大约有1.5英里（2.4千米）宽。］这座城中城有个名字叫黑人地带，事实也确实如此。

这个地方还有个更庄严的名字——"黑人大都会"，这是芝加哥大学的两位社会学家圣克莱尔·德雷克和贺拉斯·R.凯顿取的名字，出现在他们1945年出版的具有里程碑意义的社会学和人类学著作《黑人大都会：北方城市黑人生活研究》。这里实际上成了世界上第二大的黑人城市，只有哈莱姆区比这里规模更大，名气更响。那时候，这个地带有了另外一个名字叫"布朗泽维尔"，当地居民特别以此为傲。"南区"这个词在美国黑人中早已具有神话地位，如果说哈莱姆被称为"爵士之城"，那南区就是布朗泽维尔，是黑人的乐土。路易斯·阿姆斯特朗，诗人格温多琳·布鲁克斯，激进分子艾达·B.威尔斯（帮助创建了全国有色人种协进会NAACP）和棒球运动员鲁布·福斯特（黑人全国联盟的创始人）——仅举这四人为例——他们都曾在布朗泽维尔生活过一段

289

为火所困：赖特的梦想与愤怒

时间。莉娜·霍恩和艾灵顿公爵[1]都曾来到这里。在布朗泽维尔二楼低瓦数电灯点亮的房间里，牙齿上镶金的时髦的棕肤色男人，每晚都蜷着身子在银色的铜管乐器上演奏，衣着华丽的女士们戴着"令人难以置信的帽子"在周六的人行道上漫步。剧院、咖啡馆和餐馆取了梦幻般的名字：梦之乡、皇家、日落、黛丽莎俱乐部。这里不仅有爵士乐，还有布鲁斯和福音音乐。"午夜就像白昼，"兰斯顿·休斯说，"街上到处都是工人，赌徒，妓女，皮条客，教会信徒和罪人。"这里有极端的贫穷和犯罪吗？当然有。但这里也有骄傲荣耀的部分，一个朦胧的、忧郁的历史时刻。

早些年，这条捆住大都市的无形黑色腰带上有个环扣，那就是三十五街和州街的交叉口。（这是兰斯顿·休斯——还有作家理查德·赖特——最熟悉的夜生活区和商业区。赖特笔下的比格·托马斯和母亲、妹妹住在一个离州街和三十五街很近的虚构地址：印第安纳大街3721号。赖特是密西西比州纳齐兹市一个佃农的儿子，1927年12月，他北上来到芝加哥体验"他乡暖阳"。作家伊莎贝尔·威尔克森2010年出版的关于黑人大迁徙的权威著作标题就是《他乡暖阳》。）

在后来的几年里，也许从20年代末开始一直到30年代，腰带上的环扣开始向南移动，移到了第四十七街，就是在这个时候，这里改名为布朗泽维尔。有句谚语说："如果你想在芝加哥找一个黑人，你只要站在四十七街和南方公园的拐角处足够久，就一定会见到他。"南方公园是南方公园路的简称（如今叫作马丁·路德·金博士大道）。

1914年初夏，朱利安和格特鲁德·卡尔顿这两个无名的打工人就住在离四十七街大约300英尺（91米）的地方。朱利安从埃文斯街4733号的前门出

---

[1] 莉娜·霍恩（1971—2010），美国歌手、女演员、民权先锋。爱德华·肯尼迪·艾灵顿（1899—1974），美国著名黑人作曲家。——编者注

第三部分　从袖子里变出来：1936年

来，向右转，走到拐角处，他就会站在布朗泽维尔的中心地带了，只不过当时那里还不叫布朗泽维尔。没关系，这就是我刚才所说的，我有时觉得这个矮小而神秘的男人有一种不可思议的天赋，能把自己融入美国神话中去。这里应该说是神话出现之前的地点。如果有人初夏的时候想找他，他就已经在那里了。（那年初夏，弗兰克·劳埃德·赖特不在威斯康星州的家中，当时他在正南方——几乎是垂直线上的南方——在米德韦花园工作。）

如果今天我们去朱利安所在的老街区，在第四十七街和埃文斯街，你会发现一些快餐小店，其中包括一家雷姆斯叔叔风味炸鸡店，墙上有壁画和民权运动的历史。[1]

阴郁，愤怒，几乎一言不发，这就是朱利安在道奇维尔那间几乎不见光的土牢房里的状态。在他死前的7个星期里，他们三次把他带上法庭。8月17日，星期一，法庭找上了他。他被安置在门外的椅子上，看起来几乎没有呼吸，他低声说了些人们无法理解的话，然后法庭正式认定为无罪答辩。该县最重要的报纸《道奇维尔纪事报》报道说："他被灼伤的喉咙肿胀……他无法吞

---

[1] 一个关于他的谜团，他和格特鲁德怎么会住在这栋分割成房间和公寓的维多利亚式结实排屋里呢？这栋房子似乎打破了这条街的种族界限，至少在1910年和1920年的联邦人口普查中有证据显示是种族混合的。1910年，有7个人住在埃文斯4733号，他们都被列为黑人或者黑白混血儿，他们来自佐治亚州、南卡罗来纳州、田纳西州、肯塔基州和伊利诺伊州，他们的工作包括铁路搬运工、护士、洗衣妇或者有轨电车列车员。这个街区几乎所有其他住宅里都是白人。10年后，在下一次人口普查中，有10个人在4733号——大多数来自南方（包括阿拉巴马州），他们也都是黑人或者黑白混血儿。朱利安的名字在两次人口普查中都没有出现（当然，在第二次人口普查时他已经死了），但在那10年的中期，他曾住在那所房子里，不论住了多久，我对此毫不怀疑。这有点令人吃惊，因为当时人们普遍认为南区黑人生活的"舌头"并没有向南推进那么远，还是在离市区更近的地方。然后，这个地带开始向南延伸，比如说，从第十八街和州街最终延伸到第三十五街和州街。但是，要想让这条黑人腰带向南推进到几乎全是白人的第四十七街还需要很长一段时间。然而，不知为什么，1914年，朱利安和其他几个人一起住在了第四十七街，以某种有意识的方式打破了种族肤色的障碍。这只是偶然吗？他们的居住会受到什么样的阻力？

为火所困：赖特的梦想与愤怒

咽……他呻吟着，在牢房的床上翻来覆去。"从周六开始，他一直只能用勺子喝牛奶。

10天后，8月27日，星期四上午9点，他们把他带到了法庭，法庭就在隔壁。这个过程需要警长和5名手下协作，他一直不肯走路，一直要摔倒。执法人员半拖半抬地把他弄上了楼，走上楼梯口，进入法院，上到二楼。那个房间现在根本看不到座位。当天有超过500人等在外面的草坪上，包括骑在父亲肩上的小孩，大家希望能一睹为快。他被安置在角落里，戴着手铐，不断地呻吟，喃喃自语。警官递给他一些切片的苹果和香蕉，还有橘子瓣，他嚼了嚼，然后吐了出来。他摆弄着一杯水——他会把它打翻吗？《纪事报》第二天在头版报道了其中的一些情况，说他的体重减轻了30磅（13.6千克）。斯普林格林的《本地新闻周刊》（每周四出版，所以他们比《纪事报》早一天）当时也在场，报道说他咀嚼切碎的水果，假装精神错乱，宣读指控时还对人们做鬼脸。"他没有回答指控，只是表示'同意'，亚瑟法官下令对每项指控都视为无罪答辩[1]。"

（关于《本地新闻周刊》，弗兰克·劳埃德·赖特一生都是这份报纸的忠实读者，当他离开小镇时，他的手提箱里也会随身携带这份报纸。该周刊对火灾和谋杀案进行了大量的报道——这一点也不奇怪。令人惊奇的是，相比本地的许多竞争对手，特别是规模庞大的《芝加哥论坛报》，该报完成了一些最有说服力的报道，尤其是在8月15号之后的几天。虽然《本地新闻周刊》人手有限，但是当我们回头对比所有报纸的报道时，忍不住会得出以上的结论。并不是说《本地新闻周刊》里没有肆无忌惮的种族主义，它的第一篇报道里有这样一句话："在道奇维尔大汗淋漓的庭审过程中，那个黑人畜生说火灾是个意外——他用汽油擦地毯时点着了烟斗。"还有一件奇怪的事，赖特长期对《本地新闻周刊》爱恨交加，而它却以猛烈批评赖特而闻名。该报编辑W.R.珀迪

---

[1] 无罪答辩，刑事被告人自认无罪所做的答辩，如果被告人不做答辩，法院也视为做了无罪答辩。

第三部分 从袖子里变出来：1936年

为人正直，喜欢抨击赖特"有辱体面的行为"。)

审判结尾的时候，囚犯正式被转往巡回法庭接受审判，巡回法庭要到9月底才会在道奇维尔开庭。在此期间，他会继续被关在牢房里。顺便说一句，前一天，也就是周三，该县的治安官约翰·T.威廉姆斯一直声称，他认为他的囚犯并没有疯，并且一直在试图与他谈话（尽管这没有任何作用），威廉姆斯同意他在牢房外的走廊里自由活动。但是，卡尔顿先是在外面朝执法人员扔了一个水杯，又扔了一个水桶，然后抓住威廉姆斯的腿不让他走。那个身材魁梧的警官大喊他的副手，副手迅速跑下楼来，他们俩才设法把卡尔顿弄回牢房里。囚徒在软弱无力中突然迸发出超然的力量。

8月29日，朱利安出庭两天后，他的妻子，也许应该称为情人或者前情人（她声称已经与犯人完全断绝了关系）被送上了开往芝加哥的早班火车，一去不复返。

一个月后，1914年9月29日，周二下午，巡回法庭秋季庭审的第二天，7宗离婚案和一起入室盗窃案也在审理之中。他的案子是那天的第二件——看起来这只不过是自从巡回法官乔治·克莱门森上次来此之后，在威斯康星州爱荷华县发生的许多普通法律案件之一而已。（巡回法官在此案的职权高于当地治安法官。）昨天，法庭给这名犯人指定了律师（欧内斯特·C.菲德勒律师为此挣了50美元，下个月中旬县政府会付给他钱），但此案并未继续审理。巡回法官征询了当地两名医生的意见，他本人也探访了该囚犯的牢房，他在最后一刻做出决定，认为卡尔顿过于虚弱。但是，法官对他进行了快速传讯，并宣读了指控。下午1点30分，午休后的第一件事，就是把他抬了进去。他们把他放在椅子上，他总是往下滑，于是他们给他弄来了一张小床。他似乎有些神经性紧张，但还是拒绝发言，法庭为他提出了无罪答辩。

（很久以前就有人告诉我，这些庭审并没有留下记录——虽然有些文件有缩微胶片的副本，但真正的文件没有保存下来。但后来，幸运的是，在一位县办事员的慷慨帮助下，我终于找到了一批原始文件。这位办事员本来就对这些文件很感兴趣，能发现这些文件他也很惊讶。因为它们就藏在布满灰尘的厚书里，就在法院大楼闲置的地下室里——基本上距离朱利安被关押的地方大概只有30英尺（9米）远。这些文件纸很长，年代久远有些残破了，字迹书写优美。就像我之前说的那样，看着它们就会有一种令人心颤的感觉，这些坦露的事实有时能轻松打败人们想象出来的所有的东西："记载显示，爱荷华州县巡回法院定期开庭，公元1914年9月28日在该县的道奇维尔市法院举行……")人们记载了这件事。

10月2日星期五，《纪事报》的一栏标题是《黑人身体状况导致推延》。5天后，10月7日星期三，被告死亡。下午1点左右他死去的时候，有没有人跟他一起在牢房里？我们并不清楚。他死时体重估计不足90磅（40.8千克）。据报道，他拒绝吃任何的食物，除了有一两次，治安官用锡盘给他带来了食物，他狼吞虎咽吃下去。他死后两天，有一篇专栏文章，还附了一张照片。这张照片保存至今，上面是一个身材矮小的男人，他穿着牛仔衬衫，剪得很短的头发，目光向下注视。"这个黑人最后三天奄奄一息，"报纸报道说，"治安官对他直言相告，让他做一个死前陈述，但是卡尔顿没有理会。"那时，威廉姆斯警长已经填写并签署了死亡证明。死因一栏写着："盐酸自杀未遂之后饥饿致死——自杀。"

爱荷华县道奇维尔监狱历史上最著名的犯人，在犯罪之后又活了53天。这期间，他说了总共有53个字吗？

让我们再次回到那个不可回避的问题：他为什么要这么做？他这么做是因为他疯了，彻底发狂了。其他的理由都是别人的猜测，一个世纪以来一直如此。有些猜测听起来很蠢：他是受人唆使的，这是不明阴谋的一部分（甚至可能与赖特本人有关），或者是主人拖欠了他的工资（因为主人有一两个星期没给你工资，你就要毁掉眼前的每一个人，每一件东西？即使是疯子，哪怕是暂

时发疯，也解释不通）。

还有一种长期存在的（不容易解释的）理论认为，他脑子里有一种想法，认为自己是"上帝的代理人"，必须消灭这些放荡的通奸者。1965年，赖特最爱的小妹妹玛吉内尔·赖特·巴尼在一本名为《上帝的琼斯山谷》的简短传记中提出了这一观点（"上帝的代理人"就是她使用的字眼），赖特家族中持这一理论的人不止她一个。约翰·劳埃德·赖特在那本我曾多次引用的古怪又重要的书中，也提出了他的观点："后来，有些神职人员也在布道讲坛上把这场悲剧作为道德教训，滔滔不绝地阐述和引用。我不知道，他们之前对邪恶的批评和预言是否影响了那个巴巴多斯人，当他扭曲的头脑中开始酝酿罪行时，他可能看到了自己未来获得荣耀的可能性。"的确，不止一个斯普林格林的布道坛曾经谴责过这对罪人，尽管在卡尔顿采取行动的时候，很多责骂似乎都已经不见了。赖特传记作家罗伯特·C.托姆布雷在他1979年的著作《弗兰克·劳埃德·赖特：他的生活和建筑》中，提到了讲坛神职人员的怂恿。托姆布雷的书是一项重要的、深入的研究，尽管我发现自己经常和他持不同的意见，但我却完全赞成他的这句话："有传言说，这个迷信的巴巴多斯移民受到当地一个福音教会关于报复的布道内容的影响，自作主张惩罚赖特的'不道德行为'，但这并不能解释他为何选建筑师不在的时候采取行动。"正是如此。朱利安为什么会去那个教堂呢？他是黑人，在那里可能他并不受欢迎。他住在城外，他不得不借一匹马或一辆马车去，这是不太可能的，而且他更不可能去那里——他甚至可能不知道有这个教会，不知道这些布道。此外，我认为他不是一个经常去教堂的人，尽管他原生家庭的成员经常去教堂。

8月17日，星期一，在暴力事件发生48小时后，《芝加哥论坛报》刊登了前一天该报一名记者和埃德温·切尼之间的对话。记者在斯普林格林火车站找到了梅玛的前夫，那是周日的中午，他要乘车回家了，孩子们的遗体就装在一个小木箱里。记者问："你认为这宗犯罪还有其他的解释吗？你知道的，一直有些谣言。"切尼回答："我肯定他是疯了，没有任何其他原因。"阴谋论者喜欢

为火所困：赖特的梦想与愤怒

"谣言"这个词。记者心里想的是什么谣言？

事实上，人们不断地寻找了一个世纪，每一种理论都有不足之处，但有两种理论比较突出。一种很快就被排除掉了，它认为朱利安实行报复是因为梅玛解雇了他，而且是很粗暴地解雇了他，他们之间发生了口角。她从一开始就不信任他，他也感觉到了。她对他盛气凌人，对他和格特鲁德两个人都一样，这让他怒不可遏。首先，这不是梅玛的性格。她是一个更温柔的女人，是一个有着巨大张力的温柔女人。大喊大叫并不符合她的性格，专横的态度也不太符合。其次，有令人信服的证据证明（正如格特鲁德对《论坛报》所说的那样），这对夫妇至少几个星期前就打算离开，并且已经通知了他们的雇主。在大屠杀发生前的周三和周四，理查德·劳埃德·琼斯亲自在《威斯康星州日报》的招聘版面上刊登了一则广告。《本地新闻周刊》8月13日的报纸上也刊登了同样的广告。这些招聘广告提到了乡村的一所房子，房主需要雇佣"两个女孩或者一对已婚夫妇。提供带浴室的独立房间，两人每月40美元，如果满意的话会加薪。"感兴趣的人可以联系塔里埃森的弗兰克·劳埃德·赖特。（塔里埃森的名字写成了"Taliesen"——无疑是排字错误。）

所以，这个理论经不起考验，尽管它还继续存在。[1]

也许部分原因是大约在谋杀案发生的8天前，朱利安去麦迪逊看牙医了。〔受雇的黑人仆人工资低，住在乡下，会去将近40英里（64千米）外的麦迪逊市看牙医吗？〕但是，他确实去了芝加哥（似乎是坐火车去的），显然他从芝加哥给妻子打了电报，说他要离开的时间比预想的要长。（这样突然的缺勤，会

---

[1] 在所有研究赖特的人中，威斯康星大学已故文学教授威廉·R.德伦南对这几十种理论的研究是最全面的了——我不得不说，最学究的了。他的著作是2007年的《草原住宅里的死亡》，我对他的研究表示感谢，我也在努力做我自己的研究。他这本书的语调非常古怪——仿佛作者进行一种傲慢的个人审讯。

不会惹得雇主生气呢？）在芝加哥，他好像一直和莫里斯·多西住在南区。莫里斯·多西是他为数不多的朋友之一，他和家人住在南沃巴什大道（离埃文斯4733号不远，但也不是特别近）。多西比他大，显然生活更稳定一些（他已经连续几年出现在芝加哥的黄页上），在福格申餐厅做服务员。（我认为朱利安本来就是通过多西才在这家餐厅找到工作的。这也是为什么我认为他先在这家餐厅工作，然后他的辛勤工作引起了老板的注意。顺便想一下，当他在这家餐厅工作时，他有没有给赖特收拾过桌子，那时他们两人是否交叉重合？赖特经常光顾福格申餐厅。）

在8月15日之前那段不长的时间里，朱利安为什么秘密去了芝加哥？也许是为了提前给他和格特鲁德找份工作。（回到福格申餐厅？）然而，他在事发前不久出现在芝加哥——这个明摆着的事实却引发了一些可笑的阴谋论。例如，是赖特和他在米德韦花园筹划了整件事。但为什么呢？哦，算了别管了。

这基本上就只剩下一个理论，和埃米尔·布罗代尔这个名字有关，这是最可信的，人们广泛接受的。赖特的这位绘图员来自密尔沃基，大约30岁，以其绘画技巧和急性子而闻名。在谋杀案前两三天，布罗代尔命令朱利安给他的马装上马鞍，朱利安拒绝了，他是不是就骂朱利安是个"狗娘养的黑鬼"？他们是不是在离凶案不到24小时之前，在14号星期五又发生了一次争吵？他们早先有过嫌隙吗？没有人知道确切的原因，但传说是布罗代尔狠狠地羞辱了他，所以这个仆人决定报复，但报复不仅针对这一个绘图员。

据说，那个星期六的晚上，在道奇维尔的牢房里，朱利安曾告诉一个名叫哈珀·哈利森的当地人，布罗代尔侮辱了他，甚至打了他，因此他决心报复。哈利森是斯普林格林的马具制造商，也是索克县的兼职警官，他是当时冲进来的几十名执法人员、兼职执法人员和热心人之一。在8月27日的初步听证会上，哈珀讲述了这个故事。但是，他是怎么在没有其他人的情况下进入朱利安的牢房的呢？

为火所困：赖特的梦想与愤怒

我不相信布罗代尔的理论，不完全相信。我不相信哈珀·哈利森，不完全相信。

这就是为什么我花了大量的时间了解治安官约翰·T.威廉姆斯的生平，虽然收效甚微。如果仔细研读几十份相互矛盾的报纸报道，你会看到一幅朦胧的画面：一位善良、正派甚至是有点不情愿的执法官，站出来捍卫执法者的誓言，反对私刑暴民。在杀戮发生后的最初几个小时里，朱利安被囚禁，成车的人拿着绳子和枪支聚集在塔里埃森，其中有些人可能是威廉姆斯的邻居。他在这个地区度过了一生，他属于共济会分会，还是教会的执事，他是农民，也是个公理会教徒。（顺便说一句，他只在1913年至1915年担任过治安官，之后回到了农场。有一段时间，他还是威斯康星州的众议员。1944年，他在麦迪逊地区的一家疗养院去世，享年78岁，几个月前，他的妻子去世了。在人生最后的10年里，他双目失明。威廉姆斯唯一的儿子在父亲任职12年后当选为县治安官，他自己似乎没有孩子。）

这位警长在照片上看起来结实魁梧，可能体重有220磅，看起来很严肃，但并没有不友好，他的鼻子上有一条突出的脊线。1914年8月15日，他应该是48或者49岁，他的任期快要结束了。如果他让义务执法的邻居们在这个疯子得到公正审判之前就把他绞死，那他自己就该完蛋了。这是从旧日简报中透露出来的印象，有不少故事里说他和他的手下拿着上了膛的枪逼退了暴民。"如果他们想知道发生了什么，最好让我活下去。"据说朱利安曾经这样警告过。

在接下来的7个星期里，在那个类似地牢的空间里，爱荷华县的这位治安官一直在朱利安·卡尔顿身边，可能每天都见到他。威廉姆斯和他的家人住在楼上，威廉姆斯夫人为监狱做饭。不知为什么，我情不自禁地把他想象成朱利安·卡尔顿在世界上最后的朋友——或者说半个朋友，我一直想象他称呼他的囚犯为"孩子"。他肯定想问出发生了什么事，但我忍不住认为，他也在尽他所能，在他的工作宣誓的范围内，善待一个显然很快就要死去的人，一个被所有人憎恶的人。[1]

显然，朱利安在最后的日子里多次承认他杀了布罗代尔，但他却记不清其余的事了。显然，治安官一直在坚持问询，而且，我又一次只能把它想象成是一种温和的坚持，既是操纵性的，但更多的是真诚和关心：但你为什么要这么做，孩子？他不尊重你，是吗？

根据《纪事报》的报道，在一次谈话中，朱利安答道："我想你知道答案。"

但这很难解释，他做所有的这一切，就是因为布罗代尔？

显然，威廉姆斯警长从未对这些谈话做过任何文字记录，"谈话"似乎也不是一个恰当的词。

还有一个问题：朱利安说"我想你知道答案"，会不会是因为警长想让他这样说，而他自己也知道？在我听来，这句话有些苍白无力，有种几乎想要取悦对方的态度。朱利安的回答也许是他所说的最后一句话，从中我们感受到他的一点点人性。他是一个怪物——或者他在杀戮的时候是一个怪物，但他的生活中也必然有其他的东西。历史希望他永远是个疯子。

不管真假如何，我的理论是，是的，可能与埃米尔·布罗代尔有关，但就像他的行为本身一样，有一种更大的、难以定义的原因。我认为，很大程

---

[1] 令人惊讶的是那栋建筑现在还立在那里。今天，你可以去道奇维尔，站在旧监狱的楼外面——前面说过，它就在法院的隔壁——看看一楼用砖砌的窗户，在那些窗户后面，是深挖进土里的旧牢房。前面的水井已经填上了，那里放了一个巨大的特灵牌空调装置。后面用砖砌成的窗户井仍然在那里，很容易看见，窗井的栅栏也还在。传说，1914年的时候，爱荷华县的人试图透过窗井的栅栏窥见凶手。走进旧监狱，你对这一切会有更深的感受。下楼梯的第一步要仔细试探。旁边的钩子上挂着一个苍蝇拍，几乎可以算是1914年的古董了，然后是一扇双层厚的木门，门上有个铁扣，门后是一条泥土铺成的狭窄过道，像是一个地下墓穴，通向一排四五个小房间。光线从地面上的窗户斜射进来，所以根本没有多少光线。这是我第一次看到朱利安的牢房时的情形。当地遗嘱认证登记处的塔里·恩格斯带我去的。上次我路过法院时去和他们打个招呼，发现他们已经翻修了一下，把法院和旧监狱以及楼上曾经是治安官家的地方连在了一起。顺便说一句，这是威斯康星州最古老的法院大楼，由当地美丽的方铅矿石灰石建成——前面有一块牌匾，而地下是没有标记的历史文物。

度上是恐惧激发的乡下人的偏执,我认为,阿拉巴马老家的鬼魂涌入了他心中。他和他的伴侣来到了威斯康星州的森林(好吧,尽管很偏远,塔里埃森并不完全是在森林里),一切都回来了——他小时候逃离的生活,在他十一二岁的时候到达伯明翰之前,他和家人一起逃离的那种生活(要是我们对那种生活更了解一些就好了)。有声音开始对他说话,不管是在他醒着的威斯康星的梦里,还是睡着的梦里。有一种闪光的东西控制了他。根据《论坛报》(8月17日长篇报道)的证词和报道,很明显,他本来就是一个喜怒无常的人,很容易爆发——稍微了解一下他在芝加哥的日子,来塔里埃森之前的日子,就可以证明这一点。(如果玩惠斯特纸牌游戏时不顺意,"他会像个野人一样跳来跳去"。)他一定拼命地把自己喜怒无常、暴躁易怒的一面藏在雇主的视线之外。所以,在塔里埃森待了两个月之后,树林就像老虎钳一样压迫着他,这个偏执狂也许是从工具棚里拿来了一把盖板斧头,把它放在枕头下,开始向他的伴侣说一些荒唐的事情。(在死亡证明上,威廉姆斯警长写了死者已婚,但威廉姆斯告诉《纪事报》,朱利安最后告诉他,自己和格特鲁德没有结婚,他们已经同居两年了。)最后,无论布罗代尔对他说了什么种族歧视的话,几乎都是无关紧要的,只不过是打火石点着了导火线,无论如何它可能都会发生。

1914年8月15日那天,肯定有成千上万件事在他的大脑中燃烧——在关于朱利安和他的阿拉巴马州之根这一章的开头我写过这一点。但我认为,从旧时南方腹地涌现的幽灵至少是答案的一部分。

随它去吧。在某种意义上,所有的理论都是猜想。

是时候转头来看我们真正了解的事实了。我想讲一个不一样的故事,这是关于那个面色苍白、极度压抑的男人的故事。就在周日下午晚些时候,杀戮发生大约18个小时后,傍晚的天空很压抑,整个下午,他一直在剪梅玛花园里的花——大丽花、金缕梅、玫瑰花、百日菊和绣球花。他让木匠们用新锯的松

木做了一个盒子，3英寸（7.6厘米）长的钉子整整齐齐地敲进去。

"所以我把她的花园剪了下来，用鲜花装满了结实、朴素的新鲜白松盒子，把它填得满满当当。"他自己写的这句话比任何人说得都好。

弗兰克·劳埃德·赖特的写作常常是愚蠢、高傲、好说教的，充满了迂回的言辞，更不必说他的目空一切。但在有些时候，就像你看到的那样，他可以直击要害。在他的自传中，他写了9个简短的段落描写梅玛葬礼时的悲伤，这是别人从来没有写过的。文森特·斯库利曾经说过："1914年发生在塔里埃森的悲剧，比发生在俄狄浦斯身上的悲剧还要可怕，但赖特用美国有史以来最克制、最感人的文笔对它进行了描述。"这并不是夸大其词。

在1932年和1943年的版本中，作者保留了几乎相同的9段。再说一遍，我总是更喜欢1932年的版本——但是，在这件事上，第二版有微小的改变，让人感受更深刻。

他讲述了塔里埃森的人如何在劳埃德·琼斯家族教堂旁边墓地的树下开挖坟墓。他的舅舅埃诺斯·劳埃德·琼斯同意一个非家庭成员在这里下葬。

东西都准备好了。赖特和他的儿子约翰去了他妹妹的家坦伊德利，他昨晚在那里睡得很不好。他和约翰把尸体抬起来，"我们把她放下，放在为她生长绽放的花丛中。"下面也是一句朴素的表达："朴素的盒盖压下，固定住。"工人们把棺材扛在肩上，走了几英尺，然后把它放在一辆四轮马车带弹簧的底板上。那里也放满了鲜花。他剪下了梅玛的整个花园，花朵不仅铺满了棺材的底部，在盖紧的棺材盖底下，还像毯子和垫子一样铺在她身上，在棺材外面和马车周围还有更多的花朵，花瓣都洒到了地上。

"我们把一切变成了花簇，"他写道，"多少有一点帮助。"

两匹栗色马名叫达比和琼，它们几乎都是小马驹，呜呜地叫着，马车载着棺材穿过田野。赖特走在旁边，他把缰绳松松垮垮地握在手里。他21岁的儿子走在后面，两个堂兄弟在教堂墓地的门口等候着。然后，"我们一起把那个装满鲜花、盖满鲜花的松木盒子放进了新建的坟墓底部，然后我拜托他们让我一个人呆在那里"。他希望自己来填坟墓。太阳渐渐从山谷的山丘后面消失了。

在这9个段落中，有一个句子与其他的句子截然不同，它是唯一一个不直接、不简单、不朴实的句子。这是一个非常神秘的句子，或者对我来说如此。我们无法解析这个句子。作者似乎是在说，他"朦胧地"感觉到某种力量"从遥远时代的阴影中出现"，而这种力量，或者说是各种力量，"正努力从潜意识中摆脱出来，表达自己"。

他在说什么？

这听起来就像是他在说一个九头怪兽要流落到这个世界上。

虽然我不敢冒昧猜测赖特的真正意思，但我认为至少有一部分可能是这样的：他明白发生了什么，明白必须要付出代价，不管是他的生活还是其他方面。有些他无法控制但却已经开启的东西，它就在那里，在宇宙中，已经逃离了潜意识，想要表达出来。

这个神秘的句子后面的一句话，前面加了一个省略号："然后，黑暗慢慢地降临了。"

赖特在1920年代中后期写下了这9段文字，大约是在1914年8月15号的十二三年之后（大约是塔尔萨种族暴乱的6年之后）。斯库利是对的，梅玛下葬的那一段文字本身就是一篇杰作，它不仅是赖特写下的最好的文字之一，而且在语言的精练程度上几乎可以与欧内斯特·海明威在他最辉煌的时候写作的水平相媲美。海明威写作的核心价值观之一就是试图让读者感受到超出他的理解力之外的东西。

这9段文章的倒数第二句是本书开篇时引用的一句，它写得也很优美，虽然（或者说尤其是）它还有一个奇怪的逗号："过去5年里，我为摆脱之前的生活、争取自由所做的一切，现在都被一扫而空。"

赖特并没有这样告诉我们，但我们从其他的来源知道，天堂从此之后打开了大门。

第三部分 从袖子里变出来：1936年

接下来的那些日日夜夜，绵延数周，也许一直延续到秋天？他失眠，生疥疮，发烧，发冷，体重大减，不停地在乡间行走，在月光下的田野上极速骑马，同时他的家正在重建，事实上，进展得还相当快。梅尔·西克莱斯特的精彩传记讲述了他可能曾考虑自杀的一个时刻。那是在葬礼的两天后，最近的暴雨，包括一场冰雹，冲坏了塔里埃森湖底的水坝。决堤的时候，赖特就在现场，河水呼啸着顺流而下，把在岸边的赖特卷了进去。在那站着不动或动作太慢的10秒钟里，他是不是就像是靠在纽约摩天大楼的窗台上，想知道再多走一小步会是什么感觉？大屠杀的幸存者比利·韦斯顿，男孩欧内斯特·韦斯顿的父亲，帮忙把他拉到了安全的地方。西克莱斯特说："看来他还是想活下去。"

那是在星期二。8月20日星期四，也就是案发5天后，《本地新闻周刊》发布了一封信，用格子围住的标题写着《弗兰克·劳埃德·赖特致他的邻居》。这封信已经引用过了，在这封信中，他写到朱利安狡猾的黑色脸孔出现在他的梦中。正如前面所说，他时而懊悔，时而悲伤，时而谦卑，时而傲慢，他对社区团结在他周围的做法表示深深的感谢。他厌恶媒体，尤其是《芝加哥论坛报》对这场灾难的报道（"猛禽向她扑来，无论是在她死后还是生前……"）。媒体了解的生活并不完美。"我和梅玛有过挣扎，有过分歧，也有过为彼此的理想而嫉妒、恐惧的时刻——任何亲密的人际关系中都会存在——但这只会把我们更紧密地联系在一起。即使当我们暂时痛苦时，我们也是快乐的。"接着，他突然轻蔑地对那些他要感谢的人说："你们这些拿着婚姻证书的妻子们——祈祷你们也能像梅玛·博思威克那样去爱人，那样被爱。"还有他的能言善道："她被一场悲剧击倒了，这场悲剧是用一根细细的理性之线悬在所有人的生命之上的，这条线随时可能断掉……"他永远是一个矛盾的人，一个思维混乱的人。

矛盾吗？思维混乱吗？屠杀案后不到一个月，《本地新闻周刊》就报道了当年每年一度的乡村邮递员野餐活动。这个活动是为了把索克县所有的邮递员聚在一起，向他们表达夏日的敬意。故事中写道："应赖特先生的邀请，邮递员和朋友们参加了一次汽车旅行，前往弗兰克·劳埃德·赖特的乡间别墅'塔里埃森'，他们中的许多人从未到过斯普林格林河以南的地方。他们穿过大桥，就看到了我们邻县爱荷华县肥沃的山谷和山丘。"下一段写道："人们说这是该组织举办过的最成功、最愉快的聚会之一。"

是的，为邮政员们举办快乐的野餐，举办地点是他那被烧焦的房子。也许那天下午，他们坐在附近山上高高的草丛里，远离刺鼻的气味。他是不是穿着吊带裤和夏天的白衬衫，肩上扛着一个他从花园里摘下来的大西瓜，用一把大砍刀把西瓜切成块，亲自分给别人吃呢？那是1914年9月7日。在道奇维尔，那个消瘦的罪犯只剩下一个月的生命了。塔里埃森的主人又活了45年，他在职业生涯中取得的一些最伟大的成就——以及一些相形见绌的作品——仍在未来等待着他。虽然我们可能无法相信，但他最大的个人灾难也在将来。是的，火一直掺杂在他的生命里。

曾经有一个平庸的文化和建筑评论家名叫约翰·库什曼·菲切尔，他为《建筑实录》《妇女家庭日报》和《周六晚报》撰稿。他也写新闻评论，当然水平不像詹姆斯·瑟伯、H.L.门肯或者A.J.利布林那样高。1931年12月，他在《名利场》上发表了一篇关于现代建筑的评论文章——《钢铁中的诗人》，引起了广泛的讨论。他当时的想法是要历数会流芳百年的10位当代建筑大师——他们的作品包括摩天大楼和其他建筑。他把弗兰克·劳埃德·赖特排在首位，但语气有些尖锐，他真正想说的是这个64岁的老人已经完了。他称他是"一个老去的个人主义者"，"某些知识分子的偶像"，一个"有殉道情节"的艺术家，一个"比他的建筑更有名"的建筑师，一个"比建筑师更有天分"的人，当把这一切加起来时，他发现赖特"设计的建筑作品不足以支持他多层面的理论"。他继续批评其他人（雷蒙德·胡德、拉尔夫·沃克、威廉·F.兰姆、拉尔夫·亚当斯·克拉姆、哈维·威利·科贝特等）不应该进入名单，在此之前，他对赖特的最后一句话是："作为一个建筑理论家，无人能出赖特先生左右；但是作为一名建筑师，他没有什么值得比较的地方。"

编辑们甚至没有加上一张赖特自己的绘图。他们用的是比如约翰·库什曼·菲切尔这个远不及他的人的解读，赖特差点被人遗忘，或者直接被人遗忘了，至少在美国的名声是这样的。呃，那么在世界上的声誉呢？赖特的话会毫不犹豫地纠正对他的这种侮辱。

结缔组织：二

从1914年底到1936年中，间隔不到22年，在这段时间里，弗兰克·劳埃德·赖特和米丽娅姆·诺尔这个疯狂的吗啡成瘾者发生了灾难性的关系，在东京建造了帝国饭店，有了一个私生子，他的塔里埃森再次被烧毁，因为道德沦丧的指控在明尼阿波利斯市中心的亨内平县监狱待了几个晚上，失去了他的房子并丧失了抵押品赎回权（银行甚至把他的牛拍卖掉），失去了他挚爱的、情感上重新靠近的人生导师（路易斯·沙利文死前最后的48个小时无比悲伤和落拓，赖特就在他身边），在加利福尼亚的织纹砌块住房试验接近成功，第三次也是最后一次结婚，这次是和一个比他小30岁的黑山神秘主义者（他和奥吉万娜在三年半以前生下了他的第7个孩子），他夺回了塔里埃森，写完了《自传》，给他那性情急躁的表弟在俄克拉荷马州建了西部希望，他去乞求工作和客户，对自己的职业讣告感到怒火中烧，眼睁睁地看着自己被一群钢筋玻璃的

欧洲现代主义宠儿取代，这些人中包括勒·柯布西耶、沃尔特·格罗皮乌斯和密斯·凡·德罗，他开始了他所谓的塔里埃森学社（这种狡猾的做法是为了防止被人遗忘和经济上进一步的贫困），他在麦迪逊主街上被前任雇员愤怒地打断了鼻子，因为他欠了对方280美元的工资（血像打开消防栓一样涌出来，接下来的几天，他带着一个看起来很滑稽的熟石膏鼻夹，这个东西不断从他的鼻梁上滑下来），然后，在接近70岁的时候，他不顾所有的事业困境和个人困难，咆哮着抵达了比他以前更伟大、更傲慢的高度，对此我们简直难以想象。

以上不过是那些年发生在弗兰克·劳埃德·赖特身上的事情的一半。顺便说一句，我上一段那个庞大的句子包含的只是最松散的年表。

棒球历史学家喜欢说史上最伟大的棒球队——应该说史上最伟大的运动队之一——是1927年的纽约扬基队。你知道的，队里的强棒阵容包括贝比·鲁斯、卢·格里格、托尼·拉泽里、鲍勃·默泽尔、厄尔·康姆——还有其他的传奇故事人物。（这支球队赢得了令人震惊的110场比赛，然后在世界职业棒球大赛中横扫匹兹堡海盗队。）弗兰克·劳埃德·赖特似乎从来没有就棒球比赛发表过任何意见，但是1936年，他在本垒板上也有自己的强棒阵容。举三座建筑为例：匹兹堡附近的流水别墅，拉辛的约翰逊制蜡公司行政大楼，还有一座面积1550平方英尺（144平方米）的L形小房子，它坐落在当时麦迪逊市的最西端，那是一套有夹板墙、平顶、石板地板、辐射供暖和三间卧室的"尤松尼亚"住宅，价格仅有5550美元。它今天还在那里，同样的地点，就在伯奇和托普弗大街东北角的斜坡上，被叫作赫伯特&凯瑟琳·雅各布斯之家（更准确地说，是雅各布斯之家I号，不过稍后我会解释的）。尽管大多数专业评论家肯定会不同意，但我认为，雅各布斯之家——我喜欢叫它"杰克"——是这些奇妙作品中最伟大的。"杰克"就其简单的砖木结构来看，就像是俄罗斯手绘彩蛋风格的住宅。这1550平方英尺空间里的因素对我们现在居住的世界有着深远影响。当我第一次看到她那涂满釉彩的美丽姿态时，我真想伸手把她从水泥地里拔下来，轻轻放在我的手心里。雅各布斯就是我要说的赖特1936奇迹年的重

为火所困：赖特的梦想与愤怒

心，这一年的弗兰克·劳埃德·赖特就是1927年的扬基队。

但我现在还不能说那个神奇的赛季，以及那栋不可思议的房子。首先，我需要再一次对这期间的一些年份进行连接和压缩——这里需要相当长的一段时间。对读者来说，对这一阶段有些基本的了解是至关重要的，哪怕只是作为进一步欣赏赖特1936年成就的背景也好。因此，在某种程度上，我将再次站在许多前辈们的肩膀上（但也会有一些我自己的倾向和发现，也会兜一些圈子）。[1]

这是一封3页纸的手写信，写在只有一半大小的纸张上，上面是字迹工整的女性化笔迹。信的日期是1914年12月12日——也就是离朱利安的所作所为差三天不到四个月。第一个句子是个多条件句的句式，有一两个华丽的词汇，一两个不寻常的表达，第二句话有点像是下命令。我们可以设想在舞台上把这封信高高地举起来朗诵。

亲爱的先生：

我为您无限的悲伤而震惊，因为我自己的灵魂曾被悲伤折磨，我知道纪念日和节日该是多么凄凉，所以我向您送上我美好的祝

---

[1] 我边写边列举 当让我受益匪浅的研究，但现在我要指出的是，对我影响最大的是两位麦迪逊的历史传记作家——玛丽·简·汉密尔顿和大卫·V.莫伦霍夫，其中第一位在之前的脚注中已经引用过了。他们都为本书贡献了不少自己的时间。他们合著了一本关于赖特和麦迪逊的长篇著作——1999年出版的《弗兰克·劳埃德·赖特的莫诺纳露台》，其中的一个章节名为《麦迪逊男孩》，在很多方面，这一章是我从整体上了解赖特从出生到70岁生平的公开通行证，我参考颇多。在47页附有精美插图的散文中，他们甚至勾勒了他父母双方的家族血统。引用《麦迪逊男孩》这一章中的一个句子:"（他）这样的人似乎拥有一个强大的钢丝弹簧，只有当他们历经了人生最严重的打击时才能释放出能量。"是的，生存的意志，对抗一切，永远如此。这句话不仅在很大程度上解释了后朱利安时代的赖特，而且也解释了赖特一生。

福。您值得承受如此巨大的苦难,因为您的力量超过了任何人间的悲剧。

署名是:"您真诚的朋友,诺尔夫人。"

我研究过这封信,"无限"(immensity)这个词写得有点像"普世性"(university)。也许就是"普世性"这个词,这更符合她疯疯癫癫的性格。您普世的悲伤。

他上钩了,就像鲤鱼会咬钩上的饵料一样。

疯狂的米丽娅姆走进了画面。在接下来的14年里,大部分时间她都将出现在镜头中,她要成为弗兰克·劳埃德·赖特的第二任妻子,"要成为"是一个关键词:这对极其不般配的情侣花了几乎9年的时间才最终结婚,仅仅6个月之后他们就彻底分开了,这期间还有频繁歇斯底里的分手(双方都是如此)和无数混战和拖延(主要是口头的)。但是,即使在1924年春天他们最终分手后,两人之间的痛苦也没有结束。事实上,就在那个时候,疯狂的米丽娅姆真的精神错乱了,在接下来的几年里,她报复性的嫉妒心似乎不再受任何控制。即使在他们离婚后(分居3年多才离婚),痛苦仍在继续。好吧,就算米丽娅姆从来没有像朱利安那样疯狂地烧掉眼前的一切,或者砍死每一个人,从比喻意义上来说,她和朱利安也差不多。毫不夸张地说,她横穿整个大陆追着赖特跑。

"我想这是一个人能忍受多少惩罚的问题。"赖特深陷火热的痛苦时曾这样说过,尽管当时他并没有具体指对方。"溺水的人——他们是这么说的——会抓住救命稻草,"他在《自传》中解释自己为什么会在瞬间受到对方致命的吸引。

她真正的名字是莫德·米丽娅姆·希克斯·诺尔,那时她已经45岁了(比梅玛大6个星期),那时她应该是个寡妇。(事实上,她15岁就结了婚,离了婚,有3个成年的孩子,不过她的前夫确实已经去世了。)那时,她戴着一只

为火所困：赖特的梦想与愤怒

单片眼镜，用一根白色的丝线小心地挂在脖子上，她戴着头巾，穿着扁平的丝绒和海豹皮的披肩，镶金丝线的长裙。她的头部会有轻微的颤抖，她抽着细长的法国香烟，她时常咨询通灵者和灵媒，她那时是科学基督教创始人玛丽·贝克·艾迪的忠实信徒，她刚从巴黎回来，据说（她自己这么说）她在巴黎举办过沙龙，参加过卢浮宫认可的雕塑比赛，还和列·托洛茨基、哈利·佩恩·惠特尼太太在雨夜里坐在一起畅谈到半夜。

摘自《自传》："有种带着紫色的苍白，一团深红棕色的头发，一双清澈的眼睛里闪着绿光。"

她还有个有趣的地方，从她说话中可以立刻听出来，她来自南方腹地的孟菲斯市，是安德鲁·格思瑞·希克斯医生的女儿。希克斯是一位内战老兵，毕业于孟菲斯医院医学院，据说他是田纳西州一位了不起的种植园奴隶主的儿子。

等一下。希克斯？这个名字在阿拉巴马州的钱伯斯县到处可见。如果你对朱利安的根源一章中那些混乱的家谱略加关注的话，你会记得种植园的女主人玛丽亚·戴安娜·希克斯·弗雷德里克是一位寡妇，尽管无法提供证据，但是我坚决认为朱利安母亲的名字（玛丽亚·戴安娜·弗雷德里克·卡尔顿）就是根据女主人的名字取的。我敢肯定，朱利安的母亲出生在弗雷德里克种植园，生下来就是个奴隶。据我所知，朱利安母亲的名字里没有希克斯，但毫无疑问，希克斯是这个种植园女主人的娘家姓，在医生丈夫去世之后她成为了种植园的主人。在小小的库西塔及其周围地区，和这个县的其他地方，墓碑上希克斯这个名字并不少。所以希克斯这个姓氏能追溯到田纳西州和孟菲斯市这些地方吗？赖特的第二任妻子与库西塔及周边地区的弗雷德里克/希克斯蓄奴家族（朱利安最终从这个氏族中出生）可能会有一点点血缘关系吗？她和他会是远房的表亲吗？这难倒我了。但是，弗兰克·劳埃德·赖特的一生有各种这类的牵强。

我们回到可以追踪的事实，两天后赖特回复了她（有注明日期的信件和邮

第三部分　从袖子里变出来：1936年

戳）。那时候，他大部分时间住在芝加哥，在卢普区北边的东锡达街租了一栋红砖墙联排别墅，是乔治王时代复兴风格的建筑，但他的办公室仍然在密歇根大道的管弦音乐厅。在威斯康星州，比原先烧毁的地方更宏大的塔里埃森II号已经从灰烬中崛起——事实上，是以惊人的速度。我们可以猜到，它能够崛起，靠的是别人的钱，尤其是那位伟大的、善良的、愤怒的、被愚弄时仍然相信他的布法罗市的达尔文·D.马丁。

《自传》中写道："一种可怕的孤独开始攫住了我，但我不想见到我爱过的人和我认识的人。"于是就有了米丽娅姆，她写给他的信奇迹般地从一堆未读或者丢弃的哀悼信函中浮了出来。

在14号的信上，他写上了"非常感激"的字样。12月17号，她几乎马上就回复了，而他马上又回信了（现在离圣诞节还有6天）。他在19号的那封信中谈到他是如何"在涨潮时……被彻底摔得仰面朝天"，他谈到了"个人主义者不可控制的自我的弱点（用温和的话来形容我自己）……"3天后，他又给她写信了（中间似乎有她的一封信，但我们找不到这封信），告诉她他的几个孩子"大多都已经长大了，他们将和他们的母亲一起度过平安夜，而他们的母亲对我来说是个陌生人……"他原以为他会独自度过圣诞节，但现在他们两人可能会一起度过，或者至少圣诞夜在他的办公室见面。"那么来吧，欢迎你星期四5点到我的工作室来——我们可以随意安排晚上的活动。"

她和她的一个女儿住在南区，她盛装打扮，穿着异国风情的衣服，坐着出租车从南区来到这里。摘自《自传》："'你觉得我怎么样？'她说。他的回答是：'我从没见过像你这样的人。'我说。"

第二天早上，在赛达街25号，她给他写了一张便条，开头是这样写的："我醒着的梦的主！"（那天晚上，他们显然是从管弦音乐厅去了他家，据米丽娅姆说，他在那里穿了一件黑色天鹅绒夹克和一条中式裤子。）正如15年后，在去世前不久所写的自传中（那本书悲伤得让人觉得可怜，关于事实方面并不可靠，但却异常感人），她描述了在他的工作室第一次见到他的情景：

"在那一瞥中,我……吃了蜜露/喝了天堂的牛乳。"在圣诞节早晨,他穿着睡衣,躺在暴风雨中翻滚后凌乱不堪的床单上,还在打瞌睡,在那张"醒着的梦"的便条上,她写道:"让我为你戴上紫罗兰花环,用金丝为你束起头发……我用颤抖的嘴唇吻你的脚——我是你的囚徒。"

大家可以猜到,一切都是从那里直截了当地开始的。(在她的自传中——这本自传从未以书籍的形式出版,但在1932年,也就是她死了两年后,密尔沃基的一家报纸分5期连载过删减版——她想让人觉得她过了几个月之后才对他臣服,对方也是如此。但事实上,这只花了不到几个小时的时间。)[1]

他们搬到一起住了几个月,也许是几个星期之后,就出现了可怕的场面。他们分开了,又复合了。赖特让她来到刚刚建好的塔里埃森II号,她在那里却遭遇了女管家那刺耳的尖叫声。管家是赖特几个月前雇来的,名叫内莉·布林,是一位上了年纪又极度自负的女性,事实证明,她本身就是一部超现实主义作品。1915年10月初,赖特终于解雇了她,但在此之前,这位心存报复的女管家从赖特私人办公桌的抽屉里偷走了米丽娅姆写给他的信件。她把这些信交给了芝加哥联邦当局,坚称这可以证明她的前雇主违反了《曼恩法案》:为了不雅的目的,带着一名女性穿越州界。米丽娅姆的信件也被送到了极度疯狂的芝加哥新闻媒体手中,这些信和刚才引用的那些信有相同的修辞性质,只不过是来自镜头的另一端。这次又出现了耸人听闻的标题。(一个典型的例子就是刊登在1915年11月7日《星期日论坛报》上的信件:"就像折磨我一样,你折磨那个死去的女人(米丽娅姆说的是梅玛),你对她的回忆没有给予真正的忠诚……你对上帝视而不见,上帝蒙着面纱,他和凡人从来都不一

---

[1] 因为米丽娅姆·诺尔·赖特的生活已经到了可以被三代作家嘲笑的地步,所以我特别欣赏传记作家梅尔·西克莱斯特的描述。她不掩饰米丽娅姆的精神错乱,但她也表现出一种富有强烈同情心的女性视角的理解。

第三部分　从袖子里变出来：1936年

样……你这个可悲、刻薄、愤怒的男人。"）

《论坛报》在11月8日引用了赖特的话，塔里埃森被愚弄的建筑大师评价内莉·布林说："但是说回到那个丑陋、面容憔悴、耳聋的凯尔特人，这个人让我的生活变得悲惨……"他告诉芝加哥的读者关于她"干枯的身材和干瘪的、令人不快的脸。她耳朵聋得厉害，经常用喇叭助听器"。

我们回顾一下，赖特身边有米丽娅姆，有他那挑剔苛刻的母亲安娜，还有个卑鄙的前任管家是个耳朵上放着喇叭助听器的爱尔兰老太太，还向联邦调查局告发他。老天，还有比这更惨的吗？

结果呢？他雇了他的朋友、雷厉风行的芝加哥律师克莱伦斯·达罗来解决这个问题。达罗把问题解决了，这次没有基于《曼恩法案》的正式指控。事实上，这一切很快就过去了。与此同时，他和米丽娅姆就这样年复一年地继续下去。他在《自传》中解释说，这是"盲人为盲人引路"。

如果，在一场难以想象的大火后的几年里，你"不断地等待着可怕的打击"再次袭来；如果"不管醒着还是在做梦"，"灾难迫近的感觉"一直萦绕着你，那么你的画板上浮现的设计是不是反映了一种被困住的心境？这些设计建成后，外观会是什么样子的？会像堡垒吗？

上面的引文出自他的《自传》。

赖特学者尼尔·莱文在《弗兰克·劳埃德·赖特的建筑》中有一章叫作《环太平洋地区对抗自然的建筑》，写的是塔里埃森事件发生几年之后赖特的工作。莱文主要关注的是两座建筑的设计和建造，一座是位于东京的帝国酒店，规模庞大、装饰华丽，另一座是位于洛杉矶的蜀葵别墅，后者看起来几乎像是20世纪的玛雅神庙。（在1917年至1920年期间，赖特在儿子劳埃德·赖特和其他一些人的帮助下，为另一位狂野的女性——一位名叫艾琳·巴恩斯德尔的艺术赞助人——设计了蜀葵别墅。）莱文的章节标题取自赖特本人。在

313

为火所困：赖特的梦想与愤怒

他1932年出版的《自传》中，赖特讨论了帝国大厦设计中悬臂式工程的绝妙之处，他把这篇文章命名为《为什么大地震没有摧毁帝国酒店》。(他指的是1923年9月1日的关东大地震，地震就发生在这家酒店正式开业的当天。的确，帝国酒店在很大程度上安然无恙地度过了那场造成14万人死亡、30万幢建筑被烧毁的可怕地震和大火。但是，就像所有的赖特故事一样，这本是一个更加复杂的故事。)在1943年版的《自传》中，也许是体现了1914年8月15日灾难对他的影响，赖特在关于该酒店的章节标题中加上了一句话："对抗末日的建筑。"他指的是对抗地震，但这肯定意味着更多的东西，就算他并非是有意识的。

这在一定程度上就是莱文的观点——在赖特的脑海中，在朱利安事件之后的日子里，帝国酒店和蜀葵别墅这两个主要的项目在赖特的脑海中总是联系在一起，是对朱利安事件的建筑学回应。莱文说："在这些作品中，他试图阐释悲剧的意义，并将'自然建筑'的概念转化为与人更疏远的公众性、纪念碑式的表达，以此来抵消其影响……他不再设想建筑与一个仁慈有爱的景观共存，而是把建筑的过程想象成一个对抗暴力和非理性的自然力量的过程，这种自然力量体现在环太平洋地区不稳定的地震带上。"不是在自然中建造，而是建筑反抗自然。

赖特曾经注意到，这家酒店和巴恩斯德尔的蜀葵别墅都位于"地震震颤的红线"上，这是近乎诗意的表达，再一次强调，这幅画面对他来说可能不仅仅是地质上的问题。广阔的太平洋介于两者之间，但是在洛杉矶和东京，这位建筑师一直在努力加固他的建筑，以防止暴力意外爆发。蜀葵别墅的基本材料是空心黏土砖，外饰是灰泥，地基是混凝土和砖砌的，装饰是用石头雕刻的。这个地方就在一座小山上，从这里总能看到洛杉矶。当你走到它跟前，几乎不想进去。(之前我们引用过20世纪早期建筑历史学家亨利-拉塞尔·希区柯克的话，他说蜀葵别墅的外观给人一种巨大的重量感，"几乎像金字塔一样阴郁"。)对几乎每一个去过橡树园的人来说，1905年的联合教堂从外观上像是一块令人生畏的巨石。一旦你进去了，一切都改变了，你就飘浮在一个滤光的立方体里。至今仍是如此。

如果弗兰克·劳埃德·赖特这段时间一直在困境里沉沦，那么他也在重新塑造自己，成为一名艺术家，这几种情况可能都是真的。赖特学者凯瑟琳·史密斯对帝国酒店和蜀葵别墅都有过尖锐的评论，关于后者，她指出，该住宅"是在赖特发展的关键进化时期设计的。他放弃了草原住宅……开始试验新的想法……将形式赋予意义……即使赖特令人尴尬地选择了哥伦布抵达之前时代的庙宇意象，也显示了他对本质的把握，对开端的寻找。"换句话说，尽管他一直在等待下一个可怕的打击从未知的地方倏然而至，尽管蜀葵别墅不像联合教堂、拉金大厦或者罗比之家等等，远非赖特的杰作，但是我们的毕加索正在进入一个新的阶段，就像朱利安事件从没发生过一样。

从1916年到1922年，帝国酒店工程占据了赖特大部分的创作精力。他从这份近500万美元的合同中得到了5%的佣金，大约25万美元。在这6年里，他去了5次日本，每次都让他筋疲力尽（在1920年的一次旅行中，他得了一种类似疟疾的重病）。从1918年10月30日（他和米丽娅姆为了这个项目第3次去日本）到1922年7月下旬（他们乘坐麦金利总统号离开横滨），在这将近4年的时间里，他在日本待了近3年。其间只回过家几次，但到家之后几乎立刻又离开了，就像被追赶着一样。

帝国酒店（与米德韦花园有某些强烈的相似之处）的关键悬挑原理是在浮动的基础上保持平衡。他在《自传》中说："为什么地板不能悬挑呢？就像服务生那样举起胳膊端着托盘，手指放在中间，保持负载平衡。"他用的是钢筋混凝土，像侍者端着托盘一样，他把负重放在混凝土桩上，这些桩钉长达八九英尺，之间相距两英尺，上面的建筑物与下面的软泥垫相连，基本压在地面上。"那么，为什么建筑不能像掌心合拢、十指相扣的双手一样呢，在外力的作用下可以朝任意方向弯曲呢？……为什么要对抗地震呢？为什么不能和它共鸣并以智取胜呢？"

为火所困：赖特的梦想与愤怒

上面是天空，下面是泥土。如果他们之间没有热情，没有他们自己定义的真爱，是不可能在一起这么久的，他们的信证明了这一点。在我看来，赖特的传记作者低估了这一点。

赖特在他的《自传》中谈到，米丽娅姆在上瘾时会突然爆发——"奇怪的骚动，有时是精神和情感上不自然的夸张，一连几天彻底破坏了生活。我一直在寻找原因，是的……我也审视过自己。"（这个省略号是他自己写的。）然后两人又回归和平。

上面说过，他们的争吵似乎主要是口头上的，但至少有一次，很明显她手里拿着枪朝他晃来晃去。（原因是他和她的一位俄罗斯朋友克里恩斯卡夫人调情。）还有一次，米丽娅姆抓起一把刀向他冲来。（她自己在自传中声称，那只是一把很钝的水果刀。）至于赖特的爆发，一直以来都有些传闻说他对她动粗，米丽娅姆曾对芝加哥媒体说他打断了她的两根肋骨。

他曾在一封信中说："我爱她爱得足以杀死她和我自己。"

1919年初夏（在威斯康星州，理查德表弟正在把他的生意卖给连锁报纸集团，并准备接管遥远的塔尔萨市的另一处产业），两人又发生了一场可怕的争吵，好像是跟克里恩斯卡夫人的事有关。他的焦虑越来越严重。米丽娅姆收拾好行装，逃到了日本一个名叫伊香保的避暑胜地，那里距离东京只有短短一天的路程。帝国酒店的实际建造工程已经拖延了很多次——现在马上就要开始了。他给她写了一连串的信。传记作家布伦丹·吉尔以很长的篇幅展示了其中一封信——超过一千字。吉尔认为这些信件主要是关于"自我贬低"的，但是，对我来说并不是。更确切地说，他好像突然看清了自己，意识到自己为艺术放弃了什么，意识到自己过着一种半死不活的生活。"我自己没有做出牺牲，而是把别人的牺牲当作我的权利。"他对她说。

第三部分 从袖子里变出来：1936年

我对你就像对其他人一样……但随之而来的是我一直以来的自欺欺人……我不知道如何平等地对待伴侣。从很久以前，我眼里就不再有其他的面孔了。似乎没有人能更会穿衣服，没有人比你更值得亲近、值得付出……你现在当然不爱我了，我知道你无法再爱我了……我的心早就被忽略了……尽管它还有骚动，但里面到处都是尘埃，地板上都是血迹，在悔恨和耻辱中，照片反扣到了墙上……

最后的一部分听起来好像是他在为自己对她动手而道歉。又出现了那个词——"耻辱"。

还有一张一页纸的便条："我不会在这里写我的孤独和我的感受。"

在这一页的结尾，他写下了一段内涵丰富的附言，日期是"6月9日"，"在漫长、孤独但愉快的回家旅中，我的脸烧成了灰烬——当我从玻璃中看到它时，我害怕了。"

另一封信是写在京都宫古饭店薄薄的信纸上的，有两页纸，字迹整洁。他在信上写了日期"6月11日星期五"，和上面的那封信一样，他也没有写上年份。但证据表明这两封信可能是在同一周写的，1919年6月11日是日本的一个星期三（他很可能忘记了星期几，把写信的日期搞错了）。这封信是"给我身边的女人——"，他在信的结尾写道："我觉得我的任何语言都无法表达我对自己所作所为的后悔和羞愧。"下一段说："我觉得，一直以来，我的才华把我自己隔离开了——幸好，我终于明确地面对自己。"下一段："当我最需要别人的时候，我是孤独的。"

他们和解了——但很快，他们又回到了互相伤害的状态，他执着于自我，而如果有别的女人朝他瞥一眼，她就会勃然大怒。就在那个夏末，1919年8月25日，他们乘坐从横滨起航的亚洲皇后号，在温哥华下船，手挽着手上了岸。在乘客名单上，她登记的名字是"米丽娅姆·L.赖特"，但是他们还没有结婚。（凯蒂·赖特一直没有放他自由。）米丽娅姆在名单上声称自己是49岁而

317

不是50岁,让自己小了一岁,而他给出了自己的真实年龄52岁,但他的出生年份填的是1869年。哦,也许负责登记的人不会算术吧。

终于,在1922年,凯蒂放他自由。他们实际上已经分居13年了,在这段时间里,她还能有多少荒谬的希望呢?他们在11月签署了离婚文件,法律规定他要等12个月后才能再次结婚。在离婚文件签署3个月后,也就是1923年2月10日,赖特的母亲去世了。安娜死时84岁,她住在离麦迪逊市不远的一家疗养院里。《芝加哥论坛报》用了3个段落来报道。她的儿子似乎没有参加在统一教堂家庭墓地举行的葬礼。人们认为他是去了洛杉矶,他从日本回来后基本上就搬到了那里定居,和他的儿子劳埃德一起在那里工作(并且两人斗争不停),想在那里找项目,但结果并不令人满意。

1923年11月底,度过了法律规定的一年之期后,午夜时分,弗兰克·劳埃德·赖特和莫德·米丽娅姆·诺尔在威斯康星河的一座桥上悄然举行了婚礼仪式。之前说过,作为婚姻,这段关系连6个月都不到。他在《自传》中写道:"但我们的关系没有像我希望的那样随着婚姻而改善,反而变得更糟了。"几句话之后,他又说:"现在反对她,哪怕是最轻微程度的阻拦,都会导致暴力。"1924年5月初,米丽娅姆搬出了塔里埃森,但赖特在《自传》中说,在此之前,他咨询过一位著名的芝加哥医生,赖特称他为"威廉·希克森博士(Dr. William Hixon)",但他实际上指的是威廉·希克逊博士(Dr. William J. Hickson)。两人互相认识,希克森是芝加哥当地杰出的精神病医生。(他对艺术也很感兴趣。)据赖特说,希克森曾告诉他,他必须让她离开,反对她"只会更快地把她烧死"。到底是希克森用了这个奇怪的比喻,还是说它其实来自赖特内心某个不太清醒的地方?(他的梦里还会梦见多少人真的身陷火海呢?他是在朱利安杀人放火十二三年之后写的这句话。)无论如何,赖特并不想把一切都推到他妻子的身上。事实上,在他拼错希克逊名字的同一页上,他又一次提到了自己的耻辱，以及"一种陌生的道德懦弱"。我在这本书的开头引用了这句话。

赖特的传记作者大多都对他们当初结婚的原因表示怀疑。这也许并不是什么神秘的事，也许他们只是想向对方证明自己能做到，然后他们就可以尽快自由地各自寻找出路了。但是，事情甚至还没有接近尾声。

<hr />

米丽娅姆搬了出去，路易斯·沙利文悲惨地死去——这两件事几乎同时发生。大约6年前，赖特和他"敬爱的大师"重归于好了。不只在《自传》中，在他的各种写作中，赖特又混淆了他们到底已经疏远多久的问题。他一度声称，12年里他再也没有见到过沙利文，也没有和对方说过话；另一处他又说将近20年；还有另一次，他说应该是26年左右。根据传记作家们估计，从1893年赖特受自尊的驱使扔下手中的制图工具大步走出艾德勒&沙利文公司的那一刻起，他们完全分开了有7年之久，这更接近的事实。然后，大约在1900年，大师和之前的学生、门徒兼画笔又缓慢而尴尬地重新走到了一起。1918年左右，沙利文给塔里埃森打了一通卑微的电话，之后他们基本上又回到了对方身边，并一直保持友好的状态，直到这位大师的生命结束。

卑微的？沙利文在国际上享有盛名，但他几乎无法继续支付他的房租，他已经很多年没有真正地工作了。他中年时一段考虑不周的婚姻也失败了。

长期以来他一直独自住在芝加哥南部一家旧砖瓦旅馆的一间客房里。阅读赖特和沙利文从1918年到1924年的信件时，尤其是沙利文的信件，你会看到一个曾经无比骄傲的人，一个真正的美国建筑天才，沦落到几乎乞讨的地步。赖特从一开始就对他表现出同情，而不是轻蔑。这又是赖特的另一面。

"未来一片空白，我就像是在地狱里一样。"这是他们的关系完全恢复之后大师在最早的交流中写给他的（日期是1918年4月1日）。"很难想象，我在61岁的时候落到如此的境况。"7个月后，1918年11月4日，"今天早上我收到了你从海上寄来的信，看到里面有一张支票，我不知道该怎么办，我已经穷途末路了。"（赖特和米丽娅姆正在海上前往日本。）不到3年之后，1921年8月19日，"我刚刚给你发了电报，内容如下：'我遇到了麻烦。你能否在最短时间内帮忙。'"这封信的后半部分写道："我的精神压力变得无法忍受……"

15个月后，赖特说："我要告诉你一个秘密，希望你能替我保守——我手头极为拮据，在全世界范围里找不到一份工作……［但是］你肯定知道，我会和你分享我的最后一块面包……随信附上我手头所剩的一些钱，以保证你能过圣诞节……"赖特刚刚和凯蒂签署了离婚协议，他最近刚从日本回来，期望得到的工作并没有出现。

时间跳到1924年4月的第二个星期，那个即将死去的人就在第三十三街和科塔奇格罗夫大道交界处华纳酒店那间乱七八糟的房间里。不是一天就是两天之前，赖特也在那里。沙利文几乎无法呼吸，他患有严重的心脏扩张，他的右臂得了急性神经炎，讲话含混不清。他在谷物交易国民银行的支票账户里有189美元，但这只不过是他的朋友们最近刚把钱存了进去。（他一周9美元的房租已经拖欠了五六个星期了。）整个房间几乎是空荡荡的——浴室的书架上放着几本书，墙上贴着几张从流行杂志上撕下或者剪下来的照片。在大师的床边，有一小块雕刻的玉石——是他艺术生涯的纪念品。哦，是的，还有几本沙利文拼命想要完成的人生故事的预装订本，书名是《一个理念的自传》，他的出版商着急把第一批书寄给了他。

赖特在自传中写道："他想站起来，我扶着他，把我的外套披在他的肩上，让他坐在床上，双脚放在地板上……我坐在他身旁，用手臂搂着他，让他感觉温暖些，并稳住他。我的手在他的背上摩挲安慰他时，我能感觉到他脊椎上的每一块椎骨。"赖特把他扶到床上，"给他盖好被子——然后坐在他旁边的床沿上……他似乎睡得很好……护士出去了一会儿。"

那天不是星期六就是星期天，在4月12日或者13日，赖特离开了。（有一个"塔里埃森打来的紧急电话"——是米丽娅姆吗？）周一凌晨，路易斯·沙利

第三部分　从袖子里变出来：1936年

文在睡梦中去世。赖特回家后得到了消息。我这样说吧，在过去的几周和几天里，其他人可能付出得比赖特更多，但赖特仍然付出了很多，也许还包括一些不可或缺的东西。不管怎么说，尽管他自己也身陷混乱之中，他一直都在那里，他听到老师温柔地称呼他"弗兰克"。

火！

他在屋顶上，提着水桶，就像亚哈船长在那条白鲸上一样，咆哮着，咒骂着，拚命想阻止火势，他的腿被烧着了，他的肺被烧伤了，他乱蓬蓬的头发点着了火花——"我从地狱之心刺向你。"这句话出自《白鲸》。摘自《自传》："'不，和火搏斗。博斗！我告诉你，搏斗！要么救下塔里埃森，要么就让它走！'我喊道……"

一切都是徒劳，这个地方又被烧掉了。那是1925年4月20日，火灾是在晚饭的时候发生的，从他的卧室里开始的，跟床头电话线路不好有关。没有人死亡，但这又是一次毁灭性的损失。在与火搏斗的过程中，他似乎是对自己喃喃自语："这个地方现在似乎注定要毁灭了——对我来说，也是如此。"

另外，在米丽娅姆离开后（她去了加利福尼亚，打算在那里开始电影生涯），在赖特57岁时，当时他的作品看起来似乎在往上走（但后来证明这是一个虚假的幻象，他正进入他职业生涯中最凄凉的时期之一），他开始与在威斯康星大学主修法语的22岁的玛丽·赫尔布特交往。（她留着一头乌黑的直发，一张朴素又严肃的脸，至少从年鉴上的照片来看，她比她的同学们看起来要老成一些。人们不太清楚他们是怎么认识的。）这种关系一直持续到1924年下半年。他在利用她吗？也许这种利用是相互的。根据他的《自传》，他一直觉得自己的"自我评价比我一生中任何时候都要低……"之后他有一段暂缓期——然后，在他意识到之前，他又"回到了痛苦的空虚中"。

那年的11月底，他在密歇根大道的国会酒店住了一两个晚上。（他在芝加哥的时候很喜欢这个地方。在他和"敬爱的大师"复合后的几年里，他有时会在国会酒店里订两间并排的房间，一间给沙利文，一间给他自己。街对面就是沙利文的杰作——礼堂大厦。）赖特和一位艺术家朋友去看芭蕾舞，那是第八街戏院一场星期日的日场演出，他们拿到了两张靠栏杆的楼厅座位。第3个座位一直空着，直到演出开始，引座员领了一个高高瘦瘦的、没有戴帽子的女人进来，她的头发从中间分开，拂到耳朵后面——这就是奥吉万娜·拉佐维奇·欣岑伯格，他们俩人注定共度余生。前面说过，她当时26岁，出生在黑山，在沙皇俄国接受教育，父亲是最高法院的一名法官，她正与丈夫分居，有一个7岁的女儿，名叫斯维特拉娜。她曾在巴黎跟随著名的哲学家、诗人、身心意识的精神导师格奥尔基·格吉耶夫学习，学习某种神秘学的内容。

等到1925年2月时，已婚的赖特把已婚的奥吉万娜和她的孩子接到了塔里埃森，他又疯狂地坠入了爱河。3月初，她怀孕了。接下来的一个月，塔里埃森被烧成灰烬——虽然没有全部烧光。在第二天早上拍摄的照片上，你可以看到石墩和烟囱在灰烬中矗立起来，灰烬中有熔化的雕像和赖特在日本收集的其他石像。他在自传中写道"又一次野蛮的打击"，他不必再提"朱利安"这个名字。4行字之前，他还写道："塔里埃森还活着的那一半也没有了——再一次消失了。"[1]

那天晚上，他和其他几个在塔里埃森的人，还有冲进来的邻居们，徒劳地与火搏斗了两个半小时。接着，"一阵震耳欲聋的雷声和暴风雨突然袭来，

---

[1] 关于再次疯狂地坠入爱河，需要指出的是，尽管有了奥吉万娜，玛丽·赫尔布特显然仍掺杂在这段关系里，至少到1925年初冬的时候。有日记可以证明，日记的作者是理查德·奈特拉，他当时是一名年轻的奥地利建筑师，曾在塔里埃森为赖特做过一段时间的绘图员（后来他成为了一名有里程碑意义的现代主义建筑师，大半生都在南加州工作）。在1925年1月的一篇日记中，奈特拉写到了"玛丽"，她是"赖特现在的情人"，赖特和他的司机如何前一天开着他的凯迪拉克来麦迪逊市接她。这个事实和一般的历史观点截然相反，尤其是赖特自己宣扬说他第二次见到奥吉万娜时简直是神魂颠倒。也许真相再次处于两者中间。我想起了1907年的初夏，这位40岁的建筑师似乎已经开始了他与梅玛·切尼那段不回头的性关系——罗切斯特市的爱德华·博因顿住宅开始施工差不多是同一时候，而当时的赖特，不管他与梅玛有多深的感情，有可能与21岁的比乌拉·博因顿牵扯不清。当然，还有艾达·海勒的故事……

狂风把大片的火焰卷进了山谷。雨嘶嘶地落进熊熊燃烧的熔炉中,火焰畏缩了下去"。熔炉。然后,惊慌的旁观者们"嘲笑那个傻瓜,那个以为塔里埃森在经历了所有的事情之后还能'回来'的傻瓜"。

他祖先《旧约》里的先知是否在谴责他的罪过?他鄙视以赛亚。"以赛亚代表古老的愤怒,是报复的先知。"前一页他曾写道:"如果愤怒的先知已经攻击了两次,他还可以再次攻击。"也许在整篇关于火灾的文章中,最引人注目的是这一句话:"我再一次寻找原因,想知道为什么。"想知道为什么,这是隐藏在生活中的主题。不管了,第二天,重建工作就又开始了。

《纽约时报》用了4个段落来报道这场大火,解释说是"线路混乱了",话里是并不明显的讽刺。《芝加哥论坛报》则兴奋地直跺脚,尽管事实报道得不准确,但是再一次写到"爱巢",这个让他"在每个文明国家都声名狼藉"的地方。赖特和凯蒂"签署了一份协议,根据这份协议,他可以让切尼夫人成为他实际上的妻子"。梅玛和她的孩子们"葬在了阳光灿烂的山坡上"。然后,"赖特的悲痛得到缓解,一天早上,他从周游世界旅行回来,带着一位新的王后来到他的爱情王国——巴黎雕刻家莫德·米丽娅姆·诺尔夫人。"《论坛报》显然不知道奥吉万娜是新来的女性——将要成为王后。阅读这篇文章时,文章的语气让人忍不住想再次站在赖特的这一边。至于地方性的报道,《威斯康星州日报》在头版用了一个7栏的大标题《弗兰克·劳埃德·赖特之家着火》。故事从第一栏开始,第5栏则是一个完全无关的故事——如果赖特碰巧看了一眼报纸,那个标题可能让他窒息——《黑人杀人犯被判一级谋杀罪》。

1925年那场线路混乱的大火,就像瓦格纳歌剧里的铙钹碰撞一样,至少在接下来三年半的时间里,几乎毁了赖特的事业,毁了他的生活。

而疯狂的米丽娅姆又出现了。

在1925年那场火灾之前不久,奥吉万娜和她的俄国建筑师丈夫弗拉德马尔·欣岑伯格离婚了。那年夏天晚些时候，赖特也提出了离婚申请，指控米丽娅姆遗弃了他。（他真正想要的是把她从自己的生活中赶出去，因为他现在有了新生活。）在一段时间里，一旦他们就财务条款达成一致，事情似乎就会顺利进行下去。但后来米丽娅姆发现了真相，她勃然大怒。11月底，她追踪这对情侣来到芝加哥的一家酒店。1925年12月2日，伊万娜·赖特出生了。米丽娅姆发现了那家芝加哥的医院，就到那里去大闹了一场。米丽娅姆开始想到一个办法，想把奥吉万娜驱逐出境。

奥吉万娜还没来得及把赖特的第7个孩子带到他面前，米丽娅姆就在芝加哥南摩尔酒店的房间里举行了一个类似新闻发布会的活动。她刚刚填写了自己的"离婚书"，实际上，芝加哥的媒体直到现在才知道赖特和米丽娅姆已经结婚了。《论坛报》援引她的话："就在梅玛·博思威克去世两个月后，当她坟地上的青草尚绿的时候，赖特先生遇到了我。他跟我见面还不到10分钟，就对我说'你是我的'。"这篇文章于11月27日发表，文章开头写道："他告诉我，如果我找麻烦，我就永远拿不到我应得的钱。但我不在乎，饿死冻死我都不在乎，因为我的生命结束了。"她谈到了他施加的身体伤害，她在屋里踱来踱去，她放声大哭，啊，他真是个无赖，尽管她曾经那样深爱过他。天呢，有一次他居然穿着棕色灯笼裤去看歌剧。

（前一天，她对另一位芝加哥的记者说："我的悲剧比梅玛·博思威克更严重。她死了，但我还活着。啊，我是多么爱他啊！"）

6个月后，1926年6月3日，米丽娅姆突袭塔里埃森。《纽约时报》一本正经地用了4段话描述米丽娅姆如何在道奇维尔申请搜查令。她发现她以前的家的前门是锁着的，于是想从后面的入口强行进入，但是一辆卡车挤在了车道上，有几个男人在那里站岗。她生气地踩脚回到前面，毁掉了一块"来访者禁入"的牌子。另一块牌子在玻璃后面，镶在木框里，她拿一块石头把玻璃砸碎了。赖特那天并没有在家。

1925年4月的那场大火烧毁了据说价值30万美元的亚洲艺术品，包括挂

第三部分 从袖子里变出来：1936年

毯、屏风、雕塑和版画。但是更多更珍贵的日本版画藏品却得以幸免——赖特颇有先见之明，他把这些艺术品存放在了一个金库里。他为自己的房子买了39000美元的保险，但这些钱重建房子远远不够，此外，他还要支付所有的生活费和法律诉讼费。所以他被迫向威斯康星银行抵押了塔里埃森的全部房产，欠了银行43000美元。到1926年9月，也就是火灾后的17个月，由于无法偿还贷款（他中间是否偿还了一笔钱？），银行取消了他的抵押赎回权。

但与此同时，米丽娅姆与奥吉万娜的前夫进行了诉讼合作。他的主要目标是获得对女儿斯维特拉娜的监护权，而米丽娅姆关心的只是如何才能让赖特和奥吉万娜两人的生活更悲惨，如果监护权之争能帮到她的话也不错。1926年8月（就在威斯康星银行取消抵押赎回权前不久），米丽娅姆拒绝与赖特离婚，并起诉奥吉万娜，要求赔偿10万美元。真是一箭双雕的激烈报复。

赖特和奥吉万娜担心法庭可能会把她的女儿带走，所以他们4个人躲了起来——赖特、奥吉万娜、9岁的斯维特拉娜和婴儿伊万娜。中西部媒体称他们是"逃亡者"。不用黑暗的掩护，也不用化名，他开车带着一家人去了明尼苏达州，在明尼阿波利斯南部的明尼通卡湖畔租了一间小屋。（正是在这里，在奥吉万娜的敦促下，赖特开始着手写《自传》的第一部分。他是如何能有这种专注力的呢？）他们在明尼通卡湖待了大约6个星期，从9月的第一个星期到10月的第3个星期。就在这时候，一个星期三的晚上，亨内平县警长的手下来到厨房门口，逮捕了赖特，并把他带到了明尼阿波利斯的监狱，然后他们又回来带走了奥吉万娜。《芝加哥论坛报》（1926年10月22日第一页）的报道都是关于"昨晚"执法人员如何"突袭""爱巢"，根据《曼恩法案》的规定，执法人员针对他们的"放荡行为"发出了正式的联邦逮捕令。赖特的保释金定为12500美元，奥吉万娜的保释金是5000美元。据该报报道，奥吉万娜被带上法庭之后几乎是歇斯底里的。（她和她的孩子们被关在女子监狱。）米丽娅姆呢？她在芝加哥的南摩尔酒店，愉快地注视着事态的发展，在接受《纽约时报》采访时，她说："只要我还活着，我就永远不会和弗兰克·赖特离婚，如果我的律师想让我帮忙起诉他，我肯定乐意。"在报纸的末版，《论坛报》刊登了那个堕落的无赖的照片，他的衣服有高高的白色领子，戴着帽子，拐杖斜放在胳膊上，他的爱人穿着一件几乎无袖的连衣裙，目光斜斜地看着，看上去有种害羞的诱惑力（这是一张欧洲时期的旧照片）。照片下方的文字说明她也是在湖畔小屋被"抓捕"的。

结果呢？律师们基本上把一切问题都解决了。周六晚上宣布，奥吉万娜的前夫取得了对斯维特拉娜的探视权，作为交换，他将撤销通奸罪的指控。针对赖特的《曼恩法案》指控仍在等待判决，但很有可能也会撤销。然而，米丽娅姆·诺尔·赖特并没有取消的打算，至少现在还没有。

1927年1月初，赖特在曼哈顿。根据威斯康星银行的委托，公园大道的安德森画廊正在拍卖他的346幅日本版画。拍卖目录售价一美元，配有精美的插图，并由他亲自写了序言。那一周，他在广场酒店与崭露头角的年轻文化评论家刘易斯·芒福德共进午餐。（他们之间有过一些通信，但这是他们第一次见面。在接下来的30年里，他们的关系经历了许多波折。）赖特似乎一点也不羞于讲述他疯狂的生活，比他年轻28岁的芒福德被"赖特脸上奇特的温柔"所打动，但更让他感动的是，发生在赖特身上的事情没有明显地"腐蚀他的精神或者消耗他的精力：他的脸上没有皱纹，他的神情自信，甚至是得意的"。

在拍卖会的第一个晚上，155件拍品以23295美元的价格成交——这些画作原本预计至少能卖到5万美元。就这样吧。

同月，在威斯康星州，朋友、亲戚、赞助人和商业伙伴们开始组建一家名叫"弗兰克·劳埃德·赖特（FLW）公司"的公司。这是一个"拯救公司"，实际上就是一个无法控制自己生活和财务的人突然想到了一个绝妙的主意：出售自己的股份。这件事是由菲利普·拉福莱特发起的，他是"战斗的鲍勃"的儿子。菲利普·拉福莱特是麦迪逊市的著名律师（也是未来的威斯康星州州长），当时的想法是，FLW公司的管理委员会从今以后将负责所有金钱相关的决定，并付给赖特这个不成熟的人一份薪水，这样他就可以继续发挥他的艺术天赋了。股东将从今后的佣金中得到补偿，公司将负责处理已到期的抵押贷款和其他一切事宜。

这次集思广益的关键是要利用他的一些老关系，比如布法罗市的达尔文·马丁，还有老朋友威廉·R.希斯，他也是赖特的客户、信徒，常被赖特搞得要崩溃。希斯是一名律师，他和马丁一样也是拉金肥皂公司的高级主管。赖特为马丁建造了布法罗的房子大约一年之后，他又为希斯设计了一所房子——大约是在1904年。现在，20多年过去了，弗兰克·劳埃德·赖特已经60岁了，脸上一点皱纹也没有，精神丝毫不受影响，还是一个小女婴的父亲。他兴高采烈地把一张纸条贴在巴法罗市希斯家的门口（现在的房子是他人而不是赖特设计的），想让这位"老朋友比利"成为他自己的FLW有限公司的股东。他把便条贴在那里，是因为希斯和他的妻子没有来开门。（他们会不会是躲在楼梯后面？）典型的赖特的毛病，他忘记了写上日期——所以我们不知道确切的时间，但似乎是在1927年的秋末。无论如何，他向希斯承诺，如果对方同意注册成为FLW有限公司的一员，只要觉得这件事不行，他就随时可以退出。（"我保证，只要你需要或想要的话，我都可以让你退出。"）这里面充满了赖特一直以来的诡计和魅力，也有其他的元素。"由于我的无知和对事实的故意漠视，我被现实狠狠地鞭打了一顿，"他说，"也许是年少时听了太多的童话故事——喷涌出太多创造力时，我是不安全的……"尽管这里有诡计、有魅力，也有短暂的谦逊，希斯还是拒绝出7500美元当股东，但是忠诚的达尔文·马丁、赖特的妹妹珍妮、《纽约客》的亚历山大·伍尔科特（赖特的老朋友）以及其他一些人都接受了邀请。

1927年8月底，该公司正式在州政府注册，赖特的离婚手续也办理完毕。米丽娅姆松了口，只是暂时松口而已。她得到的战利品包括6000美元现钞和3万美元信托基金。她一直住在旧金山的克莱蒙特公寓，不久，旧金山国际新闻局刊登了一张照片：58岁的米丽娅姆戴着白手套，披着斗篷，戴着围巾，穿着毛皮短上衣，站在火车的后站台上，微笑着做手势，看上去年轻又有活力。

（在她这些年的其他许多照片上，她眼里有种难以忽视的悲伤和病态。）文字说明是："再见，麻烦；你好，艺术。弗兰克·劳埃德·赖特夫人谈到了自己在电影方面的野心，并暗示有拍电影的机会。她悄悄地离开旧金山，前往好莱坞、芝加哥、巴黎和伦敦东区。这位芝加哥著名建筑师的前妻已经在旧金山待了6个多月了，她与她著名的丈夫的法律纠纷占据了许多报纸的版面。她说，有一段时间她身无分文，有时还挨饿，付不起房租。"

1927年9月21日和22日，这张有点超现实主义的照片和配文出现在多家报纸上。就在7个月前，2月22日星期二的晚上，塔里埃森出现了另一件超现实主义的事故：又一场火灾。这次的损失非常小，大约3000美元，火势很快就得到了控制，但另一方面，万一风刮得很大，或者传水救火的长龙没有立刻投入灭火，谁知道呢，整个塔里埃森会不会又烧起来呢？报纸上又提到了"线路混乱"。

超现实主义？1927年秋天，就在赖特把一张纸条贴在布法罗市那位意向股东的家门上不久，也就是他们离婚后大约6个星期，米丽娅姆·赖特在麦迪逊市洛兰酒店的大厅里被捕，罪名是她通过邮件给她的前夫寄了一封下流的信。保释之后，据说她回到了芝加哥，并向美国参议院的每一位议员写信控诉她的前夫和他可耻的情人。

1927年底，威斯康星银行发现赖特和奥吉万娜住在塔里埃森，于是下令他带着所有的行李搬出去。就在他似乎又要无家可归的时候，有人邀请他去亚利桑那州过冬。这份邀请来自阿尔伯特·切斯·麦克阿瑟，他曾是赖特的学徒，现在正与他经商的兄弟们一起在凤凰城建造亚利桑那比尔特莫尔酒店。[1]

---

[1] 阿尔伯特·切斯·麦克阿瑟是沃伦·麦克阿瑟的长子，你是否还记得，早在1892年，在南区的第四十九街和南肯伍德街，赖特为沃伦·麦克阿瑟建造了一座私制屋。那是他最早的私制屋之一，屋顶是复斜式的，隔壁是一栋更精致的私制房——四坡屋顶的乔治·W.布洛瑟姆住宅，这两栋房子都是在他为路易斯·沙利文工作时建造的，老朋友赛瑟尔·科温当了他的替身。

第三部分 从袖子里变出来：1936年

他邀请赖特来担任这个超级度假村使用织纹砌块效果的顾问。这是暴风雨中不可预见的港口：亚利桑那州刚刚进入赖特的生命，并将成为他生命中深刻的一部分，直到30多年后他咽下人生的最后一口气。

1928年7月，威斯康星银行在治安官拍卖会上出售了塔里埃森，而银行本身是出价最高的买家。赖特的律师菲尔·拉福莱特随后为FLW公司做了一些安排，让公司介入，毕竟这家银行从一开始就不想要这个地方，银行也最终得以解脱。这件事是在9月份，就在赖特和奥吉万娜午夜在加利福尼亚州的兰乔圣菲结婚后不久。做完织纹砌块效果的顾问工作后，这家人在圣地亚哥市北部的拉荷亚镇租了一间小别墅。

赖特在1928年8月25日结婚，6周之前，米丽娅姆在洛杉矶看牙医，得知她前夫的下落后，她马上登上了开往圣地亚哥的火车。她在那里雇了一辆出租车送她去拉荷亚。在大约10、12或14分钟里，在一片混乱中，她高兴地把与弗兰克·劳埃德·赖特有关的所有东西都捣毁了——他和他的家人那天下午都不在家。在她死后出版的自传（1932年发表在《密尔沃基日报》上）中，她写道："我走到后门，发现门是开着的……我决定登上报纸的头版，看看公众的关注对这一切会有什么影响。"米丽娅姆出狱后，写信给住在密尔沃基的一位女性朋友海伦·拉布，她说："就破坏程度来言，这是一个巨大的成功。如果再多给我15分钟，那就会是一个完美的成功破坏。我毁坏了整个房子的内部，打碎了瓷器，从墙上撕下了珍贵的图画和版画，用画室的大剪刀把他们的衣服剪碎，珍贵的瓷器碎成一地粉末，他们的爱巢看起来就像地狱一样。"

然而，在这些凌驾地狱之火的狂怒中，米丽娅姆前夫的事情终于开始安定下来。上了年纪的已婚男人和他年轻的家庭曾像吉卜赛人一样四处流浪，现在他们终于回到了威斯康星的家——菲尔·拉福莱特和"拯救公司"已经解决了这个问题。那米丽娅姆呢？1930年1月3日，也就是赖特搬回塔里埃森大约14个月后，她在密尔沃基的一家医院里去世，当时她刚做完腹部手术在恢复中，她是从精神病院被带到这里来的。她那时60岁了。第二天，她被埋葬在森林之家公墓里，一位论派的一位牧师在落葬前讲了话，她的3个孩子都没来参加葬礼。她把几乎所有的东西，包括自传手稿，都留给了海伦·H.拉布，对方是她过去两三年里最亲密的朋友。

她那份145页的生平故事还有几份打字稿，其中一份在我手里。扉页的题目是《我与弗兰克·劳埃德·赖特的生活》，下面是《一个散漫灵魂的故事》，左上方写着"电影版权保留"。这是她最后的错觉。

她的书是这样结尾的："我本以为自己不会走进更痛苦的深渊了，但我丈夫娶了奥尔加·欣岑伯格的那天，那一天是我的客西马尼[1]，我又被重新钉在了十字架上。我知道这个世界上已经没有什么值得我为之而活的了。"下一段说："对我来说，白昼已结束，而我还在黑暗中。"

在米丽娅姆令人费解的人生晚期，她有一次精心打扮去麦迪逊市一家肖像摄影师工作室。德隆画廊制作了一系列大画幅、柔焦的照片，其中的一些保存下来的照片还留有画廊初版时雕刻的软皮封面。米丽娅姆的照片就在那里，她戴着珍珠项链，噘着嘴唇，穿着高雅的衣服，目光向下。在她圆圆的脸上，有一种棕色调的可爱神情。她看上去一点也不疯疯癫癫。

1928年末，莫德·米丽娅姆·诺尔·赖特的前夫重新获得了情感上的立足点，他心爱的家在祖先的山谷里已经烧毁了两次（几乎是3次，幸好第3次的大火得以避免），他一直想要弄清楚他的余生该做些什么。他只有61岁，但世界上太多自作聪明的人都说他已经江郎才尽了。这不过是他们罢了。

---

[1] 耶路撒冷附近的一座花园，耶稣蒙难之地。——编者注

关于鼻夹，前面提到的他在麦迪逊的主街上被人用靴子踢了一脚，鲜血像水管破裂一样喷溅出来，然后他用熟石膏做了几天的鼻夹。另外让人尴尬的是，在理查德·劳埃德·琼斯的《威斯康星州日报》上有一页的报道，标题是《弗兰克·劳埃德·赖特的鼻子在拳打脚踢中被打断》，这个大标题就足以让人惊恐，这也意味着对方占了上风。在1943年出版的《自传》中，当他自己讲述这个故事时，他自然对事实加以调整。至于真正发生了什么，可以从法庭文件和各种新闻报道中拼凑出来。(《芝加哥论坛报》也在头版刊登了这则报道。)主要来说，大鼻子传奇讲述的是赖特在一个情绪不稳定的前雇员手下（或者脚下）得到应有报应的故事，他拖欠了这个雇员的工资，所以对方一见到他就深恶痛绝。这个故事可以被解读为一个带血的赖特式寓言。很明显，赖特自己就是这样理解的——这是他应得的报应——虽然他只能（在《自传》中）把那部分以隐蔽的方式写出来。出于这个原因，这个故事似乎值得详细阐述，尽管它在整个情节中可能是很小的一部分。为什么呢？因为它再次让人联想到他的另一面，关于弗兰克·劳埃德·赖特的倾向，大多数时候隐藏的一面，尽管这并非他的本意，但却无意中透露出来。

事情发生在1932年的万圣节，完美的巧合。如果在5到10分钟的时间里，不至于危及生命的鲜血溅得到处都是，为什么不能出现在万圣节妖精和不给糖就捣蛋的这一夜呢？赖特在这段时间里彻底身无分文（这也说明了一些问题），但那天下午他来了，大约10月31

日5点，他带着一个学徒，开着他的科德L-29敞篷轿车进了城，这辆车从理论上说是用分期付款的方式来购买的。(他已经错过了多次还款，这辆车一直面临着被收回的威胁。)也许仅仅是看到这辆汽车本身——俯冲的7英尺（2.1米）长的挡泥板，定制的西班牙真皮座椅，还有看起来性感得像豪华快艇的引擎盖——就足以让克劳德·理查德·西克莱斯特感到怒火中烧。C.R.西克莱斯特和他的妻子默特尔曾是塔里埃森的员工，他是出了名地粗暴无礼，他比赖特小7岁，身上可能有印第安人的血统。塞克斯莱特夫人在屋里工作（而塞克斯莱特在外面做工），赖特欠了她大约280美元。春天的时候，西克莱斯特非常愤怒，他用钉子把塔里埃森的门窗到处钉死。最后，他被解雇了，而他的妻子继续工作，但她很快也离开了，她的工资也没有拿到。有一两次，当西克莱斯特强行闯入赖特家的时候，斯普林格林的执法机构不得不进行干涉，但另一方面，欠薪的问题始终没有得到解决。现在，西克莱斯特家已经穷困不堪了——在打斗事件发生后，他们向法庭表示如此。然后赖特开着他那辆该死的有钱人的车来了，大摇大摆走到他的跟前。噢，是吗？

建筑师和兼任司机的学徒把车停在了威斯康星铸造和机械公司外一个很长的停车位，赖特来城里的商店买些吃的。(这是另一个问题：他在麦迪逊四处的商户那里都有未结清的账，那辆厚颜无耻的科德车会不会也把他们气坏了？)接下来发生了什么不是很清楚，但据说是西克莱斯特一个成年的儿子看见赖特走进一家商店，就去找他的父亲。儿子拉住了学徒司机，而西克莱斯特跳到了赖特的面前，这时赖特正拿着一袋子东西出来。西克莱斯特开始要他的钱，一场打斗随之而来。很难说谁赢了谁，攻击者的体格比赖特大得多，但他在马路边滑了一跤，向后栽倒。那个总在逃账的人跳到他身上，一秒钟后，西克莱斯特总算腾出了一只脚，这只穿靴子的脚猛然向上踢,给那个无赖的肋骨干净利落的一击。但我们还是让那个赖账的家伙以对他自己有利的方式来说吧,因为无论如何,他故事讲得很精彩:

所以我抱住他,他仰面倒在了排水沟里。我把他摁在那里,直到他说够了够了。但是,就在我从他身上下来的一刹那,我退后一步让他站起来,他却起来用沉重的靴子朝我踢,朝我向上猛踢,踢中了我的鼻梁……鲜血溅了他一身……当我把他按住的时候,我故意把断了的鼻子里喷涌出来的血对准他的脸。他的鼻子和嘴巴上也都是我的血,他呛住了,张大嘴喘着气……"该死!伙计们,把他弄下来。"他尖叫道,"看在老天的分上,把他从我身上弄下来!他要杀了我!"

这是在星期一。两个晚上之后,赖特的四五个学徒(塔里埃森学社今年秋天开始了,一群新成员和追随他的艺术家最近也来了)来到麦迪逊市威廉姆森街1036号西克莱斯特的家里找他。他们带着长皮鞭,据说他们狠抽了他好几下。据说其中一个人给了他的脸上狠狠一拳。西克莱斯特从厨房抽屉里抓起了一把大刀,把他们赶走了。(在《自传》中描述这一幕时,赖特说他并不在场,并宣称他不知道学徒们去城里找西克莱斯特,而"拿刀的刺客"在他尖叫的妻子背后挥舞着武器,把她当作自己的盾牌。)。

第二天,两份逮捕令生效——一份是给学徒的,另一份是给西克莱斯特的,在接下来的两个月里,他被关在拘留所里,一直到事情渐渐平息,这个案子直到新年前夜才被驳回。(学徒们受的惩罚要轻得多。)所有这些都成了精彩的头条新闻和文案(《赖特的学生马鞭打人,著名建筑师的攻击者索赔》),在美联社发布的照片上,签发逮捕令当天,赖特坐在法院里,看上去有些神情恍惚,他鼻子上戴着石膏鼻夹,手臂搭在一个穿西装系领带的学徒坐的椅子上。难

333

以理解的不是压在他鼻梁上的石膏鼻夹,也不是他额头上的伤口,而是赖特的样子看起来是多么不修边幅:皱巴巴的衬衫,凌乱的头发,肩上围着一条围巾。在弗兰克·劳埃德·赖特的几千张照片中,不管是抽屉里的照片还是我们想象中的照片,他向来看上去就像是身怀百万巨款。而在这张照片里,他似乎暂时暴露了。

在《自传》中,在讲述西克莱斯特故事的结尾时,他似乎暂时暴露了自己。作者用《一个粗俗事件》这样的标题作为文章的开头。我第一次读到这个故事的时候,就确信他把这个故事写进去的原因是他想让历史知道,不管有多少关于他的血像消防栓打开一样喷涌出来的故事,他还是占了上风的。现在我不这样认为,或者至少不完全这样认为,我觉得他还想透露一些别的东西,尽管是以某种隐蔽的方式。"那只靴子是一个象征,"他写道,下一句话:"鼻子也是。"下一句是另一段的开始:"没关系。亲爱的……我知道这件事的寓意。"尽管没有指明,他是对自己的妻子奥吉万娜说话。(排字工人犯了错误,"关系"后面应该是个逗号。)他想说的是奥吉万娜不用告诉他这是他自找的,因为他自己明白,并接受这一点。

克劳德·R.西克莱斯特后来怎么样了?他活到了89岁,有了曾孙,他在麦迪逊北部的田野里种了多年的地。1963年的一个周六,他在送往医院的救护车上死于冠状动脉血栓。在《威斯康星州日报》上发表的讣告中没有提到那场伟大的"巷战","巷战"这个词是当时的报纸欣然命名的。

在关于这件事的报道中,有这样的句子:"几个月前,赖特雇用了西克莱斯特夫妇在塔里埃森工作。由于出现了一些问题,西克莱斯特不再为赖特工作。"我看到不禁打了个冷战——朱利安。赖特看见了吗?他没有看到吗?1914年8月15日的幽灵又在他的梦中出现了吗?

在第四维度中

这是一种小型的屋子，让人感觉就像置身于木—砖—玻璃结构的精练俳句之中。它通风又明亮，它是斜接的，砂浆砌成的，非常紧凑，它是如此地实用、简洁、宜居。80年后的今天，它就在这里，仿佛难以察觉地飘浮在夯实的沙子混凝土地基上，薄厚板镶接的胡桃木散发着光芒。黄昏时，我有幸坐在赫伯特&凯瑟琳·雅各布斯之家客厅的沙发上。它现在的主人名叫吉姆·丹尼斯，这座房子在他手中的时间远远超过任何人，他精细地照料这个地方。主人打开灯，点亮了15瓦的天花板灯泡，威斯康星夏日的黄昏从不远处蓝色的湖面上翻滚而来。"这栋房子就像一件家具，像一个大木柜。"丹尼斯第一次邀请我进屋时这样说。从那以后，我对这里的尊敬和好奇与日俱增。细心的主人在威斯康星大学教授了多年的艺术史后退休,他在桌上摆上了开心果,开始播放钢琴爵士乐。那天晚上的大部分时间,我们都有点沉默地坐着。与其说是一件家具或者一个大木柜,我一直在想,是赖特用什么障眼法把我变成了小人国的人,然后把我放在了一个超大的定制吉他盒里。然而在另一种的意义上,"杰克"这么小,看起来如此娇贵,你几乎觉得可以把它放在掌心上,而且还有剩余的空间放其他的东西,之前我就这么说过。

事实上,它一点也不娇贵,它非常坚固。只有如此,它才能在威斯康星州度过那么多艰难的冬天。

弗兰克·劳埃德·赖特一生中设计了308栋尤松尼亚住宅——大约有140栋已经建成,从纽约到阿拉巴马再到俄勒冈州的西弗顿。但这是尤松尼亚I号,它占据了头等重要的位置。据弗兰克·劳埃德·赖特说,尤松尼亚这个优美动听的词是他从英国小说家塞缪尔·巴特勒的作品里借用的,尤其是来自一部叫作《乌有乡》的小说。他说,它代表"北美合众国"(United States of North America),中间加了个"i",这样舌头更容易发音。他说,他的意思是指一种实用的、艺术的、简单的住宅,它以独特的方式表达美国的风景、特性和民族。唯一的问题是,没有一个赖特学者,显然也没有一个巴特勒学者,能在巴特勒作品或者其他地方找到"尤松尼亚"(Usonia)或"尤松尼亚式"(Usonian)这个词,它只出现赖特自己的作品中。好吧,就这样吧。

尤松尼亚有不好的一面吗,有月亮的黑暗面吗?虽然这并不是房子本身的过错,但也许这张牌应该一开始就摆出来,以便我们能想清楚接下来的问题。我们可以说,历史学家们已经提出了,以莱维顿郊区城镇为例,二战后,美国的土地开发商看到了弗兰克·劳埃德·赖特在大萧条时期的创作,他们根据自己的样式挪用了这个点子,最后制造了一个平庸、从众的美国郊区,特点是千篇一律的庞大扩张和牧场般的沉闷。那么,是这座尤松尼亚的房子催生了我们20世纪后期的噩梦吗?是不是麦迪逊托普弗大街441号的房子导致出现了那种一排排的粉色小房子?是不是像一位评论家(威廉·J.

第三部分 从袖子里变出来：1936年

R.柯蒂斯，他是英国人，也许看得更清楚）所说的那样，那种房子"通常都是笨拙的'牧场风格'的鞋盒，在20世纪50年代繁荣的土地上，偷工减料、单调乏味地摆放着"？

当然，这过于简单化了，而且从根本上说可能是不公平的，但我们得承认，其中有一点，甚至不止一点，是真实的——某种符合意外后果定律的东西。在赖特无意中指明了方向之后，其他人毫无价值的设计和建筑追随而来，这是他的错吗？这是不是类似说莎士比亚不应该写《李尔王》，因为总有一天，在某个地方，会有人拍出《得克萨斯电锯杀人事件》这样的烂电影？（顺便说一句，这部电影现在被认为是历史上最好的恐怖片之一。）事实是那位萨满巫师早就预见到了这个困境。建筑商给神奇的雅各布斯住宅抹灰的瓦刀上石灰浆还没干，赖特就在1938年1月号的《建筑论坛》（编辑们几乎把全部的内容用来介绍他的作品，而且基本上让他承担起主编的职责）上写出了他的预言："当然，像这样的一个家是建筑师的创造，这不是建筑商或者业余人士的工作，因此，将该方案公开出来供模仿或仿效，有相当大的风险。因为除非有建筑师监督，你无法建造这种建筑，除非建筑师负责装修和设计工作，该建筑将无法呈现应有的效果，这是真的。"

方案公开出来有相当大的风险。建筑将无法发挥应有的作用。他说的话非常自负，即便他说的是真话。

在同一期《建筑论坛》上，他的第一句话说："中等造价的房子不仅是美国的主要建筑问题，也是对美国大多数建筑师来说最困难的问题。至于我，我宁愿自己满意地解决这个问题……而不是建造我目前能想到的任何其他东西……"接着，他又开始了虚张声势的傲慢模式："在我们国家，真正解决中等造价住房问题的主要障碍是我们的人民并不真正懂得如何生活，而且他们把自己的特质想象成自己的'品味'，把自己的偏见想象成偏好，把自己的无知想象成生活美感中的美德。"

但我们得继续原谅他的优越感，因为他的心是好的，因为他想为普通人

为火所困：赖特的梦想与愤怒

创造一些东西——为普通美国人创造一个有尊严的庇护所，不仅提供庇护，同时也提供美好。艺术和经济结合成一种提升的方式，以有意识和无意识的方式提升居住者的生活。

让我们的思绪回到世纪之交那些壮丽的草原住宅，那是美国建筑，没错，他在建造的时候就把之前的模式砸碎了破坏。但那不是民主化的住宅，总的来说，那些房子都是有钱人的住宅，有仆人的住处，纺锤形的楼梯，饰有缎带的玻璃窗，还有锯成径切板的橡木，等等。不管它们的设计多么激进，至少从社会等级的角度来看，它们仍然是维多利亚时代美国家庭生活的反映。他急切地追求这些委托——这是一条成名的路，他想要钱，想要设计上的挑战。但不管是明显还是不那么明显，他是否也一直想要别的东西？在一个不断变化的世界里，如何为这个经济困难的时期创造一种既美国化又民主的东西呢？它会有自己的美，也许正因为它的简洁朴实，因为表面设计和材料的谦卑而更具美感。如何打破原先的模式呢？如何建造普通人的草原住宅呢？[1]

他在同一期《建筑论坛》上继续说："我坚决认为，任何当地文化需要的新建筑从根本上都是不同的，为什么要在意无知的乡下人想要什么呢？房子必须成为一种比较简朴，同时又比较优雅的生活方式：它是崭新的，但又适合我们今天生活的国家的生存条件。"

---

[1] 尽管许多赖特历史学家都指出了关于美国化和民主派这一点，在某种程度上，第一位帮助我以清晰的方式理解这个概念的是赖特研究历史学家兼作家威廉·阿林·斯托勒，他写了许多与赖特相关的作品，他的著作《弗兰克·劳埃德·赖特建筑作品全集》已经出版了45年，现在已经出版了第四版，为两代的赖特爱好者提供了图鉴，这一贡献类似于罗杰·托里·彼得森从20世纪30年代开始，以其开创性的口袋本观鸟指南对鸟类爱好者所做的贡献。我无意贬低其他优秀的赖特图鉴，但正是斯托勒在短短几页的全集导言中，以及在我们面对面的谈话中，让许多的东西变得清晰。另外一点，莱维顿的房子本身没有任何问题。就它们本身，就它们自身的条件而言，许多都是令人满意的高效、实用模式，这一点在20世纪40年代末长岛莱维顿的早期住宅中表现得最明显。问题在于，在相对密集的郊区，它们密密麻麻地挤在一起，似乎是麻木的。在我亲眼看到莱维顿并开始查阅历史学家和评论家关于这个问题的著作之前，我对"莱维顿"这个词有一种下意识的反应，认为它的意思指的是"坏的"。其实完全不是。我需要再次引用批评家兼历史学家保罗·戈德伯格的著作帮助我以正视听。

第三部分 从袖子里变出来：1936年

最后，他谈到了"这一安排保障了行动自由，也保障了隐私权……我认为一个有教养的美国家庭主妇在里面会看上去很不错。当今不可避免的汽车似乎将是其中的一部分。花园从哪里结束？房子从哪里开始？就在从花园开始到房子结束的地方。此外，房子是一个热爱大地的东西，具有新的空间感——光线感——以及我们美国应该享有的自由。"

行动自由。一个热爱大地的东西。我们今天生活的国家。有隐私权。随意性和自发性，这在很大程度上是由现在不可避免的汽车的机动性来实现的。从某种意义上说，这位建筑的预言家正在宣扬他一直以来宣扬的福音，那就是开放、流动和自由，这是爱默生、惠特曼、杰斐逊和梭罗伟大的"美国"实验。但在我看来，他也精确地定义了战后美国的社会和文化将会变成什么样子，那就是大规模的中产阶级到来，他们强调的是一种非正式的生活方式。预言家凝视着他的预言球，看到了美国家庭不断变化的活力和生活方式。而他就在这里为其服务，建造未来、弘扬未来，这也强化了他的神话。双赢的游戏，双方都是赢家，尤其是他自己。

顺便说一下，《建筑论坛》的那一期有179页，由时代公司出版，现在已经成了收藏品。1930年代的杂志里满是广告，有的广告看起来有人的胳膊那么长。前言有32页，然后是他102页的《特别插页》，这相当于杂志里的又一本杂志，因为它有自己的软封面和封底包装，然后后面的38页也是建筑相关的。在最前面——大约是在《特别插页》31页之前的第一页——有一张他的照片，他坐在桌旁，戴着正式的法式袖扣，我们能看到他的口袋方巾，铁灰色的头发往后梳过耳朵，他手里是未点燃的幸运牌香烟，哦，也许是切斯特菲尔德牌的。他饱经风霜的两只手合在一起，布满雀斑的手指尖在摆弄着一个像是火柴盒的东西，显然他正要点燃香烟。（这是道具——总体来说，他是反对吸烟的。）这张由时代公司的著名摄影师彼得·斯塔克波尔拍摄的照片下面，是编辑模仿赖特本人行文风格，全部用大写块状字体写的："该期杂志由赖特先生设计和编写，整个过程中我们与赖特先生密切合作，这是一次激动人心的经历……"当然了，这是主编亨利·卢斯手下的编辑们在说客套话，实际上是天啊，难缠的孩子总算上床睡了，我们能不高兴吗？

但是，这个关于"杰克"的故事开始的角度不对。到最后不都是关于人的故事吗？赖特的传记作家和历史学家在提到这位巫师本人时，喜欢说他如何花了70年的时间像变戏法一样把一个个设计从袖子里变出来的。（这是一个有趣的传奇故事，我也非常愿意相信。）但他有没有把人从袖子里变出来呢？他是怎么做到的？

1936年夏末，杰西·欧文斯在柏林奥运会上要把阿道夫·希特勒逼疯了（8月3日一枚金牌，4日另一枚金牌，5日第3枚金牌，9日第4枚金牌）；爱德华·霍珀正在完成一幅名为《科德角的下午》的画作。在新一期《麦考尔杂志》的第45页上，一个名叫霍博肯四人组的新泽西四重奏乐队正在自吹自擂——歌手们在"梅杰·鲍维斯业余天才"这个电台节目中获得了第一名，编辑给他们附了一张很小的照片特写（照片右边那个瘦瘦的家伙名叫弗兰克·辛纳屈）；在阿拉巴马州的黑尔县，《财富》杂志的撰稿人詹姆斯·阿吉住在一片被冲毁的高原上，和3个遭受严重破坏的白人佃农家庭在一起，试图解读他们的生活。（纪录片摄影师沃克·埃文斯也在场，他用自己的摄影机盒子捕捉阿吉正在用文字捕捉的东西。）这是同时期的部分美国研究。

在威斯康星州的麦迪逊市，在当地一家日报工作的一个记者钻进他的二手车（也可能是三手车），带着他的妻子，有点紧张地从14号高速公路开车去斯普林格林，去赴约见一个他们认为没有时间见他们或者不会回应他们要求的人。这个记者的名字叫赫伯特·奥斯汀·雅各布斯，哈佛大学毕业，有点波希米亚的派头。他那时33岁，有一双瘦骨嶙峋的大手，一脸灿烂的笑容，一头蓬松的头发，一种永不言败的乐观精神。他喜欢自己卷烟，买装在加仑壶里的散酒。他和比他小9岁的妻子凯瑟琳（她比较安静，但同样爱冒险，持家节俭）

第三部分　从袖子里变出来：1936年

有一个小女儿，银行里有1600美元的存款（是从一位姑奶奶那里继承来的）。他在《首府时报》工作，该报是《威斯康星州日报》的竞争对手，而后者的境况好一些。报社每周给赫伯特·雅各布斯的工资是35美元，比他33岁的年龄多两美元。这家人靠22美元生活，把另外的13美元存起来。

这是两个在经济大萧条中谋生的普通美国公民，但从另一种意义上讲，他们一点也不普通。就好像在不知不觉中，他们是拥有所有正确因素的最奇怪的组合，而这最终将成为建筑历史上一个有里程碑意义的时刻。但他们也不明白的是，这个等式是双向的：他们驱车去见的那个人需要他们，就像他们需要他一样。[1]

雅各布夫妇有个傻乎乎的想法——他们在离城一小时车程的路上排练了他们要说的话——美国最著名的建筑师也许愿意在他所有重要的项目中停下来，为他们设计一座小巧、合理、低成本而且尤其要漂亮的房子。他们心中有个模糊的数字，包括他们未来的房子和盖房子的那块地在内，总共是5000美元。呃，换一种说法，这对他们来说是个天大的数目。他们决定大胆地向这位大人物提出这个请求，作为一个挑战："先生，这个国家需要的是一栋5000美元的体面的房子。您能造出来吗？"

---

[1] 这次会面的确切日期和时间并不为人所知，但我们知道它发生在1936年8月3日星期一的那一周，显然是在晚饭前的一个小时左右。赖特没有挽留他们吃晚饭，这对他们来说没什么问题，因为他们把还不到两岁的小苏珊·雅各布斯留在了城里，让朋友们帮忙照顾，并说他们会尽量在天黑前赶回家。他的家在麦迪逊市近东侧的谢尔曼大道1143号，是一套租来的公寓，里面有三件大家具。我一直想知道赫伯特是怎么下班的，因为他是报社的新手。几个星期前，他刚从《密尔沃基日报》过来，他在那里工作了5年，从事各种各样的报道，开始成为老新闻工作者所说的"晚间条子"——他是夜间的警察记者，在警察局的文职警官身边闲逛，试图偷看记事簿上有没有可以写的文章。一有机会，这位哈佛毕业生就去一家经济小吃店，那里的橱窗上挂着一个牌子："两个鸡蛋，任何做法，仅售5美分。每位顾客限8个。"他在1978年的插画回忆录《与弗兰克·劳埃德·赖特一起建造》中讲述了其中的一些故事。这本回忆录里也有他妻子的贡献，这是一本很有魅力而且相当简短的书，但不可避免的是，它几乎像是一部圣徒传记。不管是客户还是其他什么人，这些曾经与赖特有过交集的大多数人在写回忆录时，总会把他描写成圣人。但是，这个事实本身也告诉我们：从某种意义上说，相比于外部的人，内部的人更容易理解他的自我？大多数时候，他的魅力最终胜出。

为火所困：赖特的梦想与愤怒

"'你们愿意到我的客厅里去吗？'蜘蛛对苍蝇说。"主人微笑着迎接他们。握手之后，主人听了他们的请求（赫伯特是那个结结巴巴地说出挑战的人），他轻轻地托着24岁的凯瑟琳的胳膊，伴着某种诱惑性的华尔兹舞步，把她引到塔里埃森灯光暗淡的内厅里，请对方坐在他那漂亮但不舒服的直背椅子上。至少，我想象的是这样。

在这之前，赖特似乎说过这样的话：你真的想要一幢5000美元的房子吗？大多数人都想花5000美元的价格得到价值1万美元的房子。不，不是的，他们向他保证。赖特告诉他们，他有这样的想法至少20年了，他们是第一个来问这个问题的人。这是赖特当着他们的面撒的谎，当然，在更宏大的情节中这并不重要。让雅各布斯夫妇暂停在这里，停在蜘蛛的客厅里，我先来介绍一下他们是谁，他们是如何走到这一刻的。

也许"哈佛"这个词可以先拿出来说一说。赫伯特·雅各布斯是1922年从密尔沃基的哈佛校友俱乐部获得奖学金上的哈佛，那是因为俱乐部欣赏他的父亲老赫伯特·雅各布斯的工作，希望能帮助到他的孩子。老赫伯特·雅各布斯和曾做过教师的妻子在密尔沃基经营着一家安置点，他是一名秘密的社会主义者，本来被任命为公理会的牧师，后来他放弃了这份工作，以世俗的方式为穷人服务。他对这个世界的不公正一定有一种深深的愤怒，据说，他和妻子一生中的年收入从未超过2500美元。老赫伯特·H.雅各布斯担任"监察员"的安置点隶属于威斯康星大学（人们认为威斯康星大学是该州有组织的社会工作的先驱）。它位于密尔沃基的南侧，在波兰移民密集的第十四区（那里也聚集着德国人、斯拉夫人和其他民族的人），也是该市最肮脏、最工业化的地区。雅各布斯家的儿子很早就知道什么是贫困，他学会把贫困看作是一种美德——一种主动接受的审美，而不是命运强行赋予的。他童年时代的"家"是一栋三层楼高的改造建筑，有27个房间。"客户"或者"客人"——有时候是下午从街

头带进来的流浪汉——经常能在铺着亚麻布的烛光餐桌边坐下来吃晚餐。这个男孩周围的人牙齿不好,运气不好,指甲下有污垢,过去喝了太多的劣质酒。在这幢27间房的屋子里,光打呼噜的声音就肯定很壮观。

赫伯特·雅各布斯(他出生于1903年,是雅各布斯家4个孩子中的老二,所以,如果有个衡量标尺的话,弗兰克·劳埃德·赖特的年龄是他的两倍)每晚都和他的小弟弟拉尔夫一起在那些优雅地摆放好的餐桌旁服务(他们在另一个房间,在儿童餐桌上吃过饭)。他们负责取菜,当食客们在餐桌上吃饱肚子后,两个孩子要把餐巾重新铺好。从大约12岁开始,赫伯特每年冬天都得把40吨烟煤铲进安置屋的锅炉里,这是家里指望他干的活。他的父亲是一个善良、虔诚的人——也是一个严厉、喜怒无常、尖酸刻薄又有点冷漠的人。

如果说小赫伯特几乎从会走路的时候就知道了苦难和社会不公,那么早在他上小学一年级之前,他也早早见识了亲人的死亡。首先他的姐姐死了,几年后,赫伯特最小的弟弟去世了。赫伯特后来活到了84岁,作为一个成年人,他很少谈论那个不快的事实——家里有4个孩子,他的两个手足同胞还没有长大成人就去世了。我问赫伯特·雅各布斯的3个孩子为什么会这样(为什么他们的父亲从来没有真正谈论过这些事),他们现在都已经进入古稀和耄耋之年,他们的回答大多是:那个时代的男人就是这样应对的。雅各布斯的二女儿伊丽莎白·艾特肯像是他们家族内的历史学家(她也是一个极好的人),她对我说:"他不喜欢沉湎于自己内心的感受。"她父亲写了几本可以当作松散自传的书,(作为一名记者、作家、书信写作者、日记作家和时事通讯管理员,他的作品极其丰富。他最著名的作品是以书的形式讲述了他们一家与弗兰克·劳埃德·赖特之间长期的交往。)但是,如果梳理他所有的书,我们会发现,只有一句话是关于他在童年时代失去了两个同胞的——或者说我只能找到这一句话。在那本名为《我们选择这个国家》的书中,那句话是这样写的:"在我5岁的时候,我的姐姐死于肺结核,几年后,我最小的弟弟瘫痪失语3年后去世,我们家备受打击。"亲眼看到姐姐得肺结核病死,看到弟弟被冻僵的脸,是什么感觉？可能正如他说的，备受打击。

大家的印象可能是他太严肃、太阴沉了。但是，越是深入观察赫伯特特·雅各布斯看似矛盾的人生，我们就越发现，在与弗兰克·劳埃德·赖特矛盾的人生交叉的时候，赫伯特的人生中有个潜在的主题，这个主题可以叫作无穷的好奇心赋予的奇思妙想。

关于奇思妙想，他特别喜欢打油诗（大多数时候越粗俗越喜欢），还喜欢在聚会上滔滔不绝地说出来。（他的孩子们听到的是清洁版本。）他一生都是一个非常糟糕的、陈腐的打油诗诗人——从这个意义上说，也是一个非常棒的打油诗作者。他80多岁的时候，刚刚诊断出癌症（那是在加利福尼亚州，他从伯克利大学新闻专业退休，在时间和距离上都远离了托普弗和伯奇街的东北坡），他给朋友们发了一首油印的"诗"，该诗共有3个诗节，里面有这样的内容："这不是信／只是一张便条，直到我情况转好／现在我拿着假学位证／癌症学校待了5个月，淋巴癌症／给我准备一张安乐椅／他们停止了我的化疗。"（大约一年后，血癌夺去了他的生命，但在此之前，他已经完成了自己的长篇讣告。许多报纸都报道了这件事，《纽约时报》把他的讣告中的一些内容加入了报纸撰写的讣告，取的标题是《赫伯特·雅各布斯：30年代重塑建筑的记者》。这个标题说得也对也不对。）

关于无法消除的好奇心，说真的，这是成为一名伟大记者的先决条件之一。在雅各布斯身上，好奇心是一种深入肌理的存在，已经发展到近似荒谬的程度。家里的老二伊丽莎白·艾特肯说："这是一个以阅读大英百科全书为乐的人。旧洋葱皮色的书共有24本，或者不管有多少本，他都爱读。他会用放大镜看书，从'A'开始，一直读到最后，而且还不止一次。"

好奇心？有一次晚上，他的轮胎爆了，于是他把车停在麦迪逊郊外的路边。那是1951年的夏末，外面热得要命，他和妻子就在一片玉米地旁边，他们坐在那里，他说："该死，亲爱的，我想我能听到玉米生长的声音。那句老话也许是真的。"他下了车，走进玉米地里，竖起耳朵来倾听。赫伯特当时在

第三部分　从袖子里变出来：1936年

《首府时报》担任农业编辑。(要是把他在该报26年里干过的工作列一个表，你就会感觉到，他是一个躁动不安、永远勇于尝试新事物的人。他当过社论作家、农业记者、农业编辑、专题作家、城市编辑、新闻编辑、摄影师，以及每周六七天不停地写750个字的专栏作家。从某种意义上说，他过于轻率了。他的孩子们还记得，晚饭后他坐在那里，膝盖上放着他那台破旧的便携打字机，把一张新闻纸卷进打字机箱里，然后直接把第二天的专栏打出来。)

农民的老话是："天太热了，热到你几乎可以听到玉米生长的声音。"下个星期，赫伯特组织了一个大学农学家团队，带着录音设备陪他走进同一片田地。该死的是，专家们声称他们也能听到噼里啪啦声，或者当他们回到实验室，戴着耳机俯身去听磁带时，他们还能听到这些声音。赫伯特在报纸上的报道传遍了全国，爱荷华州梅森市《环球报》举办的"北爱荷华博览会"刚开始，于是就把这则毛糙糙的新闻放在了头版。

在他的一生中，他似乎是一个修理工，一个巧匠，一个实验主义者，一个能干的人，一个并非完全意义上的堂吉诃德式的冥想者（他曾把自己的一生解释为"积极的漂移"现象）。他本人的文学素养表现得更明显，但他身上肯定也有应用科学的基因。说到好奇心，你可以去维基百科查一下"雅各布斯方法"，这种方法与人群计数有关，至少在某种程度上它仍在使用中。1967年春天，这位加州大学伯克利分校的新闻学讲师经常从他位于斯普劳尔大厅广场的高窗办公室里看到罢课的学生聚集在一起。（历史上著名的伯克利言论自由运动是在3年前开始的。）赫伯特拿到了一张放大的航拍照片，他把它分割成一英寸的方格，然后拿着一个放大镜——也许就是他在麦迪逊寒冷的夜晚读《大英百科全书》时用的那个——开始数人头。他想出了一个公式，这个公式太复杂了，在这里我无法解释，它和一个人要在人群中占多少平方英尺有关，不管是拥挤的人群还是松散的人群。《时代》杂志做了一篇关于赫伯特的专题报道，照片上的他打着领结，举着航拍的照片，在争取自由言论的人群中间，报纸配上的文字是个双关语："方格的优势／广场的胜利。"他很喜欢这个双关笑话。

345

为火所困：赖特的梦想与愤怒

事实上，他是一个方正的人，他自己也知道这一点。在他低俗的打油诗中，总有种一本正经的拘谨。好像他觉得这个世界上时光苦短，人得好好表现。（他认为看电影是浪费时间——他家里十几岁的孩子可不这么认为。）他提倡存钱，积少成多。他的二女儿说："他认为想要花钱买东西是不合适的。"我曾和伊丽莎白·艾特肯（她住在俄勒冈州）多次通过几个小时的电话，我们还通过电子邮件联系，我一直等着她那里会落下另一只靴子——关于父母带给他们的痛苦。但是并没有。我也没有从雅各布斯家另外两个孩子那里听到。[1]（我只能听到他们的声音，一直没有机会去见他们。）事实上，似乎他们生活中渗透的最重要的价值观就是父母引导或者间接宣扬的价值观：在这个世界上，你需要的东西越少，你的生活就越好，太多的物质财富是不健康的。

最后我再从十几个可以讲述的故事里面挑一个，这和赫伯特找到伴侣的方式有关。他们俩结婚之后，显然是幸福地生活了53年。（开车去斯普林格林的那天，他们结婚两年半了。）他简直就像中了彩票一样，他在一本书中写道："我知道我所走的并非是传统的程序，但它似乎对我来说是可行的。我简单浏览了一下年龄合适的女性朋友和熟人的名单，选了一个我认为最喜欢和她一起生活的人，进行了一场艰苦的求爱行动，然后就和她结婚了，这一切只花了不到4个月的时间。"（还有一块巧克力蛋糕的作用——她的烘焙技能锁住了他的心。）

所以现在大家忍不住想，赫伯特的妻子是谁。她似乎也是自身奇妙矛盾的结合体。凯瑟琳·雅各布斯婚前姓威斯科特，她是家里6个孩子中最小的一

---

[1] 雅各布斯家最大的孩子苏珊·雅各布斯·洛克哈特长大后成为了一名艺术家，并长期从事与赖特有关的活动，包括在弗兰克·劳埃德·赖特建筑保护协会担任董事会成员（然后担任会长）。小时候，她穿的都是亲戚送的旧衣服，或者是家里做的衣服，大多是灰扑扑的。她直到高中最后一年才从一家商店里买了她的第一件新外套。她父母买的，但是她自己挑的。"像口红一样红。"她大声地笑着说。我问她："要等那么多年才能买新衣服，你觉得还好吗？""是的，"她说，"嗯，差不多吧。"我想我能听到电话那头传来的轻轻的懊悔的笑声，但是她没有任何不满。

个，在威斯康星州锅状冰碛地区一个贫困的农场上长大。密尔沃基的西部和北部是冰川漂移的地区，那里的生活必然不怎么见多识广。这个一贫如洗的家庭生产所需的所有食物，自己手工做衣服。那为什么威斯科特家的6个孩子都上了大学呢？（凯瑟琳当初走进的是一所只有一间教室的校舍。）那么凯瑟琳的哥哥格伦威·威斯科特怎么会离开那个贫瘠的乡村，最终成为20年代的巴黎流亡者之一，与海明威、菲茨杰拉德、乔伊斯、朱娜·巴恩斯、杰拉德、萨拉·墨菲等人一起，成为法国左岸的神话和记忆呢？［海明威非常厌恶他，尤其是因为格伦威公开称自己是同性恋。海明威在《太阳照常升起》中把他写进了一个滑稽可笑但非常残忍的恐同性恋场景里。在这个场景的最初版本里，这个角色的名字是"罗伯特·普雷斯科特"（Robert Prescott）。海明威在斯克里布纳出版社的著名编辑马克斯·帕金斯担心他会被起诉诽谤罪，让海明威把名字改为"罗伯特·普伦蒂斯"（Robert Prentiss）。尽管如此，在巴黎蒙帕纳斯区的每个人都知道这个名字是威斯科特。如今他的名字在文学界被人遗忘，世间荣誉易逝，海明威的影响超过了他曾经所有的竞争对手。］

凯瑟琳·威斯科特·雅各布斯从来不是她丈夫那样的知识分子，但她喜欢和书还有写书的人在一起（当她遇到赫伯特时，她是密尔沃基一家书店的职员）。她似乎主要关注的是目标驱动的生活。相比她的丈夫，她在精神和道德上都是家庭的支柱。套用一首老歌的歌词：如果说赫伯特创造了生活，那么凯瑟琳让生活变得有价值。（事实上，多年来，她做过文书和其他工作，为家庭收入做出了贡献。）她可以整天工作——这是农村女性的传统。她是一个戴着眼镜的瘦小女人，算不上漂亮（你可以在所有的家庭旧照中看到这一点，而且令人吃惊的是，她丈夫在一本书中多多少少地亲口说过），但她显然有远比外表更深刻的东西。在他们的房子（多少也包括他们自己的生活）声名鹊起之后，她心甘情愿让丈夫成为众人关注的焦点。在她人生的最后，当他们在加利福尼亚一起退休时，她触发了某种自己都不知道的经脉，成为了雕刻家，她的作品还进了画廊。这种艺术特质不知是从哪里来的，但它一直根植在她身上，只是隐藏了起来。

弗兰克·劳埃德·赖特是否在他的脑海中已经构建了一种新式的美国住所，而这种住宅本身正是普通人生命的延伸和表达？他还不认识雅各布斯，但却一直认识他们这样的普通人，简单是他们的审美，艺术就在他们的DNA里，节俭是一种价值观，勤奋工作是一种道德规范，他们理所当然地对实验性事物持开放态度，遵循"少即是多"的信条，前提是他们知道如何将"少"更好地、艺术地利用。"不管怎么说，我们有点超出了美国模式。"赫伯特·雅各布斯和弗兰克·劳埃德·赖特一起建造房屋时说，这一轻描淡写的说法也可以定义他和妻子以及家人住了不到5年的那栋房子。

1936年8月初，在一个闷热的下午，赖特终于见到了他们。那次见面时，赖特似乎已经明白了，也许就在刚坐下来的两分钟里，也许他的本能而不是他的大脑告诉他，他们是几乎完美符合条件的人，好像是上帝派他们来的。或许真是上帝派来的。

罗伯特·弗罗斯特的诗《彻底的奉献》的开头是："我们属于这土地前她就属于我们／我们成为她的主人一百多年之后／才真正成为她的人民。"早在他们与房子实际结合之前，赫伯特和凯瑟琳·雅各布斯就是他们的房子，而他们的房子就是他们。

细木工？这是个建筑用词。这里有些词是关于"事物本身"的，指的是建筑、建造和设计。"事物本身，"沃克·埃文斯在谈到摄影的虚幻本质时曾经说，"事物本身是个秘密，让人无法接近。"说到托普弗大街441号，这句话似乎很贴切，但又并不准确。

之前我们把这座尤松尼亚的梦之屋描述成一个1550平方英尺（144平方米）的L形、夹层墙、平顶、石板地面、地热供暖的三居室。你可以翻到本章开头的那张照片，也许关于房子属于第四维度的想法（"你无法发明一个

第三部分 从袖子里变出来：1936年

设计，你只能在第四维度里认识到它"）正是始于这样的一个事实：整个房子只是坐在那里，好像没有真正锚定进土地里。历史学家保罗·斯普拉格说："没有真正的地下室，也没有地基。支撑上面所有东西的混凝土垫层是浇筑在夯实的沙子上的。"这种想法还有另一种表达方式，所有的墙，无论是砖的、木头的还是玻璃的，里里外外，都很不牢靠地安置在一层简单的混凝土板上，而混凝土就在夯实的沙子上。[1]

那为什么这个大木箱没有被风吹走呢？

还有第二个让人觉得不可思议的想法（也是事实）：你看房子的时候几乎是反过来的，意思是房子的背面就是它的前面，它的前面就是它的背面。正如许多史学家所说的那样，雅各布斯背对着街头，对托普弗大街态度冷漠。你看到的是它的背面，但至少就家庭功能而言也是它的正面。所有的居家活动都发生在远离公众视线的地方。

关键的生活远离公众的视线——对于任何建筑师设计的几乎所有的房子来说都是如此。但雅各布斯的设计理念却进入了下一个维度，所有的生活——客厅、餐厅和卧室——在某种程度上都是面向外面、面向自然、面向花园、面向宽阔的庭院。要把房子的整个背面打开，把它变成一间户外客厅，这在字面意义上几乎是不可能的，但又几乎是可能的，这要归功于由平板玻璃制作的一系列狭长的长方形框架门，从光滑的地板一直延伸到天花板。（为了降低成

---

[1] 我借用了两篇关于房子的公认权威文章，这两篇文章都是长篇，两位作者都是受人尊敬的建筑历史学家。第一篇是唐纳德·G. 卡莱克的《雅各布斯住宅 I 号》，发表于 1990 年，第二篇是保罗·斯普拉格于 2001 年写的，本身没有篇名（是 2003 年该住宅申请国家历史地标时写作的一部分内容——地标申请已成功获批）。卡莱克与雅各布斯夫妇私交甚好，并对他们进行了广泛的采访，他公开了自己的研究文件。有一次我们边吃午饭边谈论房子，卡莱克个子矮小，为人谦逊，在芝加哥艺术学院任教多年，他认识"杰克"有半个世纪了。他感叹道："我想这可以归结为一个谜，这么小的东西里怎么会有这么多的内容。"他停顿了一下，"我是说，房子的侧翼那么长。"他又停顿了一下，"这种艺术性的淳朴。"上帝保佑赫伯特·雅各布斯，因为他保留下来了许多文档——在他去世之前，他把这些文档存放在几个重要的地方，他有一种非常好的存档意识。正如他的二女儿告诉我的："他知道他生活中有趣的是什么。"阿门，谢天谢地。

本，窗户和门以及其他可以打开的部分，都是在当地一间木材加工厂用机器制造好，然后安装到现场搭建的框架中——玻璃也是以类似的方式安装的。

再次引用斯普拉格的话："夏天的时候打开门，房子内外的屏障就会消失，两个领域合而为一。"

我们可以从另一个角度来思考这种融合效应，如果说建筑师非常吝啬地给客户布置了很少的电源插座——在最初的计划里，整栋房子只有两个墙壁插座（4个插口），一个用于家庭收音机，一个用于钟表，另外两个用于台灯——他也给这个家一种丰富和华丽的质感，和几乎荒谬的进出方式，至少是在房子的背面，哦不对，是正面。

这就好像是赖特把房子变成了一块地，把这块地变成了房子，两者相互融合，虽然房子只占了一小块地。

原来用于窗户和门的玻璃是从麦迪逊商店的旧窗户上切割下来的，到现场安装之前去掉了金箔和其他刻字。（如今，原先的玻璃早已被隔热的双层玻璃所取代。）

关于房子L形的设计，房子有两个独立的侧翼，你可以研究一下照片，照片上只能看到一部分右侧翼。要定位方向的话，右侧翼朝南，另一侧翼朝东，都是为了在天气好的时候晒到阳光。一边的侧翼——就是你能完整看到的那侧——故意做得很大。[我知道，用"侧翼"这个词听起来很滑稽，好像这是一幢豪宅，但事实上，建筑师在1550平方英尺（14平方米）的空间里创造了两种截然不同的特征。]规模不大的侧翼是睡觉的地方，在L形的这一侧不需要有宏大的感觉，睡觉就是为了睡觉。你能看到右边的卧室是第二间卧室，这实际上是走过大厅的第一间卧室，紧挨着它的是所谓的主卧室（从照片里看不见）。以任何现代的标准来看，这间卧室都可以说是很小[大约12×16英尺（3.6×4.9米）]。卧室的天花板7英尺3英寸（2.2米），低矮又舒适。这间厢房的尽头是小小的第三间卧室，不知什么原因，赖特一直在他的设计图里称它为一间书房。（正因为加上这间书房／卧室，房子的价格涨到了5500美元。）三间卧室都面向花园，每个房间的床脚距离矩形玻璃框架大约6英尺（1.8米）。第一间卧室（也是你能看到的那间）有三扇玻璃门正对着花园，旁边的主卧有6扇玻璃门，所以从理论上说，光这两个房间就有9种进出的方式。但有一个问题，如果不是从外面进来的话，我们该怎么进入每个卧室？有一条狭窄的走廊位于卧室的侧翼外面，可以穿行，这种效果就像是铁路旅行黄金时代的一节普尔曼卧铺车厢，或者是一艘小型远洋客轮下层甲板上的三间特等舱。（乘务员会告诉你沿着走廊走，找到属于你的车厢的门。）可是赖特从来就不是个按部就班的人，他决定在主卧室前的走廊上稍加变化，然后在另一端把走廊拓宽。显然，他想打破长走廊的单调，给走廊本身增添一些活力。

这栋房子既是又不是平屋顶，因为屋顶是多层的。引用历史学家唐纳德·卡莱克的话说，"杰克""垂直升起，形成一系列分层的屋顶平面。"事实上，这里有三层的平屋顶。（照片上可以看到这里有两层，一层被压在另一层的下面。）赖特建造屋顶时用了2×4的砖，然后铺上沥青和碎石。但是，下雨的时候怎么办呢？很简单，平屋顶并不是很平坦。赖特在中间布置了一些楔子，让表面有了一种难以察觉的上升，从而促使水流向边缘淌去，而不是集聚在中间。这样，水从侧面排出去，就不需要排水沟或落水管这种有损形象的东西了。因为屋檐很宽，又外悬出去，所以没问题。溢出的水会从房子的侧面落到足够远的地方，所以房主永远不用担心水会进入地基。

毕竟房子没有地基，因为它是建在一块混凝土板上的，记得吗？

我们把眼光稍微转移，移到能看见卧室的左端，这正处在L的交汇处，这所房子的枢轴点。这里有一些真正的赖特式天才之举，当然了，这栋房子里到处都是天才的设计。

在L的接合处有一个砖石的核心，是砖砌的空间，里面是一面墙的壁炉、一个厨房和浴室。这个砖砌核心有助于支撑房子。但除了工程方面的考虑，L结合处的空间可以让厨房位于房子中心的位置，只是它不再叫作厨房了。

根据新的词汇表，这个7×8英尺（2.1×2.4米）的小房间被当作了"工作空间"——可用的地板空间只有4×5英尺（1.2×1.5米），但是匹配了舒适的高天花板、宽敞的柜台空间和高高的橱柜。妻子作为关键人物忙于准备家庭晚餐，她所在的空间将不再是一个别扭的地方。无论从字面上还是比喻意义上，她都将处于流动的中心。（这不就是那个臭名昭著的登徒子的女权宣言吗？）她可以照看午睡后从侧翼走出来的孩子们，同时离她的丈夫只有很短的距离，他在壁炉的另一边，可能正在为明天的报纸一气呵成地写一个故事。

可以说，家庭主妇站在飞行员的位置上，在房子近乎中央的位置，对所有的规划、时间和生活的新动态有着更大的控制权。

在这张照片中，你看不到厨房。但它就在那里，在L的轴中心。

餐厅实际上是一个凹室，一个吃饭的角落，就在厨房对面。它位于一个凹形里——你可以看到它的窗户。窗户下面是定制的一张简约的、长方形的现代主义的细长餐桌，至少能坐8个人。

浴室就在厨房旁边，有6英尺（1.8米）见方。和房子的其他部分一样，它也是用砖和木板砌成的，没有铺瓷砖，铺瓷砖对他们的生活方式来说太昂贵了。好吧，但是别把长方形的浴盆放在墙边，而是把一个近似正方形的浴盆放在角落里，怎么样？可以节省关键的空间，也可以给狭小的卫生间增添些额外的活力，而且，说不定邻居的孩子们很快就会求着来试试这个浴缸呢。（孩子们确实是这样做的。定制的浴缸多花了一些钱，但建筑师认为这是值得的，雅各布斯爸爸妈妈爽快地同意了。他们一家住进小房子时已经是四口人了。）

那车库呢，一个车库也没有，取而代之的是一个"车棚"（carport）。弗兰克·劳埃德·赖特声称自己创造了这个词，这个想法——并且在这里第一次建造了这个空间。这是一个有屋顶的悬挑式空间，两面半是开放的，地面铺着砾石，这本身就是一个小小的工程奇迹。

我们简单介绍一下砖石结构。虽说这栋房子里到处都是木头，其实它也使用了大量的砖块。建筑师明确地向泥瓦匠指出，砌砖的里里外外都要符合他

第三部分 从袖子里变出来：1936年

最初为草原住宅设计的体系。他让铺砖工人用浅颜色的灰浆抹平了水平接缝处，然后将它们耙开凹进去，在砖头和灰浆之间形成一条阴影线，从而突出了延伸的效果——美国大草原的平直线条。至于垂直接缝，赖特规定灰浆要和砖本身的红色一样，泥瓦匠要把灰浆抹平，以便在视觉上制造模糊效果。砖的处理是他的老把戏了。

我们虚拟看房的最后一站是所有房间中最大的一间，占据了这张照片的主要部分——以及小屋的大部分。按面积计算，客厅约占整个住宅的三分之一。房间里有专门设计的家具，有些是固定进去的。房间可以说有一个内焦点和一个外焦点，内焦是位于北端的巨大壁炉，外焦是延伸到玻璃之外的东西，正如你所看到的那样面朝着你。换句话说，冬季和夏季的概念几乎是房间本身的固有属性。这个房间大约有18英尺（5.5米）宽，30英尺（9.1米）长，但是因为屋里其他东西都很少、很实用，家具之间流动在一起，所以这个空间几乎给人一种富丽堂皇的感觉。（这就是赖特告诉雅各布斯夫妇的意思："在这间房子里，你会有一种空间感——不是空间本身，而是大多数人花1万美元买到的那种空间感。"）

天花板有9英尺4英寸（2.8米）高——相当奢侈舒适了。

还有你看不到的那面墙，它在玻璃面板的对面。它是木板木条、榫槽结合板、红木和松木制作的。这是弗兰克·劳埃德·赖特著名的"三明治墙"，可能在美国第一次使用。

"三明治墙"分开来看的话，木材首先是由垂直的松木板组成的，它们直立着有7.8英寸（19.8厘米）厚。第一层的两面都用特殊的薄薄的纸包裹着，这样木头就不透气了。接下来是9.5英寸（24.1厘米）宽的松木板，沿着垂直板的两侧水平放置。它们像切好的面包片，由水平的木条也就是扣板固定在一起。木条扣板凹进四分之一英寸（0.6厘米），宽三又四分之一英寸（8.3厘米），是用螺丝钉拧进去的，不是用钉子钉进去的。宽大的水平板条和较小的水平板条边缘经过特殊的铣削，这样它们就能互相锁住，随着天气的变化而膨胀和收缩。还有那个大木柜，是用10号平头木螺丝封紧了固定到三明治墙上的。

里面的墙和外面的看起来差不多，就像火腿三明治的两面一样相像。只是里面的松木上涂了许多层蜡，呈现出透明的光芒。在房子外面，松木上涂了许多层亚麻籽油。木材的天然纹理从内到外都透出来，随着时光的流逝，纹理也越来越明显。

里面有26英尺（7.9米）长的书架——它们加固了墙体。

赖特想利用柏树的天然光泽，但是从成本上看是不可行的。但他有了一个灵感，用红木做板条（他自己支付了额外的费用），这样内外都有一种美丽的束带效果——扣板经过打磨的红色与涂蜡松木的黄橙色光彩交互映衬着。这是一种双重效果，从内到外都是一条阴影线，就像跑车上的细条纹，只不过这里的细条纹有3英寸宽。也许一个更棒的画面是一件非常大的礼物上系着一圈红丝带，等待着有人来打开。赖特认为，就像是把近似正方形的浴缸装进了小浴室的角落里能给人一种活力感，这部分增加的成本也有类似效果。总的来说，这座房子的木质感远远超过了砖块和玻璃的感觉。他是怎么做到的？

头顶的照明灯可以看作是轨道照明的早期形式。赖特从天花板上垂下了4英寸（10厘米）的U形金属通道，在这些通道的侧面和底部，他设置了低瓦数灯泡的插座，插座的电线收进了通道里。效果呢？一束耀眼的光芒照下来，一串串灯泡的灯带，就像夏天庭院里野餐的样子，有种原始的美感。

我最后要说的是他最激进的想法，那就是供热系统，不仅在这个房间里供热，而且整栋房子里都有。赖特使用了辐射热，但他更喜欢称之为"重力热"。在《自传》中，他说："这是'重力热'——热量自然地从地下冒出来，就像热气上升一样。"记住，房子没有地基——它位于一块混凝土板上，坐在夯实的沙土基础上。所以，赖特把1.5英寸（3.8厘米）长的管子插进了沙土里，他在客厅周围布置了4排管子，在卧室一侧布置了3排。然后，他让人把混凝土直接倒在埋进沙子里的管道上。用唐纳德·卡莱克的话来说："当蒸汽在

第三部分 从袖子里变出来：1936年

压力下通过管道时，整个地板就变成了加热元件。"引用保罗·斯普拉格的话说："加热管会把沙子上的霜冻赶走，通过加热石板来给房子取暖。"即使是在威斯康星州零下20度的冬天，地板下面的填充物也永远不会结冰，因为那里永远是温暖的。地板上呢？好吧，根据引力定律，热空气上升，而冷空气将被拉到地板上，加热并再次上升。这是对流原理，通过与地板接触加热，冷空气不再冷了，空气上升继续加热房子，温暖了住在房子里的人。地板成了加热垫。

但是管道的蒸汽是从哪里来的呢？有一个小锅炉。建筑师必须把炉子安置在某个地方，所以他勉强给了雅各布斯家一个最小的地下室。赖特讨厌地下室——那只是用来存放杂物的仓库。他把超小的地下室放在厨房和浴室的正下方，尺寸是6×17英尺（1.8×5.2米）。尽管这间地下室粗暴地闯入了这座巧妙的赖特之家（尽管房子是他们的，但赖特确实把它当成了自己的房子），雅各布斯还是水平地坐在地上，它就像是从地里有机生长出来的一样。

据赫伯特·雅各布斯说，1936年8月第一周周中的下午晚些时候，在塔里埃森第一次会面时，赖特问他们是否愿意尝试地板加热。他告诉他们，他在日本生活的时候就知道了这个想法。他说他们的房子将是美国第一个拥有这种加热系统的住宅。两个雅各布斯冒险家说，当然，他们愿意尝试一下。不过，有件奇怪的事，他没有使用"辐射热"或"重力热"这个术语，他称之为"屠杀加热"。

我和赖特领域里的很多人谈过赫伯特和凯瑟琳·雅各布斯的房子，我做了大量的初级和二次研究。但无论是在出版物还是他本人的亲自评论中，我还没有见过任何人研究过"屠杀加热"这个看上去颇为野蛮的讽刺。对我来说，这个词就像是脑袋旁边的棒球棍一样有威胁性。

现在我们再来看两座建筑，一座是在匹兹堡东南68英里（109千米）处，在瀑布上方的杜鹃花林中，有一栋周末度假屋，这是悬崖的挂件（可以照字面意思理解），还有一座位于威斯康星州拉辛市豪威街1525号的所谓行政办公

大教堂。这就是20世纪最著名的两个建筑——流水别墅和约翰逊制蜡公司行政大楼（这是它们的通俗名称）。它们的历史也与赖特1936年的奇迹回归密切相关。埃德加·J.考夫曼和赫伯特·F.约翰逊带着他们的金钱、情感和最初的想法，在弗兰克·劳埃德·赖特需要他们的时候，出现在他的家门口——仿佛是上帝亲自派他们来的——他们协助这两座建筑诞生。在双方讨价还价的同时，他们帮助一个极端的自我主义者从失去活力的建筑中复活，这是怎么一回事呢？如果我们无法解释这一切，也许我们可以从最小的纱线卷开始寻找线索解开谜团。[1]

约翰逊的绰号叫希伯，这是他洗礼时的名字希伯德的缩写。他是公司创始人的孙子，1928年入主这个王国，当时他还不到28岁（他出生于19世纪的最后一年）。这个王国就是位于密歇根湖岸边的S.C.约翰逊父子公司，是一家以家庭为中心的资金雄厚的制蜡和制漆私营企业。这家公司位于芝加哥和密尔沃基之间的一个小工业城市拉辛。作为一家国际性的公司（在英国、澳大利亚、法国和加拿大都有工厂），它本质上就有一种中西部仁爱的家长式思想，立足家乡的同时也有令人惊讶的前瞻性思维。它秉持一种"开明的自私"的哲学：善待你的员工，那么你也必将得到善待。这样的公司显然不需要或者不想要在纽约设立公司总部，小小的拉辛市就足够了。该公司采取8小时工作制，有圣诞节奖金、带薪休假等（当时它的许多同行还没有这样做）。它认为，如果盛夏时工厂地板上的恒温器温度达到了90度（32摄氏度）以上，就应该关闭工厂让工人休息。公司在电台上为自己的产品做广告：在大萧条期间（以及之后的许多年），它是广播剧《小骗子麦吉和莫莉》

---

[1] 事实是，这种巧合并不只是发生在这里，这种现象一次又一次地出现。在《弗兰克·劳埃德·赖特》一书中，艾达·赫克斯泰伯使用了诸如"天意""运气和命运的安排"和"这个时候偶然出现的客户……"之类的词汇和短语。她会用诸如"像往常一样，机缘巧合在其中起了重要作用"之类的话，就好像她在无奈地耸耸肩，我也是如此。荣格心理学家可能会称之为同步性之谜，基于极大欲望的幸运之谜，你非常迫切地希望某件事发生，以至于几乎是你的意志促使它发生。

第三部分 从袖子里变出来：1936年

的官方赞助商，该节目后来发展成了老生常谈的全国性节目。（这位歪曲事实的骗子和他一忍再忍的妻子莫莉来自虚构的维斯特福维斯塔，这个地方几乎可以直接对应坐拥密歇根湖的拉辛市。）

大萧条对公司造成了严重的打击，利润分享的模式停止了，但公司避免了裁员。1932年，在最低潮的时候，这家公司的化学研究人员发明了一种新产品，一种可自抛光的地板蜡，它有一个朗朗上口的名字叫格罗科特。瞧，钱又回来了。到1936年夏天，公司开始认真讨论新中央总部的设计。新大楼将位于工厂的中央，在浓烟滚滚的工厂和仓库之间。它要吸引眼球，有艺术感和现代感，同时要有效率和公司的风格。唯一的问题是，原先委托做这项工作的拉辛建筑师虽然称职，但只是称职而已，他提出的想法没有被采纳。坦率地说，他的想法很平庸无聊。

这家公司长期的历史和短期的运气逆转是个完美的机会，让一个毫不乏味并且自称天才的人昂首阔步地登上了舞台。尽管他趾高气扬，但他10年来没有一个成功的商业项目，而且还在偷偷地到处寻找有可能的工作。S.C.约翰逊父子公司的项目就好像是为他量身打造的，是根据他去中心化的世界观量身定制的。

关于希伯，从某种意义上说，他有一种艺术的、现代的、高效的、企业化的东西。在康奈尔大学读本科时，他主修的是化学（他知道自己会回到公司），但重要的是他还修过艺术史和绘画课，他似乎一生都认为自己是个艺术家。在另一种生活中，他可能会冒险成为一名真正的艺术家，才不管什么化学和制造业。不管怎么说，大学毕业后不久，他就和艺术教授的女儿结了婚。这段婚姻10年后就会破裂，1934年离婚时，希伯和他的妻子格特鲁德有一个10岁的女儿和一个6岁的儿子（他的儿子有一天会接替他在公司的职位，但两人的关系却一直很不愉快）。在这两个孩子中间还有一个孩子，一个女儿，4岁的时候非常不幸去世了。据说，这位CEO的个人生活远比人们看到的要复杂——也比通常描述的要复杂。（他的第二任妻子结婚还不到一年半就患上了酗酒、抑郁和其他疾病。)这一切都会产生某种共振。

希伯很傲慢——一个人20多岁的时候就已经成为跨国家族企业的掌门人，他怎么可能不傲慢呢？(他的父亲在他之前担任总裁。1928年，年仅不到60岁的老赫伯特·约翰逊去世了，希伯掌握了控制权——他把自己的名字改成了赫伯特。)希伯很英俊——他喜欢戴平顶硬草帽，穿西装三件套，衣服就像信封一样贴合在他身上。他有着耀眼的笑容——在很多老照片中可以看到，他追求速度，他那辆流线型的林肯西风以及车上低斜的风挡玻璃还没有完全满足他对速度的追求。更巧的是，弗兰克·劳埃德·赖特也有一辆同样的车。

1986年，建筑历史学家乔纳森·利普曼出版了《弗兰克·劳埃德·赖特和约翰逊制蜡公司大楼》，这本书至今仍然是权威性的著作。"他走的路与一般的公司总裁不同，"利普曼告诉我，"他和其他人并不是同一种类型。从某种意义上说，希伯无情的野心和动力从未经受过考验。虽然他也需要考虑董事会的意见，但他更愿意拿公司的钱去冒险，对新想法也更开放。他和赖特一样，相信建筑的力量可以深深地打动人们。所以一切都对上了，对他们俩而言都是如此。"

故事是这样的，1936年7月17日星期五，公司的两位高层开车去塔里埃森和赖特一起喝下午茶，其中不包括希伯。(塔里埃森在拉辛市西北方向，距离大约是143英里〔230千米〕。)前面提到的那位拉辛市的建筑师J.曼多·马特森的设计基本上已经得到了认可（虽然很无聊），很快就要开始动工了。塔里埃森的人们清除了所有的障碍，学徒们把场地耙了一遍，把地板擦得锃亮，在所有的花瓶里都插满了新剪的花朵，塔里埃森的主人身上像涂了凝结的奶油一样，浑身上下充满了魅力。在那个周末剩下的时间里，公司的总经理（杰克·拉姆齐，他的妻子是约翰逊家的人）一直在踱步。星期天早上，在去教堂之前，他去了他在SCJ（公司名称的缩写）的办公室，给老板手写了10页的一封信。当时希伯正在威斯康星州北部欧文湖上的约翰逊别墅钓鱼避暑。拉姆齐对他说，他得使劲控制住自己不要发疯去拍电报，"希伯，我已经很多年没

第三部分　从袖子里变出来：1936年

从一个人身上得到这样的灵感了。"他写道。是的，拉姆齐这家伙有点像艺术家，从他怪异的衣服和古怪的温莎领带上可以看出来。"千万别像我一样，立刻就联想到报纸报道的他的婚姻问题之类的事。"说起来很疯狂，他可以"在我们自己都无法解释的时候说出我们想要的东西"。至于董事会已经批准的30万美元的新项目——何必，赖特哼了一声。他说毫无疑问他可以在这个数字的基础上砍掉10万美元，同时创造出一种全世界都愿意到拉辛去欣赏的杰作。

似乎是在星期一早上，拉姆齐把那封激动的信交给了希伯（总裁一定是星期天晚上从湖边回来的），那是7月20日。第二天，约翰逊在塔里埃森吃午饭，他是开着林肯西风过来的，一路上大概需要3个小时。（我们还不清楚他是否单独前往。）关于这顿午餐，有很多被神化的传说，许多赖特的传记作家似乎都信以为真。希伯还不到37岁，比赖特小33岁。据说，两人互相嘲讽对方，根本就不管那一套。对此，我甚至连一半都不相信，甚至要说成是赖特的逆反心理我都不相信。我认为，尽管出于不同的原因，事实是他们两人都非常希望这件事能成功。而事实上，它确实成功了。这位据说很精明的商人，有着隐秘的艺术灵魂，发现自己要受赖特的影响。而建筑师呢？这是他最近的一次触球得分了。

两天后，总裁写信说，他将解雇J.曼多·马特森（之前已经交付了4460美元定金），并委托赖特担任他的新建筑师。他寄去一张1000美元的支票作为定金。一天后，收信人拆开早晨的邮件，举起那张支票，隔着绘图室对他的学徒们喊道："好了，小伙子们，我们得到这份工作了。"这是1936年7月24号星期五。也就是说，大约十一二天后，一对年轻的麦迪逊夫妇会开着他们的小破车去塔里埃森。[1]

---

[1] 在1943年出版的赖特自传中，他讲述了1000美元支票的到达，"馅饼就这样打开了，塔里埃森屋檐下的鸟儿又开始歌唱；山坡上的干草变绿了，蜀葵欢快地绽放了第二朵花。"在后来的版本中（直到他去世后才出版），他把定金提高到了1万美元。这不可能是印刷错误——如果对比两个版本，你会发现赖特在整段中对他的句子做了微妙的调整，歪曲事实。他是知道的。

为火所困：赖特的梦想与愤怒

从那以后一切都顺利吗？并非如此。可恶的成本超支，不合理的延迟，赖特的自我和各级人员之间各种各样的斗争，包括和许可证授予人、承包商、分包商等等。最初20万美元的估价呢？（加上家具费用，不久就上涨变成了25万美元。）好吧，它的价格是原来的10倍——210万美元。1936年新年前夜（塔里埃森的午餐神话5个月后），《拉辛时代日报》在头版刊登了一篇报道，还渲染了这座建筑的效果图。报道的副标题是《明年夏天将完成的大型建筑》。赖特告诉《时报》（在未来的几年里，他还会重复这句台词）："这座新建筑将简单而真诚地诠释现代商业环境，它的设计能启发灵感，人们在这里生活和工作就像在任何教堂里做礼拜一样。"。

到第二年夏天，它并没有完工。（这从一开始就是个笑话。）该建筑于1939年5月开放，与在法拉盛草地上举行的纽约世界博览会同期开幕。《生活》杂志做了一个专题报道："'明日世界'……在纽约市曾经的一个垃圾场正式诞生……不过，上周在威斯康星州拉辛市一个单调乏味的地段，一座严格为商业而建的建筑落成启用，未来的历史学家很可能会认为，正是这座建筑让我们对未来事物的面貌有了更真实的窥见。"下一段："约翰逊父子公司（生产蜡制抛光剂）的新行政大楼是由建筑大师弗兰克·劳埃德·赖特设计的。它是真正的美国建筑，没有来自国外的灵感，不同于世界上以往的任何建筑。"那篇文章是他自己写的吗？

屋顶漏水了吗？早些年，下雨天，SCJ办公室的员工会在办公桌旁放上5加仑（19升）的水桶，他们会在饮水机旁互相问候："你觉得今天的雨是一桶还是两桶呢？"

2014年，管理这个公司帝国的一个家族成员（希伯的孙子，名叫赫伯特·菲斯克·约翰逊三世）告诉《纽约时报》，这座建筑的成本"在建成时接近整个公司净资产的一半"。可是有谁在乎数字呢？

因为赖特是对的，全世界都跑到拉辛去看他的作品，现在仍然如此。你在外面看到的是曲线的、流线型的红砖面包，看上去有点像某个装饰派艺术风

第三部分 从袖子里变出来：1936年

格的月球基站。在半英亩的"大工作室"内部，你会看到由细长的"树状"混凝土柱和钢筋网组成的森林，这些柱子在顶部变宽，像平板一样支撑着天花板。这些逐渐变化的圆柱可能会让你想到巨大的蘑菇、睡莲的叶子或者硕大无比的高尔夫球座。在最初的设计中，大约有43英里长的层状派热克斯半透明玻璃管，创造了一种没有阴影的自然光线——这在阴天就不那么有用了，在威斯康星州的拉辛市，从10月到4月的阴天简直太多了。那位创造者不情愿地勉强同意给他的大教堂增加了人工照明。几十年来，人们又进行了进一步的修改，当然，他会在坟墓里咒骂着每一处改变。

当我第一次看到它时，我的体验超过了预期。在美国的一个工作空间里，居然有这种拱形的优雅。一排排的工作人员看上去像是小人国的人，坐在切罗基红色的人体工学椅子上，敲击键盘，或者对着他们的苹果手机低语。它让人觉得这几乎就像是按比例建造的银河系立体模型。

接下来是关于流水别墅和E. J——赖特是这样称呼他的。这位穿着皮短裤的匹兹堡犹太商业王子聪明、粗俗、富裕、淫乱、心怀不满，同时又有艺术头脑。赖特是如何把他从袖子里变出来资助这座建筑史上最著名的建筑的呢，这一直是个谜。记住他心怀不满这一点，还有犹太商人这个主题，两者是交织在一起的，而且很关键。

首先，关于别墅本身。尽管人们已经写了有一书架的关于流水别墅的书了，我们还是不妨在这里大胆地用一段文字来描述她。她（是的，让我们赋予这栋别墅女性的身份）似乎在挑战死亡的推力中盘旋在那里，就是"推力"这个词。1986年，在流水别墅50周年之际，保罗·戈德伯格在《纽约时报》上写道："这座房子总结了20世纪，然后又把它向前推进了一步。"评论家称它是赖特"在水平空间中最伟大的文章"。赖特关于推力的这篇"文章"讲的是主建筑是如何通过悬臂结构不靠支撑地将自己插到半空中，让三层混凝土平台跃向

361

空中。实际上，这所房子，就像她悬在上面的那条小溪一样，本身就是露台和阳台的层叠。即使不是完全投射到山中含氧的薄雾中，至少显得如此。赖特自己最喜欢的比喻（我在提到帝国酒店时引用过这个比喻）或许有帮助：想象一下，一个穿着燕尾服、天鹅绒裤子的侍者在紧凑的桌子之间转来转去，指尖托举着一个大托盘，托盘上盛满了一盘盘热气腾腾的食物。一切都依靠一种错综复杂、环环相扣的三维的平衡。

我接着要说的是时间线，平淡的叙事基础作为事实更有说服力。关于流水别墅的真正时间，她很可能是在1934年圣诞节前7天左右开始构思的，然后在1935年9月22日，在怀胎九个月后，在一群目瞪口呆的学徒面前，据说赖特在两个小时内用三张不同颜色的描图纸一气呵成。

关于这两个日期，尤其是第二个，有很多记载。第一次是1934年12月18日，这一天，弗兰克·劳埃德·赖特和埃德加·J.考夫曼第一次来到这里（他们一个月前刚刚见过面）。我曾听人说，建筑师能为客户提供的最了不起的服务，都来自站在现场的最初15分钟——他能看到普通人看不到的东西。那天，赖特看到熊奔溪，看到了那漆黑的树林，森林里的巨石、岩石壁、瀑布和溪流。（人们总是把这个地方和匹兹堡联系在一起，但就地理位置而言，它位于宾夕法尼亚州西南部，离西弗吉尼亚州更近。）然后结果就是，8天后（圣诞节的第二天），他在给考夫曼的信中说："参观森林中的瀑布让我难以忘怀，随着溪流的音乐，一个住所在我的脑海中模模糊糊地形成了。等轮廓出现时，你就会看到它。"这封信是他从匹兹堡市中心考夫曼的大型百货公司寄出的。〔他们叫这个地方"大商店"，它占据了一个城市街区，有12个零售楼层，占地75万平方英尺（7公顷）〕

第二个日期是1935年9月22日，事情真是那样的吗？在这9个月期间，设计师在纸上什么也没有画，然后突然之间，一切弹射出来，奔涌而出，平面图、立面图、地下室、一楼、二楼，所有的草图都按照八分之一英寸比一英尺（1∶96）的完美比例画出来，而且至少有7个学徒在早晨的阳光下站在倾斜

第三部分　从袖子里变出来：1936年

的画板旁围着他，他仿佛就是最后的晚餐里的耶稣，把水变成了酒（实际上，水变酒是在《圣经》里迦南的婚礼上），仿佛他是魔术师胡迪尼在表演他职业生涯中最伟大的箱子逃脱术，或者，换一种意象来说，这一切会不会就像"雅典娜从宙斯的头里蹦出来一样"？这是匹兹堡大学一位名叫富兰克林·托克的艺术史学家的话，他在2003年出版了《流水倒流》，这本书制造麻烦，揭穿真相，在我看来，这本书非常优秀。[1]

顺便问一句，为什么是那个星期天？原因是来自客户的压力。他的客户又一次联系他，对方已经开了不少支票，不敢有闪失，对方现在正开车朝塔里埃森驶去。（考夫曼当时正在密尔沃基参加一场零售商的聚会。）传说是赖特接了电话，大声道："来吧，E.J，我们准备好了。"而与此同时，他一笔也还没有开始。

可能事情根本就不是这样的，也许真相就在两者之间。

也就是说，在他的卧室或者其他地方，建筑师基本上私下里完成了初步的规划。在9月的那个星期天，也就是他第一次看到这个地方的9个月之后，E.J当时正在路上，他缓步走向绘图板，他不再需要任何东西，因为一切都在他的心里，铭刻在脑海里，他在学徒面前拿起了工具，于是新作品诞生了，湿漉漉的很漂亮。这就是历史学家托克的看法。

1936年的情况如何？尤其是1936年夏末呢？1936年，流水别墅终于开始开工。就在那一年，尤其是8月，建筑整体面临着坍塌到溪流中的危险。

悬臂式的阳台裂开了，发出吱嘎的声音，出现了起伏和下垂。赖特的首席学徒在现场，在客户的要求下，和匹兹堡一家注册工程师公司的合作，增加了更多的钢材，比大师图纸中规定的要多。大师本人并不知晓，他还没来得及阻止，加固工作就完成了。额外的钢材于8月15日抵达，8月19日楼板浇筑时就

---

[1] 这本书似乎遭到了一些赖特研究的专业人士的敌视，包括弗兰克·劳埃德·赖特基金会的人。也许这只能说明它是多么真实，切中要害，割裂了长期以来与赖特有关的神话。我很欣赏他的书——这是学术，是写作，是对一场争论的深度挖掘。

为火所困：赖特的梦想与愤怒

固定就位了。建筑师被蒙在鼓里，等接到通知时，他已经无能为力了。他的自我面对有史以来最大的结构压力之一，至少就建筑工程而言是如此。（读者应该很清楚，我认为弗兰克·劳埃德·赖特的自我经历的最大压力发生在另一个8月15日，1914年8月15日。）

读这段时间的信件和电报会让你想起赖特和塔尔萨的表弟之间早期的那些交流。他谈到了"奸诈的干涉"（这是对现场承包商说的），他打电报给他的学徒鲍勃·莫舍，让他放下工作，立即返回。在我和考夫曼达成某种相互尊重的基础之前，一切结束了。他对客户说："我本以为我找到了一个正直的人，一个正直的客户。"下一段又说："但这是你和人打交道的惯常做法吗？"下一段："如果是这样，我敢做一个预言——10年之后，没有人会为你工作，不管是为了爱还是为了钱。"

之后一切都平息了下来。赖特仍然对钢架"插在我头上"感到气愤（这是8月31号写给考夫曼的一封长信中说的，他已经冷静下来，对自己的发泄感到有些后悔），但从更深层的角度来说，引用托克的话，他知道，如果不是偷偷摸摸地加装了钢架，"房子可能在几个月里就坍塌了"。

最后要说一下这个人，谁是埃德加·考夫曼？我们需要再次向托克致敬，他为考夫曼做了一项影响久远的重要工作，那就是使他人性化。考夫曼伟大的人性在于他非常脆弱。显然，在这个世俗、狂妄、性欲过剩、颇具艺术修养的匹兹堡富裕商人身上，总有一种深深的自卑感。这种暗藏的不安全感似乎与他的犹太身份和他的职业有关。在这种粗糙的摩擦下，出现了美丽的流水别墅。

一方面，E.J似乎根本不在乎世人对他的看法，他娶了自己的表妹，他带情妇公开露面，他和百货公司的一个模特生了个孩子，并以他母亲的名字给她取名为贝蒂·乔，等等之类。

另一方面，他渴望得到认可。托克告诉我："在内心深处，他总是敏锐地意识到自己是个商人。"所以，他拥有世界上最漂亮的百货公司之一，这并不

第三部分　从袖子里变出来：1936年

重要；他在匹兹堡及其周围还建了其他建筑，这也并不重要；他是个具有公民意识的慈善家，这并不重要；他在耶鲁读书，也并不重要。托克说："他感觉到了，甚至他的自己人——犹太人，也隐隐地高他一头。在匹兹堡，犹太大家族都从事工业——生产钢铁、铜和混凝土，而他只不过是开了一家店。他想建造一座建筑纪念碑，可以这样想，埃德加有钱，他对这个地方有明确的所有权，其他的他都没有，他没有天赋，而天赋属于赖特。"

考夫曼出生在一个德国犹太裔的商人之家。考夫曼一家住在匹兹堡北区，那里当时是自成一体的小阿勒格尼市，是匹兹堡文化生活的中心，格特鲁德·斯坦恩就来自那里。卡耐基、海因策、作曲家斯蒂芬·福斯特、印象派画家玛丽·卡萨特、诗人罗宾逊·杰弗斯、舞蹈大师玛莎·格雷汉姆——这些人都熟悉北区。

他和赖特相遇时，他刚满49岁——真相的另一部分和他的儿子小埃德加·考夫曼有关。小埃德加在1934年末至1935年初是赖特的学徒，但事情并不顺利，很可能是因为赖特怀疑他有同性恋行为，"逼迫"（托克的原话）他离开了塔里埃森。后来，他在纽约的文化生活中扮演了丰富的角色——哥伦比亚大学的教授，现代艺术博物馆的设计策展人。在我看来，托克对小埃德加有点苛刻。托克的意见在于，1955年父亲去世后，儿子开始巧妙地篡夺流水别墅、赖特和考夫曼合作的大部分功劳，而且艺术记者们非常乐意地接受了这种观点。本质上说，儿子想让全世界认为是他带领父亲找到了赖特，如果没有他，流水别墅就不会存在。再一次，事实可能介于两者之间。事实几乎总是这样的，不是吗？[1]

---

[1] 考夫曼父子的故事本身就是一个恋母情结的故事。小埃德加的同性恋，甚至他的艺术修养，都是E.J对他唯一的儿子诸多失望中的一个方面。这似乎是一个非常悲惨的家庭，考夫曼的堂妹莉莉安（她是小埃德加的母亲）也有自己的外遇，她因丈夫的公然背叛而痛苦了40年。1952年，她死于酒精和安眠药致命的混合作用。毫无疑问，历史永远不会弄清楚这到底是一场意外，还是近乎自杀，甚至是完全自杀。但正如托克所言，她自杀的传言一直不绝于耳。

在序言的结尾，托克写了两个优美的句子直接命中目标："我认为，这座房子之所以如此激进，是因为它的设计者和赞助人都迫切需要纠正世界对他们犯下的错误。对赖特来说，错误意味着从两侧包抄他的德国现代派对他的嘲讽；对考夫曼来说，意味着匹兹堡反犹主义的势利做法。"

我们有必要谈谈那些包抄赖特的欧洲现代主义者，以及他们所代表的一切。不得不说，要欣赏弗兰克·劳埃德·赖特1936年看似奇迹的复出，这是必要的背景——甚至可以称之为关键。

你还记得在1928年末，他是如何重获情感支撑点的吗？起码似乎是有了支撑点。这个开始上了年纪的男人和他几乎无家可归的新家庭一直在从一个海岸游荡到另一个海岸。但现在，他暂时击退了银行家，设法回到了心爱的塔里埃森（尽管那里看上去破坏得不轻）。

8月25日，在圣迭戈附近的兰乔圣菲，他和奥吉万娜合法结婚。在那6周之前（还记得吗？），疯狂的米丽娅姆（在洛杉矶去看牙医期间）招手坐上出租车，偷偷溜进了他在拉荷亚租来的房子里，砸碎了东方的瓷器，用某种园艺剪刀剪碎了奥吉万娜的裙子和赖特的黑色斗篷。（即使对她来说，纵火烧毁房子的做法也未免太过分了。）

即使在这样混乱的局面下，即使没有工作，他还是找到了某种独处的平静，这一切都归功于他作为一个已婚的男人能够回到自己的家里，回到威斯康星州，和家人一起在劳埃德·琼斯家家传的黄褐色河岸上享受秋天的野餐。

是这样，但又并非如此。他对自己的职业讣告怒不可遏，这个极度骄傲的人几乎被抛在了后面，至少在许多东部的行家看来，他属于另一个时代。梅尔·西克莱斯特总结得很好："赖特作品中看似过时的品质——对材料的尊重，对场所的敬畏，建筑设计的有机品质，以及建筑师试图满足居住者情感和精神需求的努力"——被认为发霉的，过时的。建筑业新的"真理"似乎与土

第三部分　从袖子里变出来：1936年

地的浪漫或者对自然的热爱无关，与钢铁和玻璃的冷酷、光滑、极简主义、效率有关。这种美学已经宣扬了很长一段时间，最近，它的大部分影响力来自一战后开始的德国一座小型设计学校，通常被称为包豪斯学院。勒·柯布西耶，沃尔特·格罗皮乌斯，汉内斯·迈耶，J.J.P.欧德和路德维希·密斯·凡·德罗（他们并非都与包豪斯有关）等新的设计先知们掌握着建筑学的影响力和想象力，或者说大部分影响力。房子"是一台居住的机器"，这是夏尔-爱德华·让纳雷的著名格言。让纳雷的另一个名字勒·柯布西耶更为人熟知，他是一位长相严肃的法国建筑师、城市学家和作家，1887年出生于瑞士，比赖特小了20岁。（这句话太出名了，1923年发表的这句话伴随他的余生。）这些勇敢的新欧洲现代主义者在建筑上的冷酷和看似僵硬的机械方式似乎正是他们的优点，至少在时尚的引领者眼中是这样。尽管他们中的大多数人，都曾经因为赖特在世纪之交和21世纪第一个10年里的作品，调整过自己的审美观点。

数字无法描绘出所有这些耻辱的程度，但这里有几个例子。当他离开洛杉矶成败参半的阶段之后——在1924年春天，他出于各种原因和目的离开了这里——赖特在接下来的10年里只完成了3个作品，分别是布法罗市的马丁家（他最长久的客户）的一个小项目，给远在塔尔萨的颇有毁灭性的表弟所做的有争议的项目，以及他自己在凤凰城外的一个短期营地。最后一个项目他取名为奥卡蒂拉（Ocatilla），根据索诺兰沙漠中一种多刺仙人掌命名。（公认的拼写是Ocotill，他多年来在拼写上一直很糊涂。）仙人掌多刺，这很符合他的心情。稍后我们会更详细地介绍这个临时营地，它基本上是我们今天所知的西塔里埃森的前身。但是在赖特建成不到5个月之后，它就被烧毁了，或者说大部分被烧毁了。是的，又是火灾的故事。

还有一个数字能说明的故事。根据前文提到的赖特传记作者罗伯特·托姆布雷的计算，从1915年到1932年（大致是从他48岁到65岁，这本应该是他一生中工作的黄金时期），这位美国最伟大的建筑师只完成了34项工作——大约一年只有两项任务。这34项委托中有29项是在1925年以前拿到的。有许多其他的项目，刚开始又停了下来，有些很有希望的项目也被搁置。

"讣告"这个词不断地出现在关于他的报道中。他厌倦了读自己的讣告，这些人是谁，竟然这样对待他？他们什么都不懂。1928年5月，他写信给评论家刘易斯·芒福德，当时他觉得芒福德站在他这边。提醒一下，一年半之前，也就是1927年1月，两人第一次见面，关于初次见面（在广场餐厅共进午餐，赖特昂首阔步走进来），年轻得多的芒福德几十年后在他的自传中说，赖特的"命运星辰几乎彻底黯然失色"。

赖特信中仍然有古怪的标点符号。

我的讣告都是这样的，让我忍不住想站起来斗争。的确，我觉得为了事业——"建筑"——我执着献身于此，我必须"归来"。"归来"似乎是美国人青睐的做法。从现在起，你会发现我积极地参与这场演出。你头脑清醒，笔杆子好，心地善良，我希望你能帮助我。

这是1928年5月3日的信，让这封信显得更加辛酸的是，它似乎想要表现得轻描淡写，同时也暗含了请求帮助的意思。3天前，也就是4月30日，他给芒福德写了一封信，他没有故作轻率，他谈到了"盗墓的行径"。他说，他"对篡改历史事实感到非常厌恶"。在这封信里，他还寄去了他（在同一天）写给时尚缔造者菲斯克·金伯尔的信的复印件。菲斯克·金伯尔是费城艺术博物馆的馆长，他刚刚出版了一本关于美国建筑史的书。事实上，金伯尔对他很好，不过却是以一种过去式的态度来看待他。在给金伯尔的信（复印之后折好，放进给芒福德的信封里）中，赖特告诉金伯尔，他不需要别人利用他来美化自己的道德，然后"放逐我。你不是脚踢'垂死的狮子'的那头驴。我既不是狮子，也没有垂死，也没有被放逐"。

但事实是，他被放逐了，而且他自己也知道这一点。尽管他还有一些项目，但这些项目并不一定能实现。在塔里埃森度过了秋天之后，赖特1929年1

第三部分 从袖子里变出来：1936年

月中旬回到了亚利桑那州——在那里，他度过了第二个令人愉快的冰雪解冻的冬天。他曾参与过两个颇有希望成行的商业和大型项目，其中一个是曼哈顿下城的一个高层公寓项目，当时被叫作布威圣马克公寓大楼（圣马克是这座城市最古老的教堂之一），它注定只能停留在纸上。

亚利桑那州一个名叫"沙漠中的圣马科斯旅馆"的委托也是如此。原先设想它是一个拥有110间客房的冬季豪华度假胜地，位于凤凰城脚下的南部山脉。客户是个大梦想家，他以自己的名字给亚利桑那州的一个小镇命名——钱德勒镇（小镇位于凤凰城的东南部）。这个人就是亚历山大·钱德勒医生，出生在加拿大，是一个牧师的儿子，也是一名训练有素的兽医，他比赖特大8岁。钱德勒在1887年移居到凤凰城地区，同一年，一个19岁的绘图员在芝加哥的J.莱曼·西尔斯比的事务所里初露头角。

在亚利桑那州接下来的4个月里，赖特和他的家人以及几个绘图员/学徒连同他们的家人（总共大约15个人），在外面露营。真的就是露营的字面意思。赖特和他的追随者们利用廉价的帆布和粗糙的木材，在钱德勒医生免费提供的土地上建造他所谓的"箱板小屋"，几乎一夜之间就完成了。自然光可以穿过建筑的结构上半透明的帆布织物屋顶。他在《自传》中描述奥卡蒂拉说："我们用钉子、螺丝钉、铰链把它装在一起，然后用船绳把它固定住。"尼尔·莱文在《弗兰克·劳埃德·赖特的建筑》一书中详细地描述了奥卡蒂拉，引用他的话说："赖特让奥卡蒂拉具有捕捉无常的特质，并用有机的建筑语言来表现它。"在他的《自传》中，赖特说："'奥卡蒂拉'营地是蜉蝣。能掉下一两粒种子？谁知道呢？"他还说，"沙漠伏在太阳下，这里所有的生命都是阳光般的生命，死亡也是阳光般的死亡。"听起来他好像是在说火。

他是在说火吗？有一种传说是奥卡蒂拉被吹走了。赖特和他的工作人员再次启程前往威斯康星州，之后营地被吹得支离破碎。而且，据说那些没有解体的材料被当地的土著人用板车运走了。但这并不是真的。大约10年前，一位名叫布莱恩·斯宾塞的建筑师兼赖特学者发现了一封埋藏在档案里的信。1929

为火所困：赖特的梦想与愤怒

年5月底，赖特和追随者们离开了亚利桑那州，大约一星期后，一位看护人给他写了一封信转交塔里埃森："我非常难过地告诉您，昨天我们遇到了一些不幸的事情——大约2点钟的时候，我在营地发现了一场火灾。"再往下说："厨房、餐厅、厨师宿舍和西厢房都被烧毁了，车库也着火了，但我们把它扑灭了。"当地的一些恶棍那个星期天从镇上出来，可能偷走了他们能偷的东西，然后开车走了，也许还顺便扔了一根火柴。

赖特的反应尚不清楚。在4年的时间里，他睡觉的地方第3次被烧毁了：1925年塔里埃森几乎全部被烧毁，1927年塔里埃森避开大火的那次，现在是奥卡蒂拉。太阳——死亡，火——死亡，拜倒祈求怜悯。

"沙漠中的圣马科斯"也没能兴建，钱德勒无法为这个项目筹集到所需的大约75万美元。那年秋天，华尔街"黑色星期一"的金融灾难引发了大萧条，暗淡的前景变得更加暗淡。

由于找不到什么真正的工作，这位被拒绝的先知尽力假装并不是这样，开始转战讲座。1930年春天，他在普林斯顿做了著名的卡恩讲座。那年秋天，他在老家的芝加哥艺术学院连续做了一个接一个的讲座。这些讲座邀约够付房租吗？差得远呢。

他被抛在后面，被忽略了。1931年底，曼哈顿中城新建的现代艺术博物馆要举办一场建筑展览，展览计划正在紧锣密鼓地进行中。（该博物馆于1929年底对外开放，当时还没有自己的建筑。）一位来自哈佛大学的年轻自大的知识分子名叫菲利普·约翰逊，他才25岁左右，没有受过建筑方面的训练，也没有建筑背景，他和评论家亨利-拉塞尔·希区柯克共同策划了这次展览。这一切都是关于令人激动的新"国际风格"。"国际风格"这个称呼（在之前的"新开拓者"等标签流产之后，这个称呼就流传了下来）被用来歌颂这些激动人心的欧洲现代主义者——包括格罗皮乌斯、密斯以及其他所有人。前面说过，人们认为新的真理代言人是和德国的一座艺术学校联系在一起的——包豪斯成立于1919年战后的魏玛，是工艺和美术的结合。它只存在了14年，开办在魏玛、

第三部分　从袖子里变出来：1936年

德绍和柏林这三个城市，在1933年被第三帝国关闭。到纽约现代艺术博物馆（MOMA）展览时，包豪斯的传奇几乎成了神话。

《现代建筑：国际展览》据说是有史以来最重要的建筑展览，于1932年2月开幕。赖特也在里面，好吧——只是勉强算进去而已。（在最后一刻，他知道自己被抢了风头，决定退出，只是在刘易斯·芒福德出面调停下，他才松了口。）在展览目录和后续出版的书中，他们基本上把他埋葬在一个大理石墓穴中。（策展人拒绝将他列入世界上最重要的65名建筑师之列。）约翰逊此前曾在一封信中对芒福德说："赖特是一个伟大的先驱，但他是一位浪漫主义者，与当今的建筑毫无关系。"（约翰逊后来说，赖特是"19世纪最伟大的建筑师"，这句话后来一直被人引用。）芒福德这位新秀比赖特年轻近40岁，擅长打趣，正努力往上爬，他和赖特之后还会延续爱恨交加的关系。

接下来的那个月（1932年3月30日），赖特的《自传》问世了。之前说过，这本书的第一版很快就卖光了（第一版的印刷量很小）。赖特的朋友，《纽约客》的亚历山大·伍尔科特在报纸广告中写了这样一句话："如果'天才'这个词我只能用一次，用在尚在人世的美国人身上，我会把它留给弗兰克·劳埃德·赖特。"《纽约时报》在周日发表了一篇大型评论，愉快地重述了许多旧日的谎言："他不屑于利用他舅舅——著名的詹金·劳埃德·琼斯的影响，在舅舅新教堂的建筑师J. L. 西尔斯比手下奇迹般地找到了一份工作。"啊哈。

这并不是说他马上就能赚到钱。相反，1932年可能是赖特长年拮据的一生中最贫困的一年。当然，这个国家也经济破产了。5月19日，奥吉万娜，一个有高度自尊心的骄傲的女人，给赖特的小妹妹寄了一封信，是三页纸的手写信。纸上的字母也像受了打击一样——字母巨大，而且不流畅。这封信里有一个你马上就能辨认的名字。（提示一下，想想鼻夹的事——这件事还没发生。）"亲爱的玛吉内尔，"她开始说：

我们现在处于绝望的境地。西克莱斯特把我们关起来，他把所有通往山

为火所困：赖特的梦想与愤怒

外的门——包括餐厅、厨房、储藏室——都钉上了，他等着要我们还给他欠了三个月的工资。要不是身上带上点钱，我们都进不了帕森（当地的杂货店和肉店），我们只有5美元的现金……看在上帝的分上，玛吉内尔，你能帮我们吗？弗兰克已经两个晚上没睡了……我们需要钱，比以往任何时候都需要钱。我们现在一贫如洗，我简直无法镇静下来……你能寄给我们300美元吗？……我吃不下睡不着，我简直受不了这一切了。你能帮我们吗？弗兰克陷入了绝望，他反复地说："我们能做什么？当我们花光最后一块钱的时候，我们该怎么办？"帮帮我们吧。拜托，我简直无法告诉你我们所受的羞辱。

信上的签名是"爱你的奥吉"，和往常一样。

有一个故事可能是杜撰的，在1932年的春末，赖特手头非常紧，他想以5美元的价格向他的老绘图员赫伯·弗里茨兜售一本他的书，比零售价高出1.5美元。（提醒一下，1914年8月15日，弗里茨撞破了窗户，摔坏了胳膊，然后滚下山坡跑到了水边。）弗里茨和他的家人住在麦迪逊，他现在人到中年，仍然和赖特有联系，就像赖特的另一个儿子。他说他买不起那本书。（赖特一家到镇上弗里茨家吃晚饭。）据说，赖特说了一些话，类似于"好吧，那么3块钱怎么样，赫伯？"他说他想带奥吉万娜去看电影。弗里茨又低下了头，据说赖特耸了耸肩，在书上题字，免费赠给了他这本书。

求生的意志，永远如此。这时一个大胆的想法突然出现了，事实上，这个想法已经酝酿好几年了：为什么不给那些有抱负的建筑师（或者其他想成为艺术家的人）开办一所工读学校呢？让他们在大师的身边学习——同时为他挤奶、劈柴、粉刷谷仓，不好吗？这到底是他为了防止贫穷在一些年轻崇拜者身上进行的一次玩世不恭的尝试，还是一次英雄式的人文主义实验？可能两者兼而有之吧。很多人写过关于塔里埃森学社的书，我们这里要说的是：学费是675美元，1933年提高到1100美元，比哈佛的学费还高。阅读一页纸的入学申请表，你就会听到金钱的叮当声："这份申请表需要附上200美元的支票，抬头写弗兰克·劳埃德·赖特……注：学费总共1100.00美元，包括参加学社所有活动的费用和生活费，不包括衣物、洗衣熨烫和绘画材料。作为培训的一个特点，无论男女都必须每天工作4小时，从事分配给他们的任何工作。"

该学社于1932年10月底宣布成立，到那年年底，来自全国各地（还有一些来自国外）的几十名学生，为了努力工作和荣耀，来到了塔里埃森，有些人刚从高中毕业，有些已经有了研究生学历。刹那间，破产这头猛兽就被赶出了门外。

1932年的万圣节到来了——你知道那个故事（关于鼻夹）。接下来发生的事情是，这位傲慢的人进行了一场简短的图书促销和演讲之旅。他在西克莱斯特案上庭六七天后，就到东部去了——熟石灰的鼻夹显然已经取了下来。11月9日，在布法罗市奥尔布赖特美术馆的第一次讲座中，他表现得一般。还记得吗，西塞尔·科温的妹妹马奎塔和她的儿子，也许还有她的丈夫，都来参加了这个活动，他们之间有了那次小型的聚会。这促成了达蒙和皮西厄斯这么多年分离后的重聚，至少是通过书信的形式相逢。赛瑟尔是时代广场一家建筑装饰公司的绘图员，不久，他就会带着平静的尊严给弗兰克写信，说"我们的生活是不同的，我们分道扬镳了。你已经为自己树立了不可估量的声誉，而我只是交了些朋友，忙于生计。"赖特会用温和的声音回答说："那些过去的日子是多么浪漫。"

两天后，他到了布朗大学的艺术学院。讲座时他侮辱了他的听众。（他在讲座中嘲笑耶鲁宏伟的哥特式建筑。）他离开罗德岛，坐火车返回纽约，在拉斐特酒店停留。（他在市中心，和赛瑟尔相隔的距离乘出租车大约10分钟，但他们并不知道彼此。）几天后，他到了罗切斯特市，纪念艺术馆的馆长在火车站接上他，他们乘出租车在城里转了一圈，他却贬低眼前的一切。他们经过东大道上美丽的草原住宅，那是25年前他为爱德华·博因顿和他的女儿比乌拉修建的，从那以后，他就再也没有回来过这个地方。那栋房子有了排水沟和落水管，他立刻在驾驶室的后面直起身子，撞到了自己的头，"他们毁了我的房子！"那天晚上的演讲进行得不太顺利，他打断了提问者说话，他忘了带来之前答应过的幻灯片，还说只有小人物才需要展示幻灯片，美术馆决定扣下给他的费用。(几周后，他写了一封信为"在谈话中出现的悲观情绪"道歉。也许是出于真正的负罪感，但也是为了设法拿回自己的钱。)

他从罗切斯特市坐火车回到了纽约，几天后又去了马萨诸塞州的剑桥，又进行了新一轮的侮辱——但也不时地发表一些对牛弹琴的高论："有机建筑是基于事物内在的内容，我们称之为事物的生命。当不再表现人们的生活时，建筑是什么呢？"

在这段曲折的东部行程中，65岁的他一直在写信，有些是他回家后由秘书打出来的。在一大早，在深夜，在去参加讲座的路上，他都在奋笔疾书。他脑子里总想着钱的事，他对与他相识多年的芝加哥出版商说："亲爱的威廉·基特莱奇：唉！唉咦！我现在从哪里能筹到钱买东西呢？"

在拉斐特酒店的信笺上，他记录了自己的开支和每一站的收入："巴法罗市150。普罗维登斯150。"在大约10天的时间里，减去开支，他赚了大约1000美元。在行程的最后，奥吉万娜给他打电报："你的家人想念你，请来电告知你的状况和返程日期。"

他安全回到了家。从那以后，他时而谦逊时而傲慢。那是在1932年末，4年之后，一个无论世人怎样误解，从不认为自己是失败者的人，将会建造一座办公大教堂，一座从偏僻森林地区的岩石上跃起的香格里拉，一座位于麦迪逊市西部边缘的小型住宅。他会再度封神。历史学家有一天会说，如果弗兰克·劳埃德·赖特除了这三座建筑外别无任何其他作品，如果他的职业生涯只有1936年这一个年份，也足以确保他在建筑史上的永久地位了。

赫伯特和凯瑟琳应该不算是天真无知的人（但大致也差不多了）。在那个8月的下午，当他们走进蜘蛛的客厅时，一些潮流和策划正在他们之外运作。之

第三部分　从袖子里变出来：1936年

前我们说赖特当着他们的面撒了个谎，谎言是他说从来没有人来找他要一套中等价格的房子，而他多年来一直希望有这样的房子。但这个谎话最终并没有对他们造成多大的影响，从特定的意义上说，这个谎言是真的。事实上，在过去一年左右的时间里，赖特和两个类似的美国家庭一直保持联系——拉斯克家和霍尔特家——这两个家庭都想要完全同样类型的房子。这两个家庭注定要落入尤松尼亚建筑历史的注脚里，主要原因是缺钱。赖特给他们做了详细的初步设计之后，两个家庭都找不到资金。如果他们两家中的一所房子建成了，他们就会是尤松尼亚I号的居住者。这就是为什么，从技术和历史的角度来看，把雅各布斯之家看作是第一座建造完工的尤松尼亚之家才是准确的。

所以，赖特这次非常强烈地想要把事情顺利搞定，这在雅各布斯夫妇的理解范围之外。他们只是在正确的时间出现在正确的地点的受益者。[1]

我更加确信，他打定主意以5000美元的价格来完成，因为这个数字在建筑界是尚未实现的。在大萧条期间，这是一个神秘的基准数字。事实上，在1936年4月（他会见雅各布斯夫妇的5个月前），《建筑论坛》用了整整一期来

---

[1] 关于"脚注"的脚注，关于拉斯克和霍尔特两家人。我们看看赖特如何调整了给他们的设计来建造托普弗大街441号，这非常有意思。从真正意义上说，赖特为南达科他州休伦市的罗伯特·D.拉斯克夫妇（他是《休伦人晚报》的编辑，该报宣传自己是"南达科他州中部的报纸"）以及堪萨斯州威奇托市的查尔斯·H.霍尔特夫妇（他是联合门框公司的总裁，该公司是1886年他妻子的祖父和人共同创办的。那一年，麦迪逊的土包子出发到"西部永恒之城"，开始努力奋斗）所设计的，都是非常相似的木板、砖和玻璃的结构。赖特从不扔掉任何想法，1935年9月22日星期日，在他的工作室里，无论关于流水别墅的传说是什么，赖特的设计图通常是在第一个想法之上改善、擦除和绘制的过程——有时修改甚至高达15次之多。我承认我对拉斯克和霍尔特有些着迷，我认为导致我着迷的原因在于新闻行业一个长期的问题：那些离开的人到底怎么样了？只看名字，只看城镇，他们是美国中部的中部：南达科他州的休伦和堪萨斯州的威奇托，联合门框公司，《休伦人晚报》，听起来简直就像是诺曼·罗克韦尔画中的人物。但就像所有和弗兰克·劳埃德·赖特有关的事情一样，这里有许多神秘和悖论。我忍不住要引用一些书信中的内容。1936年3月17号，赖特写信给住在威奇托市百老汇北302号的路易丝·霍尔特夫人（她是这幢没有建成的房子的指定家庭负责人）说："用木材简单地制造宽木板和扣条，涂上保护漆，把房子装饰成有节奏的图案。"一个月后，4月24日，他又写道："厨房和用餐空间其实是一体的，阳光从上面洒下来。厨房故意设计得小一些，这样工作更方便，更像是一种现代的实验室……基底是一层混凝土垫，整个房子就坐在上面。"某种意义上说，这两个家庭值得有一篇博士论文来研究。

为火所困：赖特的梦想与愤怒

讨论这个问题。毫无装饰的封面上只有这样一行字："五千美元的房子"。编辑们在里面写道："如果想要一套5000美元的好房子，你应该把1万美元的房子缩小一半，你会发现两个相关的事实。首先，半套房子的花费远远超过5000美元。其次，它太小了，无法吸引买家。既然要花5000美元建一套房子，你就必须把精力更多地放在如何节省开支上，而不是放在缩小房子上。"

这就像是他们向建筑师发出了挑战，只不过在赖特的心里，他没有竞争对手。

几年后，赖特告诉赫伯特，他们的房子是他职业生涯中第一个同意按合同固定价格建造的房子。该死的是，他打算把费用控制在5000美元（实际上，正如前面提到的，由于第三间卧室，他们签订的合同变成了5500美元），另外，该死的是，他打算把他的酬金控制在450美元。

1936年8月24日，赫伯特和凯瑟琳去塔里埃森去吃饭——他们之前在电话里接到了邀请。在流水别墅，赖特正处于悬臂危机的风口浪尖，但雅各布斯夫妇显然对此一无所知。出门前，赫伯特用报纸的新闻纸打印了一张详细的清单，起了个标题《关于房子的一些问题》，标题全是大写字母打印。然后，他在"人员"这个词下画了条线，仿佛这是一份办公室内部的备忘录，他写道："男人、妻子、小孩。应该为将来增加卧室做准备，以容纳更多的家庭成员。"赖特可能会尽量板着脸，把这张单子放在外套的内口袋里。雅各布斯家的老二伊丽莎白·艾特肯（那时离出生还有两年）说："看吧，他会对这个没有多少钱的家庭产生兴趣的，我想他是被他们没钱这个事实本身吸引了，这让他立刻就喜欢上了他们。"

项目基本上开始启动，已经画好了平面图。（赖特总共创作了70幅绘图。）11月15号，赫伯特和凯瑟琳的建筑师举行了一个很大的仪式，签署了这份只有一页纸的合同。他口述了这份文件，凯瑟琳用她漂亮的笔迹写在另一张赫伯特从《首府时报》顺手拿来的廉价新闻纸上，两名学徒签名做证。两个星期后的12月1日（他们又到斯普林格林去吃晚餐），初步的图纸已经转换成了施工图，

第三部分 从袖子里变出来：1936年

带着一种仪式性的夸张，每一张图纸上都签了名，日期标记为11月15日。

然后建筑师生病了，病得厉害，感冒发展成了肺炎。他几乎每周都要去拉辛市，流水别墅的问题一直在继续。最后，他起不来了。他高烧飙升，精神狂乱。有大约一个星期，他的情况看起来真的很糟糕。然而他一如既往地振作起来，他的妻子和医生（他的账单从几周一直拖欠到几个月）帮助他渡过了难关。

雅各布斯夫妇把他们的第一块地卖了出去，然后在托普弗大街的另一侧买了一块两倍大的地——事实上，要想实现赖特的设计的话，他们别无选择。（他们的第一块地是在街的西边，但赖特的设计是房子和这块地一样宽。管理这片土地的地产分割公司对此犹豫不决。）到1937年1月，赫伯特和凯瑟琳有了一块更大的土地，在托普弗大街比较好的一边，也有了更好的位置建房子，但是他们的现金现在也大大减少了。在几乎一无所有的情况下，他们如何找到融资？联邦住房管理局拒绝了他们抵押贷款的申请，至少部分原因是赖特的平屋顶设计。（根据联邦住房管理局的判断，这会导致房子没有机会转售。）但就在这时，一个心地善良、心怀感恩的麦迪逊人出现了，他仿佛是上天派来的。这个人和他的兄弟们做生意，负责建筑和贷款，他叫哈利·海利，他在当地报纸上看到了赖特的计划。（这是故事的另一部分：赫伯特所在的报纸被对手抢走了独家新闻，《威斯康星日报》发现了这件事，并首先刊登了一篇文章《赖特关于麦迪逊市低成本住房需求的回答》。）你看，作为一个在芝加哥长大的男孩，哈利·海利的家人经常周末带他去南区一个叫作米德韦花园的娱乐中心玩，而他一直对此念念不忘。当然，他很乐意抵押给赫伯特和凯瑟琳4500美元。

（在美国，还有谁不知道弗兰克·卡普拉导演的《美好生活》？吉米·斯图尔特饰演的乔治·贝利在小镇上负责建造房屋和贷款，他为人心地善良。乔治陷入了严重的金钱问题，他后悔不已，并试图自杀，但是，守护天使克拉伦斯拯救了他。乔治活着的目的是从邪恶的波特先生手中拯救贝德福德小镇。"哈利·海利"听起来有点像"乔治·贝利"，不是吗？如果在关键时刻他

为火所困：赖特的梦想与愤怒

没有挺身而出的话该怎么办？如果他从未出生存在过呢？如果在绝望中，他从麦迪逊桥上跳了下去，没有克拉伦斯跳下去救他，那会怎么样？但那是圣诞电影。在现实生活中，20年前，哈利曾在第一次世界大战中当过一名救护车志愿司机，当时他还只是个孩子。他被派往法国军队，亲眼看到了战场上一些最大的战役，当时法国军团的伤亡高达70%。但他终于回到了家，他现在的家在麦迪逊，他的父亲和兄弟们在这里经营着房地产和保险公司。1919年5月5日星期一，《首府时报》的头版报道《海外的麦迪逊小伙子们回来了》。下面是小号的"哈利·海利，劳伦斯·卡罗尔，'宾克斯'·摩根"。某种程度上，哈利和雅各布斯家的故事本身就是一部圣诞电影。）

6月1日，承包商来了（他的名字叫伯特·格罗夫），他们负责把表层土磨平。几天后，他们挖出了老鼠窝大小的地下室。7月2日，他们运来了泥土和沙子来填土，并用水管将填土打湿。锅炉于7月22日安装完毕，然后将加热管道铺在沙土中，之后是对"屠杀加热"系统中铁管的重要测试。那天是1937年8月3日，有一张照片——大师穿着衬衫，打着领带，戴着一顶软帽，一条傻乎乎的裤子正到脚踝处，穿着露趾凉鞋，拿着手杖。他凝视着下面的锅炉，锅炉正在喷出阵阵蒸汽。老天，成功了。照片上还有两名学徒——吉米·汤普森和本尼·唐巴，还有伯特·格罗夫，还有水管工兼蒸汽装配工休·皮克，他是一位虔诚的基督复临派教徒。（这些名字都不是虚构的。）赫伯特在报社走不开，但凯瑟琳在现场，她记录下了"美国第一个地暖项目的历史场景"，赫伯特后来把这一幕写在了《与弗兰克·劳埃德·赖特一起建造》这本书里。

建设速度加快，速度又放缓。到了9月中旬，砖墙就砌好了。传说赖特使用的是从拉辛正在进行的项目中"精选"出来的砖块，有些砖是弯曲的。这让托普弗抹墙的工人工作起来有点困难。希伯·约翰逊知道赖特的学徒们在拆东墙补西墙吗？正如唐纳德·卡莱克在一个尾注中所说的那样："我们还不清楚，从约翰逊制蜡公司大楼挑选出来的砖头，到底是赖特的学徒们为了降低雅各布斯房子的成本而运走的'赠品'，还是承包商为其支付了费用。"我认为，砖块是在希伯看不见的时候运走的。

1937年11月27日,也就是感恩节的两天后,赫伯特和凯瑟琳租了一辆小货车,带着他们的小女儿搬进了他们尚未完工的新家。(在熊奔溪,考夫曼一家开始在尚未完工的流水别墅里过周末。)他们没有多少家具——那没关系。到了第二年的圣诞节,他们仍然没有给客厅铺上地毯,但他们设法为玻璃窗添置了一些斜面椴木卷帘。客厅里的一块石板隆起了大约1英寸(2.5厘米),但伯特·格罗夫过来把它修好了。现在,家里又多了一个孩子,这对父母卖掉了他们的小破车来支付孩子的分娩费用。[赫伯特很乐意骑着自行车走3.5英里(5.6千米)到报社工作——在冬天,他穿得像个因纽特。]直到当时,也有很多人希望进来看这所房子,所以主人收取了入场费。他们在车库附近的柱子上钉了一个棕色硬纸板做的类似于票证的标志牌:"游客参观这所房子需缴纳50美分"。(不出几年,累计的收入就超过了建筑师的佣金。)除了房屋抵押贷款,他们仍然没有任何赊购记账或任何其他东西的分期付款计划。在报社,赫伯特的周薪涨到了42美元。

两年过去了,有些地方发生了变化。事实是,在寒冷的月份里,房子冷得让人不舒服。重力热的效果有问题,热得不均匀。赫伯特在浴室里放了一个散热器(让他们懊恼的是,这会增加电费),在赖特的建议下,他们将蒸汽加热转换为强制的水加热。赫伯特安装了一个小煤仓(他自己建的)和一个向外的斜槽。不过,他们有时还是得在室内戴上雪地帽,晚上孩子们挤在炉边做作业。但是,几乎就是因为这些现实问题,全家人更爱他们的房子。在炎热的夏天,邻居家的孩子们会过来,然后苏珊·雅各布斯和她的小妹妹伊丽莎白就会给小伙伴们示范,如何达到完美的降温效果——四肢伸开躺在石板地面上,身上盖上湿漉漉的床单。

后来发生了一件有趣的事,就像我们生活中的大多数事情一样,它似乎是逐渐发生的。正如赫伯特后来写的那样,那是一种"开始隐隐约约地感到不满,也不知道为什么"的感觉。下一句是:"我们在赖特之家的生活可能促成了这种不安。"为什么？怎么了？就好像他们的家是大自然的一部分——外面的进来，里面的出去——赫伯特和凯瑟琳脑海中无法摆脱想要搬到农场去的念头。赫伯特说："花园一侧的落地窗使大自然成为房屋的重要部分，让太阳、月亮和星星进来了，增加了不断变化的景观，这成为我们日常生活中永恒的一部分。"这几乎就像建筑师不经意间伤害了自己，似乎是割掉鼻子来羞辱自己的脸。1942年9月，赫伯特和凯瑟琳在城市的西边找到了一个52英亩（21公顷）的农场，两个月后，这家人离开了托普弗441号。他们在这所房子里住了差不多整整5年。赖特的反应呢？对他来说，雅各布斯夫妇犯下了叛逃罪。但愤恨的感情后来冷静了下来，最终，他为他们设计了一栋全新的房子，他们也喜欢上了它，这就是雅各布斯II号。到了40年代末，雅各布斯一家（现在是一家5口）住在一个叫作"日光半圆"的房子里，它的特点是被动式太阳能建筑和风翼设计。在孩子们长大成人，离开家从事自己的职业之前，那里一直是他们的家。最终，他们的父母也离开了威斯康星州，来到了加利福尼亚（孙儿们住在那里）。"日光半圆"至今还在那里。

在赫伯特和凯瑟琳之后的几十年里，雅各布斯I号经历了一些不怎么好的看护人。有一个耳聋的牙医，一个酒水批发商，一个土木工程师。一个上大学的医科学生（带着一条狗）——他把房子租给了其他研究生。在接下来的40年里，总共有大约6个业主和租户对这里表现出不同程度的尊重或者不尊重。在房子最糟糕的时候，人们开车经过，宁愿装作看不见它。房子外部的杂酚油已经发黑（可以想象被熏黑的铁路枕木），屋顶被一层又一层的沥青覆盖，以至于托梁下垂而且漏水，车棚在倾斜，花园里杂草丛生。

然后，在1982年，威斯康星大学艺术史教授吉姆·丹尼斯突然走进了它的生活。这位教授为她支付了10.5万美元，并联手芝加哥的两位修复建筑师进行修复，这花了好几年时间。修复师和工人们用钻孔机打碎了客厅的地板，用新的塑料管替换了旧的铁制加热管，他们增加了钢结构进行加固，盖了一个薄膜屋顶。（本质上是橡胶屋顶）。他们把车棚撑起来，煞费苦心地移除了

第三部分 从袖子里变出来：1936年

杂酚油，换上了一些松木和红木。吉姆·丹尼斯告诉我："我们的原则就是在任何一件事上都尽量不违背赖特的精神。"你可以说，在这座房子80年的历史中，如今的它比以往任何时候都更艺术、更坚固。许多页之前，我对坎卡基南哈里森大道701号的B.哈利·布莱德利住宅，我童年时期亲眼看到的那栋弗兰克·劳埃德·赖特草原式住宅，表达过类似的看法。布莱德利也在等待了许多年之后，才在最初的信徒之后找到真正的信徒。

很长一段时间以来，历史和历史学家们都意识到了一个充满讽刺意味的事实：在1936年奇迹般的东山再起中，一个已经没落的人在欧洲现代主义者的游戏中打败了他们。在过去的10年里，这位名叫弗兰克·劳埃德·赖特的建筑师的作品不超过5个；但是现在，在1936年下半年，他同时完成了雅各布斯、SCJ和流水别墅的创作。他不仅仅是回来了——他正在碾压他的同辈们。这位擅长消化的建筑师，世界级的同化大师，从勒·柯布西耶和密斯的想象中窃取了他们的片段——并将其转换成了自己的观点。他把自己关于浪漫、有机的想法与他们关于功能机器的想法结合起来，最后，结果大于各部分之和。他一直在注视着他们，尽管他也鄙视他们。在1982年出版的《人生札记》中，刘易斯·芒福德写道："在为埃德加·考夫曼设计的流水别墅中，他创造了一种动态的多维组合，这一设计让勒·柯布西耶的建筑看起来像是平面的硬纸板构图。"（同年，吉姆·丹尼斯和他之前的学生开车到比奇大道，当他们右拐到托普弗大街时，他们吃惊地看着雅各布斯之家这座沧海遗珠。）约翰逊公司办公空间的内部森林也是如此的效果，一套价值5500美元的家庭住宅也是如此。每一部作品中都明显地体现了格罗皮乌斯和其他人的现代主义影响，但最终却是独一无二的赖特作品。你们知道，我的偏爱与真正建筑学者的判断相去甚远：砖柱、带状木墙、地板到天花板的直线玻璃框架——在水平和垂直面上几何交错形成的美国式民主化的小型住宅"尤松尼亚I号"是一件复杂的艺术品，就

381

像熊奔溪瀑布上探出的流水别墅一样，就像矗立在拉辛工业区南侧的约翰逊大楼一样。对我来说，这个位于近郊区普通地段看上去很简单的住宅，永远是同类住宅中的第一名。而且，它的影响似乎更大。

但我要用另一个想法、一个无法证明的命题来结束这一章，它直指美国和民主的核心。我认为，弗兰克·劳埃德·赖特在托普弗大街441号取得的成就让他找回了真正的建筑自我和个人自我。在希腊神话中，英雄的旅程就是回归之旅。在雅各布斯的房子中，一个极其傲慢的男人找到了回家的路，这不仅仅是象征意义上的。他找到了一条路，重回小镇和普通人的价值观，而他自己正是从这种价值观中成长起来的。毕竟，他的出身就是美国的普通公民——尽管他的家族认为自己比周围的人都强（从他母亲的这边来说是这样，从他父亲的角度也是如此）。他肯定不希望自己被认为是普通人中的一部分，然而，我们要了解弗兰克·劳埃德·赖特的矛盾性，他一生都在逃避，逃避中产阶级的价值观和道德观，但是他真的无法逃脱。那些价值观和道德一直在他的血管里奔流追逐，但是他嘲笑它们，蔑视它们，挑战它们，他从来都不认为自己是个普通的"麦迪逊男孩"。但从本质上说，他就是那样的人，无论他还有什么其他的身份。建筑评论家迈克尔·基梅尔曼曾经简洁地表达："他永恒的主题是美国的中产阶级。赖特的建筑预见了，甚至以它的方式加速了美国从农业社会向城市和郊区社会的演变……他的建筑使中产阶级成为美国民主新概念的核心。"

我们先不管他的糟粕和垃圾，他为并非精英的普通美国人建造有价值的庇护所，这种想法难道不也是他最重要的体面和尊严吗？我在这一章开头写道："但不管是明显还是不那么明显，他是否也一直想要别的东西？"我的意思就是这样的。

通过"杰克"，他又触摸了自己身为普通人的根源，不管他是否认为自己是普通人。在某种程度上，至少我认为，这种深深的感动给了他精神力量，让他完成接下来的所有工作。对于一个70岁的老人来说，接下来的20年是一场晚

第三部分　从袖子里变出来：1936年

年创造性能量的爆发。没有人，毫无疑问甚至连他自己也没有预见到。（其中一些作品几乎与美国中产阶级毫无关系。）这种不太可能的爆发——我们就称之为"火"吧——基本上陪伴他走到人生终点，他不必介意沿途等待的挫折和悲伤（以及火焰）。这是美国式的民主派东山再起，这里可以引用T.S.艾略特《四个四重奏》中优美的诗句："我们探索的脚步／将回到我们最初的起点／我们才会第一次知道这个出发的地方。"回到我们最初的起点？这是一个好机会，把弗兰克·劳埃德·赖特被误解的父亲威廉·凯里·赖特搬上舞台。在某种程度上，他是赖特情感的关键。这是一个如此复杂而又令人悲伤的故事，然而它也可以是一首歌谣。因为这个故事里有很多音乐，还有回归的主题。

383

第四部分

在父亲的墓碑前

  人类的故事只有两三个,它们不断激烈地重复着,就像从来没有发生过一样。

——薇拉·凯瑟,《啊,拓荒者!》

要深入了解弗兰克·劳埃德·赖特的一生，你必须要听听那些关于他在晚年时孤身一人或者以别的方式拜访父亲坟墓的故事。不管他拜访的次数是多是少，这些拜访的意义是什么？毕竟，这位父亲很久以前就抛弃了他的家庭，离开了他们，让他们感到羞耻、悲伤，让他们体会到真正的贫穷，而那位父亲也受到责备、被全家人抛弃，从此再也没人和他说过话，不是这样的吗？

但他的父亲不是这样的。要说有什么不同的话，1885年麦迪逊市家庭破裂的真相与故事恰恰相反，和我们读《自传》时看到的故事完全相反。

威廉·凯里·赖特的伤心之歌（1）

他的坟墓在威斯康星州一个叫作熊谷的地方。这里并不难找，从塔里埃森向北开车大约30分钟，穿过威斯康星河，来到斯普林格林大道，然后在14号公路向西转弯，在孤石村转弯，进入130号州公路，那是一条双车道的柏油路，然后再向北行驶，一路就会到达山谷里。起初，这条路像绳子一样直，你几乎就像在海底一样，感觉很平，也不会看到很多车，两边是肥沃的土地——就好像土地沿着你乘坐的船的轮舱延伸。远处是一排蓝绿色的断崖，长满了树木，经过激流巷，我们看到冷泉春农场，那里有血统正宗的荷斯坦奶牛和防护林带。

为火所困：赖特的梦想与愤怒

从地质学的角度来说，熊谷被认为是一个古老的威斯康星山谷，"因为它的平原宽阔平坦，是U形的，与较新的山谷相比，新的山谷更窄、更陡，而且是V形的。"这是当地的一段历史。下一句并不是想要抒情，但就其笔调来说颇具抒情意味："几千年的洪水把一层肥沃的、深黑色的土壤冲刷到山谷底部，而这种土壤正是山谷经济的基础。"这里似乎是一个可以躺着长眠的好地方。

这个小小的乡村墓地就坐落在B县和130公路的拐弯处，有一道农场栅栏和一个双栅门，门上有个插销。坟墓分布在一座小教堂的两侧，教堂有一栋钟楼和一个异常高的尖顶。这是一座看起来很优雅的建筑，有一个简单的名字叫布朗教堂。布朗——棕色，是它的颜色，也是它的名字。附近有一些树木和灌木，大多数情况下会感觉很安静。

他父亲的墓碑是细长的棕红色大理石，并不低矮，而是像一根柱子或者圆柱一样竖起来，走进去就在你的左边。他的墓碑和卡斯韦尔、古德里奇、伯恩汉姆、詹森和温特伯恩家族墓碑在一起，就安置在他第一任妻子的旁边。她的名字叫佩米利亚，1864年4月，她生下第5个孩子后去世，那是一个死胎。这个双重悲剧发生在弗兰克·劳埃德·赖特出生3年前。赖特是另一段婚姻里的第一个孩子，这场婚姻几乎从第一天开始就注定要失败了。但是，如果没有这样的结合，这个世界上就不会有弗兰克·劳埃德·赖特的建筑。好吧，它可能会以某种不那么精彩的形式出现。因为现在看来，无论来自母亲那边的影响有多大，赖特真正的艺术天才都来自潦倒的父亲那边的基因，这一点是毋庸置疑的。威廉·凯里·赖特是个极富才华的人，却在生活中迷失了方向。为什么？我们似乎无法了解，至少不可能完全知道。某种不可救药的不安，某种错位的梦想，某种本质上的不切实际，以及他令人抓狂的性情，导致他无法坚持在任何一个地方或者坚持任何一件事，至少是无法坚持任何一件本可以保障他合理生活的事。如果时钟再转一圈，再过一节时间，也许他就是这个世界上的弗兰克·劳埃德·赖特了。然而，尽管富有才华，颇具魅力，他却慢慢地被遗忘了，他的一生中充满了许多无法承受的不幸。我们怎么能解释厄运呢？根本无法解释。

赖特在生命的最后几十年里有多少次来这个地方哀悼，没有人知道。3次，5次，10次？据说早在20世纪20年代，他就开始在这里出现。问题是，我们有的主要是故事——或者更准确地说，是故事的传闻，流传下来的可靠文件很少。我已经找到了一次即兴拜访的可靠文件，也为另一次的拜访找到了比较可靠的文件。一次拜访大约是在20世纪50年代中期，另一次似乎是在赖特生命的最后一年左右——那时他已经90多岁了，他的脸上经常有一种奇怪的圆润，小小的浮肿和红光。在这种情况下，他不可能一个人去熊谷。(他的女婿开车送他去的。)在两次行程中，他显然都深深地动了感情。有人无意中听到他说，爸爸，对不起？还是他哭了？不，并没有这么戏剧化，至少就我所知并没有。但这并不重要，他在这里，他来了。即使只来过两次（我敢肯定远不止如此），仅仅是他来这里这一事实，似乎就是针对他的指控证词，无言的见证。是针对什么内容呢？

无疑是各种无法言说的遗憾，但最重要的指控是针对他在《自传》中捏造的一个谎言，一个关于父亲的可怕的谎言，这个谎言由于讲述得狡猾而更加显得阴险。也就是说，他不是直接陈述，而是通过影射和暗示来撒谎。

在很长一段时间里，历史相信了这个谎言。关于父亲的"离弃"，他残忍地抛弃家庭。即使历史对此有了更好的了解之后（那时赖特本人已经去世将近10年），在赖特的领域里，许多人似乎仍然错误地倾向于用先前的方式来思考问题，至少是在几乎无意识的情况下又套用旧的表达方式，尤其是一些严肃的传记作家、学者和记者。文化批评家尼尔·波兹曼曾写道："神话是一种深藏在我们意识中的思维方式，它是看不见的。"马克·吐温曾说过："真理还在穿鞋的时候，谎言已经跑了大半个世界。"

实际上，在他生命的后半段，即使他住在离得很远的地方，也要真情实感地来到威斯康星州的熊谷，站在他那被唾弃并被误解的父亲的墓碑前，我们可以说，骄傲的弗兰克·劳埃德·赖特有自己的良心，人们以为他不会后悔，实在是过分低估了他。

——◆——

实际上，讲述那个家庭逃兵的故事——虽然父亲并不是逃兵，也没有遗弃家人——必须回到过去，也就是弗兰克·劳埃德·赖特出生以及出生之前。基本上，我们是有选择地闪回到过去，回到我们从未去过的地方。

坦白地说，法律上他没有抛弃妻子，也没有摧毁整个家庭，是妻子抛弃了他。关于这一点，法律事实、法律判决是明确的，无可争议的。他是原告，而她是被告。正是父亲以情感虐待、身体暴力和配偶遗弃为由起诉母亲要求离婚，是母亲从各个方面脱离了婚姻，虽然她身体上没有离开——从某种意义上说，正是她背离了婚姻。1885年春天，在经过4个月的公开审理后，巡回法院作出了有利于原告的判决，认定"起诉书中的所有指控都是真实的"。事实上，被告甚至从未出庭，她对任何指控都没有异议。这是她的策略的一部分，她只想结束这一切。

对于赖特来说，他是这场注定要失败的婚姻里多少有些神经衰弱的长子，尽管他可能不知道所有的细节，但要说他不知道真相是完全不可能的。接下来，我以故事的形式，而不是冷冰冰的法律简报的形式，来讲述这个过程。

1884年12月13日，在美国中西部上城区一个寒冷而阴沉的星期六，弗兰克·劳埃德·赖特59岁的父亲来到麦迪逊市中心国会广场附近的律师办公室，无奈地对46岁的妻子提起了离婚诉讼。威廉·C.赖特当时的职业生涯简直就是"漂泊"和"低薪"两个词的样板，在过去18年的大部分时间里，他和安娜·劳埃德·琼斯·赖特的婚姻非常悲惨。从所有的证据来看，"悲惨"这个词还算是轻描淡写了，但我们暂且先用这个词吧。3天后，16日星期二，也就是圣诞节前9天，威廉的律师亲自将3份传票送到了位于高汉姆街的赖特家，同时还送达了一份长达3页的"故意及不公正地遗弃"的诉状副本。17岁的弗兰克、15岁的珍妮和7岁的玛吉内尔和母亲一起住在那间没有节日气氛的小房子里（不过谁知道呢，也许要过圣诞节他们已经装饰过了）。（他们的父亲是一位放弃宗教职位的牧师，靠当音乐教师和零星布道为生。他最近搬了出去，似乎一直和麦迪逊市的朋友住在一起。）安娜知道接下来会有诉讼。她知道吗？几乎可以肯定地说，无论过不过圣诞节，她都恨不得一切马上结束，她会高兴总算摆脱了旧垃圾。

她是想马上结束的，在11月底或12月初，就在威廉提起诉讼、妻子安娜接到诉讼之前，安娜在没有律师的情况下，由两个兄弟陪同看来到了威廉律师的法律办公室，他们之间有一场紧张到让人错愕的会面。威廉也在场，老天，那一刻，她在气势和体格上肯定高出他很多，更不用说长着浓密胡须、宽大肩膀、庞大身架的劳埃德·琼斯兄弟了。在这场家庭会面中，可怜的威廉皮肤苍白，五官清秀，站在对方身边通常显得比他实际的个子要小得多，虚弱得多。虽然我们常听说安娜比她丈夫高半个头，但是这种说法是不准确的。他的身高很明显大约在5英尺5英寸（1.65米）以上，而她赤着脚大约5英尺8英寸（1.72米）。他们两人在一起的照片很少，但在我们看到的那些照片中，他似乎沉浸在自己的世界里，而她则看上去像个男人，面色平静（除了她看上去近乎疯狂的时候）。她应该比他重20磅（9千克）？年轻时，安娜常骑着马穿过劳埃德·琼斯家的山谷，她高高地跨骑在马鞍上，不像其他女性那样侧着坐，她和她的兄弟们一样颇具男子气概，她的长腿夹住马的两侧，穿着带帽子和黄铜纽扣的蓝色军装披风，头发随风飘荡。至少劳埃德·琼斯家族的传说是这样。

他们在J.H.卡彭特律师的办公室里举行了一场紧张的会面，主要目的是看看是否有可能在最后一刻达成和解；如果不同意，案件将继续进行，然后看看威廉是否会同意兑现之前的口头承诺，把他在家里的那一份财产转给安娜，并把房子里几乎所有的东西都给她。当时在场的劳埃德·琼斯两兄弟向律师保证，如果威廉交出房子和房子里的财产，他们会照顾好孩子以及安娜。

第一个问题的答案是没有意义的，双方不可能在最后一刻达成和解。安娜再也不会以妻子的身份和威廉生活在一起了,她已经和他两年多没有性生活了,她不爱他。事实上,她讨厌他,她只是希望他滚出去,这一点她已经说得很清楚了。但是,为了记录在案,她愿意那天再一次对房间里的其他四个人大声说一遍。从目前所知的情况来看,这是她在离婚案里的最后一次发言。

第二个问题,关于房子和家庭的分割已经达成了协议,前提是如果他们要离婚的话。而他们确实也离婚了。

1月24日(显然是新的一年了),被告未能在法定期限内回复送达的传票,被宣告失责。两个半月后,1885年4月6日,原告提交了一份长达8页的证词。这份文件更全面地陈述了他在12月13日的申诉内容。威廉出身于骄傲、精悍的新英格兰传教士家族,是一个骄傲、精悍、虔诚、拘谨的人,对他来说,即使只是在律师和法庭的"裁判"面前亮出自己婚姻里的丑事,也肯定是个耻辱的时刻。

记录员用钢笔和墨水把誓词记录了下来。从文件证据来看,威廉似乎受到了律师的一些指点。(有些情况下,宣誓人似乎会回过头来,要求加一两句话,记录员在字里行间用箭头标出,或在书页的侧面进行删减、补充、详细说明和直接删除。有可能是威廉在这些地方提出了问题。)

在这8页纸里,威廉至少6次提到他妻子的"脾气",她的"爆发",她对他的"人身暴力",她会在意想不到的时候变得多么"无法控制"。他从没明确地说她挥拳打他的脸,但让人忍不住联想到这样的画面。

他做证说,从1882年2月开始,大约3年的时间里,她一直拒绝"和我同睡一张床"。显然,他们一直睡在楼下的同一个房间里,但她不愿意让他靠近她的床。他经常提出要求,但却遭到拒绝。一年过去了,到了1883年2月,她拒绝让他进入离壁炉不远的卧室,晚上他不得不到楼上去,到家里最冷的房间里去。不管是夏天还是冬天,如果他胆敢进入他们以前的卧室,即使是在白天,她也会"赶我出去"。这两年一直是这样过的。

这一大段证词,就像书面上呈现的那样,有些句子的拼写和语法有问题，有一些错误的标点符号，还有多处的重复，也许正是因为这些问题，文件变得更加可信。(段落的缩进很难辨认。)我在之前用了"无奈"这个词——他终于得出结论，他别无选择，只能提起离婚诉讼。这不仅是我对这8页文件的解读，也是对整个故事的全盘解读。

她有时说她不爱我，有时说她恨我，这是她在1883年3月4日告诉我的，她说我甚至恨你脚底下踩的土地，如果你愿意的话，告诉我一个你可以去的地方，我不在乎你会怎么样。她曾经两次说，她永远不会以妻子的身份和我生活在一起，两年以来，她一直抗议并拒绝和我有夫妻之实。

在过去的3年里，她的语言一直不友好，我不记得她对我用过什么友好的东西词语或表达……

在过去的两年里，我特别努力地想与她和解。1883年8月，她去拜访她的朋友，为了和解我去看她了。我想和她有一次愉快的见面，我去的时候打算忽略一切……

她对待我对我说我在她的家人面前中伤了她……我通过面谈和写信来寻求和解。我曾3次写信求和解…

我从来没有故意抹黑她的人格。有一次，我私下里问她的一个亲戚，她家里有没有什么人精神失常。我没想到这件事会被提起，有人转达给了她，她开始埋怨……

过去我已经有好几个月没有和她住在同一幢房子里了。在过去两年多的时间里，我想和她在一起，但她却强迫我独自上楼睡觉……

我之所以问她家里有没有人精神失常，是因为她对我的暴力行为……

最后她的兄弟们来找我，告诉我家庭和睦的重要性。我说我最想要的就是家庭和睦，是她残忍地虐待我……我告诉他们我受了很多年的折磨，我有权因为受虐待、人身暴力和拒绝我的婚姻权利而离婚……以前我曾多次考虑过离婚的问题，但我还是下定决心为了我们的孩子……但是，在我多年来遭受暴力、侮辱和虐待之后，我还被说成是罪魁祸首，我再也忍受不了了……虽然我当时雇了一个女佣，很多时候我不得不自己收拾床铺……我大部分的缝补工作都是我自己做的，或者拿出去做的，因为当我要求她做任何事情时，她总是故意忽略，她从来没有心甘情愿情愿地去做，而当她真的做了，常常就会扔在我的脸上或地板上……

我最后离开了，因为平静和安宁是不可能的，而且我认为留在这里也不安全。

我们的婚姻生活从一开始就不幸福，她嫉妒我第一任妻子生的3个孩子……她要的钱远非我能给得起的，而且她经常责备我没有赚更多的钱……如果我反对她的做法，她会勃然大怒，她对我任何有关节约的建议都怨恨不已。

1885年4月24日，法院做出了裁决，认为"被告抛弃了原告"，所有的指控都是真实的，原告的"离婚请求应该得到满足"。被告获得了孩子们的监护权，其中最大的一个孩子将在6个星期后年满18岁，她还获得了"麦迪逊市第139号街区第一号地段的几乎所有财产"。文件中并没有说，但是传说中，这个60岁的男人精疲力尽、身无分文，他却松了一口气，他走的时候带着衣服、一些书、几把小提琴、一架小手风琴、他的乐谱，还有一个桃花心木的书柜。我们不知道他欠了律师多少钱，他们相识已经有20年了。根据报告，我们知道书记员的费用是多少，第二天档案里就有了，据推测，威廉要支付5.75美元，也许这个数目就够让他手头拮据了。

传说他再也没有见过他们中的任何一个——他的前妻，他的儿子，他的两个女儿。（像大多数传说一样，这里有些许不实，但基本上是真的。）

他还有19年的人生，当追溯这19年的时候，你会觉得弗兰克·劳埃德·赖特的父亲在一个地方驻足的时间从来没有超过5分钟。如果说从一个州的小镇搬到另一个州的小镇已经是他的生活模式，那么在家庭破裂后的几年里，他这种强迫性的行为加剧了。

第四部分 在父亲的墓碑前

我还没有说到这个家里母亲的肢体暴力和歇斯底里的尖叫,这种歇斯底里和暴力(用上了一把双齿的切肉餐叉和一个用来敲打肉的木制滚轴)主要是针对最小的继女的。如果这些事情真的发生过(甚至只有50%发生过),在一定程度上,住在这所房子里的人不可能不知道。但我想从另一个角度来看待这个故事,把时间倒转向更早的时候,转到更平静的方面。这个被冤枉的父亲是在新英格兰炽热的宗教氛围中长大的。从我们所知道的来看,这是一个虔诚信徒的世界,他们的骨子里都是音乐,每天的生活都是关于主的,星期天至少祈祷3次。旧时的基督徒喜欢说,在教堂里演奏风琴,或者对上帝歌唱时,发出美妙的声音是一种加倍祈祷。威廉·赖特的家庭就是这样的,1844年5月,那时他还是个年轻人,忙着寻找自我,他的母亲曾在一封信中提到他:"至于威廉,他完全就是音乐,音乐。我想,如果努力的话他会做出成绩来的。我有时为他感到不安,也为其他人感到不安。我非常希望我的儿子能在上帝的教会中担任有用的职务。"

他的家族有许多新教的牧师,还有几位著名的诗人,这个家族喜欢宣称自己的根源来自中世纪的欧洲国王和王后,美国诗人詹姆斯·罗素·洛威尔是他家族中的一员——一个和威廉年龄差不多的表亲。威廉于1825年1月2日出生在马萨诸塞州斯普林菲尔德郊外的一个小镇上,在家里五个孩子中排行老四。他的父亲大卫·赖特牧师曾就读于耶鲁大学,据说因为身材矮小,他没法在浸信会的讲坛上布道,会被讲坛的横梁挡住以至会众看不到他。(他会站在讲坛旁边的一个箱子或者一架小梯子上。)在他成年之前的大部分时间里,他的家人都住在哈特福德及其周边地区(在斯普林菲尔德市以南)。在某些方面来说,哈特福德坚持认为自己在新英格兰地区的重要性仅次于波士顿。

他14岁上大学,1839年进入阿默斯特学院。(那时马丁·范布伦是美国第8任总统;不到9岁的艾米莉·狄金森和父母一起住在主街上的狄金森之家。)

为火所困：赖特的梦想与愤怒

人们对他的早熟有很多看法，但也许更应该关注的是，他没有读完大学——他辍学了。他年轻时写给家人的书信有一部分相当精彩，似乎很好地说明童年时代可以决定人的将来。这14封信是用蓝色墨水写在带水印的信纸上的，上面写着大大的弧形字，信上能看到他的漂泊、骄傲、自我、机智、古怪、孤僻、忧郁、非凡的智慧、懒惰、虚伪、幻想、魅力和极好的素质，还有超乎寻常的优越情结，以及对音乐——音乐演奏和音乐创作——深沉和持久的热爱。

例如，1841年2月25号，威廉在阿默斯特的大学教室里写信给他的哥哥托马斯·G.赖特，对方正在为日后的传道而学习，同时也指导他的钢琴和管风琴。他当时是个有点懒散的二年级学生。那天正是禁食的日子，"所以我们有一些闲暇，我们今天要做的就是下午去听一场布道而已"。他正在研究《俄狄浦斯王》（*Oedipus Tyrannus*，他是这样拼写的），他认为这是索福克勒斯最好的作品，书很难，但他能弄明白。"开学时，他们对我的考核并不严格；尽管我以前很懒惰，但他（因为只有一个导师负责对我考核）在考试结束后告诉我，他认为我在缺席期间很用功。"他谈到他的住处离学校有一段距离："我有一个相当不错的房间，当我不至于太懒，不想待在房子里的时候，我就会出来取暖。"他并不太在意"忧郁"的问题，尽管"我是自己住的，我很喜欢寄宿生活，只要能吃得饱饱的。不过我觉得有个人在一起吃饭会更愉快。如果我继续留在这里，明年夏天我不太可能自己住了，因为那时吃的不会像现在这样好。现在没有人嘲笑我自己寄宿，也没有人叫我赖特小姐，如果真有人嘲笑的话，我会毫不犹豫地保护自己的，你以前就认为我是一个好斗的家伙。我在这里的浸信会教堂拉小提琴，他们似乎对我的表现很满意"。

他离开学校回到家里和父母住在一起。这家人现在住在纽约州中部的沃特维尔（他们是跟着父亲的神职工作去了那里），离汉密尔顿很近，哥哥托马斯正在那里完成神学院的学业。这是1842年4月5日，他开始给哥哥写一封信，但是拖延了下来。他父亲把信写完了："亲爱的汤姆，我希望你弟弟能写得更详细一些。在某种程度上，他感到孤独……我担心他会变得愚蠢和无所作为。"

15个月后（1843年7月11日，他18岁，仍然住在家里，似乎仍然没有找到方向），家里人又给汤姆写了一封信，汤姆现在被任命为牧师了。家庭成员们在折页上添加一些花絮，威廉写了两条，在这两条里他都写到了他最近创作的音乐片段。他巧妙地将音乐线条包括音符和小节一起嵌入到信的正文中。"2号信，亲爱的哥哥，这封信里有很多地方可以写东西，既然大家都写完了他们想写的，为了不让这张纸空着，我再寄给你一段我的乐曲，它也许一文不值，但是——不管怎样，我寄给你供你批评。"他补充说："这段音乐是我在没有钢琴的情况下创作的，不是很好听。我想这两首曲子很可能都经不起像你这样伟大的批评家的考验，不过，我的和声基础就是你教的，我想我会希望看到你教导的一部分成果。"他还给音乐作品添加了文字，以赞美诗／祈祷的形式开始："主是伟大的，他的作品是大能的。"

到1848年，时隔7年（中间我们所知甚少），他回到了大学，比他大多数的同学都要年长。他被汉密尔顿的麦迪逊大学录取（该大学后来更名为科尔盖特大学）。不到两个学年，他就毕业了，获得了学士学位和硕士学位。他读过法律，上过一些医学课程（或者至少是医学预科课程），但音乐仍然是他的心头最爱。他似乎一直在班上名列前茅（因为他显然既是本科生又是研究生），学校邀请他在毕业典礼上发表演讲，他演讲的题目为《如何实现效率》。学校在1849年8月15日的毕业典礼流程单上印上了他的名字和题目——但在最后一刻，这位致告别辞的学生病倒了。4天后，也就是8月19日，他给哥哥托马斯的信中写道："当然，我已经筋疲力尽，无法在毕业典礼那天'萌芽'而出，但这无关紧要，因为我已经有了写演讲稿的心理训练，但没有演讲时的兴奋感。"托马斯·赖特一直在新罕布什尔州的克莱蒙特担任牧师，他的小弟弟时不时地和他的家人住在一起。托马斯的妻子怀孕了，威廉在信里说："我又要当叔叔了。"这也是在他告知哥哥他没有发表毕业演讲的那封信里。"克莱蒙特的土壤肥沃。天啊，我都快老了。我觉得这五六年之内，我一定得干出一件不顾一切的事来，否则，我就赶不上我的哥哥们了。"

1850年，25岁的威廉在纽约州尤蒂卡市的尤蒂卡女子学院找到了一份教音乐的工作（这个地方离汉密尔顿不远）。那是一所专为家世良好的年轻淑女设立的寄宿学校，他负责教钢琴、声乐和小提琴。他一直作曲到深夜，他的一些作品已经由波士顿和纽约的著名音乐出版社以乐谱的形式出版，基本上是些曲调优美的钢琴会客厅作品。（如果联想到与威廉同时代的斯蒂芬·福斯特的美国音乐，你就明白威廉的基本风格和声音了。他的作品常常有欢快的断奏弹跳和一串串涓涓流水般的和声。）他并不想成为巴赫或贝多芬，他们是他心目中的交响乐英雄。但是，他明显地对自己的能力越来越有信心。他给这些已发表的作品起了些颇能引起共鸣的欢快标题，例如《铁杉岭快步舞》《流连不爱》。现在一个半世纪过去了，再听这些作品时，我们听到的是19世纪内战前的活力，但也掺杂着深深的忧郁。考虑到我们知道他将来的生活，这算不算是一个追溯性的解读？也许吧，但我不这么认为。[1]

关于爱情和爱的流连，1851年初，他写信给新罕布什尔州的嫂子说："你问我是否有时动过结婚的念头？有时我很想这样做——但每当我发现这种强烈的情感在涌动时，我就控制住它。"下一段："你和托马斯有了一个儿子和一个女儿，在通往祖辈荣耀的道路上开了个好头……我已经绝望地放弃了追赶你们的念头，除非你们愿意停下来，等等我这个落在后面的弟弟，一个没有妻子的单身汉，等我找个伴侣，踏上这条通往不朽的婚姻大道。"他询问家人的消息。

"我自己没有什么要说的，请原谅我的信简短，因为我真的没有时间再写了。

---

[1] 大约八九年前，全世界对威廉·C.赖特的音乐几乎一无所知。就在那时，一位来自橡树园的专业音乐学家、独立的赖特学者大卫·帕特森开始查找旧乐谱并追溯失落的历史。2013年，他在帕米莉亚唱片公司制作了《威廉·C.赖特的音乐：钢琴独奏和声乐作品1847—1893》。这张CD上有31页的文字说明，其中包括专家对音乐的分析，以及帕特森对威廉生活的简略描述。我感谢他的研究，感谢他慷慨奉献的时间（尽管我们俩对威廉人生的重要方面存在分歧），更要感谢唱片本身带来的乐趣，它似乎让威廉这个人起死回生。帕特森找了当代的音乐家和歌手来表演这21首曲目。

第四部分 在父亲的墓碑前

向托马斯问好,告诉他,他的上一封信太短了,就跟他本人一样。"(托马斯显然比威廉还矮。)

但爱情却流连不去。那封给他嫂子的信是在1851年1月写的,到8月时,他已经和佩米利亚·霍尔科姆结婚了。她是威廉在尤蒂卡女子学院的钢琴学生,比他小7个月。她的父亲是利奇菲尔德的农民,利奇菲尔德位于尤蒂卡东部和东南部的赫基默县,有着丰富的农业历史。威廉的父亲主持了婚礼仪式,之后威廉和妻子搬到了他名义上的家乡哈特福德。他开办了一所音乐学校,成为了南浸信会教堂的风琴演奏师。他写了《美好的遐想》一曲,并在扉页上把这部作品描述为一首原创的浪漫钢琴强音变奏曲。他提供了一个正式的作品编号:10号作品。可以感觉到,他开始把自己看作一个重要的人物了。

然而……他还在探索,在一些漫无条理的方面。在保存下来的14封信件中,最后一封写着"1851年12月10日哈特福德",又是写给他哥哥托马斯的。自8月4日起,他和佩米利亚已经结婚了,他转达了佩米利亚的问候,但是她现在"'感冒得厉害',感觉不太好"。在最后一页的上端,他给文字加上了双下划线:"托马斯,我不知道该写些什么。"下面几行是:"非常爱你们。我现在得停笔了。"

他的孩子们也不无艰难地来到人世。结婚3年后,第一个孩子胎死腹中。(这3年来,他们是不是一直在努力创建家庭?)与此同时,在这悲伤的一年里,1854年,29岁的威廉出版了他的第一本书,这一定给了他很大的自豪感和小小的安慰。这本书更近似一本小册子,共82页,装订精美,用小字体印刷。这本《钢琴强音手册》全国现存的可能不超过10来本,书给人的感觉就像威廉在每张照片上的样子一样精致细微,正好可以放在手掌上。书中有关于旋律、动态和节奏的章节。在考虑到19世纪散文形式特征的前提下,我们也能从他的写作方式中感受到一些他自己的性格特征——有时谦虚,又并不谦虚。序言中写道:"这本小书将被证明是一个完美的理想作品,这并不是我的随意断言;它比之前的任何作品都更接近理想的目标,希望您对它的内容进行坦率、彻底

399

的审视，您会发现同意这一点。"另外，"我相信这本书能满足教师和学生的需要，只要对其优点进行一次彻底的试验，大家就会都喜欢上它，所以我希望教师和学生们能考虑这本书。热爱艺术的Wm. C.赖特。"（这本小书的有些段落中，你几乎可以想象成他拿着教鞭给一个颇有前途的学生上课："除非另有说明，第一个音符应该注意用手指用力压，而第二个音符应该与第一个音符紧密相连，但是必须轻压，而且要很快……尤其要避免那种总是在高音之前敲一下基本音符的坏习惯。"）

后来发生了一些事——导致这个热爱艺术的人20年里再也没有发表过自己的作品。是像有些人说的那样，是因为身为丈夫有谋生的需求吗？还是因为他的创造力枯竭了？无论如何，他似乎已经认真地接受了法律行业。（或者是有点认真地——他真的希望做律师吗？）1857年，他在康涅狄格州获得了律师资格证，并在哈特福德实习了两年，同时也没有放弃音乐学校。一年前，他的大儿子查理·威廉出生了。在他获得律师资格的第二年，他的二儿子乔治·欧文出世了。

但到了1859年，也就是他结婚8年后，一个转折点出现了。他和佩米利亚还有两个儿子向西搬到了威斯康星州，具体地说，是威斯康星河北岸一个名叫孤石村的航运小镇。威斯康星州是11年前加入联邦的，3年前成立的孤石村正位于里奇兰县的主要铁路线上，熊谷就在这条路往前的地方。为什么要搬到这个边境地区呢？最好的解释似乎是，纽约州赫基默县（佩米利亚·霍尔科姆·赖特娘家的家乡）的整个大家庭都在威斯康星州西南部富饶的山谷里重新定居，就像欧洲移民一样，一个接一个分支搬过来。经过几年的时间，佩米利亚的一些家人，包括直系亲属和远房亲戚，都到了里奇兰县——这是西部移民的诱惑。就和薇拉·凯瑟的小说《啊，拓荒者！》一样。

威廉并没有梦想扶着犁的农耕生活，他在孤石村的一幢小石屋里做律师，也教音乐。1860年7月，他的女儿赖特·海勒来到了这个家庭，一开始大家就叫她丽兹。不到一年后，威廉被任命为里奇兰县巡回法庭的专员。他竞选

第四部分　在父亲的墓碑前

县督学，第一次竞选失败了，但第二次他获得了这个职位。当时内战正在进行中，他应征入伍，但据说他选择了花钱雇佣替身去参战，这种做法当时并不少见。（据说他以28美元的价格卖掉了一把极好的小提琴，这才换来了免服役。）

他是一个纯粹的东部人，他那时已经形成了用丰富的男中音和低音唱歌、说话的方式。尽管他在某些事情上有些害羞和拘谨，但据说他几乎毫不费力就交到朋友。众所周知，他曾在公开场合发表过激动人心的演讲，当地的媒体都对此进行了报道。尽管他天性害羞，但也许这种崭露头角的演说能力让他决定回到上帝身边，也就是回归到家族传统的传教事业中去。1863年8月5日，威廉被任命为浸信会牧师，他在孤石村和里奇兰县中心都做过牧师。传说他骑着一匹马，背着背包，带着一只装在红色皮箱里的簧风琴，在相距16英里（26千米）的两个城镇之间穿行。他会一路上为自己演奏，在礼拜仪式上带领他的会众唱歌。这位上帝的巡回骑手并不擅长骑马，但他学会了在那崎岖不平的乡间骑马，还骑得相当好。那时他的头发还没有变白，头发从圆脑袋的前额往后梳。他虽然个子矮小，但却有一个不同寻常的大脑袋，这无疑证明了他的聪明才智。

1864年3月底，佩米利亚又生下了一个死胎。不到两个星期后，佩米利亚就去世了，死时只有38岁，她和威廉在一起还不到13年。这位39岁的牧师，一直为生计所迫，现在成了3个不到8岁的孩子的单亲家长，并且迷惘不已。（据说，佩米利亚的母亲搬到威斯康星州来帮忙照顾孩子。）又过两年多，这位鳏夫要结婚了，这次是和一位比他小13岁的地区教师。许多书里都说这位教师曾经寄宿在赖特家（佩米利亚招收寄宿生是为了帮助增加家庭收入），也有人说，几乎从一开始，这位学校老师就暗暗地觊觎威廉——或者，如果不是觊觎的话，还梦想着（或者至少是默默幻想着，也许是在穿着睡衣躺在枕头上的时候）总有一天，威廉能是她的丈夫。据我所知，没有人能够证实第一种说法（证明她曾经是赖特家的一个寄宿生，从而了解他，或者至少近距离地观察过他和佩米利亚），第二个故事，少女秘密地渴望着上帝那位忠诚的、博学多识的仆人，更是无从谈起（毫无疑问，这一点永远也不会得到证实）。但可以肯定的是，1866年8月17日，在威斯康星州怀俄明市，也就是斯普林格林南侧的一个小镇上，威廉·C.赖特犯了他一生中最严重的错误。这一天，他娶了女教师汉娜·劳埃德·琼斯（她还没有把名字Hanna里的"H"去掉）。你也可以说，这也是安娜一生中最大的错误，据说，顽固的劳埃德·琼斯大家族（他们在此地人口众多）并不亲近这个来自东部的男人。他不是一位论派信徒，尽管受过良好的教育，但他似乎没有谋生的实际技能，而且，他个子还那么矮，当然他们不会到处去对着外人说，只会对自己家的人说。

近年来，出现了一些关于这个家继母的哥特式恐怖故事。我们之前就假设反问过：这些事件是真的发生了吗？我不能证明，但我认为确实发生过。

关于"继母继子"这个概念，读者在《自传》中看不到弗兰克·劳埃德·赖特有3个同父异母哥哥姐姐的事实。赖特实际上是威廉·C.赖特的第6个孩子（也是第3个儿子）。他同父异母的哥哥查理比他大11岁，另一个同父异母的哥哥乔治比他大9岁，同父异母的姐姐丽兹比他大7岁，赖特是和他们一起长大的，至少成长的大部分时间是和他们在一起的。但他们并没有出现在《自传》中，他有意抹去了他们。然而，他们又设法把自己写回了历史，在真正意义上写进去。

作为一个故事来说，安娜在大约6个星期后怀孕了。在她怀孕的第8个月，也就是1867年5月初，威廉和他的家人从孤石村搬到了县城。里奇兰森特浸信会正在教堂街盖一座新大楼。第二个月，也就是6月8日，他们的儿子出生了，安娜的宇宙有了一颗新的恒星。事实上，从她知道自己要生孩子的那一刻起，这颗星星就成了她心中的恒星，从另一种意义上说，也许从她说"我愿意"的那一刻起，这颗星就是恒定的。威廉的薪水是每年300美元，他试着用自己一直以来的音乐爱好来补充收入，但效果并不是很好。教区居民为这个家

第四部分　在父亲的墓碑前

庭举行了"捐赠会"，从报纸的报道很容易看出，威廉在社区中是一个多么受欢迎的人物——但无论是金钱还是相应的尊重方面，这肯定还远远不够。（捐赠会本身就是一个小小的耻辱。）昔日的诱惑又出现了——搬去别的地方。

他在1869年3月13日做了告别布道——那时他们搬到镇上还不到两年。那时，密西西比州靠近爱荷华州的地方有个名叫麦格雷戈的渡口小镇，距离里奇兰森特57英里（92千米），镇上的一家报纸已经在欢迎他来当地社区。《北爱荷华时报》的编辑在3月3日的第3页写道："赖特牧师不是一个专业的牧师，尽管当有需要的时候，他的布道表现得非常专业。他的业务是音乐，为钢琴、管风琴和簧风琴调弦等。R.胡巴特公司将他们音乐部的一份权益卖给了赖特先生，我们可以在银行区的胡巴特总部见到他。我们城市的宗教、音乐和社会名单上多了这么有价值的一位绅士，我们有理由为此高兴。"[1]报纸表述得不够准确，但从另一种意义上说，报道的准确度堪称完美。

需要注意的是，从威斯康星州搬到爱荷华州时，安娜又怀孕8个月了。威廉似乎有种本事，专门在困难的时候把他的家庭连根拔起。（弗兰克的妹妹玛丽·简·赖特于1869年4月26日出生。妹妹成年后发现，她崇拜的哥哥篡夺了她的出生年份。）

爱荷华州的麦格雷戈是威廉新的梦想，那里可能有更多的收入。这座城镇比里奇兰还要大，坐落在陡峭的岩石峭壁之间的狭缝和沟槽中，法国商人将其命名为"古莱得苏"——苏族峡谷。白人定居者称其为"袖珍城"。镇上的人行道是用木板做的，泥泞的主街（整个城镇都陷入河水里，因此所有脏兮兮

---

[1] 关于报纸和其他同时期的报道：在我之前，众多赖特传记作家挖出威廉在数不清的地方生活过的书面证据，包括他在安娜之前和安娜之后的生活。但特别值得一提的是罗伯特·C.托姆布雷的贡献，主要是在他1973年和1979年合作撰写的赖特传记中。第一本书名为《弗兰克·劳埃德·赖特：阐释性传记》，第二部作品的题目是《弗兰克·劳埃德·赖特：他的生活和建筑》，这相当于第一本的重复工作（他自己也承认），他在其中进行了修正，并增加了新的材料。（托姆布雷和他的第二本书在前面已经提到过。）

403

的街道都因为水位上涨而变成了泥沼）两旁都是假门面的建筑。这个地方与人们想象中宽阔、平坦、肥沃的爱荷华州完全不一样,它看起来就像是蛮荒的西部。或者是,场面几乎就像是瑞士阿尔卑斯山的某个地方。

他据说是作为浸信会的临时兼职牧师来的。但是,罗道夫斯·胡巴特的音乐商店里没有钱赚,所以他慢慢地回到了布道坛,布道成为了他的全职工作。他的教堂是一个不起眼的地方——在城镇的北部,在第二区,离主街一个街区,它看起来就像是一个小巧的消防站（事实上,在19世纪后期,教堂成员越来越稀少,赖特家早已离开多时,它变成了一个消防站）。镇上最大的教堂是联合卫理公会教堂——它离威廉的教堂很近,是一座红砖建筑,双塔尖顶,气势要雄伟得多。但是,威廉还是开始工作了,很快,他就成了镇上的一个重要人物,报纸对他的布道和公开演讲（以及他在当地的一些音乐演出）进行了报道。赖特一家似乎住在教堂的隔壁——那不是真正的牧师公馆,因为教区太穷,规模太小,根本负担不起牧师的住宅。

在1870年的联邦人口普查中,他把自己列为"神职人员",他估计自己的房产价值为300美元,个人资产价值为250美元。（在今天,这些钱大约累计价值是1万美元。）在这次人口普查中,安娜的职业是"操持家务"。这个家庭包括14岁的查理、12岁的乔治、10岁的丽兹、3岁的弗兰克,还有1岁的婴儿简,家里还有一个叫内莉·康纳的仆人。所以上帝的这位不安分仆人做得还不错——至少现在是这样。（毫无疑问,上面列出的资产净值也包含了安娜的嫁妆,来自她在学校教书时的收入。）

我们来听听他的声音,这是赖特牧师发表的葬礼悼词。1870年12月,他在麦格雷戈还不到两年,当地报纸的编辑A.P.理查森上校突然去世了,他是教会的成员,也是牧师的好朋友。这位演说家在演讲中说:"理查森上校是一个有着超乎寻常的才华和智慧的人,他无疑可以利用他的才干来表明他的优势。不过,他总体上似乎对所处的环境很满意,也没有野心勃勃的抱负以及困扰。就他的性情而言,他很善于交际,富有同情心,而且在他惯于交往的人中，他比一般人具有更强的交友能力。就他的举止而言，他不张扬，直言不讳，显然不喜欢一切虚张声势和浮夸招摇。"这些话几乎可以用来描述威廉——既是也不是。再过7个月，他和家人就会离开。"野心勃勃的抱负"之类的东西又将左右他。

我们来听听另一个声音。

在他们结婚之前，她一直对我们这些孩子都很好。可是，她的情况一年比一年糟，她脾气很坏，似乎无法控制脾气。她把怨气主要发泄在我身上，因为她嫉妒父亲对我的疼爱，男孩们可以躲得远远的，但她不允许我这么躲开。我长大后，她经常告诉我，她恨我，恨我母亲家的人……她多次告诉我，她恨我和我母亲家的所有人，我对这一点毫不怀疑。她告诉我们，我们可以自由选择叫她妈妈或者母亲，"妈妈"是神圣的，我们对母亲的称呼，所以我们选择叫她"母亲"……我相信，如果她对我好一点，或者有一点感情的话，我一定会爱她的，因为我渴望爱……当我们住在麦格雷戈时，我非常害怕我的继母，她不仅把我打得遍体鳞伤，而且还用一些可怕的事情威胁我，尤其是不许我把她对待我的方式告诉父亲。我不想再给他添麻烦了，所以我把这些事都藏了起来，因为我为这些事情感到羞愧。有一次，学校的一个女孩看到了我身上的一些瘀伤，问我是怎么回事，我告诉她我摔倒了。但我越来越害怕和她单独待在一起。当父亲在身边的时候，她对我并没有那么坏，因为父亲不允许她这样，而且她也不想让父亲知道。

这是伊丽莎白·赖特·海勒的话——以她童年时的身份在说话。这是丽兹，威廉和佩米利亚生下的最小的孩子，在她年纪已大的时候回忆她的生活。《我的人生故事》是一份132页的单倍行距打字的文件，从1929年4月开始，写于俄勒冈州的波特兰市，当时作者已年近69岁。丽兹不是一个专业作家，她年轻时曾在中西部的一家报社工作，之后她是一个农场主妇，她养育了一个家庭，她住过很多地方（虽然大部分时间都在爱荷华州）。她只是想用回忆录的方式把事情记录下来。在大约11年的时间里，她一直在这样做，只要有时间，她就会拿起她的"书稿"。所以，在《我的人生故事》里，你会找到很多漫不经心地化解恶意的句子，比如说，"今天我写了两页回顾，它可以插入很多地方，虽然我有很多工作要做，我必须写完这段历史，因为我认为这对我的孩子而言将会非常有趣，也许对他们有些好处。无论如何，既然我开了头，就想把它做完，而且在我看来这很有趣。"

这种化解恶意的态度是我非常信任这份文件的原因之一。不用说，这份文件在法律上的分量和效力根本比不上1885年的那份戴恩县离婚文件，但我愿意相信它。

位于爱荷华市的爱荷华州历史学会保存着一份丽兹的原稿，是两倍行距打印的。（她于1950年3月3日去世，在她死后不久，她的家人把这个故事交给了历史学会。她去世时将近90岁。）伊丽莎白·赖特·海勒的收藏品中有许多和她父亲生活有关的珍贵物品（尤其是家庭相册和威廉的一些旧乐谱），但没有一样的价值能比得上这本未发表的自传。说"未发表"并不完全正确，赖特学者们在几年前就知道了这份手稿，这一定程度上要归功于布伦丹·吉尔。吉尔在他1987年的《多重面具》中摘录了一些内容，据我所知，他是第一个将这部作品的片段展示给全国读者的传记作者兼历史学家。在赖特的研究中，这是一个相当晚的日期——或者换句话说，比起对赖特背景根深蒂固的（而且是明显错误的）印象，这是一个相当晚的时期。在爱荷华州，佩米利亚和威廉·赖特的后代仍然带着近乎崇敬的语气说起吉尔的名字。

但是，让我们先回到故事中，在麦格雷戈又发生了一些事，难道威廉不再"对所处的环境很满意"了吗？但为什么呢？钱肯定是其中的一部分原因。他是不是觉得自己的天赋超越了麦格雷戈所能欣赏的范围呢？（从报纸上看，整个城镇似乎都崇拜他。）1871年4月，他宣布即将离职。他当镇上的浸信会牧师才两年多，社区里的人恳求他留下来，教会成员投票不接受他辞职。一开始，他的态度似乎有所缓和。(据《北爱荷华时报》报道，"浸信会说服W.C.赖特牧师留了下来……这显然令所有麦格雷戈人都很满意"。)但后来还是不行。1871年7月5日的《北爱荷华时报》报道："W.C.赖特牧师已经与浸信会断绝了联系……麦格雷戈的人民不情愿地接受这个决定……他们爱他，爱他的教会。他曾是教会的牧师，人们爱他，并带着遗憾与他分开，他们最亲切的祝愿将跟随着他，无论他未来从事什么工作。"

下一份从事的工作仍然是为上帝服务，那是在罗德岛的波塔克特，但他的家人没有立刻跟着他去那里。他告诉《时报》说，他在威斯康星州的斯普林格林有几件事要处理，可能需要几个星期，然后他和家人将前往东部，和他的亲戚们一起度过夏天和秋天，然后再接受上帝的呼召从事新的使命。但实际上，在接下来的5个月里，他们一家和安娜的家人一起住在劳埃德·琼斯山谷里。这一定有些尴尬，首先，威廉没有任何实际收入。事实上，他们并不是全家人都和安娜的家人住在一起，丽兹现在已经11岁了，是个容易生病的小东西——她被送到了熊谷和佩米利亚的母亲住在一起。似乎唯一的解释是，威廉不顾一切地想让他的女儿离开，至少离开一段时间，把她从安娜的愤怒和控制中解救出来，那时安娜的问题已经处于半公开的状态了。霍尔科姆外婆显然已经意识到了这个家里发生的事情——在恶魔的驱使下，安娜拿威廉和佩米利亚三个孩子中最小最弱的那个出气。

《我的人生故事》中写道："我听外婆告诉内莉阿姨，有一次她看见我的继母把我打倒在地，她再也忍受不了了。"

波塔克特是一个古老、笨重、烟雾弥漫的18世纪制造业城市，盛产步枪、亚麻籽油、造船业和碳酸钾。但至少它是一座城市，而且是在东部。1871年12月，威廉接管了贫困的高街浸信会教堂，这是他的第三个牧师住所，也是他和安娜结婚五年半以来第三次搬家。原来的高街教堂在三年前就烧毁了。要说有什么不同的话，那就是新教会的财政状况比麦格雷戈还要糟糕得多。无论如何，理想主义的牧师一头扎进了地狱，又是钱的问题，又一次，似乎人人都爱他。这家人住在波塔克特的中央福斯地区。晚年时，丽兹·海勒对当时租的房子仍然记忆犹新：地下室的大厨房带有水箱，光滑的地板漆成绿色，上面有些白色的飞溅漆。另外，她对其他一些事情的记忆也是发自内心的。

《我的人生故事》：

> 我记得有一次是在冬天（这是在罗德岛的第二个冬天，应该是这一年，她十二三岁，同父异母的小弟弟弗兰克还没有开始上学，还在家里，应该是5岁多不到6岁），母亲正在像平常那样发脾气，她因为什么事而生气，像往常一样发泄在我身上。她气得跳上跳下，以最快的速度抽上水来，然后把水泼到我身上，每跳一次她就大叫一声。父亲的书房在三楼，他听到了吵闹声，就下来看看发生了什么事。他叫我上楼，但我不敢从她身边走过上楼梯，而且我的衣服湿淋淋的，我只好从前门溜了出去，绕到后门，上了外面的楼梯。我还没来得及进屋，衣服就冻住了。

下一段：

> 还有一次，父亲在家里，在书房里，母亲正在炉子旁用切肉刀叉里的一把双齿的叉子煎肉。她莫名其妙地因为什么事就生我的气，她抓住我的头发，把我的头往后拽，用叉子戳我的脸，说要把我的眼睛挖出来。我用尽全力喊了一声"爸爸！"他跑下来拦住了她，但我却经历了一生中最可怕的一次惊吓。我相信如果她有胆量的话，她肯定会那么做的，她似乎充满了恶毒和仇恨。我想，那是父亲在家时仅有的两次。

下一段：

第四部分　在父亲的墓碑前

我记得有一次我们短期雇了个女佣，母亲生气了，她抓住我的头发，在厨房里来回地拽我。她上楼后，我把头发梳了一下，两把头发就掉了下来。那女孩惊呆了看着我，她似乎觉得这很可怕，但这比起母亲对我做的其他那些事也没那么糟糕。

下一段：

我和母亲一起出去时，当然这种情况很少见，或者如果有谁和我们在一起，她总是对我很亲切，甚至用昵称来称呼我，只是为了作秀而已。这让我鄙视她这样一个伪君子，但我从来没有出卖过她，也没有把父亲不在时她对我做的事告诉父亲。我记得有一次，她正在用一个专门做的沉重的硬木滚子敲打牛排，上面布满了尖锐的纹路，她用滚子敲打我的后背，直到我遍体鳞伤，浑身剧痛，但我没有流血。我想，这样对我让她的心情放松了一些，但是对我的感情却没有任何帮助。

往下三段：

无论怎么努力，我都无法让她高兴。有时她承认她恨我和我母亲所有的亲戚；她说要把我们所有人的脑袋都放在一根木头上，然后拿把斧子把它们砍下来。我不知道她的精神是否正常，她似乎周期性地发作，有时她会"疯狂地歇斯底里"，像疯子一样胡言乱语，然后她会卧病在床上一两天，这时候我就有了片刻的安宁。如果她不在身边，我不介意工作或者照顾孩子。

还有这一段，就在"疯狂地歇斯底里"那段下面。丽兹讲述了威廉是如何决定把她送走，送到他自己的家人那里，以免发生不可逆转的悲剧。他和佩米利亚的两个儿子还没有完全长大，还住在这个家里，当然还有小弗兰克和珍妮。

> 临别时，母亲拥抱我，亲吻我，为我哭泣，我的心被她融化了。但是，究竟是她认为这会在我的记忆中留下更好的印象，还是她的眼泪是摆脱我之后的喜悦，还是为曾经那样对待我而懊悔，我从来都不知道。但是我很想原谅她所有的刻薄，并且在某种程度上确实原谅了她，但我永远也忘不了。

下面的三段摘自《我的人生故事》，这是大约6年后在麦迪逊市（是的，我跳过了一段时间），丽兹又回到了家里。父亲认为她回来是安全的，她现在是一个年轻女子，在上高中，比她周围大多数人的年龄都大。她好像已经19岁了，大概还有一年的时间才能拿到毕业证书。所以时间肯定是1879年，大约是在父亲离婚6年前，她和同父异母的弟弟妹妹以及同母所生的一个哥哥住在高汉姆街的家里。

> 我上的是师范生和特长生的课程。像以前一样，我非常喜欢这所学校和我的老师们，但我不喜欢我的继母，也不喜欢我同父异母的弟弟弗兰克。弗兰克是他母亲的心肝，被她宠坏了。
>
> 那时弗兰克12岁，珍妮10岁，而可爱的小玛吉内尔是个2岁左右的可爱孩子。我非常爱她，也爱珍妮。但是我的继母还是没有好转，她仍然不喜欢我和我母亲那边的所有亲戚，她能连续一个小时不停地辱骂他们，说自己的艰难命运……
>
> 她像往常一样疯狂地歇斯底里，像个胡言乱语的疯子，她让父亲叫警察来把她送到精神病院去。我过去也希望他真能这样做。这

个可怜的人,他过着悲惨的生活。在这样的发作之后,她总是卧病在床一两天,然后我们就平静了,就像暴风雨过后的平静。

我前面说过,我非常信任这部作品的内容,即使它最终只是一本回忆录,而不是任何形式的法律文件。这种信任是建立在写作内在的声音上的,不管故事里有什么苦难,这个声音都有种近乎于天真的感觉。但丽兹绝不是一个容易被控制的人。《我的人生故事》大约9万字,大概只有不到5%的内容是关于安娜以及丽兹讲述的安娜对她所做的事。故事的大部分内容都是关于丽兹如何抚养自己的孩子,如何渡过经济困难时期,如何努力成为一个好妻子,如何努力挤出时间每天跪下祈祷,以及她自己的缺点和失败。她的写作是断断续续的,非正式的,就好像她穿着围裙,尼龙袜从膝盖上滑下来,她在隔着篱笆说话。她的写作也可以无意中特别搞笑,她会告诉你她的假牙。("但有时候,我得把自己的下牙掏出来。我经常说,我的牙齿给我带来了很多麻烦,从我第一次得到它们开始直到它们全部消失为止,麻烦不断,所以我很高兴它们终于都掉没了。")她告诉你关于雇来的女佣的事——实际上,当雇佣的姑娘来的时候,她忘了说关于她的事。(所以这一段是这样开始的:"我忘记告诉你关于梅的事了。")她告诉你关于她儿子保罗的事。("但是保罗生来就有肾病和胃酸过多的毛病,他出生不到一个星期就不得不去看医生,在他成人之前,他一直都患有风湿病,和我一样……他是个娇弱的婴儿,从来没有像其他孩子那样胖起来,但他从来也没有机会。那年夏天,孩子们得了百日咳,保罗还不到3个月就被传染了,当时看起来他撑不过去了。")她会告诉你她自己身为母亲、妻子、基督徒和邻居,所犯下的许多罪过。("但是,我会发脾气,生气,说一些我不该说的话,偶尔似乎无法再忍受时就会发作,事后,由于我的宗教信仰,我总是感到非常难过,我觉得我玷污了基督教徒的名声,可能会给别人带来灾难性的影响。我知道上帝会原谅我的,因为他知道我的心,但是别人不知道,我也不能原谅自己……虽然有些人会哭,但我生气的时候从不哭。当我感到身体、神经和大脑都疲惫不堪时，我就会哭，感到忧郁和沮丧，一些小事情让我心烦意乱，我就会崩溃大哭。"）

在这个过程中，她告诉你安娜对她毫无理由的憎恨。

她没有忘记讲述那些少见的时候，安娜奇怪地变得善良，像慈母一样，这个孩子渴望这样的时刻。有一次是在去波塔克特的漫长旅途中（她和家人曾在费城停留），她患有她所说的"风湿性关节炎"，她讲述了"母亲采用水疗法给我治疗……她抱着我走了两层楼梯，把我放在火炉旁边的一桶热水里，让我的脚泡在热水桶里，用毯子把我全盖住，让我热气腾腾地蒸了大约半小时，然后让我上床睡觉。"作者回忆说，安娜日夜照料她大概有一个星期之久。

丽齐把这个故事放进去是为了有意讨好吗？我不这样认为。这是她在书里的声音，她的故事的声音。听起来就像是真实的，没有诡计。

不过，我直接承认吧，尽管我花了很长时间、很大力气在她的兄弟姐妹中寻找任何形式的书面证据（他们都去世几十年了），但我一直没有找到证据。这会改变我的看法吗？不。要说这一切都是丽兹瞎编的，这一点也说不通。或者就此而言，过于夸张了。（我一直在想她的哥哥们，难道他们不想揍安娜吗？）

丽兹在后面写道："可怜的父亲。这么多年来，她让他过着什么样的生活，那一定是个名副其实的人间地狱。但也许在她摆脱了我和哥哥们之后，她变得好多了。我想她是怕我把她的事说出去，不过，我总是羞于让别人知道她的情况，因为有这样一个妻子对父亲来说似乎是一种耻辱。但有陌生人在场时，她会很友善。我想从那时起，我就一直憎恨伪君子。"

羞耻感，受害者的羞耻感，让这本书听起来更真实。

再往下三段："我不知道为什么，但最近我有太多关于她的回忆想要忘记，这些回忆让我感觉很沮丧。我不喜欢为这些事激动，但我一向讨厌任何的不公正……她恨我，而且经常这么说，她从来不希望别人喜欢我，因为她太嫉妒我了。不过我说她说得够多了，事实上太多了。"

第四部分 在父亲的墓碑前

她在书的结尾（在20世纪40年代早期，她的丈夫约翰·海勒已经去世几十年了），谈到她最喜欢的孙女（她有很多孙子孙女）时说："我想我会让霍普把《我的人生故事》打印出来，然后复印几份分发给我的孩子们。除了高中课程之外，她还在上一门商业课程，并且是她自己交的钱。今年，她靠萨克斯管获得了好几个音乐奖项，在明尼苏达州明尼阿波利斯举行的全国音乐比赛中获得了全州第一名和全国第二名。"

我们快速切换到现在。在11月一个灰蒙蒙的日子，在爱荷华州锡达拉比兹市附近的一个小镇上，一间热腾腾的阳光灿烂的客厅里，已年过九旬的前高中打字员、获奖的萨克斯管演奏家对我讲述了她过世已久的祖母。我来找霍普·罗杰斯谈谈，想进一步证实我心里早已确信的事——丽兹说的是实话。（最终是霍普和家人把祖母的手稿送到了爱荷华州历史学会。）霍普是个坚强的草原女人，一生都是爱荷华人，她非常机灵聪明，是个特别有趣的人。她有两根手杖和一个助行器，能一个劲地说个不停，是个如饥似渴的读者，还自己出版了两本书。1976年，在她的祖母去世四分之一个世纪后，霍普·罗杰斯写了一本关于威廉和佩米利亚、丽兹以及她的家族中一些人的书，书名是《赖特爷爷》。（她从来不认识的赖特爷爷其实是她的曾祖父——不过她说的是比喻。对于住在爱荷华州的威廉的后裔或者我采访过的那些人来说，威廉就是"赖特爷爷"。）霍普的书在她的家乡爱荷华州进行了低调的宣传，一些媒体在报道中对书表示赞赏。"但是，当我放学回家时，不可避免地打断了她的回忆录写作，奶奶的记忆仍然停留在她的继母虐待她的情节中。这些细节是如此生动，即使在她70多岁的时候，我的奶奶仍然会惊恐地醒来，梦到她的继母又拿着刀在追她。"

我赶紧问了问刀的事，或者说是刀的梦。霍普说："我会在奶奶家停留一会儿。我刚从学校回来，走进屋里把书放下，我可能想找点零食吃，她通常会坐在那里看报纸或杂志。有时我一进去就发现她浑身发抖，只是颤抖，也许她刚从午睡的噩梦中醒来。"

"你问过她的噩梦是什么吗?"

"没有,我没必要问。她的噩梦总是一样的,安娜又拿着那把大刀在房间里追她。"

(值得注意的是,手稿中没有任何一个章节写到安娜拿着一把刀追赶丽兹,有的是其他那些可怕的事情。但是,正如我们所知,梦能够折叠、模糊、改变、重新想象我们的童年创伤。)

我第二次来爱荷华州的文顿市,来问同样的问题。第一次是在4年前,当时霍普骨盆骨折正在恢复中,她说:"哦,要说的话,奶奶说的情况连一半的严重程度都不到,撒谎夸张不是她的性格。我敢肯定,她的描述反而有所保留。"她停顿了一下,"现在的我,是不会保留隐藏任何事情的。如果你问我的话,我觉得安娜是个女巫,真的女巫。你知道,他们家来自威尔士,是德鲁伊教的后裔。"

我们看了一些旧的家庭相册,有几张泛黄的照片里是上了年纪的丽兹·海勒,她坐在夏日门廊的秋千上,身后是盛开的灌木。她看上去非常淑女——又大又圆的眼镜,一头短发,穿着有领的连衣裙,戴着一串珍珠。(是不是星期天中午,他们刚从教堂回来?)她看起来人很小。还有一张照片是丽兹站在一个农舍的院子里,穿着一件宽大的冬衣,她的双手在身后紧握,她的系带鞋看上去有一层崭新的粉白色,朴素的农妇裙子的领口上别了一枚胸针,她若有所思地看着别处,她的体重可能不超过90磅(41千克)。

在第一次拜访时,我问了丽兹·海勒的孙女一个问题,这个问题我自己都觉得像是在反问:"有没有可能说弗兰克不知道发生了什么事?"

"他不知道的话,"霍普立刻大笑着说,"就像木星是绿色奶酪做的一样荒唐。"

之后,我还跟这个大家族里的其他人谈过,这个大家族的人口很多,分支也很多。我和威廉的一些曾曾曾子孙谈过,我和霍普的孩子们聊过,他们都是曾曾孙辈了,也都是上了年纪的人,有自己的孩子和孙子。当然,他们都有自己的倾向性，罗杰斯的女儿珍妮·斯威夫特说："我们是被排除在故事之外的人，尽管我们有着同样的血脉。"霍普的另一个女儿玛丽·凯瑟琳·罗杰斯说："你看，我们不得不听人说威廉是个游手好闲的人。肯定还有研究弗兰克·劳埃德·赖特的人会这么想，或者有这种印象。"

1874年1月，威廉离开了波塔克特。他在高街浸信会当牧师才两年（和麦格雷戈的情况一样，会众投票不接受他的辞职），下一站是马萨诸塞州的韦茅斯，但也不是马上就去。（威廉在康涅狄格州的埃塞克斯住了7个月，他寡居的父亲当时就住在那里。）和以前的模式一样——只是不完全一样。在波士顿东南16英里（26千米）的韦茅斯，威廉从一开始就像是要尽力摆脱神职工作。面对一群严格遵守《圣经》的传统会众，新牧师设立了一所歌唱学校，并在周日晚上举办音乐课程。有些人对此深恶痛绝，15年前，韦茅斯浸信会禁止任何形式的音乐和戏剧表演出现在宗教活动中。他们的新牧师似乎一心按照自己的原则行事——以自我毁灭的方式行事。但也许还有另一种解释，事实上，在经历了近20年的休整之后，威廉又重新开始在波士顿几家声誉很高的出版社创作和出版音乐（实际上是从他在波塔克特的任期内开始的）。仅在1874年，他就有4部作品在波士顿和纽约印刷发行，这一定给他带来了极大的自豪感。也许正是这种过分的骄傲，甚至是自私的骄傲，至少他没有把家庭的幸福置于一切之上，导致他对他的韦茅斯教区产生了一种虚假的安全感。教会的一位成员向教堂捐赠了一架管风琴（在那些顽固死板的信徒中，他肯定属于为数不多的思想开明者），牧师把头往后一仰，全情投入地开始弹琴。与此同时，这个家庭的财务状况也像往常一样岌岌可危。

1877年6月，威廉和安娜的第3个孩子玛格丽特·艾伦（她的名字很快就叫成了玛吉内尔）出生了，这势必带来了新的经济和其他方面的问题。同年10月，赖特牧师失业了，他是被解雇的还是迫于压力辞职了？历史从来没有彻底弄清楚这一点。

这家人在东部又住了大约6个月，一家之主尽其所能地谋生、讲课，在一些公开的音乐活动中表演（这似乎只能带来寥寥的收入）。很明显，他现在开始背离浸信会的信仰。他的妻子信奉一位论，一位论派热爱音乐。之前提到的历史学家玛丽·简·汉密尔顿是研究赖特家族史的权威（顺便说一句，她认为伊丽莎白·赖特·海勒的手稿是一份值得信赖的文件），她曾说过："在牧师行业找不到工作，手头几乎没有现金，威廉和他的家人只好回到了威斯康星州。"

在这几句话里，你可以感受到一个失败者的开始。当然，在某种意义上，他的内心深处肯定也知道。魅力四射、极富天分的威廉·赖特自1863年被任命为牧师以来，已经在5个城镇担任过牧师。不到10年前，尽管家庭问题越来越严重，他满怀着希望去了东部。但是现在，1878年4月，一个职业前途渺茫的53岁男人和开始公开憎恨他的妻子回到了妻子的家乡。不出4年之后（根据戴恩县的离婚文件），在位于麦迪逊市高汉姆街的简陋家中，这个男人的妻子虽然还允许他睡在他们的卧室里，却拒绝让他睡在他们共同的床上（里面肯定有两张床）。不出5年之后，这个男人的妻子甚至拒绝让他跨过卧室的门槛，更不会同意他对婚内性行为的任何荒谬幻想。很明显，从那时开始，妻子会多次爆发，像疯子一样胡言乱语，她告诉她的丈夫，看在上帝的分上，让疯人院的警察来把她带走。不出7年之后——这个已经59岁的男人，因为害怕自己的人身安全，最近搬出自己的家，到了1884年12月13日，在一个寒冷、肮脏的中西部周六的早上，他到了麦迪逊市中心国会广场的律师办公室，无奈地提起离婚诉讼。我得提醒你一下，在这个男人不幸以失败告终的第二段婚姻中，所生的最大的孩子只有17岁半。这个男孩还没有动身前往西部的不朽之城，没有在建筑界扬名立万：母亲将成为他的动力，父亲则沦为背景中的幽灵。那该是几年后的事了。

父亲是背景中的幽灵。这是他的最后一张照片,或者至少是最后一张幸存下来的照片,威廉·凯里·赖特显然是在匹兹堡市他大儿子的客厅里。再过两三个或者五个星期之后,他就去世了。(原件保存在威斯康星大学的档案馆,原件的背面有"1904年5月"的字样。威廉于1904年6月15日去世。)这张照片为什么如此动人?这是不是和他弹奏立式钢琴的方式有关,他如此专注,似乎与周围的一切都隔绝了。他的孙女也转过身去,在画面的前景中表情非常严肃地抱着她的洋娃娃,好像是在暗示他的孤独。她的名字叫阿尔玛·黑泽尔·赖特,是查理·赖特和索菲亚·赖特最小的孩子,她才9岁。(她这么大的年纪还拿着娃娃,似乎有点奇怪。她腰上松松地系着的是她爸爸的腰带吗?她的头发上有一个蝴蝶结,她的衣服看起来像是盛装打扮,暗示着这可能是一个节日或者教堂日。也许是阵亡将士纪念日的那个周末,那么在这种情况下,离赖特爷爷突然倒下就只有两周的时间,对吗?)阿尔玛·赖特从未结婚,她活到了85岁,1980年在宾夕法尼亚州格林斯堡附近的一家疗养院去世。弗兰克·劳埃德·赖特是她的叔叔,或者更准确地说,是她的半个叔叔。我们不知道他们是否见过面,但这似乎很值得怀疑,阿尔玛那位大名鼎鼎的叔叔甚至可能不知道她的存在。

但那个孤独的人,他穿着长长的深色外套,双腿粗壮,胳膊短粗,他就坐在凳子的前缘,这样他的手就可以够到琴键,脚就可以踩到踏板了。他的白胡子像稻草一样,长长的白发一直留到脖颈后面，他带着一种锁定的专注，下巴略微绷紧。(也许僵硬的下巴和看上去轻微的肿胀和老年人牙齿脱落、牙龈疼痛有关。)如果仔细观察，你就会看到他小巧、镇定的双手。一切都映在钢琴键盘盖反射出的镜子般的微光中，像幽灵一样。在宾夕法尼亚州维多利亚时代的客厅里，一个维多利亚时代的男人和一盆大盆栽还有一个走神的孩子同在画面中，沉浸在他生命中真正热爱的音乐梦想和堡垒中，而死神就在拐角处。

威廉·凯里·赖特的伤心之歌（2）

我们可以把这视为一种弑父行为，或者是事后的弑父行为，因为当他的儿子写书付印时，威廉·凯里·赖特已经去世很久了。

弗兰克·劳埃德·赖特一生中最恶毒的谎言，也是影响深远的谎言，不断回旋的谎言，就在他《自传》的开头几页里，实际上只有寥寥几段。之前，我说过这个谎言，由于其狡猾的讲述方式——用含沙射影而不是公开声明——而变得更加恶毒和阴险。例如，你从来没有真正看到过"离弃"这个词，即使它确切的含义就是如此，即使第一代赖特史学家对威廉唯一的重要理解就是如此。你能够看到的，是作者公然表达了可怕的杜撰：安娜对他的离去感到悲伤，安娜的受害者情结和她的英雄情结交织在一起，她固执地相信，她出走的丈夫总有一天会回到她身边。

下面的引言摘自1943年版的自传，（1932年版基本相同。但就这一部分而言，1943年的版本读起来更流畅，因为作者把句子连成了更长的段落。）在1943年版中，关键的段落从48页的页底一直到51页的中间，这部分的标题是《父亲》。

值得注意的是，即使在编织谎言的同时，赖特在写作的另一部分架起了引线，试图炸毁整个故事。而且，需要注意的是，在这几个巧妙误导的段落中，儿子并没有说他讨厌他的父亲。不，这是一件更复杂、更人性化的事，怜悯、悲伤、骄傲，还有矛盾的爱，真实地闪耀着。为什么赖特人生中最大的谎言如此复杂，是因为他把他们当时生活的真相与最终出现的可怕杜撰交织在一起。

我们看看原文来体验一下：

"到现在为止，我们家在蓝湖边的房子里过得不大好，"他写道，"父亲和母亲两人的意见总是不一致。"

下一段是："母亲多年来一直有病在身，贫穷让她痛苦。"

下一段："小孩们在餐桌上看到她总是先人后己。看她只吃别人不愿吃的东西，经常喝不加糖的茶，这倒不是因为她喜欢：有一次，我们难得有机会吃后院鸡舍里的鸡，当鸡端上桌时，她假装喜欢烤鸡的脖子，简直让人信以为真。"

下一段："食物通常来自农场（他指的是在海伦娜山谷和怀俄明山谷的劳埃德·琼斯家的农场）——土豆、蔬菜、一桶桶的苹果。父亲的收入本就微薄，而且越来越少。在麦迪逊，音乐并不是什么谋生之道。在城里和周围城镇零散的布道就更少了。因为在外的挫折和家庭感情不和，父亲变得暴躁易怒。琼斯家的人不满意安娜生活的穷困，而他是一个骄傲的人，憎恨他们的接济。他的无能为力越发激怒了他自己。"

下一段："小伙子是他母亲的挚爱，她的希望寄托在他身上，也许这对她也没什么帮助。"

往下两段:"儿子对他才华横溢的父亲既同情又钦佩。父亲利用自己优秀的才能同不幸的环境做徒劳的抗争,儿子被这种抗争深深地触动——但他不知道怎样向父亲表达出来。你看,他们之间缺少某种让他们成为父子的东西,也许父亲从来没有爱过儿子。"

下一个句子有省略,有回旋余地,有多层次的阴影,是我之前引用过的一句话,现在我们在完整的上下文中再次引用:"回忆萦绕着这个年轻人,也萦绕着日后的那个成年人……"我相信,当那个人刚刚写完这句漂亮的、余韵不断的句子时,回忆已经萦绕着他了。

他描述自己深夜在父亲书房的门口倾听,他的父亲正在踱着步子为一场公开的读书会做准备。他记得父亲高声朗读埃德加·爱伦·坡的《渡鸦》,反复推敲语调和戏剧性的停顿。他说:"有时候,大家上床睡觉之后,他还会听到父亲夜间练习和踱步的声音——永远不会停下来吗?——这让一个稚嫩的孩子心中充满悲伤,他只能把脑袋埋在枕头里,把一切拒之门外。"

(他真的会用枕头捂住耳朵,把声音拒之门外吗?——是因为父母亲在家里的某个地方正对着彼此大喊大叫?尽管尖叫似乎不太符合威廉的性格。)

在这里有一个空格。作者是在给读者做准备,他要准备开始欺骗了。

"有一天,当父亲和母亲之间的矛盾变得难以忍受时,母亲已经承受了她所能承受的一切——也许父亲也已经承受了他所能承受的一切——她平静地说,'好吧,赖特先生'——每当她提到他或者对他说话时,总是这样称呼——'离开我们吧。我会照顾好孩子们,你走你的路吧。除了这个家,我们不会要你的任何东西。我做教师时的积蓄全都花在了这上面,我也在这上面花了这么多年的时间。

"'不,我们永远不会向你张口求助。'

"'如果你有什么可以寄的,就寄给我们吧。如果你做不到,我们也会自己尽力。'"

下一段："过去18年的心碎逐渐积累，不可避免地爆发，谁能想到她能如此平心静气地简单几句话道出来呢？"

3段以后："父亲消失了，他的妻子和孩子们再也没有见过他。卡彭特法官心平气和地解除了婚姻契约。"（并非如此。大家知道，J.H.卡彭特是威廉的律师，主持这个案件的法官是阿尔瓦·斯图尔特。）

下一段："母亲的家人深感悲痛，因为她的'耻辱'而感到羞愧。"

下一段："她自己也悲伤地跪倒在地。虽然她相信为了孩子们分开是正确的，但她似乎——在内心深处并不相信他们的父亲会利用她的提议把他自己解脱出来。"

下一段："直到15年后父亲去世〔不，是19年后〕，她一直坚信他还会回来。在她的一生中，她从未对另外一个男人动过念头，在他的一生中也没有想过另一个女人。也许在经历了一次又一次的失败和困难后，共同生活中他们的情感消磨殆尽：绝望的父亲像苦行僧一样投入到枯燥的学习、读书和音乐中去，对其他一切都置之不理。"

下一段："所以这个超级敏感的男孩很快就察觉到了她的'耻辱'。他的母亲是一个'离婚女人'。他的母亲为人善良正直，他对此丝毫不怀疑。因此，这对她是不公平的，发生她身上的不公平究竟是为什么呢？"

下一段："他心中的疑惑和怨恨在滋长，这就成了他身上虚妄判断的一种潜意识，而他的妹妹们，珍妮和玛吉内尔都是无辜的，她们没有错。他母亲的不幸——难道这是一种社会罪行吗？那为什么母亲和他们兄妹要受到惩罚？他们又做错了些什么呢？"

然后接下来的句子，以前引用过一部分，并且可能已经被成百上千本关于弗兰克·劳埃德·赖特的书引用，这可能是他写过的最有意义、最优美的句子，从许多可能的侧面展现了他自己：

"他心中的阴影从未被抹去。"

实际上，这是一个长句子的第一部分，剩下的就是："……只是把它当作又一个障碍来接受——变得比以前更敏感、更害羞。"在1932年的版本里，这句话后面是"而且变得不愿意相信"。在1943年的版本里，作者的潜意识稍微放松，写道："他开始不相信——那些他没有告诉你的事。"

历史上钩了，父亲"出走"成了传记作家们一种本能的认识，尤其是早期的传记作家，他们中的许多人在整体工作上都不算称职。

1958年，也就是赖特去世的前一年，格兰特·卡彭特·曼森（之前引用过的一位哈佛学者）在他广受好评的《1910年之前的弗兰克·劳埃德·赖特：第一个黄金时代》中写道："同样，在1885年，威廉·赖特离开了他的家人，再也没有回来。"这句话出现在传记的第二页。（很明显赖特读过曼森的书，因为他对该书做了一些有层次的评论。）

另一位早期传记作家菲尼斯·法尔在1961年的《弗兰克·劳埃德·赖特》中写道：

"于是威廉·赖特把小提琴夹在胳膊下，戴上帽子，走了出去。他的妻子和孩子再也没有见过他。"

另一位早期传记作家在他1965年圣徒传记般的《弗兰克·劳埃德·赖特：美国最伟大的建筑师》中写道："作为牧师、教师、音乐家，也许还包括为人父母，长期的失败接连不断，侵蚀了他18年的婚姻……他一句话也没说，走到帽架前，拿起他的帽子，永远地离开了他的家庭。"

这是赫伯特·雅各布斯写下的句子。那时他已经不住在麦迪逊了，而是在加州大学伯克利分校担任新闻学讲师。

1972年，传记作家夏洛特·威拉德在她的《弗兰克·劳埃德·赖特：美国建筑师》中写道："威廉一言不发地走出了家门，他的妻子和孩子们再也没有见过他。当地法官解除了这桩婚姻，赖特太太感到很伤心，她的丈夫没有采取任何措施来挽回她。许多年后，她的自尊心才从受到的打击和离婚的'耻辱'中恢复过来。"（虽然作者观点有问题，但这段话中"离婚的耻辱"这5个字可能是个无可争辩的命题。）

1979年，当时已经真相大白，人们也已经知道安娜"被悲痛击倒"是假的，一个名叫埃德加·塔费尔的学徒（他是塔里埃森学社的第一批成员，1932年的秋天来到那里，一直待到1941年）在他的传记回忆录《与弗兰克·劳埃德·赖特一起的岁月：师从天才的学徒》中写道："威廉·赖特带领家人来到马萨诸塞州，在韦茅斯的一个浸礼会教堂当了几年牧师，然后回到中西部的麦迪逊市，在那里，他除了教会工作和公开演讲之外，还想创办一所私立音乐学校。1885年，随着各种不和加剧，威廉·赖特离开了他的家庭，设法离了婚，从此再也没有回来。"

和"出走"一样，"离开他的家庭"成了一个常用语。

直到赖特去世大约10年后，这种说法才得以纠正，或者说是开始得到纠正。在1960年代末，也就是第一版《自传》出版大约35年后，一位来自密西西比州的威斯康星大学博士生在大学档案馆里兼职，他接到导师的任务，让他准备一份关于赖特在麦迪逊成长岁月的研究备忘录。他叫小托马斯·S.海因斯（几年前，我和他进行了一次非常愉快的电话交谈，当时他正在加利福尼亚的家中），他所做的是简单而耗时费力的工作，做基本的报告，也就是寻找文件，不管是法律文件的还是其他的，很多文件都在当地，基本上就在人们的眼皮子底下。（基本上，这些文件都收在麦迪逊市的各种抽屉里。）这位研究生在1967年冬季期的《威斯康星历史杂志》上发表了他的报告，并起了个听起来很低调的标题《弗兰克·劳埃德·赖特的麦迪逊岁月：记录与回忆》。正如之前所说的那样，对整个赖特研究领域来说，这是一个让人脸红的转折时刻，因为关于赖特的真实年龄、他的学校教育、他父母的关系破裂等，很多传闻都被当作事实公之于众了。就算没有完全接受，至少也有90%被视为事实。

但即使在历史觉醒之后，旧日的说辞仍然执拗地存在，或者不时地冒出来。甚至一些更学术化的学者——现在已经进入了赖特研究的第二和第三次浪潮——也受到了影响，例如我之前表示钦佩的罗伯特·托姆布雷。毫无疑问，在托姆布雷1973年和1979年的传记中，他了解真实的故事，并用简洁的方式很好地讲述了这个故事。（在我看来，他的赖特传记代表了当代具有开创性的深度传记作品。）在1979年的版本中，关于关系破裂的内容主要出现在第12页到第16页之间，了解事实的托姆布雷并没有保持正确不出错。在书里离结束还有11页左右的时候，当他（相当出色，甚至抒情地）评估弗兰克·劳埃德·赖特在历史上的地位时，他写了一个较长的句子总结，中间部分包含："当威廉·赖特遗弃家庭，让全家一贫如洗时……"

是的，威廉离开了家，但这仅限于最狭义的、最字面的意义，几乎可以说是技术层面的离家。"遗弃"这个词与事实不符，托姆布雷自己肯定也会同意。尽管他做了这么多研究，这位学者就好像还是暂时陷入了历史失忆症。威廉搬出去，是因为他被安娜推了出去，而且据我所知，确实如此。就我所知，他不是被象征性地推了出去，而是被实实在在地赶了出去，其中牵扯到安娜的拳头，甚至还有双齿的切肉叉以及碾肉的棒子。

再举一个例子，1994年，现代艺术博物馆举办了一场名为《建筑师弗兰克·劳埃德·赖特》的综合性回顾展，这是赖特去世35年后的事，博物馆还出版了一本同名的大型配套书。第一篇文章的作者是威廉·克罗农，他是一位备受敬仰的美国历史学家，他关于赖特的口头采访和书面著作让我学到了很多。（2012年，他是美国历史协会主席。）尽管如此，克罗农教授写道："从记录来看，赖特的父亲是一个相当可悲的人物，一个迷人、有风度、自由自在、挥霍无度的人，才华横溢却没有成就感，他永远不能满足他苛刻的妻子。威廉·赖特最终出走离开了他的家庭，就像四分之一个世纪后他儿子所做的那样。"

公平地说，"四分之一个世纪后"的这一句还有个从句，克罗农插入了一个破折号，并以"尽管威廉的妻子渴望他离开，而弗兰克的妻子却不这样"结束了这句话（显然，他指的是凯蒂·赖特）。但这个条件句也无法纠正"出走"这个词给毫无戒心的读者留下的错误印象。

为火所困：赖特的梦想与愤怒

弗兰克·劳埃德·赖特没能活着看到这些书写出来，在他的内心深处，他知道这些书会这样写他的父亲吗？他太清楚了，不会不知道的。

马克·吐温说得对，当真理还在穿鞋的时候，谎言已经跑了大半个世界了。再一次引用文化历史学家尼尔·波兹曼的话：虚假神话的潜在危害在于它们能够在我们的集体无意识中扎根发芽。在真正意义上说，60年过去了，我们仍在费力为赖特的花园除杂草，仍在费力系鞋带。赖特领域的人知道，他们早就知道安娜和威廉分手的真相，只不过人们总是时不时地会忘记。或者更好的说法是，历史仍在努力记住它完全知道的东西。

威廉在失败的婚姻中是无辜的吗？绝不是这样。历史有没有不公正地玷污他？绝对有。这种玷污能追溯到他儿子1932年出版的《自传》吗？是的，除此之外，似乎没有别的办法来解释这个故事。

所以，有两个关键问题。首先，如果儿子知道关于父母的真相（即使他可能不知道每一个特定细节），如果他亲眼看到了他在孩提时代、后来在青少年和年轻时代所目睹的一切（很难相信他会这么多年来对家里发生的事情一无所知），那他为什么要这样做呢？就像朱利安·卡尔顿为什么要在那个8月下午放火杀人一样，所有人都想要提出一种观点。许多近代的传记作家和历史学家都在探讨这个问题（尽管在我看来还不够），也许答案最接近的心理学解释就来自传记作家罗伯特·托姆布雷，那位我刚刚批评过的人。

1926年，当赖特撰写《自传》中与父母有关的章节时，他是一个在逃犯，逃避《曼恩法案》指控下的抓捕……自1909年起，他就卷入了一系列被媒体大肆宣扬的情感事件，他离过一次婚，结过两次婚，和三个女人住在一起，目前正和第四位伴侣在一起。他非但没有为自己的行为道歉或者感到懊悔，反而认为自己受到了这个不宽容的社会的迫害……就像安娜遭受了她的"迫害"一样,他也因为做了他认为正确的事情而受到公开谴责。就像她因为自己的勇气而受到"惩罚"一样,他也因为公开和诚实的行为而受到排斥。在赖特看来,他和他的母亲遭遇了类似的不公正的命运,两人生活的相似之处是一种慰藉。他认同安娜对自己的婚姻困境的解释,这成为他在自己的婚姻生活中可以依靠的拐杖。

换句话说,赖特做这件事,至少在某种程度上是出于最基本的原因:因为这样做对他有用。这样做满足了他的需要,是他的权宜之计。他并不是出于对母亲的爱和忠诚而站在母亲一边,而是为了在公众的视线中推进自己的事业因此牺牲了父亲的利益。

是这样的吗?我们永远也不知道确切的情况。但让我们假设事实确实如此,他是在自我辩护,这是他愤世嫉俗的算计。

所以第二个问题与第一个问题相关联,如果他有良心,而且并非微不足道的一点点良心,那么他这样做付出的代价是什么?从这个故事一开始,我一直在以这样那样的形式来问这个问题,大家现在都知道,这个问题本质上是无法回答的。

即使他住在离得很远的地方,也要真情实感地来到威斯康星州的熊谷。我在这里并不是说,在弗兰克·劳埃德·赖特生命的最后10年里,他的父亲就挂在他的嘴边——充满了爱意、渴望、矛盾、深情、痛苦,半怀歉意或者满怀歉意。但我想说的也近似于此。

一旦你开始在这种背景下观察和倾听,就很难忽略他和父亲的关系了。很多参考资料都是遮遮掩掩的——有些也并不是,一切都是间接而非直接的。有时真正的提及是一闪而过的,是一句话,一句话支吾吞咽的几个字。但是如果你弯下腰,竖起耳朵,仔细聆听,你就开始听到所有暗含的意义。似乎威廉·凯里·赖特的影子就像爱伦坡笔下那颗说出真相的心脏，在地板下静静地跳动着，不管他儿子说了什么。

这些有关父亲的指涉就像鬼魅一样，出现在他的广播采访中，出现在他叙述的梦中，出现在出版的作品中，也许最能说明问题的是出现在他对塔里埃森学徒所做的自由发言中，当他就道德、生活等方面规诫学徒的时候。

有点奇怪的是，或者说也并不奇怪，"升华"这个词总会出现。赖特几乎总是在提到音乐和建筑概念时用到这个词——这两种艺术是真正"升华了的数学"，他的父亲是如何教导他把交响乐理解为"声音的大厦"。从20世纪20年代末开始，他就一直在用这个比喻。（在1932年和1943年出版的《自传》中，声音大厦的概念至少出现了两次。）但在赖特生命的最后十几年里，这个比喻几乎成了他的口头禅：音乐是一座声音的大厦，也许是在10岁的时候，他是在父亲的膝上第一次学会倾听的，他是如何暗暗感激；建筑本质上如何与伟大的交响乐一致，这两种艺术将数学"升华"，带到了更高的层面。

升华就是沟通、转化、重定向和转移。

例如，1958年4月15日，他在费耶特维尔的阿肯色大学演讲时提出了这个观点。他做了准备好的简短发言，然后回答了学生建筑师的问题。当你研究文稿时，会感觉"升华"这个具有多重含义的词好像让他有点混乱："建筑和音乐就像这样——建筑是升华了的……现在让我们看看，音乐是升华的数学，而建筑也是……贝多芬可能是有史以来最伟大的建筑师——贝多芬。我父亲教导我要把交响乐看作是声音的大厦，我现在一听到交响乐，眼前就会浮现出一座建筑——看着它是如何建造的——看看他们是如何着手打地基，用声音建造出大厦。"

一年前，也就是1957年春天，他在加州大学伯克利分校热情地谈起了他的父亲。一个学生问了一个关于遗产的问题，他的脑海里浮现出"繁衍"这个词。他说，"首先，我的父亲是一个牧师，他的父亲也是一个牧师——我的祖父。"然后就说到了他母亲那一边的家庭。但后来他又说回到了他的父亲，说

第四部分　在父亲的墓碑前

到父亲带给他的："当然，在我的家庭里，我的父亲是一个牧师和音乐老师，我们非常穷，所以我不得不去麦迪逊大学（他的意思是威斯康星大学）。"

1956年圣诞节，他住在曼哈顿广场酒店的套房里。（他把它重新华丽地装饰了一遍，把它当成了他在东部的塔里埃森。这位伟大的自我主义者会沿着第五大道走过29个街区，视察古根海姆博物馆的施工现场，几乎每天都如此。古根海姆博物馆是他后期最伟大的工程之一，他没能活着看到它完工。）这一天，他做了一个梦。他的小妹妹用他的话转述了这个梦：

"奇怪……我在午睡的时候梦见了父亲，就在今天下午。我在一个黑暗的地方，一开始我不知道是在哪里。后来我知道了：就是韦茅斯教堂管风琴后面的那个小房间，那个用来装风琴风箱的房间。我不停地鼓风泵气，父亲演奏的是巴赫。妹妹，我在梦里听得清清楚楚，每一个音符都像他以前演奏的那样。我的天，演奏巴赫需要那么多气！我得拼命鼓风，醒来时我累坏了。"

风箱和管风琴的回忆是一个广为流传的赖特故事，它出现在《自传》中。但这通常是一段更黑暗的记忆，大多数时候都是关于父亲的严厉，威廉显然是让他的孩子用风箱鼓风，把弗兰克累得精疲力竭，还把他弄哭了（安娜发现后对丈夫大发雷霆）。但这似乎不是此处的基调或重点，白天做了一个关于他父亲的梦，然后把梦讲给了他的小妹妹玛吉内尔，他似乎很着急，甚至有点惊慌。"妹妹，我在梦里听得清清楚楚，每一个音符都像他以前演奏的那样。"惊慌吗？是的，仿佛他突然找回了失去的父亲，每一个优美的音符，就像他过去演奏的那样。我听到了，妹妹。我听到了。

在《上帝的琼斯山谷》的第12页上，玛吉内尔·赖特·巴尼平铺直叙地讲述了这个故事。之前说过，这本书是一本简短的回忆录兼传记，出版于1965年（也就是赖特去世6年之后）。比起20年前约翰·劳埃德·赖特出版的《我在人世间的父亲》，这本书在事实的可靠性方面只强了一点点。玛吉内尔乘电梯来到他的套房，纸袋里装着一个热气腾腾的烤土豆。她的哥哥已经厌倦了纽约那些花哨的美食，他想要普普通通的威斯康星食物，他强烈要求她带土豆来。

429

为火所困：赖特的梦想与愤怒

她进了门，他好像要抓住她毛大衣的翻领给她讲那个梦。

6个月前，纽约的夏天，也是在广场酒店的套房。窗户是开着的吗？波道夫百货公司下面成群的出租车在鸣笛吗？那是1956年6月5日。地平线出版社的一名编辑和凯德蒙唱片公司的两名女制作人正在采访他，采访的内容将收录在一张名为《弗兰克·劳埃德·赖特的唱片》的密纹唱片中，对公众发行。赖特在吹嘘自己和建筑，说建筑是所有艺术之母，所有的艺术，例如写作、绘画、雕塑，都不及艺术之母。建筑现在也在垂死挣扎——当然了，除了他自己的建筑之外。

采访大约5分钟的时候，一位大胆的女性采访者说："我们能详细谈谈音乐和建筑之间的相似之处吗？"

"是的，"他说，"我一直觉得……"

他的思路回到了威廉身上。（是因为房间里有两位强大的女性吗？）

"我的父亲教我，他是一个牧师，但他首先是一个音乐家，后来他靠教音乐谋生，或者说想教音乐为生。他一直无法维持——"

似乎他的下一个词将是"家庭"，但并不是，他的想法没有直接的对象。他说："他一直无法维持——呃，通过音乐的方式，他的生活是一场悲剧。""他的生活是一场悲剧"这句话的语调变得轻快了一些，似乎他要说出这种想法然后摆脱它一样。支支吾吾只持续了一秒钟，他又恢复了精神："但他告诉我，交响乐是声音的大厦，它是被建造的，我很快明白了，建造交响乐的头脑也以同样的方式建造了一座建筑。"然后他开始谈贝多芬，他感谢父亲教会了他如何聆听贝多芬的音乐，音乐所有结构上的重复和暗含意义，以及它们与建筑艺术的关系，前提是你知道如何在网格上搭建筑，知道如何倾听灵魂深处的声音。说到这里，他又重新主导了谈话。

1957年秋天，《星期六评论》的编辑请他写一篇文章讲讲他对音乐的热爱。（编辑们计划把1957年9月28日那一期的大部分篇幅都用在所谓"黑胶唱片的十年"这个主题上。）这是赖特在流行杂志上发表的最后几篇文章之一，文章并不长,他写了几段引言,讲述音乐和建筑是在同一根枝上开的两种花——都是"数学的升华"。然后他从《自传》里一字不差地抄来了其余的部分。也许他只花了3分钟就草草地把引言写好了,剩下的就见鬼去吧,他只要拿钱就好了。但我不这么认为。下面是引言第一段的最后一句话,虽然不能以图示意,但在我看来,这句话似乎希望能利用语法分析和图示解释一切:

"我的父亲是一个牧师和音乐教师,他教我去看——去听——交响乐,一座声音的大厦。"

是的,这是他的口头禅,偶尔有点改变而已。

有时候,赖特说过的最能说明问题的话,都包含在他的破折号里,无论是口头还是书面上。看一下这里的破折号短语,如果你把破折号去掉,这个句子就会不清楚,没有直接宾语,几乎没有任何意义,变成了"教我去看交响乐……"它还包含了太多英语介词。只有当你还原那个破折号短语时,你才能理解他的意思。杂志的审稿者肯定意识到了它的语法问题,但还是选择让句子保持原样。毕竟,好吧,赖特就是赖特。

但是,无论从心理学还是从字面意义上来说,也许他甚至没有意识到,有没有可能赖特真的在说:我的父亲,一个牧师和音乐老师,教给我去看?然后加句号,到此为止。他用一个简单的单词"看"表达了他深深的谢意。他的父亲已经去世了这么久,也许是出于最卑鄙的原因,他背叛了自己的父亲,至少在几代人的历史和传记里都是如此。他的父亲教给了他去看,就艺术生活而言,这意味着一切。在那3个字母的单词"看"(see)中,在那个有些笨拙的句子里,赖特是不是明白了一切,然后在纸上写了出来——他欠父亲的是无法偿还的?他是否意识到,如果不是他的父亲为他指明了一条美好的道路,打开了去看的大门,他不可能成为一个世界级的艺术家?

"看"这个词看起来是孤立的,也许只是因为在本质上千篇一律的文章里,这个词悄悄地打开了个缺口。

《星期六评论》的最后一段:"有时候,仿佛有一扇门打开了,他可以清

431

晰地理解美好的含义。然后门会关闭，意思会变得模糊或遥远，但总是有一些意义。父亲教他把交响乐看作大厦——声音的大厦！"这同样是直接出自于《自传》。门的意象很美，也许这里有更丰富的含义。

但是，没有什么比他对学徒们即兴的、几乎是意识流的谈话更明显的了，这些谈话能让你看到那个良心不安的人所做的拓印、描摹、描影和似是而非的升华。在赖特研究领域里，这些周日早上的布道——基本上还没有学者仔细研究过——被称为"塔里埃森学社的讲话"。这种形式在威斯康星州和亚利桑那州进行了几十年。这样的例子有很多，其中很多保存在录音带中，主要是在老式的开盘录音机上录制的，你有时会听到噼啪声、静电声和嗡嗡声。我对它们的研究并不是很深，但我愿意打赌，你可以把录音文本堆成一摞，把所有的磁带叠在一起（据说有250小时的磁带，涵盖了从1949—1959年的讲话），闭上眼睛随手拿一个，威廉·C.赖特很可能就会作为某个潜文本出现在其中，不管是在纸上还是磁带里，不管以哪种形式，含蓄的还是公开的，直接的还是间接的，伪装的还是不加伪装的，短暂的还是其他的，指名道姓还是不指名的。就算他的父亲不在其中的时候，父亲其实还在那里。当他的父亲直接登台的时候，儿子表现出来的绝不是愤怒或者指责，至少从我所做的调查来看是这样。你所看到的是感激和温柔的渴望，偶尔也会有一些远不止于此的内容。

在亚利桑那州的西塔里埃森，有时早餐后，赖特会在绘图室里布道。在威斯康星州，他几乎总是在希尔赛德进行演说，而希尔赛德长期以来一直是塔里埃森建筑群的一部分。（赖特于1887年建造了原来的希尔赛德家庭学校，这是他最早的作品之一。这是一所小型的私立学校，由他未婚的姨妈艾伦和简·劳埃德·琼斯经营，她们把自己一生的大部分时间都奉献给了教学。15年之后，出现了第二个希尔赛德家庭学校。最终，它与塔里埃森合并了。）

星期天9点左右，大师出现在希尔赛德通常被称为起居室的地方。他穿着一套剪裁考究的西装，一件也许是从纽约的巴德店里定制的松垮垮的礼服衬衫，还有一顶他在巴黎定制的猪肉派帽子。起居室是一个两层楼高的美丽的空间,有一个巨大的壁炉,四个石墩支撑着一个阳台。(在很多方面,它类似于橡树园的绘图室,有一个巨大的、带拱顶的方形空间,有个八角形的阳台,赖特1898年把绘图室用铰链固定在房子的东侧。)阳台的底部刻着《以赛亚书》第40章的句子,以赛亚是他祖辈《旧约》中永不饶恕的先知。壁炉架上刻着18世纪英国诗人托马斯·格雷的《乡村墓园挽歌》中的诗句。

在一次周日早间的讲话中,赖特说道:"我认为,谈论你心中最重要的事情是人类的一种自然倾向。"(那是1954年4月25日。)

1954年9月12日:

> 任何你想要的东西都要付出代价,有多少人能明白呢?你可能会想,你可以侥幸躲过,你可能会想,好吧,上帝,我不必付出就轻易拿到了,但时间永远不会结束……人这辈子做的任何事最终都会累加起来,让他付出代价,他做了什么事他就是什么……当然,你可以忏悔,人们说忏悔对灵魂有好处。我想是的,也许这个净化的过程是有用的……所以,在内心里有良心是一件好事。当你做了一件错事,你知道它是错的,你开始意识到它是错误的,对你灵魂来说,最好的办法就是把它摆到桌上……对自己承认,是的,那是一个错误,永远不要再犯了。

这些有没有可能只是泛泛而谈呢?有可能,但是大约一分半钟后,他的父亲又出现在这里,虽然并不是指名道姓:"我是牧师的儿子,一生都是在宗教活动中长大的——一代又一代……"

1958年1月5日:"今天早上谁来讲道?有人吗?有什么问题吗?在我们学社里,所有人意识到的最大的困难是什么——让他现在就崩溃、哭泣、认罪吧。我想星期天早上应该忏悔,而不是工作。"

1954年10月3日:"这些被忽视的小事,就像平底锅底部的一个漏洞,很快就会把锅掏空。我们的生活也是如此，如果我们不留心，不去关注这些小事，这些小事最终可能会发展成一件大事。"

不到3分钟后，威廉就出现了，虽然没有直说他的名字："好吧，不管怎样，让我们一起度过星期天的早晨吧。我讨厌传教士的伪装，大家知道，我的家族里都是牧师，从我父亲那边来说，自从宗教改革时期……"

1956年5月27日：他又提起了他的口头禅，关于贝多芬和升华的数学。5分钟后，他说："就是这样，所以很大程度上这就是我们困惑的原因，我们到处流浪，没有地方可去，就和没有父亲的耶弗他一样，这里似乎没有家，没有精神家园。"（《圣经》记载，勇敢的耶弗他率领以色列人与亚扪人作战。）

1957年3月24日：这是他比较著名的周日会谈之一。他在思考艺术、文化、建筑和《圣经》，在反思真正的"建筑大师"——耶稣基督。然后，他顺水推舟说道："'真相会让你自由'。你有没有停下来想过这一点？'真相会让你自由'，是什么意思？"

几分钟后："如果一个人做了错事，并且他开始意识到他做了错事，那该怎么办？如果他错了，他就会上前来，咽下苦果并接受惩罚，然后重新开始。"

但他似乎陷入了沉思，他的声音减弱。"那么我们现在在哪里？"大约半分钟后他问道。

下一句："没有什么可以替代你内在的责任，对你自己的行为，对你自己的性格，对你自己，内在的责任。"他又就这个问题谈了几分钟。他讲了关于最近一次飞机旅行中一个坏孩子的故事。实际上，那是一个相当有趣的故事。

他的故事要收尾了，显然他并没有直接提到威廉，然后他突然说："你看，它比教堂的门还宽，比一口井还深。"

"教堂"这个词是不是无形中叮当作响把他父亲带了出来？大约40秒后："我们自称是学社，我们是学社，是一个家庭。""家庭"是否引发了什么？几秒钟后："再回到《圣经》，回到耶稣那里，他说：'你们如何给人，也会如何给你。'"仍然没有威廉，至少没有公开提到他。直到下一句："我开始长大上了年纪,我的祖辈一代又一代从事牧师职业,我父母双方的家族里都有不少牧师。我过去从来没有过多地思考过《圣经》。我无数次听人讲《圣经》,我生活在那种氛围里。我以前吃早餐、午餐和晚餐时都要接触《圣经》。"关于《圣经》的什么?罪恶、愧疚的主题吗?

再举一个例子,其中一些也许是升华了,另一些则非常明显。在我看来,这是周日学社布道中最能说明问题的谈话,也是最有启示意义的时刻之一。那是1958年9月7日,离他去世差不多有7个月的时间。他一开始就从他的父亲说起,这似乎是一个相当琐碎的故事。他说就在不久之前,他和奥吉万娜从塔里埃森走着到希尔赛德,不知怎么的,走着走着的过程中,他想起了他大约7岁的时候发生的事。当时这家人住在马萨诸塞州,他的父母会和孩子们一起走着去教堂,每个人都认真打扮了。他们租的房子离教堂有3个街区远,父亲发现自己忘了系领带。浸信会牧师不系领带就布道,这简直是不可想象的。于是,父亲从母亲那里拿了房门钥匙,匆匆赶回家,却发现母亲从钱包里拿错了钥匙。他别无选择,只能破窗而入。父亲拿了领带,戴好然后冲回去追自己的家人。但是他的手指被碎玻璃弄出了血,母亲把伤口包扎好。平时在教堂里,这家人总是坐在第一张长椅上,仰望着讲坛上那个极具魅力的小个子。那天,父亲红红的手指上缠着丝带或纱布,在他的儿子看来,高高在上的神父就不那么"可怕"了。他看起来几乎不像是一个传教士,而像个普通人,手指上划了一道口子,深红色的血迹隐隐透出来。然而,最奇妙的是,儿子比以往任何时候都更清楚地聆听了父亲的布道。

旧磁带上他的音调开始下降和放慢,似乎韦茅斯的领带和割破手指的故事已经让位给了别的东西。

"这是对还是错?"对错的观念在这里是否有些奇怪,"这"指的是什么?我们还不清楚,因为他陷入了意识流中。

过了一会儿他说:"这样公平吗?"

突然间,他似乎有些疲倦了,他的声音又降了一个音区。"反正,我也不知道。今天早上我们来的时候，我就在想这件事。"

结束谈话了吗？（没有，他才刚开始）"所以你们想要……"他说到一半就停了下来，好像在看别的地方。停顿只有两三秒，但听起来似乎时间更长。"……今天早上说点什么？谁有任何疑虑、恐惧、良心不安，现在就让他来忏悔吧。"

你能听到房间里轻微的窃笑或者清嗓子的声音——不是他的。

"自从我上次见你们之后，你们当中有多少人犯了罪？"

学徒们发出轻微的笑声，似乎他们不太确定该如何反应。

"你们当中有多少人愿意犯罪？"

现在笑声更大了，大家显而易见地松了一口气。他在开玩笑——一定是这样。

"嗯，你们看，昔日的牧师的血脉不时地涌上来……这些年来，它一直在滴漏，一点一点地漏，直到现在，我一点也没有了。"

滴漏，流血，就在边缘。所有这些深藏的或者浅藏的、被忽视的小事，就像平底锅底部几乎看不见的东西。但是，当然，这是用了他自己的比喻。

但是，去威斯康星州的熊谷，站在被冤枉的父亲的墓碑前，又是怎么一回事呢？早些时候，我说过我已经找到了两次去墓前拜访的文件（其中的一次我认为非常可靠，另一次还不够可靠），但我坚持认为还有更多的文件。到底去了几次，一个人还是和他人一起，这重要吗？有一次难道还不够吗？让我先从那个不完全可靠的证词开始。

这个人的名字叫亨利·赫罗德，50年代中期，他在塔里埃森学社当了两次为期一年的学徒，那时他已经二十几岁了。(他第一次当学徒的时间是1954年11月至次年11月；第二次是1956年5月至次年6月，离赖特去世还有不到三四年的时间。）一天下午，在塔里埃森的绘图室里，赖特走过来，站在他身后没有说话,只是低头看他正在做的工作。赖特用肘推了他一下,在他旁边的长凳上坐了下来。他一定是从这个学徒的效果图中看到了一些不错的内容。他从上衣口袋里掏出一支铅笔,这种一对一的教学就出现了。赖特很有可能甚至不知道赫罗德的名字,或者,如果有人当时问他的话,他可能根本想不起来对方的名字。

亨利·赫罗德突然有一个念头,他几乎是脱口而出:

"赖特先生,我在午休时间去了你们家在统一教堂的墓地,我看了墓碑,看到了您母亲的墓碑,但没有看到您父亲的。我只是好奇,您的父亲埋在别的地方了吗?"

对方缓慢地后仰,铅笔保持不动,脸上是恍惚的表情。

"哦,是的,我父亲,嗯,你知道,他在熊谷。那是一个墓地,离这儿不远。他的一生,你知道,是个悲剧。"

在"你知道"和"是个悲剧"之间,似乎有一丝微弱的气息。之后他没有再说什么,他们之间气氛现在有些尴尬,很快,赖特站起来走开了。

他在一段很长的口述历史中提到了这个时刻,这段口述历史是两个塔里埃森档案管理员在亨利·赫罗德临终前和他一起完成的。那是我第一次看到这个说法。你接下来读到的是我对这一时刻的描述——来自我对赫罗德的采访,我想问的问题和塔里埃森档案管理员问的不一样。赫罗德于2015年去世,享年不到86岁,他在加利福尼亚州的马林县度过了漫长而成功的建筑生涯。2014年夏天,听说他的情况不太好,我在没有任何事先通知的情况下给他打了个电话,和他谈了将近一个小时。事实证明,他需要一点点预热才想起这件事。

"哦,"他说,"嗯,很难忘记。我记得那恍惚的表情,以及他从长椅上缓慢向后仰的动作,他柔和的声音,他说到一半的转折,他说'悲剧'前的停顿。他的银发像是很大的花环,我想他可能穿了一件双排扣花呢外套,我们看到他总是那样打扮。我想他是从运动衣或者西装外套的右口袋里掏出了铅笔。我想我的问题让他有些措手不及。我们肩并肩地坐着,我想我们有一点点身体接触。我当时也不是耳语。我和你说这些的时候,我也在想,我当初为什么要问他那件事?我真是太无礼了,我现在几乎感到羞愧。也许是因为他坐在我身边,我感到某种突如其来的亲密感。我说不上来,也许我是在想我自己的父亲,他的一生也是悲惨的。直到他说了之后,我才知道他父亲的悲剧。我只是好奇,为什么他的父亲在统一教堂的家族墓地里没有一块墓碑。不管怎么说,我问了他,是我说的。我从来没有忘记过。"

后来,在我们的谈话中,亨利·赫罗德又说了些别的话:"现在你让我回想起这一切,我可以肯定,他说过他刚刚去过熊谷。可能是前一天或者前几天,是的,我确定他刚去过。"

我想进一步问他更多的细节,但是他说不出来了。

下面是另一个人在回忆赖特和他父亲有关的事情——只不过在回忆中有更多关于熊谷的内容。这一段很长的口述历史值得详细引用,其中有停顿、重复和语言上某种近似抽搐的感觉,口述人是威廉·韦斯利·彼得斯。1990年5月,两名塔里埃森档案保管员在亚利桑那州录制的录像带。彼得斯年近七旬,大约一年后他将死于中风。任何了解赖特的人都知道,彼得斯在赖特的世界里是一个非常有名的人物,他是赖特的女婿。(只不过在录音带上,或者在我所知道的任何其他地方,你会听到他对岳父的称呼一直都是"赖特先生"。)1932年,他作为第一批学徒来到塔里埃森。(如果回到这本书的开头,看《出自〈旧约〉》那一章的第一张图片,你会看到彼得斯。他在第一排从右数第二个,他正抬起右臂支撑着下巴。)

他在塔里埃森有将近60年的历史。他来自印第安纳州的南部,在麻省理工学院学习,但这所著名的大学并没有给他他想要的东西。他来到了斯普林格林,见到了那位伟人(几年后,这位学徒娶了赖特和奥吉万娜的女儿斯维特拉娜,赖特成为了他的岳父——在此期间,他的家庭也发生过一些动荡)。几十年来,韦斯·彼得斯一直充当"三脚凳"的三根腿之一,赖特说自己需要这张三脚凳才能工作。彼得斯具有天生的工程才能,他虽然反应敏捷,但说话很慢。他身高至少有6英尺4英寸（1.93米），午餐的食量是别人的两倍。他是一个容易被别人利用感情的人，他似乎天生就不适合内省和情感交流。他喜欢粗俗的玩笑，戴着又大又笨重的纳瓦霍首饰，在金钱方面完全不在行，直到他去世的那一天，他都忠于赖特的事业。

韦斯·彼得斯记得那天他开车载着"赖特先生"去熊谷。

在录像里，他穿着一件西部样式的短袖衬衫。他每隔一会儿就摆弄一下眼镜，还不时地交叉或者松开他的长腿和胳膊，他的四肢已经有些松弛消瘦了。在录像带的前七八分钟里，他很开心地回忆起穿越全国的铁路旅行，回忆起他的岳父为了打发时间，会拿起别人的书，然后在里面写东西。有一次，他对着D.H.劳伦斯的诗集下手——他告诉女婿把那本书递给他，他要提高一下D.H.劳伦斯的诗歌水平。

在谈到与赖特一起旅行的话题时，一段失去的记忆仿佛突然冒了出来，彼得斯说：

> 有一天，这是在他，呃，我记得大概是他去世前一年的时候，他对他的父亲非常感兴趣。我们开着车到处转，他说他总是能感觉到他的父亲，他总是从母亲告诉他的话里看他的父亲。他父母分开的时候他大约9岁，我想是这样的。赖特先生一直说他是从他母亲那里听到他父亲的故事的，现在他觉得母亲的故事有些偏颇。而他的父亲，他想得越来越多的是他欠父亲的东西。就像他在《自传》里说的，他讲述了他的父亲实际上教给了他许多东西。比如，他强调说是他父亲教给他把音乐看作是结构，一种结构。音乐确实是一种建筑形式，这教会了他很多东西。当然他对他父亲的生活很感兴趣，因为他对父亲的生活不太了解，他说他真的对他父亲的生活不太了解，不了解他父亲离开他母亲之后的生活。事实上，他的父亲显然在许多方面都有过人的天赋，但却从来没有成为其中任何

为火所困：赖特的梦想与愤怒

一个方面真正的大师。他试过法律，法律和传教。而且他竞选过一段时间的政府公职，他甚至有一段时间，据我所知，从事过医学，考虑从医，研究了一段时间的医学，他还是个音乐家和作曲家。有一次，我们去了他父亲的墓地。赖特先生，我不清楚，赖特先生之前有没有去过他父亲的坟墓，我忘了他有没有去过。但我们去了那里，找到了他父亲的坟墓，找到了一切。它就在浣熊谷，或者是熊谷，我猜是熊谷墓地，我猜是熊谷墓地，从孤石村回来碰到的第一个地方。我们四处找，赖特先生终于找到了它。在回去的路上，他告诉我，他看了它之后，他说他已经——

彼得斯把目光从录像机上移开，他的喉咙里发出一个声音，听起来像"哦啊"，一种介于吞咽和大口吸气之间的感觉。

——真的，他一直在回忆，他的父亲不仅教他热爱音乐，而且赖特先生也开始对查阅他父亲的旧书产生了浓厚的兴趣，实际上他父亲在那些书里写了一些音乐。他说他意识到他父亲对他的影响很大，他从来没有意识到这一点，但他的母亲总是教导他说他的父亲是个坏人。他父母的生活对他来说是一本合上的书，他母亲永远不会和赖特先生谈论他们的生活是好的、坏的还是其他的。赖特先生一定程度上对此感到非常难过，真的。在他母亲和父亲分居之后，他父亲最终回到了他妻子那边的孩子那里，我指的是他和前妻的孩子，他们帮助了他，而且他还教音乐课什么的，他的生活是非常孤独的。我不知道他死的时候多大，但是赖特先生真的突然非常动情……

突然非常动情。关于赖特大概9岁的时候父母就分居了，我们不知道彼得斯是不是记错了——或者赖特是不是在这一点上欺骗了他。这不重要，其他的纰漏也不重要，因为录像带上的情感胜过了一切。"哦啊"让你忍不住想象，或者让我联想到，在去世前一年的那个下午，赖特去熊谷的时候，他的情绪是什么样的。我永远无法证明这一点，但我相信，"突然非常动情"与他曾经向世人说过的关于他父亲的可怕谎言有密切关系。

❧

在1885年4月24日（离婚判决的日期）之后，威廉·凯里·赖特又活了19年。这个前任牧师想做的、能做的，似乎就是去别的地方。（为什么是前任牧师？一个离过婚的牧师几乎不可能再当牧师了，至少在当时的美国是这样。）之前说过，如果说这种去下一个地方的冲动是威廉人生的基本剧情，那么在他生命的最后几年，威廉似乎把这种冲动变成了一种冷峻的艺术形式。他的儿子知道吗？我认为，儿子在某种程度上知道这一切，虽然他可能不知道细节。问题是，威廉行为的一部分，甚至大部分，是不是和家庭失败感联系在一起的？

在这将近20年的时间里，赖特和他的父亲曾经有过几次离得非常近，几乎是触手可及的距离——就像弗兰克和他的老朋友赛瑟尔在分开后的岁月里一样。有几次，在世纪之交的时候，当赖特发表公开演讲时，我相当肯定，威廉同一天也在附近。不难想象，他看到一张布告，就遛到后排去听他儿子讲演。

1884年的感恩节，也就是正式对安娜提起诉讼前大约10天，威廉去了内布拉斯加州的瓦胡市，和他的二儿子乔治·欧文·赖特在一起。乔治是一名律师，也是当地的一名法官。当时正在进行一场铁路价格战，从芝加哥到奥马哈的往返车票只要一美元。威廉可能没钱去别的地方，丽兹·海勒和她的丈夫约翰也来瓦胡度假。丽兹在她的人生故事中是这样描述的："父亲告诉我们，他的情况越来越糟，我们都希望他能离开她。约翰说，人死后有下地狱的危险，这已经够糟糕的了，活在这个世上的时候就尽量远离吧。乔治给了父亲很多建议，叫他出来和他一起当律师。"似乎是这次拜访给了威廉回麦迪逊市和妻子离婚的勇气。

为火所困：赖特的梦想与愤怒

离婚后的一段时间里，威廉一直留在麦迪逊。他在国会广场东侧平克尼街23号一家商店的楼上有一个音乐工作室。这座建筑被称为埃尔斯沃斯大楼，现在还在那里，130年来没有什么变化。（走进这座旧日的大楼里，你会对他的生活产生一种奇妙的感受。）他租的地方就在州政府大厦的正对面。当一家人在一起的时候，他会步行或者乘坐马拉的街车，从位于高汉姆和利文斯顿湖边的家出发来这里——对角线上大约有8个街区。我们不知道他离婚后住在哪里，但肯定离得很近。那年春天的一天，威廉在街上遇到了他最小的孩子玛吉内尔，她刚从学校回来。据玛吉内尔说，她父亲把她抱起来，抱到自己的肩膀上，亲吻她，想和她说话，然后把她带到镇上最好的服装店，在那里给她买了新鞋和一顶草帽。然后他送她回家，在一两个街区之外和她道别。当安娜发现威廉所做的事情后，她从孩子身上把东西夺下来，放到厨房的大柴炉里烧掉了。

从1885年到1890年的5年间，在奥马哈以西的瓦胡，威廉又开始重新阅读法律，这是他的谋生之道。他的作曲天赋又回来了，他写了一首名为《漂浮在海湾上》的曲子。这是他最优美的曲子之一，有柔和的和弦重复。据说这首曲子来自他对麦迪逊的门多塔湖的记忆，那时他会从高汉姆街的房子出来，沿着陡峭的河岸走下去，拉起自家小船的船锚，独自在水上漂荡。《漂浮在海湾上》里有一组对句作为音乐的序言："漂在月光照耀的海湾／柔波拍打着小船。"

这位不专心的律师和他的儿子一起执业，现在他和东部的音乐出版社不再有联系，所以他开始自己印刷。他此后所有的作品都贴上了发行标签：内布拉斯加州瓦胡音乐公司。

不管怎样，他意识到了自己的重要性。他出版了《专为柜式风琴创作的系列乐曲》，他把这组曲称为"星团"，他还为这5首作品的作曲家们起了名字，除了他自己，还有著名的俄罗斯K.厄尔对依科西克，著名的法国人C.乌尔里，还有著名的德国人威赫姆·科瑞。活页乐谱的封面是维多利亚时代的卷曲卷轴，推出了这组乐曲的是内布拉斯加州瓦胡音乐公司，一个听起来就很夸张的公司，该公司肯定是从威廉的帽子上凭空变出来的。

瓦胡之后，他去了奥马哈。他自称为"音乐教师"，他的住所和工作室位于谢尔曼街1716号。他自己出版了另一本小书《金色的监听器》，并以1美元的价格预付邮费供人邮购。他加入了皇家共济会，并通过努力成为一名大祭司。这又一次显示了他毋庸置疑的魅力和交朋友的能力。

1892年，他来到了内布拉斯加州的斯特罗姆斯堡，这个地方位于奥马哈以西约90英里（145千米）的波尔克县，是玉米、高粱和大豆之乡。这是个狂风吹拂的地方，位于"内布拉斯加州的瑞典之都"。1892年4月7日，《斯特罗姆斯堡前灯》上的一篇文章写道："布莱恩特教授任命威廉·C.赖特教授为斯特罗姆斯堡中央师范音乐学院的院长。赖特教授是一名音乐作家和作曲家，一位有多年经验的教师，他毕业于几所著名的音乐学院，有着现代的思想和方法。学院的音乐系将以新英格兰音乐学院设计为基础；我们的读者会很高兴知道，我们将在音乐方面拥有优势，在本州首屈一指。赖特教授的工作将马上展开。"从后来的记录来看，他在当地的表演似乎让市民们兴奋不已——但斯特罗姆斯堡市民们却无法挽留他。过了几年，他就离开了这里，但离开之前他写完了一首名为《忧郁的时刻》的曲子，（他是不是在深夜里，在二楼的房间里踱来踱去，大声地朗诵《渡鸦》？）他又给乐曲添加了一个富有诗意的开场白，这并不是音乐本身的一部分："这是夜晚困倦，沉思的时刻，／我听到钟楼上传来钟声，／忧伤的思念，暗淡的预感／在我灵魂里唤醒了一首哀伤的赞美诗。"

威廉的儿子小时候经常看着父亲在方腿钢琴前作曲，父亲用牙齿叼着一支笔，黑色的墨水滴进他的白胡子里，滴到他的衬衫上，他的脸上因为斑点和污迹变得可怕。这位狂热的作曲家冲到旁边的桌子上草草写下更多的和弦，然后再到钢琴前试奏刚才写下的谱子，全然不顾其他的一切。

在斯特罗姆斯堡，威廉又谱写了另一首乐曲。这是一支轻快的进行曲，但带有明显的悲伤，也有一种挑衅的神气。他将其命名为《堕落英雄的胜利》，这似乎是他完成的最后一篇作品。

紧随斯特罗姆斯堡之后，是位于密苏里河西岸堪萨斯州的艾奇逊市。然后，他逆流而上，横跨河流到达密苏里州的圣约瑟夫市（当地的一本通讯录上写着"威廉·C.赖特，音乐教师"）。那是1896年，下一版通信录还没追上来，他已经搬到了爱荷华州的得梅因市，至少在1896年底他已经搬到那里了。在第二年的通信录上，第608页有"赖特音乐与演讲学院"，下一行是"威廉·C.赖特，主管，第六大道954号"，这也是他住的地方。（此页前面写道："住宅相同"。）

他不再作曲了，这几年里他开始在一本全国性的音乐杂志《练习曲》上发表一系列文章。在他生命的最后10年里，总共有8篇文章，取的题目都很轻松，类似这种《"凭耳朵演奏"——祸害还是好处？》《先哪只手？》《从新角度来看》。那篇发表于1895年8月的文章是关于音乐的，尽管也涉及其他问题。"成功的一个主要因素是意志，"作者说，"意志不仅仅是愿望，也不仅仅是断断续续的决心。"

他一直留在得梅因市，1898—1899的通信录显示："威廉·C.赖特迁徙爱荷华州的佩里市。"这就好像一个诗人在写得梅因的城市通信录，"迁徙"这两个简单的字仿佛勾勒了他的一生。

他在佩里（得梅因西北的一个小城）住了两年左右。在1900年的联邦人口普查中，他被列为"丧偶"。（是的，他是佩米利亚的鳏夫。）他租房住，年龄75岁，教音乐。

但在同一年的某个时候，他回到内布拉斯加州，与做律师的儿子乔治以及他的家人住在一个叫约克的小镇上。乔治仍在从事法律工作，但他也加入了牧师的队伍。威廉还在教音乐，但你可以强烈地感觉到，他的音乐事业在急剧下降，大部分钱都花光了，身体也不好。他似乎和他的两个孩子长期轮流住在一起，一边是乔治和他的妻子科迪莉亚以及他们的家庭，另一边是丽兹·海勒

第四部分 在父亲的墓碑前

和她的家庭。海勒一家住在爱荷华州的拉多拉，丽兹告诉她的父亲（在《我的人生故事》中），欢迎他永久地和他们住在一起，也许这就是威廉在搬到丽兹家之前长途跋涉回到东部的原因。（是内布拉斯加州和爱荷华州的两个孩子给他的旅行出的钱吗？）他的长子查理和妻儿当时在宾夕法尼亚州，是个机械师，他有一段时间没见过查理了。1903年秋天，威廉来到匹兹堡，和他身为工人的儿子及其家人住了一段时间。1904年6月15号，星期三的早晨，在匹兹堡霍姆伍德区贝纳特大道7324号那栋门后有门廊的红砖房子里，弗兰克·劳埃德·赖特的父亲晕倒了，不到两三分钟就去世了。他显然刚从拐角处的杂货店回来，腋下还夹着晨报。（我想象他在楼上的房间里起得很早，洗了澡，修了修白胡子，系上了领带。）他是在楼下那间屋子里死去的吗？一周、两周或者三周前，查理给他拍了照片，他穿着黑色长外套，弹着一架立式钢琴，前景是小阿尔玛·黑泽尔，似乎根本没有注意到她的爷爷。在向西约468英里（753千米）的地方，在橡树园一个阳光充足的阳台上，三脚架上的黑色照相盒发出一串带着白烟的噗噗声，这是不是同一天发生的事？（你可能还记得，很多页以前，赖特和他的家人合影的那一天。在我的想象中，事情就是这样发生的，有一种同步效果。）

该市的死亡登记显示死者活了79年5个月零13天，前几天他一直感觉不舒服。他又一次登记成"鳏夫"，因为"年老"和"心功能不全"而去世。附近的霍默·E.莱斯利殡仪馆为他的遗体做了处理。匹兹堡的四五家日报上都没有刊登他的死讯。（我没能在任何地方的任何报纸上找到他的死亡告示。）

他的遗嘱是一页纸的文件，上面是法律语言，但还是让人有些迷惑，打印效果不好，而且是单倍行距的。它的开头是"奉上帝之名，阿门"，他希望把他所有的东西都平分给他的6个孩子。"本遗嘱的目的是使我所有的子女平等地分享我的财产。"在起草遗嘱时，他主要持有康涅狄格州互助人寿保险公司的第150.694号人寿保险单，价值577美元。他意识到，在婚姻存续期间，可怕的安娜会是保单的主要受益人，她可能会和他第二个家庭的孩子一起干扰平

445

均分配，甚至会导致他在保险单上的意愿完全被忽略。在这种情况下，"我要求从我的个人财产中拿出一美元支付给我的每个孩子"。（1890年1月，离婚5年后，他在瓦胡立了这份遗嘱。具体结果如何不得而知，我一直没能找到遗嘱认证文件。）

儿子查理带着棺材回到了威斯康星州。丽兹和家里的其他人从爱荷华州、内布拉斯加州和其他地方赶过来。当火车驶入孤石村时，他们中的一些人早就等在那里了。1904年6月18日，他们在熊谷的布朗教堂举行了葬礼，随后在小教堂的墓地下葬。肥沃的土地刚刚种上了庄稼。那是一个令人愉快的初夏早晨，有一群送葬的人。接下来的一周，斯普林格林的《本地新闻周刊》中有这样一则小消息："安娜·赖特女士和女儿玛吉内尔在山谷里待了10天之后，回到了他们伊利诺伊州橡树园的家。"也就是说，当她全心全意憎恨的那个人被埋在佩米利亚旁边时，她就在附近。在接下来的几年里，赖特家族，也就是第二个赖特家族，包括那位举世闻名的成员，将会宣称他们对他的死亡毫不知情。这是不是真的并不重要。他们根本不会参加他的葬礼，他是个被抛弃的人。

在那个星期六礼拜的92年之后，在另一个星期六的早晨，一位牧师在爱荷华州锡达拉皮兹市的圣马修天主教教堂做弥撒并主持了一场婚礼仪式。1996年3月的那一天，威廉的曾曾曾孙女阿莱西亚·科琳·斯威夫特嫁给了当地的一个男孩。新娘要选婚礼音乐，她想选勃拉姆斯圆舞曲的第39号作品，但更想要"赖特爷爷"的作品，其中她最喜欢的是《漂浮在海湾上》，这首曲子里有轻柔、重复、悲伤、波浪式的和弦。不知是什么原因，送花的人来晚了，所以这家人让管风琴手继续演奏这首曲子，直到鲜花终于来了。一切都很美好。

❦

我想到了当代美国小说家克莱尔·梅苏德。她患有痴呆症的母亲曾对女儿说："在你意识到你的梦想没有一个能实现之后，生活中还有很多事情要去经历。"这句话后来经过改变之后,出现在梅苏德了不起的小说《楼上的女人》里。

当我开始窥探威廉的生活时,我曾想象他多少有些无辜。他不只是有些无辜,他受了很大的冤屈,虽然他也并非无可指摘。我对安娜几乎有些同情(但这种同情往往很快就消散),不管威廉有什么天赋,有多少成就,他身上总有一种近乎愚蠢和令人愤怒的东西。我现在认为,安娜有着与生俱来的可怕的("难以控制的")脾气和计人害怕的意志,她长期遭受着精神疾病的困扰,至少部分原因是她意识到,作为威廉的配偶,她个人梦想的任何一个都不会实现。这些梦想都被升华、转移、引导和重新投注到她的长子身上。在弗兰克·劳埃德·赖特的一生中,还有谁比母亲更爱他,更信任他?天知道她从来都不是个容易相处的女人,她的生活一直像拓荒者那样艰辛,不管是在威廉之前,和威廉在一起的时候,还是在威廉之后的大部分时间里。如果我总是偏向威廉,反对安娜的残忍,那么我也必须承认,她给了儿子某种意志力和内在力量,这似乎是无法量化的,而全世界都因此受益。这是我们无法反驳的,即使我们反对安娜本人。

至于那个内心冲突的长子,我只能认为,在某种真正意义上,在1885年家庭破裂后,他的余生一直在寻找他的父亲,那个在后人面前被他隐喻性杀死的父亲——尤其是在1932年《自传》出版后。有一次我去爱荷华州采访,霍普·罗杰斯的女儿玛丽·凯瑟琳·罗杰斯——一个正派、坦率、体贴、爱探索的人,就像她的妈妈一样——在电话里对我说:"你从来没有对弗兰克和那些钢琴感到好奇吗?他似乎在几乎每个房间里都放上一架。这是怎么回事?他想用大钢琴来填补他父亲留下的所有空白。我的意思是,这不是很明显吗?"

这不是很明显吗?有一个故事让人感到惊悚,它的含义似乎是那么清晰,是关于一场火灾——和一架钢琴。这是弗兰克·劳埃德·赖特在塔里埃森的又一场火灾,是他自己无意中引起的。随后,他走进那栋建筑尚未被摧毁的部分,在一架斯坦威钢琴前坐了下来,演奏了很长时间。四周弥漫着刺鼻的气味，到处冒着一阵阵火苗，贝多芬、巴赫和勃拉姆斯。所有人都离开了，让他自己在那里，钢琴的声音回荡在劳埃德·琼斯山谷里。之后我会再谈那场火灾更多的细节。

第五部分

故事结尾：
1950—1959

一个好的设计是起点也是终点，因为每一个好的设计都是有机的。
——弗兰克·劳埃德·赖特，《建筑实录》，1928年1月

注意终点，赖特！剩下的不用管。
——路易斯·沙利文对他的学生弗兰克·劳埃德·赖特说

迈克·华莱士：你害怕死亡吗？

弗兰克·劳埃德·赖特：一点也不。沃尔特·惠特曼警告过我们了。如果你想请教他，就去读他的书。死亡是一个伟大的朋友。

迈克·华莱士：你认同个人终有一死的命运吗？

弗兰克·劳埃德·赖特：是的，但在我不朽的层面上，我会永远不朽。对我来说，"年轻"没有意义。这是一件人无能为力的事，你什么都做不了。但青春是一种品质，如果你拥有它，你永远不会失去它。当他们把你放进棺材盒子里，那就是你的永生。

——迈克·华莱士采访，ABC电视台，1957年9月28日

再见,弗兰克·劳埃德·赖特
我不相信你的歌这么快就消失
我还没学会它的曲调
——保罗·西蒙和加芬克尔(出自《再见,弗兰克·劳埃德·赖特》)

录像这一形式记录和保留了下面这一切：那天晚上（1957年10月29日），弗兰克·劳埃德·赖特和卡尔·桑德堡出现在一个叫作《芝加哥动态》的本地电视直播节目上，画面还是颗粒状的黑白影像，赖特这个一直自恋的老顽童，用他的长柄手杖偷偷去戳老朋友的鞋面，试图打扰对方，让对方不安。在一卷录像带里看着他做这件事，是相当滑稽的。另外，也可能是相当可悲的。

这两位文化祭司是土生土长的中西部之子，他们俩正坐在彼此对面，膝盖几乎碰在一起。他们认识差不多有半个世纪了，但没能经常聚在一起。节目布景非常简单，超级温文尔雅的阿利斯泰尔·库克担任主持人。这个节目是在海德公园南湖滨大道如洞穴般空旷的科学与工业博物馆的东翼录制的，芝加哥教育电视台"世界之窗"第11频道就在那里设有演播室。这样设计是让电视台和他们的工作成为芝加哥的一个"现场展览"。

一开始，他好像在地板上画圆圈，然后拐杖蜿蜒过去，他开始戳桑德堡。他缩回了手杖，然后又返回去暗戳。你可以在屏幕的底部看到这一切。但他为什么要这么做呢？因为他想在节目中占上风，这是自然的，而他也确实占了上风。

他们的节目安排在9：30到10点之间播出，10点的时候电视台通常会停播，要么进入测试模式，要么完全变黑。但控制室里显然有人暗示：嘿，事情进展得很顺利，让我们把结束语往后延长10分钟左右吧。他们继续播出。

戳人的那位已经90岁了，被戳的这位79岁。（桑德堡曾三次获得普利策奖，也是那首广受欢迎的民谣诗《芝加哥》的作者，诗中描写芝加哥是"世界的屠夫"。）赖特看起来要衣冠楚楚得多，他穿着软塌塌的高领，围着一条丝巾，坐着时有45度的倾斜。桑德堡的身体笔直，一头乱蓬蓬的白发在头顶正中分开，垂到他的大耳朵周围。他的脸上有一种迷人的孩子气和肉感，你几乎可以想象他从附近的田地里走来，赶紧套上他的城里衣服，匆匆忙忙地跑到博物馆去拿他的煎饼。（实际上，桑德堡现在住在离伊利诺伊州很远的地方，在北卡罗来纳州弗拉特洛克市一个名叫康尼马拉的小农场里。）这位亚伯拉罕·林肯的传记作家在衬衫的领口系了一条领带，这件衬衫看起来更像是一件工装衬衫，而不是正式的衬衫。他穿着一套深色宽松的双排扣西装，一件棕褐色的大衣像披肩一样横在他的膝盖上，也许博物馆里很冷。

起初，桑德堡似乎并没有意识到赖特在做什么，他正在听库克的介绍。主持人流畅地说道，让一个英国人，甚至是一个曾经的英国人，向芝加哥的观众介绍伊利诺伊州当代历史上最知名的两张面孔，这是多么荒谬——"就像找一个俄罗斯农民，让他向鲍勃·霍普解释宾·克罗斯比[1]"。

戳人的那位开始行动了。桑德堡往下看，他仔细看了看手杖，他的脸上似乎是夹杂着轻微的不敢置信和一种沉默无奈，类似在说"别再这样做了，弗兰克"。过了一会儿，弗兰克停下了，他之后还会继续这样戳过来。

---

[1] 鲍勃·霍普（1903—2003），美国著名喜剧演员；宾·克劳斯比（1903—1977），美国歌手和演员。——编者注

和他的着装一样,桑德堡的讲话大多是坦率的,略带几分谦逊,而赖特的讲话则充满了他一贯的夸夸其谈和骇人的声明。他不断抛出有代表性的精彩话语片段。

林肯纪念堂?"这是有史以来最荒谬、最愚蠢的建筑材料浪费事件之一。"

杰斐逊纪念堂?哈,"公共厕所而已"。

华盛顿纪念碑?"……这完全是一个无知者的行为,他让纪念碑直指而上的时候,他根本不懂它的庄严和美丽……"

有一次,他称呼库克为"我亲爱的阿利斯泰尔",就好像是对待一个认真但反应迟钝的孩子。还有一次,他对桑德堡说:"亲爱的孩子,你是个诗人。"

那天晚上,有个叫路易莎·迈克尔的16岁女学生在片场工作——不过,当几年前她重新向我回忆起这一切时,她的名字变成了路易莎·麦克帕林,她是芝加哥一位成功的资深房地产经纪人。这时离那个夜晚相隔了近60年,但她眯起眼睛,仿佛还能看到赖特在戳桑德堡。1957年,路易莎·迈克尔是海德公园高中的高三学生,她认为如果她在教育电视台做一份兼职的话,她的父母就不会干涉她的学业。这里离她在南区肯伍德的家只有很短的车程。芝加哥是美国广播中心的先驱,这个思想独立的女学生在电视直播灯光前努力工作。她要做一些事情,比如搬道具,给客人取吃的,甚至帮忙化妆。那天放学后(那是一个星期二),她穿上了漂亮的黄色羊绒连衣裙、黄色毛衣和黄色高跟鞋,走了出去。她坐公交车去博物馆时,心情比往常更激动,原来路易莎·迈克尔和她的父母大卫·迈克尔和露丝·迈克尔住在肯伍德的房子就是弗兰克·劳埃德·赖特的设计。

而且还不是普通的弗兰克·劳埃德·赖特的房子,就是前面提到的位于南肯伍德大道4852号的复斜式屋顶的沃伦·麦克阿瑟住宅，它是1892年建造的早期私制房，记录在册的建筑师是赛瑟尔·科温。

她一边帮着擦化妆品，一边脱口而出："哦，赖特先生，我是在您的一套房子里长大的。"

"是吗，是哪一个？"

她告诉了他。

"你觉得餐厅的餐具柜怎么样？"

那栋房子非常美丽，八角形的露台，艺术玻璃和菱形窗格，到处都是径切板的加利福尼亚橡木。建筑师在外面使用了罗马砖，以强调水平方向，在室内，他抛弃了所有的油漆和墙纸，形成了木质的交响乐。他以荷兰殖民复兴风格绘制了这栋6间卧室、5000平方英尺（465平方米）建筑面积的房子。房子有一个温和的悬臂效应，预示着即将到来的真正的草原风格。这又是一个草原住宅的原型，一个先兆，一个1892年的信号点。

在他设计这栋房子大约8年之后，赖特的名气接近鼎盛，他回来对房子做了一些补充，其中之一就是餐具柜。

麦克帕林说："我在那个餐厅里举办了我16岁的生日宴会，在那个房间里举行了婚礼的彩排晚宴。他怎么会记得那个餐具柜呢？"

1954年，13岁的路易莎·麦克帕林和家人搬进了沃伦·麦克阿瑟之家，迈克尔夫妇是第三任业主。他们为此支付了26500美元——这对他们来说是一笔巨大的金额。当我和麦克帕林见面的时候，她刚刚替她近百岁的母亲把这栋房子挂牌销售。房子在她家族手里已经近60年了，把它放到市场上出售让她很难过。麦克帕林和科威国际不动产公司以148万美元的价格将该房产挂牌出售。房子是弹指一挥间就迅速卖出去了吗？2014年夏天，将近两年后，在价格下调了

50万美元后,她少女时代最珍贵的住宅以92.5万美元的价格售出。对她的家庭来说,事情比一开始有了很大的好转,但从另一种意义上说也有些失望。(房子曾经有过翻修和其他一些问题,这对赖特的住宅来说并不罕见,尤其是早期的那些住房。)

但事实上,关于那个光影闪烁的电视之夜,还有另外一个故事,在某种程度上来说,这可能是我要讲这个故事的真正原因。这里说的是另一种意义上的戳,谁又能知道它真正的意思呢。赖特似乎是故意要告诉观众,在塔里埃森,他曾让卡尔·桑德堡穿上平绒灯笼裤,两人昔日曾在一起度过了一段亲密的时光。显然那是在20年代初,桑德堡来塔里埃森拜访,并着手撰写他的6卷本《林肯传》的第一卷,大约有一周的时间。

节目的文字记录如下:

桑德堡:"我记得他给我穿上了一件平绒夹克,就像艺术家一样。"

赖特:"还记得吗,卡尔,我以前也给你穿过。"

桑德堡:"是的,是的,我还有照片。"

赖特:"平绒灯笼裤,还有其他的。我们会坐在火堆前谈论艺术,我们开车在乡下兜风,一起度过了一段美好的时光。卡尔在塔里埃森写了《林肯传》的前两章。是不是?"

桑德堡:"是,是的。"

赖特:"我们玩得很开心,当我们在壁炉前谈论艺术时,我非常开心。离开的时候,卡尔对我说,'弗兰克,'他说,'你一直是一个理想的同伴,我们在一起玩得很开心,我们一起去乡下,去开车兜风。我说过你是理想的同伴。但当你让我穿上那些该死的衣服,让我坐在壁炉前谈论艺术时,老天啊,我说,你让我恶心。'"

如果你翻到1943年版《自传》的486页和487页,你会看到看似即兴的类似评论，是关于和桑德堡一起穿平绒长裤的。赖特在给他的读者讲述塔里埃森游廊上的早餐，"晨曦已将露水消解成白雾样的丝带，就像蓝色的云一样向上升起，而影子很宽很长"。

他在讲人们都穿了什么，包括他的妻子和女儿。下一段：

"我？哦，我穿的是生亚麻布。宽松的宽袖夹克，手腕处系扣，宽大的宽松长裤系在脚踝处。卡尔（桑德堡）有一次来看我，在他写《林肯》的时候，我也给他穿了类似的衣服。劳埃德·刘易斯［芝加哥记者兼赖特的客户，他是桑德堡和赖特的好朋友］也在那里，他拍下了我们穿着带点优雅感的艺术睡衣的照片。多年来，卡尔一直试图从劳埃德那里买回这张照片，生怕有人会看到它！好吧，不管怎么说，那就是我身上穿的。"

睡衣？顺便说一下，文本中的那个括号是原来就有的，就好像赖特想向读者强调卡尔到底是谁一样。

关于为什么会出现这种貌似意识流的理论呢？人们认为卡尔·桑德堡是林肯历史学家或传记作家中第一批提出林肯有同性恋或者双性恋可能性的人之一。在林肯学者中，这一直是一个争议很大的问题。林肯早年在伊利诺伊州斯普林菲尔德最亲密的朋友之一是乔舒亚·斯皮德，他是当地一家杂货店的合伙人。在1926年出版的《亚伯拉罕·林肯：大草原的岁月》第一卷中，桑德堡写道：

"乔舒亚·斯皮德胸脯厚实，两个耳朵之间有着宽大的眼窝。一缕熏衣草的气息沁入他的全身；他身上的斑点柔软如五月的紫罗兰。他和亚伯拉罕·林肯互相讲述了他们关于女人的秘密。林肯也有结实的身体和宽大的眼窝，也有淡淡的薰衣草味，还有像五月的紫罗兰一样柔软的斑点。"

桑德堡在那卷书的序言中写道："月复一月，在堆积如山的事实和传说中，我发现了让我惊讶的隐性交往。也许其中的一些就潜伏在这本书中，默默低语。"

毫无疑问，赖特知道桑德堡的传记。事实上，他借鉴了桑德堡文质彬彬兼平民化的风格和语调（就像他吸收了导师路易斯·沙利文1924年《一个理念的自传》中的第三人称风格和语调），这几乎是无可争辩的，并创造出（在我看来）更加出类拔萃的散文作品。这是他的传统模式——吸收别人的作品，把它锦上添花变成自己的大胆的新东西。

但是，男士马裤到底是怎么回事？为什么他似乎很想谈论这件事呢？

会不会是赖特身上一直以来那种爱花哨的冲动——在言语上，穿着上，有时是在画图板上——在面对桑德堡时，感到了某种程度上的舒适？因此，他发现自己不由自主地大声说，大声笑，大声写，谈论他自己的薰衣草和带着露水的春日紫罗兰。他自己的某种东西，有时甚至是对薰衣草的偏爱，潜伏在阴影中喃喃自语——有时根本连阴影都没有。暗戳卡尔的一种方式，暗戳他自己的一种方式。

哦，这只是个理论，很可能像露水一样。

终点（1）

1950年，弗兰克·劳埃德·赖特83岁了。如果他能活到1959年夏初（而不是在两个月前突然离世），他会活到92岁。在20世纪50年代的9年里，他跨入了人生的第10个10年，他似乎把自己从美国最著名的建筑师变成了美国民族意识中的一种流行文化现象，像海明威或者猫王一样。这9年里，他设计了146个项目——几乎是他一生全部产出的三分之一，一个几乎令人难以置信的数字。有些项目是辉煌中的辉煌，大胆中的大胆（我们脑海中会出现位于第五大道中央公园对面的螺旋形建筑——古根海姆博物馆），而其他一些项目则近似疯狂中的疯狂，几乎是彻底的自我中心。[想在芝加哥湖畔建1英里（1.6千米）高的摩天大楼，528层楼高，"主根"地基就像帝国大厦高耸入云一样深入地下。]

第五部分　故事结尾：1950—1959

但是我要从另一个地方开始——另一场悲剧突然爆发，仿佛是众神强加给他的。这场哥特惨剧（实在是没有更好的词了）涉及的不是火，而是水，在不到3英尺（0.9米）深的水中，离奇地淹死了两个人，母亲和孩子。这件事发生在初秋一个风和日丽的早晨，而上一页的照片，乍一看是那么亲切，那么家常，实际上跟那个可怕的悲剧紧密相连在一起。

这张照片拍摄于1950年6月1日，地点是威斯康星州道奇维尔的一间肖像工作室——也就是说，在赖特83岁生日的8天之前。就日期而言，这张照片可以作为1950—1959年这段时间编年历史的开头，但这个日期是个偶然。我们稍微仔细研究一下这幅图，一张照片有时似乎有一种奇怪的力量，几乎可以绕过思维，让思维短路。也就是说，当你的意识还站在门口，伸手去拿香烟时，你的潜意识可以意识到一些瞬间发生的、发自肺腑的内容（而且不一定是错误的）。当我第一次看这张照片的时候，我身上就发生了这种情况——看第8次或第9次时还是一样的感觉。不知怎么地，我的意识抓住的不是图像中最真实的画面。让我着迷的是两人看起来一模一样的人字纹外套，两人同样浓密的头发（是的，男孩的头发不像老人的那样精致地打理过，但为了拍摄，男孩的头发还是压得相当整齐），同样搭配的丝质领带。老人悄悄地跟孩子说了什么，或者准备向他耳语些什么——你难道不想知道他们说了什么吗？照片上这种美好、诚实、亲密的气氛出现在那个明显不讨人喜欢的人的脸上，我们甚至可以说他是个可憎的人，他曾在《自传》中似乎很愉快地写道："父爱？这是一种品质吗？如果是的话，我似乎天生就缺少这种品质。然而，建筑就是我的孩子，当我离开很久以后重新看到自己设计的一座建筑时，我心中会涌起做父亲的感觉。这应该就是真正的父爱吧？但面对我的孩子时，我从没有这种感觉。"在赖特说过的所有关于自己的话里，这段最该受人指责。

我肯定希望这种感觉能直接呈现在他的脸上。

我认为，这张照片中最真实的东西，是布兰多克·彼得斯那双极度悲伤的眼睛。（布兰多克是个威尔士名字——应该读作布兰-多克。赖特更喜欢叫他

459

"布",他从孩子还是个婴儿的时候就开始这样称呼他。相对应地,布兰多克叫赖特"格拉",这是他刚学会说话时叫外祖父的发音。)

如果你在字典里查一下"千码凝视"这个词,它的大概意思是这样的:"千码凝视或两千码凝视是一个短语,经常用来描述士兵们茫然、无焦点的凝视,他们已经从情感上抽离了自己,远离周围的恐怖。这个词有时也更泛泛地用来描述其他类型的创伤受害者精神抽离的表情。"这个像个桃子一样毛茸茸的8岁小男孩,孩子气地露着深色衬衫领子的右角,眼甲却有千码凝视。他抽离的事实是,他是4年前一场致命车祸的幸存者,一个孤独的幸存者,这是他生命中永远无法填补的空洞。

布兰多克·彼得斯眼睁睁地看着他的妈妈和两岁的弟弟在他面前死去。如果他没有亲眼看到真正的死亡,在死亡发生的瞬间(当时是混乱的突发暴力),他的身体肯定感受到了,他经历并封存了这一切。

长话短说,一辆车翻倒了,他坐在车的前排座位上,和妈妈还有弟弟一起。事故发生在距离塔里埃森地界线直线距离1¼英里(2千米)处。说它是小汽车也不准确,这是辆顶部是布料、通体钢架的吉普车,它的两侧敞着,如果不注意的话就很难控制。它似乎不是翻倒,而是翻了个跟头,掉进了威斯康星河北岸的泥沼里。这辆车正要进城时,突然出了可怕的差错,活下来的那个孩子还不到5岁。

事情发生在1946年9月30日(所以,准确地说,从快门按下的瞬间算起,相隔三年八个月零两天),发生在上午10点钟左右。那是个星期一,那天清晨,赖特和妻子前往芝加哥。当时有他们周末的客人,包括一些外地的家庭,据说人们的心情都很好。赖特一家大概在8点半或9点钟离开了塔里埃森,当消息传来的时候,他们是在离麦迪逊大约15英里(24千米)的火车上。一名售票员冲过车厢,手里挥舞着一张纸喊道:"弗兰克·劳埃德·赖特!弗兰克·劳埃德·赖特!"奥吉万娜·劳埃德·赖特在自传中讲述这个故事时,她是这样回忆的。她的自传断断续续写了很多年,直到几年前才出版。(奥吉万

第五部分　故事结尾：1950—1959

娜于1985年去世。）当时，她坐在火车上，开往芝加哥的火车车程预计三四个小时。她从列车员那里得到了第一个支离破碎的通知，是的，这件事必然留下遥远的回响。

"我在这儿。"赖特应该是这样向列车员喊道。

这张纸上潦草地写着电话接线员的留言，可能是从上一站的窗户里递进来的。据奥吉万娜说，它是这样写的："弗兰克·劳埃德·赖特下车，你女儿出了车祸。"

她是赖特收养的女儿，正如许多赖特历史记录所说的那样，她和赖特的关系不亚于他亲生的7个孩子，甚至比亲生的子女还要亲近。她的名字叫斯维特拉娜·赖特·彼得斯，大家都叫她"斯维特"。她有着一头乌黑的齐肩长发，脾气暴躁，但她也很活泼，她有能力征服身边几乎所有的男性，尤其是她的养父，她称他为"弗兰克爸爸"。斯维特是韦斯·彼得斯的妻子，彼得斯是赖特在工程方面的得力助手，对赖特过于忠诚，是个品行高尚的人。斯维特是奥吉万娜很久以前第一次婚姻（嫁给俄罗斯建筑师弗拉德马尔·欣岑伯格）所生的孩子。我们回顾一下这条线，1924年11月下旬，赖特和26岁的奥吉万娜在芝加哥一个周日下午场的芭蕾舞表演中相遇，当时斯维特才7岁。奥吉万娜和欣岑伯格分居了，正设法离婚。与此同时，57岁的赖特和疯癫的米丽娅姆分开了（尽管并没有摆脱她）。

斯维特和韦斯本该在第二年年初迎来他们的第三个孩子，她那时刚开始穿肥大的衣服。所以，那天早上的事故实际上夺走了三个人的生命。梅尔·西克莱斯特在她的赖特传记中写道，事故发生后，人们开始注意到韦斯·彼得斯，之前一向比他周围的人高出一头，现在开始驼背了。

和斯维特一起死去的孩子名叫丹尼尔·彼得斯，他当时才2岁。他的哥哥，大家叫他"布兰地"，从车里被彻底抛了出来，他爬上河岸，开始往塔里埃森跑。与其说他是在跑，不如说是在迷迷糊糊地走之字形。

这时，斯维特的丈夫和几个学徒正在塔里埃森的一个屋顶上做盖板。又一次，盖板，那个让人颤抖的词，仿佛把遥远的一切都拉了回来：朱利安·卡尔顿和他那把盖板斧。

据了解，斯维特和儿子们那天早上离开了家，在河南岸的一家小餐馆、加油站兼修理厂短暂停留，那个地方就在赖特家的山下。他们进了大桥餐厅，丹尼尔和布兰多克把几个喝完的汽水瓶还了回去，高兴地把硬币装进了口袋（妈妈说他们可以在城里花掉这些钱）。他们爬上车朝斯普林格林开去，斯维特要在那里办点事。他们穿过那座横跨河流的钢梁桥。在桥北边，有一些沼泽地。小丹尼尔，那个不停地动来动去的孩子可能正坐在哥哥的腿上。斯维特担心他们俩会从吉普车上掉下去，她可能用右臂抓住了丹尼尔，把弟弟放在她和布兰地之间。吉普车上没有安全带，他们现在应该已经接近泥沼上的那座混凝土桥了。斯维特试着用右手去抓孩子，用左手去握方向盘，她肯定是失去了控制，吉普车向左转，穿过碎石路面，撞到了桥墩，然后翻了个身，掉进了水里。

其中有猫的问题吗？男孩们可能从塔里埃森带来了一只他们最喜欢的小猫，小猫是不是爬到座位后面分散了司机的注意力？多年后，据说奥吉万娜一看到猫就勃然大怒。我们永远无法得知。

人们认为，斯维特从8英尺（2.4米）或10英尺（3米）的高处落入水中时扭断了脖子，因此她可能是当场死亡，甚至在掉进水中之前就已经死亡了。似乎没有官方的验尸报告（索克县从1946年起就不再出示任何的验尸报告了），在"直接死因"的大方框里，斯维特和丹尼尔的死亡证明都用大写字母写着"溺水"一词，在旁边的"持续时间"一栏中，县验尸官写的是"仅几分钟"。

在事故发生15分钟之前，大桥餐厅和旁边汽车修理厂的老板格伦·理查森和他的机械师唐尼·福格尔开着一辆救险车要进城。理查森忘记了什么东西，他掉头回了修理厂，之后又重新出发了。就在这时，他遇到了一个小男孩，他的衣服湿透了，沿着路走着（或者半跑着），理查森和机械师把车停在了路边。布兰多克哭着说，请你帮帮我好吗？我妈妈掉下水了。至少在一些口

第五部分　故事结尾：1950—1959

述历史和报纸上都是这样报道的。两个男人捞起孩子，迅速开车前往事发地点，事发地距离公路不超过几百码。他们跑下河岸，设法救出了丹尼尔。但是他们没能把斯维特救出来——她被卡在方向盘后面了。修理厂老板和机修工又回到救援车里，把车往回倒，用缆绳把吉普车拉高了几英尺。他们把斯维特带到河岸上。她脸色苍白，毫无生气。据他的外祖母说，布兰多克说："我看见我妈妈睁着眼睛躺在草坪上。"

警笛声响起了，一名州警赶到现场，一辆救护车从城里开来，四面八方赶来的汽车里下来了许多人。（布兰多克又说："……然后爸爸来了，很多人也来了。"）一位斯普林格林的医生指示救护车司机把斯维特和丹尼尔送到麦迪逊的急诊室。大约45分钟后，警察和医务人员在医院里尝试着抢救，但都无济于事。医生宣布两人已经死亡。下午晚些时候，尸体被带回到了斯普林格林的一家殡仪馆。那时，麦迪逊的《首府时报》在头版刊登了一篇报道，是个7栏的头条故事，《弗兰克·劳埃德·赖特的亲人——彼得斯夫人及儿子遇难》，仿佛是又一次微弱的回声。几天后，斯普林格林的《本地新闻周刊》在头版上发表了一篇文章，是放在文本框里的一篇名为《纪念》的文章："……这似乎不太真实——母亲和孩子突然同时死去，这从来都是不真实的。人们要到大桥边看到那辆农用小吉普车倒在泥沼里，他们才会相信这是真的。"

葬礼在第二天下午5点钟举行，那天是10月1日星期二。塔里埃森合唱队在花园屋外的阳台上唱歌（斯维特是合唱团的指挥），有个人敲响了一座古老的中国钟。弗兰克·劳埃德·赖特读了他女儿伊万娜那天早上写的一首诗，伊万娜是斯维特的妹妹，比她小了将近8岁，她一直痛苦地生活在姐姐的阴影下。安葬地点在统一教堂旁边的家族墓地，就在树下，梅玛·博思威克自1914年8月16日的雨夜以来就一直躺在那里。同样，朴素的松木棺材里衬着繁花锦簇，有野生紫菀、铁线莲和玫瑰花。学社的几个人用红枫树叶从教堂大门铺出一条路，一直通往坟墓。那天早些时候，韦斯·彼得斯独自一人挖好了墓穴。在2007年拍摄的一次采访中，他的儿子布兰多克已经67岁了，当

为火所困：赖特的梦想与愤怒

时他患有中风和其他疾病，他说到自己独自去教堂院子里，看见父亲在挖坟墓。布兰多克只能看到他父亲的头顶，一铲一铲的泥土从洞里抛出来。小男孩探进洞里问父亲，妈妈和丹尼尔是不是真的今天要下葬。布兰多克的父亲停下手里的活儿，擦了擦额头，咧嘴一笑。"是的。"他说。在纪录片中（在网上可以找到），布兰多克摇着头说："他要付出多大的代价才能露出那个笑容。"他的话慢慢地消散开。

他们没让布兰多克参加葬礼，外祖父母和父亲都觉得他太小了。有人在家里照顾他。

1992年，在一位塔里埃森档案保管员主持的口述采访中，50岁的布兰多克谈到这起事故时，仿佛用一句话来解释他的一生："我忘记确切的年份了，但为什么忘记我很清楚。"

事故发生5年后，奥吉万娜戒掉了酒、肉、咖啡、茶、珠宝、任何含糖的东西和化妆品。在亚利桑那州，她搬进了一顶帐篷里。她的丈夫不停地说："能回到过去的唯一办法就是不要停止你的工作。"

关于一个永远无法填补的窟窿，尽管他们的本意是好的，长辈们做了很残忍的一件事，他们想让这个幸存的男孩成为大提琴神童。布兰多克并不是说没有作为音乐家的才能或者天赋——但他绝不是一个神童。他在纽约茱莉亚音乐学院学习了5年（外祖父利用了他的人脉），他在慕尼黑的一个管弦乐队演奏，但最终他还是回到了威斯康星州。在接下来30年左右的时间里，他一直是当地的牧羊人（他曾想在芝加哥期货交易所学习期货业务，结果输得精光）。他基本上是一个人待着，从来没有结婚。他成了人们眼中的乡里怪人，当地的牢骚不满者。他当时正在写一本名为《弗兰克·劳埃德·赖特和他的核心圈子：一个外孙的视角》的书稿，但没能找到出版商。（其中一部分被拍成了2008年的纪录片，布兰多克担任旁白，纪录片一开场就是那场事故的一个瞬间再现。这部纪录片有DVD版本。）2004年3月1日，他患了中风。7年后，他发生了一场严重的车祸（是的，又一次车祸）。那时，任何熟悉布兰多克的人都

第五部分　故事结尾：1950—1959

明显地看到他渐渐有痴呆症的迹象，尤其是一个叫苏·舒尔茨的女人，她为人正派、严肃又慷慨，他们有一段时间在谈恋爱。最后，舒尔茨同意接手他的事务，成了他的代理人。2017年12月15日，布兰多克入住了戴恩县的一家养老院，那时他即将76岁，他的痴呆症已经发展成阿尔茨海默病，生活无法自理。我写这本书的时候他就住在那里，苏·舒尔茨每周去看他两三次。

我们通过电话，也面对面聊过，也在电子邮件里谈过关于布兰多克的事情，这让我对他有了更多的一些了解，我对此表示感谢。

舒尔茨说："他从来都缺少良好的自尊，他总是避开人群。"她说他的父亲很努力地想做好一个父亲，但事实是韦斯·彼得斯经常不在家，经常要作为赖特的首席工程师在新的地点工作。舒尔茨说："你听过所有那些谈话，和口述历史等等，甚至是布兰多克自己说的，说他和他的外祖父母有多么亲密。但是，说真的，他被甩掉了，这就是我能拼凑起来的故事。赖特总是太以自我为中心，他不是真的喜欢孩子，或者说他不够爱他们。奥吉万娜可能尝试过了，但她要离开处理自己的悲伤。布兰多克不得不默默地退下来，他确实长大了，变成了一个脾气暴躁的老单身汉，人们不理解他，总是想躲开他。"

我问了一个我已经知道答案的问题：她为什么要特意去照顾他？

她平静地回答："因为他的生命很重要。因为他真的没有别人了。"

在另一次谈话中，舒尔茨说："在过去的六七年里，他一直在发泄——想要他的母亲。在过去的六七年里，他一直在为他的妈妈哭泣。他糊涂了，认为她还活着，认为他父亲还活着，他的外祖父母也活着。"

谈到1950年6月1日在道奇维尔拍摄的那张照片，舒尔茨说，有一次在他清醒的时候，布兰多克告诉她，基本上是奥吉万娜在幕后精心策划了这张照片的拍摄。"显然，这不是原来的姿势。"他们在尝试不同的姿势，奥吉万娜看到他们俩的样子，说道："好了，这就是我想要的！"

"那么说这张照片是谎言了。"我的语气有点自以为是。

"不完全是。"她说。

为火所困：赖特的梦想与愤怒

在《自传》中，那个复杂的主人公曾说："我疑惑地，又一次探索原因。"这是一个怪异的、美丽的句子。不是真正的了解：是疑惑，是探索。

接下来是这段岁月的省略和选择性总结：

1951年1月，《建筑论坛》的主编亨利·R.卢斯和他的编辑们再次把大版面月刊的很大一部分篇幅用来呈现赖特的作品，和1938年一样，他们又让他来设计。他们在杂志里用了34张4色的插页，插页有自己的封面和封底，是软软的黄色纸板样的纸。插页非常漂亮，本身就是一件艺术品，展示了赖特的7组作品，包括著名的S.C.约翰逊父子公司的研究塔。在40年代中期，赖特回到拉辛，重新和希伯·约翰逊一起建造了一栋大楼作为公司研发部门的用地。这再次证明希伯是个开明的、心甘情愿的建筑合作伙伴，尽管他经常被激怒。赖特没有把这个建筑做得很小——他要么做大，要么就回家不做了。他设计了一个像树一样的综合体，钢筋混凝土板从建筑的中心悬臂伸出，14层楼在方形楼层和圆形阳台之间交替。墙壁不是由外部支撑的，而是由内而外的支撑。有一个中央轴，或者说脊柱，作为"主干"承载着电梯和机械系统。这座建筑自然超出了预算，也超出了规定日期，但如今它就在那里，是个令人惊叹的现代主义建筑作品，被砖墙和半透明玻璃包裹着，坐落在教堂般的行政大楼旁边。美国建筑师协会已将约翰逊公司的这栋建筑指定为赖特对美国文化贡献的17个核心作品之一。（只有17个吗？你能听到他在天堂生气跺脚的声音。）

《建筑论坛》杂志的封面以研究大楼为特写，这栋楼的照片是夜间拍摄的，大楼在半透明中闪闪发光。而在杂志里，建筑师的自我在闪耀着半透明的光芒。他写道："毫不夸张地说，我们的民主制度中少有或者根本没有有机的特性……我们来到这里的时候，穿着带扣的鞋子、及膝裤，手腕和脖子上都系着花边，我们殖民地的居民对欧洲过去的文化有种怀旧之情。因此，民主在很大程度上仍然是我们空洞的自夸。"几页后，又说："到目前为止，机器只为我

第五部分 故事结尾：1950—1959

们生产了文明的杂草。"

插页的背面是一幅他本人的奇特的彩色肖像（由著名建筑摄影师埃兹拉·斯托勒拍摄），看上去更像是一幅画，而不是一张照片。他在塔里埃森卧室里，屋子里窗户很大，后面是隐约可见的小山丘。他看起来就像是做过防腐处理的木乃伊——或者，说得好听一些，照片上似乎不是他而是他的立体模型蜡像。照片下面写着："弗兰克·劳埃德·赖特，现年81岁，从事建筑行业56年，他改变了整个西方世界的建筑形态。"（呃，他83岁了。）

4个月后，他的名字又出现了。对红色的恐慌开始了，其中最可恨、最让人冒冷汗的是威斯康星州非资深参议员约瑟夫·麦卡锡。1949年，赖特在一份杰出人士支持纽约市世界和平会议的名单上签了名，一年后，该活动的发起人被众议院非美活动委员会划到了"共产主义阵线"。一年后，1951年4月4日，众议院公布了一份长长的名单，声称名单上的人"与5到10个共产主义阵线组织有关系"，其中包括兰斯顿·休斯、阿尔伯特·爱因斯坦、多萝西·帕克、阿蒂·肖、朱迪·霍利迪、何塞·费雷尔（他俩都刚刚获得奥斯卡奖）、戴斯勒·哈米特、莉莲·海尔曼和保罗·罗伯逊。这简直就像荣誉榜一样。17天后，赖特在《首府时报》上发表了一篇头版文章："我想问我的同胞们，对于我们的自由生活体系来说，哪个才是最危险的：是像共产主义者那样的社会学白痴，还是一个麦卡锡式的政治骗子？"那年秋天，他在威斯康星大学对着听众发表演讲时用了这篇文章，只不过给他的文章增添了一些趣味。他说的不是"麦卡锡式的政治骗子"，而是"麦卡锡式的政治变态"。（也许他在4月21日的《首府时报》上实际写的就是"变态"，该报的编辑、他的好朋友比尔·伊芙爵让他把话说得温和一些。）

整整一年后发生了一场火灾，就是上一章结尾提到的塔里埃森大火——赖特那时走进废墟，建筑的其他部分还在冒烟，他坐在钢琴前弹了很长时间。事情发生在1952年4月26日，一个星期六的下午。火灾是赖特造成的，他在离建筑大约30英尺（9米）远的地方焚烧垃圾。火柴和汽油用光了，于是他派一

为火所困：赖特的梦想与愤怒

个学徒去拿。赖特自己也走开了，火焰从屋檐下窜了出来。

两天前，赖特和妻子以及女儿伊万娜从巴黎回来，当时许多学徒还在亚利桑那州过冬。

这场大火并没有烧毁塔里埃森本身，烧毁的不是主屋，而是大家熟知（不管是现在还是当时）的希尔赛德。前面提到，希尔赛德是组成大塔里埃森的三个主要建筑中的第三个，赖特在1887年首次建造了这座建筑，是为他母亲的未婚姐妹艾伦·劳埃德·琼斯和简·劳埃德·琼斯设计的一所学校。1901年，希尔赛德家庭学校已经太小不适合了，艾伦姨妈和简姨妈委托他们的外甥设计一座新校舍。他用当地的石头和橡木建造了这座房子，房子有许多草原住宅的特色，包括低坡屋顶、平开的窗户和巨大的壁炉。1915年，与赖特的家相距大约只有四分之三英里（1.2千米）绿地的希尔赛德永远关闭了学校的大门。1933年，赖特将该建筑改造成学社的一部分，包括宿舍、餐厅、剧院、绘图室和被称为起居室的巨大空间。

第五部分　故事结尾：1950—1959

在那个失火的星期六，希尔赛德大约一半的建筑被毁，所幸没有人员伤亡。第二天，赖特尽量装得满不在乎地对《本地新闻周刊》的一名记者说："垃圾是我自己烧着的。"《威斯康星日报》的头版报道（这是一则电文，《纽约时报》也摘录了这篇报道）说："'橡木的厂房建筑应该是防火的，'这位82岁的建筑师说［他已经84岁了］，'但是我们在外面生了火，烧着了草和树叶……我们离开之后，风向改变了，风把火吹进了建筑里。'"

三个消防队和大火搏斗了大约两个小时，到了晚饭时间，消防队的消防车已经没水了，他们想从希尔赛德和高速公路之间的一个小池塘里抽水。附近农民开着皮卡车带着牛奶罐过来，组织了消防接力。（城里和县里来的其他许多人站在旁边观看，毫不掩饰地幸灾乐祸。）

赖特没有给这座建筑投保。

从照片上看，这场大火看起来不像是世界上任何一家乡村消防队能扑灭的。但事实上，消防队员最终还是把火扑灭了。

来自《本地新闻周刊》的报道："星期天早上，当他的学生们正努力从曾经是厢房二楼的地方铲起残骸［原文如此］时，当橘红色的火焰还在吞噬着剧院冒烟的残骸时，赖特带领《本地新闻周刊》的记者们走进学社的起居室，坐在一架有49年历史的施坦威钢琴前，这架钢琴是从他早期的一所房子里搬过来的。"下一段："1914年塔里埃森发生了那场更惨烈的大火后，赖特独自弹奏着这架钢琴安慰自己。他轻轻地弹奏着那架旧钢琴……那架被浓烟熏黑的旧施坦威钢琴靠墙而立，另一边是被烧毁的办公室，钢琴上方连接两个房间的窗户在高温下已经破裂了。"

几个月后，在一封写给朋友的信中，一位来自中国的名叫林白[1]的塔里埃

---

[1] 周仪先（1917—2014），艺术家、建筑师，林白（Ling Po）是赖特结合其祖籍宁波（Ning Po）和诗人李白（Li Po）为他取的新名字。——编者注

为火所困：赖特的梦想与愤怒

森学徒描述了赖特如何站在火海边缘，"向消防员发号施令，但消防员却完全无视他"。林白描述了那个超现实的场景：天色变暗，6辆消防车徒劳地奋战着，主人自己也一直在徒劳地喊叫着。这位学徒讲述了第二天，也就是周日，在塔里埃森的家庭聚餐中，赖特看起来有一种古怪的轻松心情，他承诺要马上开始重建。根据林白的描述，他说："虽然尚未被火净化，但我们一直在经受火的考验。但是，考验到最后一分钟未免有点太过分了。从现在起，我们不要火了，我再也不生火了。"那顿聚餐中，有一盒大黄做的馅饼，那是小赫伯特·弗里茨和他的妻子前来安慰时带来的馅饼。弗里茨是斯普林格林的建筑设计师，曾经是塔里埃森学社的成员。他是老赫布·弗里茨的儿子，大家可能还记得，老赫布·弗里茨是赖特的老绘图员，也是1914年大屠杀的两名幸存者之一。在午餐会上，赖特一直在打趣年轻的弗里茨的建筑质量，他对弗里茨的妻子说："因为你的馅饼，我们会原谅你丈夫的房子。"

不过，1952年那场火灾还有另一份目击报告，是一个名叫弗朗西斯·奈姆丁的塔里埃森学徒，她说赖特不是在星期天的早上走进建筑的，早上的时候火可能早就已经扑灭了98%，他是在周六晚上进去的，当时仍然有一些真正的危险，更别提那刺鼻的空气了。多年后，奈姆丁在一份两页的回忆录中写道："起居室安全后，赖特先生坚持要去那里查看损坏的情况。不一会儿，我听到他在那里弹钢琴，是为了安慰吗？他损失了一架摆在剧院里的珍贵的贝奇施泰因牌大钢琴……"

奈姆丁在赖特的世界度过了70年的时光。她于2015年去世，享年96岁。2014年春天，也就是她去世前大约11个月，我前往西塔里埃森进行报道时和她聊了聊。她邀请我去她的小房间，她人坐在轮椅上，思维却异常敏捷。我提到失火和赖特走进去的事，有人告诉我，她和学社的其他一些人站在一段安全距离外，静听着，旁观着，这是真的吗？

"是的。"她说。他们当时不知道还能做什么。

我问他演奏的曲目中是否有贝多芬的C小调第8号钢琴奏鸣曲，作品等13

第五部分 故事结尾：1950—1959

号，通常被称为《悲怆》，曲中有轻快的重复，特别是在超越美丽和悲伤的第二乐章。（好几个人都对我说过，奏鸣曲是他喜欢的曲目。）她说她不能肯定，但听起来应该是这样。

"进行了多长时间——他的演奏？"

"不知道，很难说，大概一个小时吧。"

"这是他的挑衅吗？"

"不，表示安慰而已。"

"他的悲伤？"

"是吧，但我认为也是安慰，我用的是这个词。"

"这会和他的父亲有关吗——他走进去那样演奏？"

"我从来没有这样想过。"她说。她似乎没把我这种说法视为离奇的想法。

火灾发生几个月后，赖特亲笔写信给斯普林格林的消防局局长劳伦斯·拉尔森，并附上一张100美元的支票。"亲爱的局长，"他说，"我想给孩子们一份心意，感谢他们扑灭教学楼的火灾时为塔里埃森所做的一切。钱不多，但我希望能给孩子们开个派对，希望他们能玩得尽兴。谢谢你，弗兰克·劳埃德·赖特。"

对于一个在当地因为失信而臭名昭著的人来说，这份礼物一定让人有些小小地吃惊。（局长回信说，这笔钱将用于建造一个新消防站。）

赖特一家去巴黎（正如我所说的，他们在火灾发生两天之前回到了家乡）参观了迄今为止规模最大的赖特作品展览。正如赖特的历史学者所写的那样，这场最终被称为《六十年建筑生活》的展览可能是历史上迄今为止举办的规模最大的建筑师个人职业回顾展。1952年春天失火的时候，这场展览正在欧洲如火如荼地进行着。1951年6月，这个展览在佛罗伦萨的斯特罗齐宫开幕，

471

为火所困：赖特的梦想与愤怒

展出了绘图、照片和三维模型。1952年2月至8月间，这场移动的美学盛会在苏黎世、巴黎、慕尼黑和鹿特丹巡回展览，然后去了墨西哥。之后，1953年秋天，它以胜利者的姿态进入了美国，进入了纽约市。

事实上，这场赖特自我的狂欢始于美国——1951年1月下旬和2月，费城举行了一场预演。揭幕仪式在金贝尔兄弟百货公司举行，这家商场是庞大的金贝尔连锁店的一部分。(《建筑论坛》的34页插页重新印刷，并作为一份特别的"选刊"在费城和佛罗伦萨的人群中分发。)展览的赞助商是亚瑟·C.考夫曼，他是费城百货公司的行政主管，也是大名鼎鼎的"流水别墅"的主人埃德加·J.考夫曼的堂兄，他虽然不那么高调，但是相当富有。(和埃德加·J一样，亚瑟也是在匹兹堡长大的，从事零售业。在1934年，他跨越了整个州，搬到了更大的大都市，接管了金贝尔。在费城，他因为公民善举和文化观念赢得了全国性的声誉。)

于是赖特有了一个新的钱袋子天使，考夫曼将协助巡回展览的筹备工作，前提是展览的第一站在费城举办，就在他自己的豪华百货公司的宽敞大厅里。这次回顾展是由德国出生的建筑师兼雕塑家奥斯卡·斯通诺夫组织的，他曾在费城做过很多文化工作。1951年1月25日，金贝尔的老板在费城举办了一场正式的开幕晚宴，赖特也出席了。2017年，长期研究赖特的凯瑟琳·史密斯出版了一本狡猾的书来讲述了这一切，书名是《赖特展览》。书的聚焦重点看似深奥，但研究范围要宽泛得多，实际上，它是伪装成技术论文的传记而已。作者通过讲述赖特多次展览的结构装置产生了类似以下的见解，例如关于草原住宅："他将墙壁分解成一系列元素，如支墩、平面和窗户饰带——所有这些元素都是通过深色木条以几何学的方式组织起来。这面墙现在被定义为空间的封闭，窗户不再是穿透物质的孔洞，而是过滤阳光进入室内的光屏。"

这场展览的纽约站于1953年10月底开幕，赖特将其命名为《六十年建筑生活：在理念的王国里》。在让他头痛不已的古根海姆博物馆，他在安全场地的东北角搭起了两座临时建筑，凯瑟琳·史密斯说明了展览本身和赖特为建

第五部分　故事结尾：1950—1959

造所罗门·R.古根海姆博物馆进行的斗争之间的相互关系。从1943年起，他就一直在为建造这座大楼而奋斗，从他接受委托开始已经过去了10年，开工仪式要用的第一把铁锹还没有插进地里。他现在面临着更多的限制，还面临着重新设计的必要性，他如今正在走上诉程序。1953年夏秋两季，显然他开始意识到，六十年展览将是他一生中在曼哈顿举办的最大规模的作品展览，很可能成为他的战斗马拉松中的一个公关工具。史密斯说，这个展览"还有一个重要的目的·通讨媒体影响公众舆论，吸引大量的观众，激发报纸的正面评论，从而影响市政府官员批准他建造古根海姆博物馆"。换句话说，他渴望的关注可以得以完美地利用，全面实现双赢。弗兰克·劳埃德·赖特在历史上似乎是在这个时期博得美国文化眼球的关注吗？批评家保罗·戈德伯格说得很好："这位19世纪的老人成了20世纪的第一位建筑媒体明星。赖特最喜欢的莫过于被人谈论，无论是在他的有生之年还是在其他任何时候，他不相信他的一刻钟节目会结束。"

毫无疑问，电视这个崭新的黑白魔法在很大程度上帮助他的身份从一个著名建筑师发生了几乎难以察觉的转变，赖特和电视荧屏一见钟情。研究赖特的两位学者简·金·海斯和黛布拉·皮克雷尔在他们2007年精心撰写的著作《弗兰克·劳埃德·赖特在纽约：1954—1959年的广场岁月》中估算，在1953年至1958年间，赖特出现在大约20多个电视节目中。如今能找到的只有极少数，有些从未记录下来，其他的即使用显像管捕捉了下来，最终也丢弃了，可能是因为存储的原因。

尽管如此，还是有一些小片段得以保存。我们在芝加哥第11频道看过1957年赖特和桑德堡的辩论。1953年5月（离纽约《六十年建筑生活》的揭幕式还有5个月），这位85岁的老人（很快就要86岁了）坐下来，在一场全国电视直播里和休·唐斯进行了半小时的谈话（不是现场直播，是在大约一个星期前拍摄的）。当时，唐斯32岁，是美国全国广播公司芝加哥分部名不见经传的播音员。"坐"算得上是个合适的词，这次采访是在赖特位于塔里埃森的卧室里进行的，唐斯坐在左边一张特别低的安乐椅上，赖特坐在右边一张高得多的软垫椅上。摄像机开始拍摄时他已经就位了。"进来吧，小伙子。"他说。唐斯走了进来，向左走去，拿起那把软垫椅子，坐了上去，软垫似乎让他往下陷得更深了。

　　那次采访简直太棒了，赖特穿着三件套西装，双腿交叉（你可以看到他的叠跟鞋），手里拿着一本关于他的作品的大部头著作，他用指尖拨弄着背心上的纽扣，说话慢条斯理，声调抑扬顿挫。他的头发有点乱，在几句话中，他又讲到安娜·赖特如何把他当成她生命的中心，在儿子还没有出生前，她就决定了他将来要从事的职业（从所有可以确定的情况来看，这是真的）。"我的母亲是一名教师，她想要一个建筑师的儿子。我碰巧是他的儿子，自然，我就是个建筑师……我出生的房间里挂着英国教堂的木雕……所以我生来就是要学建筑的。"他说自己恰巧错过了威斯康星大学的本科学位，还撒了个老套的谎言，说如果"多待3个月，我就能拿到工程师学位了"。他解释流水别墅说："瀑布旁边有一个岩堤，自然的做法似乎是把房子悬在岩堤上，越过瀑布。"他描述说："早年，我不得不在诚实的傲慢和虚伪的谦逊之间做出选择。我选择了诚实的傲慢，即使是现在，我也不认为有必要改变。"（这句话贯穿了整个50年代，他在书信、谈话和采访中都会用到它。）他最满意的成就是什么？"哦，我亲爱的孩子——当然是下一个，我要盖的下一栋楼。"他最大的失望是什么？可能是有那么多人无脑地模仿他："模仿着模仿者的模仿"。唐斯问，为什么媒体和他的建筑师同行对他不友善。"唉，我不明白他们为什么要善待我。我与他们所信仰的一切完全相反，如果我是对的，他们就是错的。他们为什么要善待我！我想，到底是他们还是我能够经得住考验，这是一个时间的问题。"

　　（这出节目在赖特的心目中非常成功，以至于他决定把它插入他的新书《建筑的未来》中。这本书很快就要出版了，他拿到了一份手稿，重新修改了一下，让自己听起来甚至比他在现实世界中的声音更好。）

　　该节目于1953年5月17日播出。两天前，在曼哈顿洛克菲勒中心，赖特

第五部分 故事结尾：1950—1959

做客由戴夫·加罗威主持的NBC《今日秀》节目。在黛娜·肖尔和托尼·马丁演唱《我要拿下曼哈顿》的背景音乐中，摄像机对准了前一天《纽约先驱论坛报》的一则头条新闻。这是一篇3栏的报道，封面上有3层的标题《弗兰克·劳埃德·赖特说：25年后纽约街道上长出青草》，它的作者是朱迪思·克里斯特（后来成为美国著名的影评人）。第一段："从现在开始25年后，纽约市的街道上将长出青草，人行道上将开满鲜花。"下一段："这是昨天弗兰克·劳埃德·赖特所做的预测，在此之前，国家艺术与文学学院院长马克·康纳利宣布，学院250名成员投票选举这位84岁［并非如此］的建筑师成为5月27号建筑金质奖章的获得者。"最后一段（读者要翻到第40页的跳转处）："赖特先生笑着回忆说，'你知道吗，有一次我听温斯顿·丘吉尔说我是这个国家最聪明的两个人之一，但在我知道另一个人是谁之前，我永远不知道这句话是不是一种赞美。'"

可能丘吉尔说过类似的话。

4天之后，这位美国媒体的新霸主出现在美国跨海岸的两个电视节目上，报纸也认为他是曼哈顿文人的最爱。

《六十年建筑生活》的纽约展览于1953年10月22日开放。展览有两个临时建筑，一个是全尺寸的房子，是栋真实的房子，就立在古根海姆的地基上。是一栋面积1700平方英尺（158平方米）、家具齐全的两居室住宅，几乎可以说是从麦迪逊的伯奇大道和托普弗大街东北坡角直接移植过来的。付50美分的门票就能径直走进26×32英尺（7.9×9.8米）的客厅，一屁股坐在昏暗的灯光下，欣赏华丽的日本屏风，抬头凝视12.5英尺（3.8米）高的天花板。它全是由玻璃、砖块和发光的木材制作的，一个完美的尤松尼亚式梦想之家，在曼哈顿的一个角落里找到了临时落脚处，就在第五大道前，在东89街中央公园的对面。

为火所困：赖特的梦想与愤怒

　　另一个建筑是一个亭子或者画廊，用来陈列展览的800多幅绘画和艺术品，包括缩尺模型、大画幅照片、盆栽植物。赖特使用帆布、间接照明和管道脚手架搭建了一个精致的半透明帐篷，长145英尺（44米），宽50英尺（15米）。这个斜角屋顶的建筑看起来既不是固定的，也并非正统的。里面有许多他的照片，都是在开幕前几天匆忙拍摄的，是在展馆和尤松尼亚式房子建造期间拍摄的。10月上旬或者中旬的一天，他拄着手杖，穿着花呢大衣，佩着表袋，戴着猪肉派帽子，一点也不着急。他周围是纽约的工人——泥水匠、瓦工、电工和木匠——都在忙着自己的工作。有一张很特别的照片，是他长期的私人摄影师佩德罗·格雷罗拍摄的。他站着，仰着头，似乎摆出了雕塑的姿势，手杖放在他的身边就像一根长长的食指。格雷罗给他抓拍，另一个记者在4英尺（1.2米）开外用8毫米的相机拍下了他们两人。这是一张"元"照片：摄影师正在给摄影师拍照，他们都在同一时刻给赖特留下了记录。（照片左边，11岁的布兰多克·彼得斯站在外祖父的身后，穿着一件大衣加正装衬衫，打着领带，头发稍微有点乱，看上去闷闷不乐，或者至少是心不在焉。）

　　这场展览轰动一时，一周7天，持续开放了53天（他们把展览延长到了12月的第二周），吸引了6万名参观者（根据古根海姆基金会的数据统计）。（《纽约时报》报道的是这数字的一半。）10月20日，在开幕式两天前有一个媒体预览。《纽约时报》里写道（这件事写进报纸里了，但仍然……）："昨天，一位白发苍苍的84岁〔又错了〕建筑师平静地在起居室里走动，帮助布置体积巨大的古铜色菊花和花盆里的绿色植物。"下一段："他是弗兰克·劳埃德·赖特，广受赞誉的建筑天才，他在为位于第五大道的尤松尼亚风格的房子做最后的装饰……"往下两段："他身穿海蓝色西装，系着带点的温莎领带，戴着一顶个性十足的棕褐色毡帽，他彬彬有礼地接待宾客，然后转向了展览最后时刻的问题，他一直是在场的焦点。"下一段："他传说中的火爆并没有出现，同样有名的幽默感也只是偶尔出现。在那间了不起的客厅里，赖特挥舞着手杖说，'我觉得这能赶走老殖民地风格。'"

第五部分　故事结尾：1950—1959

　　评论界对赖特的赞誉有增无减，除了《纽约客》的刘易斯·芒福德之外，他对赖特来说是最重要的一位评论家。他们两个人互相认识、彼此生气已经有差不多30年的时间了。这两个人都有坚定的独立性和严重膨胀的自我意识，弗兰克·劳埃德·赖特和刘易斯·芒福德之间本身就是一个父子故事，无论是赖特的传记作者，还是芒福德的传记作者，都没能完整地描述过这个故事。这次展览会的主角决定亲自带这位评论家参观他60年的展览。我们似乎没有那天的照片，但你可以想象，赖特打扮得像孔雀一样，挽着比他年轻得多的芒福德的胳膊（对方也是一个爱打扮的人），带他参观整个展览。芒福德在他的自传《人生札记》中提到了这一天，他的自传出版于1982年，也就是赖特去世20年后。芒福德回忆起那次导游之旅时写道："但是，当看到他的一生在我面前展开，听着他持续的低语，我第一次意识到他天才的傲慢有时多么令我厌恶。"（这种说法完全可以镌刻在赖特的墓碑上：弗兰克·劳埃德·赖特长眠于此，他天才的傲慢常常令人厌恶。）芒福德在自传中写道，尽管两人长期对对方充满了感情（有时也有隔阂），但他们从未抽出时间到对方家里做客。在他们漫长的书信来往中，赖特经常恳求芒福德来塔里埃森，体验那里的奇观。但这位评论家发自内心地认为这将是一个坏主意。《札记》中写道："但赖特无法理解，为什么我不愿意放弃自己作家的职业，去为他的天才服务，我不愿意在任何时候中断自己的工作，去做他的客人，这使他感到困惑，甚至有点恼火。"

　　芒福德对《六十年建筑生活》的批判性回应是两篇长文，刊登在11月28日和12月12日的《纽约客》杂志上。他仿佛要写出自己内心的每一句话。这两篇可能是迄今为止关于赖特的长篇新闻评论中最好的文章——毫无疑问，是当时关于赖特的最好的文章。对我来说，这两篇文章是一种混搭的音符，是精心的杰作。当然，芒福德知道赖特会怎么看待它，或者至少一开始会怎么看待它，这就是为什么在两篇文章的第一篇刊登之前，在11月23日，他手写了两页的信纸："亲爱的弗兰克：昨天我完成了我遇到的最困难的任务——对你在

为火所困：赖特的梦想与愤怒

建筑领域的生活和工作进行评论，第一篇文章将刊登在本周的《纽约客》杂志上。"他说，"怀着恐惧、颤抖、钦佩和热爱，我敢于写下这篇关于你的作品的文章，而这是其他人，无论是朋友还是敌人，都不敢写的。"

赖特当时在亚利桑那州，即将前往纽约。11月29日他的电报上写道："你是唯一真正有资格批评的人，这是心理上的关键时刻，你的文字可能会成为我的墓志铭。"

这两篇文章的标题是《稀有的凤凰》，它们出现在杂志的后面部分，芒福德的专栏《天空线》定期在那里刊发。我在这里只引用第一篇，在我看来，这是两篇中更精彩的那个（评价也更加正面化）。在那一期《纽约客》里出现的作家还有E.B.怀特、弗拉基米尔·纳博科夫（写了一篇短篇小说）、威廉·卡洛斯·威廉姆斯（写了一首诗）和A.J.利布林——我只列举4位撰稿人，其中既有该杂志的职员，也有非工作人员。

他的引言是："纽约终于迎来了弗兰克·劳埃德·赖特的第一座建筑，这是纽约过去的耻辱也是现在的荣誉。赖特师从路易斯·亨利·沙利文，沙利文是自亨利·霍布森·理查森开始的三位建筑大师中的最后一位，也是最伟大的一位。"在下一段中："弗兰克·劳埃德·赖特几乎得到了全世界的赞扬，他是美国本土最有独创性的建筑师，而且更重要的是——他是有史以来最有创造力的建筑天才之一。"

他解释说，赖特几乎是单枪匹马地帮助"我们改变了对美国艺术的态度，改变了我们对欧洲模式的殖民依赖，进而转变成对我们本土能力的信心"。几句话之后，他说："但是，赖特虽然是魔术师，却并不是唯一一个促成这种转变的人……甚至开放式设计也不是赖特一个人的创造……在赖特还是学徒的时候，这些先例就以一种分散的、不成熟的形式存在，这才是衡量他的贡献的真正标准。"

他继续写道：

第五部分　故事结尾：1950—1959

> 他强烈的个人情感和信念支配着他的建筑；由于他的建筑是他个性的物质延伸，所以它们既不是沉默的，也不是匿名的。这意味着要爱他的建筑，尤其是他的房子，你必须爱他，接受他的生活哲学；你必须爱他爱到向他臣服的地步……作为这种投降的回报，他将施展魅力，把你带进去……怀着对大师的崇敬之情，我必须同时承认，赖特的住宅有时会让我产生反感，因为我认为他考虑的不是客户的需求，而是建筑师自己的欲望和乐趣……赖特充分意识到自己的傲慢，并以傲慢比假装谦逊更体面为理由替自己辩护。

结尾部分，或者至少是最后一段的开头："尽管弗兰克·劳埃德·赖特才华横溢，但根据他自己的哲学和做法，他是一个被放逐的人，而梅尔维尔在小说《白鲸》中正是用被放逐这个词来描述他的发言人伊什梅尔。赖特的每一座建筑都是自我施加的放逐——一座关于他的伟大的纪念碑，高耸入云，傲视同时代其他人的作品。虽然它的光彩让我们目眩神迷，但有时却无法激起我们的爱，因为它在拒绝和卑微的屈服两个选项之间没有提供中间的位置。"

芒福德在他的自传中提到，赖特是如何在一架从亚利桑那州飞来的飞机上读到这篇文章的，他当时非常激动，以至于"他当场就给我写了一封信，信中他气得发抖，仿佛是由于某种机械振动引起的。他提到我时都用了第三人称——'他是这么说的'——就好像这是给编辑写的信一样"。这个传说在很多书中都出现过（芒福德自己的传记作者把故事传了下去），但遗憾的是，这不过是赖特又一个被真相毁掉的好故事而已。飞机在波涛汹涌的黑暗中降落到拉瓜迪亚机场时，他非常愤怒，但当时他并没有写这封信。第二天早上在广场酒店的套间，信是用酒店的两页信笺写下的，而且字迹并不颤抖。这封信的开头没有注明日期，还用大字写道："亲爱的刘易斯——在昨晚飞来的飞机上读到了你的'欣赏'——既有高兴，也有愤怒——"是的，有些地方用了奇怪的第三人称来称呼芒福德，这很难理解。但是，总的来说，他的攻击中有更多的被动——这也许只是暴露了他真的是很生气。然而，结束时他能说出："但我对你的爱不变。现在你更明白了——无限爱你的，弗兰克。"

芒福德在12月3日回信道："我很难过，你并不接受我在《纽约客》上发表的评论；因为对一个人的工作最好的赞扬不是无条件的赞扬，而是经过条件筛选后保留下来的赞扬。"他在信的结尾写道："深深的敬意和热烈的爱，来自一位大师对另一位大师——刘易斯。"芒福德在《人生札记》中说，有一种"顽皮"的心理驱使他写下了那个结束语——但这似乎值得怀疑，恐怕是他的自负在作祟。（这里需要补充的是，尽管芒福德自视甚高，而且是一位杰出的作家，但他也可能犯一些草率的错误，在飞机上写信就是一个错误的例子。他会错误地引用自己的信件，甚至会搞错日期和简单的事实。）

不久，两人之间的裂痕就愈合了。在一封似乎是两三天后写的信中，赖特开篇写道："我还是一样地爱你。"这并不是说他没有继续发火和教训对方。事实上，几周后的12月18号，他写了一封长信，并在信后不断添加附言（"刘易斯！真正让人伤心的是，你一直是我怀着希望和爱注视着的人，你竟然如此颠倒地理解我的作品"），但最终还是没有把它寄出去。

1954年6月17日，在扬基体育场进行的一场15个回合的重量级冠军争夺赛中，洛基·马西亚诺战胜了埃泽德·查尔斯。（那是一个星期四的晚上，是一场血腥的狂欢。）在中西部地区，尤其是芝加哥，人们在持续8天的热浪下步履艰难。6月18日下午3点，气温达到了98.1华氏度（36.7摄氏度）。在那个周五的下午，两个小时后，弗兰克·劳埃德·赖特最小的孩子、麻烦不断的伊万娜在靠近城市西北角的俄罗斯东正教圣三一教堂举行了婚礼。（这是一栋路易·沙利文的标志性建筑——他在1899年至1903年期间修建了这座教堂。）

伊万娜·劳埃德·赖特当时28岁，这已经是她的第二次婚姻了。她一生中还要结3次婚——糟糕的婚姻。如果说赖特所有的孩子在某种程度上都生活

第五部分 故事结尾：1950—1959

不易的话，那么伊万娜的生活无疑是所有孩子中最艰难，最悲伤的，她的人生包括酗酒、性饥渴、抑郁症、躁郁症，还有一种可怕的愤怒。她活到了89岁，于2015年9月去世。她在南加州的几个养老院兼疗养院里度过了她最后的25年，她可能大半生都患有精神疾病。

在那个热腾腾的下午，在华丽的沙利文教堂里举行的充满希望的婚礼上，她的父亲穿着白色西装和白色鞋子，他看起来像是肯德基的肯塔基上校，或者像一个想进入天堂卖冰激凌的人，他10天前刚过了87岁的生日。新郎是一个瘦高个的塔里埃森学徒，名叫亚瑟·皮珀。几十个塔里埃森学徒参加了婚礼。教堂里没有长椅——做礼拜时，会众站在一个八角形圆顶主导的正方形空间里。学徒们在牧师、新婚夫妇和双方父母周围围成四分之一的扇面，新婚夫妇正对着圣殿，监礼人把他的香船放在一条金链子上，吟诵着祈祷，来回摆动着链子。他还有一个小火盆，里面盛着燃烧的煤块。他绕着新婚夫妇走了几圈，为他们祝福。在他某次经过时，不知道是火盆还是香碗，或者可能是一支蜡烛，离新娘的蕾丝礼服和丝绸般的白色面纱太近了，而礼服又太长了几乎拖到地板，衣服突然燃烧起来。几个人跳上前去，手脚并用才把火扑灭。混乱可能持续了大约一分半钟才平静下来，烧焦的东西散发出刺鼻气味，仪式最终又重新开始。

"我一生都为火所困。我的一生都为火所困。"人们听到那个穿着卖冰激凌的白色套装的人在教堂后面喃喃自语。据说，他沿着一面墙来回走动，用手杖轻轻地敲打着拜占庭式的地板。

他们把它锁起来，放在所谓的"经典之笼"里。这份文档很难称得上是惊世巨著，但是赖特的研究者这么想也是情有可原的。我第一次拿到它的时候也是这么想的，这是约翰·劳埃德·赖特的《我在人世间的父亲》的第一版，上面有赖特自己用铅笔写的注解。你可以实时体验父亲知道儿子向世界讲述自己时的反应：他的愤怒、自怜、指责，但也有令人惊讶的接纳和自我意识。

就其最真实的意义来说，这本稀有的书是哥伦比亚大学艾弗里建筑和美术图书馆特别收藏的一部分。如果你有正规的证明文件，并填写了正规的表格，档案保管员会用手推车推出一个灰色的盒子。这种盒子在档案界被称为"蛤壳"，可以向外折叠，它是由薄而硬的木板制成的，外面覆盖着一种类似亚麻的布料，这种布叫硬麻布。里面就是宝藏。

1946年3月29日，在《我在人世间的父亲》出版的当天，53岁的儿子内心深处充满了矛盾，怀着一颗颤抖的心，他用包裹邮寄了一本给父亲。他父亲直到那时才看到这本书。正如之前所说，这本书中有不少事实错误，但作者在书中某些地方表现出的子女的渴望几乎让人觉得难过。对于任何希望了解弗兰克·劳埃德·赖特的人来说，这本书绝对是必要的。在关键时刻，尤其是1914年8月的那个中午米德韦花园第一次收到震惊的消息时，约翰·赖特就在他父亲身边。这意味着他在历史上有独一无二的地位。

1946年4月11日，这本做了标注的《我在人世间的父亲》回到了作者的手中。赖特似乎在24小时内读完并标记了这本书（虽然它没有马上返回来）。有一张半页信纸打印的纸条，是塔里埃森标志性的浅黄色和切罗基红色信纸。"亲爱的约翰，"便条上说，"在我读这本书的时候——我在作品上——写了一些粗俗的评论。"下一段写道："请再寄一本给我——好吗？"下一段："祝你和弗朗西斯幸福，并能从中得到一些钱和乐趣。"签名行有一个很大的旋涡——就像赖特在画板上画什么东西一样。下面的署名是："爱你的——爸爸"，"爸爸"下面是打印的他的全名。有一种既深情又怪异的正式感。

在书封的左上角，约翰用墨水写道："父亲寄来的副本。"

里面呢？就像刚才说的，有赖特的愤怒、自怜、自负——但总的来说，他的反应非常克制，我们再一次瞥见他的人性、他的脆弱，以及他一向被人低估的后悔能力和自我意识。我们可以举两个例子：

在第195页，出版商（G. P.普特南子孙出版社）印了一张赖特的黑白照片，但画面上有明显的阴影，它看上去就像是张墨水印得很差劲的周日版影印页，有点像是贝拉·卢戈西饰演的吸血鬼伯爵的一个镜头。赖特在旁边写道："多么可怕的怪物！……像我吗？爸爸。"这个问号意味深长。

然后，在第117页，这是一个奇怪的小章节的结尾，标题是《弗兰基和强尼》，约翰试图总结他的父亲，他拔高了基调："我也可以把他想象成堂吉诃德，对他来说，每一个风车都是一个受困的女人……我可以想象他在和生活打棒球时，从不肯等着一垒安打……然后，我又想到他为了自由而爆发的巨大冲刺，用行动与整个世界对抗，有时候是令人震惊地大胆；在人生中开车追逐着自己的理想，完全不顾路标，身体在极速中左摇右晃……"这段话的结尾是这样的："在我的印象中，我和他的一生是喜剧也是悲剧，是崇高也

483

是荒谬，我不知道前者在何时结束，后者从何时开始。"

赖特在下面写了38个英语单词，在左边画了一个括号。他的笔记在纸上写得很淡，直到最后都是这样，但所有的字都很清晰，就好像他在慢慢地写，仔细地思考。他写道："这个人很明显是个聪明有自信的人——完全靠自己的机敏战胜了那些更有价值、成就更大的人——虽然他不是'独特的'。许多人默默地忍受，只为让他闪闪发光……我知道！我知道！"

第一个"我知道"后面的感叹号又粗又黑，他当时一定写得很重很用力。

5个月后，斯维特、丹尼尔和布兰多克·彼得斯摔了个跟头，掉进了3英尺（0.9米）深的沼泽水中。

终点（2）

这是关于1950—1959年这个阶段的简略性全景式总结。

古根海姆博物馆，我们必须从它开始。

在弗兰克·劳埃德·赖特最后的10年里，没有哪个项目能像所罗门·R.古根海姆博物馆这样成为主导他、困扰他的问题。博物馆的基本计划是在1943年至1945年之间制定的，直到1956年才开始动工，直到1959年10月21日，也就是赖特去世6个月后，博物馆才正式开放。有位赖特学者叫布鲁斯·布鲁克斯·法伊弗，他于2017年平安夜去世，享年87岁。此前数十年，他一直担任亚

为火所困：赖特的梦想与愤怒

利桑那州弗兰克·劳埃德·赖特基金会档案馆的创始馆长。他编辑、撰写、与人合写了数十本关于赖特的著作，包括一卷赖特的古根海姆通信。在这本书信集的序言中，法伊弗说，古根海姆"是一个持续了17年的斗争的故事。在这个过程中，委托建造这座建筑的馆长被解雇了，捐赠者去世了，许多次要的人物来了又走，而这座建筑的建筑师没能活着看到它完工"。

尼尔·莱文也关注了这些问题。这座建筑面向中央公园，位于第五大道前，东88街和89街之间，无论公平与否，"被视为是赖特建筑思想的总结，因此，无论出于什么意图和目的，人们都可以通过这座建筑来评判他对现代建筑的最终意义"。关于这座博物馆的书已经很多了，以后还会有更多的书出版。仅就它而言，莱文的《弗兰克·劳埃德·赖特的建筑》一书中长达63页的章节《古根海姆博物馆的倒置逻辑》是必读的，艾达·赫克斯泰伯在简短的传记《弗兰克·劳埃德·赖特》中的概述则是抒情性总结。（大家现在已经意识到，我的叙述很大程度上受到这两位赖特学者的影响。）赫克斯泰伯认为古根海姆是赖特在"寻求一种不被传统墙壁和地板破坏的雕塑般的可塑性建筑，质量和空间是一体的"，依我看来，这句话——甚至是、尤其是"可塑"这个词——几乎可以适用于他所有的草原住宅、联合教堂、流水别墅、约翰逊制蜡公司大楼，以及每一个尤松尼亚建筑。让质量和空间以某种方式自由地流动，这不就是同样的努力方向吗？再次引用赫克斯泰伯的话，古根海姆的目的是创造一个"连续的螺旋围绕着一个巨大的统一的空间"。他终于做到了，尽管有不少妥协和迁就，尽管那个时候他咬牙切齿地忍耐着。

即使是现在，当我们集体的目光已经调适了很久之后，这幢建筑仍然是那么奇怪。在曼哈顿——或者就算是在美国的其他地方——还有没有其他建筑看起来像这个奶油色、螺旋平滑的堆叠圆柱形建筑呢？你可以选一周中的任何一天去古根海姆博物馆，无论是冬天还是夏天，总会有人站在外面的人行道上拍照。正如许多历史学者所说的，这座有一个街区长的建筑本身〔这是一个非常短的街区，大约250英尺（76米）〕似乎想要胜过它里面的任何

第五部分 故事结尾：1950—1959

艺术品。他的艺术要胜过挂在墙上的任何作品，当然，这一直是他不难发现的驱动力之一。

建筑外部的最佳拍摄地点是在街对面，背对着中央公园的护墙。它是一个大大的白色冰激凌冰柜吗？是《格列佛游记》里走出来的洗衣机吗？1958年，在博物馆开馆前大约11个月，《纽约客》有一幅著名的漫画（《纽约客》上有很多关于古根海姆的漫画），图上是一男一女的背后，他们开着敞篷跑车，显然当时交通堵塞，他们凝视着那个基本上已成型的朦胧不祥的月球飞船。你看不清是谁在说话，虽然看起来像是画里的女性，"他们可以在第五大道上这样做吗？"她问道。

和外观一样神秘的是内部，螺旋形建筑作为一个单一的、重叠的钢筋混凝土长廊，沿着上升的坡道跃起了6层。但赖特不希望人们从下往上参观画廊，他想让他们在艺术中迂回下降。参观博物馆的人会进入他巨大的中庭——大厅，看到坡道和头顶上的巨大天窗，为其壮丽的结构而倾倒。乘坐电梯到6楼，然后走出来开始一段缓慢而曲折的旅程，穿越空间，穿越时间，穿越艺术，穿越——他一定是这样想的——弗兰克·劳埃德·赖特本人，也就是他的才华。

螺旋建筑形式长期以来一直对赖特颇有吸引力，而古根海姆的独特现象也有明显的先例。他声称从古代亚述人和巴比伦人的金字形神塔中找到了这个基本概念。金字形神庙是以梯形金字塔的形式出现的寺庙，有层层递进的楼层，通过坡道可以到达。但赖特的金字塔会随着走向顶部而变得更宽。（用赫克斯泰伯的话来说，是"向上向外倾斜"。）他声称，倒着的螺旋是一种"乐观"的东西，而不是"悲观"的，他认为美索不达米亚金字塔是悲观的。他到底是什么意思呢？如果向上走，越走越窄，只朝着某个点，你基本上就与生活和世界隔绝了；如果向上走，越走越宽，你对生活和世界基本上是开放的，是吗？是的，只是他不想让你往上走，他要让你往下走。但是，按照这种逻辑，你将从宽走向窄——这难道不是"悲观"吗？别管了，这听起来像是个兜售万金油的骗子在热火朝天地推销自己而已。1945年9月底，在广场酒店为博物馆的早期模型揭幕时，这位推销员对聚集在那里的68名记者说："民主需要这种建筑。你在教堂里找不到的东西，在这里应该能找到。"威廉·凯里·赖特的儿子在世俗的讲坛上这样说。

如果这座建筑代表的是标志性的、几乎无法表达的东西，那么这与博物馆有关的一些人的故事，以及建造它的漫漫长路，和一些看上去非常疯狂的家伙是一致的。了解古根海姆博物馆的人都知道，这首先指的是博物馆的策展人、创始馆长希拉·冯·雷贝男爵夫人。看着希拉的照片，她的女王气质、异国情调、执拗、艺术家气质、极其时尚、虚荣、智慧、戏剧化和复杂的天赋，几乎在一瞬间就全部呈现出来。甚至她的全名也有种歌剧的风格——希尔德加德·安娜·奥古斯塔·伊丽莎白·弗雷林·雷贝·冯·埃伦维森。她出生在德国贵族家庭，后来成为了著名的抽象艺术家。1943年6月1日，在她53岁生日的前一天，在"铜业大王"所罗门·古根海姆老先生的首肯下，她坐在桌前在蓝色的纸上用蓝色的墨水手写了一封信，寄给塔里埃森的赖特。古根海姆先生手握所有的资金，也是她的赞助人和雇主。

"您能不能来纽约和我讨论一下，为我们的非客观性绘画藏品建一座大楼？"她问道，"我觉得每一幅伟大的杰作都应该被组织到空间中，在我看来，只有您才能测试这样做的可能性。"在这封相对简短的信中，她3次使用了"空间"这个词。（她是占卜到的吗？）最后她说她想要一个"精神的殿堂，一座纪念碑！"这有点像疯疯癫癫的米丽娅姆给那个摇摇欲坠的男人的第一封信，信里说因为看到他"无限的"（或者说是"普世的"）悲伤而震惊。弗兰克·劳埃德·赖特是从哪里找到这些女人的？

只不过他以为希拉是个男人。"我非常感谢您的欣赏，"在9天之后，也就是6月10日那天，他回复说，是的，他原则上对接受这样的委托很感兴趣。"为什么不来这里来度过一个周末呢？把您的妻子也带上。"

"非客观"艺术的想法，或者至少男爵夫人头脑中的概念，是它能够创

第五部分　故事结尾：1950—1959

造一种不同的世界秩序。赫克斯泰伯表示："他们（绘画实践者）声称创造了一种新的现实，将图片空间扩展到画框之外，进入真实的空间，两者之间的任何界限都不复存在。"一个人通过观看瓦西里·康定斯基、马克斯·恩斯特或者汉斯·里希特等人的作品获得内心平静，能够解决人类的问题。不再有战争，也许不再有饥饿。人们应该看着这些画作，和它们一起飘浮，和它们在一起。希拉写信给赖特时，S.R.古根海姆已经82岁了，他对抽象艺术的热情是从晚年才开始的。在希拉的诱惑引导下，他和妻子艾琳在54街的一栋联排别墅里建了一个临时博物馆。非客观的艺术在那里仿佛不受物质的限制，飘荡在巴赫的乐曲中，画离地板很近，挂在折叠的灰色布料上。

赖特最终去了纽约，见到了男爵夫人和古根海姆，到6月底，他们达成了协议。赖特那时颇受希拉的影响，且不说艺术，她关于生活的理论也影响了他，例如放血对身体特别有好处，把牙齿全部拔掉也不是个坏主意。几个星期之内，她不知怎地说服了赖特和奥吉万娜，让他们去看纽约一位名叫梅耶斯的德国医生。据说，医生让他们躺在硬皮沙发上，然后把巨大的黑色水蛭放在他们的喉咙上。（背景是不是巴赫的音乐？）到8月中旬，赖特已经进行了3轮水蛭吸血治疗，还拔掉了所有的牙齿，戴上了假牙。（赖特一生都喜欢稀奇古怪的医学和营养学观点。有一段时间，他迷上了在喝茶时吃生鸡蛋。）

很快，他和希拉就会开始厮杀，忘掉了水蛭时的友谊。在接下来的9年里，或者接近9年的时间里，直到希拉被解雇（1952年3月，希拉被迫辞职），两人经历了难以处理的玫瑰战争。一切都写在信里了。1943年12月18日（初次接触6个月后，建筑地点尚不明确），赖特还处于客户的蜜月期，他给将来的对手写了一封信："如果一切顺利的话，我们将在1月下旬的某个时候去西部——我希望在那之前我们能有个策划，我有很多关于我们的博物馆的想法，我必须把它们呈现在纸上，否则我随时可能爆炸或者自杀。那座建筑应该用来示范如何展示一幅画。"6个月后，也就是1944年7月6日（他们现在已经有了建筑地址，螺旋的概念已经完全在他的脑海中了），他寄出这样的信函："亲爱的希拉：我不知道你又听了谁的话。"下一段："我猜不是我的客户，只有一群卑鄙的批评者对你窃窃私语，谈论一些他们可能其实一无所知的事情……"往下四段："你看，你给了我糟糕的一刻钟，似乎是噩梦：因为我以为我遇到了一位欣赏我、理解我、强大而可靠的客户，而你的信却告诉我，你只是一个沮丧的、犹豫不决的受害者……"倒数第二段："你对隔板一无所知……"他在信上的签名是"真诚的弗兰克·劳埃德·赖特"。

等到希拉·雷贝最终出局的时候，古根海姆本人已经去世两年半了（他于1949年11月3号去世），他的侄子哈利接任了基金会董事会主席一职。到那时，非客观绘画博物馆也扩大了它的关注范围，并更名为所罗门·R.古根海姆博物馆。现在赖特有了一个全新的对手阵容。但是，出现的是同样的故事，麻烦和混乱的风暴一个接一个，从40年代开始一直持续到50年代。在1952年，纽约建筑委员会拒绝颁发一个许可证，因为据称设计计划违反了32项法规。罗伯特·摩西可以说是纽约最有权势的人，他是该市（该州）公园系统的负责人，是城市建设的协调员，也是城市规划委员会的成员，他几乎可以随心所欲地执行他的意愿——更复杂的是，他和弗兰克·劳埃德·赖特是远亲。据说，在之后的某个时候，摩西在建筑委员会的一次会议上说："该死的，给弗兰克弄个许可证，我不在乎你们要违反多少条法律。"这并不是说罗伯特·摩西对现代艺术有什么真正的热爱，更谈不上喜欢他这位远亲打算建造的那座建筑。不过，要想最终获得许可证开工建设，还需要将近4年的时间。据说，1956年3月下旬，摩西在给部门专员的一次电话中说："明天早上8点之前，我的办公桌上必须有建筑许可证，否则我就换一个新的建筑专员。"第二天早上许可证就放在那里了，或者传说就是这样的。

拆除工作于1956年5月7日开始。那天早上，《纽约时报》在第29页刊登了一篇报道，并附上了博物馆的草图。（这篇报道旁边有一则报道，艾森豪威尔总统为自己选了一幅相当乏味的新的官方肖像：阴阳相对。）第二天，《纽约时报》发表了一篇题为《十字面包》的社论，编辑写道："出于对弗兰克·劳埃

第五部分 故事结尾：1950—1959

德·赖特的才华和胆识应有的敬意，我们必须说，我们对本报昨天刊登的这幅草图深表惊讶。""如果我们可以说的话，它的绝对效果就像是一个超大的、难以消化的复活节十字面包。"不到3年前，1953年9月5日，在一篇三百多字的文章《赖特先生的建筑》中，社论完全支持他："纽约至今仍然没有美国最著名的建筑师设计的建筑。纽约会继续僵硬地拒绝给他一个在我们的城市施展他的天才的机会吗？"那是当时的事。

施工是在春天晚些时候开始的，那是1956年的中期。合同的价格是250万美元，但最终的成本将比这个数字再高出100万美元。圣诞节的时候，在他位于广场酒店的紫色套间里，一位89岁的老人将向他的小妹妹讲述他那天下午刚刚做的一个梦，关于他的父亲，关于韦茅斯教堂演奏的管风琴，关于风箱的故事。"妹妹，我在梦里听得清清楚楚，每一个音符都像他以前演奏的那样。"

<hr>

还有更多关于弗兰克·劳埃德·赖特的故事来自他的一些老学徒——比如卡马尔·阿明，他是埃及人，是一个彬彬有礼、优雅而又聪明绝顶的人，在我写这本书的时候，他正生活在亚利桑那州斯科茨代尔的一个疗养院里。1951年，21岁的他不顾家庭的财富和地位，从开罗来到塔里埃森工作。在赖特最后不到10年的时间里，他一直在观察赖特，有时甚至是非常近距离地观察。（是的，在那个星期五的下午，卡马尔在芝加哥东正教大教堂里，听到手杖在拜占庭式的地板上轻柔地敲击，之前稍早一些时候，他和伙伴们跳上去帮忙扑灭了新娘面纱上燃烧的火苗。他精彩地向我叙述了这件事。）

"没有赖特先生的话，我的一生就不完整。"卡马尔曾经说过。那是在我们最早的一次谈话中，他还没有住进疗养院生活。我们开车绕着凤凰城转，看了一些大师的作品，也看了他自己的一些作品。我问他有没有小小的英雄崇拜情节？"哦，是大大的英雄崇拜。"他笑着回答，然后他说："上帝一定做了很多工作才能创造这样一个人，这样的事情绝不是意外发生的。"然后他说："凡

为火所困：赖特的梦想与愤怒

是在147年前出生的人现在都死了，除了弗兰克·劳埃德·赖特。他今天还像一百年前那样能把人逼疯。"

还有一次，他谈到了赖特的手。（当时我们正在吃午饭，这位离过两次婚、眩晕症每天都会发作的80多岁老人正在疯狂地和女服务员调情。）他举起自己右手羊皮纸般的细长的手指，把它们摊开。然后，他用另一只手的拇指和食指在右手的两个手指上往下描，似乎是描着某种隐形的护套。他这样做了好几次，头都没抬，他的思绪似乎已经飘远了。他描护套的动作是一种美妙的见证，正在帮助他回忆，这就好像是一种触觉记忆装置。然后，他带着埃及特有的抑扬顿挫的语调说：

他的手。哦，天哪，他的手。你不敢相信他的手，魔法从他手里跳出来。他会坐在我的绘图板旁边，他会让我挪到一边去，甚至在他坐下之前，他会走过去拍拍你的肩膀。那简直就是魔法，那是个神奇的时刻。他让你挪一挪地方或者拍拍你的肩膀，然后你就知道，他要在绘图室里在你的旁边坐一会儿，他要看你的作品。这个时候你是他唯一关注的对象。他会拿起我的一支铅笔，他的线，那么有力，快速的线。他是怎么做到的？线就从他的指尖流了出来。他在纸上操纵三角尺的方式，就像外科医生拿着手术刀一样。三角尺成为他左手的一部分，他的另一只手里拿着铅笔，他的右手和左手在跳舞。有时候，他会自己哼唱，有时候，当他在纸上旋转三角尺，沿着直边快速画线时，尺子就会捕捉到光线，光线反射回来。我这时屏住了呼吸。在接下来的半个小时里，看着那双神奇的手在工作，我是世界上最幸运的人。

我一直在忙着记笔记，这个时候我抬头说："老天，那个时候你的心跳肯定像打鼓一样。"

"我的心至今还在打鼓。"他说。

第五部分 故事结尾：1950—1959

这看上去似乎是不可能的——除非这是真的——这位在50年代一直与古根海姆博物馆抗争的老人，当时还在和他的学徒、同事一起设计贝弗利山的安德顿·考特商店，还有达拉斯的卡利塔·汉弗莱斯剧院，以及加利福尼亚州圣拉菲尔市的马林县市民中心，以及明尼苏达州黑斯廷斯的赫尔曼·T.法斯宾德诊所，以及加州雷丁市的朝圣公理会教堂，以及堪萨斯州威奇托州立大学的青少年文化中心，以及特拉华州威尔明顿市希普利路619号的达德利·斯宾塞住宅，以及威斯康星州怀俄明谷的怀俄明谷文法学校，以及查塔努加市传教士岭的谢默和格特·沙文住宅，以及位于伊利诺伊州柏拉图中心的罗伯特和伊丽莎白·穆尔黑德农舍，以及位于明尼苏达州克洛凯市的丰杜拉克印第安人保留地边缘的R.W.林德霍尔姆服务站，（说到汽车）还有位于曼哈顿公园大道430号的欧洲进口商马克西米兰·霍夫曼的豪华展厅。这只是赖特的十几件作品（基本上是随机列举的），还有很多其他的作品，包括构思的、委托的、绘制一半的、完全绘制的、实现的、从未实现的。赖特50年代的项目和项目所在地的清单有时候听起来就像是美国的地名词典。

另一个"怎么可能"的壮举，就是弗兰克·劳埃德·赖特的作品怎么可能横跨3个世纪，在19世纪、20世纪和21世纪完成呢？这听起来像是打字错误，但并不是。2004年布法罗市建成了蓝天陵墓——里面有24个墓穴，1925年他第一次和老朋友兼愤怒无力的客户达尔文·马丁谈起了这个概念，1928年他画出了陵墓层叠式的大理石设计，这是赖特遗作中为数不多的得以在本世纪实现的建筑之一。我在这里特别提到它，是因为它的名字本身，蓝天陵墓——上有苍穹，下有绿土，完全符合有机的信条。这座露天建筑位于一座小山顶，坐落在布法罗市的森林草坪墓地里。在某种程度上，很遗憾，那个人自己不能躺在这里。

为火所困：赖特的梦想与愤怒

有3位赖特学者研究了他50年代作品的复杂性，其中一些作品本质上是短暂的，早已不复存在。

艾达·赫克斯泰伯指出：

无论以何种形式呈现，赖特的建筑想象力的力量和独创性都是不可否认的，但他晚期的许多作品仍然是一个有争议的主题。他越来越倾向于创造一个属于自己的世界，里面充满了明亮的色彩、异国情调和未来主义的意象，有飞碟、屏风、尖塔、雕像和像珠宝般的彩色装饰，这是巴克·罗杰斯科幻电影、《一千零一夜》和美国本土资源的奇妙混合。对他早期作品大加赞赏的评论家和历史学家认为，这种过度的装饰性过于夸张……20世纪70年代两位最受尊敬的建筑作家曼弗雷多·塔夫里和弗朗切斯科·达尔科认为他这是在走下坡路：这是一种"科幻建筑"，其中"自我意识的异国情调"退化到了"超级媚俗"的程度。

罗伯特·麦卡特的著作对本书的完成起到了重要作用（他既是一位执业建筑师，也是一位大学教授和多产作家），他认为：

现在，赖特的每一幅草图都被定义为天才的一笔。学徒们回忆说，赖特在画板上匆匆画完一幅画后，低声自言自语道（但还是让所有人都能听见）："今天早上我真是个天才。"这种天才不觉得有必要解释自己，除了天才自己的奇思妙想之外，也不对任何事情负责任……因此，空间、功能、结构、人的尺度和景观的整合，这些一直以来整体的、首要的赖特设计原则现在开始从他的作品中消失，一种解体开始主导他的许多大型设计。

尼尔·莱文认为："赖特在50年代的作品之所以研究起来困难，原因之一是其数量太多，另一个原因是它的多样性。还有一点，无疑是最重要的一点，

第五部分 故事结尾：1950—1959

那就是它们与其他当代作品相比明显古怪得很。"

莱文用一个很有趣的词来形容赖特后期的大部分作品——"不可同化"，即不能被新陈代谢消化吸收的东西。会不会是我们离这些作品太近了，我们还需要50年或75年的时间才能理解赖特在最后10年里到底在做什么？

我们来举5个例子：

他于1956年设计了威斯康星州沃瓦托萨市的天使报喜希腊东正教教堂，但直到1961年，也就是他去世两年后，这座建筑才完工。它被称为形式和结构的奇迹，有着精确的几何学平面图和一个混凝土圆顶外壳，巧妙地设置在数千根钢轴承上，这样它就可以在威斯康星州的极端天气中伸缩。在这个飞碟（沃瓦托萨人都是这样称呼它的）的顶部有一系列半圆形的窗户，它们看起来像是九头蛇怪、外星人的眼球。不止一个批评家说过，镶着宝石的碟形教堂似乎是从地面上起飞的，而不是从地面上建起来的，这似乎与赖特所有的有机教义相违背。

位于俄克拉荷马州巴特尔斯维尔的H.C.普锐斯公司大楼赢得了多项重要的建筑大奖，它是赖特在1952年至1956年间为巴特尔斯维尔一家管道建设公司的老板建造的。它有19层楼高，面积是3.7万平方英尺（3437平方米），是一个容纳公司总部、公寓住宅和其他专业办公室的多功能结构设计。它矗立在那里，就像一棵奇怪的蓝绿色的树，从森林里拔出来，然后重新种植在俄克拉荷马州东北部一个小城市（或大城镇）的中央。这个建筑感觉有点赤裸裸的，有些浮夸。4根钢筋混凝土中央轴支撑着这座建筑，就像一棵树的树干一样，它的混凝土楼板像树枝一样悬挑着。楼的外层用铜和有色玻璃包裹着。（它的绿松石色来源于氧化铜。）赖特在1929年为曼哈顿下城设计了布威圣马克公寓大楼，但没有投入建设，据说他正是在这个建筑的基础上设计了这栋大楼。我还记得那个星期天，我从塔尔萨开车到那里去参观，看到这幢大楼感到憋气和局促。赖特定制的家具大多是红色的六角形图案，看起来像是直接出自动画片《杰森一家》。我迫不及待地想要离开。

为火所困：赖特的梦想与愤怒

　　费城郊区的贝斯·肖洛姆犹太教堂位于宾夕法尼亚州的埃尔金斯公园，这个建筑的支持者为数不少，人们把这座建筑称为"神圣之光"——赖特没能活到看着它大门敞开的时候，它的花费超过了最初估计的近3倍。这是一个三角形的金字塔，坐在一个六边形的基座上，一个重达160吨的钢制三脚架支撑固定着所有的东西，倾斜的主殿可容纳1100人。赖特说，室内的设计是为了让人联想到双手捧在一起：人们"安息在上帝的手中"。圣殿的屋顶有100英尺（30米）高，由3根117英尺（36米）长的钢梁支撑着，内部看起来像是飘浮在空中，没有任何的内部支撑。主要的礼拜场所是一个大房间，上面有波纹金属丝玻璃和塑料制成的半透明面板，这就好像你在一个巨大的、透光的印第安帐篷里祈祷。我在春末的一个下午开车过来，透过波纹金属丝玻璃面板的阳光十分刺眼，但整个建筑比我预想的还要冷。它似乎规模过大，与绿树成荫的居民区相比显得过于庞大，仿佛西奈山来到了近郊区。至少在我看来，它是丑陋的，甚至是过分装饰的。在主殿，我数了数，至少有30个雨水桶，还有两个塑料的水池，就是那种天热到华氏90度（32摄氏度）时3岁孩子喜欢在后院里戏水的那种水池。"这么多年来，漏水一直没停过，"讲解员说，"我们似乎无法解决这个问题。但看在它的壮丽的分上，我们忍了。"但是，实际上，水桶和浅水池（里面都有小水坑）是这次游览中最精彩的部分，因为它们仿佛把人性带进了这里。

　　"东塔里埃森"或者"塔里埃森三号"：研究赖特的人知道，这指的是纽约广场酒店的一套房间，门牌号223—225。赖特在1954年的夏天半永久地接管了这些房间，既作为他的办公室又是离家在外的住所，以便更接近古根海姆。这些年来，他经常住在广场酒店，50年代早期，他和妻子住在酒店不同的房间和套房里，但到了1954年8月，有证据显示，他把223—225号房间据为己有，并开始把这个地方装饰得很怪异。套间在二楼的东北角，是酒店里最好的房间，可以看到第五大道和中央公园的全景。克里斯汀·迪奥曾经住在这个套房

第五部分　故事结尾：1950—1959

里，"钻石"吉姆·布雷迪[1]也在这里住过，传说是这样。赖特喜欢告诉人们说他把这个地方变成了"现代的'钻石'吉姆·布雷迪风格"——根据我读到的描述，以及我看过的照片和电影片段，这算是轻描淡写了。再次引用赖特学者简·金·海斯和黛布拉·皮克雷尔在他们的杰出作品《弗兰克·劳埃德·赖特在纽约：1954—1959年的广场岁月》一书中所说的话："在起居室里，赖特使用了金色、玫瑰色、深紫色/红色、桃红色和黑色的复杂调色板。墙面……挂着带金叶子的日本宣纸，镶嵌在玫瑰色墙壁上的镀金木制框架内……他将窗户细化为4层，从地板到天花板添加了深紫色/红色天鹅绒的窗帘……床垫上面是桃红色的天鹅绒靠垫，赖特指定要用'系着猩红色球的黑绳'来固定。"建筑师到底在想什么？维多利亚时代旧金山的诺布山妓院？还是世纪之交时新奥尔良州斯托维尔市贝森街上那些有历史的妓院？

最后10年的另一件作品——与前面4部分所说的完全相反，是位于威斯康星州明镜湖州立公园的赛斯·彼得森小屋。她那简朴的有机美（是的，我们赋予它女性的性别），她的小巧，她的与众不同，让我认为这个看似简单的建筑可以被视为赖特最伟大的作品之一，无人可及。这栋建筑是赖特设计的最小的住宅，只有880平方英尺（82平方米），也是他在威斯康星州的最后一个委托。该建筑是尤松尼亚建筑形式的变体，由当地开采的砂岩、道格拉斯冷杉面的胶合板、雪松木瓦和玻璃建造而成。一座壁炉将餐区和起居室与小人国用的厨房分隔开，厨房连接着一间单人卧室和一间浴室。石板地板是辐射加热的，石头在内墙下向外突出，形成了一个露台。和其他的尤松尼亚建筑一样，你几乎找不到内部的终点和外部的起点在哪里，而这要归功于主屋从地板到天花板的落地玻璃。这是一个木结构和玻璃结构的棚屋，屋顶陡峭。除此之外，它还有一种纪念碑的特性，可能是因为巨大的烟囱和墙壁，它们比浴室和厨房高出近两

---

[1] 詹姆斯·布坎南·布雷迪（1856—1917），美国金融家，热衷于购买钻石。——编者注

层楼。最精彩的是，赛斯·彼得森（熟悉这座建筑的人经常这样称呼它，不需要加上"小屋"这个词）似乎悬挂在陡峭的河岸边上，而河岸穿过树林俯冲到平静的镜湖：尽管她很高，但是她依偎在那里，是景观的一部分。这是第一个可以出租给赖特爱好者过夜的弗兰克·劳埃德·赖特建筑（租金不便宜）。自1992年，也就是她低调复出的那一年起，就一直对外出租。

早在我亲身体验这颗位于威斯康星森林湖边的小宝石之前，我就对她的原主人产生了好奇，主要是因为"过早死亡"这几个字一直出现在这件作品相关的各种官方著作中。这是什么意思？关于这位赛斯·彼得森的生与死，有许多令人觉得古怪的事，只说一件，那就是赛斯·彼得森和弗兰克·劳埃德·赖特的生日是同一天：确切地说，他们年龄相差69岁。彼得森是一个患有哮喘病的孩子，有着温柔近乎娘娘腔的一面，他从小到大不擅长和女孩子打交道。他热爱艺术，是个有天分的钢琴家，他来自麦迪逊以西的威斯康星州的黑土市，黑土市正在去斯普林格林的路上。当他还是个孩子的时候，他就去看弗兰克·劳埃德·赖特的住宅。在黑土市上高中时，他和他最好的朋友伯特·戈德斯塔德曾竭尽所能地想要和这位伟大的建筑师建立某种关系。他们不止一次坐火车到芝加哥，然后又乘车到橡树园，只是为了站在人行道上看看赖特家的房子。其他时候，他们会开着彼得森家的迪索托汽车去斯普林格林，希望能见到赖特。他们有一次有机会在塔里埃森即兴游览。

1954年初，17岁的赛斯申请到塔里埃森当学徒，但他太小了，而且也承担不起学费。在接下来的几年里，他似乎又申请了一次，也没有成功。与此同时，伯特·戈德斯塔德上了明尼苏达州的圣·奥拉夫学院，而赛斯则成为了该州机动车部门的IBM电脑操作员。1957年夏天，21岁的他又一次申请当学徒被拒，于是他应征入伍并被派往欧洲。但是他的哮喘恶化了，入伍9个月后就退伍了。他回到威斯康星州，恢复了他原来的工作。他梦想着能够住进专门为他设计的赖特之家，据说他曾与赖特接触过两三次，但没有结果。最后，赛斯给他寄了一封信，信里是预付费（据说数目高达1000美元，但是似乎没有文件记

第五部分 故事结尾：1950—1959

载）。赖特，毕竟是赖特，显然他把钱兑现花掉了，现在他不得不干活了。与此同时，在麦迪逊西北大约50英里（80千米）的威斯康星戴尔地区附近，赛斯拿到了一块地，同时他也坠入了爱河。在接下来的一年里，赖特给在镜湖建造的小屋出了设计图，1959年年中，项目开始动工。那年4月，赖特突然去世，但建筑工作继续进行。在接下来的一年里，每逢周末，赛斯和他的未婚妻都时不时地在睡袋里露营，他们未来的城堡就在身边渐渐升起。

之后就出了问题，赛斯和未婚妻分手了，有报道说，他曾因建筑贷款而陷入财务困境，还有其他未经证实的更黑暗的故事。要说的是，1960年4月17日复活节那天，赛斯·康顿·彼得森在自己家的地下室上吊自杀。他一直和父母住在一起，那天下午3点15分左右，他的母亲找到了他，他没留下任何字条。他死时23岁，离24岁还有不到两个月。验尸官裁定这是"由于一般的沮丧而自杀"，新闻出现在第二天的报纸上。葬礼在赛斯家族的路德教会举行。

在此之后的几年里，房子每况愈下，1966年，威斯康星州接管了这处房产。小屋无人照管，后来用木板封住了。有大约20年的时间，她一直空荡荡的，情况变得更糟。然后在1989年，一些热心的保护主义者和赖特爱好者成立了非营利性组织——赛斯·彼得森小屋保护协会，他们花了3年的时间，花了大约30万美元才把她恢复好。她现在就在那里，焕然一新，纯洁质朴，就像她栖身处的镜湖水一样。

伯特·戈德斯塔德已经80多岁了，住在明尼苏达州的黑斯廷斯市。在一次长时间的电话交谈中，他告诉我他一直无法弄清楚赛斯自杀的原因。他说："如果那天下午我在场，事情就不会发生，不，这件事就不会发生，我会设法阻止它发生。"谈到镜湖的小屋，他说："它美丽、宁静、谦逊，就像赛斯的人生。"他补充说："这只是一个谜。"他听说过赖特住宅相关的其他悲剧吗？他听说过一些，然后他问："你觉得为什么会有这些悲剧呢？"我没法真正回答，但"无法融入"这个词就在我的脑海里。

为火所困：赖特的梦想与愤怒

最后10年：1956年3月31日（古根海姆博物馆的建筑许可终于通过的时候），一位88岁的老人在一封信中说："如果我硬要把自己和那些在建筑领域——我精神生活的领域——相对幼小的人比较的话，我会认为我已经年迈了。"46年前，同一天，一位42岁的中年人，在意大利费耶索的"奶油白色小别墅"里，给他的英国朋友C.R.阿什比写了一封3页纸的信，信中充满了愧疚："我相信一件可怕的事情是正确的，并为此牺牲了那些爱我的人和我的工作，这似乎是一种自私的、残酷的浪费生命和目标的行为……我想要真实的生活，就像我要建造真实一样。"这封信很久之前已经引用过了。赖特和梅玛一起逃离了美国，离开了凯蒂·赖特和他的家人，梅玛也同样离开了埃德温和她的孩子。如果说1910年3月31日的那封信里充满了羞愧，充满了恐惧，里面也充满了他的自负和傲慢。要理解这一切，你必须研究每个句子潜在的含义。

1956年3月31日，含有"年迈"这句话的信是写给建筑师同行奥斯卡·斯通诺夫的，斯通诺夫曾帮助筹划了《六十年建筑生活》展览。阅读这些颇具个人特色的语言，也许你听到的只有他的自我。但事实上，这句话背后隐含着极大的焦虑。在这句话的背后，赖特担心自己会被那些可恶的国际风格玻璃盒子的制造者们取代——比如路德维希·密斯·凡·德罗。尽管赖特到处出现在电视上，出现在《看》《时尚先生》《周六晚邮报》《假日》《时代》和《生活》杂志中，这都无关紧要，收到多少委托也并不重要（仅在1949年至1950年，赖特工作室就收到了60多份委托），有多少奖项和荣誉学位也并不重要（1949年，美国建筑师协会授予他最高荣誉金质奖章，以表彰他的终身成就）。他害怕成为一个过时的人，害怕被国际主义者取代，这种恐惧是真实存在的。

在写了"年迈"的那个句子两个月后，赖特作为神秘嘉宾现身人气极高

第五部分　故事结尾：1950—1959

的周日晚间电视游戏节目《我的台词是什么？》[1]你可以看看老片子，你会忍不住对他报以某种程度的同情——并不是因为他已老迈，不是的。他是今晚的第一位挑战者（钢琴家沃拉祖·利伯拉斯稍后会出现）。节目台上的名人都戴上了眼罩，他从左边走进来，用粉笔慢慢地却很有气派地在黑板上写下了自己的名字。他转身走开，去的方向与他应该去的方向恰恰相反。"呃，在这里，谢谢，先生。"主持人约翰·戴利打着领结，彬彬有礼地边说边把他领到了桌前。"世界著名建筑师"以白色大字出现在屏幕上，让观众们能看到。他承认自己不是节目这方面的专家，他对戴利说："我饶有兴趣地看了一期节目。"戴利的任务是决定问题，并在问题追问走偏了的时候翻牌。这位嘉宾有些问题听不清，戴利会帮助他进行斡旋。不过，很快，他昔日的魅力和机智就重现了。

"你说话的声音令人印象深刻。"戴着眼罩的多萝西·基尔加伦说。

"先生，你的工作是需要动手做的吗？"彼得·劳福德问道。

大约10分钟后，在仅仅用完了10个问题中的4个之后，小组成员就能够认出他了。（这可以作为他大名鼎鼎的又一个证明。）

"您最近建过什么东西吗？或者在积极参与一些新的设计吗？"当其他人的面罩取下来后，戴利问道，算是在广告休息前以及下一位嘉宾就位前的聊天。

"你是说积极参与？我简直像被套上了缰绳一样辛苦。"（戴利怎么敢问这样的问题。）

那时正值初夏。从那年夏末一直持续到秋天，出现了另一件事，更大程度上体现了弗兰克·劳埃德·赖特的不安全感和自负。他直言不讳地宣传自己那栋据说有一英里（1.6千米）高的摩天大楼。他用这种噱头贬低了自己，在

---

1 那一天是1956年6月3日。7天前，在威斯康星州，在飞往东部参加节目和其他事务之前，他在对塔里埃森学社的周日讲话中说："就是这样，所以很大程度上这就是我们困惑的原因，我们到处流浪，没有地方可去，就和没有父亲的耶弗他一样，这里似乎没家，没有精神家园。"

为火所困：赖特的梦想与愤怒

某种层面上，他自己肯定也知道。8月25日，他在塔里埃森接见了《芝加哥论坛报》的一名记者。这位记者的报道（没有署名）第二天早上刊登在周日版第一页的两个专栏里，报道说他"斜倚着"接受了采访。赖特说，帝国大厦和新大楼"相比之下就像一只小老鼠"，这座建筑将成为芝加哥的政府办公大楼，你会看到它矗立在湖畔，靠近艾德勒天文馆。记者注意到，纽约市的最高建筑——贸易委员会大楼有44层，离地有612英尺（187米）高，因此赖特计划建造的5280英尺（1609米）高的大楼将比它高出7倍多。"这是可行的，"赖特说，"这是完全科学的。如果芝加哥想要的话，它就归芝加哥了。"他说"有几位杰出的芝加哥人士"很感兴趣，但他不方便说出他们的名字。

但他不是看不起城市吗？他不是强烈提倡去中心化吗？他这不是自相矛盾吗？他现成的回答是："如果我们要实现集中化，为什么不停止小打小闹，而是真正去实现它呢？因为去中心化要想实现，看起来要花上一个世纪的时间。"

他的算盘打对了，全国各地的报纸都开始对此进行报道。

那年秋天，他来到芝加哥进行了为期3天的闪电战。（《六十年建筑生活》正在展览中。）10月16日中午，他在谢尔曼之家酒店的宴会厅举行了新闻发布会。到现在为止，他已经把他的想法进行了精练和完善，"一英里（1.6千米）高的伊利诺伊"——这座528层的大楼不仅能容纳10万人，还能容纳1.5万辆汽车和100架直升机。成本可能会超过1亿美元，因此必须有一些有远见的人愿意支持他。该建筑的电梯将不是悬挂在缆绳上的电梯，而是更接近于原子动力的垂直列车，5节车厢高，在棘轮上运行，就像带齿轮的铁道一样。他的"主根"地基将包括在基岩深处下沉一个中央混凝土桅杆。在普通乏味的摩天大楼上，同样大小的楼层会层层叠叠，他的大胆尝试与此不同，将允许楼层大小不一，并可以从中心桅杆上悬挑伸出。

在场的大约有15名记者和几个电视台的工作人员，还有一些在活动中闲逛的人。（有一位参加者根本没能进来，他就是那天一大早从威斯康星州开车

第五部分　故事结尾：1950—1959

过来的赛斯·彼得森。）

赖特站在麦克风前，他身后是一幅22英尺（6.7米）高的透视图，用金色、银色和蓝色绘制而成。"先生们，这就是'伊利诺伊'，"他宣布说，"现在分散在芝加哥各地的所有政府办公室都将被整合到这里。"这幅图显示了一个针状结构，随着向上爬升变得越来越窄。第二天，《论坛报》上的报道（《赖特说天空之城计划并非空想》）放在了第8页的第四部分，几乎被掩盖住了。到目前为止，编辑们肯定觉得有必要后退一步保持距离了。（这篇文章旁边还有一篇报道，讲的是一个名叫斯坦利·格雷克的人在前一天早上爬到了范布伦街大桥120英尺[36.6米]的高度，直到消防队员给他拿来一品脱酒，他才下来，他以前也这样做过。当他们把他引诱下来时，谢尔曼之家酒店那边有个高空走钢丝的艺术家正在火力全开地演讲。那篇关于爬桥者的报道标题是《重复的噱头》。）报道文章中有6句赖特的话，整个故事中最能说明问题的一句话是："我讨厌看到那些小伙子到处瞎弄，把他们的房子盖得像盒子一样。为什么不设计一个真正的高建筑呢？"小伙子？他指的是国际主义者，或许还特别针对密斯·凡·德罗，他在北湖岸大道860—880号建造了一对玻璃与钢结构的独栋公寓双子大楼，5年前完工的时候，赢得了芝加哥内外的赞誉。小伙子？密斯比站在话筒前的那个人才小19岁。

这是在10月17日，芝加哥市长理查德·J.戴利宣布这一天为"弗兰克·劳埃德·赖特日"。那天晚上，也是在谢尔曼之家，有一个为赖特举办的慈善宴会，市长出席并颁发了一块牌匾。据说，有800人支付了25美元参加宴会，筹得的钱将用来维持塔里埃森学社。奥吉万娜·赖特就在她丈夫的旁边。当她的丈夫走上讲台时，他谴责了几乎所有的事情，包括教育状况、城市、美国文化以及他的建筑师伙伴。关于汽车："汽车制造商应该为自己感到羞愧，现代汽车是一件精心设计的怪物。"为自己感到羞愧？

也许让他不舒服的真正原因是不在场的人。他请罗伯特·摩西担任主要发言人，但摩西推脱拒绝了。然后他又请了刘易斯·芒福德，芒福德并不想离

为火所困：赖特的梦想与愤怒

开自己的工作，飞到芝加哥度过一个晚上，但他考虑可能会去参加，目的是想修复两人过去的嫌隙。但当他仔细研究了邀请之后，他意识到自己被邀请参加的其实是一场马戏表演。多年后，芒福德在《人生札记》中回忆了赖特的宣传策略，"宣传策略"是芒福德对"一英里高"大楼的唯一看法，他写道："在那个项目中，赖特所有的以自我为中心的弱点都在一个终极幻想中得到了具体化，就好像是忽必烈汗的子孙构思出来的一样。多么徒劳无益的纪念碑啊……我自然不能接受这个违背赖特和我本人的有机建筑理念的提议。如果这就是岁月对赖特造成的影响，我也无意抬举他干瘪的残留。"

没有人上当相信赖特的花招——呃，或者是他的想法。根本没有人会上当。

在这本书中你几乎很少看到赖特在麦迪逊的少年时代——一个完整的叙述不断地被其他材料所打断，所以在很大程度上，那时的故事只能通过渗透来了解。但在书的结尾，我要讲两件他少年时代记录在案而且相互关联的事。第一件事，从六年级（1878年）到高中三年级（1884年），赖特每年春末夏初都会不情愿地花一些时间在舅舅们怀俄明山谷的农场上工作，特别是在他舅舅詹姆斯·劳埃德·琼斯的农场上。正如赖特在他的《自传》中所说的，那是一周六天，从黎明到黄昏的劳作（当他开始理解和尊重而不是鄙视这种经历后，他在余生中还会不断地重复这项工作），"累得死去活来"。安娜·赖特让他辛苦干这份农活有好几个原因，其中一个原因是她担心那个长头发、备受妈妈宠爱并且智力超人的儿子会变成一个娘娘腔。

第二件事，在麦迪逊，在第二沃德学校的操场上或者附近（高汉姆街那个不幸福的家庭离学校只有一个街区），大概是在1879年秋天（所以那时他已经12岁了），赖特遇到了罗比·兰姆，罗比几乎立刻注定成为了他少年时代最好的朋友，也许更准确的说法是——他少年时代唯一的真正的朋友。在某种

第五部分 故事结尾：1950—1959

意义上，罗比·兰姆是赖特的第一个赛瑟尔·科温。这位赛瑟尔（生于1866年6月8日）比赖特大一岁，他只活到49岁。罗比长着红头发、蓝眼睛和不少雀斑，他的双腿严重干瘪，赖特在《自传》中写道，他的双腿"萎缩了，死气沉沉地吊着"。他靠拄拐杖行走，"因为双腿软弱无力"，他的上半身特别结实。和任何地方的孩子一样，邻居家的孩子可能会表现得很可怕，他们叫他"瘸子"，放学后等着嘲笑他，赖特写道："学校的男孩们无情地取笑这个瘸子。"从关于罗伯特·M.兰姆的研究来看，赖特至少这一次没夸大其词。

他的《自传》中写道："他会像个野人一样蹲在地上，他有力的手臂挥动着黄铜拐杖，朝着他们猛烈攻击。欺负他的那些孩子小心翼翼地不让他打到，但他们人太多了，聚集在一起抓他，就在这个秋天……他们把他埋在树叶里，直到他喘不上气几乎窒息，最后他从树叶里钻出来，怒气冲冲，急切地嚷着，大叫起来。"

下一段："经过一个季节农耕训练的男孩救了他，赶走了那帮残忍地欺负他的男孩，拿回了被男孩们扔掉的拐杖，之前他们很狡猾地把拐杖扔到他够不着的地方。男孩拍掉他身上的灰尘，让他重新站起来，重新笑了起来。"即使这一切中只有一小部分是真的，难道这不是又多了一个理由，值得让我们重新评估那个被认为是可恶的自我陶醉的弗兰克·劳埃德·赖特吗？无论如何，从那一刻起，他们很快成了朋友，分享着他们对发明、绘画、设计和活版印刷的热情。〔他们造了一艘冰船，在9740英亩（39平方千米）的门多塔湖上航行。〕

就像写赛瑟尔时一样，从罗比出现的第一段起，这位自传的作者似乎在引导我们把两人之间的关系想象成比"友谊"这个词更深刻的东西——或者至少我是这么理解的。在介绍罗比的第一段，赖特再次以第三人称谈到自己："这个男孩比以往任何时候都害羞，他不需要什么朋友，但不知怎么地，他总是需要一个亲密的伙伴。如果没有一个心心相印的伙伴，他似乎就无法生活、行动和维持自己的存在，即使是在那个时候。"（这是1932年的版本，在1943年的版本中，他保留了同样的段落，并在下一段中说罗比是"那个形影不离的伙伴"。）

早些时候,我写道:"我认为,从一开始,赖特对赛瑟尔的感情就是强烈的、模棱两可的,让他不安,但他并没有付诸行动。"我之所以能写出这句话,是因为赖特似乎希望我作为一个读者这样认为——或者说我只能这样认为。我还写道,关于真正的肉体关系的可能性:"一切皆有可能。在某些不可知的方面,人类的性行为根深蒂固——感谢上帝。"我还写了赖特在提到赛瑟尔的许多段落中,尤其是在开头,使用的带有性意味的语言:"他并非没有意识到自己在做什么,反而是完全意识到了,而这种意识的核心是一些体面的、善意的东西。这是他表达敬意的方式,对友谊、亲情和感恩的表示,感谢在他还那么年轻、缺乏经验、那么无知饥饿的时候,赛瑟尔给他的一切。"

抱歉我又引用了自己的话。

为什么现在要提这些呢?因为我相信(如果不能证明的话),弗兰克·劳埃德·赖特,那个臭名昭著的美国色狼(我在赛瑟尔一章中就是这样称呼他的),尽管在小报上多次爆出性丑闻,从所有可以确定的内容来看,尽管他异性恋的性欲几乎与卓别林或者瓦伦蒂诺不相上下,但他身上始终有能力接受模棱两可的东西。

这是否意味着强性欲的男性可能是双性恋,或者具有双性倾向?是的。我有什么真正的证据吗?没有。如果他真的是双性恋,我是否认为他曾经有过这种性行为?我并不这样认为。

那为什么要说这些呢?因为我认为,我刚才所说的和50年代人们难以理解的作品之间,或者至少很多的作品之间,是有某种关联的,这并不是我过度延伸。事实上,我认为这与"带点优雅感的艺术睡衣"有联系,不幸的卡尔·桑德堡一生中至少有一次被迫穿上了这件睡衣。我认为所有这些,以及更多的每一个细节,都在向我们展示弗兰克·劳埃德·赖特真实的一面。他希望我们知道,这是最值得赞扬的。在他生命的尽头,他有意无意地允许一个更深刻、更丰满的自我肖像出现,在边缘和碎片中出现;而他的另一种表现方式就是一些建筑作品。这是同一个人(正如我之前所说的)在最后几年对自己的建

第五部分 故事结尾：1950—1959

筑遗产深感忧虑。这只不过是不可能的拼图大厦中的另一片罢了。

再次引用赫克斯泰伯的话："到了老年，作品往往变得更加自由，更有实验性，更少关心他人的期望和惯例。当毕加索以大胆的、个人的诠释重新创作了旧日大师的作品时，许多人认为这些画是他职业生涯中令人失望的尾声。晚期的作品常常被认为是一种年老的衰败，几乎总是有问题的，它经常被忽视，或者被谨慎地忽略。"

所以，我先向莱文和赫克斯特伯表示歉意，在此前提下，我开始质疑"不可同化"这个词是不是并不正确，以及这些作品是否有这么大的"问题"。也许我们不需要再过50年或75年的时间来研究历史学家和评论家所说的"赖特的晚期"。也许其中的一些含义早就存在了，在我们眼前隐藏着。

赖特过度健康的异性恋性欲几乎是一直开足马力持续到了他人生的最后。在50年代中后期，据说奥吉万娜·赖特会告诉身边亲密的人，她丈夫是如何每天想和她做爱两到三次的，有时她会毫无征兆地向塔里埃森的学徒们提起这件事。"我就是做不到。"她会说。我和以前的3个学徒谈过，他们告诉我她是这么说的。奥吉万娜的抗议是不是太大声了点？我猜不是。我敢打赌，他是一只好色的老山羊，如果不是持续到他生命的最后，也差不多了。（他们很久以来都有独立的卧室，但这也阻止不了任何事。）然而，与此同时，我怀疑奥吉万娜是不是在暗自担心他的男子气概，就像安娜·赖特一样，虽然她优秀的儿子注定要永垂不朽，她也曾经烦恼儿子有可能变成一个十几岁的娘娘腔。奥吉万娜是否担心，例如在芝加哥电视上即兴发表的关于天鹅绒长裤的评论？担心一些游客会怎么看待广场酒店里那套看起来太女性化的房间？所以她会给另一面加把火？哦，也许这只是些露水一般不可靠的理论而已。

罗伯特·M.兰姆在《自传》中出现的篇幅比赛瑟尔·科温要少得多，无论是在州政府、市政府，还是在私营企业里就职，他在麦迪逊有出色的职业生涯。赖特为他建造了一个结实的草原四方屋住宅，还建造了一间湖边的小屋，叫作岩石栖息地。他几乎一辈子都是单身，直到1913年，他很快娶了年龄只有他一半的女管家，对方还有个5岁的儿子。据说他是一个婚姻幸福的男人，也是一个很好的继父，也许正是因为这些礼物来得太晚了而愈加幸福。但是，那个孩子一年后死于肺炎。兰姆夫妇又收养了一个孩子，人们说罗比又一次碰上了好运气。但在收养后不到一年，他就因为肾病和心脏病病倒了（很可能他终生萎缩的下肢也有一定的影响），并于1916年3月6日在当地的一家疗养院里很快死去。

他是坚不可摧不会死的，不是吗？大约一年前，他得过至少一次中风，当时他正在服用一种名为双氯杀螨醇的抗凝剂。最近，他站着的时候，嘴巴有点张着，眼睛盯着中间的地方，可能毫无征兆地突然眩晕。不过，他的神经元还是活跃无比，大多数时候是这样，而且他总是起得很早去工作。

那年2月，他和凯瑟琳生的第5个孩子弗朗西斯年仅60岁就在东海岸去世了，这对他是一场震惊。一个月后，1959年3月24日，他很久以前的第一任妻子也在西海岸去世。自从摔倒一次后，凯瑟琳就在疗养院里住了很长一段时间。她和赖特的婚姻结束后有过另一段婚姻，但并不成功。凯蒂那年87岁，离她88岁的生日还有一天。梅尔·西克莱斯特说，赖特的第四个孩子大卫·赖特亲自把这个消息告诉了他的父亲，他最后一直在加利福尼亚陪着他的母亲，母亲死后第二天他就飞到了亚利桑那州，他的家在那里。大卫对西克莱斯特说，他父亲听到这个消息，眼里流下了泪水。"你为什么不早告诉我？"赖特问他的儿子。为什么大卫在西海岸的时候，在她临死之前没有提醒他？"你从来没有表现过任何兴趣。"儿子回答道。

几天后是复活节的星期天。斯科茨代尔的早晨，天气非常晴朗，沙漠还没有开始热起来。在节日宴会上，赖特和他的妻子都穿着白衣，坐在伞下，他们周围有气球和染色的鸡蛋。他喜欢叫她"母亲"，尽管她年纪小得多。她用从未褪去的黑山口音叫他"弗兰阿克"。（在学徒面前，她总是称他"赖特先

第五部分 故事结尾：1950—1959

生"）。他们经历过一些非常不愉快的时期，在50年代中期，她不止一次威胁要离开他，但他们还是走到了这一天，在一起将近35年。在露台上吃过复活节的早餐后，他说："来吧，母亲。"于是他们手挽手穿过学社里所有年轻鲜亮的面孔，回到了各自的房间里躺下。

4月4日，星期六上午，在绘图室里，他在三四块绘图板前停下来，看了看项目。大约11点，他在卡马尔·阿明的桌旁坐下，轻轻推了推卡马尔。两人一直在做一种他称为"多纳霍三件套"的东西。这是给一位想在亚利桑那州天堂谷购置第二套房子的得克萨斯州富婆设计的。几周前，他签署了初步设计，但他现在多了一两个建议。他一边哼着曲子，一边拿起卡马尔的一支铅笔。虽然他的眼睛看不清，但是他的手非常精确。这可能是弗兰克·劳埃德·赖特关注的最后一幅建筑图纸。

奥吉万娜进来叫他去吃午饭。这位来自开罗的学徒已经在这里待了8年，他起身向赖特道谢，然后又回去工作了。卡马尔很高兴，觉得很快还能见到他，因为赖特通常会参加星期六晚上盛装出席的晚餐、电影或者其他的娱乐活动。

午饭后不久，赖特的鼻子开始喷血。整个下午，他都觉得肚子越来越难受。傍晚时分，他开始吐血。他们帮他穿好衣服，上了车，开往凤凰城。他坐在后座上，头靠在妻子的腿上，肚子胀得像个保龄球。在圣约瑟夫医院，医生们很快断定他患有急性腹部梗阻，手术风险很大，但这可能是他唯一的机会。但他们直到6号也就是星期一晚上才动手术。手术并没有发现恶性肿瘤，所以大家有理由抱有希望。他时而清醒，时而神志不清。人们为他的妻子在暖房里准备了一张床。在重症监护室里，他透过氧气面罩里对奥吉万娜说："你就是这样对待我的——还有你那些医生，你想要杀了我。"但他能这样跟她说话，几乎是个令人高兴的理由。又过了一会，他平静下来，不再呻吟（他们一直在给他用镇静剂），他说："我亲爱的小妻子，你在尽你最大的努力，是吗？"她向他保证他会挺过来的。"奥吉万娜，在树快死的时候砍了它，什么也救不了它。"他说，或者奥吉万娜记得他是这样说的。

509

为火所困：赖特的梦想与愤怒

星期三晚上，他显然是好好睡了一觉。但第二天一早——死亡证明上记录的时间是凌晨4点45分——他患了血栓。值夜班的护士刚进来看过他，她似乎是走了又回来了。据护士杰西·博甘诺太太说："他只叹了一口气就死了。"那是1959年4月9日。

他的两个孙辈在西塔里埃森。17岁的布兰多克·彼得斯，他就住在那里，也在那里上学。上午晚些时候，奥吉万娜带他进去看遗体。她还带来了20岁的蒂姆·赖特，他是卢埃林的儿子，他只是碰巧在亚利桑那州拜访。他曾在威斯康星州的塔里埃森度过了青少年时期的三个暑假，开着大型拖拉机四处兜风，现在在西塔里埃森，是因为他自己多少有点无所事事。（他开着一辆在佛罗里达花了50美元买来的破旧旅行车，穿越美国来到亚利桑那州。）蒂姆·赖特是一个谈吐温和、博览群书的人，受过高等教育，身上有种扭曲的幽默感，他已经年过80。他告诉我，在最后的日子里，他没有任何与祖父真正交谈的记忆，但亲眼目睹弗兰克·劳埃德·赖特死后的样子给他留下了不可磨灭的记忆。"一个穿着病号服的瘦小老头，"他说，"我想当时他可能还不到5英尺5英寸（1.65米），他只是个有点干瘪的家伙。"

在死亡证明上（当天上午晚些时候填写的），直接原因是"急性冠状动脉供血不足"，"小肠急性出血性梗塞"被认为是重要的、无法补救的原因。韦斯·彼得斯和其他几个人把尸体装进棺材里，用一辆小型卡车运到了威斯康星州。一路上总共有1668英里（2684千米），他们花了28个小时才走到塔里埃森那蜿蜒的车道。除了吃个汉堡和加满油之外，他们一路上没有停下来。葬礼在12号星期天的下午5点举行，在4月初寒冷的天气里，一队马拉着一辆载满牵牛花的农用马车，后面跟着悼念者，他们把棺材放进山下的家族墓地，对面就是威尔士语中叫作"闪亮的额头"的地方。

1959年4月3日星期五，也就是他病倒的前一天，弗兰克·劳埃德·赖特最后一次接受采访，他说，"除非艺术具有一种精神品质"，否则就不可能是伟大的艺术。"如果建筑没有精神品质，它将只是普通的木材。"

最后的话：两个塔里埃森

想要去沙漠里的那个塔里埃森，你需要开车驶出凤凰城和斯科茨代尔的都市城区。城市在向外扩张，一年比一年离得近。前方的东北方向是麦克道尔山脉，它不像提顿山脉、锯齿山脉或者高山山脉，它本身并不大，但也有自己独特的壮观。当你在蜿蜒的山路上驶向平顶山脉时，你会看到越来越多的仙人掌——多刺梨、各种鹿角仙人掌，尤其是名字贴切的巨大树形仙人掌。但是你还没有到西塔里埃森，这里的地势太平了。

然后你开始瞥见一些迹象，首先是屋顶上突出的鳍，它们是红色的，排成一排，有一个斜角。它们就像一艘巨大的帆船上的翼梁，航行在这片沙漠的海洋上。在更全面地看到整体建筑群之前，你已经站在了它的正上方。这时，西塔里埃森看起来更像是依水而建，而不是在土地上建造的，不过沙漠说起来也是一种无潮的内陆海罢了。第一次开始在亚利桑那州建造房屋时，他脑海中最早的建筑形象之一就是一支小船队在开阔的水面上航行——"沙漠之船"。同时，他想要一些属于"沙漠的东西，就好像它已经矗立在这里好几个世纪了"。这就是他在西塔里埃森要创造的作品，多年来，他用当地的材料，用从河谷里运来的岩石和巨石，做成木制的形状，再用混凝土固定起来，不断地修改，不断地迎合沙漠所赐予的日光，模仿它那赤裸裸的几何形状，建造多层的、低垂的、色彩鲜艳的海上"营地"，再加上倾斜的石墙和卷起的横梁，所有这些都是为了向身后炎热的、干渴的山脉致敬，并与之和谐。

为火所困：赖特的梦想与愤怒

如果有幸在冬末春初第一次见到西塔里埃森，那时索诺兰沙漠正要开花，你会毫不费力地记住这种水润又极度干燥的幻境。下午晚些时候，气温开始急剧下降，就在不久前，天气还那么暖和，天空还那么蓝，但现在你只想穿上毛衣保暖。山脉南坡上的树形仙人掌还能晒到阳光，所有的东西，包括你的手表，都在发光。沙漠里的小鸟跑得很快，这些鹌鹑们小步快走，晃动着脑袋，似乎在寻找它们的夜间庇护所。这个世界变黄、变蓝、变粉、变西瓜红色的速度快得你都看不过来。几分钟后，山峦就像混凝纸一样，褶皱中的阴影已经变得五颜六色，有粉红色、西瓜红色和覆盆子色，然后又开始变黑。无盐的大海开始显得如此平静，你几乎不想说话，除非是耳语。太阳下沉到地平线以下，群山又开始恢复了原样。现在所有的一切都消失在黑暗中，除了凤凰城和斯科茨代尔，这两个城市在你身后的西边，在平顶山脉下面。城市的灯光闪烁着，数以百万计，这也是一种美丽的见证，用他的话来说，就像"俯瞰世界的边缘"。

然而，让另一个塔里埃森，也就是第一个塔里埃森，成为最后的压轴吧。如果说白天的亚利桑那州是一片棕色连绵不断的风景，那么在盛夏的威斯康星州西南部，白天则是一片异乎寻常的绿色，一种几乎会伤人眼睛的绿色。赖特从1920年代末看到亚利桑那州的那一刻起就爱上了它，但他的灵魂属于中西部，尤其是威斯康星州西南部的乡村，属于那里树木茂密的山崖、肥沃的田野和坦露出来的岩石。在南北战争开始10年前，他母亲的家人在他笃信《旧约》的外祖父的带领下，来到这些被河流深深切开的山谷里。他的外祖父曾在威尔士当过农民，当过牧师，还曾手工制作高高的黑帽子。起初，一家人在河北岸租来的土地上耕种。但是到了1864年，劳埃德·琼斯一家找到了通往南部更肥沃的山谷的道路，在那里他们拥有了自己的农场，形成了自己的政治、精神和道德优越感。"威斯康星州的土壤把汁液注入了我的血管里"，大族长道德高尚的外孙闻名世界后在一篇文章中写道，他为什么热爱自己的家乡，特别是家乡的这个地方，以及为什么他不能离开家乡，因为他总是渴望回到家乡。

第五部分　故事结尾：1950—1959

在写这本书的过程中，我经常去塔里埃森旅行。当我站在他的山顶上时，我总会有一种永恒的感觉。毫无疑问，他在山谷中找到了最好的位置。2014年8月14日我在塔里埃森，不知为什么，我忘记了这个日子意味着什么，然后我突然想到，这是朱利安·卡尔顿暴行的100周年纪念日（如果可以用周年纪念来形容的话）。好吧，离100周年纪念日差一天。整整一个星期，我一直在威斯康星州、麦迪逊市和其他地方，为这本书做其他的采访报道，而时间就这么悄悄溜走了。现在它像一记出其不意的重拳出现——朱利安和盖板斧，距离明天有一百年之远。

我背对着房子和威斯康星河站着，俯视着下面，我的视线穿过山谷到了南面，这几乎是一个360度的视角。我可以看到坦伊德利，他为他妹妹建造的四方形的草原住宅，那天晚上，床单包裹着的尸体就放在那里。我可以看到一条双车道的柏油路，那是23号州际公路，它在那里向右转弯，T县公路在左边进入。我能辨认出，或者说我认为我能辨认出，那栋棕色瓦的家庭教堂的轮廓。热浪以可见电波的形态从谷底往上升，毫无疑问，在烘烤那里的干草和成排的玉米。天气很热，很安静，很潮湿。即使在这座山上，你也感觉不到一丝微风。

在寂静中，很难想象那天的尖叫和燃烧。但我们有必要想象一下，因为它曾经发生过。

凯兰·墨菲就站在我旁边，在前面我曾经提到过她，她是塔里埃森的文化历史学家。她对这所房子的历史知道得那么多，可她总是用一种临时构思的语气来回答我那些该死的问题。这是她最基本的谦虚。

我提到了朱利安，提到那件事离明天有100年了。

我没有带我的笔记本，所以这是对我们谈话的一个重新转述。我说的大意是：我对他为什么要做这件事，仍然很怀疑，也许现在更怀疑。她说的大意是：这样不是更好吗？我回答说：你的意思是神秘本身是更强大的东西？她说：是的，就像赖特本人一样。谁会真的想揭晓弗兰克·劳埃德·赖特之谜的答案呢？如果你知道答案了，你可能就再也不需要回来了。

过了一会儿，我说了再见，坐上了接游客下山的摆渡车，然后穿过马路来到游客中心的停车场。我开上租来的车，过了河向北驶去。我知道自己一定会回来，同时我心里在想，几乎忍不住要大声说出来：人永远也到不了答案的尽头。

致 谢

在接下来的《资料来源》中,我将在相关的地方尽可能详细地罗列出对这个项目有过帮助的个人。不过,在此我要特别感谢一些关键人物,他们一些人的名字已经在正文中出现过。(他们并不都是赖特研究的权威,但每一位都对当时正在进行的这项研究至关重要。)我也想借此机会感谢另一批人,他们每个人都以自己的方式,在不同程度上,对这项为期7年的项目做出了贡献。对于我这个已经年过七旬的人来说,他们的做法并非理所当然。

首先是赖特专家蒂姆·萨缪尔森。如果没有他,我几乎无法想象这本书怎么可能写出来,我一路站在他巨人的肩膀上。我们成了好朋友——工作上的关系很久以前就变成了私人关系,就像我在文中说的,如果我在中间提到一次和他关于弗兰克·劳埃德·赖特的对话,那么我们俩之间已经有过100次这样的谈话了。我成了他的学生,我不知道,也不想知道,为什么这位研究芝加哥及其文化历史的严肃或者比较严肃的专家会如此慷慨地投入这么多时间和信任给我。他是一本漫步的百科全书(同时也是一本古怪的《纽约客》杂志),几乎收录了所有与芝加哥及其辉煌的、浮夸的历史有关的内容。他的正式头衔很拗口:芝加哥市和文化事务及特殊事件部的文化历史学家。我和蒂姆是在2012年夏天认识的,当时我的研究才开始不到一年。他刚刚在芝加哥文化中心组织了一个具有里程碑意义的展览,名字就叫作《赖特的根》,我当时正想了解弗兰克·劳埃德·赖特和他的根源——来自诸神的偶然。我打电话给蒂姆说我要去芝加哥,我们能见一面吗?当然,他说,但他很快建议我先自己去看展览,形成自己的印象和疑问,然后我们可以一起再来一遍。他从来都是这样的,引导、暗示、指点,从来没有一次是下指令或者坚持己见。我们骑着自行车在海德公园周围逛了一圈(他住在密斯·凡·德罗设计的一栋高层公寓里,在那里密歇根湖的景色一览无余),不仅看了弗兰克·劳埃德·赖特的东西,还看了一些默默无闻、不值得一提的东西。我在这本书的献词中写道,在六七年前一个闷热的下午,正是蒂姆带我去看了那块如今已消失的石头,那块石头成了这本书的基石,也是名副其实的试金石。我有一张宝贵的照片,上面是蒂姆穿着宽松的短裤、凉鞋和黄色T恤,光秃秃的脑袋,斜着身子,顽皮地指着杂草间那块看上去毫无价值的水泥地。那块水泥地是个不为人知的地方,传说,米德韦花园的建筑曾经矗立在那里。那天下午我不想去看,我对自己说,这太神秘晦涩了,对我正在做的事没有帮助,只是一块该死的石头。"好吧,但我想它可能对你有些帮助。"他温柔地说。我们俩对弗兰克·劳埃德·赖特的生平和作品哪些是主要、哪些是次要的问题有不同的看法,这当然也是完全正常的。

凯兰·墨菲是斯普林格林市塔里埃森研究的文化历史学家。凯兰也像蒂姆一样,主要通过间接引导的方式来帮助我。

英迪拉·伯恩特森是西塔里埃森的弗兰克·劳埃德·赖特基金会藏品与展览部的历史研究管理员。同样,也许是某种我不太清楚的原因,她很早就决定冒险信任我,帮了我的忙。英迪拉确实是在赖特的世界里长大的,她的母亲科妮莉亚·布瑞利特活到了99岁,是塔里埃森学社最早的女学生之一。英迪拉小时候的照片上,她紧挨着FLW坐着。和在塔里埃森工作的其他人一样,她总是叫他"赖特先生"。

还有芝加哥弗兰克·劳埃德·赖特信托基金的馆长兼翻译总监大卫·巴格纳尔。几乎每次我去位于芝加哥大道橡树园的赖特之家和工作室时,这位和

致 谢

蔼可亲的英国人都会从他的办公室下来，主动提供帮助。过去15年，我不断地去橡树园，期间写了两本大部头的书。我应该在那里投资房地产，只不过我没有资金，我说的还不是FLW的房子。

我无法罗列所有档案馆、博物馆和研究图书馆——从地方机构到联邦机构，从大学到半私立机构——的所有工作人员、历史学家、档案管理员、咨询馆员和系谱学家，他们都不辞辛劳地提供了帮助。我要单独列出这20来个人，以下排名不分先后顺序：亚利桑那州弗兰克·劳埃德·赖特基金会馆长兼藏品馆长马戈·斯蒂佩，哥伦比亚大学艾弗里建筑与美术图书馆的档案保管员谢莉·海雷（我要感谢艾弗里的全体员工，包括前图纸和档案馆长珍妮特·帕克斯），洛杉矶盖蒂研究所研究图书馆特别藏书服务的负责人萨莉·麦凯，来自弗兰克·劳埃德·赖特基金会档案馆的奥斯卡·穆诺斯，已故的布鲁斯·布鲁克斯·法伊弗（世界上每一个赖特研究者都知道法伊弗的名字），塔尔萨大学特别馆藏和大学档案室的管理员马克·卡尔森，塔尔萨历史学会和博物馆的前档案管理员和藏品馆长伊恩·斯沃特，来自钱伯斯县图书馆和阿拉巴马州山谷的科布纪念档案馆的罗宾·布朗，玛丽·汉密尔顿和已故的米丽娅姆·赛勒，伯明翰公共图书馆档案和手稿负责人吉姆·巴格特，爱荷华州历史学会特别收藏协调员玛丽·班奈特，美国国会图书馆的咨询专业馆员加利·约翰逊和艾琳娜·巴尔坎斯基，美国非裔美国人历史文化博物馆图书馆的家谱专家霍利斯·L.金特里，橡树园公共图书馆的特藏馆长莉·塔鲁洛和她的助手艾米莉·雷赫，宾夕法尼亚大学凯斯拉克图书馆珍稀书籍和手稿特别收藏中心的研究服务部馆长约翰·巴拉克，来自布林莫尔学院里斯·卡彭特图书馆的劳拉·苏蒂斯，还有5位放在最后的重要人物，宾夕法尼亚大学的图书馆专家：埃德·迪根、帕蒂·林恩、柯比·贝尔、拉皮斯·科恩和凯瑟琳·鲁坦。

我特别感谢位于麦迪逊的威斯康星历史学会图书馆的档案部工作人员，以及威斯康星大学档案馆的大卫·努尔和凯蒂·纳什。

同时,我也需要特别感谢以下的学者和记者(以及赖特的一个孙子),因为他们的帮助甚至超出了我的预期:玛丽·简·汉密尔顿,大卫·莫伦霍夫,罗恩·麦克里亚,斯科特·埃尔斯沃斯,布莱恩·斯宾塞,马克·赫茨伯格,比尔·马蒂内利,威廉·斯托勒和蒂姆·赖特。(埃尔斯沃斯是这里的特殊情况:他不是关于赖特的权威,而是关于塔尔萨历史的权威。)

特别感谢我长期的经纪人凯西·罗宾斯和她的助手大卫·哈尔朋,他们都是明智的顾问,从来没有催我抓紧时间完成任务,他们和一流的工作人员总是能给我帮助。

在宾夕法尼亚大学,我有幸教了20多年的写作讲习班,我要感谢以下同事(有些是前同事)的友谊和支持,以下排名不分先后顺序:艾尔·菲尔瑞斯,朱丽叶·布洛赫,杰西卡·罗温索尔,格里高利·姜克兰,威托德·瑞布辛斯基,大卫·布朗利,拉利·席尔瓦,比尔·惠特克,阿力·卡兹,扎克·卡顿那,吉姆·英格历,温蒂·斯坦纳,杰德·伊思迪,艾米·卡普兰,巴兹·比辛格,迈克尔·盖默,德布·伯恩翰,扎克·莱塞,保罗·圣–阿莫,艾米莉·斯坦纳,彼得·斯塔利巴斯,赫尔曼·彼沃斯,丽贝卡·布什内尔,蒂姆·卡里根,彼得·科恩,大卫·埃斯佩,玛格丽塔·德格瑞兹亚,吉米–李·约瑟琳,洛瑞塔·威廉姆斯,伊莎伯格·朗格,安·玛丽·皮特斯,斯蒂芬妮·帕尔默,詹姆斯·特拉姆博。这份名单上还得再加3个名字:布莱恩·科克,里奇·金,尼科洛·马尔齐亚尼。他们不仅仅是英语系的计算机专家——他们提供的不只是技术上的支持,还一直在提供精神道德上的支持。值得一提的是,我的办公室就在他们的隔壁。我经常心急火燎地跑进去,担心这个世界(或者至少是我的机器)即将爆炸。布莱恩总是在那里安慰我,他也许是我在大学里最好的朋友。很久以前,在新闻界愉快地干了大约30年之后,我离开了日常新闻工作,我做梦也没有想过,在我生命的最后一段时间里,能找到一份新的工作和这些可爱的人在一起。

我还要感谢一些人——我以前的学生,《华盛顿邮报》的老同事,一年级

致 谢

起交的朋友（这是真的），近期的朋友，作家同行，兄弟姐妹，一两个亲戚，一些世界级的医生，一些专业的协会——所有这些人都以这样或那样的方式照顾了我，如果没有他们，我可能就写不出这本书来。再说一次，以下排名不分先后顺序：迈克尔·沃亚恩，克里斯·麦康奈尔，大卫·马兰尼斯，道格拉斯·布林克利，梅丽莎·法耶·格林，约翰·巴斯金，大卫·冯·德雷尔，罗伯特·凯泽尔，谢尔比·卡费，约翰·麦克唐纳，苏珊娜·拉德尔-麦克当奈尔，豪威尔·雷恩斯，帕特·图麦，杰斯·干，伊莱恩·王，迈克尔·莫尔斯，娜奥米·沙文，盖布·奥彭海姆，约翰·莫法特，汤姆·海耶斯，桑德拉·泰德斯，桑尼塔·纳斯塔，理查德·涂佛，罗伯特·弗莱和苏珊·弗莱，伊莱恩·蒋，埃德·沃令，汤姆·兰金，海勒姆·罗杰斯，丹·柯林斯，查理·克莱门茨，吉吉·威佐瓦提，蒂娜·亨克尔，詹姆斯·格德希尔，约翰·科因尼，塔尔梅奇·波士顿，威尔·海谷德，帕特里克·基冈，塔里·恩格斯，埃里克·亨德里克森，马克·亨德里克森，珍妮·斯奈德，马蒂·亨德里克森，埃德·墨菲，博马·马修斯，切丽·卡兰，埃德·林奇，阿尔菲·威尔克斯，杰克·赖德，沃拉·尤里克，大卫·J.辛格，林恩·麦克莱兰，斯蒂芬·索洛托佛，尼纳·埃利斯，诺亚·亚当斯，鲍勃·普拉特。

关于克诺普夫出版社，我希望对这些致力奉献的人表达最深的尊重和感激，特别是桑尼·梅塔，卡罗尔·戴文·卡森，卡桑德拉·帕帕斯，保罗·博盖德斯，丹·诺瓦克、保罗·博盖德斯，尼姆拉·肖汉，尼古拉斯·拉蒂默，山姆·阿贝，埃伦·费尔德曼，凯蒂·肖德，加布里埃尔·布鲁克斯。正如我在前几本书的致谢页上所说的，最重要的是感谢我的编辑乔纳森·西格尔。我们俩的合作现在已经持续了近40年，我的上一本书是献给他的，感谢他所有的忍耐，所有的亲近，所有的一切。（我们俩可能不会因为他嫌弃我用的副词太多就开战。）

然后是我的家人，他们在这份名单上排在最后但却是第一位的，没有他们我什么都不是。首先是赛尔，我结婚40年的妻子，40年的支持者，她比任何人都更了解一本书的情感代价(她称它为"小妻子")。然后是我的两个儿子马特和约翰,他们30多岁,事业有成,我为他们感到无比自豪。还有事业上正腾飞的美丽儿媳妇珍妮。还有,三岁半的杰克逊,我的孙子,他是这座城市的王子,快乐的小皇帝。

资料来源

我在上一本书的资料来源中曾说过，我一直觉得是某个项目找到了它的作者，而不是作者找到了项目。而且通常情况下，这个寻找匹配的过程可能持续了几年——甚至几十年，是一件隐隐约约意识到的事。我想在这里重申这一论断，而且要格外强调：我认为弗兰克·劳埃德·赖特和这本书大约在1953年末1954年初找到了我。那是我记忆中最深刻的圣诞节，1953年，在伊利诺伊州坎卡基市南哈利森大道230号的客厅里，圣诞老人给中产阶级家庭的一个9岁孩子在圣诞树下留下了一辆栗色的J.C.希金斯三速自行车。早春时分，我沿着哈利森大道骑行，前往河景公园（现在叫作科布公园），我的斯伯丁手套的腕带就挂在新自行车的车把上。哈利森大道缓缓地向下延伸到河边，就像我在之前说的那样，就在我住的那条老街的最南端，矗立着B.哈利·布莱德利和沃伦·R.希克斯这两栋有重大影响的住宅。通常情况下，我会模糊地快速经过，用右眼的余光捕捉到它们，但我记得我不止一次踩下刹车，盯着这个看上去奇怪的庞大东西。（正如文中所说，这两栋房子中布莱德利似乎规模更大、更有吸引力，它刚刚成为一家名为"往昔岁月"的高级餐厅。）我从人行道上看了一眼，然后向左拐，继续穿过几个街区，来到河景公园。但现在令我吃惊的是，我意识到草原住宅的形态、回响和痕迹遍布我童年时的家乡，并不仅仅是在我住的街道的尽头。事实上，在我们自己租的房子向北5个街区的地方（现在那里只剩一块空地），也有悬挑的屋檐和其他的草原风格——照片上还能看

521

到。还有一个草原住宅，或者至少是前草原风格住宅，就在穿过小巷的街角，在麦钱特街上，离我家大约100码（91米）的地方。在南芝加哥大道901号，有一个相当有名的草原住宅，查尔斯·E.斯旺内尔之家，1911年由塔尔马奇和沃森公司设计（他们是草原学派衍生出来的成功实践者）。那所房子还在那里，有自己的维基百科页面，它几乎就在公园里，我肯定是骑着脚踏车经过了几十次。我要说的是，在一个伊利诺伊州南部的草原小镇上，草原住宅独特的外观和氛围一定是通过渗透作用对我产生了影响。一种渐进的、倾斜的、无意识的思想同化，这不就是我们学习的最佳方式吗？

与我之前的非虚构类作品一样，《为火所困》的素材也是通过三种方式收集的。第一种来自我自己的报道和采访。正如我在前几本书的注释中所说的，我为自己来自新闻行业而自豪，我能够走到现实世界里和那些了解中心主题的人进行交谈，这对我而言一直有种能够固定扎根的安慰效果。我指的不是寻找学者、建筑师、作家或者评论家，而是那些在某种程度上真正了解赖特的人。乍一想，似乎认识他的人不太可能还活着，毕竟他出生在林肯遇刺两年后的1867年。他活的时间太长了，横跨了社会的许多领域。(相比之下，想想欧内斯特·海明威，他生于1899年，比FLW晚了32年，整整晚了一代人。但在2004年，当我开始认真地写一本关于他生平的书时，除了他还幸存的儿子之外，世界上大约只有5个人可以说曾经以某种近距离的方式真正地认识他。)FLW的孙子蒂姆·赖特（他很少出现在这本书中，但他为这本书做了很多补充）曾对我说："我祖父身上包含了美国中西部一百年的文化历史。"是的，虽然只有5英尺7英寸（1.7米）高，但他就像一棵枝繁叶茂的橡树。还有另一种情况，有一些理想主义的年轻人，有的比他年轻70岁，他们在寻找通往FLW门口的道路，他们成为塔里埃森的学徒和学员，这一直持续到赖特生命的尽头。在1950年代，他们申请入学社的时候，很多人只有20出头，而赖特已经90岁了（甚至已经90多岁）。那些还活着的人现在也老了。的确，并不是他们每个人都很了解他，甚至不是真的了解他。不过这已经足够了。在美国艺术史上，我觉得

资料来源

这样的例子应该还有很多，这种类似5月到12月的年龄差异现象表现得特别突出。不管怎么说，我希望我能说，我追踪到了每一个与他有过交集的人，从老学徒到亲戚，到有可能的客户，到老迈的记者，再到零星一两个幸存的威斯康星州债主（或者至少是他们的后代，他们可能目击了他狡猾的躲账模式），我尽可能多地和人交谈。（关于他狡猾地闪躲的更多故事参见注释。）

我获取信息的第二种途径是通过文献材料——信件、手稿、照片、图画、新闻短片、录音和早起电视节目录像。我曾以各种形式写过关于大萧条、越南战争、民权运动和海明威的书，但与赖特有关的大量档案资料让我感觉就像陷进了沼泽一样。全国各地都有与赖特相关的档案（包括我所在的费城的宾夕法尼亚大学）。我的目标是试图从图书馆、从档案馆中杀出一条路来。在过去的7年里，我花费时间最多的是在哥伦比亚大学的艾弗里图书馆、麦迪逊的威斯康星历史学会、橡树园公共图书馆的本地历史室、斯科茨代尔的西塔里埃森，以及塔尔萨大学的特别收藏和档案部。在此过程中，我还关注了其他的存档室和图书馆。

不过，还有另一种"文献资料"。正如文中所说，FLW设计了1100多件作品，实现的还不到一半，大约有400件作品仍然屹立着。它们分布在40个州，还有海外的日本和加拿大；大约有70多个景点向公众开放，不论是否收取门票。我看过100多座赖特建筑——经常是从内部欣赏，但有时也只是从外面的人行道上凝视，就像一个9岁孩子一样，只是没有骑着一辆J.C.希金斯。

我获得信息的第三种方式是所谓的次级资料来源，这些资料以其自身的方式成为了主要资料，至少有一部分是这样的。我指的主要是关于建筑的书籍和专著，还有几本本质上是传记的著作。其中一些，尤其是前者，表现出一种我只能惊叹不已的学问。很明显，我不是建筑方面的专业写作者，所以我满怀感激地站在前人的肩膀上。但我知道我所知道的，喜欢我所喜欢的。正如开场白中所说的，关于赖特的叙述实在太多了，简直包罗万象，有传记、历史著作、论文和学位论文、新闻、学术期刊上的批判性研究、历史小说和网站（更不用说聊天室了，进入聊天室就像一趟爱丽丝的镜中之旅）。首先，我要学会不害怕，然后在某种意义上，我要抛弃我吸收的一切，然后提醒自己，如果我能提供任何东西，那就必须是非传统的领域，找到我自己的写作方式（写塔尔萨，写他基本上被忽略的父亲，写赛瑟尔·科温，写朱利安·卡尔顿），目的在于唤起，在于诠释，在于画像，在于讲一个故事。这是群体传记的另一个实验。

还有些材料掌握在私人手中——信件、记事本中的条目、相册中的手写残片，在某些情况下，它们本质上是非常重要的。例如，关于赛瑟尔·科温的那一章，纽约州罗切斯特市的辛西娅·比奇–斯梅泽和北卡罗来纳州泰伦市的安迪·海恩斯慷慨分享，他们都打开了家里收藏纪念品的抽屉，让我受益匪浅。在爱荷华州的克林顿市，菲尔·费德森，一位年逾九旬、德高望重的建筑师和活版印刷艺术家，送给我与米丽娅姆·诺埃尔·赖特生平有关的无价藏品。唐纳德·卡莱克（我在正文中提到过）把他关于麦迪逊市雅各布斯住宅的研究档案借给了我，其中包括赫伯特和凯瑟琳·雅各布斯之间未曾公布的书信。如此等等。

关于传记，文中谈到过，梅尔·西克莱斯特1992年的FLW传记是目前最彻底、最完整的赖特生活记录，我一直把它放在手边使用。罗伯特·托姆布雷在1973年和1979年的传记（之前说过，第二本书是对第一本的重新修订）是至关重要的贡献。同样重要的还有布伦丹·吉尔1987年的那本印象化、更个人化的作品，尽管它有时备受批评——但我愿意支持它，尽管这本书里很多地方都存在事实性错误，但它做到了其他FLW传记没有做到的事，我个人很感激这本书向我推荐的探索途径。（关于本书中这些著作和其他许多著作的全部引文，请参阅后面的参考文献。）

关于事实性错误，不管我多么努力，这本书肯定也不会没有事实性错误。我想说的是：关于FLW，我还没有遇到过任何一个没有事实错误的作品。我相信这与赖特这个对象的变幻莫测有关系，与赖特和真相打交道就像是把水银攥在你的手里。有太多的错误流传了下来，比如说朱利安·卡尔顿从来就不是巴巴多斯人。

之前提到过，有两本关于FLW的作品我从头到尾都一直保存在我的口袋里随时翻阅，一本简短，是艾达·赫克斯泰伯写的浓缩版的赖特生活传记，另一本光从外形上来说就可以说是名副其实的里程碑，更别提它的学术分量了，那就是尼尔·莱文通过过滤生活中的故事情节所做的建筑研究。一个是极好的概述（尽管就像我的正文中说的，艾达·赫克斯泰伯过于不假思索地依赖流传下来的错误），而另一个则是深入的学术研究，尽管它读起来根本不像学术著作那么艰涩。但也有其他一些重要的建筑类传记著作，其中最重要的也许是安东尼·埃罗弗森的《弗兰克·劳埃德·赖特失落的岁月：1910—1922年影响研究》，紧随其后的是凯瑟琳·史密斯最近出版（2017年）的颇有迷惑性的《赖特展览》。

每一个长期从事非小说研究的人在后兜里都有他的"兔脚幸运符"。除了上面提到的作品（尤其是莱文、赫克斯泰伯和西克莱斯特的作品），下面这些简短的文章也给我提供了宝贵的思路和感受，它们是论文、评论、介绍，来自较长作品的小章节。借用上一个比喻，它们相当于我的便携式FLW书包图书馆。排在首位的是威廉·V.莫伦霍夫和玛丽·简·汉密尔顿的《麦迪逊男孩》，我在文中曾对它致谢。（《麦迪逊男孩》是他们的著作《弗兰克·劳埃德·赖特的莫诺纳露台》的第二章。）第二名是迈克尔·基梅尔曼的《弗兰克·劳埃德·赖特的梦想》，发表于2005年8月11日的《纽约书评》。其他的排名不分先后顺序：威廉·阿林·斯托勒的《从他的袖子里变出房子》，来自他的著作《弗兰克·劳埃德·赖特的建筑》的第三版；唐纳德·霍夫曼的《水平的浪漫》和《屋顶、悬臂和裂缝》，这两个章节都来自他的《理解弗兰克·劳埃德·赖特的建筑》；保罗·戈德伯格1994年2月13日在《纽约时报》杂志上发表的《不是城市规划专家，只是天才》；诺里斯·史密斯的《弗兰克·劳埃德·赖特的家庭建筑》，收录在《赖特研究文集》；布鲁斯·布鲁克斯·法伊弗

为火所困：赖特的梦想与愤怒

在他的《弗兰克·劳埃德·赖特》中的介绍；罗伯特·L.斯威尼在他的《弗兰克·劳埃德·赖特：带注释的参考书目》中的介绍，杰克·奎南在赖特网站最新版本（2017）中的介绍；马丁·菲尔在他的《现代建筑的制造者》中的《弗兰克·劳埃德·赖特》一章；威廉J.R.柯蒂斯在《自1900年以来的现代建筑》中的《20世纪30年代的赖特和勒·柯布西耶》一章。最后是马尔科姆·考利的《叛逆者、艺术家和恶棍》，在他的《我从事作家这一行》中，虽然这里没有提到"弗兰克·劳埃德·赖特"这几个字，但从精神上讲，这篇全是关于他的。每当我开始感到迷失的时候，我就会回顾这些作品。

但是我最常翻阅的是他的《自传》。如正文中所说，尽管书里有欺骗、歪曲和遗漏，但这是最有启示性、最诚实的赖特作品，这位艺术家一心想要暴露自己。

下面并未包含所有内容的来源注释，和以前的书一样，我将提供一种我自己设计的散文形式的路径图，包括文章和引证，但并不包括每一个引文，而是包含了我认为读者会有兴趣想知道的那些引文。从本质上说，这些笔记把来源和一些丰富的背景故事结合起来，形成书中之书。我在大多数情况下使用"FLW"缩写，还有其他一些不言而喻的缩写。另外强调文中的一个点：在给出《自传》中引用段落的页码时，除非文中另有特别说明，我指的是1932年的版本。一般来说，只有书本长度的作品才提供页码，报纸和杂志没有页码。

关于FLW的信件：在哥伦比亚的艾弗里图书馆和洛杉矶的盖蒂中心都有缩微胶片副本，我在这两个地方弯着腰在缩微胶片阅读器上读了很久。(在我的致谢部分提到了这两个分别位于东西海岸的机构的正式名称。)并不是FLW写过或收到过的每一封信都储存在这两个资料库中，但大部分都在这里。这些信件不可缺少的索引是《弗兰克·劳埃德·赖特：塔里埃森信件索引》一书，由安东尼·埃罗弗森编辑并书写了导言，1988年由加兰出版社出版。这本索引的原版之前在西塔里埃森，现在在哥伦比亚的艾弗里，我经常听人们叫它"加兰"，每个严肃的FLW研究者都知道这个指南。同样，也不是FLW写的或者收到的每封信都有索引，但它仍然是一项伟大的成就：一套超大型的书籍，5卷本，用浅蓝色纸装订，帮助我走过这段心理和事实上的漫长旅程。

2012年，FLW庞大的档案被送到了东部。根据与FLW基金会签订的协议，哥伦比亚大学的艾弗里和现代艺术博物馆联合收购了这件藏品。艾弗里有23000张建筑图纸，44000张历史照片，还有文字记录、电影和采访录音带。一个人可以在那个舒适的空间里待上半辈子，就算一个字也写不出来也没关系。

序言　出自《旧约》：1914年8月15日

前文：经过大量的思考、阅读和实地考察，我对那个夜晚进行了历史和想象性重建。（是的，那是一辆餐车，他坐在车厢里，各个车站的报童都把报纸塞进窗户里。）考利的题词是从《叛逆者、艺术家和恶棍》中引用的。阿里·史密斯的题词发表在2014年11月26日的《纽约时报》人物简介上。在同一篇文章中，史密斯说，"每一个伟大的叙事都至少有两种叙事，或者更多，一种是表面上的，另一种是背后看不见的。"

————

章节：关于报纸上有关屠杀的引文，我试着把这些引文写进正文，包括它出现的时间和地点，不管是真的，还是假的、夸大的引文，但是有一些例外：格特鲁德的"我不知道他是咋回事"出现在1914年8月21日的《道奇维尔纪事报》，编辑们是从其他报纸上摘录的。朱利安关于"争吵"的说法刊登在1914年8月17号的《密尔沃基前哨报》上，和其他报纸上刊登的类似黑人戏剧演员斯蒂芬·费奇特的言论形成对比，整句话值得在此复述。（"星期六早上我们之间产生了口角，布罗代尔辱骂了我一个多小时。"）1914年8月17号的《芝加哥先驱报》刊登了那句"是氢氯酸，伙计们"。关于梅玛"头颅从中间劈开"出现在各种报纸上，包括1914年8月16号的《密尔沃基哨兵报》。在同一份《哨兵报》上，据说是约翰·切尼喊的"哦，妈妈，你看朱利安"（但是没有幸存的目击者)。"右耳后3处伤口"(关于玛莎·切尼之死)刊登在1914年8月20号斯普林格林的《本地新闻周刊》上。

玛莎的死是最难想象和重建的(至少对我来说是这样):许多人写过朱利安在露台粗糙的石头上抓住她并在阳光下杀死了她——但我不这么认为,因为第二个用餐空间里的工人们会透过窗户目睹这一切,然后就会马上冲出去。正如文中所说的,我认为玛莎确实是从露台上跳了起来跑出去,他在房子里的某个地方抓住了她,然后在工人看不见的地方把她杀了,准确地说,他以为自己杀了她。后来,她爬到了外面。与此同时,凶手冲向工人所在的地方。但我们永远不会知道真正发生了什么。我之所以强调这一点仅仅是因为——永远无法知道。

在这一章关于FLW《自传》的引用:"打击如同雷击降临"在188页,"从我的袖子里变出来的"在第179页。"我付出的一切"在第190页,"成为艺术家的意义"在1943年版的第157页,"回忆萦绕"在第48页,"心中的阴影从未被抹去"在第51页,"我真该羞愧"在1943年的第260页,"纷争和失和"在1943年的第261页。

关于引用的FLW的信件和其他地方的文字,正文没有明显指出的:"绝不会让我感到孤单寂寞"是1958年1月5日对塔里埃森学社的一次谈话,"在我自己的生活中"这句话是1908年12月8日写给达尔文·马丁的,"我只希望,当时我能对他少索取"来自1935年12月6日写给达尔文遗孀的信,"糟糕的事情时有发生"是1943年12月22日写给希拉·雷贝的。"我发现,当一个方案超出"是1938年1月《建筑论坛》上的。

此外,博伊尔的那一段在《女人》平装本的第437页,赫克斯泰伯关于无法捏造FLW生活的引用出现在她的赖特传记平装本前言说明的第15页,J.L.赖特在他1992年出版的回忆录兼自传的第80—81页描述了他父亲得到消息时的情形。(这本书1946年最初的标题是《我在人世间的父亲》,后来他将其重新命名为《我的父亲,弗兰克·劳埃德·赖特》。就其本身而言,重新命名反映出他一生的矛盾，可能是，也可能不是。）1997年2月25日，我在《华盛顿邮报》上发表了一篇关于罗兰·波普的文章。刘易斯·芒福德的"他自始至终就像上帝一样"出现在他的《人生札记》第433页。斯库利在1998年由肯·伯恩斯和林恩·诺维克拍摄的PBS纪录片《弗兰克·劳埃德·赖特》中谈到FLW从来不回头（我的全部论点就是在驳斥这不是真的。）。FLW关于飞得太高的评论是在玛吉内尔·赖特·巴尼的《上帝的琼斯山谷》第147页。

保罗·克鲁蒂是关于米德韦花园的权威著作（《弗兰克·劳埃德·赖特和米德韦花园》）的作者，他和蒂姆·萨缪尔森一起帮我确定了当消息传来时FLW所在的位置，或者说是位置的周边。

从本质上说，努力是为了调和不可调和的事物，也就是事件本身。在开始之前，我就知道这是一种徒劳的行为，因为有太多的解释和假定的版本。我仔细研究了大量相互矛盾的报纸报道。凯兰·墨菲的贡献是难以衡量的——我们检查了塔里埃森1914年的旧图纸和现代电脑复原图。已故的罗伯特·德伦南的《草原住宅里的死亡》对我也特别有帮助，尽管正如文中所指出的那样，他的语调令人不安，有点像一位地方检察官在进行调查。另一个重要的点，我说梅玛和FLW一起私奔，抛弃了她的配偶和自己的两个孩子——没错，她领养的外甥女也住在橡树园的房子里。但我指的是她的亲生子女，我不想让读者这么早的时候就觉得混淆。这一点会在后面的《联合教堂和梅玛》一章清楚地说明。

最后，米德韦花园的石头所在的那个南区停车场直到最近为止还是一个私人停车场，为我提到的那些住宅楼服务。但这块石头已经不存在了，原因是开发商来了，他们在紧邻的地方建了一家超市。在这个过程中，他们最终推平了那块石头。蒂姆·萨缪尔森没能及时赶到，他的心都碎了。然而，我倾向于认为，开发商并没有把这块石头推平，而是把它归还，让它消失，回到了土地里。无论如何，那里一点痕迹也没有留下。（更多评论见第548页。）

第一部分　更大程度上的渴望：1887—1909

德里罗的话出自《地下世界》的开头。

抵达之谜

前文：历史学者安德鲁·圣特在安东尼·埃罗弗森编辑的《弗兰克·劳埃德·赖特：欧洲及其他》中提到了这些细节，在第136—137页。作者认为那是1950年，他收集了英国建筑师兼作家科林·佩恩和约翰·萨默森爵士的个人回忆，萨默森爵士是20世纪英国首屈一指的建筑历史学家之一。1970年代初，在芝加哥举行的一个关于芝加哥学派的建筑研讨会上，萨默森说FLW在1937年早些时候访问伦敦时发表了他那富有诗意的"大草原上高高的野草"的评论（参见《草原学派评论》1972年第二期的第9卷，第35页）。萨默森很可能记错了。

―――

章节：这场大火破坏的建筑的数目，以及1880年到1890年间芝加哥人口翻倍的数字，都出自佩瑞·R.杜伊斯著的《芝加哥的塑造》一文，它出自一本一流的芝加哥文化与建筑史的浓缩著作——《美国建筑师协会芝加哥指南》的第3至第24页。FLW在《自传》的第63页到第70页对他的到来、来的第一天以及和赛瑟尔的见面进行了充满幻想的叙述。（非常典型的是，他似乎是凭记忆拼出了许多芝加哥的地名，而且拼写和位置确定一般都很准确。有一个拼错的例子，第二天晚上他发现的那家著名的面包店是Kohlsaat's，而不是Kohlsatt's。）"这是一种品质吗？"在《自传》的第111页。有关于他"去芝加哥的确切时间"的节选，是在西克莱斯特的传记平装版的第83页。FLW的"直言不讳地说"的引用是在《弗兰克·劳埃德·赖特：一个证明》的第205页。卡马尔·阿明给了我一份1951年5月14日赖特在底特律演讲的打印文本，里面还有赖特用铅笔进行的"编辑"（更多关于阿明的信息，请参阅《终点（2）》

和我对那一章的注解）。以"大学生涯"开头带省略的引言出现在《自传》的第56页和第59页之间。我和托马斯·S.海恩斯的邮件和电话交谈是在2014年8月。加兰的《玫瑰》的引文是在第183页到第191页之间。1909年11月7日，凯蒂·赖特在《论坛报》上关于加兰的引用和极少数亲密朋友"能够理解他"的话，都出自该报的1909年11月7日版。

麦迪逊威斯康星大学的斯汀博克纪念图书馆的档案室有FLW的注册卡和简要记录（只有两个年级），还有他大学兄弟会短期成员的身份证据（在旧年鉴上）。我把我在那里的发现和在威斯康星历史学会（也在威斯康星大学校园内）的研究成果结合，然后对照海因斯教授多年的研究成果——每一位FLW的研究人员都应该感谢海恩斯的成果。

《日娃》上演的日期刊登在1886年的芝加哥报纸上。

关于詹克舅舅和他的万灵教堂以及它的建成日期，我们试图就此确定FLW来芝加哥的时间：芝加哥的米德维尔隆巴德神学院的图书馆里有重要的资料和档案，我非常感谢档案保管员约翰·利克的帮助。其中最重要的是教会年刊（1887年万灵教堂的第4届年刊），涵盖了1886年和1887年初的教会事件，其中显示FLW至少在1887年1月6日之前作为教会成员寄宿在当地的一个家庭。我认为他很可能是在1886年圣诞节后就来了，和赛瑟尔住了一段时间，之后和他舅舅住了一段时间，然后开始和附近的教会家庭住在一起。文中说过，第4年的年刊上还包含了已知的FLW最早出版的作品——统一教堂的透视图。关于这方面的更多信息，参见威尔伯特·R.哈斯布鲁克著的《弗兰克·劳埃德·赖特的早期作品》，在《草原学派评论》1970年第1期的第7卷。已故的哈斯布鲁克是该《评论》的创始编辑和出版人，这是一篇见多识广的学术文章。他把FLW到达芝加哥的时间定在1887年初春，我谨慎地表示不同意，我认为时间至少提前两个月。为什么这种可能性/事实很重要呢？至少我认为，是因为年轻的麦迪逊乡巴佬（他曾早些时候去芝加哥找工作）对赛瑟尔·S.科温的情感吸引力——以某种他自己也不理解的方式把他拉回了芝加哥。这只是一种

531

理论而已，外加上一些确凿的事实可以佐证。

"来自该家族的年轻男性建筑师"刊登在1886年8月28日的《统一》杂志上。

正如文中所说，内尔阿姨写给FLW的信是在1887年3月9日。第二天，安娜·赖特写信给儿子。（"亲爱的弗兰克，我一直在等你的信……"）

"据说"这个词在这一章中出现了几次——例如，关于FLW以前是否见过电弧灯，或者是否坐过电车。他的《自传》会让我们认为他从来没有见过这些东西，这增加了孤身一人来到这座伟大城市时的戏剧性。但我认为他更早的时候曾看到过电弧灯，乘坐过电车。据了解，赖特的父亲1884年曾在詹克舅舅的教堂布道，他的家人似乎也和他在一起。此外，牧师威廉·赖特和他的家人也会乘坐火车从芝加哥向东或向西旅行。所以我认为在芝加哥故事开始时的"以前他从未见过电弧灯"只是神话的一部分。

关于芝加哥有许多历史书、地图和旅游指南，其中包括《芝加哥建筑发展历史》（长期以来被认为是该市建筑的首要目录）、《芝加哥：大都市的发展》、《芝加哥和它的制造者》、《铁路城市美国芝加哥》、《美国建筑师协会芝加哥指南》、《西部神奇的城市芝加哥》以及兰德麦克纳利公司的《芝加哥鸟瞰及指南》。最重要的是唐纳德·米勒所著的《世纪之城》，我直到《草原之船》这一章才引用，但在前面的章节中也曾参考。

这一章的标题代表我对已故作家V.S.奈保尔的同名著作表示的敬意。

最后，FLW的中间名原来是林肯吗？看起来是这样的，但学者们一直争论不休。似乎是他的父亲，一个林肯的崇拜者，给他取了这个名字，但无论是出生证明还是家庭《圣经》上都从未出现过这个名字，所以传记作家都有这样或那样的说法。如果他生下来就是弗兰克·林肯·赖特，我也倾向于认为是这样，林肯是什么时候变成劳埃德的？（参见《草原之船》一章的正文中蒂姆·萨缪尔森对1897年的海勒住宅的研究，在绘图的过程中，他的签名"弗兰克·L.赖特"是如何逐渐变成"弗兰克·劳埃德·赖特"的。但这并没有回答林肯变劳埃德的问题。）1880年的联邦人口普查将13岁的"赖特，弗兰克·L"列为詹姆斯·劳埃德·琼斯舅舅的侄子和农场"仆人"（实际上是家庭雇工）。我自己的看法是，他的中间名当时正在他的脑海中从林肯变成劳埃德，部分原因是他父母婚姻的破裂：从今以后，他将把自己的命运归于劳埃德·琼斯一家，转变需要一段时间才能完成。至于他是否起名弗兰克·林肯·赖特的疑问，我采用学者玛丽·简·汉密尔顿几乎无可指摘的说法，她说他一出生就叫作弗兰克·林肯。

消失的建筑师

前文："当前社会秩序的终结"这句话出自于1938年10月26号的《华盛顿邮报》，是关于他前一天在联邦建筑师协会的谈话。"他很蛮横"这句话载于《佩德罗·格雷罗：一位摄影师的旅程》的第81页。

────────

章节：对我来说，为什么那么多FLW传记作家和历史学家没有尝试更深入地了解赛瑟尔的生活，这是一个很大的谜团。从一开始，我就对他很好奇，他就像一个处在阴影和神话边缘的人物，我感觉他自己的故事将会照亮FLW的故事。这并不是说赛瑟尔没有出现在关于FLW的其他长篇作品中——他确实出现了，但我认为关于他的研究没有达到应有的深度。在研究晚期的时候（我早就写完了赛瑟尔的一章），我发现FLW在对学社的一次谈话中（那是1958年12月14日，也就是他去世前4个月）这样说赛瑟尔："我最早的熟人之一，也许是我最亲爱的朋友。"和他学社讲话的很多其他内容一样（参见《威廉·凯里·赖特的悲伤之歌（2）》），这句话似乎是他脱口而出的。坦率地说，我想知道，以前长篇大论的传记很大程度上希望避开赛瑟尔，是不是就是因为性方面的含混不清。

这一章主要是我自己的报道和研究成果，当然蒂姆·萨缪尔森也起了无比重要的作用，他多年来一直在思考赛瑟尔，并对赛瑟尔之谜做了一些非正式的工作。一位建筑历史学家唐纳德·M.奥库特编辑过一本已经不再出版的杂志《草原》，出版了赛瑟尔相关的重要传记作品——而且是在我之前。我在赛瑟尔研究中发现他的成果的时间有点晚，我很高兴将我的发现与他的一些发现进行比较。（在2005年至2012年间，奥库特在他的杂志上发表了一系列关于赛瑟尔的文章和词条，我们两人从未见过面。）赛瑟尔的一些资料在西北大学的麦考密克特别藏书图书馆。马克·赫茨伯格的《在拉辛的赖特》（在我写书期间，我和这位作者成了朋友）为记录增添了一笔。大多数情况下，我只是从报纸、各种黄页、家庭历史、地方历史、教会历史、人口普查记录、房地产记录、墓地记录和大学记录中挖掘我能挖掘的东西，还从纽约州（巴法罗市）的艾利县发现了赛瑟尔的死亡证明和遗嘱之类的记录。我很感谢伊利诺伊州的一位家谱学家兼作者吉恩·迈尔，他帮助我研究赛瑟尔的家族。关于赛瑟尔最多的个人家庭资料来自上面提到过的辛西娅·比奇–斯梅泽和安迪·海恩斯，稍后将会有更多关于他们每个人的资料。

正如文中所述，赛瑟尔在《自传》中出现在1932年版的第67页到第128页。他在故事中进进出出，就像FLW谈到的很多其他的事情一样，读者可以在这些页面中找到几乎所有与赛瑟尔相关的引用，在这里将不再单独标注。除了一点："深爱音乐会"是在1943年版的第75页，没有出现在1932年版。再强调一次，我尽可能地在文本中嵌入赛瑟尔以及与他后来生活相关的新闻出版物的日期和名称。

戈德伯格的那句话出现在2013年PBS特别节目《改变美国的十栋建筑》的配套书的第51页。FLW的"我在芝加哥大草原上修建的房子"：我第一次看到这句显然不为人所知的话是在一本名为《尤松尼亚住宅：六十年建筑生活展览纪念品》的小册子里，这本小册子是六十年展览在曼哈顿开幕时制作的。（它在古根海姆博物馆的档案中。关于六十年展览，见《终点（1）》一章。）FLW的"只要我们拥有了奢侈品"是在《自传》的第115页。"我忍着羞愧"是在《天才与暴民政治》第67页。麦克斯韦尔的"我无意中走过"在他的中篇小说

《再见，明天见》的平装版第9页。

赛瑟尔给迈尔斯一家的信写于1899年8月7日。《每日电讯报》的故事是在1902年4月7日的第一页，《波士顿环球日报》是4月7日，《纽约论坛报》亦是如此。纽约市档案和信息服务部的肯尼斯·科布找到了第二地区治安法庭的案卷。

购买橡树园地段的细节在《麦迪逊男孩》第276页的尾注。

关于人牛的轨迹。首先是赛瑟尔的家庭，一个牧师家庭在大约18年的时间里有7个孩子，赛瑟尔，一个不那么隐蔽的同性恋孩子大约是在中间。关于他的3个成绩优异的兄弟姐妹：他的大哥（文中提到）约翰·霍华德是著名的曼哈顿律师，他的二哥查尔斯·阿贝尔是画家和壁画家，他的弟弟亚瑟·米尔斯是诗人和著名的医生。所有这些科温家的孩子，为家庭地位而竞争——正如文中所说，这一定给他带来了可怕的压力。我想这个家庭最终，或者可能更早，已经知道了关于赛瑟尔那个不那么隐蔽的秘密。

赛瑟尔的大学：如文中所述，他上过3个学校，显然哪个学校也没毕业，它们分别是位于伊利诺伊州杰克逊维尔的伊利诺伊大学，威斯康星州贝洛伊特的贝洛伊特学院，以及伊利诺伊大学（当时被称为伊利诺伊工业大学），直到1883年，他一直在伊利诺伊大学学习建筑课程（那是在他和FLW相遇的几年前）。在1916年的校友名录中，他的名字旁边有一个星号，似乎在质疑他是否真的毕业了，看来他离开伊利诺伊大学时比毕业的条件少了几个学分。（奥卡特的研究引导我开始调查他的大学。）

回顾赛瑟尔幸存下来的作品：如果你去南区，去肯伍德区，到南多切斯特大道，到东五十街和海德公园大道之间，你会发现从第5027号到5035号有5幢连在一起的赛瑟尔排屋。它们难以与FLW的房子相比，但它们确实存在。2015年夏天，我进了一栋排屋参观，它的价格是86.5万美元。我向房地产经纪人做了自我介绍，她不知道赛瑟尔·科温是谁，房屋的主人也从未听说过他。

关于赛瑟尔死亡的一丁点报道是在1941年2月1日的《布法罗速递报》。

为火所困：赖特的梦想与愤怒

关于FLW和赛瑟尔那张似乎意味重重的照片，以及它本身的暧昧历史：你会发现在《自传》的后面，这张照片被切成了两半，是FLW剪下来的。你只看到他肩膀的边缘，赛瑟尔欣赏地看着他（或者是充满爱恋？），不了解的外人永远不会知道，在切开的照片上的另一半是FLW，他在凝视着外面的世界。（这张照片和《抵达之谜》开头的那张照片在性质和质地上都很接近。）所以，这一事实本身是不是在某种程度上表明FLW对自己和赛瑟尔的照片感到不舒服，原因是这张照片似乎意味着什么，不是吗？但FLW是从哪里得到这张照片的？1931年底，当《自传》正在制作时，FLW给赛瑟尔的弟弟亚瑟发了一封电报，问他能否尽快寄一张赛瑟尔"早年或中年"的照片。第二天，亚瑟回答说，他没有照片，但他可以找赛瑟尔问问。他确实这样做了。赛瑟尔寄了一张照片，但因为邮寄地址错误而被退回了。（我们从赛瑟尔写给FLW的"重聚"信中知道了这一点，正文中曾大量引用了那封信。）我的猜测是，这张模棱两可的照片不是赛瑟尔寄的那张，因为无论如何，它显然没有及时寄到供FLW出版用。所以FLW用了他自己的照片——我们知道的那张，就在这一章开头的那张——但是因为他的不安，他把照片切成了两半。对我来说，这似乎是唯一合理的解释。

关于赛瑟尔和《自传》：我们从那封重聚的信中还得知，一位名叫切斯特·霍尔姆斯·奥尔德里奇的纽约建筑师给了赛瑟尔一份早期版本的《自传》，赛瑟尔读了它，当然也看到了字里行间所有颇具保护性的内容。文中说过，奥尔德里奇是一位上流社会的建筑师，他的事业代表了赛瑟尔所缺少的一切。我怀疑赛瑟尔曾为他绘图，但是我找不到任何记录。

最后是安迪·海恩斯和辛西娅·比奇-斯梅泽，我在上面已经谈到了他们的慷慨，但我还要说两个故事。我在北卡罗来纳的时候，海恩斯说他要让我和一个真正认识赛瑟尔的人通电话。这是不可能的，我说，认识赛瑟尔的人还活着？（提醒一下，赛瑟尔生于1860年。）海恩斯给1912年出生的亲戚小卡罗尔·皮肯斯·罗杰斯打了电话，2014年10月我们打电话的那一天，他

102岁了，头脑非常清醒。他不停地念赛瑟尔的名字"西瑟尔"，这让我非常困惑，因为我一直以为是"赛瑟尔"。卡罗尔·皮肯斯（他是赛瑟尔晚年配偶艾玛的孙子）说："有一些对他的批评不公平。我想城里和家里的有些人都认为他是在捞钱，我祖母对这种说法很不高兴。事实上，到那时她已经没有多少钱了。"

比奇-斯梅泽：在某种程度上，她就是一个故事，或者至少是另一个赛瑟尔的故事。我们几乎从这本书的开头就认识了，她从没见过的外祖母是赛瑟尔的妹妹马奎塔·比奇。伴随着辛西娅·比奇-斯梅泽长大的传说是，她的叔公赛瑟尔（在辛西娅出生前就去世了）回到布法罗的家时，是一个已经心碎的人，而这在某种程度上是FLW的错，他偷了赛瑟尔一些重要的东西。她告诉我，在她的家里FLW是一个回避的话题。不管她对系谱学有多么浓厚的兴趣，她都不允许自己读FLW的《自传》。我去了罗切斯特，慢慢地，她开始改变主意。赛瑟尔对FLW并没有怨恨（尽管做了一番调查，她还是没有看到他们两人来回的信件），赛瑟尔对他们曾经拥有的一切感到非常自豪，FLW也一样。真正的命运是这两个人毕竟曾经相遇过。赛瑟尔开始意识到他的天赋比不上FLW，远不及他，好吧，但还是有价值的。这才是这个故事真正的悲剧——他看不见自己的价值，或者对自己的价值视而不见。一天，在写给我的一封电子邮件中，赛瑟尔的侄孙女说："我一直在考虑这个问题。我们得从头重来……我需要忘记我听到的那个比奇家族的传说……那是完全错误的。"这里有一种美感。

草原之船

前文：詹姆斯·艾吉的引用出自《现在，让我们赞美伟大的人》的《教堂附近》这一章的开头。在1936年7月16日发表于英国《建筑期刊》上的《回忆：1893—1920年的美国》一文中，FLW声称温斯洛是他的第一个草原（小写的）住宅。（1936年7月16日至1936年8月6日期间，该杂志刊登了4篇赖特的

为火所困：赖特的梦想与愤怒

回忆录，全部以《回忆》为题，参见《哥特氛围》一章结尾《建筑期刊》的参考文献。）"水平线"就是家庭生活的线的引用和"唯一值得尊敬的"加上奇怪的逗号，都是来自著名的《弗兰克·劳埃德·赖特已完成的项目和设计》一书中的文章，该书由恩斯特·瓦斯姆斯出版社于1910至1911年在柏林以两开本出版，在赖特学者中简称为"瓦斯姆斯作品集"（参见《结缔组织：一》）。1910年6月，赖特在佛罗伦萨写了这篇瓦斯姆斯的文章，题为《弗兰克·劳埃德·赖特的研究和执行的建筑》。1998年，里佐利出版社出版了一个英文译本，我是从这个翻译版本中摘取了这些引文。"出于本能热爱草原"这句话出现在1936年7月16日的《建筑期刊》，以及《自传》的第137页。事实上，这篇《建筑期刊》文章的早期版本在《自传》中可以找到，从第136页开始。"生来就是美国大地和空间的孩子""应该从地面开始""根植于民族本能"和"不再把建筑看作是一种洞穴"这些话都出自7月16日的《建筑期刊》。（国会图书馆手稿部的弗兰克·劳埃德·赖特的文集中，在"1933—1935年的演讲和文章"一栏里有一份19页的打印手稿，它在1936年夏天变成了4篇《建筑期刊》的稿件。手稿是在黄色洋葱皮纸上写的，里面有手写的修改。在页面顶部，弗洛用他精确的笔迹写道："1935年12月15日最终修订"。我们把这份手稿和《建筑期刊》出版的作品进行比较是很有趣的，可以看到编辑们做了多少改动，也许这是协议的一部分。）1950年12月10日，福克纳在斯德哥尔摩发表的诺贝尔获奖感言中提到了不朽的"末日响起最后的钟声"。

章节：卢埃林"给孩子们的信"的副本就在橡树园的弗兰克·劳埃德·赖特家庭和工作室基金会的研究中心。（有一个让人迷惑的问题，1974年成立的家庭与工作室基金会在2000年变成了弗兰克·劳埃德·赖特保护信托基金，2013年，该组织更名为弗兰克·劳埃德·赖特信托。这个精简了名称的信托基金现在负责保存并照料着海德公园的罗比之家、卢普区的标志性办公楼卢克里、位于罗杰斯公园北侧的埃米尔·巴赫住宅、联合教堂以及家庭

资料来源

与工作室。）

罗伯特·卢埃林的孩子托马斯·赖特、伊丽莎白·凯瑟琳·赖特和蒂姆·赖特向我讲述了他们的父亲。2011年，伊丽莎白出版了她父母之间充满爱意的书信注释本《亲爱的鲍勃，亲爱的贝蒂》，这些信是在经济大萧条时期写下的，很有价值。

米勒的"这就是芝加哥灾后重建的惊人之处"的引文出自《城市》精装版的第304页，"创造历史"在第303页，"世界建筑的实验中心"在第305页。莱文的"一个几乎没有受过任何训练"出自《建筑》的第3页。FLW的关于温赖特作为"人类第一个"钢铁办公楼建筑的表现形式出自于《现代建筑》，在1930年卡恩讲座的第85页，他的"就像个漂泊不定的流浪汉一样离开了他"在《自传》的第92页，"身材魁梧，腿不长"在第100页，"今日新宠"那句话在第99页。埃尔姆斯利给FLW的信写于1932年10月30日。大约14年后，他给他的合作伙伴写了一封未注明日期的信，这封信被收录在明尼阿波利斯明尼苏达大学图书馆西北建筑档案馆的威廉·格雷·珀塞尔文集中。《生活》的文章是在1946年8月12日，《读者文摘》再版是1946年11月。吉尔的"沙利文的绘画作品"引文在他的平装版传记的第77页。沙利文"每一寸"的原话刊登在1896年3月出版的《利平科特月刊》上。FLW的"啊，灵魂最伟大的性爱之旅就是他的装饰！"来自《自传》的第269页。西克莱斯特"婚姻中最难的就是"这句话在她的传记第139页。FLW的"第一次感受到了平坦表面所具有的装饰价值"是在《自传》的第106页。罗比之家是一艘"停泊的巨型汽船"，是在《美国建筑师协会芝加哥指南》的第433页。米勒的"吸引了大约2700万游客"的说法在《城市》的第488页。莱文的"一种古典秩序的新城市景观"引文在《建筑》第6页。沙利文"下流展览"的引文在他的《一个理念的自传》第322页。FLW关于温斯洛"吸引了远近人们的眼光"的引文在《自传》的第125页。希区柯克对海勒的评价是在他的《材料的本质》的第27—28页。

1946年埃尔姆斯利在给他的合伙人珀塞尔的一封信中杜撰了赖特手工制

作的鞋子的故事，信中说那位身无分文的绘图员为此花了20到25美元。1885年8月22日，《纽约时报》刊登了奥滕海默鞭打别人的孩子的故事。再来看看橡树园住宅顶上的桶形拱顶游戏室，里面壁画的灵感来自《天方夜谭》，是赛瑟尔的哥哥查尔斯画的（又一个科温的关联）。关于赖特自称沙利文的温赖特是他的作品，大约在1903年3月20日，达尔文·D.马丁在给约翰·拉金的一封信中写道："50万美元的温赖特大楼，圣路易斯的联合信托大楼，芝加哥的席勒剧院和证券交易所，西雅图歌剧院和普韦布洛歌剧院都是艾德勒和沙利文的作品，我从赖特先生那里推断，它们大部分都是他的作品。"（这封信转载于杰克·奎南的《弗兰克·劳埃德·赖特的拉金大厦》第131—133页。）FLW和马丁之间极其重要的往来书信保存在布法罗的纽约州立大学的档案中，并没有收录在《加兰书信集》中。艾达·海勒：我和她曾孙女的谈话发生在2016年3月。正文中提到，伊利诺伊州档案馆有一份验尸报告，但我找不到官方的死亡证明，幸运的是，扎娜·沃夫2000年关于海勒住宅的博士论文附录中有一份副本（来自库克县验尸官办公室）。数据就在你能找到它的地方。

在许多参考的著作中，帕特里克·平奈尔的一篇文章《学术传统和个人才能：赖特形成的相似性和差异性》特别有帮助，这篇文章收在罗伯特·麦卡特编辑、菲顿出版社2005年出版的《弗兰克·劳埃德·赖特相关及其作品》。

哥特氛围

前文：我自己的记忆和想象。

———

章节：我能回到我童年的家乡，重新建构B.哈利·布莱德利之家拜占庭式的生活和它幸存下来的不可思议的命运，这个过程饱含了我的感情，包括我的感激之情。重复一下文中说的话：有一些FLW作品看起来倾向于重写FLW自身的历史和不可思议的幸存命运，这就是一个，或许是唯一的一个。当我重回坎卡基市的时候，我还没有意识到这种想法，我小时候住在那里时更是懵懵懂懂。(在我搬离后的很长一段时间里，我了解的主要是斯蒂芬·斯莫尔可怕的谋杀案。)当地的保护主义者和系谱研究人员，诺曼·斯特拉斯玛、玛登·辛顿、劳拉·戈洛斯基和玛丽·沙茨对我提供了至关重要的帮助。他们拥有不同数量的文本（档案材料）和许多个人知识；我的工作是设法把事实与神话分开。沙伦和盖恩斯·霍尔夫妇把这幢漂亮的房子重新装饰得光彩夺目，他们对我表示欢迎，并允许我采访了他们几次。在FLW的学者中，托马斯·A.海因茨对这个房子了解颇多，他通过邮件和电话和我分享了一些成果。(他对布莱德利的研究一直在进行中，他一直在寻找布莱德利本人的照片。)在他的《弗兰克·劳埃德·赖特的愿景》中，他称这座房子"标志着赖特职业生涯第一个伟大时期的开始"。海因茨本人是一位建筑师和多产作家，他对该研究的其他贡献包括梳理出FLW与布莱德利/希克斯家族之间的联系，以及FLW是如何得到这项委托的。(这与橡树园的罗伯茨家族有关，赖特曾为他们工作过。罗伯茨太太是布莱德利/希克斯家的亲戚。)2017年，芝加哥电影制作人汤姆·德施发行了一部一流的纪录片《美国之家》。托尼诺·德索里是"往昔岁月"餐厅老板马文·哈马克和雷·米西尔的养子，他在电话中向我提供了关于两人的看法。我最终能把布莱德利的故事讲出来靠的是在房子里游逛，查阅FLW的历史，与专家交谈，阅读当地历史，尤其是梳理报纸档案，把它们整理在一起。关于最后一点，我在可行的情况下尽量在正文中嵌入关于这座房子及其具体悲剧和转折的时间框架以及出版物的名称，例如关于哈利1914年自杀和斯蒂芬·斯莫尔1987年绑架案的报道，所以没有必要在这里详细列出众多出版物，下面这几个读者可能会感兴趣：《新闻周刊》关于房子的故事（关于芭芭拉·史翠珊和那张书桌）是1988年2月1日。《论坛报》关于这座房子已经"败落成一幢空荡荡的建筑，冰冷并且散发着霉味"是1985年10月20日报道。2001年12月2日，《坎卡基日报》的社论《赖特在这里受尽了委屈》似乎标志着保护的转折点。

在这一章的后面，斯宾塞，草原学校，施坦威音乐厅，所有这些都是丰富多彩的传说，都是蒂姆·萨缪尔森的专业分支。原因很容易理解：因为除了在美学方面之外，许多草原学派的人已经变得默默无闻，蒂姆希望为被遗忘的人说句话。因此，我从很多关于草原学派和施坦威传奇的谈话中受益不少。与此同时，我要感谢其他草原学者，也许首先要感谢H.艾伦·布鲁克斯的著作。（他在1984年出版的《弗兰克·劳埃德·赖特与草原学派》一书中做了长篇介绍，是我见过的对所谓的"学派"最好的浓缩总结。）理查德·盖伊·威尔逊的"与其说是关于风格的运动"出自他重要的长篇文章《芝加哥艺术学院建筑系的草原学派作品》第94页，这篇文章在《芝加哥艺术学院博物馆研究》1995年第21卷。莱文关于《女士家庭杂志》设计的引言出自他的《建筑》第30页。

最后，关于FLW的年龄和出生年份：他是什么时候开始给自己减去两岁的？我不确定是否有人知道。我认为真正的答案可能是他从1910年代中后期开始，一点一点地改变的（有点像是慢慢地把他的中间名从"林肯"变成"劳埃德"），但他的谎言并不能始终保持一致。正文中说过，护照申请和乘船证明都是能提供帮助的文档，它们并不一致。我能发现的年龄捏造最早是1919年8月他乘坐"亚洲皇后号"从日本返航的时候。但这是一种分裂的捏造——参见《结缔组织：二》这一章。两年后，也就是1921年，他突然又把年龄恢复了正常：也就是说，在乘客名单上他是1867年出生的，而不是1869年。（关于这次航行及其重要性，请参阅《站台上的人》一章的注释。）

联合教堂和梅玛：神圣与亵渎

前文：我在文中引用的赖特"最投入和最消耗的阶段"出自《自传》第165—66页，"我也和她一起在那里寻找庇护"这句话在第168页。关于梅玛的名字只提到一次：就像文中提到的，是在第190页。（在这本《自传》的下一版，也就是1943年版中，我也只能找到一处，但是在第188页的另一段。）"橡树园的家庭生活与我的自由背道而驰"这句话在第170页，"我爱我的孩子们"在第166页，"身为建筑师消耗了我作为父亲的身份"是在第111页。沃伦·麦克阿瑟那个无法确定真假的故事在第110页。

章节：我首先回顾这一章中的许多引用，同样，我尽量在不添麻烦的情况下在文中嵌入引用来源（如果引用来自一篇新闻报道，也加入出版日期和刊物的名称）。但这里有一些其他的引用，包括一些新闻报道中没有提到的，按顺序排列："如果艺术家睁开眼睛"在《弗兰克·劳埃德·赖特：重要文本》的第57页，而"突然割断⋯⋯象河的原始河床"在第48页。《美国建筑师与建筑新闻》上的评论是在1902年4月26日。FLW的"简单的砖崖"在《自传》的151页。赫克斯泰伯的"既是未来主义的又是老式的"的话来自她的传记平装版第100页。关于弗兰克·博思威克事故的报道是在1888年10月10日伊利诺伊州的《迪克森太阳报》。杰西·博思威克之死的"死亡是由肠麻痹引起的"，是在1901年4月19日的《橡树园时报》上。我和梅雷迪思·丹布罗西奥的谈话发生在2016年6月。莱文的"室内低矮、昏暗、温暖、舒适"来自《建筑》的第49页。引用的查尔斯·怀特的信件是在1971年秋天《建筑教育杂志》第4期的一篇专家文章中，由南希·K.莫里斯·史密斯和小查尔斯·E.怀特合写。FLW的"不，我亲爱的多山墙夫人"发表在1936年7月16日的《建筑师杂志》上。他经常引用的一句话，说联合教堂是"这个理念第一个真实的表达"，来自他1952年的演讲《盒子的毁灭》，这是对美国建筑师协会纽约市初级分会所做的演讲。（这句话被到处引用，但历史学者似乎很少注意到它的来源。）"现在看起来很容易"在《自传》第160页。海明威所说的关于冰山"运动的尊严"是在1932年出版的《午后之死》第192页。斯库利的"这不是一座很大的建筑"和莱文的"升高的平台"以及"空间从周围各处下落"都来自他们在1998年伯恩斯–诺维克的FLW纪录片中的采访。莱文的"没有物质的束缚"是在《建筑》的第43页。我对莱斯尼亚克的采访是在2013年11月。"回想起来也许觉得好笑"是来自埃尔姆斯利1932年10月30日的信。"她是怎么走到这个地步的"这句话在小说《爱上弗兰克》的第32页。艾伦的话是在她的《四姐妹的家庭

为火所困：赖特的梦想与愤怒

回忆录》的第25页。托姆布雷的话是在他1979年平装版传记的第126页。珍妮特·阿什比12月21日的日记在《查尔斯·罗伯特·阿什比文献》中，存于剑桥大学国王学院档案中心。（它曾在几本书中被转载，最著名的是费利西蒂·阿什比的《珍妮特·阿什比：爱情、婚姻和工艺美术运动》，档案馆寄给我一份珍妮特亲手写的日记的副本，阅读的过程让我对FLW家族的分崩离析有了深刻的体会。）《橡树叶》报道的FLW关于装饰的谈话是在1909年1月16号。关于1909年3月9日联合教堂会议的手写记录保存在位于橡树园的联合教堂档案处。采文关于罗比之家的引用在《建筑》的第52页。FLW提到罗比是"全世界建筑灵感的源泉"是在1941年3月20号写给朱利叶斯·韦尔夫人（她是丹克马尔·艾德勒的女儿）的信中。《橡树叶》关于联合教堂9月26号开幕的报道是在1909年10月2日，《橡树叶》关于1914年8月15号屠杀的社论在1914年8月22日。

其他：1969年8月6日的《橡树叶》上刊登了约翰·L.赖特这张1904年拍摄的家庭照片。我查阅了人口普查记录、墓地记录、城市黄页、当地历史、大学记录、公司记录、报纸档案等资料，了解了梅玛、她的家人以及埃德温·切尼的生平。关于橡树园的"黄魔鬼"的神话，许多历史学者都听信了有关FLW和汽车的虚假传说，但是一位名叫里奇·赫林克的现代研究人员追踪到了FLW名下几乎每一辆车的信息（在某些情况下还有登记记录），并慷慨地分享了他的研究成果，参见他的《汽车是建筑：弗兰克·劳埃德·赖特的85辆汽车和一辆摩托车的视觉历史》。（玛丽·简·汉密尔顿在2010年冬季的《弗兰克·劳埃德·赖特季刊》上写了一篇关于FLW和他的汽车的长篇文章，但她也采纳了赫林克的杰出研究。）我确认FLW这张压抑的照片摄于1909年中期，就在他逃离之前的几个月：没有确切的日期证明，但是FLW信托基金会的馆长大卫·巴格纳尔表示赞同。其他研究人员认为这张照片的年份是1904年到1905年，甚至更早。埃罗弗森在《失落的岁月》中将它作为卷首插图，并将日期定为"大约1909年"。（FLW档案馆称其为1907年，我认为是1909年）。关于巴格纳尔和橡树园之家：每当可以游览的时候，他总是让我自由地漫步，对此我一直心存感激。对我来说，关于这所房子最详尽的概览指南是1988年出版的48页插图出版物（包括平面图和照片），由弗兰克·劳埃德·赖特家庭和工作室——"橡树园家庭及工作室"出版。

最后是数字这个棘手的问题，也就是说要精确计算在特定时期（不是说在他整个职业生涯中）完成了多少项目，包括已实现的和未实现的项目。研究人员很快发现，数字是不同的，年份是重叠的，不同的学者提出了不同的数据，FLW基金会本身在各种出版物和著作中也给出了相互矛盾的数字。读者会注意到（在以"单靠数据是无法说明问题的"开头的那一段中），我在这一句上做了判断。（关于特定时间的具体数目，我在文本的其他地方也做了判断。）我在这里提供的数字来自权威，我也很高兴听从他们的意见。1899—1909年的数字（208个工程中已建成114个）来自罗伯特·麦卡特，他在1997年的《弗兰克·劳埃德·赖特》中发表了有史以来第一份完整的FLW工程清单。这份清单是应麦卡特的要求，由布鲁斯·布鲁克斯·法伊弗整理的，他是FLW基金会西塔里埃森档案处的创始主任。（这两个人都在《终点（2）》中出现。）这里引用的数字（114个项目执行，208项绘制完毕）出自麦卡特简短的传记《弗兰克·劳埃德·赖特》的第90页，该书是2006年瑞克辛出版社出版的"关键人物"系列集中的一册。在1902年到1906年间，FLW和绘图员们参与了75个项目：这是来自作者帕特里克·F.坎农，他与橡树园的FLW信托会有长期的联系。（参见他的《家乡建筑师》第88页。）最后，莱文在《建筑》的第46页说，在1903年至1909年间有45栋房屋完工，25幢房屋未建成。再说一遍：我非常乐意接受这些权威机构的统计结果，但是要说的是，我自己也进行了几次统计，一般是根据基金会公布的名单，并咨询了亚利桑那的档案保管员，然后与学者们的数据进行比较。老天，如果我能精准地协调这些数据就好了，它就像一本拒绝收支平衡的支票簿。最后，我不得不举手投降，FLW知道了肯定会哈哈大笑。

545

第二部分：道德后果链：1914—1921

埃里森的引言出自小说的序言，莫里森的引言在她小说的第17页，FLW的话来自1950年12月17日对学社的一次谈话。

在他的梦中出现：关于一个阿拉巴马土生子的笔记

前文：这部分同样是由当时相互矛盾的新闻报道、几十年后许多书籍中相互矛盾的描述，以及旧的黄页、人口普查记录和少数口述历史汇集而成的：在我看来，这是可以找到的最好的真相版本。同样，凯兰·墨菲至关重要，我们拿出了房子的平面图，在房子中走动着试着去想象。《本地新闻周刊》里的信在1914年8月21日出版的。

———

章节：正如文中所说，在朱利安的死亡证明上，"阿拉巴马"旁边用墨水（或铅笔）轻轻涂上了一个问号（复印本存放在威斯康星州道奇维尔的爱荷华县法院里），这个问号把我带到了南方。关键线索就在显而易见的地方，似乎被前人忽略了。我和阿拉巴马州当地的历史学家、家谱学家以及该州的档案保管员一起寻找，人口普查记录和县法院记录是探路的资料，慢慢地，一张骷髅模样的男人的照片（我们所拥有的唯一一张照片）开始浮现出来。感谢钱伯斯县图书馆科布纪念档案馆档案管理员的慷慨帮助——这里有令人惊叹的当地资源。

文中提到的霍利斯·L.金特里是史密森学会非裔美国人历史与文化国家博物馆的家谱专家，他帮我找到了加隆·卡尔顿的遗嘱认证和其他文件。至于那份遗嘱，我仍然感到惊奇，它是如何从时间之网中溜走的，我仍然对它的存在感到惊讶。我还是要感谢金特里。

杜波伊斯的话在他的《美国黑人重建》第30页。对伯特·弗雷德里克的采访载于《生于奴隶制：1936—1938年联邦作家计划中的奴隶叙事》的阿拉巴马部分第126—127页。

钱伯斯县的尾声。阿拉巴马州有一位业余系谱学家唐·克拉克，他的爱好是寻找失落的家族墓地。有一天，他带我去了离187号县道不远的一片树林，而这条县道又与一条更宽的公路相隔，当地人叫作库西塔至胡古里公路。唐·克拉克一直在寻找弗雷德里克家族的墓地，许多地方的地图上都没有标注它，而那些地图上标注的位置都是错的。这个地点位于库西塔以东约3.5英里（5.6千米）外，这片土地在与弗雷德里克家族没有关系的钱伯斯人手里。

那天下午我碰巧在那里，我们坐着克拉克的皮卡去了。我们爬过一堵挂着锁的篱笆，进入了树林。那块墓碑可能已经几十年没有人照管了，藏在一丛古松、白杨树和甜菊丛中。玛丽亚·戴安娜·弗雷德里克那块墓碑长满了青苔，摇摇欲坠，上面刻的是"妈妈，再见！我们希望在天堂与您相遇。"这就是那位女族长的归属，朱利安·卡尔顿的母亲曾经是她的财产——虽然我无法证实，但我可以肯定是这样。根据克拉克和其他我采访过的人说，位于钱伯斯县老种植园上的家族墓地通常位于离主宅不远的地方，奴隶的棚屋就在附近。因此，那个在8月正午杀人的26岁男子的母亲可能就出生在离我所站的地方不远处。或者至少我愿意这样去思考，虽然这并不能帮助解释朱利安之谜。

结缔组织：一

前文：1938年1月在《建筑论坛》上发表的一篇文章中，"悬挑楼板悬空"（这是他写的）这句话作为标题出现（这篇文章在后面的《第四维度》一章中讨论）。每年大约有20万游客这一数字来自建筑保护协会。

———

章节：首先，关于引用和它们的来源，和上面说的一样，这里的引文是那些不容易在正文中辨识的。FLW的"我记得"在《自传》的第364页。他的女儿弗朗西丝的信是关于"香榭丽舍和卢浮宫"的，这封信一定是写于1910年1月，因为这封信是寄给她远在巴黎的父亲的，而他显然就在那里。信的顶部写着"1910年1月10日星期四",这没有任何实际意义(那年的1月10日是个星期一)。可能孩子把10年写了两次?迪内森经常被人引用的这句"所有的悲伤":她似乎是在一次电话采访中脱口而出的,这句话随后发表在了1957年11月3日的《纽约时报书评》上。赫克斯泰伯关于"不是纯粹的浪漫激情"的那句话是在她的传记平装版第112页。梅玛写给艾伦·基的信里关于"努力活下去":正如所说,这封信的日期没有注明,但是我在书中引用了爱丽丝·弗里德曼的话,她认为信是在1910年5月左右写的,这对解读FLW和他的精神状态很重要(见下面对此的补充评论)。FLW的"奶油白色的小别墅"出自《自传》的第168页。

关于FLW和阿什比的信件:所引用的信件有3个来源,埃罗弗森的《失落的岁月》(见52—56页),吉尔的传记(见210—211页),此外,艾伦·克劳福德1970年在《建筑历史》杂志上发表的《弗兰克·劳埃德·赖特致查尔斯·罗伯特·阿什比的十封信》(第13卷)中对这些信件进行了更详细的讨论和再现。对于FLW 1910年3月31日的那封信,我能够查阅这一原文的副本——这关系重大,考虑到FLW的标点符号、句子结构和在单词上加下划线等各种古怪的习惯。在一本书或一篇文章中转载FLW的信件,无论多么学术化,都是有风险的。

1910年7月4日,FLW给安娜·赖特的一封非常长的信:凯兰·墨菲提供了一份原文的抄写本。(我无法在任何FLW的知识库中找到这封信的索引。但是威廉·德伦南在他的《草原住宅中的死亡》中,在第182页,有这样的引用来源;"FLLW/Porter ALLW4016",这是位于西塔里埃森的FLW档案文件夹,该文件似乎已经不在了。)

其他:关于芝加哥报纸上FLW回家的细节,尤其是在《论坛报》上:W.E.马丁写给他哥哥D.D.马丁的信是1910年10月10日,在吉尔的传记第212页。凯蒂写给珍妮特·阿什比的信在吉尔的传记第213页。埃罗弗森的"双重生活"在《失落的岁月》第67页。1910年10月25日,FLW写给D.D.马丁的"至少我现在知道谁是我的朋友了"的信（全文出现在未在此提及的《致客户信：弗兰克·劳埃德·赖特》第17页，该书是由布鲁斯·B.法伊弗编辑的）。FLW给马丁的关于"帮助我母亲摆脱紧张的房地产状况"的电报是在1911年4月3日的，随后的信件是4月12日。

关于1909年和1912年的委托项目的数量：同样，这个数字是基于罗伯特·麦卡特1997年《弗兰克·劳埃德·赖特》（上文已提到）发布的综合清单，这个清单是由FLW基金会的法伊弗编辑的。

关于博伊顿住宅和比乌拉，以及她与FLW的恋情传闻，是否和梅玛的时间相同，以及这一切是否是一个漏洞百出的说法：莱昂纳多·K.伊顿教授的《两位芝加哥建筑师和他们的客户》第112—117页。故事详情见1959年4月11日的《罗切斯特民主党纪事报》，以及1955年1月22日的《罗切斯特联合时报》上比尔·林格尔写的故事。（林格尔将他的研究笔记捐赠给了罗切斯特公共图书馆的地方历史和谱系部门。）这些作品都没有公开暗示一段浪漫的关系（伊顿的作品有那么点意思，也许是无意中表现的），但我猜这一定与人们在罗切斯特仍在流传的关于比乌拉和FLW的故事有关，可能真正的来源是当时的八卦。对我来说，这只对梅玛有意义。

最后，关于梅玛给艾伦·基的信，这些信在衡量FLW和他的疑虑时显得更加重要：正如文本中所说，这些信是在现代的斯德哥尔摩发现的，它们让梅玛的声音从无到有，鲜活了起来。欧洲学者莱娜·约翰内松在1995年的《诺拉：北欧妇女研究杂志》上提到了它们。2002年，美国学者弗里德曼在《建筑历史学家学会杂志》上进一步报道了这个故事。第三位学者芭芭拉·米勒·莱恩在2008年出版的《现代瑞典设计：三个创始文本》一书中再次讨论了这些信件（文中提到过，前6封信未注明日期）。关于早期信件的日期，莱恩不同意弗里德曼的看法，也不同意梅玛和FLW与艾伦·基接触的时间和细节。但如果弗里德曼是正确的，而且我认为她是正确的，梅玛的第一封信（"努力活"）写于1910年5月（弗里德曼在《建筑历史学家学会杂志》上的《弗兰克·劳埃德·赖特与女权主义》引用了很大的一部分），里面的内容和FLW揭示的关于他们在欧洲旅行的一些犹豫迟疑是一致的。可以说，对这个人来说，这些信是一扇倒置的窗户。所以这些信它们本身就很美好——当然还有更多的意义。

站台上的人

前文：再一次尝试把不清楚的问题弄清楚，我在坦伊德利的楼上楼下走来走去，试着去想象。关于FLW的啜泣和钢琴：正如文中所述，这个故事很大程度上是通过口口相传的。它出现在了几部口述历史中，包括1995年西塔里埃森的历史学家对约翰·S.克里斯滕森做的一次采访，他是一位已去世多年的目击者弗朗西斯·英格利斯·塞耶的孙子。塞耶是一个年轻的芝加哥女孩，8月15日的晚上她正好在斯普林格林——据说她看到了那些尸体，听到FLW一遍又一遍地演奏巴赫。西克莱斯特对富兰克林·波特的描述在她传记的第221—222页，1917年前后的阳台照片在塔里埃森的档案中。J.L.赖特对火车站的描述和R.L.琼斯对FLW说的"站起来"在《我在人世间的父亲》第81—82页。

———

章节：塔尔萨种族暴乱是个被错误命名的美国悲剧，关于这一事件有许多优秀的著作（大多数列在参考书目中），但很多人至今仍不了解这一悲剧。（过去几年里，在塔尔萨和其他地方，黑人一致要求将"塔尔萨种族暴乱"正式更名为"塔尔萨种族大屠杀"，我衷心支持这一要求。）但是，如文中所述，这些书中没有一本探索塔尔萨的《圣经》之火和塔里埃森的《圣经》之火之间的联系，甚至几乎没有一本书把琼斯RLJ和FLW联系在一起，而他们的关系就是亲密又争吵不断的表亲。当FLW真的出现时，他只是顺便出现。这是完全可以理解的——历史学者并没有从事关于FLW的研究。他的历史是边缘性的——但事实并非如此，这是我的全部观点。我想说的是，如果不是因为一位名叫罗恩·麦克雷的前威斯康星州新闻记者兼FLW的作者，我可能永远也不会偶然发现这个隐藏的故事。他把我指向RLJ，这种方式可以让我更多地了解FLW；我永远感激他。（麦克雷带插图的研究著作《建造塔里埃森》采用了一种非常详细的叙事画册的形式，在我写这本书的大部分时间里对我的帮助很大。）

再一次，我试着在文本中嵌入主要引用的来源，包括报纸的来源（许多引用是来自报纸，当然这个故事本身就与报纸和新闻人士有关），但是这里我纳入的是一些重要的背景（有太多背景了，我必须克制自己进行分辨）。首先是按照顺序介绍正文中那些没有明确来源（或者出版日期）的引用，它们来自报纸之类的地方："历史没有篱笆的界限"事实上是2001年州长委员会《最终报告》中一篇关键文章的标题。（这份学术报告极其详尽，将近200页，包括地图、图表和尾注；该报告可以在线查看，也可以全部下载。）这篇文章由斯科特·埃尔斯沃斯和已故的约翰·霍普·富兰克林共同撰写，后者是美国20世纪最伟大的黑人历史学家之一。布兰奇·科尔的口述历史（"我们失去了一切"）被收录在一份名为《幸存者的记忆》的文件中，该文件位于格林伍德文化中心，这是一座纪念博物馆，位于屠杀地的中心。（那是一次让我为之动容的参观之旅。）关于"我的孩子在哪里"中不明身份的母亲的哭声：在詹姆斯·赫希的《暴动与回忆》第104页，这是关于暴动最好的书之一（里面没有FLW的名字）。俄克拉荷马州国民警卫队副官所说的"离奇报道"出现在《最终报告》的第59页（并出现在各种书籍中）。RLJ编造自己获得法律硕士学位，以及他那句"充满不确定性"，是出自1939年10月8日的《论坛报》上RLJ所写的一篇长文，文章是为了庆祝该报创刊20周年。"他非常固执己见"出现在蒂姆·马蒂甘的《燃烧》第274页，这是一本关于暴乱的优秀作品。RLJ在《华尔街日报》上发表的第一篇社论是1911年8月10日。1914年4月26日，B.T.华盛顿在麦迪逊发表讲话。RLJ在1915年11月7日发表了关于《一个国家的诞生》的评论。关于RLJ和FLW之间的信件，没有在这一章中注明日期的：FLW的"火与灰的洗礼"是1929年11月18日，他的"把所有的东西和所有的人搞砸"

是1930年12月22日，他的"回击得又快又狠"没有标明日期，但似乎是在1930年5月或6月，他的"你的力度是我的两倍"是1933年4月7日。他的"家到底是什么"是1928年12月5日。RLJ的"你觊觎别人的关注"是1928年11月26日。FLW的"你太糟糕了！"是1941年5月29日。

其他：康斯托克在《调查》上的文章是1921年7月2日，她写给妹妹的信是1922年4月18日（我是在威斯康星历史学会找到的）。1971年6月2日，《论坛报》创刊50周年的纪念文章试图净化自己，净化那个已经去世的创建者。FLW的"我公谴责自己"是1929年4月27日，他的"被烧伤的孩子"是1930年7月10日。

其他：史蒂夫·格尔金是塔尔萨一位退休牙医出身的调查记者（他成了我的朋友），他发表了关于迪克·罗兰的重要著作，迪克是塔尔萨惨案的替罪羊。格尔金的文章于2013年出现在塔尔萨精美的另类宽幅杂志《这片土地》上；这些故事可以在thislandpress.com这个网站上找到，也可以在格尔金的《塔尔萨的隐藏历史》中找到。就像书中说的，罗兰和朱利安·卡尔顿之间的一些相似之处是惊人的（他们神秘的身世，体格和创造的多重自我身份）。

其他：我在致谢中提到了塔尔萨大学的马克·卡尔森，自2000年以来，他一直维护着一个暴乱相关的网络链接，包括时间线、照片、已知受害者名单，以及与美国其他暴乱的比较；你可以通过tulsaraceriot.wordpress.com访问这个系统。塔尔萨公共图书馆的研究中心有一份真正的州版《论坛报》，头版上印着《黑人在电梯里袭击女孩》，历史并没有让它消失。历史和数字馆藏图书管理员雪莉·帕金斯让我亲手接触了它。致谢中提到的伊恩·斯瓦特来自塔尔萨历史学会，他有各种与暴乱有关的文件和琼斯家族相关的纪念品，而且，除此之外，他的脑海中有大量关于塔尔萨的知识。弗朗西斯·乔丹–瑞克斯特劳和汉尼拔·B.约翰逊是塔尔萨市的两位权威人士，没有他们的知识和帮助（就约翰逊而言，还有他的作品），我不可能完成这一章。上面提到的斯科特·埃尔斯沃斯更是如此，他住在安娜堡，但他总是哼唱着"带我回塔尔萨"。

其他：关于RLJ搬到俄克拉荷马州之前在威斯康星州的记者生涯，我在调查的时候参考了3部重要的著作：正文中引用的魏斯曼硕士论文，W.T.艾夫休的《战斗的编辑》，大卫·莫伦霍夫的《麦迪逊：成长岁月的历史》，该书的第6章全是讲述RLJ担任《威斯康星州日报》编辑的那些年。莫伦霍夫（注释中提到）一直是玛丽·简·汉密尔顿的写作伙伴。

其他：有一封FLW写给他的妹妹简·波特的信，日期是1929年3月7日，他在信中说："我为迪克感到非常难过，他遇到了所有好人的消极命运。"这大概是骚乱过去8年之后的事了，从表面上看似乎是RLJ一定意识到他永远无法逃脱自己所做的事。但我对这封信及其背景研究得越多（FLW是在回复他妹妹上个月写的信），我就越相信这个"迪克"不是RLJ，而是劳埃德·琼斯家族的另一名成员。不过，我并不肯定，这也是让人难以忘怀的原因。（西克莱斯特在她传记的第368页引用了那封信，她相信那封信确实是关于RLJ的，但她并没有把它和暴乱联系起来。她在书中从未提到过暴乱这一点。）

这就引出了另一个关键问题：远离俄克拉荷马州的家庭成员对塔尔萨和RLJ的所作所为了解多少，他们之间谈论了多少？我无法想象他们会不知道——他们是一个非常亲密的家族。然而，我从来没有在劳埃德·琼斯的信中发现他公开地提过。一切都是隐秘的，就像我在文中引用的FLW和他表弟之间的书信一样。还有一点，我在《资料来源》的《哥特氛围》部分说过，"亚洲皇后号"的乘客名单以及FLW在1921年春天从日本到达温哥华的船具有特殊的重要意义——原因就在于：这可以确定他在塔尔萨大火之前一个月已经回到美国，他回家了，他一定是知道的，即使他不知道具体情况，可能当时不知道，也许永远也不知道。这家人肯定是知道的，而羞愧和尴尬，更不用说隐藏的沉默，在之后的几年里与日俱增。确切地说，塔尔萨市本身的羞愧、尴尬和隐藏的沉默也是一样，在以后的岁月里不断增长。事实是，塔尔萨的公立学校在2012—2013学年才正式开始在课堂上讲暴乱的历史，而且，正如我所认为的，它仍然是一件在全国范围内没有得到充分认识的悲剧。

最后，回到塔尔萨大屠杀本身，讽刺性在于你怎么看它，或者怎么接受它。在正文中我们没有空间去讨论这个问题，在这里也几乎没有空间，这件事可以独立报道。但在我3年来5次前往塔尔萨的报道中，我见了RLJ的一些后代，或者和他们通了电话。我和他的4个孙辈聊过，具有讽刺意味的是，他们每一个人都是令人愉快甚至慷慨大方的人。他们这样做是有动机的吗？也许有，也许没有。这些孙辈们明白——随着交往的发展，他们越来越明白——我正在写一本书谴责他们的祖父，但他们4个人还是选择和我谈话。这些年事已高的后代，都有自己的职业生涯，而且在某些情况下，他们的职业生涯是不断向前的，是优秀的，他们都以这样或那样的方式在报纸行业中成长起来。在孙辈中，我本来最不愿意见到的是RLJ的孙女乔治亚·劳埃德·琼斯·斯诺克，为什么呢？因为我听说她最桀骜不驯，最有防备心，最爱争辩。长期以来，她的立场是这个悲剧有很多原因，把这一切都归罪于她的祖父太不公平了。我忐忑不安地去见她，奇怪的是，我们相处得很好，这就好像我走进了敌人的营地，找到了一个即便不是朋友也能坦率交谈的人——反之亦然。她在学术上很严谨，我们往来发送了很多电子邮件。我们都没有说服对方，甚至离说服还远得很，但我们都听到了对方的心声。

第三部分　从袖子里变出来：1936年

劳伦斯的引言来自1925年的文章《艺术与道德》。

血与骨

前文：比格的话来自哈珀长青出版社现代经典版的第429页。《每个人的抗议小说》实际上是一篇关于哈利特·比彻·斯托夫人和《汤姆叔叔的小屋》的文章，提到赖特的小说和鲍德温的攻击只是为了强调他的观点。

———

章节：我又一次努力去调和那些不可能调和的东西，我尽可能地反复核对了当时的几十篇新闻报道——以及后来写的书籍和文章，还去了不同的地方，试着去想象。另外，我还翻阅了法庭记录和笔录。没有人能解开其中的奥秘，没有人能。能够进入道奇维尔那间黑暗的旧牢房，也许比其他任何的事情对我的帮助更大。

J.A.福格申（他的父亲是J.Z.福格申，但历史学家倾向于使用他们不同的中间名）在《密尔沃基前哨报》中关于朱利安的评论是在1914年8月16日。关于朱利安是普尔曼列车行李员的传说：尽管芝加哥纽伯里图书馆（普尔曼档案馆就在那里）的档案管理员做了一次彻底的检查，没有找到他的名字，但他们提醒说，这些记录在某些地方会有小小的空白，所以理论上他有可能确实为公司工作过——尽管他们对此表示怀疑。芝加哥黑人人口的数字来自《黑人大都会》1962年增订版的第8和第12页。我用"应许之地"这个词是为了向尼古拉斯·莱曼的《应许之地：黑人大迁徙及其如何改变美国》致敬。休斯的话（"午夜就像白昼"）出自《大海》的第33页。《纪事报》的"灼伤的喉咙"是在1914年8月21日。死亡证明在爱荷华县契据登记处存档。玛格内尔的"上帝的代理人"在她的传记回忆录的第145—146页。J.L.赖特的"有些神职人员"是在他传记的第82页。托姆布雷的"这个迷信的巴巴多斯移民"出现在他的传记的第167页。那句"我想你知道答案"是在1914年10月9日。FLW关于葬礼的9个段落在《自传》的第185—186页。斯库利的"1914年发生在塔里埃森的悲剧"在《弗兰克·劳埃德·赖特》的第22页。西克莱斯特的"看来他还是想活下去"在她的传记第222页，但把FLW拉到了安全的地方的不是韦斯顿（我在别处查证了这一点）。关于FLW和邮递员出现在《本地新闻周刊》1914年9月10号。在同一期，有一个故事是关于最近的县博览会艺术展览以及FLW如何抱怨他没有更多的展览空间。等一下，他不是沉浸在疯狂的悲伤中吗？

为火所困：赖特的梦想与愤怒

结缔组织：二

前文：西克莱斯特（她的传记第391页）找到了一封FLW写给伟大摄影师爱德华·史泰钦的信（1931年12月9日），信中他试图招揽史泰钦为他拍照，准备登在杂志上"代表我的回归"，以此来反驳菲切尔的文章。要么没有成功（因为史泰钦），要么是FLW放弃了这个策略。

———

章节：我同样试着在文章中标出许多引用的来源／日期，包括新闻和其他方面的引文，没有标注的内容请参见下文。我对米丽娅姆的描述来自她的自传（后面会有更多的内容）、FLW的《自传》、报纸、各种传记和历史，还有更重要的（在这种情况下更可靠一些）黄页、家谱、墓地记录和人口普查报告。一个让我困惑不已的例子是，据说在很多书中，米丽娅姆在遇到FLW时是一个寡妇（在自己的生活故事中，她就是这样描述自己的），但从我能得到的相互矛盾的记录来看，她显然已经离婚了。她的前夫死于1912年，而不是通常所说的1911年，显然是她告诉人们她的前夫死于1911年。在她的自传中，她说他的名字是埃米尔，但在他的墓碑和许多其他记录上，这个名字是埃维尔·诺尔。正如文中所说，我很欣赏西克莱斯特对她的刻画（尽管上述明显的"事实"和西克莱斯特书中的内容相冲突）。在其他人的笔下，米丽娅姆是被机智（有时也并不机智）嘲笑的对象。正如文中所说，她的自传从未以书的形式出版，但大部分内容在她死后4个月分5期于1932年5月至6月在《密尔沃基日报》的星期日版上发表。

脚注中引用的句子在《麦迪逊男孩》第72页。FLW"一个人能忍受多少惩罚"是在1925年火灾后（有关火灾的引述将在本节后面介绍）对一位朋友说的话，出现在2009年3月8日《独立报》的一篇文章中。FLW的"溺水的人"是在《自传》的第201页，"带着紫色的苍白"在《自传》同一页，"一种可怕的孤独"在第191页，"你觉得我怎么样"和"我从没见过像你这样的人"在第201页。米丽娅姆的"在那一瞥中"在她的自传的第14页，出现在《密尔沃基日报》1932年5月15日的连载上。FLW的"不断地等待着""醒着还是在做梦"和"灾难迫近的感觉"在《自传》的第194页。莱文的话在《建筑》的第113—114页。希区柯克的"金字塔一样阴郁"是在他的《现代建筑：浪漫主义与重新融合》的第116页。史密斯的关于FLW"他放弃了草原住宅"是在她的《弗兰克·劳埃德·赖特，蜀葵别墅和橄榄山》的第202页。关于FLW经常往返于日本，在埃罗弗森《失落的岁月》的附录A中，他再一次帮我们弄清楚了日期。FLW关于悬挑的话在《自传》的第214—215页，他的"奇怪的骚动"在第203页，"我爱她爱得足以"似乎来自1919年初夏的一封信，我引自西克莱斯特的书第275页。关于FLW的长信，吉尔的书中大幅引用（"我自己没有做出牺牲"）：它没有注明日期，但几乎可以肯定是从1919年6月开始的（详见下文）。FLW的"没有像我希望的那样随着婚姻而改善"是在《自传》的第257页，"只会更快地把她烧死"是在258页。关于FLW和沙利文又走到一起：正如文中所说，FLW把这整个问题搞混了。在《自传》（第107页）中，他说是12年。（如果他是在1893年离开公司，那就意味着是1905年。）但在第260页，他认为时间大约在1913年，也就是21年。在他关于沙利文的《天才》一文中，他说（在第67页）"将近20年"，但在下一页却指出是26年（"大约1919年"）。正如文本中所说，两人缓慢和好的真正时间框架似乎是在疏远7年之后，在1900年左右。再说一遍，这只是为了强调我们无法在数字或大多数事实方面相信FLW，当然我们也必须密切关注更深层次的精神真理，它是始终存在的。

  他的"我要告诉你一个秘密"的信是在1922年11月30日写的，"他想站起来"等等是在《自传》的第264—265页，"不，和火搏斗"在1943年版《自传》的第261页，"这个地方现在似乎注定要毁灭了"在第259页。"比我一生中任何时候都要低"和"痛苦的空虚"在1943年版《自传》的508页和511页，"又一次野蛮的打击""还活着的那一半也没了""震耳欲聋的雷声"和"嘲笑那个傻瓜"在第259—260页。关于我的脚注与赫尔布特和奈特拉：日记来自理查德·奈特拉的《承诺和实现：1919—1932》第135页。FLW关于以赛亚的话来自1943年版《自传》的第273—274页,"寻找原因"在第259页。《纽约时报》和《论坛报》的报道都是1925年4月22日。《华尔街日报》是4月21日。芒福德关于FLW的记忆在他的《人生札记》第432—433页。FLW把一张字条钉在布法罗市希斯家的门上:正如文中所说,没有日期,但几乎可以肯定是1927年10月或11月——这封信在国会图书馆的FLW收藏中。关于米丽娅姆破坏FLW拉荷亚所租的房子:在1932年6月5日《密尔沃基日报》上的连载,还有她的自传手稿第129页,她描述破坏("完美的成功破坏")的信件在她手稿的第142页。

最后,关于那份从未出版的手稿,至少从未完整地出版成书。这份文件有许多地方是荒谬的,在事实上是错误的。更糟糕的是,为了达到自己的目的,作者对自己和FLW之间的大量信件内容进行了改动和调换。举个例子:FLW在1919年初夏给她写了一封长信,信中他表现出赤裸裸的脆弱,谈到"在悔恨和耻辱中,照片反扣到了墙上"。吉尔在他的传记第254—256页有这封信,米丽娅姆在她的书稿第77—78页上也有,但她对FLW的段落和句子进行了大规模的重新整理,至少对比吉尔复制的版本是这样。我努力想找到原版的复制件,但这封信没有列在加兰书信集里(加兰集里FLW和米丽娅姆之间只有7封信收录,它们主要是在1914—1915年间,其中一封是在1918年),我在别处也找不到。在吉尔的注释中,他将其称为1919年6月的一封"未发表的信件",米丽娅姆认为是1919年8月10日,但这封信与他在6月9日和11日写给她的简短的、充满羞愧的短信非常接近(这两封信的手写版我都能找到)。因此,对我来说,他写过的最能暴露自我的这一封信仍然是个谜。我本以为它肯定在耶鲁大学贝内克图书馆珍本手稿馆的吉尔文稿中,但也没有。(吉尔给他的母校留下了一箱箱他的作品,但没有任何与他的FLW传记有关的实质内容。)

还有一个FLW之谜。米丽娅姆的人生故事似乎是一笔不小的财富,的确,就算这份材料(我手里拿到了一份完整的副本)在每一页上都不可信,它还是可以像FLW的《自传》一样,揭示一些基本的、几乎是无意识的真相,它也会让你动容。1919年夏天,当时两人在日本关系疏远,她完整地重现了一封写给他的信,信中她说:"我看到了你那张讥笑、讽刺、嘲弄的脸,由于愤怒和报复而变得扭曲,铁青了脸,你那夸张的动作,一心想制造一个错误的印象。我听到你粗俗的笑声,嘲笑我的痛苦。"在手稿的附录中,米丽娅姆附加了几封写给她最后的朋友海伦·拉布的哀怨信,其中一封信中她写道:"我的书是关于塔里埃森唯一真实的故事,但我却找不到出版商。"也许她会找到一个出版商,给她的书做注解。我希望已经开始了。

在第四维度中

前文:关于鼻夹的故事主要是由报纸报道和法庭记录拼凑而成的,《威斯康星州日报》的首次报道是1932年11月1日,《论坛报》则是11月4日,FLW的叙述是在1943年版《自传》的432—433页(《一个粗俗事件》)。他没有点名希克莱斯特,而是称他为"土著农民"。我想把这个故事首先作为一个小寓言来讲述:你的下场是血流成河,这是因为你失信于人,骗的不仅有当地人,你的邻居,你的雇员,甚至还包括一个从麦迪逊来的心脏病专家,他专门在一个冬天的寒夜里照顾过你。(他的名字叫休·佩恩·格里利。几年之后,格里利在一本未出版的家庭回忆录中提到了赖特失信,这件事发生在1938年或1939年。)我没费劲就听到了几十个这种失信的故事。在乡下,在善良的乡下人中间,关于吝啬鬼的记忆是很难消失的,不管你是谁。我们简单回顾一个例子:斯普林格林和怀俄明电话公司负责从道奇维尔到斯普林格林的电话服务,而塔里埃森的主人总是拖欠账单(即使他付钱也总是晚付),该公司的财务员兼秘书韦斯利·尤金·沃克是一个严肃认真的人,1930年代的一天,他爬上电线杆,切断了通向FLW家的电线。(据推测,未付的账单已高达1000美元。)FLW从山上冲下来,双方有一场对峙,可能涉及了手枪,当然并没有暴力解决,最后双方商定了些条款——只不过他又开始了新的失信。沃克已经去世很久了,但他的女儿玛格丽特·佩特仍然住在爱荷华县的农舍里,她就是在那里出生长大的。几年前的一天，我去看她，她已经86岁了，脸上带着甜蜜的笑容。她告诉了我这个故事，还有一个故事：有一天，她还是个10岁的孩子，从学校回家——所以肯定是在1941年或1942年——一辆红色大车停在车道上，是谁和一个学徒一起坐在里面，除了FLW还有谁？他是来谈账单的。她的父母不在家，她邀请他进来。他在客厅最好的座位上坐下，说他愿意等一等。那个椅子是一个摇椅，是她们家的传家宝。"赖特先生，爸爸不许我们坐在那张椅子上。"他不理睬她，开始摇晃——他摔倒屁股碰到茶壶上，摇椅得救了，FLW的尊严可就没了。

———

章节：许多FLW专家做出了贡献，下面列举的是一些关键人物。首先，回顾一些没有嵌入正文中的引用和来源：柯蒂斯的"通常都是笨拙的"是在他的《自1900年以来的现代建筑》第203页，赫伯特讲述的关于一栋价值5000美元的"体面的"房子和FLW的回应是在他的《一起建造》第1页，在脚注中引用，他的"在我5岁的时候"在《我们选择这个国家》第7页，《纽约时报》于1987年5月27日刊登了雅各布斯的讣告。我与伊丽莎白·艾特肯和她的两个姐弟威尔·雅各布斯和苏珊·雅各布斯·洛克哈特通过电话进行了交谈，时间是在2017年春夏两季。（我很遗憾没能见到他们。三人中，伊丽莎白迄今为止付出的时间最多，我们似乎从一开始就很合得来。她是非正式的家庭历史学家，提供了一些已出版的家庭史。）《纽约时报》上关于雅各布斯的文章时间是1967年4月7日。海明威关于威斯科特的描写在《太阳照常升起》的第3章。（1925年2月14日，海明威给他在密歇根的童年好友比尔·史密斯写了一封信，他在信中毫不掩饰地就威斯科特的同性恋问题说了一些卑鄙的恐同言论——典型的海明威，魔鬼永远是衡量天使的标准。）关于威斯科特：凯瑟琳·威斯科特·雅各布斯有个表弟哈罗德·威斯科特，曾在塔里埃森做过一段时间的学生，而这也是导致尤松尼亚I号"杰克"最终成形的一个原因。

其他：赫伯的"我们有点超出了美国模式"在《一起建造》的第59页。

资料来源

1974年，埃文斯在耶鲁大学接受采访时谈到了"事物本身是个秘密"。卡莱克和斯普拉格在本章的引用来自他们的重要作品，这些作品在文中的脚注中提到过（并在参考书目中全部列出）。关于FLW使用的术语"屠杀加热"：赫伯在《一起建造》第4页讲了这一点，并加上了引号，但似乎没有意识到我所认为的野蛮的讽刺。我和利普曼的电话交谈是在2017年秋天。《生活》杂志的"明日世界"是在1939年5月8日。关于SCJ成本"接近整个公司净资产的一半"来自《纽约时报》2014年4月29日报道。1986年11月30日，《纽约时报》引用保罗·戈德伯格对流水别墅的评论（"把它向前推进了一步"）。托克的"头里蹦出来一样"出现在他的《流水倒流》第7页。（我们的电话交谈是在2017年秋天。）给莫舍的电报是1936年8月27日，他写给考夫曼的"我本以为"是8月30日。托克的"这座房子之所以如此激进"在《流水倒流》的第11—12页。西克莱斯特的"看似过时的品质"在她传记的第389页。托姆布雷对1915—1932年间项目的统计在他1979年版传记第192页。芒福德的"行星几乎彻底黯然失色"在他《人生札记》第431页。FLW的"把它装在一起"在《自传》第306页。莱文的"赖特让奥卡蒂拉"这句话在《建筑》第205页。FLW的"蜉蝣"和"伏在太阳下"来自《自传》的第306和305页。看门人写给FLW的"我非常难过"的信是1929年6月3日。（他的名字叫乔治·韦尔登，如果没有正文中提到的学者布莱恩·斯宾塞，他可能已经被历史遗忘了。）约翰逊写给芒福德关于FLW（"与当今的建筑毫无关系"）的信是1931年1月3日。《纽约时报书评》对《自传》的评论是1932年4月3日。FLW向罗切斯特演讲的组织者道歉（"悲观情绪"）是1932年12月2日，他写给基特莱奇的信是在1932年11月10日，奥尔加写给FLW（"你的家人想念你"）的信是在1932年11月16日。赫伯"开始隐隐约约地"来自《一起建筑》第64页。芒福德的"流水别墅中，他创造了一种动态的多维组合"在《人生札记》第438页。基梅尔曼的"他永恒的主题"来自2005年8月11日他在《纽约书评》的文章。

从一开始，我就把这个故事想象成一个等腰三角形，雅各布斯在顶部，流水和SCJ代表两条相等的边："杰克"是等式中的第一个——或者说是我认为最重要的。我一直与一些建筑评论家和历史学家论证我这种论点，他们没有对我的想法不以为然。我最倚重的两位历史学家是卡莱克和斯普拉格，我与卡莱克有面对面和电话上的深入交谈，他们帮助我进一步完成了这个故事。关于档案：雅各布斯文件的正式名称是《赫伯特和凯瑟琳·雅各布斯住宅及弗兰克·劳埃德·赖特记录，1924—1974》，它存放在芝加哥艺术学院瑞尔森·伯纳姆图书馆的瑞尔森·伯纳姆档案中。赫伯是一位执着的记录者，他留下了许多珍贵的东西，包括房子在建的照片、完工时的照片，以及这个家庭在不同季节闲暇时的照片，他留下了信件，留下了备忘录，甚至还留下了提醒付费的标牌，上面是他亲自用大号字体打印的，提醒那些想要来参观的人必须付50美分才能进去。

有一个独立制作的在线电台节目《99%的隐形》是关于设计和建筑的，在2017年2月7日播出的第246集里，有雅各布斯I号的专题（该节目在网上有存档）。赫伯的声音来自1950年代NBC的采访，听起来响亮而有力——你能了解他的基本性格。至于房子本身，有一个很棒的网站（www.usonia1.com）能让人迅速地身临其境。

关于赫伯：文中没有提到，但是在1936年8月下旬他和妻子开着他们的小破车出门拜访FLW之前，他实际上曾经匆匆地见过FLW一次，他在《一起建造》中讲述了那次见面。那是在两年前，他还在《密尔沃基日报》工作，他在恶劣的天气下开了118英里（190千米）的车，采访了对方大约10分钟。《一起建造》里说："他穿着自己设计的宽松裤子，在脚踝处扎紧，脖子上围着一条长长的羊毛围巾，头上戴着一顶松软的法国贝雷帽，贝雷帽不停地朝下掉。"

关于房子重建，始于1983年：芝加哥重建建筑师约翰·艾弗乐和项目经理布莱德利·林奇是其中的关键人物，艾弗乐修复FLW住宅的工作在全国享有盛誉。艾弗乐给我很多时间做采访，还给我提供了图纸、设计和照片。关于其他人：来自威斯康星州历史学会的州历史保护员吉姆·德拉格和比尔·马蒂内利都慷慨地贡献了他们的时间。比尔·马蒂内利来自麦迪逊，长期以来一直在帮助保护"杰克"。吉姆·丹尼斯是这所房子历史上时间最长的主人,他很客气地让我进入房子里——几年里我去了3次。

关于SCJ:特瑞·布伊赛尔是公司档案馆的保管员,她向我开放了这些档案(当然在她一旁监督的情况下)。之前提到的马克·赫兹伯格是一个作家兼报纸摄影师,他是拉辛市文化知识的宝库。

关于在正文和脚注中曾提到的拉斯克和霍尔特两家:不知道为什么,棋盘上所有的棋子都不太适合他们,FLW为他们绘制的设计无法成为世界上第一个尤松尼亚建筑。正如文中所说,这两家都找不到资金,但我认为这背后有一个更大的故事,一个更神秘的故事:就好像他们的全部历史漏了一个拍子,他们也是冒险家,没错,但他们缺少所谓的第四维度。所以还得等赫伯和凯瑟琳出现。我仍然忍不住想,他们是如何在FLW需要他们的时候出现的,他可能真的是从袖子里把他们变出来的。有一篇非常精致的短篇文章是关于霍尔特夫妇以及他们与FLW的关系,那就是帕梅拉·D.金斯伯里所写的《弗兰克·劳埃德·赖特和威奇托:第一个尤松尼亚设计》,由威奇托-塞奇威克县历史博物馆与1992—1993年的一次展览联合出版的。

最后,关于美国与民主制度下这栋房子的意义,关于为普通人建造常识性住房的问题,关于"回归"的理念。我的观点是,所有这些问题都出现在"杰克"中。在他去世前3年(这是在纽约广场酒店的一次录音采访中,后来收录在一张名为《弗兰克·劳埃德·赖特的唱片》的密纹唱片里),FLW说:"你听到人们断言,说我们的国家意味着民主,说普通人可以自由而普通。哦,并不是这样,他可以自由地变得与众不同。"我在文中说,威廉·阿林·斯托勒是第一个帮助我理解"美国-民主"概念的FLW学者,但我的思想也受了其他人著作的影响。保罗·戈德伯格在《纽约时报》上写了一篇关于莱维顿住房价值的精彩文章(1981年4月2日)。在2007年的《最后的收获》中,建筑师兼历史学家(我在宾夕法尼亚大学教写作时的同事,宾大荣誉退休教授)维托尔德·瑞布琴斯基探讨了FLW与莱维特兄弟阿尔弗雷德和威廉之间

为火所困：赖特的梦想与愤怒

的联系。（莱维特兄弟中的弟弟阿尔弗雷德25岁时从家族企业中离开，去长岛的大颈观看了一处FLW尤松尼亚住宅的日常建设。）我和瑞布琴斯基交流验证了我早期的一些模糊的理念。

事实上，回顾FLW的职业生涯，你会发现他有个稳定的模式，他一直想要设计低成本或者相对低成本的住房。我们一般认为他不是这样的人，但实际上他的建筑就在那里，即使这些建筑数目并不多，其中包括早在1889年他为自己设计的家，1895年的弗朗西斯科露台公寓和沃勒公寓，1903年的约瑟夫·沃尔瑟住宅和1916年的美国房屋系统建造项目。我想说的是，即使他基本上是在给富人或者至少是富裕阶层设计建筑的时候，他也总是想为普通人做一种不同的设计。关于美国房屋系统建造项目：这个项目既是也不算是预制房屋的早期形式。早在1912年，他就与一位中西部建筑商合作开始设计，计划是把建筑材料在厂里切割，运到工地，然后很快地固定起来。1917年7月8日，芝加哥的《论坛报》刊登了一整版广告：你可以拥有一所美国房子。正文："美国家庭反映美国精神，这是弗兰克·劳埃德·赖特的最新成就，他是国内外公认的美国最伟大的建筑师，他的名声享誉世界，他最重要的工作是教会美国人如何住在美丽、方便和经久耐用的房子里。"这则广告承诺房价低至3000美元。是的，这则广告的语气里有一种居高临下的意味，但这仍然是出自于一种善意，为那些可能因他的艺术而变得不同的人提供庇护所。再一次，它回到了这个故事的中心主题之一：尽管他有各种问题，但他也有一种基本的体面。哦，顺便说一句：他和建筑公司的关系闹僵了，最后要打官司。此外，第一次世界大战来临让物资变得紧缺。

第四部分　在父亲的墓碑前

薇拉·凯瑟的这句话出现在她的小说第119页。

威廉·凯里·赖特的伤心之歌（1）

前文：他来父亲墓前祭拜的次数到底是多是少：正如文中所说，没有人知道他来过几次，吉尔在传记的第38页说，他在20世纪20年代安娜死后不久来过一次，在40年代又来过一次，但吉尔没有提供任何资料档案；其他作家也提出了另外的时间框架。我个人的感觉是，他在死前可能去过6到8次了——但是，再说一次，这个数字本身有什么关系吗？没有。

———

章节：在这一章和下一章里，我对威廉描绘的依据来自文档的梳理，包括人口普查记录、城市和州的黄页、家庭历史、家谱图、各县历史、各州历史、出生和死亡记录、财产记录、学校记录、教会记录、教会公报、当地报纸、法庭记录——当然还包括阅读之前的论著，包括去一些地方与人交谈。我去了尽可能多的地方寻找威廉·凯里·赖特（WCW）和他那令人着迷的、躁动不安的、走下坡路的美国之旅。每次外出都给我一种关于他的印象，无论是田间调查还是在档案馆里。在这里需要特别提到托姆布雷，他在注释中出现了好几次（在本章中也有一个脚注），我要表达我的敬慕之情，虽然我们从未见过面。几乎每一个我去过的地方，他都在几十年前去过。我很感激他的研究，当然我也一直努力依靠自己的研究。

从真正的意义上说，我有过6次WCW的报道之旅，收获最丰富的一次是在离宾夕法尼亚大学英语系我的办公室不远的地方。宾夕法尼亚大学珍奇书籍和手稿图书馆里保存了1833—1892年的赖特家族文件（这是正式名称），正文说过，文件里保留着14封WCW的书信，时间是从1841年到1851年，从他还是个16岁的孩子到他26岁和佩米利亚新婚（位于26号文件夹的2号盒子里）。这真是无价之宝，它们保存完好，薄如羊皮纸。正是在这里，我第一次意识到FLW的父亲是一个忧郁的苦行僧，具有巨大的魅力、智慧和才能，但注定要被全世界误解。每当我陷入写作困境时，我就会回到WCW早期的信件中。我在正文里嵌入了他写这些信的时间和地点。（顺便说一句，这些信证明了一件事，那就是WCW在1840年仍然就读于阿默斯特学院。很多地方都误传他那时已经辍学了。当然，这只是一个小问题。)

感谢橡树园的大卫·帕特森（正文的脚注中也有提到），他是一个真正的音乐学者。我们在一起待了很长时间，虽然不是所有的事情都和WCW有关，他知道很多关于FLW和橡树园建筑的事。(他曾带我仔细地参观了联合教堂。)然而，正如我在脚注中所说的，我们在WCW的问题上存在根本分歧，他并不认为这是悲剧的人生，而我只能看到悲剧。

在是否是悲剧这一点上：WCW在爱荷华州的后裔们——主要是霍普·罗杰斯、珍妮·斯威夫特、玛丽·凯瑟琳·罗杰斯——帮了我很多，不管是出于他们的信仰还是爱荷华人的善良。他们不断地向我表达他们的善意，提供了家庭照片和各种书面文件，以及他们自己对遭到诽谤的祖先的直率感情。他们很难把他看作是一个悲剧。这一家人给了我一份丽兹回忆录单倍行距的原始打字稿，我在书中引用了这段文字，我将在下面引用它的页码索引。(如文中所述，存档在爱荷华州历史学会的副本是重打的双倍行距副本；两者之间有微小但重要的区别。)如果没有吉尔的传记，我可能根本不会关注WCW在爱荷华州的生活。吉尔很久以前就找到了其中的一部分，而我跟随其后。

当地的图书管理员有时能提供巨大的帮助。例如，在爱荷华州的麦格雷戈市，麦格雷戈公共图书馆的馆长米歇尔·佩蒂特在我去之前就为我翻出了关于WCW和他的家人在那里的各种片段和照片。我告诉她，我希望尽我所能把事情办好。回到家后，佩蒂在一封电子邮件中说："看到我心中看重的一件事以这样的方式反映出来，真是太棒了。"州一级的情况也是一样，爱荷华州历史学会的玛丽·本内特把帮助我理解信息看作是一种使命。

我尽可能在文本中确定来源和日期，但这里是按顺序列举的额外信息（主要是关于丽兹的回忆录）：对熊谷的描述是在朱迪斯·雷德兰·库佩的《赫金默斯、荷尔斯泰因斯和奶酪》的第1章。波兹曼的话（"神话是一种"）刊登在他的《娱乐至死》平装版的第79页。WCW在1885年4月6日的证词摘录：它是安娜和威廉离婚文件的一部分，整个案件档案在华盛顿大学斯廷伯克图书馆的FLW收藏。（我很难理解的是，斯廷伯克图书馆的似乎是一份原始的法庭文件，而不是副本。）正文中说过，证词长达8页，书记员的笔迹有些地方难以辨认，因此我对证词的抄录与FLW其他几位研究者的抄录有细微差别，其中包括杰罗姆·克林科维茨的抄录，他在《弗兰克·劳埃德·赖特及其思维方式》一书的附录中放入了整个案件记录。WCW的母亲（她的名字叫阿比盖尔·戈达德·赖特）的那句话是在1844年5月9日至10日的一封信中。WCW的"除非另有说明，第一个音符应该"是来自他的手册第66页。丽兹的"在他们结婚之前，她一直对我们这些孩子都很好"来自《我的人生故事》的第2和第4页，"今天我写了两页"是在第92页，"我听外婆告诉内莉阿姨"是第4页，一连串的摘录"我记得有一次""还有一次""我记得有一次""我和母亲一起""无论我怎么努力"是在第6和第7页。"临别时，母亲拥抱我"是在第8页，关于"我上的是师范生"是在第18页，她的假牙的故事是在第80页，雇佣女孩是在第83页，关于她儿子保罗是个体弱的婴儿也在同一页上，而她谈论自己作为母亲的罪过在第82页上，安娜突然的仁慈（水疗）在第4—5页。丽兹说的"可怜的父亲"是在第121页，"我不知道为什么"也在这一页。"我想我会让霍普"是在第130页。2013年和2017年，我与霍普·罗杰斯及其家人进行了面对面的交谈（此后我一直与他们保持联系）。玛丽·简·汉密尔顿关于WCW"在牧师行业找不到工作"是在一篇题为《弗兰克·劳埃德·赖特的麦迪逊关系网》的文章第1页，这篇文章收录在《弗兰克·劳埃德·赖特和麦迪逊：80年的艺术和社会互动》一书中。（汉密尔顿的合著人是安娜·E.碧贝尔和约翰·O.霍尔泽特。）

  最后一个问题：WCW的中间名是"Carey"还是"Cary"？你会发现两者都有。WCW自己似乎从来没有拼过自己的中间名，他的签名通常是"威廉·C.赖特"或"Wm·C.赖特"（他的墓碑上写着威廉·C）。家谱图（他的姐姐艾比·赖特·惠特克编制的最可靠的家谱图）往往会加上e，我也认为它应该是这样的——但谁知道呢（或者，谁在乎呢？）这个问题似乎比WCW的儿子是何时从弗兰克·林肯变成弗兰克·劳埃德的问题要琐碎得多。但你可以在FLW聊天室里找到关于它的线索,在那里就好像一个博士论文的想法随时可能会爆发出来。

威廉·凯里·赖特的伤心之歌(2)

前文:马克·斯特兰德的《文字的天气》是对摄影、艺术和诗歌本身的一种微妙的、诗意的沉思,在书中他提到一张古老而平凡的家庭照片时说:"我一直盯着这张照片,每次找我都感到一种深深的无法表达的悲伤。"这张平凡的照片上有同样的悲伤感。我一直在想他弹钢琴的样子,就仿佛他陷入深深的孤独和衰老中,而他的孙女带着她的洋娃娃背过身去。在匹兹堡,在这种情感的支配下,我曾站在拍这张照片的房子外面的人行道上,站在那里试着听那首曲子。

———

章节:大部分引用的来源(和一些适用的日期)都包含在正文中,但是还有额外的信息:菲尼斯·法尔关于他"戴上帽子,走了出去"是来自他的传记第21页,赫伯·雅各布斯的"永远地离开了他的家庭"一段在他的传记第30页,威拉德的"走出了家门"出现在她的书第22页,塔费尔的"从此再也没有回来"在他的书第30页,托姆布雷1979年传记第408页上写着"遗弃家庭",克罗农的"出走离开"出现在他的文章《无常的统一:弗兰克·劳埃德·赖特的激情》中,该文章收录在《弗兰克·劳埃德·赖特:建筑师》的第10页。托姆布雷的摘录("1926年,当赖特撰写")在他1979年传记的第14页。FLW在阿肯色大学的演讲稿刊登在派屈克·米汉恩编辑的《建筑大师:与弗兰克·劳埃德·赖特的对话》一书中,文中引用的内容见第238页。(在录音带上,短暂的困惑似乎更明显。)他在加州大学伯克利分校的演讲是在1957年4月17日,他的讲稿在同一卷中,引用来自第215和217页。(再次强调,我听过音频,其中的情感更加清晰。)亨利·赫罗德的口述历史是在2000年3月,由塔里埃森档案馆录制。（重复一下正文中所说的：他去世不久前我与他谈过话，这是我对当时情况的叙述，口述历史的叙述在第58页，虽然比较简短，但实质上是一样的。）丽兹·海勒的"父亲告诉我们"是在《我的人生故事》第46页。当WCW的尸体从匹兹堡运回威斯康星州的时候，安娜和玛格内尔正在当地的消息是在1904年6月23日的《本地新闻周刊》。克莱尔·梅苏德的"生活中还有很多事情要去经历"这句话是在2017年8月10日的《纽约时报》。

第五部分　故事结尾：1950—1959

沙利文的话来自赖特《天才》的第55页。

终点（1）

前文：桑德堡的"淡淡的薰衣草味"一段在他的《林肯传》第一卷第264页，"月复一月"在第一卷序言第12页。

赖特迷们倾向于把1957年9月播出的两部分的《迈克·华莱士访谈》看作是FLW电视节目的巅峰时刻，你可以看到他千变万化的个性（以及华莱士的特点）。90岁了，他的神经细胞还在燃烧。但对我来说，一个月后，在他的主场芝加哥老家的那场FLW和桑德堡的节目，比华莱士的那场表现得更好。我很早就熟悉了节目的文字稿（在刚刚提到的著作《建筑大师》中有完整的文字稿），在YouTube和其他网站上，有这场40分钟直播节目的片段（正如正文中所说的那样，这场直播本来只有半个小时）。但我没能找到完整的录像，直到"世界之窗"的宣传经理朱莉安·梅什找人帮我在电视台的图书馆里深入挖掘寻找，并重新剪辑了一份——再一次表示衷心感谢。

关于背景故事。6个月前，也就是1957年4月，FLW和桑德堡还接受了一次联合采访。艾丽西亚·帕特森是长岛的《新闻日报》的编辑和出版人，也是纽约《每日新闻》创办人约瑟夫·梅迪尔·帕特森的女儿，哈里·古根海姆的第3任妻子，FLW与她在古根海姆博物馆的建设上有着深厚的关系。FLW和桑德堡在FLW广场酒店华丽的套房里见面（帕特森于1957年4月20日在《新闻日报》上发表了这篇文章，题目是《泰坦之会》，转载于《建筑大师》第243—253页），这两个人已经有20年没见面了，尽管他们还一直保持着完好的友谊。如果FLW在早先这次会面时没有提到灯笼裤的话，那就怪了。谈话开始不久，桑德堡说："我们又该见面了。"FLW似乎不知道从何而来说了句："卡尔，我过去还给你穿灯笼裤，裤子在你的脚踝上系着，还有一件平绒短上衣，然后我们坐在火炉边谈论艺术。"后来又有另一次奇怪的交谈，或者说在我听来很奇怪。帕特森向FLW询问勒·柯布西耶和密斯·范·德罗的情况。他回答说："我认为他们是两个非常漂亮的男人，但却出现在了错误的地方。"漂亮吗？然后他把他俩彻底撕碎了。

章节：布兰多克和他外祖父的照片是由埃德加·L.奥伯玛拍的，他是FLW后来喜欢和信任的摄影师。他是道奇维尔当地的摄影师，这显得更了不起。（就一个小城市的艺术家来说，他的全部作品似乎都很了不起，他的FLW摄影底片现在是西塔里埃森档案的一部分。）FLW最后10年（1950—1959）346个项目的数字来自麦卡特的《弗兰克·劳埃德·赖特》第171页。（注：这是瑞克辛出版社2006年出版的"关键人物"系列传记中的一本书，不要和麦卡特1997年由菲登出版的更重要的同名书混淆。在后一部著作中，麦卡特发表了第一份关于FLW全部项目的清单，包括已执行和未执行项目的综合清单。麦卡特教授和我曾就这些棘手的数字交换过电子邮件，他说他对这个数字很有信心，我也很乐意采纳。）

关于吉普车事故的故事来自我对许多相互矛盾的资料的筛选，包括口述历史、报纸报道、出版的回忆录、一些视频回忆录、官方文件（主要是死亡证明），这也是我能找到的最接近真相的版本。正如文中所说，奥吉万娜在她的自传《奥吉万娜·劳埃德·赖特的一生》中描述了这一悲剧（第143—146页），这本书在她去世很久之后才于2017年出版。这本书在很多方面都不可信

资料来源

（在某些情况下有荒谬的事实错误，还有冗长的谈话，就像从录音带里转录的一样，虽然事实上并非如此），因此，它是否可信仍是一个悬而未决的问题。消息传来时，赖特一家似乎正在一列刚刚离开麦迪逊的火车上（尽管有其他说法与此相矛盾），但无论如何，这就是为什么我使用了像"看起来是"这样的警示词汇。正如文中所说，我找到了斯维特和丹尼尔的死亡证明，但没有验尸报告。也有人说，索克县1946年就没有验尸报告了，是否有验尸官报告也是一个悬而未决的问题。如果作了报告，毫无疑问，除了溺水之外，它还能说明更多死亡的原因。（母亲断了脖子所以几乎瞬间死亡是民间传说的一部分。如文中所说，县验尸官确实填写了证明，并在方框里写下了"几分钟"作为死亡"持续时间"。）口述历史的叙事者包括两位塔里埃森学社成员凯·瑞特伯利和约翰·德科文·希尔、韦斯·彼得斯和格伦·理查德森夫人，柯蒂斯·贝辛格的回忆录《和赖特先生一起工作》的第158—159页，西克莱斯特的传记（第518—519页），所有这些资料帮助我们了解这件事，即使它们是些矛盾的叙事（例如，西克莱斯特认为赖特一家得到消息的时候正在芝加哥）。和大多数口述历史一样，这里引用的是在事情发生很长一段时间后进行的采访。但在事故发生两天后，约翰尼·希尔（大家都这么称呼他）在给父母的一封信中写道："这件事似乎是很久以前发生的了，也好像这一切根本没发生过。"这似乎是真的。但对我来说，最真实的一句话是布兰多克在事故发生46年后的口述历史中说的："我忘记确切的年份了，但为什么忘记我很清楚。"布兰多克如今饱受阿尔茨海默症的折磨，就这起悲惨的事故和我进行交谈的人当中，苏·舒尔茨无疑是最有帮助的人。另外，我在正文中说，布兰多克几年前写了一份手稿，他无法出版（尽管其中一部分被拍成了纪录片）。但令人高兴的消息是，就在我这本书快写完的时候，他的书删减版的出版计划已经开始进行了。

我提到了2007年布兰多克的一次采访，有几个简短的部分，是由他的表兄蒂姆·赖特制作的，可以在YouTube上看到。那是一种动人的写照。

2018年春夏，我以邮件、电话和面谈的方式和苏·舒尔茨进行了交谈。

为火所困：赖特的梦想与愤怒

关于本章其余部分的引用，我已经在正文中嵌入了大部分的来源（以及适用的日期），其他的还包括：《本地新闻周刊》报道的1952年火灾是在5月1日，《威斯康星日报》的报道是4月27日，林白的信是9月1日，FLW给消防局局长的信没有注明日期，但可能是8月初或中旬，因为局长劳伦斯·拉森在8月15号回信感谢他。史密斯关于"他将墙壁分解"的话是在她的《赖特展览》第16页，她的"还有一个重要的目的"是在第202和204页。戈德伯格所说的"这位19世纪的老人"是在1994年2月13号的《纽约时报杂志》上关于FLW的文章里。关于唐斯的广播：米汉恩在《建筑大师：与弗兰克·劳埃德·赖特的对话》中讲述了一件逸事，关于FLW在印书出版之前修改了他实际说过的话。海斯和皮克雷尔在他们的《广场岁月》里有一个优秀的概述，是关于FLW在5月15—17日3天的广播媒体闪电战。《纽约时报》里关于《60年》展览开幕的故事（"一位白发苍苍的84岁建筑师"）是在1953年10月21日。芒福德的"当看到他的一生在我面前"和"为什么我不愿意放弃自己"出自他的《人生札记》的第437页和第433页。关于他们就《纽约客》文章进行的交流，在FLW那封"我还是一样地爱你"开头的信中，你可以从他不像平时那么平稳的笔迹中感受到他的愤怒，而且在信的顶部还写了一个很长的句子，那句话本应该放在信的正文里的（他在正文的位置画了一条线连过去）。

关于火。伊万娜的婚纱面纱和FLW成为本书标题的那句话：当我看到这句话、听到这个故事的时候，我就明白了。我第一次看到它是在塔菲尔的《关于赖特》一书的结尾处，这本书既是一本相册，又是一本剪贴簿，既是回忆录，也是口述历史。（1954年6月18日的其他细节，我是通过和几个尚在人世的学徒的谈话以及研究档案来补充的。）塔菲尔在塔里埃森的时间是从1932年到1941年，他在建筑领域有着很好的职业生涯，在我开始写这本书的前一年，也就是2011年，他去世了。他在该书第316页讲述了婚礼上的火灾故事，作为最后一章《火灾》的一部分，那一章只有6页长。他用两三段话讲述了伊万娜的故事，还讲述了其他一些火灾，这些火灾发生在他在塔里埃森的时候，包括

1932年末发生的一场火灾，在这本书中你不会听到任何关于那场火灾的信息。（我把它省略了，主要是出于篇幅的考虑。）这里引用塔菲尔的话，他是现场的目击者："在一堵2×4的立柱墙里发生了一场火灾，我们都迅速行动起来。晚餐铃声不停地响着，一条传水救火的长龙立即投入了行动。赖特先生从二楼的学生宿舍指挥了这次行动。他让我们用斧头从两边劈开隔板。一把斧头劈穿了离我一英尺（0.3米）远的墙，他没有在意，'继续砍……从两边砍。'他叫道。当火焰熄灭后，就像他以前说过很多次的那样，他又说了一遍：空心柱墙是'魔鬼的发明'。"

借用我前面正文中使用的《白鲸》的形象，这种描述使FLW听起来就像白鲸身上的亚哈船长，充满了挑衅，甚至有点疯狂。实际上，我并不认同这种意象，我认为几乎所有的大火都给FLW带来了深深的震惊和痛苦，而事后所有看似满不在乎的表现只是——表面而已。布兰多克·彼得斯在关于他外祖父的书中说，奥吉万娜曾经告诉他，在1925年那场令人震惊的大火之后，FLW不仅第二次失去了塔里埃森，几乎是整个塔里埃森，而且失去了许多不可替代的艺术作品——他面朝墙壁坐了好几天。对我来说，这是更真实的画面。面对着墙，像是紧张性神经症患者一样。或者，走进一片焦黑的地方，试着用父亲的音乐来安慰自己。

我必须衷心地感谢已在墓中安息的埃德加·塔菲尔，不仅仅是感谢他给我灵感创造了这本书的书名。我在感谢他为整本书提供了书名和主题的同时，也要表达我的困惑。在他《关于赖特》一书最后6页中，塔菲尔谈到了这些火灾，其中有几起是他多年来亲自记得或者听说过的，他的声音中几乎没有流露出一丝惊奇，他基本上只是根据字面意义来数了数，就好像它们是某种现象而已。好吧，它们本来就是一种现象。然而……但是仍然……

终点（2）

前文：在正文中，我大约6次引用了约翰·L.赖特的话，但却没有给他应有的承认——我还要补充一句,我这并不是冤枉了他,这主要是由于在《我在人世间的父亲》一书中他对事实的忽视。从另一面说,我讲述了我去艾弗里图书馆参观FLW标注的约翰回忆录的经历,并追溯了这本书出版的大致背景,这本书的背景实际上要丰富得多,这一切都记录在该书更加完整的一版中,这一版于1994年(约翰去世14年后)由南伊利诺伊大学出版社出版(该出版社出版了大量与FLW有关的书籍),由FLW学者纳西索·G.门诺卡尔编辑,如果约翰自己没有亲自记录下他和父亲之间关于这本书写作和出版的联系,新的这一版是不可能完成的。这里有一段复杂的历史,大约在这本书出版的前一年,也就是1945年3月6日,FLW写信给他的儿子:"这是一本什么书?我既不需要也不害怕的就是更多的剥削。你非要写吗?"一周后,3月12日,约翰回信说:"我要帮你回忆一下,你橡树园的那帮孩子从来没有剥削过你,反而,也许是他们被你剥削了。"于是儿子还是继续写,当然也有些战战兢兢,后来按照说好的,他在出版的那天把书寄给了他父亲。在艾弗里档案馆的翻盖盒子里有3册约翰的回忆录。最关键的是他在1946年4月11日用铅笔写下评论的那册。FLW又要了一册,约翰寄给了他,并在空白处抄写了(从返回来的那一册中)父亲的评论和约翰的回复(他用黑铅笔写下了FLW的评论,用红笔写下了他自己的回答)。但是在把书寄走之前,约翰再次把所有的评论抄到单独的另一册上,再次用不同颜色的笔区分。未来的历史学家会认为他竟然对细节如此关注,而同样也是他,在他的原版中曾经虚构、记错并且公然错误地陈述事实。无论如何,所有这些都出现在1994年南伊利诺伊大学出版社的那一版中。正如门诺卡尔所说:"这本书是关于一场未解决的冲突,是关于一个儿子的愤怒,因为他的父亲将自己完美的想法强加给孩子,把孩子看作是他的自我的延伸。"在南伊利诺伊大学出版社那一版的后面,有一篇文章是约翰的女儿伊丽莎白·赖特·英格拉姆写的,她说:"我读了我父亲书中的几段,我注意到,在书中任何暗示他夺走了全部荣誉的地方,弗兰克·劳埃德·赖特都会马上猛烈抨击。"对此,我既同意也不同意。因为正如我想说的,我发现他的评论中有一些令人惊讶的克制。这是关于许多"默默地忍受"的人，是关于"我知道！我知道！"我认为，赖特的人性再一次想要暴露自己，尤其是在他生命的后期。

———

章节：同样，我尽可能在正文中嵌入引用的来源（和日期）。此外：莱文的"被视为是"是在他的《建筑》第300页，赫克斯泰伯的"雕塑般的可塑性建筑"在她传记的第230页，艾伦·邓恩的古根海姆漫画刊登在1958年11月8日的《纽约客》上。"民主需要这种建筑"这句话是在1945年10月1日说的。"该死的，给弗兰克弄个许可证"是在摩西去世6年后的一篇回顾文章里，在1987年5月11日的《纽约时报》。塔菲尔的《关于赖特》一书第43页引用了摩西的"必须有建筑许可证"。（注：这两篇引文中，都存在着来源薄弱的问题——第一个是建筑专员的回忆，另一个是塔菲尔自己的评论，这就是我为什么用"据说"这个词的原因。）赫克斯泰伯的"无论以何种形式呈现"在她传记的第241页，麦卡特的"赖特的每一幅草图"是在他的"关键人物"传记的第192—193页。莱文的"原因之一是其数量太多"是在他的《建筑》第365页，"不可同化"评论（"但更有趣的是那些仍然古怪、不可同化的东西"）是在第366页。关于广场套房的描述是在海斯和皮克雷尔的《广场岁月》第24页。我和伯特·戈德斯塔德的谈话是在2018年春天。FLW（事后）思考"累得死去活来"的价值是在《自传》的第16—25页，他回忆见到兰姆是在《自传》的第29—30页。赫克斯泰伯"到了老年"的话出现在她的传记第241—242页。西克莱斯特关于大卫·赖特告诉FLW凯蒂的死讯是在传记的563页。奥吉万娜提到的赖特说的"你就是这样对待我的"，以及他说的"我亲爱的小妻子"和"在树快死的时候"都是在第80页。蒂姆·赖特对我提到"瘦小老头"是在我们第一次面对面交谈时，那是2016年秋天。FLW的最后一次采访是在1959年6月的《学派艺术》。

关于赛斯·彼得森，他的生命还有很多未解之谜。我在正文里没有提到，但我跟他姐姐卡洛琳·罗伊斯特谈过，她当时在堪萨斯城，已经快90岁了。一天深夜，她在电话里用清晰的声音告诉我赛斯自杀的情况："我的父母一直无法释然，也永远无法理解。"我在正文里没有详细说明许多保护主义者是如何聚集在一起拯救小屋的，而且，拯救人员中再一次包括备受尊敬的修复建筑家约翰·艾弗乐和比尔·马蒂内利，他们两人都曾从事雅各布斯之家的修复。有一本漂亮的小书《弗兰克·劳埃德·赖特的赛斯·彼得森小屋》和这座房子很相称，是由艾弗乐和克里斯汀·维瑟合著的。

关于罗比·兰姆：威斯康星州历史学家约翰·O.霍尔泽特在1988—1989年冬季的《威斯康星州历史杂志》上发表了一篇学术长文，题为《弗兰克·劳埃德·赖特为罗伯特·兰姆所做的设计》。他详细介绍了FLW为罗比建造或设计的房子以及其他项目（其中最主要的是"草原四方屋"，它现在还在，就坐落在巴特勒街的一块空地上，靠近麦迪逊的首府大厦），也介绍了他的生活。然而，我想说的是，还有一本完整的书值得写，而且不仅是关于罗比的，还是关于罗比和赛瑟尔的。罗比和赛瑟尔：孤独的自大者曾经拥有的两个最好的男性朋友。

关于卡马尔·阿明：我觉得人们有必要写一整本关于奥吉万娜·劳埃德·赖特的毫不掩饰的书，从某种意义上说，那本书已经写好了，阿明就是作者。书名是《闪亮额头的映照》，这是一本关于他在塔里埃森的回忆录，2004年由加利福尼亚一家小型出版社出版。这本薄薄的书就像钢丝上的稀罕物：可以把丑闻像不干净的麻布衣服一样挂在外面，而且听起来并不庸俗或者不真实。这本回忆录当然是关于FLW的，但更多的是关于奥吉万娜的，以及她如何运用"盖世太保式的策略"来控制塔里埃森学社的，尤其是在她丈夫去世后的那些年。然而，这本书并不是关于奥吉万娜生活的全部，这只是卡马尔对奥吉万娜的一瞥，因为他认识她，害怕她，爱她，有时还厌恶她。这个世界还期待一本更完整的书，客观地讲述和研究奥吉万娜。

最后的话：两个塔里埃森

资料来源

"已经矗立在这里好几个世纪"是在1943年版《自传》第454页,"俯瞰世界的边缘"在第452页,"汁液注入了我的血管里"来自1930年4月发表在《工业化的威斯康星》杂志上的一篇短文,这是赖特写过的最抒情的作品之一。

———

似乎即使他死了,火也不会放过他。在1960年代早期,在不到3年的时间里,亚利桑那州的塔里埃森发生了3起火灾。其中一次发生在1964年秋天,烧毁了一座有150个座位的展馆,损失大约是10万美元。在此之前,同一间宿舍在一年之内曾连续发生火灾,幸好学徒们安全离开了。

我本不打算用电子表格来记录每一场火灾。正当我完成这份手稿的时候,有人寄给我一份美联社电讯的副本,来自1937年9月18日,在威斯康星州威斯康星拉皮兹《每日论坛报》的第3页《弗兰克·劳埃德·赖特的山庄受到火灾威胁》。下面有一段文字:"斯普林格林和艾瑞娜的消防部门昨晚扑灭了一场大火,大火威胁到了著名建筑师弗兰克·劳埃德·赖特的塔里埃森山庄。消防队员把火势控制在一幢储存汽油的小木屋内,损失估计是几百美元。有官方表示,火灾是一名雇员在室内点燃火柴引起的。"

我对这场火灾一无所知。但它就在那里,就在他的历史中。

但我脑海里有一个不同的词。回到书的开头,看着那张餐桌和椅子的照片,这是密西根州大急流城的梅耶·梅住宅(1908)的餐厅,从中我们可以瞥见弗兰克·劳埃德·赖特建筑的核心理念,这个概念体现在"家"这个词里。那些(不舒服的)高背椅,还有柔和的灯光洒在桌子的四角,他在空间里创造空间,在巨大的流动空间中创造受保护的空间。即使照片里一个人也没有,但你能感受到一家人坐下来一起吃饭这种简单而又深刻的行为所带来的"交融"。我坚持认为,他迫切希望在自己的生活中拥有这种正直和家的感觉,但他几乎很难找到。这是我所知的关于他最悲哀的一件事。

最后是那块石头,米德韦花园曾经所在地的石头。

我最后一次去看它是不是还在那里是在2018年感恩节之后。我本来希望

577

新年后马上就到芝加哥去，但是没有成行。蒂姆·萨缪尔森和我都担心隔壁的开发商在做什么，蒂姆还不像我那么担心，他觉得如果有人要亵渎和挖掘这块看上去毫无价值的东西，他能跑过来打捞切割一片石头，用袋子装起来带回家去当他的咖啡桌，最坏也不过如此。如果有必要的话，他会拿上一卷20和50美元的现钞来贿赂那些人。

但那是一个糟糕的冬天，蒂姆忙着其他的事情。3月初的一天，当天气变暖时，他从南湖岸大道的家里骑车过来（他从来没学过开车）。他震惊地发现，这个地方看起来完全不一样了。他们安装了新的围墙，并把围墙内边的地面做了加固，那块石头不见了。是的，蒂姆非常很伤心，但过了一段时间，他又变成了另一种态度，而我认为这种态度和他心中的感激有关，他接受了万物最终都要离开地球的事实。那天晚上，在一封主题为"叹息"的电子邮件中，他说：

"我仍然认为，米德韦花园那块破碎的小石头出现在我们面前，令人心酸而又具有讽刺意味。你还能看到推土机在地面上留下的痕迹，现在，这个地方完全封起来开始建设新大楼，这还会持续一段时间，这一小块石头很可能是米德韦花园的最后一块了，在我们的有生之年，甚至更远的将来，它还会在六十街和科蒂奇格罗夫大道的阳光下展示自己。如果这里的土地在遥远的未来还会再次翻动的话，那么可以肯定的是，没有人会注意到它。"

诚心所愿。

参考文献

在《参考文献》之外，读者还可以参阅《资料来源》部分，这两部分的内容互相关照补充。另外，这里列出的一些书籍并不是作品的最新版。在很多情况下（比如赖特的《自传》），我专门查找参阅了最初的版本，并将其与之后的版本进行了对比。（很多情况下，不管是赖特的作品还是其他人的，往往只有一个最初版本。）有时候某个作品令我受益匪浅（比如说W.A.斯托勒关于赖特建筑的图鉴的第三版，该书的导言令我茅塞顿开），我把它专门列在这里，并进行说明。

Alofsin, Anthony. Frank Lloyd Wright—the Lost Years, 1910–1922: A Study of Influence. Chicago: University of Chicago Press, 1993.

_____, ed. Frank Lloyd Wright: Europe and Beyond. Berkeley: University of California Press, 1999.

_____, ed. Frank Lloyd Wright: An Index to the Taliesin Correspondence. New York: Garland Publishing, 1988.

Amin, Kamal. Reflections from the Shining Brow: My Years with Frank Lloyd Wright and Olgivanna Lazovich. Santa Barbara, CA.: Fifthian Press, 2004.

Ashbee, Felicity. Janet Ashbee: Love, Marriage, and the Arts & Crafts Movement. Syracuse, NY: Syracuse University Press, 2002.

Barney, Maginel Wright. The Valley of the God-Almighty Joneses. New York:

Appleton-Century, 1965.

Boyle, T. Coraghessan. The Women. New York: Viking Press, 2009.

Brooks, H. Allen. Frank Lloyd Wright and the Prairie School. New York: Braziller, 1984.

————. The Prairie School: Frank Lloyd Wright and His Midwest Contemporaries. Toronto: University of Toronto Press, 1972.

————, ed, Writings on Wright: Selected Comment on Frank Lloyd Wright. Cambridge, MA: MIT Press, 1985.

Brophy, Alfred L. Reconstructing the Dreamland: The Tulsa Riot of 1921. New York: Oxford University Press, 2002.

Cowley, Malcolm. —And I Worked at the Writer's Trade: Chapters of Literary History, 1918–1978. New York: Viking Press, 1978.

Curtis, William J. R. Modern Architecture Since 1900. Englewood Cliffs, NJ: Prentice Hall, 1983.

Drake, St. Clair, and Horace R. Cayton. Black Metropolis: A Study of Negro Life in a Northern City. New York: Harper & Row, 1962.

Drennan, William R. Death in a Prairie House. Madison: Terrace Books, University of Wisconsin Press, 2007.

Eaton, Leonard K. Two Chicago Architects and Their Clients: Frank Lloyd Wright and Howard Van Doren Shaw. Cambridge, MA: MIT Press, 1969.

Eifler, John, and Kristin Visser. Frank Lloyd Wright's Seth Peterson Cottage: Rescuing a Lost Masterwork. Madison, WI: Prairie Oak Press, 1997.

Ellsworth, Scott. Death in a Promised Land: The Tulsa Race Riot of 1921. Baton Rouge: Louisiana State University Press, 1982.

Evjue, William T. A Fighting Editor. Madison, WI: Wells Print, 1968.

Farr, Finnis. Frank Lloyd Wright: A Biography. New York: Charles Scribner's Sons, 1961.

Filler, Martin. Makers of Modern Architecture: From Frank Lloyd Wright to

Frank Gehry. New York: New York Review Books, 2007.

Final Report of the Oklahoma Commission to Study the Tulsa Race Riot of 1921. Tulsa, OK, 2001.

Friedman, Alice T. "Frank Lloyd Wright and Feminism: Mamah Borthwick's Letters to Ellen Key." Society of Architectural Historians 2, no. 2 (June 2002).

Fritz, Herbert. "At Taliesin." In An Uplands Reader, ed. Edna Meudt. Dodgeville, WI: Uplands Writers, April 1979.

Gerkin, Steve. Hidden History of Tulsa. Charleston, SC: History Press, 2014.

Gill, Brendan. Many Masks: A Life of Frank Lloyd Wright. New York: G. P. Putnam's Sons, 1987.

Goldberger, Paul. "Design Notebook." New York Times, April 2, 1981.

Guerrero, Pedro E. Picturing Wright: An Album from Frank Lloyd Wright's Photographer. New York: Monacelli Press, 2015.

Heinz, Thomas A. Frank Lloyd Wright Field Guide. Evanston, IL: Northwestern University Press, 2005.

————. The Vision of Frank Lloyd Wright. Edison, NJ: Chartwell Books, 2000.

Hertzberg, Mark. Wright in Racine. San Francisco: Pomegranate Publications, 2004.

Hession, Jane King, and Debra Pickrel. Frank Lloyd Wright in New York. Layton, UT: Gibbs Smith, 2010.

Hirsch, James S. Riot and Remembrance: The Tulsa Race War and Its Legacy. Boston: Houghton Mifflin, 2002.

Hitchcock, Henry-Russell. In the Nature of Materials: The Buildings of Frank Lloyd Wright, 1887–1941. New York: Da Capo Press, 1986.

————. Modern Architecture: Romanticism and Reintegration. New York: Da Capo Press, 1993.

Hoffmann, Donald. Frank Lloyd Wright's Fallingwater: The House and Its

History. New York: Dover Publications, 1978.

_____. Understanding Frank Lloyd Wright's Architecture. New York: Dover Publications, 1995.

Horan, Nancy. Loving Frank. New York: Ballantine Books, 2007.

Huxtable, Ada Louise. Frank Lloyd Wright. New York: Viking Penguin, 2004.

Jacobs, Herbert, with Katherine Jacobs. Building with Frank Lloyd Wright. San Francisco: Chronicle Books, 1978.

Johnson, Hannibal B. Black Wall Street: From Riot to Renaissance in Tulsa's Historic Greenwood District. Woodway, TX: Eakin Press, 1998.

Kalec, Donald G. "The Jacobs House I." In Frank Lloyd Wright and Madison: Eight Decades of Artistic and Social Interaction, ed. Paul E. Sprague. Madison: Elvehjem Museum of Art, University of Wisconsin, 1990.

Klinkowitz, Jerome. Frank Lloyd Wright and His Manner of Thought. Madison: University of Wisconsin Press, 2014.

Kruty, Paul. Frank Lloyd Wright and Midway Gardens. Urbana: University of Illinois Press, 1988.

Lemann, Nicholas. The Promised Land: The Great Black Migration and How It Changed America. New York: Alfred A. Knopf, 1991.

Levine, Neil. The Architecture of Frank Lloyd Wright. Princeton, NJ: Princeton University Press, 1996.

_____. The Urbanism of Frank Lloyd Wright. Princeton, NJ: Princeton University Press, 2015.

Lipman, Jonathan. Frank Lloyd Wright and the Johnson Wax Buildings. New York: Rizzoli, 1986.

Madigan, Tim. The Burning: Massacre, Destruction, and the Tulsa Race Riot of 1921. New York: Thomas Dunne Books, 2001.

Manson, Grant Carpenter. Frank Lloyd Wright to 1910: The First Golden Age. New York: Van Nostrand Reinhold, 1958.

McCarter, Robert. Frank Lloyd Wright. London: Phaidon Press, 1997.

―――――. Frank Lloyd Wright. London: Reaktion Books, 2006.

―――――, ed. On and By Frank Lloyd Wright: A Primer of Architectural Principles. London: Phaidon Press, 2005.

McCrea, Ron. Building Taliesin: Frank Lloyd Wright's Home of Love and Loss. Madison: Wisconsin Historical Society Press, 2012.

Meehan, Patrick J., ed. The Master Architect: Conversations with Frank Lloyd Wright. New York: John Wiley & Sons, 1984.

―――――, ed. Truth Against the World: Frank Lloyd Wright Speaks for an Organic Architecture. Washington, DC: Preservation Press, National Trust for Historic Preservation, 1987.

Miller, Donald L. City of the Century: The Epic of Chicago and the Making of America. New York: Simon & Schuster, 1996.

Mollenhoff, David V. Madison: A History of the Formative Years. Madison: University of Wisconsin Press, 2003.

Mollenhoff, David V., and Mary Jane Hamilton. Frank Lloyd Wright's Monona Terrace: The Enduring Power of a Civic Vision. Madison: University of Wisconsin Press, 1999.

Morrison, Hugh. Louis Sullivan: Prophet of Modern Architecture. New York: W. W. Norton, 1998.

Patterson, David W. "Frank Lloyd Wright's Musical Origins." Frank Lloyd Wright Quarterly 24, no. 4 (Fall 2013).

―――――. "William C. Wright: A Biographical and Musical Overview." Liner notes for The Music of William C. Wright. Oak Park, IL: Permelia Records.

Pfeiffer, Bruce Brooks, ed. Frank Lloyd Wright: Collected Writings. Vols. 1–5. New York: Rizzoli, 1992 [in association with the Frank Lloyd Wright Foundation, Scottsdale].

―――――, ed. Frank Lloyd Wright: The Guggenheim Correspondence.

Carbondale: Southern Illinois University Press, 1986.

―――, ed. Frank Lloyd Wright: His Living Voice. Fresno: The Press at California State University, 1987.

―――, ed. Frank Lloyd Wright in the Realm of Ideas. Carbondale: Southern Illinois University Press, 1988.

―――, ed. Frank Lloyd Wright: Letters to Apprentices. Fresno: The Press at California State University, 1982.

―――, ed. Frank Lloyd Wright: Letters to Architects. Fresno: The Press at California State University, 1984.

―――, ed. Frank Lloyd Wright: Letters to Clients. Fresno: The Press at California State University, 1986.

―――. Frank Lloyd Wright, 1867–1959: Building for Democracy. Los Angeles: Taschen, 2006.

Quinan, Jack. Frank Lloyd Wright's Larkin Building: Myth and Fact. New edition. Chicago: University of Chicago Press, 2006.

―――. "Introduction." Wright Sites: A Guide to Frank Lloyd Wright Public Places. New York: Princeton Architectural Press, 2017.

Randall, Frank A. History of the Development of Building Construction in Chicago. Urbana: University of Illinois Press, 1949.

Riley, Terence, ed., with Peter Reed. Frank Lloyd Wright: Architect. New York: Museum of Modern Art, 1994.

Scully, Vincent, Jr. Frank Lloyd Wright. New York: Braziller, 1960.

Secrest, Meryle. Frank Lloyd Wright: A Biography. Chicago: University of Chicago Press, 1992.

Sergeant, John A. Frank Lloyd Wright's Usonian Houses. New York: Watson-Guptill Publications, 1984.

Smith, Kathryn. Frank Lloyd Wright, Hollyhock House and Olive Hill: Buildings and Projects for Aline Barnsdall. New York: Rizzoli International, 1992.

_____. Wright on Exhibit: Frank Lloyd Wright's Architectural Exhibitions. Princeton, NJ: Princeton University Press, 2017.

Smith, Norris Kelly. Frank Lloyd Wright: A Study in Architectural Content. Englewood Cliffs, NJ: Prentice Hall, 1966.

Sprague, Paul. "National Historic Landmark Nomination. Jacobs, Herbert and Katherine, First House." Washington, DC: National Park Service, National Historic Landmarks Survey, 2001.

Storrer, William Allin. The Architecture of Frank Lloyd Wright: A Complete Catalog. 3rd ed. Chicago: University of Chicago Press, 2002.

_____. The Frank Lloyd Wright Companion. Chicago: University of Chicago Press, 2006.

_____. Frank Lloyd Wright: Designing Democratic America. Traverse City, MI: WineWright Media, 2015.

Sweeney, Robert L. Frank Lloyd Wright: An Annotated Bibliography. Los Angeles: Hennessey & Ingalls, 1978.

Tafel, Edgar, About Wright: An Album of Recollections by Those Who Knew Frank Lloyd Wright. New York: John Wiley & Sons, 1993.

_____. Years with Frank Lloyd Wright: Apprentice to Genius. New York: Dover, 1979.

Toker, Franklin. Fallingwater Rising: Frank Lloyd Wright, E. J. Kaufmann, and America's Most Extraordinary House. New York: Alfred A. Knopf, 2003.

Twombly, Robert C. Frank Lloyd Wright: An Interpretive Biography. New York: Harper & Row, 1973.

_____. Frank Lloyd Wright: His Life and His Architecture. New York: John Wiley & Sons, 1979.

_____. Louis Sullivan: His Life & Work. Chicago: University of Chicago Press, 1986.

_____, ed. Frank Lloyd Wright: Essential Texts. New York: W. W. Norton,

2009.

Weil, Zarine, Cheryl Bachand, and Brian Reis, with introduction by Paul Goldberger. Frank Lloyd Wright's Robie House. Seattle: Frank Lloyd Wright Preservation Trust in association with Marquand Books, 2010.

Wilkerson, Isabel. The Warmth of Other Suns: The Epic Story of America's Great Migration. New York: Random House, 2010.

Wright, Frank Lloyd. An Autobiography. New York: Longmans, Green, 1932.

_____. An Autobiography. Revised ed. New York: Duell, Sloan and Pearce, 1943.

_____. An Autobiography. New York: Horizon Press, 1977.

_____. The Future of Architecture. New York: Horizon Press, 1953.

_____. Genius and the Mobocracy. New York: Horizon Press, 1971.

_____. The Living City. New York: New American Library, 1958.

_____. The Natural House. New York: Horizon Press, 1954.

_____. A Testament. New York: Horizon Press, 1957.

Wright, John Lloyd. My Father Who Is on Earth. New York: G. P. Putnam's Sons, 1946.

Wright, Olgivanna Lloyd. Frank Lloyd Wright: His Life, His Work, His Words. New York: Horizon Press, 1966.

_____. The Life of Olgivanna Lloyd Wright: From Crna Gora to Taliesin, Black Mountain to Shining Brow. Ed. Bruce Brooks Pfeiffer and Maxine Fawcett-Yeske. Novato, CA: Oro Editions, 2017.

_____. The Shining Brow. New York: Horizon Press, 1960.

授权声明

感谢下列机构允许转载之前出版的材料：

弗兰克·劳埃德·赖特基金会：弗兰克·劳埃德·赖特和奥尔吉万娜·赖特的演讲、著作和信件，©2019，归亚利桑那州斯科茨代尔的弗兰克·劳埃德·赖特基金会。弗兰克·劳埃德·赖特基金会档案（纽约哥伦比亚大学埃弗里建筑和美术图书馆的现代艺术博物馆）。版权所有。弗兰克·劳埃德·赖特签名是弗兰克·劳埃德·赖特基金会的注册商标。经弗兰克·劳埃德·赖特基金会许可转载。

剑桥国王学院：珍妮特·阿什比未出版的作品，©2019，归剑桥国王学院院长和学者们。经剑桥国王学院许可，以珍妮特·阿什比遗产的名义转载。

爱荷华州历史协会：伊丽莎白·赖特·海勒的《我一生的故事》，来自伊丽莎白·赖特·海勒收藏，经爱荷华州历史协会许可转载。

关于作者

保罗·亨德里克森的上一本书是全国畅销书《海明威的船：他一生中所爱的和失去的一切》，该书入围美国国家书评圈（NBCC）奖。在此之前，他的《密西西比之子：种族及其后遗症的故事》获得了2003年国家书评圈非小说奖。自1998年以来，他一直在宾夕法尼亚大学的创作项目工作。再往前推20年，他是《华盛顿邮报》的撰稿人。他的其他作品包括《寻找光明：马里恩·波斯特·沃尔科特隐藏的生活和艺术》（1992年入围NBCC奖）和《生者与死者：罗伯特·麦克纳马拉和失败战争里的五条命》（1996年入围美国国家图书奖）。他曾先后获得古根海姆基金会、国家艺术基金会、林德赫斯特基金会和艾丽西亚·帕特森基金会的写作奖金。2009年，他是杜克大学记录实践和北卡罗来纳大学教堂山分校美国研究系的联合客座教授。他有两个成年的儿子在媒体工作，他和他的妻子塞西莉亚——一名退休护士——住在华盛顿特区和费城郊外。